ARQUITETURA E ORGANIZAÇÃO DE COMPUTADORES

UMA INTRODUÇÃO

O GEN | Grupo Editorial Nacional – maior plataforma editorial brasileira no segmento científico, técnico e profissional – publica conteúdos nas áreas de ciências exatas, humanas, jurídicas, da saúde e sociais aplicadas, além de prover serviços direcionados à educação continuada e à preparação para concursos.

As editoras que integram o GEN, das mais respeitadas no mercado editorial, construíram catálogos inigualáveis, com obras decisivas para a formação acadêmica e o aperfeiçoamento de várias gerações de profissionais e estudantes, tendo se tornado sinônimo de qualidade e seriedade.

A missão do GEN e dos núcleos de conteúdo que o compõem é prover a melhor informação científica e distribuí-la de maneira flexível e conveniente, a preços justos, gerando benefícios e servindo a autores, docentes, livreiros, funcionários, colaboradores e acionistas.

Nosso comportamento ético incondicional e nossa responsabilidade social e ambiental são reforçados pela natureza educacional de nossa atividade e dão sustentabilidade ao crescimento contínuo e à rentabilidade do grupo.

GABRIEL PEREIRA DA SILVA
JOSÉ ANTONIO DOS SANTOS BORGES

ARQUITETURA E ORGANIZAÇÃO DE COMPUTADORES

UMA INTRODUÇÃO

- Os autores deste livro e a editora empenharam seus melhores esforços para assegurar que as informações e os procedimentos apresentados no texto estejam em acordo com os padrões aceitos à época da publicação, *e todos os dados foram atualizados pelos autores até a data de fechamento do livro*. Entretanto, tendo em conta a evolução das ciências, as atualizações legislativas, as mudanças regulamentares governamentais e o constante fluxo de novas informações sobre os temas que constam do livro, recomendamos enfaticamente que os leitores consultem sempre outras fontes fidedignas, de modo a se certificarem de que as informações contidas no texto estão corretas e de que não houve alterações nas recomendações ou na legislação regulamentadora.
- Data do fechamento do livro: 01/07/2024
- Os autores e a editora se empenharam para citar adequadamente e dar o devido crédito a todos os detentores de direitos autorais de qualquer material utilizado neste livro, dispondo-se a possíveis acertos posteriores caso, inadvertida e involuntariamente, a identificação de algum deles tenha sido omitida.
- **Atendimento ao cliente: (11) 5080-0751 | faleconosco@grupogen.com.br**
- Direitos exclusivos para a língua portuguesa
- Copyright © 2024 by
  LTC | Livros Técnicos e Científicos Editora Ltda.
  Uma editora integrante do GEN | Grupo Editorial Nacional
  Travessa do Ouvidor, 11
  Rio de Janeiro – RJ – 20040-040
  www.grupogen.com.br
- Reservados todos os direitos. É proibida a duplicação ou reprodução deste volume, no todo ou em parte, em quaisquer formas ou por quaisquer meios (eletrônico, mecânico, gravação, fotocópia, distribuição pela Internet ou outros), sem permissão, por escrito, da LTC | Livros Técnicos e Científicos Editora Ltda.
- Capa: Leonidas Leite
- Imagem de capa: iStockphoto | TokenPhoto
- Editoração eletrônica: E-Papers Serviços Editoriais

CIP-BRASIL. CATALOGAÇÃO NA PUBLICAÇÃO
SINDICATO NACIONAL DOS EDITORES DE LIVROS, RJ

S58a

    Silva, Gabriel Pereira da
        Arquitetura e organização de computadores : uma introdução / Gabriel Pereira da Silva, José Antonio dos Santos Borges. - 1. ed. - Rio de Janeiro : LTC, 2024.
        il.

    Inclui bibliografia e índice
    ISBN 978-85-216-3865-0

    1. Arquitetura de computadores. I. Borges, José Antonio dos Santos. II. Título.

24-92502

CDD: 004.22
CDU: 004.2

Meri Gleice Rodrigues de Souza - Bibliotecária - CRB-7/6439

Para Madalena e meus filhos Vinícius, Danilo,
Caio Vítor e André Luiz (in memoriam).

Gabriel Silva

Para Lenira e meus filhos
Liane, Tiago, Tomás e Pedro.

Antonio Borges

Sobre os autores

Gabriel P. Silva é graduado em Engenharia Eletrônica, com mestrado e doutorado em Engenharia de Sistemas e Computação pelo Instituto Alberto Luiz Coimbra de Pós-Graduação e Pesquisa de Engenharia (COPPE/UFRJ), onde é professor associado no Instituto de Computação. Com mais de 40 anos de experiência profissional, participou de projetos de pesquisa em Arquitetura de Computadores, como Pegasus/Plurix, Cobra X-20, Multiplus e NCP-II. Leciona em cursos de graduação e pós-graduação de instituições públicas e privadas. Suas pesquisas concentram-se em Arquitetura de Sistemas de Computação, com ênfase em temas como arquitetura de computadores, programação paralela, computação de alto desempenho e internet das coisas. Foi avaliador institucional de cursos do Ministério da Educação (MEC), elaborador de itens para o Banco Nacional de Itens (BNI) do Exame Nacional de Desempenho dos Estudantes (Enade) – do qual foi também membro da Comissão Assessora de Avaliação da Área de Computação em 2011 –, superintendente de Tecnologia da Informação e Comunicação da UFRJ, chefe do Departamento de Ciência da Computação da instituição e, ainda, coordenador do Colégio de Gestores de Tecnologia da Informação e Comunicação (CGTIC) da Associação Nacional dos Dirigentes das Instituições Federais de Ensino Superior (Andifes). É também autor de diversos livros da área. É coautor do Sistema SimuS, um simulador didático de processador usado para o ensino de Arquitetura de Computadores.

José Antonio S. Borges é pesquisador há mais de 50 anos no atual Núcleo de Computação Eletrônica/Instituto Tércio Pacitti de Aplicações e Pesquisas Computacionais da Universidade Federal do Rio de Janeiro (NCE/UFRJ). Sua atuação abrange diversas áreas, incluindo projeto de sistemas operacionais, sistemas CAD para eletrônica e microeletrônica, computação gráfica, multimídia, e síntese de voz e computação para pessoas com deficiência. Junto a esse público, há mais de três décadas, destaca-se seu trabalho como coordenador de diversos projetos de acessibilidade. Em reconhecimento ao seu trabalho no ensino de graduação, especialmente nos cursos de Engenharia Eletrônica e Informática, foi laureado duas vezes com a Medalha de Excelência Acadêmica pelo Instituto de Matemática (IM) da instituição. Lecionou em diversos cursos de graduação e pós-graduação em universidades particulares e públicas e atua como professor permanente do curso de pós-graduação em História das Ciências e das Técnicas e Epistemologia da UFRJ (HCTE-UFRJ). É coautor do Sistema SimuS, um simulador didático de processador usado para o ensino de Arquitetura de Computadores.

Prefácio

A Computação, enquanto ciência básica ou aplicada, tem evoluído com velocidade crescente, apresentando inovações constantes desde os seus primórdios. O computador, como ferramenta básica da Computação, não ficou imune a essas mudanças, apresentando uma sofisticação cada vez mais acentuada de todos os seus componentes e formas de organização. A renovação e a atualização dos materiais didáticos e de apoio utilizados no ensino da organização e arquitetura de computadores é fundamental para a compreensão adequada do seu funcionamento, de modo que os alunos possam assimilar satisfatoriamente os conteúdos das demais disciplinas que compõem os cursos tecnológos e de graduação da área da Computação.

Como colocado nas diretrizes curriculares de 1998 do Ministério da Educação: "O conhecimento desta área é fundamental não apenas para aqueles que vão projetar novos computadores, mas também para aqueles que os utilizarão. O conhecimento dos princípios básicos de funcionamento dos computadores e da tecnologia embutida nestes permite um uso mais eficiente dos recursos e a determinação das classes de problemas que podem ser solucionadas com a tecnologia presente".

Embora com *nuances* diferentes, o ensino de organização e arquitetura de computadores é requisito obrigatório em todos os cursos abrangidos pelas diretrizes curriculares dos cursos da área de Computação e Informática, quais sejam: Bacharelado em Ciência da Computação; Engenharia de Computação; Bacharelado em Sistemas de Informação e Licenciatura em Computação; e os Cursos Superiores de Tecnologia; além de, mais recentemente, do Curso de Ciência de Dados.

Este livro é resultado da experiência acumulada pelos autores durante anos de cátedra em diversos cursos de graduação na área tecnológica. O objetivo desta obra é mostrar o funcionamento do computador de um ponto de vista de fácil compreensão para os alunos dos cursos elencados em uma disciplina de graduação de Organização ou Arquitetura de Computadores. Os tópicos neste livro são abordados de maneira abrangente e geral, com uma profundidade adequada a esses cursos, mas sem a perda de rigor ou precisão, procurando seguir as orientações contidas na proposta do Ministério da Educação de diretrizes curriculares, de 2016, e no documento "Referenciais de Formação para os Cursos de Graduação em Computação", de 2017, da Sociedade Brasileira de Computação.

Entendemos que o uso de exemplos de programas em linguagem de montagem é importante para a compreensão do conjunto de instruções e do funcionamento do processador. Para isso, lançamos mão de um processador didático muito simples, cuja experimentação pode ser feita por meio de um simulador disponível gratuitamente no endereço https://github.com/Simulador-Simus. Neste repositório, encontramos o código-fonte do simulador e executáveis para diversos tipos de sistema operacional, como Linux e Windows. Além disso, estão disponíveis um manual detalhado de utilização do simulador, todos os exemplos em linguagem de montagem utilizados neste livro, além de respostas para os exercícios propostos.[1]

Outros tópicos importantes também abordados neste livro são: a organização funcional e características internas do processador para a interpretação e execução do conjunto de instruções; as técnicas utilizadas para a sua implementação com uso do *pipeline*; os tipos de unidade de controle, com as técnicas de microprogramação clássica e diretamente pelo *hardware*; o sistema de memória; as estruturas de barramentos; a comunicação e o funcionamento de diversos periféricos, incluindo o acesso direto à memória e outras formas de aquisição de dados externos ao processador. Diversos exercícios com soluções são propostos ao final de cada capítulo. Este livro está organizado da seguinte maneira:

Capítulo 1 – A Informação e sua Representação: Ao contrário do sistema decimal adotado pelo ser humano, os computadores utilizam o sistema binário de numeração. Essa escolha está intimamente ligada à forma de implementação de seus dispositivos de controle, desde os primórdios da computação. Compreender como a informação é traduzida para o mundo binário e como é manipulada pelo processador é essencial para entender o funcionamento do computador. Neste capítulo, são abordados os sistemas de numeração, incluindo conceitos como base numérica e conversão de base, operações lógicas e aritméticas em binário, representação de caracteres, formatos de representação para números inteiros e fracionários (ponto fixo e ponto flutuante).

Capítulo 2 – Breve Histórico da Computação: Neste capítulo, apresentamos um breve histórico da computação e sua evolução até os nossos dias. São abordados os aspectos históricos que precederam a computação moderna, incluindo os primeiros computadores eletromecânicos. Em seguida, são apresentadas as tecnologias e os avanços associados a cada geração de computadores, desde a década de 1940, com alguns exemplos de caso, incluindo supercomputadores. Damos especial destaque para a história da computação no Brasil, com os principais projetos industriais e acadêmicos desenvolvidos no país.

Capítulo 3 – Organização do Computador e do Processador: Apresentamos uma explanação do computador e seus elementos básicos – o processador, a memória e o sistema de entrada e saída. Incluímos informações sobre o modelo convencional de von Neumann e suas transformações ao longo do tempo, como o modelo de barramento de sistema e o uso dos atuais controladores encapsulados em um único circuito integrado. Os diversos detalhes sobre a arquitetura do processador são descritos, tais como as unidades de controle, modos de endereçamento, organização dos dados na memória. Além disso, diferenciamos os diversos tipos de arquitetura de computadores: arquitetura de pilha, de acumulador, memória-memória, registrador-memória e registrador-registrador, e fazemos, ainda, uma comparação entre as arquiteturas RISC e CISC. Este capítulo tem como objetivo ambientar o estudante com a solução tradicional de arquitetura elaborada pelos cientistas e engenheiros para solucionar, de forma automatizada, os problemas mais diversos da vida do homem moderno. Apresentamos também detalhes sobre arquitetura do processador Sapiens, uma arquitetura de acumulador de 8 bits, didática e de fácil compreensão, utilizada como referência para os exemplos neste livro.

Capítulo 4 – Memória Principal e Hierarquia de Memória: Este capítulo realiza uma discussão abrangente sobre o sistema de hierarquia de memória dos computadores. Apresentamos as tecnologias dos diversos tipos de memória utilizados nos computadores, incluindo: memórias estáticas e dinâmicas, de acesso sequencial e aleatórias, síncronas e assíncronas, voláteis e não voláteis. Sobre este último tipo, descrevemos detalhes sobre a implementação das memórias Flash, de uso bastante disseminado também na memória secundária dos computadores. A hierarquia de memória é minuciosamente explorada, abordando conceitos importantes como localidade, tempo médio de acesso, formas de organização da memória cache, incluindo caches virtuais e físicas, multinível, as políticas de escrita com acerto e com falha e o funcionamento da memória virtual.

---

[1] As respostas dos exercícios propostos que não estiverem disponíveis nos capítulos, podem ser encontradas neste repositório.

Capítulo 5 – Entrada e Saída, Barramentos e Redes de Comunicação: Esse é um capítulo muito importante, cujo conteúdo é muitas vezes negligenciado, no qual apresentamos os conceitos básicos de funcionamento e programação da entrada e saída; tratamento de exceções e interrupções; transferência de dados com acesso direto à memória (DMA); formas serial e paralela de transmissão da informação; detecção e correção de erros; a estrutura e organização dos barramentos de entrada e saída com diversos exemplos práticos de padrões e protocolos: PCI Express, USB, SATA, VGA, HDMI, entre outros. Abordamos também as características principais dos padrões de redes de comunicação em fibra óptica, com fio metálico e sem fio, utilizados para interligar os computadores entre si e aos seus periféricos.

Capítulo 6 – Armazenamento e Periféricos: Iniciamos esse capítulo com uma explanação sobre as várias maneiras de iniciar o funcionamento do computador, com destaque para o padrão BIOS e UEFI. Em seguida, detalhamos o principal elemento do armazenamento secundário, o disco rígido, abordando detalhes sobre a sua estrutura interna, desempenho e esquemas de particionamento. Em seguida, apresentamos os dispositivos de estado sólido (SSD), além de listar outros dispositivos de armazenamento secundário que atualmente possuem menos relevância. As principais formas de organização dos discos rígidos e SSDs em arranjos para melhorar a sua confiabilidade e desempenho, tais como RAID 0, RAID 1, RAID 01, RAID 10, RAID 5 e RAID 6 são descritas para o leitor. Continuando, as possíveis formas de organização dos sistemas de armazenamento, como DAS, NAS e SAN, são detalhadas e suas diferenças explicitadas, sem esquecer o uso do armazenamento em nuvem, cada vez mais abrangente. Finalmente, apresentamos detalhes de alguns periféricos comumente utilizados nos computadores modernos, tais como teclados, *mouse*, impressoras e monitores de vídeo.

Capítulo 7 – Programação em Linguagem de Montagem: Eventualmente, o estudante estará familiarizado com alguma linguagem de alto nível, sendo importante que ele compreenda todo o processo de transformação do código até obter-se o programa executável, que é carregado na memória e executado pelo processador. Este capítulo apresenta os conceitos de compilador, montador, ligador e carregador, entre outros programas responsáveis por essa transformação. Neste capítulo, há uma breve explanação sobre como os processadores podem ser programados para realizar as tarefas desejadas. São apresentados exemplos de programação em linguagem de montagem, começando com exemplos bastante simples de atribuição, decisão e laços; seguidos de exemplos para o acesso de um vetor em memória, chamada de sub-rotinas e passagem de parâmetros na pilha, terminando com exemplos com uso de E/S com a instrução **TRAP**. Sem perda de generalidade, estaremos utilizando a linguagem "C" em nossos exemplos, mostrando como trechos de código são convertidos para a linguagem de montagem.

Capítulo 8 – Arquiteturas Avançadas: Neste capítulo, são apresentadas as inovações mais significativas, na nossa perspectiva, introduzidas ao longo da linha do tempo nas arquiteturas dos computadores e processadores. Entre essas, destacamos primeiramente o uso da técnica de *pipeline*, que permitiu um aumento significativo do desempenho dos processadores, sendo apresentado como estudo de caso o processador MIPS R2000. Realizamos em seguida uma descrição dos processadores *superpipelined*, com o processador Pentium 4 sendo utilizado como exemplo. Também abordamos detalhes sobre as arquiteturas que despacham e executam mais de uma instrução por ciclo de relógio, como as arquiteturas superescalares, com o processador ARM Cortex A72 como exemplo; VLIW, com uma descrição do processador Itanium IA-64; *multithreading*, cujo estudo de caso é o processador IBM Power 5. Além disso, são mostrados também os aceleradores, utilizando a GPU Kepler como exemplo. Por fim, realizamos uma breve análise sobre os diversos tipos de arquiteturas paralelas, baseadas nos modelos básicos do tipo SIMD e MIMD, com memória compartilhada e distribuída, incluindo detalhes do supercomputador Netuno, instalado e utilizado na UFRJ entre 2008 e 2018.

Gostaríamos de agradecer as valiosas contribuições, os comentários construtivos e toda a paciência de nossos alunos durante a fase de desenvolvimento desta ferramenta. Sem isso, nem este livro nem o simulador SimuS poderiam ter a qualidade e a versatilidade que possuem hoje em dia. Esperamos que esta obra possa ser uma contribuição para a melhoria do ensino da disciplina de Arquitetura e Organização de Computadores e de todas as suas variantes.

Os autores

Agradecimentos

Desde o início deste projeto, em 2021, recebemos o apoio e o incentivo de muitas pessoas na criação deste livro. Nosso muito obrigado a todos, principalmente aos nossos colegas de trabalho, que nos forneceram sugestões valiosas, e aos nossos alunos, que nos ajudaram a aprender e crescer como professores.

Também queremos estender nossos agradecimentos a toda a equipe da Editora, cujo trabalho notável, dedicação, paciência e esforço, tornaram esta obra possível. Gostaríamos de fazer um agradecimento especial à Carla Nery, nossa editora. Este livro não teria sido finalizado na forma, qualidade e conteúdo que foram, sem o seu apoio, perseverança e incentivo desde os primeiros momentos.

Esperamos que esta obra seja uma ferramenta valiosa para todos aqueles interessados em aprender e aprofundar seus conhecimentos sobre o funcionamento, organização e arquitetura dos computadores modernos.

Sumário

1 A informação e sua representação — 1
1.1 Sistemas de numeração — 1
- 1.1.1 A origem dos números — 1
- 1.1.2 Uma breve introdução — 3
- 1.1.3 Representação posicional de números — 5
- 1.1.4 Representação binária — 6
- 1.1.5 Representação octal e hexadecimal — 7
- 1.1.6 Conversão entre bases — 8

1.2 Operações lógicas — 14
- 1.2.1 Um primeiro exemplo — 15
- 1.2.2 Operadores OR, AND e NOT — 15
- 1.2.3 Outras funções booleanas — 16

1.3 Operações aritméticas — 18
- 1.3.1 Adição — 19
- 1.3.2 Subtração — 20
- 1.3.3 Multiplicação — 20
- 1.3.4 Divisão — 21
- 1.3.5 Multiplicação inteira por potência de 2 — 21
- 1.3.6 Divisão inteira por potência de 2 — 23

1.4 Representação de caracteres em binário — 27
- 1.4.1 Padrão ASCII — 28
- 1.4.2 Padrão ISO/IEC 8859 — 29
- 1.4.3 Padrão Unicode — 30
- 1.4.4 Padrão UTF-8 em detalhes — 31
- 1.4.5 Padrões UCS e GB18030 — 33

1.5 Representação de números inteiros — 33
- 1.5.1 Representação em BCD — 33

1.5.2	Representação em sinal-magnitude	34
1.5.3	Representação em excesso-K	35
1.5.4	Representação em complemento a um	35
1.5.5	Representação em complemento a dois	37
1.6	Representação de números fracionários	38
1.6.1	Representação em ponto fixo	39
1.6.2	Representação em ponto flutuante	41
1.7	Multiplicadores binários	46
1.8	Exercícios propostos	47

2 Breve histórico da computação — 53

2.1	Primórdios da computação	53
2.1.1	Ábaco	53
2.1.2	Pascalina	54
2.1.3	Anton Braun	55
2.1.4	Babbage	56
2.1.5	Álgebra de Boole	56
2.2	Computadores eletromecânicos	57
2.2.1	Tecnologias associadas	57
2.2.2	Konrad Zuse	58
2.2.3	George Stibitz	59
2.2.4	Mark I	59
2.3	Primeira geração de computadores (1940-1952)	60
2.3.1	Tecnologias associadas	60
2.3.2	ENIAC	61
2.3.3	EDVAC	62
2.3.4	UNIVAC	63
2.4	Segunda geração de computadores (1952-1964)	63
2.4.1	Tecnologias associadas	63
2.4.2	PDP-1	64
2.4.3	IBM 7000	65
2.5	Terceira geração de computadores (1964-1971)	66
2.5.1	Tecnologias associadas	66
2.5.2	IBM 1130	66
2.5.3	Série IBM/360	67
2.5.4	Série PDP-11	68
2.5.5	CDC 6600	69
2.6	Quarta geração de computadores (1971-1980)	70
2.6.1	Tecnologias associadas	70
2.6.2	Sinclair ZX80	71
2.6.3	Apple I e II	72
2.6.4	IBM 370	72
2.6.5	VAX 11/780	73
2.7	Quinta geração de computadores (1981-1990)	73
2.7.1	Tecnologias associadas	73
2.7.2	Sun Sparcstation	74
2.7.3	Commodore 64	75
2.7.4	IBM/PC	76
2.7.5	Macintosh	78
2.8	Sexta geração de computadores (1991–?)	79

Sumário

	2.8.1 Tecnologias associadas	79
	2.8.2 iPhone	81
	2.8.3 Arduino	82
	2.8.4 Raspberry Pi	83
2.9	Supercomputadores	84
2.10	Computadores no Brasil	86
	2.10.1 Computador Zezinho	87
	2.10.2 Lourinha	87
	2.10.3 Patinho Feio	88
	2.10.4 Minicomputador G-10	88
	2.10.5 Cobra Computadores	89
	2.10.6 Outras iniciativas	90
	2.10.7 Projetos acadêmicos	91
2.11	Exercícios propostos	99

3 Organização do computador e do processador — 107

3.1	Arquitetura de von Neumann	107
3.2	Modelo de barramento de sistema	110
	3.2.1 Processador	111
	3.2.2 Memória	113
	3.2.3 Entrada e saída	113
3.3	O funcionamento do processador	114
	3.3.1 Execução das instruções	117
	3.3.2 Unidade de controle	118
	3.3.3 Modos de endereçamento	121
	3.3.4 Ordenação dos *bytes* na memória	123
3.4	Tipos de arquitetura de processador	125
	3.4.1 Arquitetura de pilha	125
	3.4.2 Arquitetura de acumulador	126
	3.4.3 Arquitetura memória-memória	127
	3.4.4 Arquitetura registrador-memória	128
	3.4.5 Arquitetura registrador-registrador	128
3.5	RISC *versus* CISC	129
3.6	Processador Sapiens	131
	3.6.1 Apresentação	131
	3.6.2 Conjunto de instruções	132
	3.6.3 Operações de entrada e saída	139
	3.6.4 Microarquitetura	139
3.7	Exercícios propostos	141

4 Memória principal e hierarquia de memória — 147

4.1	Memória principal	147
	4.1.1 Conceitos básicos	148
4.2	Classificação das memórias	150
	4.2.1 Memórias de acesso aleatório ou sequencial	150
	4.2.2 Memórias voláteis ou não voláteis	151
	4.2.3 Memórias dinâmicas ou estáticas	152
	4.2.4 Memórias dinâmicas assíncronas	155
	4.2.5 Memórias dinâmicas síncronas	156
	4.2.6 Paridade e código de correção de erro	160

	4.2.7 Memórias Flash	161
4.3	Hierarquia de memória	163
	4.3.1 Introdução	163
	4.3.2 Conceito de localidade	165
	4.3.3 Métricas importantes	167
4.4	Memória cache	168
	4.4.1 Estratégias de mapeamento da memória cache	169
	4.4.2 Tamanho do bloco	173
	4.4.3 Operações de escrita	173
	4.4.4 Política de substituição de blocos	175
	4.4.5 Os três Cs	176
	4.4.6 Caches virtuais e físicas	177
	4.4.7 Caches separadas e multiníveis	177
4.5	Memória virtual	179
4.6	Exercícios propostos	184

5 Entrada e saída, barramentos e redes de comunicação — 191

5.1	Conceitos básicos	191
	5.1.1 Programação de interfaces de E/S	192
	5.1.2 Exceções e interrupção	195
	5.1.3 Acesso direto à memória – DMA	198
	5.1.4 Chipset	200
5.2	Transmissão da informação	201
	5.2.1 Transmissão em paralelo	202
	5.2.2 Transmissão serial	203
	5.2.3 Detectando e corrigindo erros de transmissão	205
5.3	Barramentos de E/S	206
	5.3.1 Características dos barramentos	206
	5.3.2 Evolução dos barramentos	208
	5.3.3 Barramentos de E/S legados	209
	5.3.4 USB – Universal Serial Bus	212
	5.3.5 PCIe – PCI Express	214
	5.3.6 SATA – Serial ATA	217
	5.3.7 Barramentos de vídeo	219
5.4	Redes de comunicação	222
	5.4.1 Fibra óptica	223
	5.4.2 Ethernet	225
	5.4.3 Wi-Fi	230
	5.4.4 Bluetooth	235
5.5	Exercícios propostos	236

6 Armazenamento e periféricos — 243

6.1	Iniciando o computador	244
	6.1.1 BIOS	244
	6.1.2 UEFI	246
6.2	Disco Rígido – HDD	247
	6.2.1 Estrutura interna	247
	6.2.2 Características e desempenho	249
	6.2.3 Esquemas de particionamento	251
6.3	Dispositivo de estado sólido – SSD	253

Sumário XIX

6.4 Discos rígidos *versus* dispositivos de estado sólido 255
6.5 Outros dispositivos de armazenamento 257
6.6 RAID 258
   6.6.1 RAID 0 258
   6.6.2 RAID 1 259
   6.6.3 RAID 10 259
   6.6.4 RAID 01 260
   6.6.5 RAID 5 261
   6.6.6 RAID 6 261
   6.6.7 Resumo 262
6.7 Sistemas de armazenamento 263
   6.7.1 DAS 263
   6.7.2 SAN 264
   6.7.3 NAS 264
   6.7.4 DAS, NAS ou SAN? 265
   6.7.5 Armazenamento em nuvem 267
6.8 Periféricos 268
   6.8.1 Teclados 268
   6.8.2 *Mouse* 272
   6.8.3 Impressoras 274
   6.8.4 Vídeo 280
6.9 Exercícios propostos 283

7 Programação em linguagem de montagem 291

7.1 Da linguagem de alto nível à execução real 291
7.2 Linguagem de montagem do Sapiens 294
   7.2.1 Introdução 294
   7.2.2 Aspectos gerais 296
   7.2.3 Representação de números 298
7.3 Atribuições de variáveis 298
   7.3.1 Atribuição de uma constante 299
   7.3.2 Atribuição simples 300
7.4 Operações aritméticas 300
   7.4.1 Operação com uma variável e uma constante 301
   7.4.2 Operação com duas variáveis 301
   7.4.3 Operação com três variáveis 302
7.5 Testes e desvios 303
7.6 Repetições 306
   7.6.1 Repetições simples 307
   7.6.2 Repetições com contador 307
7.7 Soma e subtração em 16 bits 308
7.8 Operações de entrada e saída 309
   7.8.1 Instruções IN e OUT 309
   7.8.2 Instrução TRAP 311
7.9 Acessando um vetor 313
   7.9.1 Indexando os elementos de um vetor 313
   7.9.2 Soma dos elementos pares em um vetor 314
   7.9.3 Maior elemento de um vetor 315
7.10 Uso de sub-rotinas e da pilha 317
7.11 Usos alternativos para o apontador de pilha 321

7.12 Exercícios propostos 323

8 Arquiteturas avançadas   329

8.1 Arquitetura de processador com *pipeline* 329

    8.1.1 Funcionamento básico 330

    8.1.2 Detalhes de implementação 331

    8.1.3 Estudo de caso: MIPS R2000 335

8.2 Arquiteturas superpipelined 338

    8.2.1 Funcionamento básico 338

    8.2.2 Detalhes de implementação 338

    8.2.3 Estudo de caso: Pentium 4 339

8.3 Arquiteturas superescalares 342

    8.3.1 Funcionamento básico 342

    8.3.2 Detalhes de implementação 343

    8.3.3 Estudo de caso: ARM Cortex-A72 345

8.4 Processadores multicores e manycores 347

    8.4.1 Funcionamento básico 347

    8.4.2 Detalhes de implementação 348

    8.4.3 Estudo de caso: Intel Xeon Phi 350

8.5 Arquiteturas VLIW 352

    8.5.1 Funcionamento básico 352

    8.5.2 Histórico 352

    8.5.3 Estudo de caso: Itanium IA-64 353

8.6 Arquiteturas *multithreading* 356

    8.6.1 Funcionamento básico 356

    8.6.2 Detalhes de implementação 357

    8.6.3 Estudo de caso: IBM Power5 359

8.7 Aceleradores 361

    8.7.1 Funcionamento básico 361

    8.7.2 Estudo de caso: GPU Kepler 361

8.8 Arquiteturas paralelas 364

    8.8.1 Arquiteturas SISD 365

    8.8.2 Arquiteturas SIMD 365

    8.8.3 Arquiteturas MIMD 368

    8.8.4 Estudo de caso: supercomputador Netuno 370

8.9 Exercícios propostos 373

Referências   379

Índice alfabético   381

1
A informação e sua representação

"Conto os versos de um poema, calculo a altura de uma estrela, avalio o número de franjas, meço a área de um país, ou a força de uma torrente – aplico, enfim, fórmulas algébricas e princípios geométricos – sem me preocupar com os louros que possa tirar de meus cálculos e estudos!"

Malba Tahan, *O Homem que Calculava*

A informação pode ser representada de diversas maneiras, seja por meio de letras, palavras, códigos, imagens, sons ou vídeos. Neste momento, ao fazer a leitura deste livro, estamos comunicando nossas ideias por meio de um conjunto preestabelecido de regras gramaticais da língua portuguesa, elaboradas e consolidadas ao longo de vários séculos. O computador também utiliza códigos para facilitar e agilizar a manipulação de informações.

Neste capítulo vamos apresentar detalhes importantes sobre a origem dos números e os diversos sistemas de numeração, com foco principalmente no sistema binário; em seguida, apresentamos as operações lógicas e aritméticas com números binários; e um resumo importante sobre a forma de representação dos caracteres nos sistemas de informação; finalmente, os diversos detalhes sobre a representação de números inteiros e de ponto flutuante utilizados na computação.

1.1 SISTEMAS DE NUMERAÇÃO

1.1.1 A origem dos números

A necessidade de contar é algo que acompanha o ser humano desde tempos imemoriais. Muitas cavernas pré-históricas registram contagens, provavelmente de animais, na forma de riscos colocados um ao lado do outro, e agrupados por traços diagonais, para melhorar a leitura, como na Figura 1.1.

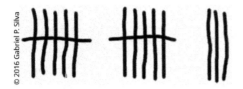

Figura 1.1. Sistema Rudimentar de Contagem.

Diversas formas de contar e representar números foram inventadas e efetivamente utilizadas por muitos povos. Quando crianças, aprendemos a contar nos dedos das duas mãos, de um até dez, e isso nos parece a coisa mais natural do mundo. Porém, muitos povos da antiguidade contavam usando uma outra tática, provavelmente mais eficiente do que a nossa, com apenas uma das mãos: eles usavam o polegar para indicar em cada dedo a falange, falanginha e falangeta, e assim, cada dedo podia contar 3 números, possibilitando a contagem de 12 números em cada mão (3 × 4), tirando o polegar, obviamente, que era usado para apontar, como visto na Figura 1.2 (IFRAH, 2009).

Tanto naqueles povos antigos quanto no mundo de hoje, a contagem de pequenas quantidades poderia facilmente ser feita com uma ou duas mãos. Porém, quando essa quantidade aumenta, é necessário usar alguma outra tática. Muitas possibilidades existem para manipular números maiores. Hoje em dia, para levarmos uma quantidade razoável de dinheiro, utilizamos notas de diferentes valores, de dois, cinco, dez, vinte, cinquenta ou cem reais, ao invés de uma montanha de moedas de um real.

De modo muito parecido, os romanos faziam mais ou menos isso, usando as letras I, V, X, L, C etc. para registrar os números grandes. A representação de um certo valor em notas de dinheiro não é unívoca, como a notação romana também não o era. Assim, seria possível utilizar XXXXXX para representar o número 60, mas na prática a notação LX era preferida, assim como nós geralmente preferimos uma nota de 50 e outra de 10 e não seis notas de 10.

Não havia na notação romana a representação explícita do zero, e a necessidade do uso do zero

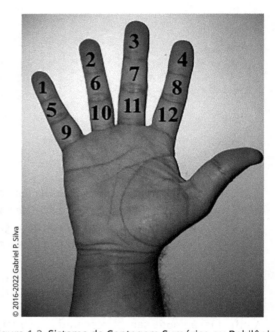

Figura 1.2. Sistema de Contagem Sumérico ou Babilônico.

apareceu um bom tempo depois. Explicando melhor, pense que só existam as notas de dinheiro de 1, 10 e 100 reais. Para representar o valor 372, poderíamos dizer: 3 notas de 100, 7 notas de 10 e 2 notas de 1. Já para representar o valor 302, poderíamos dizer 3 notas de 100, ZERO notas de 10 e 2 notas de 1. Essa informação de ZERO notas de 10 é inócua, e realmente não se usa na prática, como os romanos também não usavam nos seus números.

O número 10 é um padrão importante na representação da contagem moderna que vem desde os tempos dos romanos (na verdade, os romanos também usavam o número 5). Isso é fácil de aceitar, porque temos 10 dedos ou 5 dedos em cada mão. Mas os sumérios, e depois os babilônios, contavam 12 em cada mão, e não 10. Então, era esperado que usassem números diferentes.

Exemplificando, um mercador contava 1, 2, 3, 4, ...12 (acabavam os dedos da mão) e continuava contando: uma mão mais 1, uma mão mais 2, uma mão mais 3 etc. Na escrita registrada da Babilônia, o sistema numérico utilizava dois símbolos adjacentes. O primeiro símbolo representava o número de mãos, enquanto o segundo indicava a quantidade de dedos, finalizando a contagem. Por razões que não vale a pena explicar neste contexto, a contagem básica estendia-se até 60 (correspondendo a 5 dedos em uma mão e 12 falanges na outra). Atualmente, essa contagem babilônica ainda influencia nossos relógios, que dividem o dia em 12 horas em vez de 10.

Capítulo 1. A informação e sua representação **3**

> Note que o uso da contagem até 60 é muito interessante, esse número é múltiplo de 2, 3, 4, 5 e 6 (além de outros), trazendo simplicidade para as operações aritméticas envolvendo divisão, quando realizadas mentalmente.

Uma invenção bastante interessante apareceu com os hindus por volta do século V e consistia no uso de dígitos lado a lado, em que a posição representava valores multiplicativos. Imaginemos notas de 1, 10 e 100 reais; podemos então pensar assim, 3 notas de 100 reais, 7 notas de 10 reais e 2 notas de 1 real. Então, não usamos o valor das notas e colocamos apenas a quantidade de notas. Usamos a escrita da esquerda para a direita na ordem decrescente dos valores das notas, assim: 3 7 2. A própria forma de falar este número é uma imagem desta representação: trezentos (ou três centos) e setenta (ou sete dezenas) e dois (duas unidades).

Nessa representação, originalmente se deixava um espaço (e não um zero) para indicar que numa casa específica não existia um fator multiplicativo. Ou seja, se escrevia 3_2 para representar o número 302. O símbolo zero foi inventado para facilitar a leitura deste espaço. O zero é um símbolo que, ao ser multiplicado por qualquer outro, produz um resultado nulo. Zero reais, ou zero dezenas (ou seja, zero vezes 10), ou zero centenas (ou seja zero vezes cem), tudo produz um valor nulo.

Note que seria possível empregar quaisquer valores para notas de dinheiro, mas os registros históricos mostram que essa invenção usava necessariamente, em operações matemáticas, valores múltiplos para as casas representadas: 1, 10, 100, 1000 etc. Esses valores fundamentais para as casas é denominado em Matemática BASE do sistema de numeração posicional.

Mas por que usamos base 10? Claro, temos 10 dedos. Mas os babilônios usavam a base 10? Certamente, não. Pense a respeito e faça uma pesquisa sobre como eles provavelmente escreviam seus números.

> E se fôssemos habitantes de Andrômeda, que têm 6 dedos em cada uma das suas 2 mãos, como contaríamos? E se fôssemos habitantes de Alfa Centauro, que têm 8 dedos em cada uma das suas 4 mãos, como faríamos?

1.1.2 Uma breve introdução

Para melhor compreender os sistemas de numeração, ou seja, as diferentes formas de representar valores utilizadas pela humanidade, vamos recorrer à uma comparação com um instrumento de contagem utilizado para medir as distâncias percorridas nos veículos automotores: o odômetro ou hodômetro.

O odômetro, em sua versão mais antiga, é um equipamento mecânico que está normalmente no painel do veículo, marcando os quilômetros rodados, e é conectado ao pneu por um cabo. Quando a roda gira, o dígito à direita também gira de forma sincronizada, só que bem mais devagar. Quando qualquer dígito ultrapassa o valor 9, uma pequena alavanca faz girar de uma unidade o próximo dígito à esquerda. Veja a Figura 1.3.

É fácil perceber que o odômetro tradicional apresenta números formados de maneira idêntica aos que estamos acostumados a usar na nossa civilização, ou seja, são compostos por dígitos de 0 a 9, e os dígitos são colocados lado a lado, indicando as casas de unidades, dezenas, centenas etc.

As bases de numeração

O odômetro tem engrenagens sobrepostas pelos dígitos de 0 a 9 (ou seja, cada rodinha tem 10 dígitos). Isso parece óbvio, já que é assim que funciona nosso sistema de numeração usual, que aprendemos desde a pré-escola.

Teoricamente, entretanto, o uso de 10 dígitos foi algo inventado há muitas centenas de anos atrás, e em algum momento do passado pode ter sido diferente. Como dissemos anteriormente, os babilônios não usavam os dedos abertos para contar, mas contavam com o polegar indicando as falanges, permitindo um

Figura 1.3. Odômetro Mecânico.

total de 12 configurações. Se fosse assim, nosso odômetro teria em cada rodinha dois dígitos a mais que poderíamos, por exemplo, chamar de A e B, na falta de uma ideia melhor. Então, usando a lógica do odômetro:

- nosso número decimal 9 seria representado como 000009
- nosso número decimal 10, como 00000A
- nosso número decimal 11, como 00000B
- nosso número decimal 12, como 000010
- nosso número decimal 13, como 000011

E assim por diante. Chamaremos este sistema de "duodecimal".

Um desafio: conversão de números representados em bases não decimais

Quando estamos lidando com uma base não decimal é preciso estabelecer uma convenção para indicar que base é essa. A forma usual de fazer isso é indicar a base como um subscrito, opcionalmente entre parênteses, como a seguir: $1B15A2_{12}$ ou $1B15A2_{(12)}$. A representação "$_{(12)}$" deve ser lida como "na base 12".

Trabalhar com números em bases não decimais nos leva a dominar certas técnicas, tais como calcular o valor em decimal para número $1B15A2_{(12)}$. Poderíamos também fazer o caminho inverso, começar com um número decimal e perguntar qual a sua representação na base 12.

Resumindo, como converter um número decimal para outra base, e vice-versa? É bem simples solucionar esta questão, bem como diversos outros desafios envolvendo aritmética não decimal, com destaque à aritmética binária (base 2), atualmente usada em quase todos os computadores. Esta é uma temática importante que veremos mais adiante neste livro.

> Ao longo da história, muitas foram as propostas de uso de sistemas alternativos de numeração. Por volta de 1717, o rei Carlos XII da Suécia, que tinha um grande talento para a Matemática, defendia que seria muito mais eficiente calcular se o sistema de numeração tivesse apenas os dígitos 0 a 7 (o que poderíamos chamar de sistema "octal"). Infelizmente, ele morreu em batalha antes de ver seu plano implantado em todo país, e assim, a ideia morreu com ele, sendo ressuscitada cerca de 250 anos depois em certas linguagens de programação como "C".[1]

---

[1] Disponível em: https://www.informit.com/articles/article.aspx?p=2221791. Acesso em: 19 mar. 2024.

Capítulo 1. A informação e sua representação **5**

1.1.3 Representação posicional de números

Com a evolução da Matemática, a numeração posicional se estabeleceu em praticamente todos os países. Nesta notação, os algarismos (dígitos) são colocados lado a lado e sua posição indica uma potência da base pela qual eles serão multiplicados.

No sistema de numeração que conhecemos desde as primeiras séries escolares, a base 10, faz-se uso dos dígitos 0, 1, 2, 3, 4, 5, 6, 7, 8, 9. Nele um número é representado como no exemplo a seguir:

$$372 = 3 \times 100 + 7 \times 10 + 2 \times 1$$

A base é 10 e os números 100, 10 e 1 são, respectivamente:

$$100 = 10^2; \ 10 = 10^1 \ e \ 1 = 10^0$$

$$372 = 3 \times 10^2 + 7 \times 10^1 + 2 \times 10^0$$

A operação de contagem na base 10 é simples. Cada casa começa com 0 e, quando se chega a 9, a próxima casa é incrementada. Por simplicidade, zeros à esquerda não precisam ser escritos. Veja o exemplo na Tabela 1.1.

Tabela 1.1. Base Decimal

0	1	2	3	4	5	6	7	8	9
10	11	12	13	14	15	16	17	18	19
20	21	22	23	24	25	26	27	28	29
...	...	...	...	...	...	...	...	...	...
80	81	82	83	84	85	86	87	88	89
90	91	92	93	94	95	96	97	98	99
100	101	102	103	104	105	106	107	108	109

Quando se atinge 99, a contagem é iniciada novamente, considerando mais um dígito igual a 1, ou seja, 100, 101, 102 etc. A mesma coisa acontece em 999, ou 9999, ou 99999. Atualmente, em nossa vida diária e em quase todos os países do mundo, a base 10 é a campeã absoluta. Entretanto, poderíamos efetivamente usar outras bases. Imagine que escolhemos usar a base 5 (ou seja, contar apenas com uma das mãos). Neste sistema de numeração existiriam 5 dígitos básicos: 0, 1, 2, 3 e 4.

Repare que na base 5 não existe o número 5 (sic!), bem como nenhum número formado por dígitos diferentes de 0, 1, 2, 3 ou 4. Poderíamos tentar estabelecer um paralelo entre a base 5 e a base 10. Para não haver confusão, vamos colocar um subscrito após o número para diferenciá-lo: $13_{(10)}$ indica um número 13 na base decimal, e $13_{(5)}$ indica um número na base 5. Se contarmos na base 5, teremos a seguinte sequência: 0, 1, 2, 3, 4, 10, 11, 12, 13, 14, 20, 21 etc. Podemos dizer então que:

$$13_{(5)} = 8_{(10)}$$

Veremos mais adiante algumas técnicas bastante simples para converter números representados em bases diferentes.

1.1.4 Representação binária

A base 10 era usada também nos primeiros computadores eletromecânicos, como o Mark I (veja na Seção 2.2.4). Diversos matemáticos e engenheiros estavam naquela época envolvidos com o desenvolvimento de computadores e seus programas, mas os cientistas logo perceberam que os circuitos elétricos usados para implementar as operações aritméticas eram bastante complexos. Isso acontecia exatamente porque a base 10 utiliza dez representações diferentes para os dígitos.

Consequentemente, foi adotado um esquema alternativo mais econômico e de maior confiabilidade elétrica. Nesse sistema, não foram usados 10 dígitos, mas sim apenas dois: o zero e o um. Isso significa que a base utilizada passou a ser 2.

É fácil entender o porquê disso, já que em termos elétricos/eletrônicos o dígito '0' pode ser associado com mais facilidade a um circuito elétrico desligado e o dígito '1' a um circuito ligado. Isso é muito mais simples do que implementar, por exemplo, um circuito que tivesse internamente diversos níveis de tensão, no caso, dez níveis. Na base 2 a contagem dos números seria assim:

$$000\ 001\ 010\ 011\ 100\ 101\ 110\ 111\ldots$$

Podemos facilmente para estabelecer que:

$$000_{(2)} = 0_{(10)}$$
$$001_{(2)} = 1_{(10)}$$
$$010_{(2)} = 2_{(10)}$$
$$011_{(2)} = 3_{(10)}$$
$$100_{(2)} = 4_{(10)}$$
$$101_{(2)} = 5_{(10)}$$

E assim por diante. Alguém poderia observar que um número binário relativamente pequeno teria muitos dígitos se comparado à sua contraparte, na base 10. Realmente:

$$1111111111_{(2)} = 1023_{(10)}$$

Mas a simplicidade e tamanho dos circuitos necessários para implementar essas operações em um computador é imensamente menor e compensa essa diferença.

1.1.5 Representação octal e hexadecimal

Quando nós, seres humanos, queremos exprimir um número na base 2, também chamada base binária, nos deparamos com um problema: a possibilidade de transcrição com erro é imensa pois os números têm muitos dígitos. Assim, é comum que nós, programadores, utilizemos duas outras bases alternativas, cuja conversão para a base 2 é quase imediata e pode ser feita sem calculadora: a base 8 (hoje, em desuso) e a base 16, também chamada base hexadecimal. Veremos mais adiante como essas bases são usadas para a escrita simplificada e alternativa de números binários.

Todas as linguagens de programação modernas possuem facilidades para escrita de números hexadecimais. Esse fato poderia causar um certo espanto a princípio, mas a razão para isso é simples: essas bases são usadas para tornar a escrita de números binários por seres humanos mais simples e menos sujeita a erros.

Na base 8 existem oito dígitos básicos: 0, 1, 2, 3, 4, 5, 6 e 7. Veja na Tabela 1.2 como podemos contar usando apenas esses dígitos. Repare que não existe o dígito 8 na base octal, e que só existem números formados por dígitos entre 0 e 7. Ou seja, depois do número 77 vem o número 100. Inicialmente, pode ser difícil de acreditar, mas é facílimo fazer a conversão "de cabeça":

$$3414257_{(8)} = 011\ 100\ 001\ 100\ 010\ 101\ 111_{(2)}$$

Tabela 1.2. **Base Octal**

0	1	2	3	4	5	6	7
10	11	12	13	14	15	16	17
20	21	22	23	24	25	26	27
...	...	...	...	...	...	...	...
60	61	62	63	64	65	66	67
70	71	72	73	74	75	76	77
100	101	102	103	104	105	106	107

Já na base 16 temos um problema, porque ela é formada por 16 símbolos diferentes e, contudo, estamos acostumados a usar apenas 10 dígitos (de 0 a 9). Como fazer para representar os seis dígitos que faltam? A solução mais usada, especialmente para não ter que inventar novos símbolos, é usar as letras A, B, C, D, E e F para representar estes novos dígitos. Podemos ver na Tabela 1.3 como essa contagem é feita.

É importante guardar de cabeça, por conta das conversões que teremos que realizar, uma equivalência entre as letras da representação hexadecimal e seus valores absolutos de representação na base 10.

$A_{(16)}$ equivale a $10_{(10)}$

$B_{(16)}$ equivale a $11_{(10)}$

$C_{(16)}$ equivale a $12_{(10)}$

$D_{(16)}$ equivale a $13_{(10)}$

$E_{(16)}$ equivale a $14_{(10)}$

$F_{(16)}$ equivale a $15_{(10)}$

Então, a contagem em hexadecimal seria feita da seguinte maneira:

Depois do F vem 10, 11, …1F.
Depois do 1F vem 20, 21, …2F.
…
Depois do EF vem F0, F1, …FF.
Depois do FF vem 100, 101, 102 etc.

Tabela 1.3. Base Hexadecimal

0	1	2	3	4	5	6	7	8	9	A	B	C	D	E	F
10	11	12	13	14	15	16	17	18	19	1A	1B	1C	1D	1E	1F
20	21	22	23	24	25	26	27	28	29	2A	2B	2C	2D	2E	2F
…	…	…	…	…	…	…	…	…	…	…	…	…	…	…	…
E0	E1	E2	E3	E4	E5	E6	E7	E8	E9	EA	EB	EC	ED	EE	EF
F0	F1	F2	F3	F4	F5	F6	F7	F8	F9	FA	FB	FC	FD	FE	FF
100	101	102	103	104	105	106	107	108	109	10A	10B	10C	10D	10E	10F

1.1.6 Conversão entre bases

Existem motivações (sejam históricas, de costume ou eletrônicas) para escolhermos usar uma certa base para representação dos números em determinadas situações. Nosso relógio apresenta as informações na bases 12 e 60, por razões completamente históricas, e isso em geral não nos traz maiores complicações (a menos que queiramos saber, por acaso, quantas horas e minutos são gastos para assar 10 bolos num forno, sendo que cada um leva 6 minutos e 30 segundos para assar). Um outro exemplo, na memória dos computadores modernos a informação está armazenada na base 2, porque essa escolha simplifica enormemente os circuitos eletrônicos e permite que sejam mais rápidos e eficientes.

Entretanto, nós fomos educados na base 10, e é nesta base que conseguimos raciocinar com clareza. Vamos ensinar as técnicas simples que são usadas para converter números para bases diversas, enfatizando:

- A base 10 – que nós conhecemos muito bem;
- A base 2 – útil no projeto e programação dos computadores atuais;
- As bases que são potência de 2, em especial a base 16 – muito usadas como uma alternativa para representar números binários de uma forma mais simples.

Conversão de um número em uma base qualquer para a base 10

Nós mostramos anteriormente a representação de um número decimal comum, 372, como uma soma de múltiplos de potências de 10:

$$372_{(10)} = 3 \times 100 + 7 \times 10 + 2 \times 1$$

Capítulo 1. A informação e sua representação   **9**

Ou ainda:

$$372_{(10)} = 3 \times 10^2 + 7 \times 10^1 + 2 \times 10^0$$

Então, por analogia, podemos utilizar um outro número em outra base qualquer e aplicar o mesmo raciocínio. Vejamos, o número 142 na base 8 seria calculado usando potências de 8, em vez de potências de 10.

$$142_{(8)} = 1 \times 8^2 + 4 \times 8^1 + 2 \times 8^0$$

Ou seja:

$$142_{(8)} = 1 \times 64 + 4 \times 8 + 2 \times 1$$
$$142_{(8)} = 64 + 32 + 2 = 98_{(10)}$$

Outro exemplo, usando a base 2. Repare que o último fator multiplicativo, o da direita, será sempre elevado a zero. E, relembrando, qualquer coisa elevada a zero NÃO É IGUAL A ZERO, cuidado, é UM!

$$1001_{(2)} = 1 \times 2^3 + 0 \times 2^2 + 0 \times 2^1 + 1 \times 2^0 = 8 + 0 + 0 + 1 = 9_{(10)}$$

Outro exemplo usando a base hexadecimal:

$$1C7A_{(16)} = 1 \times 16^3 + C \times 16^2 + 7 \times 16^1 + A \times 16^0$$

Antes de mais nada lembre-se de que, em hexadecimal:

$$A_{(16)} \text{ vale } 10_{(10)}$$
$$C_{(16)} \text{ vale } 12_{(10)}$$

$$1C7A_{(16)} = 1 \times 16^3 + 12 \times 16^2 + 7 \times 16^1 + 10 \times 16^0 = 4.096 + 3.072 + 112 + 10$$

$$1C7A_{(16)} = 7.290_{(10)}$$

Conversão de um número na base 10 para uma base qualquer

Para converter um número na base 10 para uma base B, a ideia é fazer divisões sucessivas do número pela base B, até o quociente ser zero e, em seguida, combinar os restos obtidos na ordem inversa. Se quisermos converter a representação do número 103 na base 10 para a base 5, vamos utilizar a técnica de dividir sucessivamente 103 por 5.

$$103/5 = 20, \text{resto } 3$$
$$20/5 = 4, \text{resto } 0$$
$$4/5 = 0, \text{resto } 4$$

Agora lemos os restos de trás para diante:

$$103_{(10)} = 403_{(5)}$$

Conferindo:

$$4 \times 5^2 + 0 \times 5^1 + 3 \times 5^0 = 100 + 0 + 3 = 103_{(10)}$$

A maior parte das pessoas faz isso desenhando uma escadinha de divisões, parando quando não der mais para dividir. Neste cas,o não esquecer de pegar também o último quociente e juntar com os restos, em ordem reversa (ou então fingir uma última divisão em que o último quociente seja zero).

Lemos o último quociente e os restos de trás para diante:

$$103_{(10)} = 403_{(5)}$$

Vamos converter agora 327 na base 10 para a base 2.

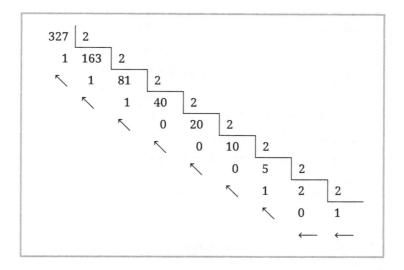

$$327_{(10)} = 101000111_{(2)}$$

Se quisermos converter 300 na base 10 para a base 16 (hexadecimal), o problema pode ser resolvido exatamente da mesma maneira, não esquecendo de traduzir, sempre que o resto for maior que 9, pelas letras A, B, C, D, E ou F.

$$300/16 = 18, \quad \text{resto } 12 \rightarrow 12 \text{ vale "C"}$$
$$18/16 = 1, \quad \text{resto } 2$$
$$1/16 = 0, \quad \text{resto } 1$$

Portanto:

$$300_{(10)} = 12C_{(16)}$$

Conversão de números em bases potência de 2 para a base binária

Para entendermos a ideia desta conversão, montamos a Tabela 1.4 com uma contagem sequencial usando a base 8, sendo que ao lado de cada contagem colocamos a sua representação em binário, usando 5 dígitos binários.

Tabela 1.4. Conversão da Base 8 para Base 2

00	00000	10	01000	20	10000	30	11000
01	00001	11	01001	21	10001	31	11001
02	00010	12	01010	22	10010	32	11010
03	00011	13	01011	23	10011	33	11011
04	00100	14	01100	24	10100	34	11100
05	00101	15	01101	25	10101	35	11101
06	00110	16	01110	26	10110	36	11110
07	00111	17	01111	27	10111	37	11111

> Repare agora que os números binários começam sempre:
>
> Na segunda coluna, por 00 $\longrightarrow$ 0 em decimal
>
> Na quarta coluna, por 01 $\longrightarrow$ 1 em decimal
>
> Na sexta coluna, por 10 $\longrightarrow$ 2 em decimal
>
> Na oitava coluna, por 11 $\longrightarrow$ 3 em decimal

Existe uma repetição na parte direita dos dígitos binários, em todas as colunas. Com um pouco de imaginação podemos então chegar a uma regra muito simples. Para converter um número numa base potência de dois para a base 2, simplesmente escreva individualmente os dígitos do número na base 2, com um número de casas igual à potência de dois! ... Como assim? Sabemos que 8 é 2 elevado a 3, então:

$$416_{(8)} = \text{vale quanto na base 2?}$$

Pode ser escrito assim:

$$4 \text{ escrito em binário com 3 dígitos} \longrightarrow 100$$
$$1 \text{ escrito em binário com 3 dígitos} \longrightarrow 001$$
$$6 \text{ escrito em binário com 3 dígitos} \longrightarrow 110$$

Ou seja,

$$416_{(8)} = 100\ 001\ 110_{(2)}$$

Para não errarmos, é interessante escrever uma pequena tabela de conversão da base 8 para a base 2, conforme apresentado na Tabela 1.5.

Vamos em seguida converter o número 3CF1 da base 16 para a base 2. Antes de mais nada, para nos ajudar, vamos escrever uma outra tabela simplificada de conversão da base 16 para a base 2, conforme exemplificado na Tabela 1.6.

Tabela 1.5. **Conversão Base 8 para Base 2**

Base 8	0	1	2	3	4	5	6	7
Base 2	000	001	010	011	100	101	110	111

Tabela 1.6. **Conversão Base 16 para Base 2**

Base 16	Base 2	Base 16	Base 2
0	0000	8	1000
1	0001	9	1001
2	0010	A	1010
3	0011	B	1011
4	0100	C	1100
5	0101	D	1101
6	0110	E	1110
7	0111	F	1111

Agora converta automaticamente:

$$3CF1_{(16)} = 0011\ 1100\ 1111\ 0001$$

> Foram deixados espaços em branco no meio do número binário que tem, na verdade, 16 dígitos em sequência. Isso foi feito para facilitar a leitura, de modo que você perceba claramente que foram usados os números da tabela.

Uma dica para decorar a tabela da base 16: decore apenas a tabela de conversão binária da base 8. Para escrever a tabela da base 16, escreva esta tabela binária duas vezes em duas colunas, como mostrado aqui, colocando um dígito 0 antes dos números binários da primeira coluna e o dígito 1 na segunda coluna.

Conversão genérica entre quaisquer bases

Para converter entre uma base B1 e outra base B2 genéricas, a técnica mais usada é realizar a conversão em dois passos:

> 1º: Converta o número na base B1 para a base 10;
>
> 2º: Depois converta este novo número na base 10 para a base B2.

Vamos fazer os seguintes passos para converter 317 na base 8 para a base 5.

1. Primeiro, converta 317 na base 8 para a base 10:

$$317_{(8)} = 3 \times 8^2 + 1 \times 8^1 + 7 \times 8^0 = 207_{(10)}$$

2. Agora, converta 207 na base 10 para a base 5:

$$207/5 = 41, \text{resto } 2$$
$$41/5 = 8, \text{resto } 1$$
$$8/5 = 1, \text{resto } 3$$
$$1/5 = 0, \text{resto } 1$$

3. Finalmente:

$$317_{(8)} = 207_{(10)} = 1.312_{(5)}$$

1.2 OPERAÇÕES LÓGICAS

Em nossa vida diária, nós estamos muito acostumados a realizar certas ações a partir da análise daquilo que poderíamos chamar de "condições". Por exemplo, numa situação corriqueira eu poderia dizer para um amigo algo assim: "somente se alguém me procurar, me acorde". Aqui temos uma ação: "me acorde", que será executada quando a condição "alguém me procurar" ocorrer. Em outras palavras, a condição ser verdadeira é o pré-requisito de a ação ser executada.

Nossa mente funciona assim, de forma automática. Nós recebemos, quase sempre, instruções claras para fazer algo, mas é muito comum que essas instruções sejam dúbias. Imaginemos uma segunda situação, em que eu poderia dizer algo como "se alguém me procurar, acho que você poderia me acordar". A pergunta aqui é: vai acordar ou não? Mesmo que alguém me procure, pode ser que a pessoa decida não me chamar (se por acaso ficar com pena por imaginar que eu esteja muito cansado e não me chamar).

A primeira situação é mais fácil de lidar, pois se estabelece uma relação de causa e efeito bem compreensível. Já a segunda, exigirá um raciocínio mais nebuloso, envolvendo a probabilidade de você ficar com pena de mim, que traria como resultado uma probabilidade de me chamar ou não.

> Um leitor desavisado poderia simplificar a frase "somente se alguém me procurar, me acorde", mudando-a para "se alguém me procurar, me acorde". Isso traria a oportunidade de que meu amigo me chamasse mesmo que ninguém me procurasse, pois eu não estaria especificando o que deveria fazer nesta outra situação. Para sermos bem preciso, deveríamos falar algo mais complexo assim: "se alguém me procurar, me acorde, senão me deixe dormir".

Os estudos da lógica são muito antigos, mas destacamos aqui um matemático chamado George Boole, que estava profundamente interessado em expressar o funcionamento da mente humana em forma simbólica, tendo produzido dois livros sobre o assunto, "A Análise Matemática da Lógica" (1847) e "As Leis do Pensamento" (1854) (BOOLE, 2009) que acabaram por se tornar a base da ciência de hoje que trata da computação e dos

Capítulo 1. A informação e sua representação **15**

circuitos eletrônicos digitais. O resultado dos trabalhos daquele matemático é o que conhecemos, hoje, como "Álgebra de Boole".

Boole tratou as situações de decisão como equações matemáticas, realizadas sobre variáveis que podiam ter apenas dois valores (tais como, verdade ou mentira, '0' ou '1', quente ou frio). Por simplicidade, chamamos aqui de '0' algo que não acontece, e '1' algo que acontece. Nos seus estudos originais, Boole introduziu três operações sobre as variáveis e, usando uma nomenclatura simplificada, chamaremos aqui de OR, AND, NOT (em português: OU, E, NÃO).

1.2.1 Um primeiro exemplo

Vamos criar uma primeira equação booleana a partir de um exemplo. Um estudante diz para sua colega: "se eu me dedicar e a prova for razoável, eu vou passar". Temos aqui 3 variáveis:

d : que vale 1 caso eu me dedique;
r : que vale 1 quando a prova é razoável;
p : que vale 1 quando eu passar.

Por simplicidade vamos omitir o trecho complementar..."senão eu não vou passar", como você já depreendeu. A equação que expressa essa frase é:

$$d \text{ AND } r = p$$

Não entendeu? Simples, troque as variáveis por seu sentido. Troque **d** por "me dedicar". Troque **r** por "prova razoável". Troque **p** por "vou passar". Isso leva à equação, em português:

"me dedicar" E "prova razoável" = "vou passar"

Um outro exemplo: suponhamos que a variável **b** indique uma prova brutalmente difícil, uma nova equação poderia ser escrita como:

$$d \text{ AND } (\text{NOT } b) = p$$

Ou seja:

"me dedicar" E NÃO "prova brutal" = "vou passar"

1.2.2 Operadores OR, AND e NOT

É bem fácil intuir os funcionamentos dos operadores.

a) **NOT**: O mais fácil é o NOT (NÃO). Dizer **NOT x** significa dizer negar o que **x** é. Suponhamos o caso de **b**, significando que a prova é brutal. A expressão **NOT b** nega isso, ou seja, diz que a prova NÃO é brutal.

Repare que o operador NOT só atua sobre uma variável. Em um caso geral, se uma certa variável **x** tiver o valor 1, **NOT x** valerá 0. Se a variável **x** tiver o valor 0, **NOT x** valerá 1. Podemos resumir estas regras numa pequena tabela.

Tabela 1.7. Tabela da Verdade – Função NOT

x	NOT x
0	1
1	0

b) **AND**: Vamos intuir como funciona a partir da frase anterior: "se eu me dedicar e a prova for fácil, eu vou passar". Quando eu vou passar? Só quando essas duas variáveis forem verdade, ou seja, quando **d** for verdade e **f** também for verdade.

Repare que o operador AND atua sobre duas variáveis, por exemplo, **x** e **y**. Podemos resumir seu funcionamento numa tabela na qual o resultado da função será 1, apenas quando ambas variáveis forem 1.

Tabela 1.8. Tabela da Verdade – Função AND

x	y	x AND y
0	0	0
0	1	0
1	0	0
1	1	1

c) **OR**: Vamos agora modificar levemente: "se eu me dedicar ou a prova for moleza, eu vou passar".

$$d \text{ OR } m = p$$

Quando eu vou passar? Basta que uma dessas duas variáveis seja verdade, ou seja, **d** for verdade, eu passo, ou então **m** (abreviatura de moleza) for verdade, eu também passo.

O operador OR também opera sempre sobre duas variáveis, por exemplo, **x** e **y**. Podemos resumir seu funcionamento numa tabela onde basta que uma das variáveis seja igual 1 para que o resultado da função seja 1.

1.2.3 Outras funções booleanas

O equivalente às nossas funções AND, OR e NOT foi o que Boole estudou detalhadamente em seus livros, mas podemos fazer outras combinações. Por exemplo, em informática e eletrônica é muito comum o uso

Capítulo 1. A informação e sua representação   **17**

Tabela 1.9. Tabela da Verdade – Função OR

x	y	x OR y
0	0	0
0	1	1
1	0	1
1	1	1

da função "é diferente de" (em inglês, EXCLUSIVE OR, abreviado por XOR). Na função XOR o resultado é 1 quando as variáveis forem diferentes. Veja na tabela.

Tabela 1.10. Tabela da Verdade – Função XOR

x	y	x XOR y
0	0	0
0	1	1
1	0	1
1	1	0

Esta função é utilizada em circuitos eletrônicos, tais como de soma binária. Repare que, em binário, 0 + 0 = 0, 0 + 1 = 1 , 1 + 0 = 1 e 1 + 1 = 0, e vai 1. Então, à exceção deste "vai 1", o XOR é exatamente a soma binária! Mas o XOR é rigorosamente isso: uma comparação, com a indicação se as variáveis têm valores iguais ou diferentes. Há outras funções possíveis com duas variáveis:

- a função NAND é muito utilizada e é equivalente a um AND seguido de um NOT em sua saída (tabela da verdade do AND com a saída invertida);
- a função NOR é também comum em eletrônica e é equivalente a um OR com um NOT na sua saída (tabela da verdade do OR com a saída invertida);
- a função XNOR é equivalente a XOR seguido de um NOT em sua saída (tabela da verdade do XOR com a saída invertida).

Tabela 1.11. Tabela da Verdade – Função NAND

x	y	x NAND y
0	0	1
0	1	1
1	0	1
1	1	0

Tabela 1.12. Tabela da Verdade – Função NOR

x	y	x NOR y
0	0	1
0	1	0
1	0	0
1	1	0

Tabela 1.13. Tabela da Verdade – Função XNOR

x	y	x XNOR y
0	0	1
0	1	0
1	0	0
1	1	1

1.3 OPERAÇÕES ARITMÉTICAS

Nós aprendemos quando crianças algumas técnicas que foram sendo padronizadas ao longo dos séculos para fazer somas, subtrações, multiplicações e divisões, entre outras, sobre números decimais. Se quisermos calcular a soma de 23 + 39, montamos assim a conta:

$$
\begin{array}{r}
1 \\
23 \\
+39 \\
\hline
\end{array}
$$

Então, fazemos as operações por meio de uma tabuada memorizada, com números entre 0 e 9, da direita para esquerda, primeiro consultamos a tabuada para ver quanto vale 3 + 9 = 12. Doze é maior do que 9, então o resultado é 2 e vai 1.

$$
\begin{array}{r}
1 \\
23 \\
+39 \\
\hline
2 \\
\end{array}
$$

Depois, somamos o 2 com 3, e o resultado com 1.

$$
\begin{array}{r}
1 \\
23 \\
+39 \\
\hline
62 \\
\end{array}
$$

Capítulo 1. A informação e sua representação **19**

Aqui há dois detalhes importantes:

> 1. o uso de uma tabuada, que por eficiência deve ser decorada;
>
> 2. a conta é feita da direita para a esquerda. Poderia ser da esquerda para a direita? Sim, poderia, e o algoritmo não seria tão diferente, apenas teríamos que lidar com um processamento de "vai um" modificando dígitos já calculados. Isso era mais difícil quando só se escrevia com tinta, então teríamos que borrar números já escritos.

Entretanto, se a conta é feita de memória, onde não é nada difícil mudar um dígito armazenado na nossa memória, não importa a direção em que a conta é feita. Podemos também contar com os dedos, em vez de decorar uma tabuada, é só uma questão de rapidez. A aritmética de números binários segue o mesmo algoritmo, só que a tabuada é diferente. Vejamos a seguir.

1.3.1 Adição

A seguir, apresentamos a tabuada para adição de números binários:

$$0 + 0 = 0$$
$$0 + 1 = 1$$
$$1 + 0 = 1$$
$$1 + 1 = 0 \quad \text{e vai } 1$$

Explicando a última conta: $1 + 1 = 10_{(2)}$ (claro, o número $10_{(2)}$ vale 2 em decimal), ou em outras palavras, 0 e vai 1. Vamos então somar $01_{(2)} + 11_{(2)}$, realizando o cálculo da direita para a esquerda.

$$\begin{array}{r} 01 \\ +11 \\ \hline \end{array}$$

$1 + 1 = 0$ e vai 1. Então:

$$\begin{array}{r} 1 \\ 01 \\ +11 \\ \hline 0 \end{array}$$

Próximo dígito: $1 + 0 + 1 = 10_{(2)}$ ou 2 em decimal, ou seja 0 e vai 1.

$$\begin{array}{r} 1 \\ 01 \\ +11 \\ \hline 100 \end{array}$$

1.3.2 Subtração

Em uma primeira onda de intuição, poderíamos usar uma tabuada de subtração e proceder como na aritmética decimal.

$0 - 0 = 0$
$0 - 1 = 1$ e pede emprestado da próxima casa
$1 - 0 = 1$
$1 - 1 = 1$ e pede emprestado da próxima casa

Então vamos subtrair: $100_{(2)} - 011_{(2)} =$

$$\begin{array}{r} 100 \\ -011 \\ \hline \end{array}$$

Da direita para a esquerda: $0 - 1 = 1$ e emprestou da próxima casa.

$$\begin{array}{r} 1 \\ 100 \\ -011 \\ \hline 1 \end{array}$$

O resto é trivial e o resultado final é $001_{(2)}$.

$$\begin{array}{r} 1 \\ 100 \\ -011 \\ \hline 001 \end{array}$$

Veja outras formas de realizar a subtração na Seção 1.5.5.

1.3.3 Multiplicação

Aqui tem-se o mesmo algoritmo de multiplicação usado em decimal, só que com a tabuada binária:

$$0 \times 0 = 0$$
$$0 \times 1 = 0$$
$$1 \times 0 = 0$$
$$1 \times 1 = 1$$

Capítulo 1. A informação e sua representação

Vejamos a seguir como multiplicar $1010_{(2)}$ por 1101 ($10_{(10)}$ por $13_{(10)}$). Cuidado que a conta de somar com várias parcelas geralmente tem vários "vai uns".

$$
\begin{array}{rr}
1010 & 10 \\
1101 & \times 13 \\
\hline
1010 & \\
0000 & \\
1010 & \\
1010 & + \\
\hline
10000010 & 130
\end{array}
$$

1.3.4 Divisão

Aqui tem-se o mesmo algoritmo de divisão usado na base decimal, subtraindo e deslocando o resultado para a direita. Os dois primeiros dígitos do dividendo são comparados com o divisor e, se o número for maior ou igual, é escrito 1 no quociente. Esse valor é multiplicado pelo divisor e subtraído dos dois primeiros dígitos. O processo se repete até chegar ao fim do dividendo, quando o resultado da subtração é o resto da divisão. Veja a seguir o processo de divisão de $11011_{(2)}$ por $11_{(2)}$ ($27_{(10)}$ por $3_{(10)}$). Confira se o resultado e o resto estão corretos.

> Escrevemos 00 para indicar que a subtração não pode ser feita, o resto parcial é menor do que o divisor. Em sublinhado refere-se ao dígito do dividendo que está sendo acrescentado naquela rodada de subtrações.

$$
\begin{array}{l|l}
11011 & 11 \\
\cline{2-2}
11 & 1001 \\
000 & \\
0\overline{0} & \\
00\underline{1} & \\
0\overline{0} & \\
01\underline{1} & \\
1\overline{1} & \\
00 &
\end{array}
$$

1.3.5 Multiplicação inteira por potência de 2

Nós aprendemos no ensino fundamental que é muito fácil multiplicar por 10, basta agregar um zero ao final do multiplicando.

$$2476 \times 10 = 24.760$$

Na verdade, é fácil multiplicar por qualquer potência de 10. Vamos multiplicar este mesmo número por $1000 = 10^3$. Nesse caso, precisamos agregar um número de zeros igual à potência de 10 do multiplicador, que neste exemplo é 3.

$$2.476 \times 1.000 = 2.476 \times 10^3 = 2.476.000$$

O mesmo macete simplificador também é válido quando tratamos de números binários. Vamos verificar empiricamente se funciona, multiplicando um certo número binário por 2 (em binário $10_{(2)}$). Isso é equivalente a somarmos o número com ele mesmo.

```
10011011        155
10011011      + 155
─────────      ─────
100110110       310
```

Podemos repetir este raciocínio, para multiplicar por 4 (em binário $100_{(2)}$), somando o resultado da operação anterior com ele mesmo.

```
100110110        310
100110110      + 310
──────────      ─────
1001101100       620
```

Repare os dois zeros finais, que são produzidos pela multiplicação por 4, ou seja, a potência de 2 quando multiplica um número binário produz uma cópia do número original, com uma quantidade de zeros à direita equivalente à potência usada. Podemos ilustrar melhor, fazendo a multiplicação:

```
10011011        155
     100      ×   4
─────────      ─────
00000000
00000000
10011011        +
──────────      ─────
1001101100       620
```

Apresentamos então a seguinte regra de multiplicação binária: para multiplicar um número binário por uma potência de dois, basta agregar ao final uma quantidade de zeros exatamente igual a esta potência. Então, para multiplicar um número por 2^5, agregamos 5 zeros à direita do número binário.

Essa situação é tão comum em informática que foi criada até uma operação, complementar à multiplicação usual, que conhecemos pelo nome genérico de deslocamento à esquerda (*shift left*). Esta operação é muito mais rápida para o *hardware* que uma multiplicação, e pode ser utilizada para desenvolver programas mais rápidos quando diversas multiplicações estão envolvidas.

É muito usual também decompor a multiplicação transformando-a em somas. Se quisermos multiplicar uma variável K por 9 (que não é potência de 2), podemos usar a seguinte propriedade da Matemática:

$$K \times 9 = (K \times 8) + (K \times 1)$$
$$K \times 9 = (K \times 2^3) + (K \times 1)$$
$$K \times 9 = K << 3 + K$$

Onde "<<" indica a operação de deslocamento à esquerda, seguida do número de bits a serem deslocados.

> Quando utilizamos uma linguagem de computação convencional, a tradução da operação aritmética de multiplicação é automaticamente transformada em uma operação deslocamento à esquerda, sempre que possível, para otimizar a velocidade do programa.

1.3.6 Divisão inteira por potência de 2

Da mesma maneira que aprendemos no ensino fundamental como multiplicar rapidamente por uma potência de 10, também aprendemos que é fácil dividir por uma potência de 10. Para isso basta remover os dígitos à direita. A quantidade de dígitos removidos é exatamente a potência de 10 do divisor, como podemos ver na seguinte divisão inteira:

$$2.476.235 \div 100 = 24.762$$

Neste caso, tiramos dois dígitos e os algarismos removidos (35) constituem o resto da divisão. Em informática é comum a utilização de um operador chamado módulo (abreviado como *mod*) que calcula o resto da divisão, como visto no exemplo a seguir:

$$2.476.235 \mod 100 = 35$$

Podemos também pensar que a resposta poderia ser um número real, e neste caso, colocaríamos uma vírgula à direita do número original, e andamos esta vírgula para a esquerda. Vejamos:

$$2.476.235, \div 100 = 24.762,35$$

> Nunca é demais lembrar que há países que usam o ponto como separador decimal.

Os números à esquerda da vírgula compõem a parte inteira do número; os números à direita compõem sua parte decimal. Neste sistema de numeração posicional, cada dígito é multiplicado por uma potência de 10, o que vale também para a parte decimal. Tomemos como exemplo o número 24.762,35 que pode ser pensado como a soma das seguintes parcelas:

$$2 \times 10^4 = 2 \times 10000 \quad +$$
$$4 \times 10^3 = 4 \times 1000 \quad +$$
$$7 \times 10^2 = 7 \times 100 \quad +$$
$$6 \times 10^1 = 6 \times 10 \quad +$$
$$2 \times 10^0 = 2 \times 1 \quad +$$
$$3 \times 10^{-1} = 3 \times 1/10 = 3 \times 0,1 \quad +$$
$$5 \times 10^{-2} = 5 \times 1/100 = 5 \times 0,01$$

Expandindo o mesmo raciocínio para os números binários

A divisão de um número binário por uma potência de 2 segue a mesma linha de raciocínio dos números decimais. Intuitivamente, se a multiplicação era feita agregando dígitos (zeros) à direita, a divisão é feita removendo dígitos também à direita. Senão, vejamos:

$$110_{(2)} \div 10_{(2)} = 11_{(2)}$$

Tirando a dúvida:

$$110_{(2)} \text{ vale } 6_{(10)} \text{ e } 10_{(2)} \text{ vale } 2_{(10)}. \text{ Então, } 6 \div 2 = 3, \text{ ou seja, } 11_{(2)}.$$

Vamos estudar um exemplo um pouco mais complexo: dividir um número qualquer, $1001101101_{(2)}$, pelo decimal 16, ou seja 2^4, ou ainda $10000_{(2)}$. Simplesmente tiramos os 4 últimos dígitos do número binário.

$$1001101101_{(2)} \div 10000_{(2)} = 100110_{(2)}$$

Um raciocínio similar ao da divisão por dez nos leva à conclusão de que o resto desta operação é representado exatamente pelos dígitos que foram removidos, ou seja, $1101_{(2)}$. Quando vamos fazer contas em um programa de computador que envolvem divisões por potências de dois, da mesma maneira que na multiplicação, podemos pensar também na existência de um operador, muito mais rápido do que a divisão inteira, para deslocar os bits para a direita, denominado de *shift right*, aqui representado pelo sinal ">>". Veja a seguir:

$$30.342 \div 16 = 30.342 \div 2^4 =$$
$$30.342 >> 4 = 1.896$$

Faça as contas em binário e verifique.

Capítulo 1. A informação e sua representação

Expandindo o raciocínio para lidar com casas fracionárias binárias

Mostramos anteriormente que, ao pensarmos o dividendo como um número real, colocaríamos uma vírgula à direita do número original, e andamos esta vírgula para a esquerda, como visto a seguir:

$$2.476.235, \div 100 = 24.762, 34$$

Onde andamos duas casas para a esquerda com vírgula. O mesmo raciocínio vale para números binários, introduzindo uma vírgula à direita do número, e deslocando-a para a esquerda.

$$1001101101,_{(2)} \div 10000_{(2)} = 100110, 1101_{(2)}$$

Os números à esquerda da vírgula compõem a parte inteira do número; os números à direita compõem sua parte fracionária. Neste sistema de numeração posicional, cada dígito é multiplicado por uma potência de 2, o que vale também para a parte decimal. Tomemos então o número $100110, 1101_{(2)}$, que pode ser pensado como a soma das seguintes parcelas:

$$
\begin{aligned}
1 \times 2^5 &= 1 \times 100000_{(2)} &+ \\
0 \times 2^4 &= 0 \times 10000_{(2)} &+ \\
0 \times 2^3 &= 0 \times 1000_{(2)} &+ \\
1 \times 2^2 &= 1 \times 100_{(2)} &+ \\
1 \times 2^1 &= 1 \times 10_{(2)} &+ \\
0 \times 2^0 &= 0 \times 1_{(2)} &+ \\
1 \times 2^{-1} &= 1 \times 1/2 = 1 \times 0, 1_{(2)} &+ \\
1 \times 2^{-2} &= 1 \times 1/4 = 1 \times 0, 01_{(2)} &+ \\
0 \times 2^{-3} &= 0 \times 1/8 = 0 \times 0, 001_{(2)} &+ \\
1 \times 2^{-4} &= 1 \times 1/16 = 1 \times 0, 0001_{(2)} &
\end{aligned}
$$

Convertendo números fracionários para decimal e vice-versa

Nós aprendemos técnicas simples para converter números entre as bases 2 e 10. Vamos fazer uma breve revisão agora, para converter da base 2 para a base 10, usamos multiplicações sucessivas por potências de 2. Para fazermos a conversão do número $100110, 1101_{(2)}$ para a base 10, fazemos as contas já apresentadas:

$$
\begin{aligned}
1 \times 2^5 + 0 \times 2^4 + 0 \times 2^3 + 1 \times 2^2 + 1 \times 2^1 + 0 \times 2^0 + 1 \times 2^{-1} + 1 \times 2^{-1} + 0 \times 2^{-3} + 1 \times 2^{-4} = \\
32 + 0 + 0 + 4 + 2 + 0 + 0, 5 + 0, 25 + 0 + 0, 0625 = 38, 8125
\end{aligned}
$$

É apenas trabalhoso, mas conceitualmente muito simples. Converter números inteiros da base 10 para a base 2 é fácil, basta realizar divisões sucessivas por 2, e tomar os restos na ordem contrária ao cálculo. Vamos então calcular 132 em binário:

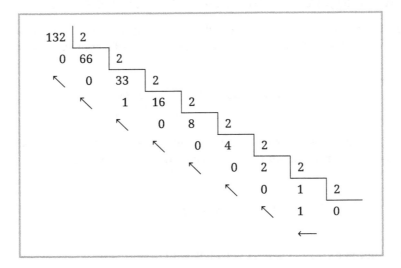

Ou seja, a resposta é:

$$132_{(10)} = 10000100_{(2)}.$$

Quando o número tem uma parte fracionária, temos que fazer a conversão em dois passos. Primeiro, convertemos a parte inteira como mostramos acima. Depois, temos que usar um método específico para a conversão da parte à direita da vírgula, conhecido por "multiplicações sucessivas". Esse método consiste em multiplicar a parte fracionária do número desejado pela base para a qual se deseja converter – neste caso, 2 – até que a mesma seja ZERO. O número convertido para a base desejada é igual à concatenação de todas as partes **inteiras** obtidas nos resultados das multiplicações. Para ilustrar, vamos converter o número $0,75_{(10)}$ para binário.

$$0,75 \times 2 = 1,50$$
$$0,50 \times 2 = 1,00$$

ou seja,

$$0,75_{(10)} = 0,11_{(2)}$$

Portanto, se o número a converter fosse 132,75, calculamos primeiro a conversão da parte inteira, que é 132, que como exemplificamos é igual a $10000100_{(2)}$. Depois, somamos com a conversão da parte fracionária, que calculamos como $0,11_{(2)}$. O resultado final, portanto, é:

$$132,75_{10} = 10000100,11_{(2)}.$$

Capítulo 1. A informação e sua representação

Os problemas no uso de números binários com casas fracionárias

A conversão mostrada anteriormente parece perfeita, mas na verdade tem problemas muito sérios, já que é extremamente comum que o resultado seja uma dízima periódica binária! Vamos tentar converter $0,1_{(10)}$ para binário usando o método das multiplicações sucessivas.

$$0,1_{(10)} =$$
$$0,1 \times 2 = 0,2$$
$$0,2 \times 2 = 0,4$$
$$0,4 \times 2 = 0,8$$
$$0,8 \times 2 = 1,6$$
$$0,6 \times 2 = 1,2$$
$$0,2 \times 2 = 0,4$$

Êpa!!! Encontramos aqui um número (0,4) que já foi visto antes, o que caracteriza a formação de uma dízima periódica. Na verdade, o número $0,1_{(10)}$ resulta em uma dízima em binário, como vimos. Idem $0,2_{(10)}$, $0,4_{(10)}$ e $0,8_{(10)}$. É fácil demonstrar que $0,3_{(10)}$, $0,6_{(10)}$ e $0,9_{(10)}$ também. Poucos números decimais fracionários simples não resultam em dízimas.

Qual a importância disso? Muito terrível, quando formos fazer algumas contas binárias com dígitos fracionários, o resultado muitas vezes tem um erro associado ao uso de um número limitado de bits para representar a dízima.

Alguém poderia pensar então que é uma bobagem os computadores usarem numeração binária! Na verdade, não. O problema de cálculo com dízimas existe independentemente da base. Mas isso é uma outra conversa que transcende os objetivos deste livro.

1.4 REPRESENTAÇÃO DE CARACTERES EM BINÁRIO

Tudo que é representado em um computador deve estar na forma de sequências binárias ('0's e '1's), assim como os caracteres utilizados para digitar este texto. A forma de representação dos caracteres no computador evoluiu ao longo dos anos, na mesma medida em que se ampliaram as aplicações e o uso do computador se difundiu no mundo.

Inicialmente, a representação de caracteres era feita de uma forma bastante limitada, compreendendo basicamente os números de 0 a 9, as 26 letras do alfabeto inglês, tanto maiúsculas como minúsculas, além de alguns caracteres especiais e de controle. Esses caracteres eram organizados em uma tabela com 128 caracteres, precisando então de 7 bits para a sua representação em binário. Essa tabela ficou conhecida como ASCII, abreviatura de *American Standard Code for Information Interchange*.

Posteriormente, para incluir os demais caracteres existentes em outros alfabetos, essa tabela foi expandida para 256 caracteres, utilizando no total 8 bits para sua representação em binário. Essa tabela possuía várias versões, incluindo uma para os caracteres acentuados das línguas latinas, em um padrão conhecido como ISO/IEC-8859-1 (Latin-1).

Contudo, isso ainda não representava uma solução universal, capaz de ser utilizada em idiomas como árabe ou chinês. Houve então a necessidade do desenvolvimento de novos padrões, sendo o mais universal e recente, a representação Unicode. A seguir apresentamos uma discussão mais detalhada das formas mais comuns de representação dos caracteres no computador.

1.4.1 Padrão ASCII

A Tabela 1.14 apresenta os 128 caracteres propostos originalmente para compor a Tabela ASCII, um padrão com a codificação em binário das letras do alfabeto inglês e dos números arábicos, além de diversos caracteres especiais e de controle. Um código ASCII é a representação numérica de um caractere como 'a' ou '@' ou uma ação de algum tipo, que deveria ser executada pela impressora ou terminal, como o retorno de carro. Cada caractere da tabela é acompanhado da codificação hexadecimal em 16 bits correspondente.

> Cabe aqui uma pequena observação: a palavra correta em português do Brasil é caractere, com "e" no final, sendo caracteres a sua forma no plural.

Tabela 1.14. Tabela ASCII

	0	1	2	3	4	5	6	7
0	NUL 0000	DLE 0010	SP 0020	0 0030	@ 0040	P 0050	' 0060	p 0070
1	SOH 0001	DC1 0011	! 0021	1 0031	A 0041	Q 0051	a 0061	q 0071
2	STX 0002	DC2 0012	" 0022	2 0032	B 0042	R 0052	b 0062	r 0072
3	ETX 0003	DC3 0013	# 0023	3 0033	C 0043	S 0053	c 0063	s 0073
4	EOT 0004	DC4 0014	$ 0024	4 0034	D 0044	T 0054	d 0064	t 0074
5	ENQ 0005	NAK 0015	% 0025	5 0035	E 0045	U 0055	e 0065	u 0075
6	ACK 0006	SYN 0016	& 0026	6 0036	F 0046	V 0056	f 0066	v 0076
7	BEL 0007	ETB 0017	' 0027	7 0037	G 0047	W 0057	g 0067	w 0077
8	BS 0008	CAN 0018	(0028	8 0038	H 0048	X 0058	h 0068	x 0078
9	HT 0009	EM 0019	) 0029	9 0039	I 0049	Y 0059	i 0069	y 0079
A	LF 000A	SUB 001A	* 002A	: 003A	J 004A	Z 005A	j 006A	z 007A
B	VT 000B	ESC 001B	+ 002B	; 003B	K 004B	[005B	k 006B	{ 007B
C	FF 000C	FS 001C	, 002C	< 003C	L 004C	\ 005C	l 006C	| 007C
D	CR 000D	GS 001D	- 002D	= 003D	M 004D	] 005D	m 006D	} 007D
E	SO 000E	RS 001E	. 002E	> 003E	N 004E	^ 005E	n 006E	~ 007E
F	SI 000F	US 001F	/ 002F	? 003F	O 004F	_ 005F	o 006F	DEL 007F

Como o código ASCII foi desenvolvido há muito tempo, os caracteres não imprimíveis raramente são usados para seu propósito original. Por exemplo, o FF (*Form Feed*), usado originalmente para avançar o papel da impressora e, hoje, serve para limpar e avançar o cursor para uma nova tela. O ASCII foi projetado para uso com teletipos (uma mistura de teclado com impressora) e, portanto, algumas codificações são um tanto obscuras. Veja mais detalhes sobre esses caracteres de controle na Tabela 1.15. A Tabela ASCII não tem previsão para caracteres acentuados, mas é um formato bem portátil. Um arquivo com texto codificado no formato ASCII provavelmente poderá ser transferido e lido em qualquer computador.

A falta de previsão para a representação de caracteres de outros sistemas de escrita, além da língua inglesa, impulsionou o desenvolvimento de outros padrões, como veremos a seguir.

Tabela 1.15. **Caracteres de Controle ASCII**

NUL	null	DLE	data link escape
SOH	start of heading	DC1	device control 1
STX	start of text	DC2	device control 2
ETX	end of text	DC3	device control 3
EOT	end of transmission	DC4	device control 4
ENQ	enquiry	NAK	negative acknowledge
ACK	acknowledge	SYN	synchronous idle
BEL	bell	ETB	end of trans. block
BS	backspace	CAN	cancel
TAB	horizontal tab	EM	end of medium
LF	line feed, new line (NL)	SUB	substitute
VT	vertical tab	ESC	escape
FF	form feed, new page (NP)	FS	file separator
CR	carriage return	GS	group separator
SO	shift out	RS	record separator
SI	shift in	US	unit separator

1.4.2 Padrão ISO/IEC 8859

Um dos primeiros padrões desenvolvidos para suprir as deficiências da Tabela ASCII foi a codificação de caracteres ISO/IEC 8859,[2] que basicamente estendia essa tabela com o uso de 8 bits. No entanto, eram necessários mais caracteres do que cabiam em uma única codificação de caracteres de 8 bits, portanto, vários mapeamentos, chamados de *partes* no padrão, foram desenvolvidos, incluindo pelo menos dez deles adequados para vários alfabetos latinos. Entre esses, destaca-se a ISO/IEC 8859-1, também conhecida como ISO Latin-1, onde a maior parte dos caracteres adicionais foi reservada para os caracteres acentuados utilizados nos alfabetos latinos da Europa Ocidental e América Latina.

Apenas caracteres imprimíveis estão definidos nas diversas partes do padrão ISO/IEC 8859, embora existam intervalos de *bytes* (tais como 0x00-1F e 0x7F-9F em hexadecimal), reservados para uso como caracteres de controle e que foram explicitamente separados como "combinações que não representam caracteres gráficos". O padrão ISO/IEC 8859 não foi projetado para uso em tipografia, mas sim para a troca confiável de informações; sendo que símbolos necessários para tipografia de alta qualidade, tais como ligaduras tipográficas, aspas curvas e travessões, são omitidos no padrão. Como resultado, os sistemas de composição tipográfica de alta qualidade costumam usar extensões proprietárias ou utilizar o Unicode em seu lugar.

Vários idiomas europeus usando a escrita latina são suportados pela maioria das codificações ISO/IEC 8859, que fornecem as marcas diacríticas (acentos agudo, circunflexo e grave; o til, a cedilha e o trema) necessárias. Já os alfabetos não latinos, como o grego, cirílico, hebraico, árabe e tailandês, têm suporte em outras codificações do padrão. Contudo, o padrão não prevê os sistemas de escrita (*scripts*) de idiomas do Leste Asiático (CJK – chinês, japonês e coreano), pois seus sistemas de escrita ideográfica requerem muitos milhares de pontos de código. Os alfabetos silábicos japoneses (como hiragana ou katakana)

---

[2] Disponível em: https://en.wikipedia.org/wiki/ISO/IEC_8859. Acesso em: 19 mar. 2024.

caberiam no padrão, mas assim como vários outros alfabetos do mundo, eles não foram codificados no sistema ISO/IEC 8859.

A Tabela 1.16 apresenta a codificação para os 128 caracteres mais altos da codificação ISO/IEC 8859-1,[3] lembrando que os primeiros 128 caracteres dessa tabela são idênticos aos da Tabela ASCII.

Tabela 1.16. Tabela Padrão ISO/IEC 8859-1

	8	9	A	B	C	D	E	F
0	0080	0090	NBSP 00A0	° 00B0	À 00C0	Ð 00D0	à 00E0	ð 00F0
1	0081	0091	¡ 00A1	± 00B1	Á 00C1	Ñ 00D1	á 00E1	ñ 00F1
2	0082	0092	¢ 00A2	² 00B2	Â 00C2	Ò 00D2	â 00E2	ò 00F2
3	0083	0093	£ 00A3	³ 00B3	Ã 00C3	Ó 00D3	ã 00E3	ó 00F3
4	0084	0094	¤ 00A4	´ 00B4	Ä 00C4	Ô 00D4	ä 00E4	ô 00F4
5	0085	0095	¥ 00A5	µ 00B5	Å 00C5	Õ 00D5	å 00E5	õ 00F5
6	0086	0096	¦ 00A6	¶ 00B6	Æ 00C6	Ö 00D6	æ 00E6	ö 00F6
7	0087	0097	§ 00A7	· 00B7	Ç 00C7	× 00D7	ç 00E7	÷ 00F7
8	0088	0098	¨ 00A8	¸ 00B8	È 00C8	Ø 00D8	è 00E8	ø 00F8
9	0089	0099	© 00A9	¹ 00B9	É 00C9	Ù 00D9	é 00E9	ù 00F9
A	008A	009A	ª 00AA	º 00BA	Ê 00CA	Ú 00DA	ê 00EA	ú 00FA
B	008B	009B	« 00AB	» 00BB	Ë 00CB	Û 00DB	ë 00EB	û 00FB
C	008C	009C	¬ 00AC	¼ 00BC	Ì 00CC	Ü 00DC	ì 00EC	ü 00FC
D	008D	009D	SHY 00AD	½ 00BD	Í 00CD	Ý 00DD	í 00ED	ý 00FD
E	008E	009E	® 00AE	¾ 00BE	Î 00CE	Þ 00DE	î 00EE	þ 00FE
F	008F	009F	¯ 00AF	¿ 00BF	Ï 00CF	ß 00DF	ï 00EF	ÿ 00FF

1.4.3 Padrão Unicode

O Unicode[4] é um padrão que permite a codificação, representação e manipulação de textos de uma forma consistente na maioria dos sistemas de escrita do mundo. Esse padrão é mantido pelo **Unicode Consortium**, sendo que na versão de março de 2020 (Unicode 13.0) tinha um total de 143.859 caracteres, cobrindo 154 sistemas de escrita (*scripts*) modernos e históricos, além de vários conjuntos de símbolos e também *emojis*. O repertório de caracteres do padrão Unicode é sincronizado com a norma ISO/IEC 10646 (UCS – *Universal Coded Character Set*) e ambos possuem códigos idênticos.

O padrão Unicode é, na realidade, muito mais do que uma tabela, sendo um conjunto de diagramas de códigos para referência visual, um método para codificação e um conjunto de codificações padrões de caracteres, uma enumeração de propriedades de caracteres como caixa-alta e caixa-baixa, um conjunto de arquivos de computador com dados de referência, além de regras para normalização, decomposição, ordenação alfabética, renderização e ordem de exibição bidirecional (para a exibição correta de texto que contém escritas da direita para a esquerda, como escritas em árabe e hebraico e da esquerda para a direita). O sucesso do Unicode na unificação de conjuntos de caracteres levou à sua utilização de uma

---

[3] Disponível em: https://ecma-international.org/publications-and-standards/standards/ecma-94/. Acesso em: 19 mar. 2024.

[4] Disponível em: https://unicode.org/standard/standard.html. Acesso em: 19 mar. 2024.

Capítulo 1. A informação e sua representação   **31**

forma generalizada e o uso predominante na internacionalização e localização de *software* de computador. O padrão foi implementado em muitas tecnologias recentes, incluindo sistemas operacionais modernos, XML, Java (e outras linguagens de programação) e o .NET Framework.

O Unicode pode ser implementado com diferentes codificações de caracteres (*Unicode Transformation Format*), tais como UTF-8, UTF-16 e UTF-32. Dependendo da forma de codificação escolhida, cada caractere será então representado como uma sequência de um a quatro *bytes* de 8 bits (UTF-8), uma ou duas unidades de código de 16 bits (UTF-16), ou uma única unidade de código de 32 bits (UTF-32). Quando se descreve um caractere Unicode, normalmente utilizamos "U+" seguido de um número hexadecimal que indica o código do caractere. O padrão Unicode codifica caracteres no intervalo U+0000 até U+10FFFF, o que equivale a um espaço de código de 21 bits, onde cada valor representa um ponto de código.

A codificação UTF-8 é a mais utilizada nos navegadores e páginas da internet, e usa um *byte* para os primeiros 128 pontos de código e até 4 *bytes* para os demais caracteres. Os primeiros 128 pontos de código Unicode foram convenientemente escolhidos para serem idênticos ao caracteres da Tabela ASCII, o que significa que qualquer texto ASCII também é um texto UTF-8. O UTF-16 usa dois *bytes* (16 bits) para os primeiros 65.536 pontos de código, que são chamados de Plano Multilíngue Básico (BMP, em inglês) e uma codificação de até 4 *bytes* para os caracteres adicionais. O UTF-16 é o padrão de codificação para a API do sistema operacional Microsoft Windows, da linguagem de programação Java (J2SE, desde a versão 1.5) e dos ambientes .NET. O UTF-32 (também conhecido como UCS-4) usa quatro *bytes* para cada caractere, ou seja, o número de *bytes* por caractere é fixo, facilitando a indexação de caracteres e sendo capaz de codificar todos os pontos de código Unicode. No entanto, como cada caractere usa quatro *bytes*, o UTF-32 ocupa muito mais espaço que outras codificações e não é muito utilizado. Veja um resumo na Tabela 1.17.

Tabela 1.17. **Comparação das Codificações UTF**

Nome	UTF-8	UTF-16	UTF-32
Menor ponto de código	0000	0000	0000
Maior ponto de código	10FFFF	10FFFF	10FFFF
Tamanho da unidade do código	8 bits	16 bits	32 bits
Mínimo de *bytes* por caractere	1	2	4
Máximo de *bytes* por caractere	4	4	4

1.4.4 Padrão UTF-8 em detalhes

A codificação Unicode foi especialmente importante, pois ao permitir 65536 pontos de código no BMP, viabilizou que todas os caracteres existentes em todas as línguas do mundo, em especial as línguas orientais, pudessem ser representadas – além de outros símbolos, tais como sinais gráficos e operadores matemáticos. O Unicode foi importantíssimo ao consolidar a base para comunicação no mundo globalizado em que vivemos. Como dito anteriormente, cada ponto de código Unicode pode ser expresso em vários formatos diferentes. Esses formatos são chamados de formatos de transformação Unicode (UTFs). Por exemplo, a letra M é o ponto de código Unicode U+004D. Em UTF-8, este ponto de código é representado como 0x4D. Em UTF-16, este ponto de código pode ser representado como 0x004D. Cada UTF mapeia um ponto de código Unicode para uma sequência exclusiva, chamada unidade de código, que é a combinação mínima de bits que pode representar um caractere. Cada UTF usa um tamanho de unidade de código diferente, sendo que o UTF-8 é baseado em unidades de código de 8 bits. Portanto, cada caractere pode ter 8 bits (1 *byte*), 16 bits (2 *bytes*), 24 bits (3 *bytes*) ou 32 bits (4 *bytes*). Da mesma maneira, o UTF-16 é baseado em unidades de código de 16 bits, logo cada caractere pode ter 16 bits (2 *bytes*) ou 32 bits (4 *bytes*). No caso do UTF-32, todos os caracteres são representados com 32 bits (4 *bytes*).

O uso do UTF-32, apesar de unificar o tamanho da representação de cada caractere, tem um grave problema, já que a quantidade de memória usada é maior quando o texto contém apenas letras ocidentais, pois 8 bits são transformados em 32 bits. Se pensarmos em telecomunicações, o problema é igualmente importante, visto que o tempo de transmissão, considerando um fluxo de informações com velocidade constante (em bits por segundo), será muito maior que o originalmente necessário, quando uma mensagem fluísse entre dois países ocidentais, como os Estados Unidos e o Brasil. A solução para esse problema está na codificação UTF-8, inventada em 1992 por Kenneth Thompson e Robert Pike[5] (pioneiros do sistema UNIX), com base em algumas premissas:

- se a mensagem contiver apenas pontos de código da Tabela ASCII, ela deve ter o mesmo tamanho da codificação em 8 bits – na verdade, por simplicidade, o código deve ser o mesmo;
- os pontos de código do conjunto Unicode que não pertençam à Tabela ASCII seriam transformadas em um conjunto de 2, 3 ou 4 *bytes*.

Em seguida, mostramos uma simplificação deste algoritmo, que envolve os pontos de código Unicode entre 0 e 255 (FF em hexadecimal), que é suficiente para representar todo o padrão ISO/IEC 8859-1.

- se o código Unicode estiver entre 0 e 127 – o código é idêntico
- e o código Unicode estiver entre 128 e 255 (hexa 0080 e 00FF) – tome os 8 bits à direita da letra Unicode e distribua em dois *bytes*, da seguinte maneira:

$$110000bb\ 10bbbbbb$$

Para exemplificar, vamos traduzir a palavra "ações", representada no código ISO/IEC 8859-1. Os valores dos pontos de código em Unicode estão em notação hexadecimal.

Tabela 1.18. Exemplo de Codificação UTF-8

Caractere	Unicode	Binário		UTF-8 (binário)	UTF-8 (hexa)
a	61	01100001	—>	01100001	61
ç	E7	11100111	—>	11000011 10100111	C3 A7
õ	F5	11110101	—>	11000011 10110101	C3 B5
e	6F	01101111	—>	01101111	6F
s	73	01110011	—>	01110011	7F

Repare que a codificação original continha apenas 5 *bytes*, e a codificação UTF-8 possui um total de 7 *bytes*. Vamos supor agora a representação de 100 letras, com apenas 8 delas acentuadas, nesse caso, a codificação UTF-16 teria 200 *bytes* e a UTF-32 400 *bytes*, em contraste com a codificação UTF-8 que usaria apenas $92 + 2 \times 8 = 108$ *bytes*. Para os curiosos, mostramos a seguir o método completo de codificação UTF-8.

---

[5] Disponível em: https://pt.wikipedia.org/wiki/Rob_Pike. Acesso em: 19 mar. 2024.

Capítulo 1. A informação e sua representação

Tabela 1.19. **Codificação UTF-8**

Intervalo do código (hexadecimal)	Sequência de *bytes* UTF-8 (binário)
0000 0000 –> 0000 007F	0xxxxxxx (7 bits)
0000 0080 –> 0000 07FF	110xxxxx 10xxxxxx (11 bits)
0000 0800 –> 0000 FFFF	1110xxxx 10xxxxxx 10xxxxxx (16 bits)
0001 0000 –> 0010 FFFF	11110xxx 10xxxxxx 10xxxxxx 10xxxxxx (21 bits)

1.4.5 Padrões UCS e GB18030

O *Universal Coded Character Set* (UCS)[6] é um conjunto padrão de caracteres definido pela norma internacional ISO/IEC 10646, que é a base de muitas codificações de caracteres. A versão mais recente, de 2020, contém mais de 136 mil caracteres abstratos, cada um identificado por um nome não ambíguo e um número inteiro chamado ponto de código. Este padrão é mantido em conjunto com o padrão Unicode e ambos possuem códigos idênticos.

Os caracteres (letras, números, símbolos, ideogramas, logogramas etc.) de muitas línguas, sistemas de escrita e tradições do mundo são representados no UCS com pontos de código únicos. A abrangência do UCS está sendo melhorada continuamente e caracteres de sistemas de escrita ainda não representados são adicionados pouco a pouco ao padrão. Para permitir futuras expansões ou minimizar conflitos com outros padrões de codificação, o padrão não atribui muitos pontos de código a nenhum caractere.

O UCS tem mais de 1,1 milhão de pontos de código disponíveis para uso/alocação, mas apenas os primeiros 65.536 (o Plano Multilíngue Básico, ou BMP) estavam em uso comum antes de 2000. Contudo, em 2006, a República Popular da China (RPC) determinou que todos os *softwares* vendidos em sua jurisdição teriam que suportar o GB18030, que vai muito além do especificado no BMP, forçando uma alocação maior desses pontos de código.

O GB18030[7] é um padrão do governo da República Popular da China que define o suporte de idioma e caracteres necessários para os *softwares* comercializados na China, que veio substituir o padrão GB2312/GBK. Como um formato de transformação Unicode (ou seja, uma codificação de todos os pontos de código Unicode), o GB18030 suporta caracteres chineses simplificados e tradicionais, isso inclui o padrão preexistente GB2312/GBK, mais 6582 caracteres do padrão Unicode Extension-A e 1948 caracteres adicionais não incluídos no sistema de escrita Han (como mongol, uigur, tibetano e yi). Uma codificação de 4 *bytes* foi adicionada para codificar todos os pontos de código que não estavam incluídos no padrão GB2312/GBK. A codificação dos 4 *bytes* foi definida na forma B1 B2 B3 B4, em que B1 e B3 estão na faixa de 0x81-0xFF, B2 e B4 na faixa de 0x30-0x39.

1.5 REPRESENTAÇÃO DE NÚMEROS INTEIROS

Um outro tipo importante de dados utilizados nos computadores são os números inteiros, que possuem diversas formas de representação, como poderemos ver a seguir.

1.5.1 Representação em BCD

Uma das formas iniciais e mais simples de representação de inteiros utilizada foi a representação BCD (*Binary Coded Decimal*). Nesta forma, cada dígito do número decimal é representado por um conjunto separado de 4 bits, de acordo com a codificação apresentada na Tabela 1.20. Este esquema também é conhecido como

---

[6] Disponível em: https://www.iso.org/standard/76835.html. Acesso em: 19 mar. 2024.

[7] Disponível em: http://www.gb18030.com/. Acesso em: 19 mar. 2024.

BCD simples ou natural, ou ainda BCD 8241, representando o peso que cada bit tem na codificação. Como cada dígito é representado por 4 bits, é comum que dois dígitos sejam agrupados por *byte* (8 bits), no que é conhecido como representação BCD compactada.

Tabela 1.20. **Tabela BCD**

Decimal	0	1	2	3	4	5	6	7	8	9
BCD	0000	0001	0010	0011	0100	0101	0110	0111	1000	1001

Dessa maneira, para representar o número decimal 1965 em BCD, faríamos assim:

$$1965 \rightarrow 0001\ 1001\ 0110\ 0101$$

Entre os valores binários sem correspondente em decimal válido (1010 a 1111), é comum utilizar alguns deles para indicar o sinal do número. Há sistemas que adotam a seguinte convenção para o sinal dos números representados em BCD:

- 1100 representa o sinal positivo (+)
- 1101 representa o sinal negativo (−)

Alguns computadores pessoais, particularmente aqueles compatíveis com o IBM PC, armazenam a data e a hora em formato BCD por conta do chip MC6818 utilizado para as funções de relógio de tempo real nas primeiras versões deste tipo de computador. Esse formato foi escolhido por conta da sua facilidade para a conversão para ASCII.

Os modelos mais antigos do console de jogos PlayStation 3 armazenavam a data e hora no formato BCD. Isso levou a uma falha global do console no dia 1º de março de 2010. Os números de 0 a 9 são codificados tanto em decimal como BDC como $00_{(16)}$ até $09_{(16)}$. Mas o número decimal 10 é codificado em hexadecimal como $0A_{(16)}$, mas em BCD como $10_{(16)}$. Então, um número BCD $10_{(16)}$ era erroneamente interpretado em hexadecimal como o número decimal 16 ($00010000_{(2)}$). Isso terminou causando um erro que afetava as maioria das funções do console. Esse episódio foi conhecido como o problema do ano 2010.[8]

Contudo, apesar de extremante fácil, esse método apresenta um desperdício de códigos: como BCD usa 4 bits (16 representações possíveis) para representar 10 algarismos, 6 (ou 4) códigos não são utilizados. Além disso, há diversas dificuldades para a realização de operações aritméticas pelo computador, sendo rapidamente substituído por outras formas de representação numérica como veremos a seguir.

1.5.2 Representação em sinal-magnitude

A representação sinal-magnitude é uma das formas mais simples de representação de números em binário. Consiste basicamente de reservar o bit mais significativo (mais à esquerda) para representar se o número é positivo (igual a 0) ou negativo (igual a 1) e os demais bits para a magnitude. Conforme o sistema computacional utilizado, a representação em sinal magnitude pode ter 8, 16, 32 ou até mesmo 64 bits, com diferença no maior e no menor valor numérico que pode ser representado em cada caso, que pode ser calculado genericamente pela fórmula:

---

[8] Disponível em: https://en.wikipedia.org/wiki/Time_formatting_and_storage_bugs. Acesso em: 19 mar. 2024.

Capítulo 1. A informação e sua representação   **35**

> - maior valor: $2^{n-2} + 2^{n-3} + \ldots + 2^0 = 2^{n-1} - 1$
> - menor valor: $-(2^{n-2} + 2^{n-3} + \ldots + 2^0) = -(2^{n-1} - 1)$

Assim, com 8 bits, podem ser representados números entre -127 e $+127$, com 16 bits, valores entre -32.767 e $+32.767$ e com 32 bits, entre $-2.147.483.647$ e $+2.147.483.647$. Vejamos alguns exemplos:

$$
\begin{array}{rcl}
+6 & \to & 00000110 \\
-6 & \to & 10000110 \\
+100 & \to & 01100100 \\
-100 & \to & 11100100
\end{array}
$$

Essa forma de representação foi utilizada em computadores mais antigos, tais como os computadores IBM 704/709/7090/7094, fabricados em meados do século XX, não sendo mais utilizada nos dias de hoje por conta de alguns inconvenientes, como exigir uma lógica complexa para a soma e subtração de dois números com sinais diferentes, além de possuir duas representações diferentes para o número zero. Veja a seguir um caso com números de 8 bits:

$$
\begin{array}{rcl}
+0 & \to & 00000000 \\
-0 & \to & 10000000
\end{array}
$$

1.5.3 Representação em excesso-K

Conhecida também como excesso-N, deslocamento binário ou representação polarizada, esta forma de representação requer que seja subtraído um valor K da representação binária para se obter o valor real do número. Tem como vantagem que a sequência de números a partir do valor mais negativo até o valor mais positivo é uma progressão binária simples, o que faz com que seja natural o seu uso para contadores binários.

Não existe um padrão para o valor de K, mas normalmente para um número com n bits é $K = 2^{n-1}$ (como exemplo, o deslocamento para um número binário de quatro dígitos seria $2^3 = 8$). Isso tem como consequência um valor negativo mínimo representado por todos os bits em 0, o valor "zero" é representado por um 1 no bit mais significativo e 0 em todos os outros bits, e o valor positivo máximo é representado por todos os bits em 1. Quando o valor de K é 2^{n-1}, o valor representado em excesso-K pode ser convertido facilmente para complemento a 2 invertendo-se o bit mais significativo.

Outro valor comum utilizado para K é $K = 2^{n-1} - 1$, ou seja, para $n = 8$ bits o valor de K seria $2^7 - 1 = 127$. Essa é a forma de representação do expoente em números de ponto flutuante no padrão IEEE 754, como veremos adiante.

1.5.4 Representação em complemento a um

Na representação em complemento a um, todos os números positivos tem o bit mais significativo igual a 0, e os números negativos são obtidos complementando-se, isto é, invertendo-se de 0 para 1 e de 1 para 0 todos os bits do respectivo número positivo.

$$+6 \rightarrow 00000110$$
$$-6 \rightarrow 11111001$$
$$+100 \rightarrow 01100100$$
$$-100 \rightarrow 10011011$$

Na representação em complemento a um com n bits, o maior número inteiro positivo que se pode representar é igual a $+2^{n-1} - 1$ e o menor número inteiro negativo igual a $-2^{n-1} - 1$.

- maior valor: $2^{n-2} + 2^{n-3} + \ldots + 2^0 = 2^{n-1} - 1$
- menor valor: $-(2^{n-2} + 2^{n-3} + \ldots + 2^0) = -(2^{n-1} - 1)$

Muitos computadores antigos, incluindo o UNIVAC 1101, CDC 160, CDC 6600, o LINC, o PDP-1 e o UNIVAC 1107, usavam aritmética em complemento a um. A representação em complemento a um praticamente não é mais utilizada atualmente, já que ela tem o mesmo problema da representação em sinal magnitude, ou seja, duas representações para o número 0, como no caso a seguir, com números de 8 bits:

$$+0 \rightarrow 00000000$$
$$-0 \rightarrow 11111111$$

Além de não ser semelhante à representação que usamos habitualmente em operações matemáticas na base 10, ela também exige que mecanismos de correção sejam introduzidos nos resultados de operações de soma e de subtração binárias, dependendo dos sinais dos operandos. Mas apresentamos a seguir um algoritmo simples de soma que sempre dá o resultado correto:

1. considere dois operandos com n bits utilizados para a sua representação;

2. some os números normalmente, como se fossem positivos;

3. se a soma resultar no $(n + 1)$-ésimo bit igual a 1:
   - ignore-o e incremente o resultado de uma unidade.

Na subtração, podemos aplicar o mesmo algoritmo, lembrando que:

$$A - B = A + (-B)$$

Então, basta complementar todos os bits do segundo operando antes de realizar a operação de soma. A multiplicação e divisão também apresentam dificuldades, já que não podemos realizar as operações diretamente em complemento a um: precisamos converter os operandos para seus valores positivos e depois o sinal do resultado é ajustado de acordo com o sinal original dos operandos.

Capítulo 1. A informação e sua representação

1.5.5 Representação em complemento a dois

Na representação em complemento a dois, os números positivos tem o bit mais significativo igual a 0 e os números negativos tem o bit mais significativo igual a 1. Contudo, os números negativos são obtidos complementando-se todos os bits do número positivo correspondente e somando 1.

$$+6 \rightarrow 00000110$$
$$-6 \rightarrow 11111010$$
$$+100 \rightarrow 01100100$$
$$-100 \rightarrow 10011100$$

Assim, com 8 bits, em complemento a dois, podem ser representados números entre −128 e +127, com 16 bits, valores entre −32.768 e +32.767 e com 32 bits, entre −2.147.483.648 e +2.147.483.647. De modo geral, na representação em complemento a dois com n bits, o maior número inteiro positivo que se pode representar é igual a $+2^{n-1} - 1$ e o menor número inteiro negativo -2^{n-1}.

- maior valor: $2^{n-2} + 2^{n-3} + \ldots + 2^0 = 2^{n-1} - 1$
- menor valor: $-(2^{n-2} + 2^{n-3} + \ldots + 2^0) + 1 = -(2^{n-1})$

O uso da representação em complemento a dois oferece muitas vantagens sobre os demais tipos, pois existe uma única representação para o número zero, as operações aritméticas entre números em complemento a dois resultam sempre em um número em complemento a dois, sem a necessidade de nenhuma ação corretiva ou tratamento diferenciado para o bit de sinal. Além disso, são muito simples de serem realizadas. A notação em complemento a dois é praticamente a única usada nos processadores comerciais atuais para a representação de operandos inteiros.

Operações aritméticas com números em complemento a 2

Para a realização de operações aritméticas em complemento a dois, devemos adotar os seguintes procedimentos:

- No caso da soma, dados dois números representados em complemento a dois, fazemos a soma normal em base 2. Se o resultado ocupar mais de n bits, pegamos apenas os n bits menos significativos, desprezando um 1 mais à esquerda, representado na figura entre parênteses. Vejamos os exemplos:

```
  00001010        10        00001010        10
  00000101     +   5        00010100     +  20
  ────────     ────         ────────     ────
  00001111        15        00011110        30
```

```
01001010        74         10100101       -91
11011010   +   -38         11100110   +   -26
─────────      ───         ─────────      ────
(1)00100100    36          (1)10001011    -117
```

- Assim como no complemento a um, as subtrações podem ser transformadas em somas. O procedimento é alterar o sinal do subtraendo (calculando o seu complemento a dois) e somar esse valor com o minuendo. Veja a seguir:

```
00001010       10          01001010       74
00000101   -    5          11010110   -  -42
─────────      ───         ─────────      ───
00001010       10          01001010       74
11111011   +   -5          00101010   +   42
─────────      ───         ─────────      ───
(1)00000101     5          01110100      116
```

Quando queremos fazer uma subtração em binário, usamos o complemento a dois (ou seja, subtraímos os dígitos binários do valor $1111_{(2)}$) depois somamos 1. Repare que subtrair alguma coisa de $1111_{(2)}$ significa complementar todos os seus bits, ou seja, tudo o que é 0 vira 1 e vice-versa. Se quisermos subtrair $0101_{(2)}$ de $1011_{(2)}$, vamos primeiro somar $1011_{(2)}$ com o complemento a dois de $0101_{(2)}$. Em seguida, vamos calcular o complemento a dois do número $0101_{(2)} \longrightarrow 1010_{(2)} + 1 = 1011_{(2)}$. Somamos então $1011_{(2)} + 1101_{(2)} = 10110_{(2)}$:

```
    11
  1011
  1011  +
  ─────
(1)0110
```

Desprezamos o 1 mais à esquerda. O resultado é, portanto, $0110_{(2)}$, positivo.

1.6 REPRESENTAÇÃO DE NÚMEROS FRACIONÁRIOS

No dia a dia é muito comum lidarmos com números fracionários, sendo que a maneira como utilizamos esses números depende da aplicação desejada. Na representação de dinheiro, por exemplo, usamos duas casas decimais (centavos) como o padrão para transações entre pessoas, embora os bancos, internamente, utilizem uma precisão de quatro casas decimais. É comum também que seja estabelecido um valor máximo esperado para as transações, já que entre pessoas não se usam valores maiores que um milhão, enquanto bancos utilizam valores que vão até a casa dos bilhões ou trilhões. Por exemplo, se tivéssemos que preencher um formulário em papel em que fosse especificado um valor de depósito bancário, provavelmente este formulário se apresentaria assim:

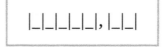

Capítulo 1. A informação e sua representação

Eventualmente, esse número de dígitos a preencher poderia ser considerado pequeno, mas para um formulário presente numa agência bancária, provavelmente nunca aconteceria um depósito em dinheiro de mais de R\$ 99.999,99! Nesse formulário a posição da vírgula é fixa, indicando que duas casas decimais devem ser especificadas, mesmo que sejam 00 (não é possível também depositar décimos de centavos). Em outras palavras, há algumas características fáceis de se perceber: o número de dígitos significativos e a precisão envolvida nos cálculos fracionários (isto é, o número de casas decimais).

Um outro caso importante a considerar é o cálculo científico, em que com frequência lidamos com números muito grandes ou muito pequenos. Para resolver essas situações, o mais comum é representar os valores como um número fracionário com a quantidade de casas decimais relativamente pequena multiplicado por uma potência de 10. Vejamos a seguir:

- $0,5467343 \times 10^{17}$, que corresponderia ao número 54673430000000000;
- $0,5467343 \times 10^{-5}$, que corresponderia ao número 0,000005467343.

Repare que nesses dois números o total de algarismos significativos é 7, e isso deve ser pensado como uma aproximação do número verdadeiro que está sendo representado, conveniente para um certo uso. Ou seja, 7 dígitos podem ser muito convenientes para cálculos de peso, mas provavelmente insuficiente para cálculos de dinheiro. Em ambas as representações, é necessário que estabeleçamos *a priori* a quantidade de dígitos significativos envolvidos e a quantidade de casas decimais.

Quando tratamos de números binários com parte fracionária, essas características também se manifestam. Quando armazenamos um número binário com parte fracionária na memória do computador, devemos pressupor que exista uma quantidade de bits, por exemplo, 64 bits em cada posição de memória na qual o número será armazenado. Temos também que tratar a questão da quantidade de dígitos fracionários.

Na representação de números binários com parte fracionária em computadores, esses aspectos relevantes assumem formas padronizadas que foram sendo adotadas ao longo dos anos. Temos, eventualmente, que estabelecer alguma padronização para dispor os dígitos binários dentro da memória, e tratar as questões relativas à posição da vírgula e/ou do expoente.

Duas dessas formas são as mais consagradas, e suportadas pela maior parte das linguagens de programação, e as operações a elas relacionadas, com frequência implementadas nos circuitos eletrônicos do computador.

1.6.1 Representação em ponto fixo

Nos computadores modernos, uma determinada quantidade de bits é reservada para a representação dos números fracionários, podendo variar entre 8, 16, 32 ou 64 bits. Na abordagem conhecida como representação em ponto fixo, alguns desses bits são reservados para a parte inteira, e o restante para a parte fracionária. O número de bits utilizados para cada parte é arbitrado pelo programador. Ao longo deste texto chamaremos de n o número de bits reservados para representar cada número e de f o número de bits reservados para a parte fracionária (obviamente, $n - f$ é o número de bits alocados para a parte inteira). Suponhamos o seguinte número:

$$11001, 01_{(2)} = 27, 25_{(10)}$$

Um programador poderia arbitrar que, para um número representado com 32 bits, seriam utilizados 12 bits para a parte fracionária, como ilustrado na Tabela 1.21.

Tabela 1.21. Representação em Ponto Fixo

00000000000000000000000000011001	010000000000
20 bits	12 bits

A maior vantagem dessa tática é a simplicidade conceitual, especialmente nas operações aritméticas de soma e subtração, que são realizadas da mesma maneira que os números inteiros. É fundamental observar que quando formos operar com dois números dessa forma, só podem ser somados (ou subtraídos) diretamente números que possuam a mesma configuração de número de bits para a parte fracionária. Em caso contrário, será necessário executar uma compatibilização do número de bits.

Uma observação importante, mas quase óbvia: se usarmos esta forma de representação, em que o número de bits total é 32, a quantidade de número diferentes que são representáveis é 2^{32} (se fossem 64 bits seriam 2^{64}). Em outras palavras, há infinitos números fracionários que não são representáveis, sendo usadas então aproximações. Suponhamos o caso já mostrado do número decimal $0,1_{(10)}$. Vimos que este número é uma dízima periódica em binário: $0,000011001100110011\ldots$ Ao usarmos 12 bits para a parte fracionária, teremos que truncar a representação, como visto na Tabela 1.22.

Tabela 1.22. Parte Fracionária Truncada

00000000000000000000000000000000	000110011001
20 bits	12 bits

Repare que não são apenas as dízimas que produzem esta necessidade de truncamento, qualquer número binário possua um número de bits fracionários maior do que f será truncado. A consequência óbvia desta observação é que o programador tem que ser bastante cuidadoso ao escolher um valor para f. A escolha é feita a partir do conhecimento prévio dos dados que serão tratados ou calculados, o que nem sempre é possível.

Prós e contras da representação em ponto fixo

Podemos considerar a representação de números binários inteiros como um "caso especial" da representação de números binários com ponto fixo, onde o "separador dos dígitos fracionário" está na posição 0. Todas as operações aritméticas que um computador pode operar com números inteiros podem, portanto, ser aplicadas também aos números de ponto fixo. É também trivial representar um número negativo em ponto fixo, basta para isso usar a notação de complemento a 2.

Dessa maneira, o maior benefício desta representação é que os cálculos realizados pelo *hardware* são tão simples e eficientes quanto a aritmética de números inteiros em computadores (na verdade, o processador nem precisa saber que estamos tratando de números fracionários, sendo isso responsabilidade do *software*). Em outras palavras, a aritmética de ponto fixo pode ser realizada sem tornar mais complexos os circuitos do computador.

A maior desvantagem da notação em ponto fixo é a necessidade de conhecimento prévio dos dados, para poder estabelecer a alocação dos bits para uso nos dígitos fracionários, e a dificuldade de tratar de forma homogênea valores com grande disparidade de magnitude. Para isso é muito mais simples (porém, mais lento) usar o cálculo usando a técnica de ponto flutuante, que veremos a seguir.

Por último, este tipo de notação tem grande utilização nos dispositivos de processamento digital de sinais (DSP), que são processadores especiais utilizados para captura e processamento de dados analógicos (por exemplo, vibrações sísmicas, sons, imagens etc). Grande parte desses dispositivos, porém, especialmente os de menor custo, não processam por *hardware* as operações em ponto flutuante.

Capítulo 1. A informação e sua representação

1.6.2 Representação em ponto flutuante

A faixa de números que podem ser representados em ponto fixo é insuficiente para a maioria das aplicações científicas, onde existe a necessidade de se representar números muito grandes e/ou números muito pequenos. A maior parte dos cientistas usa uma notação específica, onde os números são representados em um intervalo pequeno, como entre $[0, 1 - 1, 0)$, que é multiplicado por uma base elevada a um expoente. Por exemplo, um quatrilhão possui a seguinte forma por extenso:

$$1.000.000.000.000.000$$

Sendo que esse valor pode ser representado mais facilmente por $1, 0 \times 10^{15}$, em vez de se escrevê-lo por extenso, no que é chamado também de notação científica, em que uma mantissa (número que apresenta os algarismos significativos da representação), é multiplicada por uma potência de 10. Contudo, essa representação pode ser redundante, já que um mesmo número pode ser representado de formas diferentes. Para ilustrar, um quatrilhão pode ser representado tanto por $1, 0 \times 10^{15}$, ou $0, 01 \times 10^{17}$, ou $100, 0 \times 10^{13}$. Desse modo, é desejável que exista uma forma padronizada para se representar um número; para isso utilizam-se as mantissas normalizadas.

Uma mantissa está normalizada quando possui somente uma parte fracionária, ou seja, não existe a parte inteira, e quando o primeiro dígito à direita da vírgula é diferente de zero. Temos então que a forma normalizada para representar um quatrilhão é $0, 1 \times 10^{16}$ e para representar três quatrilhões seria $0, 3 \times 10^{16}$.

Em resumo, na representação de números em ponto flutuante, cada número está associado a um sinal **s** e a três outros números: a mantissa **m**, o expoente **e** e a base **b**, compondo a seguinte equação:

$$N = s \times m \times b^e$$

No caso dos computadores da atualidade, a base utilizada é fixa em **b = 2** (base binária). Note que tanto a mantissa como o expoente podem ser positivos ou negativos. O assunto de notação binária em ponto flutuante é bastante relevante e será estudado em detalhes a seguir.

Representação binária em ponto flutuante

Os números reais são utilizados para expressar valores fracionários, sejam eles muito pequenos (menores que um) ou grandes demais (maiores que a maior representação inteira), sendo representados no computador com o uso da notação em ponto flutuante. Nesse caso, o valor do número é expresso pela seguinte equação:

$$N = s \times m \times 2^e$$

em que **s** é o sinal (+1 ou −1), **m** é a mantissa, normalmente um valor fracionário, e **e** o expoente. Ou seja, ao contrário do que estamos acostumados, a base 2 é utilizada para representar os números reais no computador.

O formato mais utilizado atualmente é aquele estabelecido no padrão IEEE-754. A precisão do número a ser representado varia de acordo com o número de bits empregados na representação do número real podendo, basicamente, ser de 32 bits (precisão simples), 64 bits (precisão dupla) ou 128 bits (precisão quádrupla). A precisão simples equivale a um número com 7 dígitos decimais, a precisão dupla a um número com 15 dígitos decimais e a precisão quádrupla, 34 dígitos decimais. A Tabela 1.23 apresenta um resumo das suas características.

Tabela 1.23. **Precisão IEEE-754**

Precisão	Sinal (bits)	Expoente (bits)	Mantissa (bits)	Total (bits)	Excesso Expoente
Meia	1	5	10	16	15
Simples	1	8	23	32	127
Dupla	1	11	52	64	1023
Quádrupla	1	15	112	128	16383

Os números positivos tem o bit de sinal $s = 0$ e os números negativos tem $s = 1$. O expoente é polarizado, ou seja, é somado um valor fixo para sua representação: 127 no caso da precisão simples, 1023 no caso da precisão dupla e 16383 no caso de precisão quádrupla. Assim, são representados valores entre −126 e +127 (32 bits), entre −1022 e +1023 (64 bits) ou entre −16382 e 16383 (128 bits). A mantissa é sempre normalizada para um valor entre 1 e 2, sendo que somente a parte fracionária é representada, ficando o 1 inicial implícito, ganhando-se assim um bit a mais de precisão.

Conversão de decimal para ponto flutuante em binário

Para a mostrar como realizamos esse tipo de conversão, vamos utilizar o valor decimal −9, 5 e verificar os passos para representá-lo como um número de ponto flutuante com precisão simples (32 bits). Vejamos:

1. determinar o valor do bit de sinal (negativo) $\longrightarrow$ **1**;

2. converter 9,5 para binário $\longrightarrow$ **1001, 1**;

3. normalizar a mantissa entre 1 e 2 $\longrightarrow$ $\mathbf{1, 0011 \times 2^3}$;

4. polarizar o expoente (3) $\longrightarrow$ **3 + 127 = 130**;

5. converter 130 para binário $\longrightarrow$ **10000010**;

6. descartar a parte inteira da mantissa $\longrightarrow$ **0011**;

7. combinar sinal, expoente e mantissa.

s	e	m
1	10000010	00110000000000000000000

Esse mesmo método pode ser aplicado para converter qualquer número decimal. O padrão IEEE-754 prevê ainda representações especiais para os seguintes valores:

Valor	Sinal	Expoente	Mantissa
Zero	0	0	0
+ Infinito	0	11...11	0
− Infinito	1	11...11	0
NaN	0	11...11	Diferente de 0

Capítulo 1. A informação e sua representação

No padrão IEEE 754, os NaN (*Not a Number*), representam exceções como divisão por zero, raiz de negativos etc. Particularmente, esses valores tem regras interessantes de comparação: tanto o zero positivo como o zero negativo são considerados iguais; todo NaN é diferente de qualquer valor, inclusive ele mesmo; todos números de ponto flutuante finitos são menores que $+\infty$ e maiores que $-\infty$, e são ordenados da mesma maneira que seus valores no conjunto dos números reais.

Conversão de ponto flutuante binário para decimal

Para converter números binários de ponto flutuante para decimal devemos primeiramente identificar os componentes do número em binário e decompô-lo em sinal, expoente (8 ou 11 bits) e o restante será a mantissa. Não devemos esquecer de recompor a parte inteira do número, ou seja adicionar 1 à mantissa. Vejamos:

s	e	m
1	10000010	00110000000000000000000

1. convertendo o expoente **100000010** $\longrightarrow$ **130**;

2. despolarizando o expoente $\longrightarrow$ **130 − 127 = 3**;

3. somando 1 à mantissa $\longrightarrow$ **1, 0011**;

4. desnormalizando de acordo com o expoente $\longrightarrow$ **1001, 1**;

5. convertendo para decimal $\longrightarrow$ **9, 5**;

6. adicionando o sinal $\longrightarrow$ **−9, 5**.

Operações de soma e subtração em ponto flutuante

As operações de soma e subtração de dois operandos em ponto flutuante são relativamente complexas e devem ser realizadas após a inserção do bit que representa a parte inteira da mantissa normalizada e que é sempre igual a 1. Essas operações consistem basicamente de três etapas:

1. equalização dos expoentes dos operandos;

2. soma ou subtração das mantissas dos operandos;

3. normalização da mantissa do resultado.

A fase de equalização dos expoentes tem como objetivo tornar iguais os expoentes para que a soma possa ser realizada. O expoente do resultado será, em princípio, igual ao expoente equalizado dos operandos. A equalização é sempre feita tornando o menor expoente igual ao expoente de maior valor, ajustando-se de forma adequada a sua mantissa. Ou seja, para cada incremento no seu expoente, a mantissa do operando com menor expoente deve ser dividida por dois, de modo a não alterar o valor desse operando. Com isso, a mantissa deste operando fica desnormalizada e alguns dos seus bits menos significativos são perdidos.

Se os dois números tiverem expoentes muito diferentes, pode haver perda significativa de precisão no resultado final obtido, seja na operação de soma ou de subtração. Neste caso, não há muito o que se possa fazer, vida que segue.

A fase de soma ou subtração das mantissas expressa em sinal e magnitude deve ser realizada com os módulos das mantissas, com o ajuste posterior do sinal do resultado. Se a operação for de soma, e as mantissas têm o mesmo sinal, ou se a operação for de subtração, e os sinais forem diferentes, os módulos das mantissas devem ser somados e o sinal do resultado será igual ao primeiro operando. Em caso contrário, o módulo da mantissa de maior valor deve ser diminuído daquela de menor valor. O sinal do resultado vai depender então do valor das mantissas e do tipo da operação, como em uma soma ou subtração convencional.

Veja o exemplo da Tabela 1.24,[9] onde fazemos o passo a passo da soma de dois números de ponto flutuante de mesmo sinal (positivos), mas com expoentes diferentes, o que vai exigir o ajuste de um deles.

Tabela 1.24. **Soma de Dois Números de Ponto Flutuante**

s		Expoente	Mantissa
	0	10000101	01110000000000000000000
+	0	10000011	00010010000000000000000

Como os expoentes são diferentes, é necessário fazer um ajuste no expoente do segundo operando, para que fique igual ao expoente do primeiro. Para cada incremento no expoente, a mantissa deve ser deslocada para a direita de um bit, de forma a manter o valor desse operando inalterado.

Tabela 1.25. **Ajuste de Expoente**

Expoente	Mantissa
10000011	00010010000000000000000
↓ +1	Desloca para a direita ↓
10000100	10001001000000000000000
↓ +1	Desloca para a direita ↓
10000101	01000100100000000000000

A mantissa ajustada pode ser então ser somada com a mantissa do outro operando. Notem que as mantissas estão normalizadas entre 1 e 2, logo existe um bit 1 adicional que deve ser considerado nesta adição do primeiro operando. No segundo operando esse bit é igual a 0 por conta do ajuste que foi feito anteriormente na sua mantissa. Se o resultado for igual ou maior que 2, a sua mantissa deve ser normalizada para um valor entre 1 e 2.

Tabela 1.26. **Soma das Mantissas**

1,	01110000000000000000000
+0,	01000100100000000000000
1,	10110100100000000000000

Finalmente, o expoente pode ser adicionado, junto com o sinal, à mantissa normalizada, para formar o resultado final.

---

[9] Adaptado de http://www.ic.uff.br/~boeres/slides_FAC/FAC-estouro-e-ponto-flutuante.pdf. Acesso em: 19 mar. 2024.

Capítulo 1. A informação e sua representação

Tabela 1.27. **Resultado Final**

s	Expoente	Mantissa
0	100000101	10110100100000000000000

Note que, quando os módulos das mantissas dos operandos são somados, ao contrário do exemplo mostrado, a mantissa do resultado pode estar desnormalizada. No pior caso, a parte inteira da mantissa do resultado inteira vale 2 ou 3. Basta então deslocar a mantissa do resultado de uma posição para a direita (o que equivale a uma divisão por 2) e incrementar o expoente do resultado de 1 (AUDE, 2001).

Quando os módulos das mantissas dos operandos são subtraídos, se o módulo da mantissa do resultado for menor que 1, e diferente de zero, a normalização pode ser feita deslocando-se a mantissa de um bit por vez para a esquerda, até que o bit mais significativo do módulo da mantissa seja igual a 1, ou seja, a mantissa tenha sua parte inteira igual a 1. Para cada deslocamento da mantissa para a esquerda o expoente do resultado deve ser decrementado de 1 para não alterar o valor no número representado.

Operações de multiplicação e divisão em ponto flutuante

As operações de multiplicação e divisão em ponto flutuante são realizadas de uma forma mais simples. Basicamente, estas operações consistem das seguintes etapas:

- cálculo do expoente do resultado;
  - Se for uma multiplicação, os expoentes são somados;
  - Se for uma divisão, os expoentes são subtraídos.
- multiplicação ou divisão das mantissas dos operandos;
- normalização da mantissa do resultado.

Essas operações, contudo, merecem algumas observações. Notem que os expoentes em ponto flutuante são polarizados, então a operação de soma e subtração dos expoentes deve sofrer um ajuste para obtermos o resultado correto. No caso da multiplicação, o resultado deve ser diminuído da constante de polarização e na divisão, esse valor deve ser adicionado. A constante de polarização depende da precisão dos números envolvidos na operação, sendo, por exemplo, 127 no caso da precisão simples, 1.023 no caso da precisão dupla, ou 16.383 em precisão quádrupla.

O sinal da mantissa do resultado será positivo se ambos os operandos tiverem o mesmo sinal e será negativo se os sinais forem diferentes. Uma vez realizada a multiplicação ou a divisão das mantissas dos operandos, é possível que a mantissa do resultado não esteja na forma normalizada, o que vai demandar a necessidade da sua normalização. No caso da multiplicação, a mantissa do resultado deve ser normalizada dividindo-se por 2, ou seja, deslocando uma posição para a direita e incrementando o expoente do resultado de 1. Já no caso da divisão, a mantissa do resultado pode ser normalizada deslocando a mantissa para a esquerda de um bit e decrementado o expoente do resultado de 1 (AUDE, 2001).

Underflow e *overflow*

Na aritmética de ponto flutuante, situações de *underflow* e de *overflow* ocorrem quando, respectivamente, o expoente do resultado de uma operação é menor que o mínimo expoente representável ou maior que o máximo expoente representável. Segundo o padrão IEEE 754, ocorre *underflow* sempre que o expoente polarizado do resultado de uma operação for menor do que 1. Já as situações de *overflow* são detectadas quando o expoente polarizado do resultado de uma operação for maior que 254, se a notação em precisão simples estiver sendo utilizada, ou maior que 2046, se a notação em precisão dupla estiver em uso, ou ainda 32.766 em precisão quádrupla.

1.7 MULTIPLICADORES BINÁRIOS

É fundamental sabermos descrever de modo preciso a quantidade ou velocidade de transmissão da informação no contexto da computação. A escolha correta das unidades de medida, bem como a compreensão dos multiplicadores envolvidos, são essenciais para uma comunicação clara e precisa.

Como já vimos, o bit é a unidade fundamental de informação binária, representado por dois valores distintos, '0' e '1', que são implementados no *hardware* do computador como dois níveis diferenciados de tensão elétrica. O *byte* ou octeto, por sua vez, é um conjunto de 8 bits, caracterizando a menor unidade de informação digital que pode ser endereçada individualmente em um computador. Pequenas quantidades de informação com um caractere alfanumérico, um símbolo ou um valor numérico podem ser representadas com apenas um *byte*. A abreviação utilizada para o bit é o "b" minúsculo e para o *byte* é o "B" maiúsculo, sendo fundamental não confundir um com o outro, ao ler ou redigir um texto, pois tratam-se de quantidades bastante diferentes.

Assim, a correta utilização de termos como bits e *bytes*, o entendimento das distinções entre multiplicadores binários e decimais, bem como o emprego consistente dos prefixos apropriados (como KiB, MiB, GiB para binários e KB, MB, GB para decimais), juntamente com a compreensão das velocidades e taxas de transmissão, são fundamentais para uma representação precisa das capacidades de armazenamento e velocidades de transmissão de dados.

Historicamente, os multiplicadores decimais do sistema internacional de medida (como k – 103, M – 106 ou G – 109) também eram empregados para representar potências binárias (por exemplo, 1.024 – 210, 1.048.576 – 220 e 1.073.741.824 – 230), particularmente para descrever a quantidade de memória dos computadores. Assim, nos livros e nas referências mais antigas, é este o contexto que encontramos, mas o uso dos mesmos prefixos multiplicadores com dois significados diferentes era um fator de certa confusão.

Esse problema tornou-se particularmente visível ao se relatar a capacidade de armazenamento de discos rígidos, pois os fabricantes frequentemente anunciavam a capacidade de seus produtos em *gigabytes* decimais, enquanto os sistemas operacionais relatavam a capacidade em *gigabytes* binários. Por exemplo, um disco rígido com capacidade anunciada de 1000 GB (1 TB) possui, na verdade, uma capacidade aproximada de 931 GB relatada pelo sistema operacional. Essa diferença entre valores era muitas vezes bastante frustrante para os usuários, que esperavam ter acesso à capacidade total anunciada pelos fabricantes.

Para resolver essa ambiguidade, em 2008, a norma IEC 80000-13 padronizou novos multiplicadores para expressar essas grandezas binárias, como o *kibibyte, mebibyte* e *gibibyte*, tendo o os símbolos KiB, MiB e GiB denotando 1.024 *bytes*, 1.048.576 *bytes* e 1.073.741.824 *bytes*, respectivamente. Na Tabela 1.28 estão alguns dos multiplicadores normalmente utilizados na tecnologia da informação e computação.

No que se refere às unidades de taxa de transmissão em linhas de comunicação de dados, nos modems e em outros dispositivos de comunicação, elas geralmente são apresentadas em múltiplos decimais. As unidades mais comuns incluem bits por segundo (bps), quilobits por segundo (kbps), megabits por segundo (Mbps) e gigabits por segundo (Gbps), mas também encontramos unidades como *quilobytes* por segundo (KB/s), *megabytes* por segundo (MB/s) e *gigabytes* por segundo (GB/s), conforme o caso.

Dessa maneira, ao longo deste livro, adotaremos os multiplicadores binários para expressar as capacidades de armazenamento, conforme padronizado pela norma IEC 80000-13, enquanto empregaremos os multiplicadores decimais para descrever as velocidades de transmissão de dados.

Capítulo 1. A informação e sua representação

Tabela 1.28. Multiplicadores na base 2^{10}

Decimal (legado)	Binário	Representação
k (quilo)	Ki (kibi)	2^{10} unidades
M (mega)	Mi (mebi)	2^{20} unidades
G (giga)	Gi (gibi)	2^{30} unidades
T (tera)	Ti (tebi)	2^{40} unidades
P (peta)	Pi (pebi)	2^{50} unidades
E (exa)	Ei (exbi)	2^{60} unidades
Z (zeta)	Zi (zebi)	2^{70} unidades
Y (yota)	Yi (yobi)	2^{80} unidades

1.8 EXERCÍCIOS PROPOSTOS[11]

1. Um número tem dois algarismos, sendo y o algarismo das unidades e x o algarismo das dezenas. Se colocarmos o algarismo 5 à direita desse número, o novo número será:

   (a) $x + y + 5$

   (b) $500 + 10 \times y + x$

   (c) $100 \times x + 10 \times y + 5$

   (d) $100 \times y + 10 \times x + 5$

   Resposta: Se o número tem dois algarismos, então no novo número o algarismo das centenas será x, o algarismo das dezenas será y e o algarismo das unidades será 5. Então o novo número será $100\,x + 10\,y + 5$. A resposta correta é (c).

2. Represente os seguintes valores binários em valores decimais equivalentes (conversão de base 2 para base 10):

   (a) $1011_{(2)}$

   (b) $01100110_{(2)}$

   (c) $100010001_{(2)}$

   Resposta:

   (a) $1011^2 = 2^3 + 2^1 + 2^0 = 8 + 2 + 1 = 11$

   (b) $01100110^2 = 2^6 + 2^5 + 2^2 + 2^1 = 64 + 32 + 4 + 2 = 102$

   (c) $100010001^2 = 2^8 + 2^4 + 2^0 = 256 + 16 + 1 = 273$

3. Represente os seguintes valores decimais em valores binários equivalentes (conversão de base 10 para base 2):

   (a) 6

   (b) 24

   (c) 132

   (d) 512

---

[10] Disponível em: https://en.wikipedia.org/wiki/Byte#Multiple-byte_units. Acesso em: 19 mar. 2024.

[11] As respostas dos execícios propostos que não estiverem disponíveis aqui, podem ser encontradas no repositório fornecido pelos autores.

Resposta: A conversão pode ser feita dividindo-se sucessivamente o número e os respectivos quociente por 2 até o quociente ser zero e, em seguida, combinar os restos obtidos na ordem inversa. Assim, teremos:

(a) $6 = 110_{(2)}$

(b) $24 = 11000_{(2)}$

(c) $132 = 10000100_{(2)}$

(d) $512 = 1000000000_{(2)}$

4. Exprima os seguintes valores hexadecimais em binário:

(a) $1010_{(16)}$

(b) $2A9B_{(16)}$

(c) $ABCD01_{(16)}$

Resposta: A conversão pode ser feita facilmente convertendo-se cada dígito hexadecimal pelo seu valor correspondente em binário:

(a) $1010_{(16)} = 0001\ 0000\ 0001\ 0000_{(2)}$

(b) $2A9B_{(16)} = 0010\ 1010\ 1001\ 1011_{(2)}$

(c) $ABCD01_{(16)} = 1010\ 1011\ 1100\ 1101\ 0000\ 0001_{(2)}$

5. Exprima os seguintes números decimais em octal e hexadecimal:

(a) 157

(b) 2048

Resposta: Neste caso, a conversão deve ser feita usando o método da divisão, no primeiro caso usando 8 como divisor e no segundo, 16.

(a) $157 = 235_{(8)} = 0x9d_{(16)}$

(b) $2048 = 4000_{(8)} = 0x800_{(16)}$

6. Converta os seguintes números da base 5 para a base 10:

(a) $321_{(5)}$

(b) $10333_{(5)}$

Resposta:

(a) $321_5 = 3 \times 5^2 + 2 \times 5^1 + 1 \times 5^0 = 65 + 10 + 1 = 76$

(b) $10333_5 = 1 \times 5^4 + 0 \times 5^3 + 3 \times 5^2 + 3 \times 5^1 + 3 \times 5^0 = 625 + 75 + 15 + 3 = 718$

7. Descreva, baseando-se no funcionamento descrito para um odômetro convencional (base 10), como funcionaria um odômetro octal?

Resposta: O odômetro octal funciona da mesma forma que um odômetro convencional, mas em vez de usar dígitos decimais, usa dígitos octais. Os dígitos octais são 0, 1, 2, 3, 4, 5, 6, 7.

8. Converta para a base octal os seguintes números representados na base binária:

(a) $11101101_{(2)}$

(b) $10000111011_{(2)}$

(c) $111000010_{(2)}$

Capítulo 1. A informação e sua representação **49**

Resposta: A solução é facilmente obtida convertendo cada grupo de 3 bits do número em binário diretamente para o seu correspondente em octal.

(a) $11\,101\,101_{(2)} = 355_{(8)}$

(b) $10\,000\,111\,011_{(2)} = 2073_{(8)}$

(c) $111\,000\,010_{(2)} = 702_{(8)}$

9. Converta os seguintes números octais para a base 16:

(a) $032_{(8)}$

(b) $324217_{(8)}$

(c) $11111111_{(8)}$

Resposta: A forma de solução mais fácil é converter o número octal para binário, transformando cada dígito octal em 3 dígitos binários, depois converter cada grupo de 4 dígitos binários em um dígito hexadecimal.

(a) $032_{(8)} = 000\,011\,010 = 0\,0001\,1010 = 1A_{(16)}$

(b) $324217_{(8)} = 011\,010\,100\,010\,001\,111 = 01\,1010\,1000\,1000\,1111 = 1A88F_{(16)}$

(c) $11111111_{(8)} = 001\,001\,001\,001\,001\,001\,001\,001 = 0010\,0100\,1001\,0010\,0100\,1001 = 249249_{(16)}$

10. Quantos números inteiros positivos podem ser representados em uma base B, cada um com N algarismos significativos?

Resposta: Existem B^N números inteiros positivos que podem ser representados em uma base B, cada um com N algarismos significativos. Isso ocorre porque existem B opções para cada dígito, e há N dígitos. Por exemplo, se B = 10 e N = 3, então existem $10^3 = 1000$ números inteiros positivos que podem ser representados: 1, 10, 11, 12, ..., 99, 100.

11. Some os seguintes números em binário. Calcule o valor do bit de "carry" (*overflow*).

(a) $0101_{(2)} + 1011_{(2)} =$

(b) $10111001_{(2)} + 11010111_{(2)} =$

Resposta:

(a) $0101_2 + 1011_2 = 1110_2$ Bit de *carry*: 1

(b) $10111001_2 + 11010111_2 = 11001110_2$ Bit de *carry*: 1

12. Subtraia os seguintes números em binário. Calcule o valor do bit de "borrow" (*underflow*).

(a) $1111_{(2)} - 1111_{(2)} =$

(b) $10011111_{(2)} - 11111111_{(2)} =$

Resposta:

(a) $1111_{(2)} - 1111_{(2)} = 0000_{(2)}$ Bit de *borrow*: 0

(b) $10011111_{(2)} - 11111111_{(2)} = 00000000_{(2)}$ Bit de *borrow*: 1

13. Multiplique os seguintes números em binário, produzindo a saída em 8 bits:

(a) $0101_{(2)}0011_{(2)} =$

(b) $1111_{(2)}0111_{(2)} =$

Resposta:

(a) $0101(2) \times 0011(2) = 00001111(2)$

(b) $1111(2) \times 0111(2) = 01101001(2)$

14. Divida os seguintes números binários, obtendo resultados até a 4ª casa fracionária binária:

   (a) $1100_{(2)}0011_{(2)}$

   (b) $11011011_{(2)}0011_{(2)}$

   Resposta:

   (a) 0101(2) ÷ 0011(2) = 0100,0000(2)

   (b) 11011010(2) ÷ 0111(2) = 01001000,1010(2)

15. Multiplique os seguintes números binários por 8, 16 e 32:

   (a) $100110_{(2)}$

   (b) $100011,1101_{(2)}$

   Resposta:

   (a) $100110_{(2)}8 = 1001100_{(2)}$
       $100110_{(2)}16 = 10011000_{(2)}$
       $100110_{(2)}32 = 100110000_{(2)}$

   (b) $100011,1101_{(2)}8 = 100011110,1_{(2)}$
       $100011,1101_{(2)}16 = 1000111101_{(2)}$
       $100011,1101_{(2)}32 = 10001111010_{(2)}$

16. Algumas linguagens implementam as operações de multiplicação de números inteiros por potência de 2 como uma operação alternativa chamada de "deslocamento para a esquerda" (*shift left*) em que aos números binários são adicionados zeros à direita. Quantos zeros seriam adicionados numa multiplicação por 2048?
    Resposta: Uma multiplicação por 2048 é equivalente a um deslocamento para a esquerda de 11 posições binárias. Isso ocorre porque 2048 é igual a 2^{11} $(2048 = 2 \times 2 \times 2 \times 2 \times 2 \times 2 \times 2 \times 2 \times 2 \times 2 \times 2)$.

17. Divida os seguintes números binários por 8, 16 e 32:

   (a) $111111_{(2)}$

   (b) $1111,11_{(2)}$

   Resposta:

   (a) $111111_{(2)}8 = 111,111_{(2)}$ $111111_{(2)}16 = 11,1111_{(2)}$ $111111_{(2)}32 = 1,11111_{(2)}$

   (b) $1111,11_{(2)}8 = 1,11111_{(2)}$ $1111,11_{(2)}16 = 0,111111_{(2)}$ $1111,11_{(2)}32 = 0,0111111_{(2)}$

18. Algumas linguagens implementam as operações de divisão de números inteiros por potência de 2 como uma operação alternativa chamada de "deslocamento para a direita" (*shift right*) em que aos números binários têm seus dígitos à direita removidos. Quantos dígitos seriam removidos em uma divisão por 64?
    Resposta: Uma divisão por 64 é equivalente a um deslocamento para a direita de 6 posições binárias. Isso ocorre porque 64 é igual a 2^6 $(64 = 2 \times 2 \times 2 \times 2 \times 2 \times 2)$.

19. Represente como uma sequência de números binários em ASCII os caracteres das seguintes palavras (diferencie maiúsculas de minúsculas). Transcreva também para codificação em hexadecimal.

   (a) CASA

   (b) M72az

   (c) Minha vida.

20. Qual foi a motivação ao se criar um código padronizado como o Unicode?

21. Podem os "emoticons" serem codificados em Unicode (pesquise na internet)?

Capítulo 1. A informação e sua representação **51**

22. Descreva algumas regras simples para transcrição de um conjunto de letras a partir de sua codificação em Unicode para UTF-8 de palavras na língua portuguesa. Use estas regras para transcrever a palavra "Atenção" para uma sequência em UTF-8 em representação hexadecimal.

23. Represente em binário de 4 bits os seguintes números em BCD:

   (a) 1.234
   (b) 24.019

   Resposta:

   (a) Para representar 1234 em BCD, precisamos converter cada dígito (1, 2, 3, 4) para binário de 4 bits:
   1 = 0001 2 = 0010 3 = 0011 4 = 0100
   Agora, juntamos esses dígitos em BCD para formar o número completo:
   1234 em BCD = 0001 0010 0011 0100

24. Represente em sinal-magnitude (em binário de 8 bits) os seguintes números decimais:

   (a) 3
   (b) −3
   (c) −127
   (d) 128

   Resposta: Para representar os números decimais em sinal-magnitude em binário de 8 bits, usamos o bit mais significativo para o sinal (0 para positivo e 1 para negativo) e os 7 bits restantes para representar o valor absoluto do número em binário. Aqui estão as representações para cada número:

   (a) 3 em binário de 8 bits é: 00000011
   (b) Para representar −3 em sinal-magnitude, usamos o bit de sinal 1 e o valor absoluto de 3 em binário, que é 00000011. Portanto, −3 em binário de 8 bits é: 10000011

25. O que é o problema da dupla representação do zero na representação em sinal-magnitude?

26. Quantos números diferentes se consegue representar em sinal-magnitude para números de 8 bits?

   Resposta: Com 8 bits, há 256 combinações possíveis de bits. No entanto, existe a dupla representação para o número zero. Portanto, há 255 números diferentes que podem ser representados em sinal-magnitude com 8 bits.

27. Que vantagem pode ser atribuída à representação em Excesso-K, quando comparada a outras formas de representação?

   Resposta: A representação em Excesso-K tem como vantagem com relação à representação sinal-magnitude o fato de não apresentar a duplicidade de representação do zero. As operações de subtração também podem ser feitas invertendo-se o sinal do subtraendo e realizando a soma dos valores. No entanto, a obtenção do número negativo é feita subtraindo $2*K$ do seu valor positivo, o que é uma operação relativamente complicada.

28. Represente os seguintes números negativos decimais em complemento a um de 8 bits.

   (a) −1
   (b) −10
   (c) −127
   (d) −128

   Resposta:

   (a) Passo 1: Representar o número 1 em binário de 8 bits: 1 = 00000001
   Passo 2: Inverter todos os bits para obter o complemento a um:
   Complemento a um de 00000001 = 11111110

29. Por que o uso de complemento a dois torna mais fácil as operações de soma com números negativos?

30. Considere um sistema cuja aritmética de ponto fixo é realizada em complemento a 2 e que possua palavra de 8 bits. Efetue as operações indicadas (usando aritmética de C2), apresentando o resultado de cada uma em binário e decimal e explicitando quando ocorrer *overflow*. A = 00101100 B = 11010110 C = 00001110 D = 10010101

   (a) A − B

   (b) D + C

Resposta: Primeiramente, vamos obter o valor decimal de cada um dos números:
A = 00101100 = 44
B = 11010110 = −42
C = 00001110 = 14
D = 00010101 = −107

   (a) A subtração de um número de outro em complemento pode ser feita com a soma do negativo do segundo número, obtido complementando-se todos os bits e somando um.

   $A − B = A + (−B) = 44 + 42 = 00101100 + 00101010 = 0101\ 0110 = 86$

   (b) A soma de dois números em complemento a dois, independentemente do sinal dos números, é feita somando-se os dois números normalmente.

   $C + D = 14 \times (−107) = 00001110 + 00010101 = 10100011 = −93$

31. Obtenha a representação em binário dos seguintes valores decimais no padrão IEEE 754 em precisão simples:

   (a) 329,25

   (b) −0, 02584

   (c) 112.968,256

Resposta:

   (a) Para representar o número 329,25 em ponto flutuante no formato IEEE 754 precisão simples (também conhecido como *float* de 32 bits), precisamos dividi-lo em três partes: sinal, expoente e mantissa.

   1. Sinal: O bit mais significativo representa o sinal do número. Como 329,25 é positivo, o bit de sinal será 0.

   2. Expoente: O expoente é um valor ajustado para representar o número em notação científica. O formato IEEE 754 utiliza um valor polarizado para o expoente, que é 127. O expoente real é obtido somando o valor de polarização ao expoente ajustado. Vamos converter 329,25 para notação binária normalizada entre 1 e 2:
   $329, 25 = 1, 2861328125 \times 2^8$

   O expoente ajustado é 8, e somando o bias (127), o expoente final é 135 (10000111 em binário).

   3. Mantissa: A mantissa é a fração significativa do número em notação científica normalizada. No caso de 329,25, a mantissa normalizada é 0,2861328125, pois o '1' fica implícito. Em binário, isso fica:
   01000011101010010000000000000000

   Agora, combinando todas as partes, temos a representação em ponto flutuante no formato IEEE 754 precisão simples:

   01000011101001001010000000000000

   A representação hexadecimal seria: 43A4A000.

2 Breve histórico da computação

"Tudo é loucura ou sonho no começo. Nada do que o homem fez no mundo teve início de outra maneira – mas já tantos sonhos se realizaram que não temos o direito de duvidar de nenhum."

Monteiro Lobato, *Mundo da Lua*, 1923

A necessidade de efetuar cálculos é tão antiga quanto os primórdios da civilização humana. Diversos objetos, como ossos marcados, tábuas de argila e papiros, foram descobertos por arqueólogos principalmente no continente africano, que atualmente estão em museus, o que comprova a prática da Matemática por diversos povos da antiguidade. Há também diversas teorias sobre sistemas de contagem usando pedras, lascas em madeiras, ossos, nós em cordas e pinturas em cavernas, sugerindo a utilização de diversos sistemas de numeração, entre eles, o sistema de numeração decimal, consequência natural da contagem com os dedos.

Neste capítulo vamos apresentar um breve histórico sobre a história da computação, os diversos tipos de artefatos que foram produzidos antes do surgimento do computador moderno e acompanhar a trajetória de evolução do computador desde os seus primeiros protótipos até os modernos computadores, incluindo um relato sobre os projetos e computadores que já foram idealizados e fabricados no Brasil.

Utilizamos um classificação em gerações, enfatizando as tecnologias mais significativas e procurando apresentar exemplos de computadores representativos em cada uma dessas gerações. Essa classificação, além de não ser rígida, e é também bastante variável entre os diversos autores que abordaram este tema, sendo que adotamos uma divisão que entendemos por mais adequada para o correto entendimento da evolução dos computadores.

2.1 PRIMÓRDIOS DA COMPUTAÇÃO

2.1.1 Ábaco

O Osso de Ishango ou Bastão de Ishango (Figura 2.1) é talvez o objeto matemático mais antigo conhecido e, apesar de não ter a sua finalidade claramente definida, várias hipóteses de utilização foram levantadas, como o registro dos ciclos lunares ou algum tipo de jogo aritmético. O osso que, provavelmente, data de

20.000 anos a.C., no Paleolítico Superior, foi encontrado no vilarejo de mesmo nome, situado no Congo, na divisa com Uganda. É um pequeno osso petrificado, de apenas 10 cm de comprimento, com um cristal de quartzo em uma extremidade (provavelmente para gravar ou riscar, já que na época não existia a escrita) e que trazia três séries de entalhes agrupados, sugerindo algum tipo de contagem. Atualmente, o osso está no Instituto Real Belga de Ciências Naturais, em Bruxelas, na Bélgica.

O comércio com certeza foi um dos grandes motivadores para a elaboração das primeiras "tábuas de contar", que deram origem ao ábaco, utilizado por vários séculos em diversas civilizações pelo mundo. Ábaco é uma palavra latina que tem suas origens na palavra grega *abax* ou *abakon* (significando "mesa" ou "tabuleta") o qual, por sua vez, se originou possivelmente da palavra semítica *abaq*, que significa "areia". O registro escrito mais antigo, que sobreviveu até hoje, sobre o ábaco é do historiador grego Heródoto (480-425 a.C.), que mencionou que os antigos egípcios já faziam uso dele. O exemplar sobrevivente mais velho das tábuas de contar é a tábua de Salamina (que originalmente pensou-se ser um tabuleiro de jogo), usada pelos babilônios aproximadamente em 300 a.C., e que foi descoberta em 1846 na ilha de Salamina, na Grécia (IFRAH, 2009).

A tábua de contar é então um pedaço de madeira, pedra ou metal com encaixes esculpidos ou linhas pintadas entre as quais são movidos contas, seixos ou discos de metal, com a finalidade de realizar cálculos. O ábaco, como conhecemos hoje em dia, é um dispositivo geralmente de madeira, tendo uma armação que contém varetas e contas deslizantes que podem correr livremente nestas varetas. A Figura 2.2 mostra o exemplo de um ábaco chinês

Figura 2.1. **Osso de Ishango.**

moderno. O ábaco apareceu aproximadamente no ano de 1200 na China, onde é chamado de "suan pan". O ábaco russo, inventado no século XVII e ainda com algum uso, é chamado "stchoty", e possui dez contas em cada haste, sendo duas delas (a quinta e a sexta) de cores diferenciadas, para facilitar a contagem. No Japão, é muito usada ainda hoje uma variante do ábaco chamada de "soroban", tendo surgido aproximadamente no ano de 1600 (MAOR; IFRAH, 2001).

O ábaco foi durante séculos o mais importante instrumento de cálculo utilizado pela humanidade. Vários outros instrumentos surgiram depois e destacamos a seguir alguns deles.

2.1.2 Pascalina

Entre 1642 e 1645, Blaise Pascal (1623-1662), então um jovem francês de 18 anos, desenvolveu a Pascalina (máquina aritmética de Pascal). Como recompensa, em 1645, o rei da França concedeu a Pascal um privilégio real que lhe dava o direito exclusivo de fabricar e vender a Pascalina. Apesar desse privilégio, a máquina nunca foi um sucesso comercial. Os custos de fabricação eram demasiadamente elevados, principalmente por conta das técnicas usadas na fabricação das partes interiores, que ainda não estavam totalmente desenvolvidas naquele tempo (KETELAARS, 2001).

Um dos maiores problemas em todas as calculadoras mecânicas é a propagação do vai um. Durante a soma de duas parcelas, essa operação é feita passo a passo, dígito por dígito, da direita para a esquerda. Se

Capítulo 2. Breve histórico da computação

Figura 2.2. **Ábaco Chinês Moderno.**

a soma de um par dígitos é maior que dez, somamos apenas mais um (o vai um) ao resultado original da soma dos dígitos imediatamente mais à esquerda. O problema é que fazer isto de forma automática, com uso engrenagens mecânicas, era uma coisa bastante complicada naquela época.

A máquina de Pascal, que realizava operações de soma e subtração, provavelmente tinha problemas na propagação do vai um. Além disso os registros existentes também não fornecem uma descrição clara do procedimento para executar as subtrações (KISTERMANN, 1998).

Figura 2.3. **Calculadora de Pascal.**

Uma foto da Pascalina pode ser vista na Figura 2.3. Cerca de 50 destas máquinas foram construídas, das quais oito ainda estão preservadas, sendo a maioria delas mantida no Musée du Conservatoire National des Arts et Métiers, em Paris.

2.1.3 Anton Braun

O mecânico, construtor e óptico alemão Anton (Antonius) Braun (1686-1728) foi nomeado em 1724 como mecânico e óptico oficial da corte imperial em Viena, na Áustria. Neste mesmo ano, ele começou a projetar uma máquina de calcular para uso do imperador. Este trabalho foi terminado em 1727, tendo como resultado uma máquina de calcular com fino acabamento e projeto. Quando essa máquina foi apresentada para o Imperador Carlos VI, ele ficou tão maravilhado que Braun foi nomeado fabricante de instrumentos imperial, recebendo uma enorme soma de dinheiro na época - 10.000 florins (DALAKOV, 2016).

O mecanismo de cálculo utilizado era baseado nas rodas de pinos, inventadas por Gottfried Leibniz (1646-1716) e Giovanni Poleni (1683-1761), e descritas por Jacob Leupold (1674-1727) na sua enciclopédia

"Teoria Geral das Máquinas". Obviamente, Braun estava familiarizado com a enciclopédia de Leupold, onde foi descrita a máquina de Poleni. Entretanto, em contraste com a máquina de madeira feita por Poleni, a máquina de Braun era bem menor, mais fácil de se usar, sendo um dispositivo de metal perfeitamente fabricado com fino acabamento. A máquina de Braun é considerada a primeira máquina de calcular mecânica fabricada que era de fácil operação.

Há uma outra máquina de calcular de Braun, ainda preservada no Technischen Museum, em Viena, cujos detalhes podem ser vistos na Figura 2.4, que teve uma dedicatória gravada para o imperador Carlos VI e também a assinatura "Antonius Braun SCM opticus et mathematicus", com o ano de conclusão em 1727. Há informações, no entanto, que esta máquina não é original, mas uma cópia feita em 1766 por seu filho – Anton Braun o Jovem (1708-1776), que também, como seu pai, era um hábil oculista e relojoeiro. Essa máquina é comumente conhecida como máquina Leupold-Braun-Vayringe, pelo fato de que a ideia do mecanismo de cálculo foi proposto por Leupold, sendo a construção executada por Braun, enquanto a produção real foi feita por Vayringe.

Figura 2.4. Calculadora de Anton Braun.

2.1.4 Babbage

Em meados do século XIX, mais precisamente em 1856, o cientista inglês Charles Babbage (1791-1871) projetou uma "máquina analítica" capaz de executar as quatro operações, armazenar dados em uma memória e imprimir resultados (FILHO, 2007).

A máquina de Babbage tinha muitas similaridades com um computador moderno, com capacidade para ler dados de entrada, armazená-los, fazer cálculos, gerar dados de saída e controlar automaticamente a operação da máquina com uso de instruções (incluindo desvios condicionais) e funções básicas que são encontradas em quase todo o computador atual. Entretanto, a máquina analítica nunca seria concluída durante sua vida.

Charles Babbage também projetou uma "máquina diferencial", utilizada para tabular funções polinomiais com aplicação em Matemática, Astronomia e Ciências Contábeis que foi construída com sucesso, em 1854, pelo gráfico sueco George Scheutz (1785-1873). Uma réplica desta máquina foi completada em Londres no ano de 2002, 153 anos depois que foi projetada, consistindo em 8.000 peças, pesando 5 toneladas e com cerca de 3,5 metros de comprimento. Por sua contribuição neste campo da ciência, o cientista inglês é considerado por muitos o pai do computador.

2.1.5 Álgebra de Boole

George Boole (1815-1864), matemático inglês, desenvolveu a teoria da Álgebra de Boole, que permitiu a seus sucessores a representação de circuitos de comutação e o desenvolvimento da chamada Teoria dos Circuitos Lógicos. Boole fez contribuições significativas em várias áreas da Matemática, mas foi imortalizado por dois trabalhos que publicou em 1847 e 1854 (BOOLE, 2009), nos quais ele representou expressões lógicas em uma forma Matemática, hoje, conhecida como Álgebra de Boole. O trabalho de Boole era mais impressionante porque, com exceção da escola primária e de pouco tempo em uma escola comercial, ele foi quase completamente autodidata.

Enquanto na álgebra elementar as expressões principalmente representam números, na álgebra booleana elas indicam os valores lógicos de verdadeiro e falso. Esses valores são simbolizados pelos bits (ou dígitos binários), correspondendo a 1 e 0, respectivamente. As operações básicas do cálculo booleano são as seguintes:

- **AND** (conjunção), com notação $x \wedge y$ (ou x AND y), satisfaz $x \wedge y = 1$ se $x = y = 1$ e $x \wedge y = 0$ em caso contrário.
- **OR** (disjunção), com notação $x \vee y$ (ou x OR y), satisfaz $x \vee y = 0$ se $x = y = 0$ e $x \vee y = 1$ em caso contrário.
- **NOT** (negação), com notação $\neg x$ (ou NOT x), satisfaz $\neg x = 0$, se $x = 1$ e $\neg x = 1$, se $x = 0$.

A partir destas primitivas básicas, todos os elementos que implementam a lógica e a aritmética que compõem um computador, independentemente da sua complexidade, podem ser completamente definidos. Ao mesmo tempo em que Boole, um outro matemático britânico, Augustus De Morgan (1806-1871), formalizou um conjunto de operações lógicas, conhecido, hoje em dia, como transformações de De Morgan. Como exemplo, podemos citar: "o complemento da interseção de dois conjuntos é o mesmo que a união dos seus complementes" ou "o complemento da união de dois conjuntos é o mesmo que a interseção dos seus complementos" ou ainda, em notação de lógica binária:

i) $\neg$ (A **AND** B) = ($\neg$ A) **OR** ($\neg$ B)

ii) $\neg$ (A **OR** B) = ($\neg$ A) **AND** ($\neg$ B)

Podemos dizer que um renascimento dos estudos de lógica ocorreu quase que inteiramente por causa de Boole e De Morgan.

2.2 COMPUTADORES ELETROMECÂNICOS

2.2.1 Tecnologias associadas

O surgimento dos primeiros computadores digitais, quase todos eletromecânicos, ocorreu em torno da década de 1930 e teve contribuições de diversos autores, entre os quais, destacamos Konrad Zuse, George Stibitz, Howard H. Aiken e John Atanasoff.

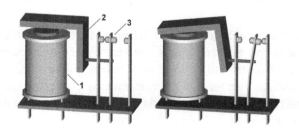

Figura 2.5. Funcionamento do Relé.

O desenvolvimento dos primeiros computadores eletromecânicos foi possível com a utilização de relés. O relé é um dispositivo eletromecânico, composto basicamente por um eletroímã, uma parte móvel chamada de armadura, que aciona um ou mais contatos elétricos. Quando uma corrente originada no primeiro circuito passa pela bobina do eletroímã, um campo eletromagnético é gerado, movimentando a armadura e abrindo ou fechando os contatos elétricos e possibilitando o funcionamento do segundo circuito. A sua estrutura de funcionamento pode ser vista na Figura 2.5.

Sendo assim, uma das aplicações do relé é usar baixas tensões e correntes para o comando no circuito primário, protegendo o operador das possíveis altas tensões e correntes que irão circular no circuito secundário (contatos). Outra aplicação possível é na simulação das funções lógicas preconizadas na teoria de Boole, sendo que o relé era a melhor da tecnologia disponível para isso na época.

Um somador binário é um circuito utilizado nos computadores para realizar a soma de dois números, como o nome já diz, no formato binário. Isso é conseguido, por exemplo, com um circuito chamado somador completo, que soma um par de bits dos operandos e propaga o vai um para um circuito somador idêntico, que vai somar os dois bits imediatamente à esquerda do operando. Como em um jogo de blocos de montar, os somadores são colocados lado a lado, até completar a largura total em bits dos operandos. Na Figura 2.6 podemos ver a implementação de um somador completo de um bit com o uso de relés. Repare que, para simplificar a implementação, cada bit do somador produz também a informação de vai um (*carry*) invertido.

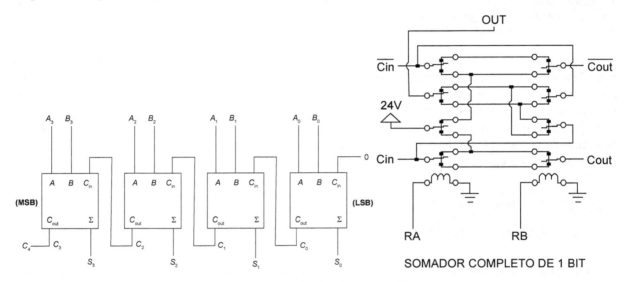

Figura 2.6. **Somador de 4 bits com relés.**

2.2.2 Konrad Zuse

Konrad Zuse (1910-1995) era estudante de Engenharia Civil na Technische Hochschule de Berlim quando iniciou o desenvolvimento de uma nova máquina de cálculo, cuja patente foi registrada em 1936. Essa máquina operava com números na base dois e era controlada por um programa codificado em uma fita de papel. Chamada de Z1 e concluída em 1938, foi o primeiro computador programável, com base em números binários e de ponto flutuante, e um sistema de chaveamento binário. Embora predominantemente mecânica, a Z1 era pouco confiável e quase nunca funcionava.

Um novo projeto, o Z2, realizado em parceria com o engenheiro Helmut Schreyer (1912-1984), teve sua construção interrompida pela convocação de Zuse para a guerra. Depois que Schreyer convenceu as autoridades militares da importância do projeto, iniciaram a construção do Z3 com uma pequena ajuda do governo alemão. A sua última máquina criada para objetivos de guerra, a Z4, inteiramente com relés, foi a única que sobreviveu aos bombardeios da Segunda Guerra e chegou a ser alugada pela Escola Politécnica de Zurique em 1949, para ajudar na formação dos primeiros profissionais de informática suíços.

Após a guerra, Zuse fundou sua própria companhia e permaneceu em atividade tendo construído cerca de 43 computadores (do Z1 até o Z4) e diversos *plotters* de alta resolução. Em 1948, também desenvolveu a linguagem de programação, a Plankalkül, citada como a primeira tentativa de criar uma linguagem algorítmica.

2.2.3 George Stibitz

O interesse de George Stibitz (1904-1995) pelos computadores surgiu em 1937 com um estudo que realizou sobre relés eletromecânicos para telefonia, que deu origem ao projeto de um circuito somador binário controlado por relés. No ano seguinte, com a ajuda de S. B. Williams dos Laboratórios Bell, Stibitz desenvolveu uma calculadora aritmética completa. Seu computador, de nome Complex Computer, Model 1, se tornou operacional em 1939 e foi demonstrado em janeiro de 1940 com uso remoto entre a cidade de Hanover, no Estado norte-americano de New Hampshire, e Nova York.

Diversos computadores binários de maior sofisticação se seguiram, com uso de aritmética de ponto flutuante e instruções de desvio. Sendo que o último da série, o Model 5, foi inaugurado pela Força Aérea dos Estados Unidos em 1946 e pesava 10 toneladas, ocupando uma área de 300 m^2 e utilizando mais de 9000 relés.

2.2.4 Mark I

Inicialmente conhecido como ASCC (*Automated Sequence Controled Calculator*), um outro famoso computador digital foi concluído em 1944, por uma equipe de engenheiros da IBM liderados pelo professor Howard H. Aiken (1900-1973) da Universidade de Harvard: chamava-se Mark I, um computador eletromecânico construído com chaves, relés, cabos e embreagens. A máquina tinha mais de 750.000 componentes, 80 km de fios, cerca de 16 m de comprimento e 2,5 m de altura, pesando aproximadamente 5 toneladas. Além disso, consumia vários quilos de gelo por dia destinados à sua refrigeração.

Figura 2.7. Computador Mark I.

Embora o Mark I (Figura 2.7) seja considerado por alguns como o primeiro computador digital, sua arquitetura era significativamente diferente das máquinas modernas. Um dos conceitos introduzidos pelo computador Mark I foi o da arquitetura do tipo Harvard (Figura 2.8), onde existem caminhos fisicamente separados para acesso às memórias, também separadas, de instruções e dados. As instruções eram armazenadas em uma fita de papel perfurada com 24 bits de largura, e os dados em contadores eletromecânicos.

Mesmo assim, essa máquina, que utilizava números com 23 dígitos de largura, podia somar ou subtrair dois destes números em 0,3 segundo, multiplicá-los em quatro segundos, e dividi-los em dez segundos. Uma façanha para a época!

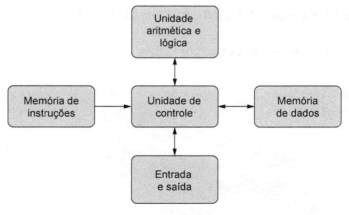

Figura 2.8. Arquitetura Harvard.

Um dos primeiros programadores do Mark I era uma mulher, Grace Hopper (1906-1992). Hopper achou o primeiro *bug* de computador: uma traça morta que tinha entrado no Mark I e cujas asas estavam bloqueando a leitora de fita de papel (veja a Figura 2.9). A palavra *bug* já tinha sido usada para descrever um defeito desde pelo menos 1889, mas Hopper foi a primeira a usar a palavra *debugging* (depuração) para descrever o trabalho de eliminar falhas dos programas.

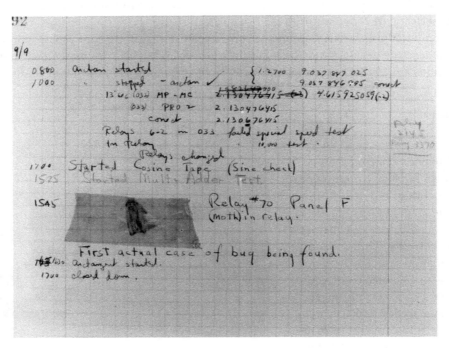

Figura 2.9. Primeiro *Bug*.

2.3 PRIMEIRA GERAÇÃO DE COMPUTADORES (1940-1952)

2.3.1 Tecnologias associadas

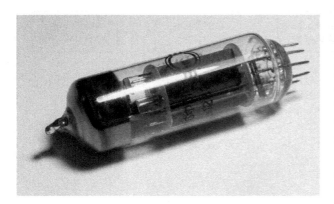

Figura 2.10. Válvula.

A primeira geração de computadores eletrônicos (1940 a 1952) é constituída pelos computadores construídos à base de válvulas a vácuo e cuja aplicação fundamental se deu nos campos científico e militar. Esses computadores utilizavam como linguagem de programação a linguagem de máquina e como única memória para armazenar informações os cartões perfurados e memórias baseadas em linhas de retardo de mercúrio.

Um tubo de vácuo ou válvula é um dispositivo que controla o fluxo de corrente elétrica entre os eletrodos em um tubo de vidro a vácuo sobre os quais uma diferença potencial foi aplicada. O tipo mais conhecido como válvula termiônica usa o fenômeno da emissão termiônica de elétrons de um cátodo quente e é usado para uma série de funções eletrônicas fundamentais, como amplificação de sinal e retificação de corrente. O tubo de vácuo mais simples, o diodo, inventado em 1904 por John Ambrose Fleming, contém apenas um cátodo emissor de elétrons aquecido e um ânodo. Os elétrons só podem fluir em uma direção pelo dispositivo – do cátodo para o ânodo. Adicionar uma ou mais grades de controle dentro do tubo, entre o cátodo e o ânodo, permite que a corrente que flui entre o cátodo e o ânodo seja controlada pela tensão aplicada às grades.

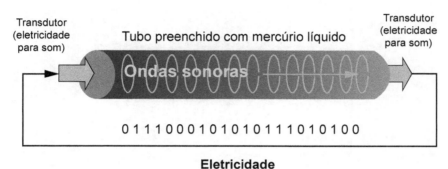

Figura 2.11. Memória de Linha de Retardo de Mercúrio.

A memória de retardo de mercúrio era composta por um tubo cheio de mercúrio, em uma das pontas do tubo um transdutor convertia os sinais elétricos em pulsos sonoros, que se propagavam através do mercúrio até a outra ponta. Neste ponto, havia um outro transdutor que convertia o som em eletricidade e este sinal elétrico era reenviado para a outra extremidade. A conversão em som, que se propaga em uma velocidade muito menor que a eletricidade, permitia que o sinal digital fosse atrasado por uma fração de segundo, de modo que este dispositivo funcionava como uma memória.

Esses dispositivos se tornaram componentes fundamentais dos circuitos eletrônicos na primeira metade do século XX. Eles foram cruciais para o desenvolvimento de rádio, televisão, radar, gravação e reprodução de som, redes telefônicas de longa distância, além dos computadores analógicos e digitais. Embora algumas aplicações tenham usado tecnologias anteriores, como o transmissor de centelha para rádio ou computadores mecânicos para computação, foi a invenção da válvula termiônica que tornou essas tecnologias difundidas e práticas, e deu origem à disciplina da eletrônica. Apesar de representar um grande avanço tecnológico, as válvulas apresentavam, contudo, sérios problemas, tais como aquecimento demasiado provocando queima constante, elevado consumo de energia, e extremamente lentas, quando comparado com tecnologias mais recentes. Em razão disso foram substituídas pelos transistores, a tecnologia que marcou a segunda geração de computadores. Alguns exemplos de arquiteturas dessa época são mostrados a seguir.

2.3.2 ENIAC

John Atanasoff, matemático no Iowa State College, é geralmente considerado o primeiro projetar uma calculadora eletrônica. Depois de ter estudado durante muito tempo os diferentes meios de cálculo automático que existiam no início dos anos 1930, iniciou em 1935 a construção de uma máquina eletrônica, mas em 1941 esse instrumento ainda não estava funcional, em razão de um defeito na leitora de cartões. Convocado em 1942 para o esforço de guerra, Atanasoff abandonou o seu projeto.

Não teria havido maiores problemas se, em 1941, ele não tivesse discutido os planos de sua máquina com um físico, John Mauchly, que foi nomeado para a Moore School of Eletrical Engineering da Universidade da Pensilvânia no ano seguinte. Lá chegando, Mauchly conheceu o engenheiro eletrônico J. Presper Eckert e, ainda em 1942, enviou ao governo norte-americano um relatório onde sintetizava as ideias de Atanasoff, de Eckert e as suas próprias para a construção de uma calculadora eletrônica, que resultou em um contrato assinado em 1943.

Figura 2.12. **Computador ENIAC.**

Assim, surgiu o ENIAC (*Electronic Numerical Integrator and Computer*), considerado o primeiro computador eletrônico de uso geral totalmente funcional construído no mundo, financiado pelo Exército dos Estados Unidos, cujo projeto foi trazido a público em 1946. O computador ENIAC pode ser visto na Figura 2.12. O ENIAC era totalmente eletrônico, utilizando 18 mil válvulas, com um total de 500 mil conexões de solda, 30 toneladas de peso e 180 m² de área construída. O ENIAC tinha uma velocidade de cálculo muito maior do que qualquer máquina anterior, sendo capaz de realizar cerca de 5000 adições ou 300 multiplicações por segundo, o que representava um grande avanço na época.

2.3.3 EDVAC

Em junho de 1944, o matemático húngaro-americano Johann (John) von Neumann tomou conhecimento pela primeira vez do ENIAC. Von Neumann, que era um consultor no Projeto Manhattan, imediatamente reconheceu o papel que poderia desempenhar um computador como o ENIAC resolvendo as equações complexas envolvidas no projeto de armas atômicas. Von Neumann ficou tremendamente entusiasmado pelo ENIAC e rapidamente se tornou um consultor do projeto ENIAC e, mais tarde, do EDVAC. Em julho de 1945, publicou um artigo intitulado "Primeiro Rascunho do Relatório do Projeto EDVAC" (NEUMANN; GODFREY, 1993), onde eram apresentados os elementos básicos de um computador baseado no conceito de programa armazenado:

- uma memória contendo dados e instruções;
- uma unidade de cálculo, capaz de realizar tanto operações lógicas como aritméticas nos dados;
- uma unidade de controle, que poderia interpretar uma instrução retirada da memória e selecionar alternativas baseadas nos resultados de operações anteriores.

Esse artigo era um somatório brilhante dos conceitos envolvidos na computação por programa armazenado, que muitos acreditam que seja um dos documentos mais importantes na história da computação.

Porém, embora não haja nenhuma dúvida de que foi von Neumann que fez as contribuições principais ao projeto EDVAC, o resultado desse artigo foi que Mauchly e Eckert não receberam quase nenhum crédito por estes conceitos novos, embora haja comprovação de que eles discutiam esses conceitos meses antes de von Neumann se juntar ao projeto do ENIAC.

2.3.4 UNIVAC

O UNIVAC I foi finalizado em 1951 e colocado em operação no escritório de censo dos Estados Unidos. A unidade de processamento era composta de 5200 válvulas, trabalhando com um relógio de frequência igual a 2,25 MHz. A memória era composta de 100 linhas de retardo de mercúrio de dez palavras. Todas as instruções do UNIVAC I tinham o tamanho de seis dígitos decimais (36 bits), sendo que os dois primeiros dígitos continham o código da função, o terceiro não era usado, e os últimos três eram o endereço de memória. Cada palavra continha duas instruções, sendo que a da esquerda era executada primeiro. Havia instruções aritméticas (como *Divide* e *Extraction*), de manuseio de registradores (como *Load* e *Store*), de deslocamento (como *Shift Right* e *Shift Left*) e de entrada/saída (como *Read* e *Rewind*).

O endereçamento de memória era feito a partir de três dígitos decimais (36 bits). O tamanho da memória do UNIVAC era de 1.000 palavras de 72 bits cada, ou 9.000 *bytes*. Havia 63 possíveis caracteres disponíveis, com 6 bits cada. Qualquer combinação de 12 destes caracteres constituía uma palavra com 72 bits, que continham duas instruções com seis caracteres cada, sendo que a segunda metade de cada instrução continha o endereço de uma célula de memória.

Os dispositivos de armazenamento secundário eram fitas magnéticas (*inventory tapes* ou *magnetic tapes*) que eram lidas pelos UNISERVO, a unidade de fitas do UNIVAC. Elas eram capazes de armazenar 1,5 MiB e possuíam uma taxa de transferência de 12.800 caracteres por segundo.

Novos projetos de computadores seguiram aperfeiçoando essas ideias precursoras. A tecnologia original com válvulas e relés foi substituída por transistores e, posteriormente, por circuitos integrados digitais, resultando no modernos computadores que utilizamos hoje em dia, como veremos a seguir.

2.4 SEGUNDA GERAÇÃO DE COMPUTADORES (1952-1964)

2.4.1 Tecnologias associadas

A segunda geração de computadores (1952 a 1964) caracteriza-se pelo uso de transistores em substituição às válvulas. As máquinas ganharam mais potência e confiabilidade e tornaram-se ainda mais práticas, pois houve uma redução no seu tamanho e consumo. As áreas de aplicação estenderam-se para os setores administrativos e gerenciais (além dos científicos e militares) e começaram a ser utilizadas linguagens de programação mais evoluídas como as linguagens de alto nível (Fortran, Algol e Cobol).

Em 1957, o transistor (Figura 2.13), inventado em 1952 nos Laboratórios BELL, Estados Unidos, passou a ser o dispositivo base da construção de computadores, pois possuía, entre outras, as seguintes características: mínimo aquecimento; gasto reduzido de energia; mais confiável e veloz do que as válvulas.

Uma equipe da IBM liderada por John Backus desenvolveu o FORTRAN, uma poderosa linguagem de computação científica de alto nível. O texto do programa codificado nesta linguagem era gravado em cartões perfurados, que eram lidos por um programa compilador, que gerava novos cartões contendo o programa equivalente em linguagem de

Figura 2.13. **Transistor.**

máquina. Alguns programadores estavam céticos quanto ao fato de que o FORTRAN pudesse ser tão eficiente quanto a codificação manual, mas esse sentimento desapareceu quando o FORTRAN provou que poderia gerar código de forma eficiente. Durante as décadas seguintes, o FORTRAN tornou-se a linguagem mais utilizada para a computação científica e técnica, ainda, hoje, com grande utilização.

Figura 2.14. Memória de Ferrite.

Uma outra característica importante introduzida nesta geração de computadores foi a memória de ferrite ou de núcleo magnético (Figura 2.14). A memória de ferrite usa toroides (rosquinhas) feitas de um material magnético duro (ferrite) como os núcleos de um transformador. Três ou quatro fios passam por cada núcleo. A histerese magnética permite que cada um dos núcleos "lembre-se" ou armazene um estado.

Cada núcleo armazena um bit de informação. Um núcleo pode ser magnetizado no sentido horário ou anti-horário. O valor do bit armazenado em um núcleo é '0' ou '1' de acordo com a direção da magnetização desse núcleo. Os pulsos de corrente elétrica em alguns dos fios através de um núcleo permitem que a direção da magnetização nesse núcleo seja definida em qualquer direção, armazenando assim '1' ou '0'.

O outro fio que passa através de cada núcleo, o fio sensor, é usado para detectar o valor armazenado, o que é feito na realidade com uma operação de escrita em '0'. Se valor armazenado era igual a '0', nenhuma mudança é percebida no fio sensor, mas se o bit passou de '1' para '0', uma corrente era induzida no fio sensor, indicando assim que o valor armazenado era '1'. Como pode-se perceber, a leitura na memórias de ferrite era destrutiva, o que obrigava a realização em seguida de operação para reescrever o valor original armazenado.

A memória de núcleo magnético foi a forma predominante de memória de computador de acesso aleatório por cerca de 20 anos, entre 1955 e 1975, inclusive a IBM que começou a comercializar o IBM 7050 que possuía 20 KiB de memória. Nesta época foram fundadas as companhias Digital Equipment Corporation (DEC) e Control Data Corporation (CDC). O primeiro lançamento da CDC foi o modelo 1604. Já a DEC apresentou o seu primeiro computador, o PDP-1, em 1959.

Em 1951, a UNIVAC apresentou a unidade de fita UNISERVO para o computador UNIVAC I. Foi o primeiro dispositivo de armazenamento em fita para um computador comercial. O custo relativamente baixo, a portabilidade e a capacidade *off-line* ilimitada da fita magnética a tornaram muito popular. Pesando cerca de um quilo e meio, cada bobina podia conter 1.440.000 dígitos decimais e podia ser lida a uma velocidade de 100 polegadas/s. Foram utilizadas como padrão de armazenamento secundário para esta geração de computadores.

2.4.2 PDP-1

O PDP-1 usava um tamanho de palavra de 18 bits e tinha 4.096 palavras como memória principal padrão (equivalente a 9.216 *bytes* de oito bits, embora o sistema realmente utilizasse *bytes* de seis bits), expansível para 65.536 palavras. O tempo de ciclo da memória de núcleo magnético era de cinco microssegundos

Figura 2.15. **PDP-1**.

(correspondendo aproximadamente a uma "velocidade de relógio" de 200 KHz). Consequentemente, a maioria das instruções aritméticas levava dez microssegundos (ou seja, até 100.000 operações por segundo) porque eles usavam dois ciclos de memória: um para a instrução, um para a obtenção do operando. Os números com sinal eram representados em complemento a um. O PDP-1 contava com 2.700 transistores e 3.000 diodos, com uma velocidade nominal de comutação de 5 MHz. Utilizava como periféricos de entrada e saída uma leitora e uma perfuradora de fita de papel.

2.4.3 IBM 7000

A série de 7000 de mainframes da IBM foram os primeiros computadores transistorizados da IBM. Nesta série, os computadores IBM 7070, IBM 7072 e IBM 7074 eram máquinas decimais, com comprimento fixo de palavra, com dez dígitos, tanto para dados como instruções. Os dados podiam ter valores positivos, negativos ou alfanuméricos. Todas as instruções tinham um tamanho fixo de uma palavra, sendo que o código de operação, registrador de índice e campo de controle ocupavam dois dígitos cada, enquanto os quatro dígitos restantes eram reservados para o endereçamento. Todos os registradores tinham também dez dígitos e podiam também ser endereçados como parte da memória. Havia três acumuladores, além de um registrador de programa, para guardar a instrução sendo executada, um apontador de instruções e 99 registradores de índice. A memória possuía entre 5.000 e 30.000 palavras, dependendo do modelo, com um tempo de acesso também variando entre 4 e 6 μs. O tempo de operação de adição estava entre 10 μs, nos modelos mais novos como 7074, e 72 μs nos modelos mais antigos (7070).

Na série 7000 podemos destacar ainda o modelo 7030, também conhecido como Stretch, com palavra de 64 bits para uso em computação científica. Embora os objetivos iniciais não tenham sido atingidos, ele foi o computador mais rápido do mundo entre 1961 e 1964, quando o computador CDC 6600 se tornou operacional.

2.5 TERCEIRA GERAÇÃO DE COMPUTADORES (1964-1971)

2.5.1 Tecnologias associadas

A terceira geração de computadores, aproximadamente entre 1964 e 1971, é caracterizada pelo uso intensivo dos circuitos integrados, em lugar de transistores. O circuito integrado, conhecido informalmente como CI (IC, em inglês), chip ou pastilha, foi uma tecnologia inventada por Jack Kilby em 1958, cujo desenvolvimento tornou os computadores menores, confiáveis e eficientes. Os circuitos integrados eram caracterizados pelo encapsulamento de uma grande quantidade de componentes discretos (resistências, condensadores, diodos e transistores) num único componente. A miniaturização acabou por se estender a todos os circuitos do computador, incluindo a memória, que evoluiu para um modelo baseado em semicondutores, mas com as restrições de uso elencadas a seguir.

O primeiro circuito integrado de memória semicondutora bipolar foi introduzido pela IBM em 1965. Embora a memória bipolar oferecesse melhor desempenho com relação à memória de núcleo magnético, ela não conseguiu competir com o preço mais baixo da memória de núcleo magnético, que permaneceu dominante até o final dos anos 1960. A memória bipolar falhou em substituir a memória de núcleo magnético porque os circuitos *flip-flop* bipolares eram muito grandes e caros. As memórias de ferrite só vieram a ser substituídas pelas memórias semicondutoras do tipo MOS (metal-óxido-silício) no início dos anos 1970.

Um desenvolvimento importante que influenciou muito a consolidação dos computadores da terceira geração foi o surgimento, alguns anos antes, das unidades de armazenamento em forma de discos magnéticos, muito mais versáteis do que as fitas magnéticas utilizadas anteriormente. Em 1962, a IBM lançou a unidade de disco modelo 1311, que tinha o tamanho de uma máquina de lavar e armazenava dois milhões de caracteres em um disco rígido removível (*disk pack*). Os usuários podiam comprar *disk packs* adicionais e trocá-los conforme necessário, da mesma forma que os rolos de fita magnética.

Modelos posteriores de unidades de discos removíveis, da IBM e outros, tornaram-se o padrão na maioria das instalações de computador e atingiram capacidades na ordem de 300 MB no início dos anos 1980. Os discos rígidos não removíveis eram chamados de unidades de disco fixo. Os discos magnéticos passaram então a ser utilizados como os principais componentes da memória secundária a partir desta geração de computadores, assim permanecendo até hoje.

Nesta época, o *software* também evoluiu consideravelmente, com um grande desenvolvimento dos sistemas operacionais, introduzindo o processamento interativo, multiprogramação e compartilhamento de tempo (*time sharing*), além de um grande desenvolvimento das linguagens de programação de alto nível (FORTRAN IV, COBOL, PASCAL, PL/1, BASIC, ALGOL-68, entre outras).

2.5.2 IBM 1130

O IBM 1130 foi introduzido no mercado em 1965 e era o "mais barato" computador da IBM na época. Foi criado com intuito de ser uma máquina de bom custo-benefício pois era voltada aos mercados técnicos, como educação e engenharia.

A IBM implementou cinco modelos do processador 1131, que era o componente primário do processamento do IBM 1130. Os modelos de um a cinco descreviam o tempo do ciclo de memória, variando entre 2,2 e 5,6 μs, assim como a capacidade do modelo de suportar armazenamento em disco ou não. As letras de A até D indicavam a quantidade de memória instalada, que variava de 8 KiB até 64 KiB, com palavras de 16 bits.

O IBM 1130 utilizava os mesmos componentes eletrônicos do System/360, chamado de *Solid Logic Technology* (SLT), possuindo uma arquitetura de 16 bits. O tamanho do endereço era de 15 bits, limitando a capacidade da memória a 32.768 palavras de 16 bits (65.536 *bytes*). O disco rígido era organizado em 203 cilindros, duas superfícies, quatro setores por superfície e 321 palavras de 16 bits por setor. O IBM 1130 foi o primeiro produto a possuir discos removíveis. O leitor de cartão 1442 era a mais barata das extensões de E/S que o 1130 poderia utilizar, sendo que possuía uma velocidade de 400 cartões por minuto.

Figura 2.16. IBM 1130.

2.5.3 Série IBM/360

O computador mais emblemático desta geração foi o IBM/360, lançado em abril de 1964, que marcou uma nova tendência na construção de computadores de alta complexidade eletrônica com o uso intensivo de circuitos integrados (CI) que incorporavam o equivalente a dezenas de transistores interligados.

Avançadíssimo para a época, o IBM/360 fez com que todos os outros computadores fossem considerados totalmente obsoletos. Ele incluía um processador central e possibilidade de conexão a muitos periféricos, determinando várias opções de expansão, sendo o primeiro computador a apresentar o conceito de modularidade: o comprador poderia adquirir diferentes módulos, conforme suas necessidades. Essa flexibilidade permitiu que várias empresas comprassem seu primeiro computador, fazendo com que a IBM vendesse mais de 30 mil computadores deste modelo.

No campo dos sistemas operacionais, uma linha de produtos teve sua origem no OS/360 (*Operating System*/360) da IBM. Esse foi um dos primeiros sistemas operacionais a demandar acesso direto a dispositivos de armazenamento como pré-requisito para sua operação. Isso possibilitou o desenvolvimento de várias modalidades de execução de tarefas simultâneas e o compartilhamento de memória, bem como a emulação de outros computadores. Em versões posteriores desse sistema operacional, foi introduzida a capacidade de entrada de dados por terminais remotos, uma vez que, naquela época, a interação predominante ocorria por meio de cartões perfurados.

Figura 2.17. IBM/360.

2.5.4 Série PDP-11

As evoluções apresentadas até agora acabaram por dar origem, em poucos anos, aos sistemas que foram denominados minicomputadores. Estes eram computadores de tamanho relativamente reduzido e custo mais acessível, mas ainda com capacidade de processamento suficiente para uma ampla gama de aplicações científicas e comerciais. Posteriormente, esses sistemas também possibilitaram o processamento simultâneo de vários usuários por meio de terminais, em uma abordagem conhecida como *timesharing*.

Figura 2.18. **Painel PDP 11/70**.

O PDP-11 foi uma série de minicomputadores de 16 bits fabricada pela empresa Digital Equipment Corporation nas décadas de 1970 e 1980. A série de minicomputadores PDP-11 vendeu a surpreendente quantia de aproximadamente 600 mil unidades, somando todos os seus modelos, até a década de 1990.

Foi um computador de grande sucesso na comunidade universitária, com diversos modelos em utilização em várias instituições acadêmicas ao redor do mundo. Esse computador desempenhou um papel fundamental no desenvolvimento de linguagens de programação, como o "C", e sistemas operacionais inovadores, como o Unix. O Unix, por sua vez, serviu como modelo para o desenvolvimento, alguns anos mais tarde, de sistemas operacionais modernos, como o Linux, Debian e outras distribuições semelhantes.

Esta série foi pioneira também na interconexão de todos os elementos do sistema – processador, memória principal e periféricos – com um único barramento de comunicação, bidirecional, assíncrono. Este barramento, chamado Unibus, permitia aos dispositivos enviar, receber ou trocar dados sem a necessidade de uma passagem intermediária pela memória. Algumas de suas características de projeto influenciaram a maioria de computadores do final da década de 1970, como o Intel x86.

As tecnologias utilizadas nos processadores e memórias dos computadores da série PDP-11 passaram por algumas modificações profundas logo na sua primeira década de comercialização, indo de um processador transistor-transistor para circuitos integrados, e a utilização de memórias semicondutoras em vez das memórias de ferrite usadas anteriormente.

Toda a série possuía uma arquitetura CISC de 16 bits. Seus processadores se utilizavam de unidades de controle não microprogramadas nos primeiros modelos, e microprogramadas nos seguintes. Traziam oito registradores de 16 bits, sendo seis de uso geral, um registrador de instruções e um apontador de instruções. A velocidade do processador variava de modelo para modelo, de acordo com cada instrução, mas girava em torno da ordem de 1,5 microssegundo por ciclo.

O PDP-11, em seus modelos iniciais, trazia memória máxima de 64 KiB, sendo 8 KiB destinados exclusivamente para E/S, já que era um barramento único para os periféricos e acesso à memória, totalizando 56 KiB livres para uso.

2.5.5 CDC 6600

O CDC 6600 foi um computador do tipo *mainframe* produzido pela Control Data Corporation para aplicações científicas. Lançado em 1964, foi o computador mais veloz do mundo de 1964 até 1969. O processador central, que era uma arquitetura do tipo *load/store*, tinha a capacidade de processar três milhões de instruções por segundo.

Figura 2.19. **CDC 6600**.

O CDC 6600, por alguns considerado o primeiro supercomputador, foi um precursor da arquitetura RISC, com um conjunto reduzido de instruções, apesar de ainda ser microprogramado e ter registradores para tarefas específicas, por exemplo: oito registradores de 60 bits para funções gerais; oito registradores de 18 bits para endereçamento; oito registradores de 16 bits para incremento. Os programas do usuário estavam restritos a usar apenas uma área contígua de memória principal. Todo o espaço de endereçamento de um processo deveria estar na memória principal, devendo ser contíguo, e o seu tamanho não podia ser maior do que a capacidade de memória real. A sua unidade de processamento, que funcionava a 10 MHz, era refrigerada a gás freon.

O acesso à memória era restrito e claramente definido, com instruções distintas para operações de entrada/saída e processamento de dados, executadas a uma taxa de uma instrução por ciclo de relógio. A unidade central de processamento contava com o suporte de dez computadores mais simples, denominados "processadores periféricos", responsáveis pelo gerenciamento das operações de entrada/saída e por partes significativas do sistema operacional. Esses processadores periféricos, implementados de forma virtual sobre um mesmo *hardware*, mantinham um contexto separado para cada um. As instruções eram executadas de maneira circular nesse *hardware* compartilhado, adotando uma abordagem similar ao *multithreading* contemporâneo.

2.6 QUARTA GERAÇÃO DE COMPUTADORES (1971-1980)

2.6.1 Tecnologias associadas

Os computadores da quarta geração começaram a empregar circuitos contendo até 100.000 transistores e outros elementos associados integrados em um único chip, em uma técnica conhecida como VLSI (*Very Large Scale Integration*).

Os computadores tornaram-se mais potentes e compactos, confiáveis e acessíveis. Essa geração de computadores iniciou em 1971, quando a Intel lançou o primeiro microprocessador, o Intel 4004, um microprocessador de 4 bits, para uso em projetos de calculadoras (Figura 2.20). Após o Intel 4004, a empresa lançou o 8008, o 8080 (um dos microprocessadores mais vendidos em todo o mundo) e o 8085, todos de 8 bits.

Figura 2.20. **Intel 4004**.

O sucesso destes processadores, que foram aplicados em diversos projetos eletrônicos e nos primeiros microcomputadores comerciais, fez outras companhias investirem em projetos semelhantes: a Motorola rapidamente lançou o seu microprocessador 6800 (base dos primeiros computadores da Apple) e a Zilog, seu processador Z80, que se apresentava como uma expansão em termos de programação do Intel 8085.

Os microcomputadores passaram a ser uma excelente alternativa para o surgimento de dispositivos com cada vez maior usabilidade, inteligência e configurabilidade. Praticamente todos os dispositivos eletrônicos passaram a ter como parte de seu projeto algum tipo de microprocessador. Alguns tipos especiais, como o Intel 8051, foram criados para simplificar o controle de circuitos, incorporando internamente memória programável e interfaces padrão de entrada e saída.

Esta época ficou marcada pelo surgimento do computador pessoal ou microcomputador. Era uma área pouco explorada, inicialmente com equipamentos projetados para hobistas, e depois utilizados em casas e pequenas empresas. Uma onda de novos programadores surge a partir das oportunidades de negócio geradas a partir das máquinas pequenas. As memórias semicondutoras com tecnologia CMOS se tornaram o padrão nestes computadores pessoais e, posteriormente, nos grandes sistemas corporativos. Os dispositivos de armazenamento se tornaram muito baratos, sendo aqui peculiarmente importante a invenção do disquete, um disco de armazenamento de dados magnético, flexível, removível e extremamente barato.

Surgiu uma grande variedade de linguagens de programação (como Pascal, C, Dbase etc.). Foram desenvolvidas as primeiras redes de transmissão de dados para a interligação de computadores. Novos sistemas operacionais simplificados foram criados para atender tanto ao mercado dos hobistas quanto às pequenas corporações, posteriormente incorporando facilidades para implementação de comunicação pelas redes locais.

Nesse período, é importante destacar os computadores científicos com processamento vetorial, como os da Cray e Thinking Machines, capazes de atingir um desempenho em torno de 1 GFlops (bilhão de operações aritméticas de ponto flutuante por segundo). Além das máquinas mencionadas anteriormente, é relevante ressaltar outras projetadas e comercializadas em diversos países, como a Nixdorf na Alemanha, a Fujitsu no Japão, a Logabax na França e a Ferranti na Inglaterra, entre outras. Embora essas máquinas tenham tido um uso mais localizado em seus respectivos países, é notável sua influência no desenvolvimento da tecnologia de computadores no Brasil, especialmente durante o período de reserva de mercado. A seguir, apresentaremos os principais computadores desenvolvidos nesse período.

2.6.2 Sinclair ZX80

Figura 2.21. Sinclair ZX80.

O Sinclair ZX80 foi um computador doméstico apresentado ao mercado britânico em fevereiro de 1980 pela Sinclair Research de Cambridge, Inglaterra, por um preço surpreendente: 99,95 libras (menos de US$ 200) – e uma versão para montar por 79,95 libras.[1] O preço acessível e a inclusão do compilador Sinclair Basic, aliados à divulgação de diversos programas para o sistema em revistas, desencadearam um verdadeiro frenesi de compras na Inglaterra. Isso levou a filas de espera de vários meses em alguns casos. Os programas desenvolvidos podiam ser armazenados e recuperados por meio de um gravador de fita cassete, operando a lentíssimos 250 bps. A máquina não tinha áudio ou monitor de vídeo, mas era acoplada a um modulador de Rádio Frequência (RF) e facilmente conectada a uma TV comum.

O projeto era minimalista em termos de *hardware*: a imagem na TV era gerada dinamicamente pelo processador quando ele estava ocioso, e assim, quando o processador executava alguma função, a tela da TV ficava preta. A resolução da tela era, em modo texto, de 32×24 caracteres; em modo gráfico era de 64×48 pixels (monocromáticos), já que havia apenas 386 *bytes* para a memória de vídeo. Os componentes com frequência superaqueciam, e havia problemas de durabilidade e confiabilidade. Desta forma, não podemos pensar no ZX80 como uma máquina de hobistas, mas de utilizadores domésticos, interessados em aprender programação ou brincar com pequenos jogos muito simples copiados das revistas.

Até o fim de sua produção, em agosto de 1981, as vendas do ZX80 foram de cerca de 100.000 unidades – um número inédito para a época – e que contribuiu significativamente para colocar o Reino Unido na liderança do uso doméstico de computadores nos anos 1980. A produção de cópias ilegais disseminou-se por outras regiões do globo somente a partir do lançamento do ZX81, sucedâneo deste produto, com alguns detalhes adicionais, mas mantendo a simplicidade do *hardware* e *software*. No Brasil, algumas empresas brasileiras a produzir clones, sem licenciamento oficial, do ZX80 e ZX81 a partir de 1981: NE Z80 – produzido pela Nova Eletrônica, empresa do grupo Prológica; que foi sucedido pelo NE-Z8000 (clone do Sinclair ZX81); e TK80, TK82, TK83 e TK85 – produzidos pela Microdigital. Aparentemente, o Brasil foi o único país do mundo a produzir clones do ZX80 em larga escala.

---

[1] Disponível em: https://www.wikiwand.com/pt/Sinclair_ZX80. Acesso em: 19 mar. 2024.

2.6.3 Apple I e II

O técnico em eletrônica Steve Wozniak, que então trabalhava na Hewlett Packard e era frequentador de um clube de hobistas de eletrônica, encontrou Steve Jobs, cinco anos mais jovem, que também não tinha concluído a universidade. Eles concluíram que construir um computador completamente montado e pronto para ser usado, além de barato, seria um grande negócio.

Wozniak havia construído um microcomputador para uso próprio, que melhorou e transformou em uma unidade totalmente montada e funcional, uma placa-mãe com processador, memória e interfaces padronizadas para outras conexões, à qual os usuários poderiam anexar um teclado e um monitor barato, entre outras possibilidades. Denominado Apple I, custava US$ 666,66, tendo sido vendidas cerca de 200 placas em apenas dez meses.

Em 1º de abril de 1976, Jobs e Wozniak formaram a Apple Computer, Inc. Wozniak deixou seu trabalho na Hewlett-Packard e tornou-se vice-presidente com a responsabilidade de pesquisa e desenvolvimento na Apple. Seu novo projeto, denominado Apple II, possuía um monitor de alta resolução gráfica, sendo capaz de mostrar figuras no lugar de apenas letras, um feito tornado possível pelo barateamento da memória. Projetista genial, era o cérebro do desenvolvimento técnico da Apple: escreveu o interpretador Basic do Apple II, um jogo de Breakout (que foi também uma razão para adicionar som ao computador), e muitos outros desenvolvimentos de *hardware* e *software*.

Mas foi com relação ao *software* que o Apple II se tornou mais atrativo. Teve especial importância a planilha eletrônica Visicalc, criada por Dan Bricklin e Bob Frankston, que introduziram esta máquina no mercado empresarial. Uma quantidade incalculável de jogos foi também produzida para a máquina,

Figura 2.22. **Apple II**.

expandindo de forma inimaginável a comercialização desta máquina como computador caseiro. O Apple II foi amplamente clonado (ilegalmente) em muitos países do mundo, inclusive no Brasil.

2.6.4 IBM 370

Até nos computadores de grande porte também houve grande influência do uso de circuitos VLSI: a IBM introduziu o IBM 370 no mercado em 1970, sendo o sucessor direto do modelo 360. O ponto mais importante, do ponto de vista de mercado, era a compatibilidade de *software*, que podia executar sem mudanças no novo *hardware*, o que permitia uma migração simples para os usuários. Até a aparência do *hardware* era similar, dando a impressão de que era uma apenas uma versão mais sofisticada, mas compatível com o *hardware* antigo.

O processador era microprogramado, ou seja, as instruções apresentadas ao programador eram, na verdade, implementadas por um microprograma que podia emular não apenas as instruções do antigo 360, mas também novas instruções que fossem úteis para implementar funções avançadas em nível de sistema operacional.

A memória principal do novo computador era construída inteiramente com tecnologia de semicondutores. O processador fazia uso de circuitos integrados LSI e VLSI para a realização de funções lógicas e aritmética, com velocidade de 12,5 MHz e suporte para uma imensa memória virtual que permitia executar em paralelo vários programas gigantescos. Esta máquina também incorporava a possibilidade de uso remoto, com terminais de vídeo 3270, entre outros, e também de redes locais para comunicação dentro das empresas.

2.6.5 VAX 11/780

O VAX-11/780 (*Virtual Address eXtension*) foi lançado em 25 de outubro de 1977, sendo o primeiro computador a implementar a arquitetura VAX. Sua unidade de processamento foi construída com uso de circuitos integrados com a tecnologia de lógica transistor-transistor (TTL), com 200 ns de tempo de ciclo de relógio (ou seja, com frequência de 5 MHz), utilizando uma memória cache de 2 KiB.

Figura 2.23. VAX 11/780.

O VAX-11/780 suportava de 128 KiB até 8 MiB de memória, com código de correção de erro, por meio de um ou dois controladores de memória, possuindo 16 modos de endereçamento, 16 registradores de 32 bits cada, nomeados de R0 a R15. Uma característica significativa da arquitetura do VAX 11-780 é que o endereçamento das instruções não tem formatos fixos e nenhuma restrição com relação à localização de um operando para uma instrução em particular. Sendo assim, operandos e instruções podem começar em qualquer endereço de *byte*, ímpar ou par. Como resultado dessa flexibilidade temos uma alta eficiência nos compiladores de linguagem de alto nível, por exemplo, o FORTRAN.

2.7 QUINTA GERAÇÃO DE COMPUTADORES (1981-1990)

2.7.1 Tecnologias associadas

A quinta geração de computadores foi um período em que os computadores são rápidos e eficientes e possuem um *software* moderno e desenvolvido. Ocorre um imenso aumento na integração eletrônica, que se transforma de VLSI (*Very Large-Scale Integration*) em ULSI (*Ultra Large-Scale Integration*). Já é possível integrar ou embutir milhões de transistores em um único chip de silício semicondutor.

O lançamento comercial dos primeiros microprocessadores CISC de 32 bits também foi um marco tecnológico desta geração. A Intel anunciou o microprocessador 80486, de 32 bits, com mais de um milhão de transistores. Este processador teve um sucesso sem precedentes, e grande parte dos desenvolvimentos dos microcomputadores foi baseada nele ou em processadores compatíveis produzidos por terceiros. Além do aumento da escala de integração dos circuitos integrados, ocorreu a disseminação do uso da memória semicondutora em todos os tipos de computadores, substituindo com vantagem de espaço e velocidade os modelos anteriores baseados em núcleos de ferrite. Foi nesse período que a popularização do uso dos microcomputadores pessoais se consolidou definitivamente. Eles assumiram um papel significativo como dispositivos de consumo, incluindo o IBM PC, o Apple Macintosh, o Commodore 64, entre outros. Ao término da década, a quantidade de microcomputadores em todo o mundo ultrapassou a marca dos 100 milhões.

Nesse período, em sintonia com a proliferação dos computadores pessoais, surgiram as primeiras versões dos sistemas operacionais que, anos depois, viriam a dividir o cenário dos microcomputadores: o Windows e o MacOS. Ambos estabeleceram o uso de interfaces gráficas na tela, adotando janelas e ícones como a forma padrão de interação homem-máquina. Para atender aos requisitos dessas interfaces gráficas, a resolução de vídeo precisou ser aprimorada, o que acarretou um aumento significativo na demanda por memória. Além disso, para aprimorar a interação gráfica, um novo dispositivo ganhou destaque, competindo com o teclado: o mouse, que atua simulando as ações que um dedo faria para selecionar operações e objetos desejados na tela.

Esta geração marca o surgimento do microprocessador RISC (*Reduced Instruction Set Computer*), em que os circuitos complexos para executar instruções complexas são simplificados, a partir de uma revisão completa no conjunto de instruções e nas formas de transportar os dados internamente aos processadores. As máquinas RISC se tornaram muito comuns nas universidades como alternativa às arquiteturas tradicionais do tipo CISC que dominaram a quarta geração de computadores.

Computadores especializados em processamento científico, quase todo baseado no uso de processadores RISC de alto desempenho, são vendidos com o nome padrão de "estações de trabalho", com a preponderância do uso do sistema operacional Unix e da computação gráfica suportada por circuitos especializados que permitem o processamento em tempo real de objetos compostos por milhões de polígonos em sua superfície. A Sun Microsystems lança a primeira estação de trabalho com microprocessadores RISC em 1987. Neste mesmo ano, a SUN Microsystems e a AT&T fizeram uma aliança estratégica para desenvolver o sistema operacional Unix, que resultou no lançamento, em 1989, da versão System V Release 4 (SVR4), unificando System V, BSD, SunOS e Xenix. O IEEE estabelece um conjunto de padrões para o Unix, chamado Posix (*Portable Operating System Interface for Unix*), seguido até hoje por sistema operacionais, como MacOS, Unix e suas variantes.

Nesta época, houve também o desenvolvimento e difusão do uso da tecnologia de rede local para interconexão dos computadores, com destaque para a Ethernet, o padrão mais abrangente para suporte às comunicações entre computadores (veja a Seção 5.4.2).

2.7.2 Sun Sparcstation

Na década de 1980, surgiram alguns computadores especiais, concebidos para executar aplicativos técnicos ou científicos com interface gráfica apurada. Conhecidos como "estações de trabalho", eram projetados para serem usados por uma pessoa por vez, um engenheiro ou projetista, que fazia uso especialmente da interface gráfica (X-Window) desenvolvida especialmente para o sistema multitarefa Unix. Eram equipamentos normalmente conectados a uma rede local para trabalhar em ambientes cooperativos, com o compartilhamento de arquivos, impressoras e outros dispositivos. Entre os produtos mais bem-sucedidos comercialmente, está a Sun Sparcstation.

Capítulo 2. Breve histórico da computação

Figura 2.24. Sun Sparcstation.

SPARC (acrônimo para *Scalable Processor ARChitecture* – Arquitetura de Processadores Escaláveis) é uma arquitetura de processador aberta desenvolvida pela Sun em meados de 1987 baseada na arquitetura RISC. As linhas de produtos SPARCstation, SPARCserver e SPARCcenter são uma série de estações de trabalho e servidores baseados na arquitetura SPARC em configurações de formato *desktop*, lado da mesa (pedestal) e baseadas em *rack*, desenvolvidas e vendidas pela Sun Microsystems.

A primeira SPARCstation foi a SPARCstation 1 (também conhecida como Sun 4/60), lançado em 1989. A série foi muito popular e teve muito sucesso em toda a indústria, graças em parte ao atraso no desenvolvimento de processadores mais modernos da Motorola. Versões posteriores da série SPARCstation, como a SPARCstation 10 e 20, podiam ser configuradas como sistemas multiprocessados, pois eram baseados no barramento de alta velocidade MBus, que podiam aceitar uma ou duas unidades de processamento central simples ou duplas embaladas em módulos MBus.

2.7.3 Commodore 64

O Commodore 64, ou C64, como era popularmente conhecido, foi um computador doméstico lançado em 1982 com um processador MOS 6510 de 8 bits, 64 KiB de memória principal e 20 KiB de memória ROM. Ele executava um sistema operacional chamado Commodore BASIC, o que, por si só, o caracterizava como um sistema com forte interação com programas desenvolvidos nessa linguagem. O C64 contava com uma placa gráfica, uma unidade de disquete externa, portas para dois *joysticks* e um conector para cartucho de programas. Como era comum nos computadores domésticos do início da década de 1980, o C64 vinha com um interpretador BASIC integrado na ROM.

O Commodore tinha uma unidade de disco 1451 que utilizava discos flexíveis de 5,25 polegadas, também conhecidos como disquetes, como meio de armazenamento. Cada disquete tinha uma capacidade de armazenamento de cerca de 170 KiB, o que era considerado uma quantidade significativa de armazenamento na época. A unidade de disco tinha rotinas de E/S em ROM (*firmware*) e um microprocessador MOS 6502 próprios. Este processador era responsável por executar as operações do sistema operacional relacionadas com leitura e gravação de dados nos discos flexíveis, bem como pela comunicação com o computador Commodore 64 por meio da interface serial, o que era um grande avanço quando comparado com outros microcomputadores da época.

A capacidade do Commodore de executar jogos no sistema era apenas parte do apelo, com uma variedade de usos comerciais também incorporados ao sistema de computação inicial. Milhares de títulos de aplicativos foram lançados durante a vida útil do C64 e, quando foi descontinuado em 1993, havia vendido mais de 22 milhões de unidades.

Figura 2.25. **Commodore 64 Básico.**

2.7.4 IBM/PC

O IBM/PC[2] original foi uma tentativa da IBM de entrar no mercado de computadores domésticos, então dominado pelo Apple II e por uma legião de máquinas executando o sistema operacional portátil CP/M, para o qual uma quantidade enorme de aplicações estava sendo criada (como o editor de texto WordStar, a planilha VisaCalc e muitos aplicativos comerciais). O custo baixo daqueles equipamentos começava a minar a presença da IBM nos escritórios, em particular com a entrada de redes locais de baixo custo, que permitiam o compartilhamento de informações em ambientes de escritório.

> *O CP/M era um sistema operacional produzido pela empresa Digital Research, facilmente adaptável em microcomputadores desde que o processador fosse compatível com Intel 8080 ou Zilog Z80. Apenas um conjunto de rotinas muito pequeno, chamado de Basic Input Output System (BIOS) precisava ser criado, a partir de exemplos fornecidos junto com o sistema operacional. Até mesmo o Apple II tinha possibilidade de usar o CP/M, bastando adicionar uma placa especial com o processador Z-80, que atuava de forma cooperativa com o processador original, o Motorola 6800. O sucesso do CP/M era extraordinário na época.*

O primeiro computador pessoal da IBM chegou quase dez anos depois que outros estavam disponíveis, mas instantaneamente legitimou-se no mercado. O IBM PC foi um dos computadores *desktop* mais rápidos de sua época. Estava equipado com um processador de 16 bits Intel 8088 a uma velocidade de 4,77 MHz, 16 KiB de memória expansível até 256 KiB, uma unidade de disquete de 160 KiB e um monitor de tubo de raios catódicos (CRT) colorido opcional. O IBM PC era altamente expansível e atualizável, mas a configuração básica de fábrica pode ser vista na Tabela 2.1.

A BIOS é o *firmware* do IBM PC, ocupando um pastilha de 8 KiB na placa-mãe. Ele fornece código de partida e uma biblioteca de funções comuns que todos os programas podem usar para muitas finalidades, como saída de vídeo, entrada de teclado, acesso a disco, manipulação de interrupção, teste de memória e outras funções. A IBM lançou três versões do BIOS ao longo da vida útil do PC.

---

[2] Disponível em: https://www.wikiwand.com/en/IBM_Personal_Computer. Acesso em: 19 mar. 2024.

Tabela 2.1. **Descrição do IBM/PC**

Processador	Intel 8088 @ 4,77 MHz
Memória	16 KiB ou 64 KiB (expansível até 256 KiB)
Vídeo	Adaptador de vídeo monocromático ou adaptador gráfico em cores IBM
Monitor	Monitor monocromático IBM 5151 ou tela colorida IBM 5153 ou entrada de televisão composta
Teclado	IBM modelo F de 83 teclas de entrada com conector de cinco pinos
Som	Onda quadrada de frequência programável com alto-falante embutido
Armazenamento	Até duas unidades de disquete de 5,25", 160 KiB/320 KiB (único/dois lados) ou porta para conectar ao gravador de fita cassete ou unidade de disco rígido opcional
Expansão	Cinco slots de expansão de 62 pinos conectados ao barramento de E/S de 8 bits ou chassi de expansão IBM 5161 com oito (sete) slots de E/S extras utilizáveis
Comunicação	Portas seriais e paralelas opcionais

Na época em que o IBM Personal Computer estava sendo desenvolvido, o CP/M da Digital Research era o sistema operacional dominante. Em 1980, a IBM pediu à Digital Research para fornecer uma versão do CP/M escrita para o microprocessador Intel 8086 como o sistema operacional padrão para o PC, que usaria o chip Intel 8088 compatível com código. A Digital Research, incomodada com as condições do tal acordo com a IBM, recusou. A Microsoft aproveitou esta oportunidade para fornecer um sistema operacional, além de outro programa (no caso, BASIC), para o novo IBM PC. Em 1981, quando foi lançado, o IBM PC-DOS, uma versão OEM do MS-DOS foi desenvolvida a partir do 86-DOS, que a Microsoft havia adquirido para esse fim. Em meados de 1982, o MS-DOS também foi comercializado para uso em computadores não IBM compatíveis. Essa decisão tornou a Microsoft o nome líder em *software* de computador, sendo a Digital Research virtualmente expulsa do mercado de sistemas operacionais.

Figura 2.26. **IBM PC-XT.**

O IBM PC teve seu impacto mais profundo no mundo corporativo. As empresas compraram PCs em massa, revolucionando o papel dos computadores no escritório – e apresentando o Microsoft Disk Operating System (MS DOS) para uma vasta comunidade de usuários. O crescimento das vendas alimentou um mercado de programas em rápida expansão para a plataforma de PC – incluindo planilhas e processadores de texto que se tornaram parte integrante da vida corporativa. Essa biblioteca de programas em expansão tornou os PCs da IBM uma ferramenta cada vez mais versátil, o que gerou ainda mais vendas.

A estratégia da IBM foi associar sua marca ao produto como critério de qualidade, mas ao contrário da maioria dos produtos anteriores da IBM, a empresa forneceu toda a documentação dos circuitos eletrônicos, com isso inspirando a criação de produtos "clones" muitas vezes superiores. Além disso, o IBM PC foi desenvolvido com componentes prontos para uso e não foi distribuído ou vendido diretamente pela IBM.

Apesar da qualidade superior do *hardware* original da IBM, os clones (tanto das placas de circuitos quanto do próprio produto como um todo), produzidos sem licença nos países asiáticos, e também aqui no Brasil, foram os responsáveis pelo término da participação da IBM no campo dos microcomputadores. Um computador genericamente similar ao IBM PC original e seus derivados diretos, o PC XT e o PC AT, passou a ser chamado de *IBM compatível*. Hoje, esta expressão tornou-se obsoleta, visto que a IBM não fabrica mais PCs, tendo vendido a sua divisão de computadores pessoais para a fabricante chinesa Lenovo.

2.7.5 Macintosh

O Apple Macintosh,[3] mais tarde renomeado como Macintosh 128K, utilizava um microprocessador Motorola 68000 rodando a 7,8336 MHz, conectado a 128 KiB de memória compartilhada pelo processador e o controlador de vídeo. O procedimento de iniciação e algumas rotinas do sistema operacional estavam contidos em uma pastilha de memória ROM adicional de 64 KiB. Conflitos entre o processador e o controlador de vídeo no acesso à memória principal reduziram o desempenho geral do computador em até 35% para a maioria das aplicações, resultando em uma taxa efetiva de relógio de apenas 6 MHz.

A tela embutida era um monitor CRT (tubo de raios catódicos) de um bit por pixel, ou seja, apenas preto e branco, com resolução fixa de 512 × 342 pixels. Havia duas portas seriais RS-422, chamadas de "impressora" e "modem", para a conexão desses dispositivos externos. Uma unidade de disquete externa também podia ser adicionada usando um

Figura 2.27. **Apple Macintosh.**

conector proprietário de 19 pinos. O teclado original, intencionalmente, não tinha teclas de seta, teclado numérico ou teclas de função. Mais tarde, a Apple disponibilizou um teclado numérico para o Macintosh 128K. O teclado vendido com o modelo Macintosh Plus mais recente incluía o teclado numérico e as teclas de seta, mas ainda sem teclas de função. Tanto o teclado como o mouse, que tinha apenas um único botão, eram interconectados com um protocolo proprietário. Fones de ouvido padrão também podia ser conectados a um conector de áudio mono. A Apple também ofertou seus modems de 300 e 1200 bauds originalmente lançados para a linha Apple II. Inicialmente, a única impressora disponível era a Apple ImageWriter, uma impressora matricial de 144 dpi. Posteriormente, a LaserWriter e outras impressoras puderam ser conectadas usando AppleTalk, o sistema de rede integrado da Apple.

O Macintosh continha uma única unidade de disquete de 400 KiB de 3,5 polegadas, sem nenhum disco rígido interno. O Mac OS era baseado em disquete desde o início, mas esse disquete ainda podia ser ejetado temporariamente, para que a unidade de disquete pudesse ser usada para outras operações. Um disquete era suficiente para armazenar o sistema operacional, um aplicativo e os arquivos de dados criados com o aplicativo. Em virtude das restrições de memória (128 KiB) do Macintosh original e ao fato de que os disquetes podiam conter apenas 400 KiB, os usuários tinham que trocar os discos com frequência na unidade

---

[3] Disponível em: https://www.wikiwand.com/en/Macintosh_128K. Acesso em: 19 mar. 2024.

Capítulo 2. Breve histórico da computação

de disquete, o que fazia com que unidades de disquete externas fossem utilizadas para evitar isso. O Macintosh External Disk Drive, que era mecanicamente idêntico ao interno, era um opcional popular. Os discos rígidos de terceiros eram consideravelmente mais caros e geralmente conectados à porta serial mais lenta (conforme especificado pela Apple), embora alguns fabricantes optassem por utilizar a porta de disquete, que era mais rápida, mas não o padrão. Os dispositivos de armazenamento só podiam utilizar o sistema de arquivos original Macintosh File System, lançado em 1984.

Diversos aplicativos gráficos e para escritório estavam disponíveis para o Mac. As linguagens de programação disponíveis na época incluíam BASIC, PASCAL e o sistema de desenvolvimento para linguagem de montagem Macintosh 68000. O Macintosh também veio com um manual em disquete e uma fita cassete com um tutorial de uso tanto para o próprio computador quanto para os aplicativos incluídos, já que a maioria dos novos usuários de Macintosh nunca havia usado um mouse antes, muito menos manipulado uma interface gráfica do usuário.

O computador foi lançado em janeiro de 1984 simplesmente como Apple Macintosh. Após o lançamento do Macintosh 512K em setembro, que expandiu a memória de 128 KiB para 512 KiB, o Macintosh original foi renomeado para Macintosh 128K e apelidado de "Thin Mac". O novo modelo 512K foi apelidado de "Fat Mac". Embora funcionalmente idênticos, como sistemas fechados, o Macintosh e o Macintosh 128K eram tecnicamente dois computadores diferentes, com o 128K rebatizado contendo uma placa lógica completamente redesenhada para acomodar facilmente configurações de memória de 128 KiB e 512 KiB durante a fabricação. Embora a memória ainda estivesse permanentemente soldada à placa lógica, o novo projeto permitia atualizações de terceiros mais fáceis (embora não autorizadas) para 512 KiB.

O aumento de memória do 512K foi muito importante para o Macintosh, pois finalmente permitiu o uso de aplicativos mais poderosos, como o aplicativo de planilha eletrônica Multiplan, da Microsoft.

2.8 SEXTA GERAÇÃO DE COMPUTADORES (1991–?)

2.8.1 Tecnologias associadas

Podemos dizer que a sexta geração de computadores estende-se desde o ano de 1991 até os dias de hoje, sendo caracterizada pela consolidação do uso dos microprocessadores RISC de 64 bits superescalares com processamento de ponto flutuante integrado nos sistemas comerciais. Os processadores com arquitetura CISC são definitivamente afastados do mercado, por conta de sua desvantagem tecnológica com relação aos processadores RISC. É um tempo de evoluções extraordinariamente grandes em que a solução de enormes problemas de *software* exigiram mudanças em toda a cadeia de produção de tecnologia. Destacam-se também nesta geração a maciça popularização dos dispositivos computacionais e sua difusão em todos os níveis da produção industrial, comércio e serviços.

Em 1991, a MIPS lança o primeiro microprocessador RISC de 64 bits, o R4000, que implementava a terceira revisão da arquitetura, denominada MIPS III. O microprocessador Intel Pentium de 32 bits é lançado em 1993 como a quinta geração da arquitetura x86, sendo capaz de rodar todos os programas que executavam nas linhas antigas. Este viria a ser o último processador CISC produzido pela Intel. Seu sucessor, conhecido com Pentium Pro, foi lançado em 1995, e possuía uma arquitetura totalmente nova, chamada de P6. Os processadores P6 traduzem dinamicamente instruções IA-32 em sequências de micro-operações do tipo RISC, que podem ser executadas em paralelo nas várias unidades funcionais de um processador RISC interno (veja a Seção 8.2.3).

Os *notebooks* e *laptops* se estabelecem como poderosos dispositivos computacionais, com menor peso e com mais mobilidade, permitindo um uso diário sem a necessidade de estar em um local fixo. Possuem também bateria recarregável, o que possibilita seu uso sem a necessidade de carga elétrica fixa por um determinado período de tempo. Os computadores deixaram de ser dispositivos estáticos, presos a tomadas e cabos, ganhando leveza e desempenho, utilizando a comunicação sem fio para se conectarem à internet.

A necessidade de utilização de processamento paralelo aumentou para muitas finalidades além do que era utilizado tradicionalmente. Distanciando-se dos modelos de processamento vetorial e *pipelining*, os microcomputadores convencionais são agora unidos em forma de *clusters*, para criar máquinas de poder computacional extraordinariamente alto, capazes de resolver problemas transcendentais há poucos anos atrás, em questão de minutos. As arquiteturas de processamento maciçamente paralelo tiveram um grande impulso, principalmente a partir dos anos 2000 como resultado da implantação da Iniciativa de Computação Científica Acelerada (ASCI – *Accelerated Scientific Computing Initiative*) nos Estados Unidos, que deu origem a diversos projetos de computação científica para uso nos laboratórios norte-americanos de computação científica nos EUA.

A programação paralela apresenta grande crescimento e se torna um desafio a ser vencido por uma geração de programadores despreparados, por terem sido formados em técnicas de computação sequencial. Diversas linguagens e bibliotecas de programação paralela surgem como tentativas de resposta a este problema. Entre essas, podemos destacar as seguintes APIs utilizadas em conjunto com linguagens convencionais, tais como C, C++ e Fortran: Apache Hadoop, CUDA, OpenCL, OpenMP e MPI.

Nesta geração surgem também as linguagens de programação orientadas a objeto, como JAVA e C++, e novos modelos de programação que permitiam que o projeto de sistemas, ordens de magnitude mais complexos do que há poucos anos atrás, fosse desenvolvido à base de abstração na forma de pacotes funcionais e interfaces padronizadas, sem a necessidade do conhecimento da tecnologia subjacente.

Os sistemas operacionais de código aberto ganham a cena, com o lançamento em 1991, da primeira versão do Linux, que, juntamente com os aplicativos da fundação GNU, possibilitaram o acesso ao código-fonte do *kernel* e aplicativos do sistema operacional e sua adaptação para uma variedade enorme de computadores. Outros sistemas operacionais proprietários, como Windows e MacOs, tiveram grande desenvolvimento e difusão entre os usuários da computação pessoal, com interfaces gráficas sofisticadas. Além disso, os aplicativos de vídeo para computadores pessoais impulsionaram a demanda por maior desempenho gráfico. Uma nova abordagem, baseada no uso de um processador especialmente projetado para manipular gráficos, foi iniciada e o produto resultante ficou conhecido como "Unidade de Processamento Gráfico" (GPU, em inglês).

Ocorreu enorme desenvolvimento da multimídia informatizada. Surge o DVD (*Digital Video Disk* ou *Digital Versatil Disk*) que originou formatos de armazenamento de imagem e vídeo mais compactos, como o JPEG e o PNG, e novas formas de compactar o vídeo criam diversos algoritmos, encapsulados com o nome genérico de MPEG (versões 1, 2 e 4), que une os conteúdos de vídeo, imagem e som.

Em termos de armazenamento, o grande destaque, além da miniaturização e aumento da densidade dos discos rígidos, vai para os discos de estado sólido (veja a Seção 6.3), baseados em memórias não voláteis do tipo Flash, que oferecem um desempenho muito maior que os discos rotativos com tecnologia magnética.

As redes de comunicação de dados aumentaram em velocidade em várias ordens de grandeza com a adoção de protocolos e meios de transporte muito mais rápidos, baseados no uso do *laser* e das fibras ópticas. São desenvolvidos de vários modelos que permitem roteamento e controle do fluxo de informações. A internet se estabeleceu como padrão mundial e sua capilaridade aumentou de forma exponencial. Uma imensa quantidade de serviços é implantada, e com eles centenas de novos protocolos de tratamento e transporte de dados. Para aumentar a segurança nas redes, algoritmos complexos de criptografia foram desenvolvidos e implementados em praticamente todos os equipamentos, mesmo os mais simples, agora interconectados à internet.

A *worldwide web* (WWW) começa a se consolidar, com base em padrões abertos e mais tarde se transforma em uma rede global de informações, permitindo que os usuários se conectem com qualquer tipo de informação e conteúdo. Os navegadores, programas especializados para lidar com páginas Web, ganharam impulso e popularidade, a partir de iniciativas pioneiras, como o Netscape, prosseguindo com navegadores com Firefox, Internet Explorer e, mais recentemente, o Google Chrome. Com o aumento da funcionalidade da internet, é necessário chegar a todos os lugares possíveis, provocando o desenvolvimento de diversas tecnologias de redes sem fio, como Wi-Fi, Bluetooth e WiMAX.

Em meados da década de 1990, os computadores de bolso para uso pessoal, também conhecidos como PDA (*Personal Digital Assistant*) tinham a finalidade de servir como um organizador pessoal portátil, projetados em um tamanho de bolso para integrar funções como calendário, bloco de notas, lembretes, entre outros.

Capítulo 2. Breve histórico da computação

Não tinham, porém, as funções de telefonia, que viria a ser incorporada mais tarde, nos *smartphones* e *tablets* atuais.

Só a partir dos anos 2000 os telefones começam a incorporar pequenos processadores com baixo consumo de energia, para levar inteligência e conforto de interação que os transformará, a partir da introdução do primeiro iPhone da Apple em 2007, na próxima geração em *smartphones*, com integração dos serviços de voz, multimídia e dados em um único dispositivo. Um novo modelo de distribuição de antenas e novos meios de transmissão de dados em alta velocidade, em especial a fibra óptica, democratizam o acesso à internet e facilitaram o intercâmbio de informações.

A disponibilidade da integração em larga escala fez surgir uma grande quantidade de microcontroladores com memória interna e acesso programável a periféricos. O passo seguinte foi incorporar esse microcontroladores a uma estrutura física (placa) que tornasse trivial seu uso em atividades hobistas e no controle de equipamentos simples (caseiro ou do ambiente). Os mais conhecidos são as placas Arduino e Raspberry Pi que deram origem a outras placas minúsculas com potencial de uso criativo extraordinariamente grande.

São lançados os primeiros robôs, primeiramente industriais, depois caseiros, como Robô Sony Aibo. Os consoles de jogos também são um grande destaque nesta geração, e podemos relacionar as séries de consoles da Sony Playstation, Nintendo e o Microsoft Xbox. Surge a noção de Internet das Coisas (IoT), onde os objetos do mundo ganham inteligência e passam a estar conectados. A inteligência artificial evolui para a tomada de decisões cada vez mais autônomas. Enfim, um incrível mundo novo que continua a se desenvolver e a nos surpreender a cada dia.

2.8.2 iPhone

A primeira geração do iPhone foi apresentada ao público em 9 de janeiro de 2007. O iPhone tinha uma tela multitoque de 3,5 polegadas com poucos botões e executava o sistema operacional iPhone OS, com uma interface amigável ao toque, com custo aproximado de US$ 500. A produção era totalmente terceirizada em fábricas localizadas em Taiwan e, atualmente, também na Índia.

O principal *hardware* do iPhone é a tela sensível ao toque, uma das grandes inovações na época do seu lançamento, com os modelos atuais oferecendo telas de 4,7 polegadas e maiores. Todos os iPhones incluem uma câmera traseira; a câmera frontal foi introduzida no iPhone 4. O iPhone 7 Plus introduziu várias lentes na câmera traseira. Uma gama de sensores também está incluída no dispositivo, como sensor de proximidade, sensor de luz ambiente, acelerômetro, sensor giroscópico, magnetômetro, sensor de reconhecimento facial ou sensor de impressão digital (dependendo do modelo) e barômetro. Em 2022, a Apple adicionou comunicações via satélite ao iPhone, com o lançamento do iPhone 14 e iPhone 14 Pro.[4]

Na parte inferior do iPhone, há um alto-falante à esquerda, um conector central e um microfone à direita. Os modelos de iPhone da primeira geração até o iPhone 4S utilizam o conector de 30 pinos, enquanto o iPhone 5 e modelos posteriores usam o conector Lightning proprietário. Há um alto-falante adicional acima da tela que serve como fone de ouvido durante as chamadas telefônicas. Os controles de volume estão localizados no lado esquerdo de todos os modelos de iPhone e como um controle deslizante no aplicativo do iPod. O fone de ouvido de 3,5 mm estava localizado no canto superior esquerdo ou no canto inferior esquerdo do iPhone. O iPhone 7 e versões posteriores não possuem entrada de fone de ouvido de 3,5 mm, e, em vez disso, os fones de ouvido devem se conectar ao iPhone por Bluetooth, usar o conector Lightning da Apple ou (para fones de ouvido tradicionais) usar o adaptador Lightning para entrada de fone de ouvido de 3,5 mm.

O Bluetooth integrado suporta fones de ouvido sem fio, com áudio estéreo que foi adicionado recentemente. O iPhone não suporta oficialmente o protocolo de transferência de arquivos OBEX, o que impede que usuários de iPhone troquem arquivos multimídia, como fotos, músicas e vídeos, com outros celulares com Bluetooth. A saída de tela espelhada é suportada por meio de um adaptador HDMI, conectado ao conector

---

[4] Disponível em: https://www.wikiwand.com/en/IPhone. Acesso em: 19 mar. 2024.

Lightning do iPhone. O iPhone possui uma bateria interna recarregável de íons de lítio. Como um iPod, mas ao contrário da maioria dos outros telefones celulares na época de seu lançamento, a bateria não pode ser substituída pelo usuário.

Inicialmente, o iPhone contava com um processador RISC de 32 bits baseado na arquitetura ARM com apenas um núcleo, embutido em um integrado único desenvolvido pela Apple, juntamente com diversos componentes, como um acelerador gráfico e um modem para comunicação sem fio com a rede de telefonia celular. O integrado Apple A5 já contava com dois núcleos e dois aceleradores gráficos embutidos na mesma pastilha. A última versão, A16 Bionic, tem dois núcleos de alto desempenho com arquitetura ARMv8.6 de 64 bits, quatro núcleos de alta eficiência e cinco processadores gráficos. A memória interna do primeiro iPhone era inicialmente de apenas 128 MiB, chegando, hoje, a 6 GiB com tecnologia DDR5.[5] Adicionalmente, o iPhone conta com um armazenamento secundário formado por uma memória Flash com capacidades superiores a 256 GiB.

O iPhone roda o iOS, um sistema operacional baseado na versão Darwin do MacOS e em várias de suas APIs de usuário, e utiliza uma API gráfica de baixo nível desenvolvida especificamente pela Apple. O iPhone vem com um conjunto de aplicativos desenvolvidos pela Apple, e suporta que aplicativos de terceiros sejam baixados por meio da App Store. Os principais lançamentos do iOS acompanharam historicamente os novos modelos de iPhone, sendo que a Apple oferece atualizações gratuitas do iOS pela internet.

2.8.3 Arduino

O Arduino é uma plataforma de prototipagem eletrônica *open source*. Na prática, ele é formado por uma placa eletrônica expansível que pode ser utilizada para o desenvolvimento de protótipos, ou seja, para adicionar inteligência em qualquer objeto controlável por eletrônica. Essa placa contém todo suporte necessário ao funcionamento do seu microcontrolador, bastando conectá-la a um computador com um cabo USB, ou alimentá-la com o uso de um adaptador AC-DC, ou ainda conectá-lo a uma bateria. A placa executa um programa que é desenvolvido em um computador convencional, em um ambiente de desenvolvimento baseado em linguagem de alto nível "C/C++" e um amplo conjunto de bibliotecas para os mais variados tipos de dispositivos. Depois que o programa é compilado no computador hospedeiro, ele é transferido em um formato de dados especial para a memória Flash do Arduino por um cabo USB.

Figura 2.28. Arduino Uno.

O modelo mais simples (Arduino Uno) é baseado no microcontrolador ATMega 328, um microprocessador RISC de 8 bits de baixo consumo, com 131 instruções, sendo que a maioria executa em um ciclo de máquina. Possui 32 registradores de 8 bits de uso geral e desempenho de até 20 MIPS em 20 MHz. O Arduino Uno possui seis pinos de entradas analógicas; 14 pinos digitais de entrada e saída, dos quais 6 pinos podem ser utilizados como saída com modulação por largura de pulso (PWM – *Pulse Width Modulation*) imitando um circuito de conversão digital-analógica. Existem três tipos de memória no microcontrolador usado em placas Arduino:

- Memória Flash (espaço do programa), onde o programa do Arduino é armazenado (32 KiB no Arduino Uno);

- SRAM (memória de acesso aleatório estático), onde os programas criam e manipulam as variáveis quando estão em execução (2 KiB no Arduino Uno);

---

[5] Disponível em: https://www.wikiwand.com/en/Apple_silicon. Acesso em: 19 mar. 2024.

- EEPROM é o espaço de memória que os programadores podem usar para armazenar informações que são apenas de leitura (1 KiB no Arduino Uno).

A memória Flash e a EEPROM são de natureza não volátil (a informação persiste nelas mesmo depois que a energia é desligada). A memória SRAM é volátil e será perdida quando a energia é alterada entre ligada/desligada. A placa Arduino é construída para se acoplar facilmente as *shields* (placas que realizam funções específicas) por puro encaixe nos pinos externos, sem uso de solda. Há uma grande variedade de tipos de placas que podem funcionar como *shields* de Arduino.

> *Hoje, existem muitas versões de placas com finalidade similar à do Arduino, com poder computacional muito maior. Entre elas, citamos o ESP-32 (que tem dimensões minúsculas e traz embutidos recursos como a conectividade via Wi-Fi e Bluetooth).*

2.8.4 Raspberry Pi

O Raspberry Pi é um microcomputador completo, com seus componentes em uma única placa lógica. Os componentes da placa são o processador, a memória e a placa de vídeo, além de entradas USB, HDMI, áudio e vídeo composto, para câmera e telas LCD e uma GPIO, com pinos I/O de múltiplo propósito. Ele é implementado em uma única placa de baixo custo, do tamanho de um cartão de crédito, que se conectam a um monitor de computador ou TV via interface HDMI e ao mouse e teclado via interface USB.

Projetado e fabricado no Reino Unido pela Fundação Raspberry Pi, permite que pessoas de todas as idades explorem a computação, aprendendo a programar em linguagens como Scratch e Python. Os Raspberry Pis são conhecidos por sua facilidade de uso e programação, tornando-os uma opção popular para estudantes, entusiastas de tecnologia e profissionais que desejam aprender a programar, desenvolver projetos eletrônicos ou encontrar soluções personalizadas. Eles executam uma variedade de sistemas operacionais, incluindo várias distribuições de Linux, como o Raspbian (agora chamado de Raspberry Pi OS), além de suportarem linguagens de programação populares, como Python.

A série Raspberry Pi evoluiu ao longo dos anos, desde o modelo Raspberry Pi 1 Model B em 2012, aumentando o desempenho, a capacidade de processamento e a conectividade. Além de suas características educacionais, os Raspberry Pis também são usados em muitos cenários do mundo real, como servidores *web*, dispositivos de automação residencial, projetos de robótica, estações meteorológicas, sistemas de vigilância e muito mais, em função de sua flexibilidade e preço acessível.

O Raspberry Pi 3 modelo B, por exemplo, possui um processador de 1,2 GHz com quatro núcleos ARMv8, 1 GiB de memória, Wi-Fi e interface para cartão microSD. Sua facilidade de uso e programação atrai estudantes e entusiastas, suportando sistemas operacionais como o Raspberry Pi OS e linguagens como Python.

Figura 2.29. **Raspberry Pi.**

Já o Raspberry Pi 4 modelo B é equipado com um processador com velocidade de 2,0 GHz com quatro núcleos Cortex-A72. Isso proporciona um aumento significativo no desempenho em comparação com os modelos anteriores. A memória principal tem opções de 2, 4 ou 8 GiB, o que possibilita executar aplicações de maior porte. Uma das características notáveis do Raspberry Pi 4B é a capacidade de saída de vídeo em resolução 4K por meio das duas portas micro HDMI. Isso permite que o dispositivo seja conectado a monitores de alta definição. Além disso, as portas USB 3.0 e 2.0 proporcionam uma ampla conectividade para dispositivos periféricos. Possui também Wi-Fi 802.11ac e Bluetooth 5.0. Isso facilita a conexão com redes sem fio e dispositivos externos, como teclados, *mouses* e alto-falantes. Os 40 pinos GPIO disponíveis no Raspberry Pi 4B permitem a conexão de uma variedade de sensores, atuadores e outros dispositivos eletrônicos externos. Isso o torna uma plataforma popular para projetos de eletrônica e prototipagem. Com relação ao armazenamento, o Raspberry Pi 4B utiliza cartões microSD para armazenar o sistema operacional e dados. Isso oferece flexibilidade para alterar o sistema operacional ou expandir o armazenamento conforme necessário. Em virtude do aumento de potência, a dissipação de calor torna-se uma consideração importante. Muitos casos para o Raspberry Pi 4B incluem soluções de resfriamento passivo ou ativo para garantir um funcionamento estável em diversas condições.

> A principal diferença entre as placas da plataforma Arduino e as placas da plataforma Raspberry Pi é que as placas Arduino são placas de prototipagem eletrônica e as placas Raspberry Pi são computadores de placa única (SBC – Single Board Computer), sendo mais poderosas que as placas Arduino, além de executarem um sistema operacional completo.

2.9 SUPERCOMPUTADORES

Os supercomputadores são computadores com um nível altíssimo de desempenho em comparação com um computador de uso geral, sendo que tiveram um desenvolvimento acentuado durante o período equivalente à sexta geração de computadores. Concebidos para resolver grandes problemas científicos, tem características especiais que os distinguem dos demais computadores, incluindo a sua fabricação em uma escala reduzida.

O desempenho de um supercomputador é comumente medido em operações de ponto flutuante por segundo (Flops) em vez de milhões de instruções por segundo (Mips). Como comparação, um computador convencional muito rápido tem um desempenho na faixa de dezenas de TeraFlops (dezenas de trilhões), enquanto um supercomputador pode executar até 1000 PetaFlops (um quintilhão), ou seja, até 100.000 vezes mais rápido!

Eles são usados em aplicações em que a exigência de processamento computacional é enorme, inviável para processamento em máquinas convencionais. Entre as aplicações mais comuns, citamos a previsão do tempo, pesquisa climática, exploração de petróleo e gás, modelagem molecular (computação de estruturas e propriedades de compostos químicos, macromoléculas biológicas, polímeros e cristais), criptografia e simulações físicas (como cálculo da aerodinâmica de aviões e de naves espaciais).

O conceito de supercomputador tem evoluído ao longo do tempo, com mudanças arquiteturais progressivas, sempre na busca do maior desempenho possível, apresentando, hoje, uso intensivo de paralelismo. O CDC 6600 foi considerado um dos primeiros supercomputadores, utilizando uma tecnologia inovadora na época, que eram os transistores de silício em lugar de germânio. O seu desempenho de pico era de impressionantes 3 MFlops, com uma velocidade de relógio de 10 MHz. O CDC 6600 utilizava dez processadores periféricos além da UCP, que faziam acesso à memória memória principal para transferência de dados, enquanto a UCP estava ocupada. A sua memória principal tinha 128K palavras de 60 bits e os números negativos eram representados em complemento a um.

Porém, um dos supercomputadores históricos de maior destaque foram os computadores da Cray Research, que eram projetos altamente ajustados para obter o máximo desempenho. O Cray I foi o primeiro processador vetorial bem-sucedido comercialmente desde o seu lançamento, em 1976. O seu desempenho teórico era de 160 MFlops, sendo o computador mais rápido no seu tempo, entre outros fatores, em função de seu formato inovador, um "C", para reduzir o comprimento dos fios e o uso de tecnologia ECL, que precisava de um sistema especial de refrigeração com gás freon. O Cray-2, um dos seus sucessores lançado em 1985, era uma arquitetura paralela com quatro unidades centrais de processamento (CPUs), atingindo 1,9 GFlops e tornando-se o primeiro supercomputador a quebrar a barreira do GigaFlops. Outros exemplos de supercomputadores vetoriais da década de 1980 são o Cray X-MP (1982), NEC SX-2 (1986), Fujitsu VP2000 (1984) e IBM ES/3090 Vector Facility (1985).

Embora o processamento vetorial ainda exista, embutido na arquitetura dos modernos microprocessadores, os computadores vetoriais foram superados na década de 1990 por outros tipos de arquiteturas paralelas (veja a Seção 8.8). Um supercomputador da atualidade geralmente possui uma arquitetura composta por dezenas de milhares de processadores comerciais (comuns), interligados entre si com uma rede de comunicação de alto desempenho, para suportar uma imensa gama de algoritmos de computação em paralelo.

O Intel ASCI Red, lançado em 1996, tinha um desempenho de 1,3 TFlops, sendo o primeiro computador a ultrapassar a barreira do TFlops e foi construído totalmente com equipamentos comerciais (*off-the-shelf*). Era composto por 104 gabinetes, sendo 76 de computadores (processadores), oito de *switches* e 20 de discos. Tinha um total de 1.212 GiB de memória e 9.298 processadores Intel Pentium Pro, consumindo 850 kW de energia, sem incluir a refrigeração. O seu sistema de arquivos paralelo (PFS) era capaz de transferir até 1 GB/s. O ASCI Red foi seguido por outros supercomputadores resultado da iniciativa ASCI como Blue Pacific (1998), White (2000) e Blue Gene/L (2004) entre outros.

Figura 2.30. **Supercomputador ASCI White.**

O Roadrunner, um supercomputador da IBM para o Laboratório Nacional de Los Alamos, nos Estados Unidos, atingiu em 2008 a marca de 1,026 PFlops, sendo o primeiro supercomputador a superar essa marca. Era também o quarto supercomputador em termos de eficiência energética com 444,94 MFlops por watt. Ele tinha um projeto híbrido que influenciou fortemente os supercomputadores que se seguiram. O Roadrunner usava dois tipos de processadores: o AMD Opteron 2210, com 1,8 GHz, usado em nós computacionais e operacionais; totalizando 6912 Opterons, 6480 para cálculos e 432 para sua operação, cada um com dois núcleos, totalizando 13.824 núcleos. O segundo processador era o IBM PowerXCell 8i, com 3,2 GHz, tendo 12.960 processadores no total: 12.960 núcleos PPE e 103.680 núcleos SPE, totalizando 116.640 núcleos, para operações de ponto flutuante. Todo o sistema possuía 296 gabinetes interconectados por 26 *switches* Infiniband com 288 portas com velocidade de 20 Mbps cada.

Em 2023, o computador mais rápido do mundo com 1,2 ExaFlops era o Frontier. Ele foi o primeiro computador a superar a barreira do ExaFlops e utilizava 9472 processadores AMD com 64 núcleos cada (totalizando 606.208 núcleos) e 37.888 GPUs AMD MI250X (totalizando 8.335.360 núcleos) em uma arquitetura híbrida. Cada gabinete tinha 64 lâminas, cada uma composta por dois nós. As lâminas são interconectadas por *switches* Cray/HPE Slingshot de 64 portas, que fornecem uma largura de banda total de 12,8 Tbps. A rede Slingshot utiliza um protocolo Ethernet otimizado, o que permite que ele seja interoperável com dispositivos Ethernet padrão, ao mesmo tempo em que oferece alto desempenho para aplicações de HPC (*High-Performance Computing*). O uso de roteamento adaptativo e controle de congestionamento faz com que seja uma boa solução para sistemas de HPC, como também para centros de dados em nuvem. Os grupos de lâminas estavam ligados em uma topologia *dragonfly* com, no máximo, três saltos entre quaisquer dois nós. Embora o Frontier utilize uma topologia *dragonfly* em seus sistemas, a rede Slingshot pode ser configurada para suportar topologias de árvore gorda, toro, borboleta achatada, entre outras. O Frontier era refrigerado por líquido, permitindo uma densidade cinco vezes maior do que as arquiteturas refrigeradas a ar.

Um supercomputador típico consome grandes quantidades de energia elétrica, quase toda convertida em calor, exigindo resfriamento. Por exemplo, o computador Tianhe-1A consumia 4,04 MW de eletricidade. O custo para alimentar e refrigerar o sistema pode ser significativo, na ordem de milhões de reais por ano. O gerenciamento do calor também é feito de forma especial, que pode envolver desde um sistema híbrido de resfriamento de ar e líquido ou resfriamento de ar com temperaturas normais de ar condicionado até o bombeamento de um líquido de resfriamento através dos módulos. Os projetos para os futuros supercomputadores são, consequentemente, limitados em energia: quanto maior, mais difícil se torna o resfriamento, muito mais caro, portanto.

Na área da computação científica, além do desenvolvimento dos supercomputadores, com uso maciço de computação paralela, surgiram as bibliotecas e APIs de programação paralelas, como MPI e OpenMP. Novas gerações de computadores com certeza seguirão conforme evolui a tecnologia de fabricação dos computadores.

Enquanto em um sistema de computador multiusuário tradicional o escalonamento de tarefas é, de fato, um problema de atribuição de tarefas para recursos de processamento e periféricos, em um sistema massivamente paralelo, o sistema de gerenciamento de tarefas precisa gerenciar a alocação de recursos computacionais e de comunicação, bem como lidar de forma confiável com falhas de *hardware* inevitáveis quando dezenas de milhares de processadores estão presentes.

Nos primeiros computadores paralelos, os sistemas operacionais eram personalizados para cada supercomputador para ganhar velocidade. Hoje, a tendência tem sido a de se afastar dos sistemas operacionais específicos, e sim usar variantes do Linux ou do Unix. As arquiteturas paralelas dos supercomputadores geralmente fazem uso de técnicas especiais de programação para explorar sua velocidade. Além disso, é muito difícil depurar e testar programas paralelos. Técnicas especiais precisam ser usadas para testar e depurar tais aplicativos. É necessário um esforço significativo para otimizar um algoritmo para as características de interconexão da máquina em que ele será executado; o objetivo é evitar que qualquer um dos processadores perca tempo esperando por dados de outros nós.

O custo crescente da operação de supercomputadores tem sido um fator determinante na tendência de agrupamento de recursos por meio de uma infraestrutura de supercomputador distribuída. O financiamento de *hardware* de supercomputador também se tornou cada vez mais difícil. Em meados da década de 1990, um supercomputador top 10 custava cerca de 10 milhões de euros, enquanto em 2010 os supercomputadores top 10 exigiam um investimento entre 40 e 50 milhões de euros. Assim, hoje, supercomputadores são sempre financiados e mantidos pelos governos, cada um com estratégias políticas de utilização e de soberania nacional e de aplicações militares ou relacionadas com a defesa nacional.

Os Estados Unidos foram líderes no campo de supercomputadores, primeiro por meio do domínio quase ininterrupto dos computadores Cray no campo e, posteriormente, por meio de uma variedade de empresas de tecnologia. Com o passar do tempo, porém, diversos países têm ameaçado esta soberania: entre os dez computadores mais velozes em junho de 2023 (sendo o Frontier, americano, com 1,102 ExaFlops o mais rápido), os Estados Unidos têm cinco, a China tem dois e Japão, Finlândia e França, com um cada. Os Estados Unidos possuem 150 computadores na lista completa, a China 134. O Brasil possuía nove computadores listados entre os 500 mais rápidos do mundo.[6]

2.10 COMPUTADORES NO BRASIL

O Brasil possui também um rico histórico de computadores projetados e construídos no país, seja em nível comercial ou acadêmico, com produção de computadores com *hardware* e sistemas operacionais completos com tecnologia totalmente nacional. Procuramos relatar alguns casos de sucesso nesta seção.

---

[6] Disponível em: https://www.top500.org. Acesso em: 19 mar. 2024.

Um dos autores deste livro teve a oportunidade de participar dos seguintes projetos industriais e acadêmicos: X10 e X20 (RODRIGUES; SILVA, 1986) na Cobra Computadores, Pegasus-32X/Plurix (FALLER *et al.*, 1984; 1985) e Multiplus (AUDE *et al.*, 1990; 1991) no NCE/UFRJ e NCP I e NCP II (AMORIM *et al.*, 1993) na COPPE/UFRJ, além de ser responsável pelo supercomputador Netuno (veja a Seção 8.8.4), instalado em 2008 na UFRJ. Procuramos trazer aqui também um pouco da história e da descrição das características técnicas desses projetos.

2.10.1 Computador Zezinho

As primeiras iniciativas no projeto de computadores nacionais foram acadêmicas, sendo uma dessas primeiras o projeto de um computador denominado "Zezinho" (Figura 2.31), feito por quatro alunos do ITA, em São José dos Campos. José Ellis Ripper, Fernando Vieira de Souza, Alfred Volkmer e András György Vásárhelyi, orientados pelo Prof. Tien Wei Chu. Além deles, colaboraram com o grupo outros professores e os funcionários do ITA no projeto e construção do Zezinho, um computador didático que utilizava apenas componentes nacionais (cerca de 1500 transistores).

Em 1963, o Zezinho passou por uma revisão e evolução realizadas pelo formando Valdemar Waingort Setzer, adquirindo sua forma final, para utilização em aulas e para demonstrações. O que foi possível levantar de sua arquitetura é que tinha apenas oito posições de memória de 8 bits, onde cada bit era implementado por um circuito biestável feito com transis-

Figura 2.31. O Computador Zezinho.

tores. Havia acesso a cada bit de cada posição por meio de um painel, com uma placa de baquelite (uma placa feita de material não condutor utilizado para montagens experimentais) com dois pontos de solda para cada bit. Cada par de pontos estava ligada a um biestável: um ponto à base de um dos transistores, o outro à base do outro transistor. Para alterar o estado de um bit, bastava encostar em um ponto de solda daquela placa uma "caneta" com ponta de metal, aterrada. Ou seja, essa era uma maneira, bem primitiva, para realizar a entrada de dados no computador. Para cada bit havia no painel uma lampadinha, acionada por um dos transistores do biestável correspondente; quando ela estava acesa, por definição o bit estava com o valor '1', se apagada, '0'. Havia pouquíssimas instruções, entre elas uma soma. Uma multiplicação podia ser feita combinando-se várias somas.

Enfim, nada que pudesse ser utilizado comercialmente. Depois de algum tempo o protótipo foi desmontado, embora alguns de seus participantes, como José Ellis Ripper, viessem a se tornar personagens importantes da indústria de informática durante a época da reserva de mercado.

2.10.2 Lourinha

No curso de eletrônica do IME/RJ teve o início, em 1958, o projeto de um computador, com uma parte analógica e outra digital, culminando com um projeto de fim de curso da turma de 1960. O computador, além da parte digital, incluía circuitos analógicos capazes de simular, em tempo real, sistema de equações diferenciais e com isto resolver problemas complexos. O computador foi batizado informalmente como Lourinha e teve como participantes em sua equipe os seguintes professores: Antônio M. Chaves; Antônio J. Duffles Amarante; Danilo Marcondes; Rubens Carrilho; Wherther Vervloet; e Helmut Schreyer. Foi um protótipo construído a válvula e após a defesa do projeto a máquina foi desmontada e transformada em placas para o estudo da Arquitetura de Computadores.

2.10.3 Patinho Feio

Em 1971, no Laboratório de Sistemas Digitais (LSD) da Universidade de São Paulo (USP) foi desenvolvido um computador de 8 bits utilizando circuitos integrados e 4 KiB de memória, apelidado de Patinho Feio. Nessa época, Glen Langdon (IBM), Jim Rudolph (HP), dentre outros, eram engenheiros de empresas estrangeiras que atuavam como professores de cursos que visavam à criação da competência para desenvolver computadores.

O Patinho Feio foi feito como parte de um exercício prático que teve a participação de cerca de dez alunos pós-graduandos. De acordo com o responsável pela criação e desenvolvimento do Patinho Feio, Prof. Antônio Hélio Guerra Vieira (USP), apesar de o projeto ser ambicioso, o computador era de pequeno porte (similar ao PDP-8 da Digital), com arquitetura clássica de 8 bits de largura e cerca de 8 KiB de memória. O Patinho Feio tinha um metro de altura, 80 centímetros de largura, pesava mais de 1000 quilos era composto de 450 pastilhas de circuitos integrados com relógio de 500 kHz, correspondendo a um tempo de ciclo de máquina contendo cerca de três mil blocos lógicos, distribuídos em 45 placas de circuito impresso e cinco mil pinos interligados segundo a técnica *wire-wrap*. Como entrada e saída eram utilizadas uma unidade de fita de papel, impressora, terminal de vídeo e *plotter*. Apesar de muito famoso, não há maiores detalhes além dos apresentados aqui sobre a sua arquitetura.

Figura 2.32. O Computador Patinho Feio.

2.10.4 Minicomputador G-10

Naquela época, a Marinha, que adquiria modernas fragatas informatizadas da Inglaterra, juntou-se ao Banco Nacional de Desenvolvimento Econômico (BNDE) para formar um Grupo de Trabalho Especial (GTE). O objetivo era implementar um programa de capacitação de engenheiros capazes de lidar com o projeto, fabricação e manutenção de computadores. Em 24 de julho de 1972, o GTE assinou um acordo com a Universidade de São Paulo (USP) e a empresa E.E. (Equipamentos Eletrônicos) para desenvolver, em dois anos, um protótipo de minicomputador. O resultado foi o G-10, um protótipo industrial mais compacto, projetado para ser mais facilmente montado e integrado com componentes periféricos, seguindo as tecnologias da época. Segundo (CARDI; BARRETO, 2012), o G-10 tinha as características de um protótipo, possuindo documentação com desenhos e especificações, o que não aconteceu com o Patinho Feio. O projeto, que acabou sendo realizado entre a USP (na parte de *hardware*) e a Pontifícia Universidade Católica do Rio de Janeiro (PUC-Rio) (no desenvolvimento do *software* e do sistema operacional), foi entregue em 1975.

A arquitetura do G-10[7] tinha como principal característica a existência de um barramento único, com taxa de transferência de até 8 MB/s, pelo qual todos os blocos do sistema, como o processador, as memórias e os canais de E/S, se comunicavam, à semelhança da arquitetura do computador PDP-11. O processador central possuía uma frequência de 20 MHz, oito registradores de uso geral, um registrador de estado e mais quatro registradores para controle de segmentação da memória. O seu conjunto de instruções tinha aproximadamente 100 instruções de máquina com largura de 16 bits, com diversos e variados modos de endereçamento, executadas por uma unidade de controle microprogramada, característica das arquiteturas CISC da época. A memória principal tinha capacidade de 32 KiB, podendo chegar até 64 KiB, sendo acessada

---

[7] Disponível em: https://www.cos.ufrj.br/uploadfile/1369239774.pdf. Acesso em: 19 mar. 2024.

Capítulo 2. Breve histórico da computação

em palavras de 16 bits. O G-10 podia ter até quatro canais de E/S ligados ao barramento dos sistemas, podendo ser de dois tipos, programado ou DMA, cada um suportando até 16 controladores. Os mais diversos tipos de dispositivos de E/S, tanto de baixa, média como alta velocidade, como disco rígido, tele-impressora, leitora de cartões, perfuradora e leitora de fita de papel, podiam ser conectados, por meio de barramentos de E/S, aos canais de E/S.

Em setembro de 1977, no VII Secomu, realizado em Florianópolis/SC, sob influência da Capre e da Finep, que estavam financiando o projeto, os executivos da empresa Cobra Computadores comprometeram-se a prosseguir com o projeto do G-10 mais efetivamente. O computador foi reprojetado, passando a ser chamado de G-11. Já era multiusuário, mas ainda sem o efetivo comprometimento da Cobra na sua industrialização. Porém, quando houve a decisão da Cobra em assegurar o projeto, a máquina foi novamente reprojetada, originando a linha Cobra 500.

2.10.5 Cobra Computadores

A Cobra (Computadores Brasileiros S.A.) foi fundada, em 1974, no Rio de Janeiro como resultado da associação de capitais do Governo (BNDE), da iniciativa privada nacional (Equipamentos Eletrônicos – E.E.) e de um sócio estrangeiro (Ferranti, inglesa). A Cobra iniciou suas atividades produzindo o Cobra 700, com aplicação em controle de sistemas, com tecnologia importada, baseado no Argus 700 da firma inglesa Ferranti. Mas, logo em seguida, para atender à grande necessidade de entrada de dados dos bancos, a Cobra a adquiriu da Sycor, uma firma norte-americana, a licença para fabricar o Sycor 440, um minicomputador baseado em microprocessadores 8080, da Intel. Esse computador foi lançado aqui no Brasil com o nome de Cobra 400.

Estas iniciativas só foram possíveis em virtude do estabelecimento da reserva de mercado pela Comissão de Coordenação das Atividades de Processamento Eletrônico (Capre), organismo governamental que cuidava da política do setor, que estabeleceu que a faixa de mercado para minicomputadores, microcomputadores e seus periféricos seria reservada para produtos fabricados com tecnologia nacional. Houve também grande influência da Marinha do Brasil no projeto, sendo que o comandante José Luiz Guaranis foi personagem de destaque nas articulações para a formação da Cobra.

Em 1979, foram lançados o TD 200 e o Cobra 300 (RODRIGUES, 1984). O TD 200 era um terminal inteligente de entrada de dados baseado no microprocessador Intel 8080, de 8 bits. O Cobra 300, microcomputador originário do TD 200, era um equipamento autônomo, com memória principal de 48 KiB e disquete de densidade dupla, também utilizando o microprocessador Intel 8080. Em 1981, foi lançado o microcomputador Cobra 305, um modelo mais avançado que sucedeu o Cobra 300, com memória principal de 64 KiB, disquete de dupla face com 1 MiB, mas com o microprocessador Z80A da Zilog, também de 8 bits.

O Cobra 530, baseado no projeto do G-10, lançado no início da década de 1980, foi o primeiro computador totalmente projetado, desenvolvido e industrializado no Brasil. Detalhes a respeito do projeto são apresentados em (DANTAS, 1988):

> A UCP, projetada por Stephan Kovacs em quatro placas, baseou-se na mais moderna tecnologia da época para máquinas de 16 bits: as pastilhas *bit slice*, capazes de realizar internamente as operações lógico-aritméticas próprias de uma UCP e, ainda hoje utilizadas em superminis e computadores maiores. Já a equipe projetista de programação, liderada por Firmo Freire, realizou um trabalho de dimensões até então desconhecidas abaixo do rio Grande: linguagem montadora (para a UCP do 530), linguagens de programação LPS, LTD e Mumps, compiladores Cobol e Fortran, sistemas operacionais Mumps e SOD – este com cerca de 12 mil linhas de código-fonte, ocupando 200 MB da memória. Ao lançar o seu minicomputador, a Cobra colocou nosso país no estado-de-arte da informática mundial, com um produto inteiramente concebido, projetado e fabricado no Brasil.

Esse computador foi lançado comercialmente em 1980, no congresso da SUCESU, no Rio de Janeiro. Essa linha evoluiu com o lançamento de outros modelos, todos com o sistema operacional SOD, também desenvolvido na Cobra. Entre esses, podemos citar o Cobra 520, uma versão reduzida do Cobra 530, lançado em 1982; o Cobra 540, em 1983, que era uma versão modernizada e com maior capacidade de memória (1 MiB) e de terminais (até 64) do Cobra 530; o Cobra 480, que era supermicro/mini de 16 bits, que podia ser utilizado por até oito usuários simultâneos, com memória de 1 MiB, até quatro unidades de disco rígido winchester de 10 MiB, até duas unidades de fita e impressoras; e, finalmente, o Cobra 580, também da mesma linha, mas que não temos muitos detalhes. A Cobra também lançou o Cobra 1000, um supermini com tecnologia importada da empresa americana Data General.

A Cobra também fabricou microcomputadores compatíveis com o IBM/PC, tais como X PC, lançado em 1987, que era um microcomputador compatível com IBM PC/XT; e posteriormente o X 386S, baseado no microprocessador Intel 80386; MP 486 EISA e MP 486XM, microcomputadores da Medidata comercializados pela Cobra, baseados no microprocessador Intel 80486 e 80486 DX2, respectivamente.

Uma das últimas séries de computadores produzidos pela Cobra Computadores foi a linha X, utilizando processadores Motorola e o sistema operacional SOX (CARDOSO, 2013; CARDOSO *et al.*, 2007), baseado no sistema operacional Unix, mas totalmente desenvolvido no Brasil. Destacamos a seguir as características dos computadores X-10 e X-20.

O processador utilizado na linha X-10 era o Motorola 68010, de 16 bits, com frequência de 10 MHz. Ele possuía uma memória EPROM com 128 KiB para os testes iniciais e partida do computador; a memória principal de 1 a 4 MiB, com um esquema de gerência de memória por segmentação; tinha vários controladores inteligentes, isto é, com processadores independentes do processador principal, permitindo até duas linhas síncronas; 16 linhas assíncronas e discos do tipo *winchester*. O X-10 possuía ainda interface paralela para impressora de linha ou matricial.

O computador X-20 era equipado com o microprocessador Motorola 68020, que tinha uma arquitetura de 32 bits e uma frequência de 20 MHz, podendo ser acoplado um coprocessador de ponto flutuante opcional. Sua capacidade de memória principal podia chegar até 32 MiB. Os computadores da linha X-20 utilizavam um controlador de gerenciamento de memória por paginação integrado ao processador. Além disso, o X-20 contava com controladores inteligentes para discos rígidos, 2 linhas síncronas e até 32 linhas assíncronas, além de uma interface para impressora paralela. Ele também possuía interfaces para fita cartucho e periféricos no padrão SCSI.

Essa série contava também com X-30, lançado em 1989, com o processador Motorola 68020 e 68030; e o modelo com multiprocessamento X-3030, também baseado no processador Motorola 68030, uma grande novidade na época. Hoje, a Cobra ainda atua no mercado com o nome de BB Tecnologia e Serviços, apenas como integradora de sistemas, em razão do fim da reserva de mercado em 1992.

2.10.6 Outras iniciativas

Entretanto, os computadores desenvolvidos pela indústria nacional não se limitaram à experiência da Cobra. Diversas outras firmas foram fundadas naquele período e diversos sistemas desenvolvidos, dos quais podemos relacionar: Microdigital, Prológica, Microtec, Scopus, Itautec, SID/Sharp, Edisa, Sisco, entre outras. Essas firmas, fundadas no final da década de 1970 e início da década de 1980, tinham produtos inicialmente baseados em microprocessadores de 8 bits, como o Z80 da Zilog e 8080 da Intel, rodando sistemas operacionais bastante simples, compatíveis com o CP/M, o padrão internacional naquele momento. Em seguida, passaram a utilizar micros de 16 bits, adotando o padrão IBM/PC e o sistema operacional DOS e, posteriormente, o Windows.

A seguir apresentamos um relatório do ano de 2009, indicando o que aconteceu com as principais empresas fundadas durante a reserva de mercado (DINHEIRO; ISTO É, 2009).

- Cobra: Uma das primeiras empresas a produzir tecnologia genuinamente brasileira na área de informática. Resultado de uma parceria entre a E.E. Eletrônica, o BNDES e a inglesa Ferranti, em 1974. Atualmente, pertence ao Banco do Brasil e transformou-se em uma fornecedora de soluções tecnológicas.

Capítulo 2. Breve histórico da computação **91**

- Scopus: Criada em 1975 pelos professores da Escola Politécnica da Universidade de São Paulo (USP), Josef Manasterski, Célio Yoshiyuki e Edson Fregni. Na época, tinha capital aberto e uma equipe de 1,5 mil funcionários. Foi vendida ao Bradesco em 1989, grupo do qual faz parte até hoje.

- Edisa: Fundada em 1977, tinha como acionista majoritário o grupo Iochpe. Associou-se à HP na década de 1980, que a incorporou em 1992. O ex-presidente da Edisa, Flávio Sehn, assumiu a presidência da HP do Brasil. Atualmente, o executivo se dedica a projetos de reflorestamento.

- SID: Criada pelo empresário Mathias Machline, em 1978, a partir do consórcio formado pela Sharp, Inepar e Dataserv. Filiada da Sharp, entrou na Justiça com pedido de concordata preventiva, em 2001. A dívida da companhia era de R$ 100 milhões. Chegou a ter 25% do mercado de terminais bancários.

- Elebra: Fundada em 1979. Em um primeiro momento, foi desmembrada e vendida aos pedaços. A Alcatel ficou com uma parte. A Digital, com outra. Parte dos ativos foi para a Unysis. Em 2002, acabou com 11 pedidos de falência, 400 títulos protestados e uma dívida estimada em R$ 21 milhões.

- Microtec: Empresa criada em 1982 por um grupo de professores universitários. Em 1997, se uniu ao Grupo Vitech America Inc., elevando a capacidade instalada de produção para 150 mil máquinas ao ano. Em 2001, a Vitech pediu concordata nos Estados Unidos em razão de briga com a fabricante de PCs Gateway.

- Itautec: Originou-se como um braço interno do Grupo Itaú, em 1979, para desenvolver a automação bancária. Hoje, é um fornecedor global do setor de tecnologia com operações em nove países: Argentina, Brasil, Chile, Equador, Espanha, Estados Unidos, Portugal, México e Venezuela. Atua nas áreas de *software*, *hardware* e serviços. Possui mais de cinco mil funcionários.

- Prológica: Em março de 1976, os engenheiros Leonardo Bellonzi e Joseph Blumenfeld resolveram comercializar o protótipo da máquina contábil que acabavam de montar. Seis meses depois, lançaram o equipamento no mercado e atingiram o terceiro lugar na classificação das empresas nacionais do setor. Em 1990, foi acusada pela Microsoft de plagiar o sistema operacional MS-DOS.

- Microsiga: Resultado da associação do fundador da Siga, Ernesto Haberkorn, com seu funcionário Laércio Cosentino, em 1983. Depois de adquirir a Logocenter e a RM Sistemas, mudou seu nome para TOTVS. Hoje, é líder do mercado brasileiro de sistemas de gestão empresariais (ERP, em inglês). Além disso, a empresa é a segunda no *ranking* da América Latina e a oitava na classificação global.

2.10.7 Projetos acadêmicos

Além dos produtos comerciais, vários protótipos foram desenvolvidos em laboratórios de pesquisa das universidades brasileiras. Dentre eles, destacamos:

Projeto CPU de porte médio compatível com o PDP-11/70

Foi iniciado em meados da década de 1970 o projeto para o desenvolvimento de um computador de porte médio compatível com o PDP 11/70 da Digital. Uma das premissas do projeto é que o conjunto de instruções, registradores, condições de erro e barramentos de E/S fossem totalmente compatíveis com o PDP/11-70 para que o sistema operacional e os periféricos do PDP-11/70 pudessem ser utilizados na CPU de porte médio, já que essas tecnologias não eram dominadas na época. Não havia um indústria de informática no país e conceito de *software* livre estava muito longe de ser inventado.

Segundo o próprio Adriano de Oliveira relata: "O fato de se ter como proposta a realização do projeto de uma UCP compatível em *software* com o PDP-11/70 da DEC não implicou, de forma alguma, na adoção de uma filosofia de trabalho que não considerasse importante a busca de soluções novas e criativas para a

Figura 2.33. **CPU de Porte Médio.**

execução do projeto. Apenas no plano de definição da máquina, do ponto de vista do programador, é que poucas alterações puderam ser feitas".

O projeto (Figura 2.33) constava de painel de controle, unidade lógica e aritmética (números inteiros e de ponto flutuante), unidade de controle microprogramada, unidade de entrada e saída, memória cache com 8 KiB, memória principal com até 4 MiB. O processador operava com um relógio de 25 MHz e tinha um total de 86 instruções, operando em três níveis de privilégio: *kernel*, supervisor e usuário, além de possuir um total de 16 registradores visíveis ao programador e ao sistema operacional.

Como resultado, diversas dissertações de mestrado, todas de participantes do projeto, foram defendidas a respeito deste trabalho entre 1978 e 1982, na COPPE/UFRJ:[8] "Projeto de um sistema de E/S para uma UCP de médio porte" de Julio Salek Aude; "Projeto de uma unidade de controle microprogramada para uma CPU de médio porte" de Adriano Joaquim de Oliveira Cruz; "Projeto de um sistema de Memória do tipo cache-backing para UCP de médio porte" de Ageu Cavalcanti Pacheco Jr.; e "Metodologia para depuração de uma Unidade Central de processamento de médio porte" de Serafim Brandão Pinto.

---

[8] Disponível em: http://www.memoria.nce.ufrj.br/teses-dissertacoes/. Acesso em: 19 mar. 2024.

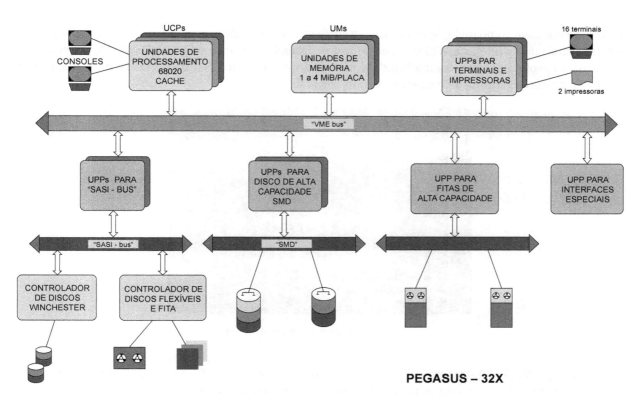

Figura 2.34. Arquitetura do Pegasus.

Projeto Pegasus/Plurix

O PEGASUS-32X (FALLER *et al.*, 1984) foi desenvolvido no início dos anos 1980 e representava uma família de supermicrocomputadores, homogêneos, simétricos, de 32 bits, construído com diversas unidades de processamento (UCPs) da família MC680XX operando em paralelo (multiprocessamento), Unidades de Processamento Periférico (UPPs) inteligentes para entrada e saída (E/S), memória global e barramento de interconexão VME bus.

Na fase de concepção levou-se em consideração que a construção de sistemas de multiprocessamento homogêneos (aqueles nos quais os módulos básicos como UCPs, Unidades de Memória (UM) e UPPs podem ser compartilhados indistintamente) apresentam uma série de vantagens sobre outros tipos de sistemas heterogêneos existentes na época. A simetria dos módulos do sistema permite uma melhor utilização dos recursos computacionais, tanto em operações de cálculo como de E/S. O computador PEGASUS-32X possuía suporte para memória virtual com gerência de memória para relocação e proteção de programas em ambientes multiusuários e multitarefas; microprocessadores Motorola da família MC680XX com instruções CISC de 8, 16 ou 32 bits; os módulos eram interconectados com barramento VME bus, com vias de 32 bits para dados e 24 bits para endereço e taxa de transferência de dados de 6,7 MB/s; memória cache de 4 KiB por módulo UCP; o computador tinha desempenho estimando em 1,1 MIPS (1 UCP) a 3 MIPS (4 UCPs); várias UPPs inteligentes, ou seja, com o microprocessador Z80-A independente do processador principal; todos os módulos são autotestáveis, de rápida reconfiguração em caso de falhas, tendo em vista a existência de diversos processadores e a modularidade do projeto.

Os sistemas da família PEGASUS-32X eram formados a partir de múltiplos módulos escolhidos a partir de vários tipos básicos. Note que uma configuração simples possuía apenas quatro módulos, ou seja, um módulo UCP com console, um módulo de memória com até 4 MiB, um módulo UPP para até 16 terminais e duas impressoras e um módulo UPP para barramento SASI. Em função da alta homogeneidade do sistema, a evolução da família para a faixa de desempenho dos superminis se dava pela replicação dos módulos básicos.

O sistema utilizava como meio de comunicação entre os diversos módulos o barramento VME, um padrão internacional em uso na época. A filosofia de utilizar padrões de barramento tipo VME e SASI foi amplamente utilizada no projeto e visava compatibilidade com os dispositivos de E/S disponíveis no mercado, menor tempo de projeto e garantia de qualidade de interconexão.

Figura 2.35. **Equipe do Pegasus/Plurix.**

Uma contribuição importantíssima do projeto foi o desenvolvimento de um sistema operacional compatível com o Unix totalmente com tecnologia nacional. O sistema operacional Plurix (FALLER; SALENBAUCH, 1989) era baseado nas especificações da versão 7 do sistema Unix, possuindo diversas melhorias encontradas em outras versões, assim como características próprias. Posteriormente, foi feita a compatibilização do Plurix com a versão System V do Unix. O Plurix possuía características como: suporte para o controle de múltiplos processadores; sistema de arquivos hierárquico, incluindo volumes montáveis; entrada/saída em arquivos, em dispositivos, e entre processos compatíveis entre si; ativação de processos assíncronos; seleção do interpretador de comandos do sistema em nível de usuário/aplicações; alto grau de portabilidade, sendo a grande maioria do sistema escrito em uma linguagem de alto nível (C); e chamada de funções do sistema (*system call*) padronizadas de acordo com o padrão Unix.

Projeto Multiplus

O Multiplus era um projeto de um computador de alto desempenho com memória compartilhada distribuída, projetado para ter uma arquitetura modular, capaz de suportar até 1024 elementos processadores e memória global com até 32 GiB de espaço de endereçamento.

A Figura 2.36 mostra a arquitetura básica do Multiplus, com até oito elementos processadores conectados por um barramento duplo de 64 bits formando um *cluster*. Cada barramento tem um protocolo similar ao definido para o barramento SPARC-MBus, mas implementado de uma forma assíncrona.

A arquitetura do Multiplus suportava até 128 *clusters* interconectados por uma rede de conexão multi-estágios do tipo N-cubo invertida. A partir da adição de elementos processadores e *clusters*, a arquitetura poderia cobrir um amplo espectro de aplicações, desde estações de trabalho até arquiteturas paralelas poderosas.

Com a estrutura adotada, o custo e o atraso introduzidos pela rede de interconexão são pequenos ou mesmo não existentes na implementação de computadores paralelos com até 64 elementos processadores. Por outro lado, computadores paralelos de grande porte poderiam ser construídos com um custo razoável.

Dentro do escopo deste projeto estava também o desenvolvimento de um microprocessador (AUDE *et al.*, 1997) de 32 bits, com *pipeline* de quatro estágios, específico para uso em aplicações *multithreading*. Ele era baseado na arquitetura SPARC, uma arquitetura aberta que permite um certo grau de liberdade na sua implementação.

Capítulo 2. Breve histórico da computação

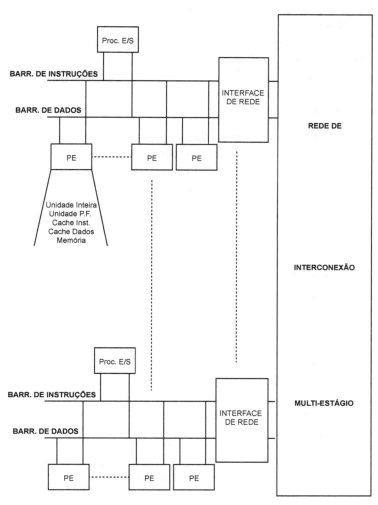

Figura 2.36. **Arquitetura do Multiplus.**

Figura 2.37. Julio Salek e Protótipo do Multiplus.

O sistema operacional utilizado foi o Mulplix, uma extensão do Plurix, sistema operacional multiprocessador desenvolvido no NCE/UFRJ. A estratégia de implementação incluía a adaptação do compilador C do Plurix, originariamente desenvolvido para a arquitetura do Motorola MC680XX, para gerar um código executável compatível com a arquitetura SPARC.

Sistema computacional NCP I

O NCP I (AMORIM *et al.*, 1993), o primeiro sistema de computação paralela desenvolvido pela COPPE/UFRJ e operacional em 1991, pertencia à classe dos multicomputadores. Além de representar um marco de referência no esforço de desenvolvimento científico e tecnológico nacional, a experiência do NCP I permitiu romper barreiras tecnológicas na área de computação de alto desempenho.

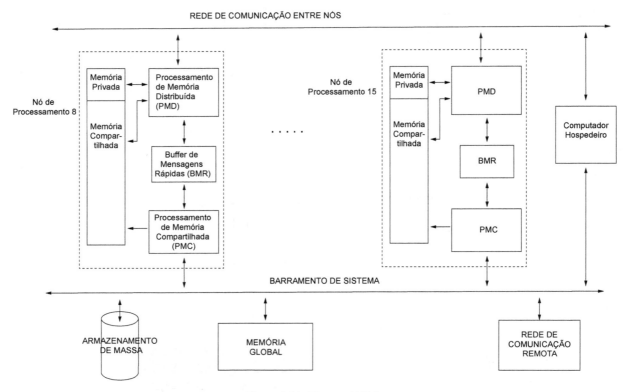

Figura 2.38. **Sistema NCP I.**

A arquitetura do NCP I com 16 nós pode ser vista na Figura 2.38. Em cada nó de processamento (NP), existem dois elementos de processamento. Um é chamado de elemento de processamento de memória privativa (EMP), responsável pela comunicação entre nós e pela carga computacional a ele atribuída. O segundo é o elemento de processamento de memória compartilhada (EMC), que divide a carga computacional com o EMP e controla o acesso do nó ao disco.

A estrutura da memória do NCP I é dividida em níveis interno e externo com diferentes tempos de acesso e espaços de endereçamento distintos. No primeiro nível, internamente a cada nó, a memória é composta pela memória privativa do EMP, um *buffer* rápido de mensagens e a memória compartilhada entre os dois elementos de processamento. No nível externo, a memória centralizada é compartilhada com todos os EMCs e o computador hospedeiro.

A estrutura de comunicação do NCP I é organizada para lidar com três tipos de demanda de comunicação durante execução de processos paralelos. O barramento do sistema e de E/S dá suporte às transferências entre processadores e a memória global e ao tráfego intenso de blocos de dados que podem ser produzidos

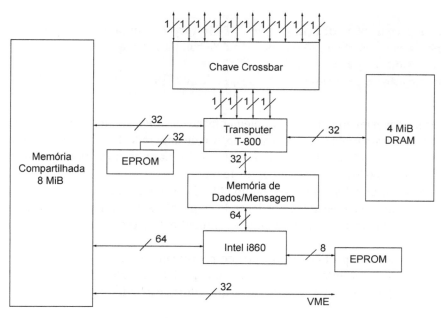

Figura 2.39. Nó de Processamento NCP I.

por processos de E/S. O *buffer* rápido de mensagens implementa um mecanismo de comunicação para troca rápida de mensagens entre o EMP e o EMC. A rede de comunicação entre nós (RCN) oferece possibilidade de troca rápida de mensagens entre os nós de processamento. O computador hospedeiro é interligado aos NPs por meio do barramento do sistema e também da RCN. O barramento do sistema fornece comunicação entre o hospedeiro e os EMCs, enquanto o RCN provê comunicação paralela entre o hospedeiro e os EMPs.

A arquitetura do NCP I é expansível a partir da replicação de *clusters*. A RCN torna a expansão mais fácil do que o barramento do sistema. Este não consegue operar mais do que 16 nós sem degradar o desempenho do *cluster*. Portanto, cada *cluster* tem de ter um barramento e um chaveamento entre barramentos. Cada *cluster* pode ter seu próprio controlador de disco, embora o hospedeiro e a interface da rede de comunicação remota (por exemplo, Ethernet) devem ser localizados no *cluster* hospedeiro. Teoricamente, o NCP I poderia ter até 128 *clusters*.

O sistema NCP I é um computador MIMD de memória privativa/compartilhada. O sistema consiste em nós de processamento idênticos, nos quais cada nó contém dois módulos.

- O módulo do Elemento de Memória Privativa (EMP) que inclui um microprocessador *transputer* T805-20, 4 MiB de memória, quatro elos com a rede de comunicação, 64 KiB EPROM, registradores de comando e estado e uma interface com o EMC.
- O módulo do Elemento de Memória Compartilhada (EMC) inclui um microprocessador Intel i860 XR (33 MHz), 8 MiB de memória 3-PORT, 16 KiB de memória estática dual-port, memória de paridade, 64 KiB de EPROM, interface com o EMP e com o barramento de E/S e do sistema.

A Figura 2.39 mostra a estrutura do *hardware* de um nó de processamento. A interface com o hospedeiro, um IBM PC-AT compatível, é feita por meio da placa interface localizada em um *slot* do computador que serializa os dados paralelos provenientes do barramento. O modelo de memória compartilhada do NCP I é baseado em barramento. Diante da natureza experimental e das restrições de orçamento, optou-se pela utilização do barramento comercial VME como via de acesso para E/S e para o sistema. O protótipo inicial possuía 16 nós com as seguintes características:

- desempenho de pico de 800 MIPS (RISC) e 960 MFlops (precisão dupla);
- 64 MiB de memória privativa e 128 MiB de memória compartilhada;
- taxa de entrada/saída de 40 MB/s.
- rede de comunicação entre os nós com *throughput* de 160 MB/s.

Dada a natureza experimental da atual implementação do NCP I, algumas simplificações visando a uma diminuição dos custos foram realizadas, por exemplo, uso de uma rede de comunicação com banda passante agregada de apenas 200 MB/S, muito aquém do necessários para os então potentes microprocessadores utilizados no NCP I com 800 MIPS de desempenho de pico.

Paralelamente ao desenvolvimento do módulo EMC, foi instalado um processador de E/S de alta velocidade alternativo baseado em *transputer* e obedecendo ao padrão SCSI, utilizando um disco com capacidade de 600 MiB. Essa solução permitiu evitar o baixo desempenho de acesso ao disco por meio do computador hospedeiro IBM-PC.

O gabinete do NCP I comportava até 16 nós de processamento mais a fonte de alimentação, disco, ventiladores e cablagem, medindo 56 × 52 × 73 cm. O projeto foi liderado pelo Prof. Claudio Amorim, contando com a participação de diversos outros pesquisadores e estudantes.

Sistema computacional NCP2

O projeto NCP2 (AMORIM *et al.*, 1996) teve o início do seu desenvolvimento por volta de 1996 na COPPE/UFRJ e era um multicomputador para execução de aplicações científicas segundo o paradigma de memória compartilhada distribuída por *software*. Os sistemas de memória compartilhada distribuída por *software* (SW-DSM) mantêm a coerência de dados em *software* e oferecem aos programadores a ilusão de uma memória compartilhada sobre um *hardware* que, na realidade, só permite a troca de mensagens.

Os sistemas de memória distribuída por *software* ofereciam uma alternativa de baixo custo para a computação no modelo de memória compartilhada, visto que o sistema podia ser formado por estações de trabalho e sistemas operacionais padrão. No entanto, apenas uma pequena classe de aplicações alcançavam um bom desempenho nestes sistemas. Isto se devia a uma alta taxa de comunicação e ao *overhead* gerado pela manutenção da coerência dos dados.

A maior parte dos sistemas de memória compartilhada distribuída por *software* (SW-DSM) daquela época realizava a manutenção da coerência de memória distribuída no nível de página, por meio dos bits de proteção da memória virtual. Além disso, tendo como objetivo solucionar o problema de falso compartilhamento de páginas, os sistemas de então permitiam a escrita simultânea na mesma página por vários processadores, garantindo a consistência de memória somente nos pontos de sincronização estabelecidos pelo programador. Mas essas operações eram trabalhosas e lentas, o que restringia, como já dito, o uso deste tipo de arquitetura para um conjunto pequeno de aplicações bem comportadas.

A principal proposta do NCP2 era o desenvolvimento de um suporte de *hardware* especializado para permitir o uso eficiente de memória compartilhada distribuída por *software*. Dessa forma, o sistema poderia atingir um desempenho melhor em uma variedade maior de aplicações do que aquelas utilizadas em sistemas DSM puramente por *software*. O protótipo ora desenvolvido incorporava as tecnologias de microprocessadores PowerPC, o sistema operacional Unix e uma rede de interconexão de alto desempenho Myrinet. O desempenho estimado para o NCP2 era de uma ordem de grandeza superior ao do NCP I.

O projeto NCP2 pretendia o desenvolvimento, em três anos, de dois protótipos multicomputadores com 16 processadores cada. O primeiro protótipo do sistema utilizava o microprocessador PowerPC 604 (100 MHz, 160 SPECint e o 165 SPECfp) e o segundo utilizaria o PowerPC 620. O NCP2 fazia uso ainda do sistema operacional Unix (AIX), enquanto a rede de interconexão é a Myrinet (80 MB/s de banda passante e 0,5-10 μs de latência). Além disso, o sistema usava o barramento padronizado PCI e a interface SCSI em cada unidade de processamento. O projeto licenciou também o *software* de memória compartilhada distribuída TreadMarks para ser adaptado ao NCP2.

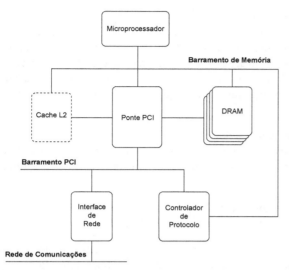

Figura 2.40. Diagrama do nó do NCP2.

Na Figura 2.40 podemos ver o suporte de *hardware* proposto no NCP2: um controlador de protocolos associado a cada nó de uma rede de estações de trabalho ou de um multicomputador. No sistema proposto tanto o controlador de protocolos como a interface de rede estão conectados ao barramento PCI. Como mostra também a Figura 2.40, o controlador de protocolos incluía um microprocessador (ou simplesmente um núcleo RISC inteiro), 6 MiB de memória principal e dois módulos específicos: a lógica para *snooping* do barramento de memória e um dispositivo de DMA sofisticado.

A comunicação entre o processador e o controlador, na maior parte dos casos, é realizada através da memória local do controlador e o *snooping* dos acessos de escrita, para a manutenção da consistência de dados das páginas do sistema de memória distribuída por *software*.

2.11 EXERCÍCIOS PROPOSTOS

1. Relacione e descreva brevemente dois artefatos históricos utilizados como ferramentas de cálculo pela humanidade.
   Resposta:
   - Ábaco: Um dispositivo antigo de cálculo com contas ou pedras em colunas. Usado por várias civilizações para realizar operações matemáticas básicas, como adição e multiplicação.
   - Régua de Cálculo: Invenção mecânica do século XVII com escalas de logaritmos e funções matemáticas gravadas. Permitia realizar cálculos complexos por meio do alinhamento de duas réguas deslizantes. Foi amplamente usada por engenheiros e cientistas até a chegada das calculadoras eletrônicas.

2. Relacione e descreva brevemente três calculadoras mecânicas implementadas antes do século XX.
   Resposta:
   - Máquina de Pascal: Foi uma das primeiras calculadoras mecânicas do mundo, inventada por Blaise Pascal em 1642, e era capaz de realizar operações de adição e subtração.
   - Máquina de Leibniz: Foi desenvolvida por Gottfried Wilhelm Leibniz na década de 1670, sendo capaz de realizar operações de adição, subtração, multiplicação e divisão.
   - Comptometer: Foi uma calculadora mecânica de mesa com teclado desenvolvida na década de 1880, capaz de realizar operações de adição, subtração, multiplicação e divisão. O Comptometer foi uma das calculadoras mecânicas mais populares da história e ajudou a popularizar o uso de calculadoras em escritórios e empresas.

3. Quais as principais contribuições dos cientistas Boole e De Morgan para a computação?
   Resposta:
   - George Boole (1815-1864) é considerado o pai da lógica matemática. Boole desenvolveu o sistema formal de lógica conhecido como "álgebra booleana". Ele demonstrou como expressões lógicas e proposições podem ser representadas em termos de operações lógicas como AND, OR e NOT, usando símbolos matemáticos para representar essas operações.
   - Augustus De Morgan (1806-1871) foi um matemático e lógico britânico, conhecido por suas leis da lógica, que são usadas para simplificar expressões booleanas.

4. Relacione e descreva brevemente as características do computador eletromecânico Mark I.

   Resposta: O Mark I foi concluído em 1944 e possuía mais de 750 mil componentes, 80 km de fios, cerca de 16 m de comprimento e 2,5 m de altura, pesando aproximadamente 5 toneladas. Além disso, consumia vários quilos de gelo por dia destinados à sua refrigeração. As instruções eram armazenadas em uma fita de papel perfurada com 24 bits de largura e os dados em contadores eletromecânicos, utilizava números com 23 dígitos de largura, podia somar ou subtrair dois destes números em 0,3 segundo, multiplicá-los em quatro segundos e dividi-los em dez segundos.

5. Qual a principal tecnologia associada a esses primeiros computadores?

   Resposta: Os primeiros computadores eletromecânicos usavam relés, além de outros dispositivos elétricos, como contatores, interruptores e motores. Esses dispositivos eram usados para controlar o funcionamento dos computadores e realizar cálculos.

6. Quais as principais contribuições de Konrad Zuse para a computação?

   Resposta: Algumas das principais contribuições de Konrad Zuse para a computação foram:

   - Z1: Concluído em 1938, foi considerado o primeiro computador binário programável do mundo. Era uma máquina mecânica que utilizava relés e permitia a programação por meio de uma fita perfurada.

   - Z3: Concluído em 1941, é considerado o primeiro computador funcional baseado em conceitos modernos. Utilizando relés eletromagnéticos, era programável por meio de uma linguagem de máquina e também utilizava fitas perfuradas para entrada e saída de dados.

   - Linguagem de programação Plankalkül: é considerada a primeira linguagem de programação de alto nível do mundo, concebida no início da década de 1940, mas que só foi publicada e reconhecida muito tempo depois. Ela apresentava conceitos como estruturas de controle, repetições, vetores e sub-rotinas, demonstrando sua visão pioneira da programação.

   - Z4: Concluído em 1945, foi provavelmente o primeiro computador controlado por programas a ser comercializado. O Z4 foi aprimorado com relação ao Z3 e usado em várias aplicações científicas e de engenharia na época.

7. Quais as principais contribuições de George Stibitz para a computação?

   Resposta: George Stibitz trabalhou nos Laboratórios Bell na década de 1930. Em 1937, construiu o "Modelo K", um somador binário baseado em relés. Depois, liderou o desenvolvimento da "Calculadora de Números Complexos" (CNC), que operava com números complexos usando circuitos binários de relés. Em 1940, fez a primeira demonstração remota em tempo real de uma máquina de computação enviando comandos por linhas telegráficas para a CNC em Nova York.

8. Quais as principais tecnologias associadas à primeira geração de computadores?

   Resposta:

   - Válvulas (Tubos a vácuo): As válvulas eram dispositivos eletrônicos que permitiam a realização de operações aritméticas e lógicas, além de servirem como memória temporária (memória de acesso aleatório ou RAM) para armazenar dados e instruções.

   - Linhas de Retardo de Mercúrio: Foi uma tecnologia utilizada como uma forma de memória principal, oferecendo maior capacidade de armazenamento e tempos de acesso mais rápidos. Ela era composta por um tubo de mercúrio em que pulsos elétricos eram injetados em uma extremidade e percorriam o tubo ao longo de uma série de retardos antes de serem lidos na outra extremidade.

   - Programação em Linguagem de Máquina: Os primeiros computadores eram programados em linguagem de máquina, ou seja, o código binário entendido pelo computador. A programação era feita inserindo manualmente as instruções na memória do computador por meio de painéis de controle ou fitas perfuradas.

   - Fitas Perfuradas: Eram um meio comum de entrada e saída de dados, sendo que as informações eram codificadas em forma de perfurações em papel ou fitas de cartão, permitindo que os dados fossem lidos e gravados pelos computadores.

Capítulo 2. Breve histórico da computação **101**

9. Relacione e descreva brevemente as características do computador eletrônico ENIAC.
   Resposta: Suas principais características incluem:

   - Válvulas (Tubos a Vácuo): O ENIAC utilizava cerca de 17.500 válvulas a vácuo para realizar operações aritméticas e lógicas, bem como funcionar como elementos de memória temporária.

   - Tamanho e Peso: O ENIAC era extremamente grande e pesado, ocupando uma área de cerca de 167 metros quadrados e pesava cerca de 27 toneladas.

   - Programação com *Plugboards*: A programação do ENIAC era realizada por meio de painéis *plugboards*, que consistiam em milhares de cabos e conexões físicas. Esses *plugboards* eram usados para configurar a lógica do computador para realizar uma aplicação específica, tornando a programação uma tarefa física e trabalhosa.

   - Velocidade e Desempenho: O ENIAC tinha uma velocidade de cálculo muito maior do que qualquer máquina anterior. Era capaz de realizar cerca de 5000 adições ou 300 multiplicações por segundo, o que representava um grande avanço na época.

   - Uso Militar: O ENIAC foi projetado para fins militares durante a Segunda Guerra Mundial, principalmente para cálculos balísticos e projetos de armas. Foi usado para realizar cálculos complexos para projetos de armas nucleares.

10. Quais as principais tecnologias associadas à segunda geração de computadores?
    Resposta: As principais tecnologias associadas à segunda geração de computadores incluem:

    - Transistores: A principal tecnologia que definiu a segunda geração de computadores foi a substituição das válvulas a vácuo pelos transistores, que são dispositivos semicondutores menores, mais rápidos, mais confiáveis e de menor consumo de energia do que as válvulas.

    - Memória de Núcleos de Ferrite: Substituiu as memórias baseadas em válvulas e mercúrio. Os núcleos de ferrite eram pequenos anéis magnéticos entrelaçados com fios de metal e usados para armazenar dados. Eles ofereciam maior capacidade de armazenamento e eram não voláteis, o que significa que os dados eram mantidos mesmo quando o computador estava desligado.

    - Linguagens de Programação de Alto Nível: As linguagens de programação de alto nível foram desenvolvidas, como o Fortran (FORmula TRANslator) e o COBOL (COmmon Business Oriented Language), que eram uma linguagem mais próxima da linguagem humana, tornando a programação mais acessível e eficiente.

    - Sistemas de Armazenamento de Mídia Removível: As fitas magnéticas e os discos magnéticos permitiram um armazenamento mais rápido e maior capacidade de dados, facilitando o acesso e a transferência de informações.

    - Sistemas Operacionais: Eram programas que gerenciavam os recursos do computador e permitiam a execução de vários programas ao mesmo tempo, tornando o uso dos computadores mais eficiente e organizado.

11. Relacione e descreva brevemente as características do computador IBM 7000.

12. Quais as principais tecnologias associadas à terceira geração de computadores?
    Resposta: As principais tecnologias associadas à terceira geração de computadores (1960-1970) incluem:

    - Circuitos Integrados (CIs): A inovação mais marcante da terceira geração foi a criação dos circuitos integrados, que eram chips de silício com milhares de transistores e outros componentes eletrônicos em um único encapsulamento. Essa tecnologia permitiu uma maior densidade de componentes, menor consumo de energia e maior confiabilidade em comparação com as válvulas e os transistores individuais usados nas gerações anteriores.

    - Minicomputadores: Eram sistemas mais compactos e econômicos do que os mainframes das gerações anteriores utilizando circuitos integrados, sendo usados principalmente em empresas e instituições de pesquisa para aplicações específicas.

    - Multiprogramação e Sistemas Operacionais: A multiprogramação permitia que vários programas fossem executados simultaneamente em um único computador. OS/360 da IBM, por exemplo, gerenciava eficientemente os recursos do computador e permitia o compartilhamento de tempo (*time-sharing*) para múltiplos usuários.

- Impressoras de Impacto e Terminais de Vídeo com Tubos de Raios Catódicos: A terceira geração viu melhorias nas interfaces com o usuário com impressoras de impacto mais rápidas e eficientes desenvolvidas para imprimir resultados de computação, enquanto terminais de vídeo com tubos de raios catódicos permitiam a entrada e a saída de dados em tempo real.

13. Relacione e descreva brevemente as características do computador CDC 6600.

14. Quais as principais tecnologias associadas à quarta geração de computadores?
    Resposta: Na quarta geração de computadores (1970 a 1980) houve a popularização dos computadores pessoais (PCs) e o desenvolvimento de interfaces gráficas. As principais tecnologias associadas à quarta geração de computadores incluem:

    - Microprocessadores: Eles incorporavam toda a lógica de um computador em um único chip de silício, tornando-os mais compactos, eficientes e acessíveis. O lançamento do Intel 4004 em 1971 foi um marco nesse sentido, tornando-se o primeiro microprocessador comercialmente disponível.

    - Memórias Semicondutoras: Com a diminuição de custo e aumento do desempenho, foram incorporadas em definitivo ao projeto dos computadores, substituindo as memórias de núcleo de ferrite.

    - Computadores Pessoais (PCs): Empresas como a Apple e a IBM lançaram computadores voltados para uso individual, com a utilização dos microprocessadores, permitindo que pessoas comuns tivessem acesso a essa tecnologia em suas casas e escritórios.

    - Interfaces Gráficas do Usuário (GUI): A Xerox PARC foi pioneira nessa área, introduzindo conceitos como ícones, janelas e o uso do mouse, que mais tarde seriam adotados em computadores pessoais, como o Apple Lisa e o Macintosh.

    - Armazenamento de Massa: Os discos rígidos (*hard disks*) foram aprimorados e se tornaram mais comuns, oferecendo maior capacidade de armazenamento e velocidades de acesso mais rápidas. Além disso, os disquetes (*floppy disks*) foram amplamente utilizados para transferência de dados e armazenamento portátil.

    - Sistemas Operacionais: Houve o desenvolvimento de sistemas operacionais mais sofisticados e versáteis, como o Unix e o MS-DOS. Esses sistemas operacionais tornaram a interação com os computadores mais amigável e possibilitaram a execução de uma variedade de aplicativos.

    - Redes de Computadores: As redes locais (LANs) começaram a ser implementadas, permitindo que computadores se conectassem entre si e compartilhassem recursos.

    - Avanços em *Software*: Uma ampla variedade de *softwares* aplicativos, como processadores de texto e planilhas eletrônicas, foram desenvolvidos e se tornaram ferramentas essenciais no ambiente de negócios e na educação.

15. Relacione e descreva brevemente as características do computador VAX 780.

16. Relacione e descreva brevemente as características dos computador Apple I e II.
    Resposta:

    - O Apple I, projetado por Steve Jobs e Steve Wozniak, foi o primeiro computador pessoal desenvolvido pela Apple Computer em 1976. Utilizava um microprocessador MOS Technology 6502 de 8 bits com velocidade de relógio de 1 MHz e uma memória principal de 4 KiB. Não vinha com um gabinete completo, exigindo que os usuários o conectassem a um monitor e teclado separados. A interface era rudimentar, com LEDs para indicar *status* e um conector para conectar um teclado. Os usuários podiam inserir e executar programas digitando códigos diretamente usando linguagem de máquina ou linguagem de montagem.

    - O Apple II, lançado em 1977, foi um modelo de computador completo com teclado, monitor, fonte de alimentação e caixa integrados. Continuou a usar o microprocessador 6502, mas oferecia melhorias significativas na memória, com modelos disponíveis com até 48 KiB de memória. O Apple II também foi um dos primeiros computadores pessoais a apresentar recursos gráficos coloridos e capacidades de som, tornando-o atrativo para jogos e aplicações multimídia. Além disso, apresentava *slots* de expansão que permitiam a adição de placas de interface para periféricos e placas de expansão de memória. O computador suportava linguagens de programação de alto nível, como BASIC, tornando-o mais acessível aos iniciantes em programação.

Capítulo 2. Breve histórico da computação

17. Quais as principais tecnologias associadas à quinta geração de computadores?

Resposta: A quinta geração de computadores (1981 a 1990) foi marcada por várias tecnologias inovadoras e avanços, tais como:

- Processadores RISC (*Reduced Instruction Set Computing*): A quinta geração viu o surgimento dos processadores RISC, que apresentavam um conjunto de instruções reduzido, projetados para executar tarefas com maior eficiência e velocidade.

- Supercomputadores: Houve avanços significativos no desenvolvimento de supercomputadores, usados para resolver problemas complexos e realizar cálculos intensivos em áreas como simulações científicas e modelagem climática, superando os projetos da década anterior, como o Cray-1.

- Circuitos Integrados em Grande Escala (VLSI): Essa inovação possibilitou o surgimento de computadores mais poderosos e eficientes em termos de espaço e energia, com uma grande quantidade de transistores em um único chip.

- Computação Paralela e Distribuída: A quinta geração testemunhou o crescimento da computação paralela e distribuída, onde várias tarefas ou processos podem ser executados simultaneamente em múltiplos processadores ou em diferentes computadores interconectados.

- Redes de Computadores Avançadas: A expansão das redes de computadores durante esse período possibilitou o compartilhamento de recursos e informações de maneira mais eficiente, impulsionando a colaboração e a disseminação de dados em diferentes locais.

- Interface Gráfica do Usuário (GUI): O conceito de GUI, que permite aos usuários interagir com o computador por meio de ícones, menus e janelas, foi aprimorado nessa geração, tornando a computação mais acessível e amigável para os usuários.

- *Workstations*: Eram computadores compactos de alto desempenho, com interfaces gráficas sofisticadas, voltados para aplicações técnicas e científicas.

- Expansão do Uso Comercial e Pessoal: Maior adoção de computadores em ambientes comerciais e domésticos, impulsionada pela redução de custos e aumento do poder de processamento.

18. Relacione e descreva brevemente as características do computador IBM/PC.

19. Relacione e descreva brevemente as características do computador Sun SPARCstation

20. Quais as principais tecnologias associadas à sexta geração de computadores?

21. Relacione e descreva brevemente as características do *smartphone* iPhone da Apple.

22. Descreva a evolução tecnológica da memória principal dos computadores ao longo das diversas gerações.

Resposta: A evolução da memória principal tem sido um fator crítico para o aumento geral do desempenho dos computadores, permitindo a execução de tarefas mais complexas e a manipulação de volumes crescentes de dados de maneira mais eficiente. Aqui está uma visão geral dessa evolução:

- Primeira Geração: Os primeiros computadores utilizavam tubos a vácuo e linhas de retardo de mercúrio como elementos de memória. Eles eram grandes, volumosos e tinham baixa capacidade de armazenamento. Além disso, eram propensos a falhas frequentes e tinham uma vida útil limitada.

- Segunda Geração: Os computadores da segunda geração passaram a usar memórias de núcleo de ferrite. Isso levou a uma redução significativa no tamanho e no consumo de energia das memórias, além de melhorias na confiabilidade.

- Terceira Geração: As memórias de núcleo de ferrite continuaram a ser utilizadas, porque a memória de semicondutora bipolar estática, introduzida na década de 1960, não conseguia competir com o preço mais baixo da memória de núcleo magnético, apesar de ter um melhor desempenho.

- Quarta Geração: A tecnologia de memória semicondutora CMOS dinâmica, com uma célula de um bit com um transistor e um capacitor, se tornou amplamente utilizada.

- Quinta Geração: As memórias semicondutoras dinâmicas, com maior densidade e capacidade, continuaram a ser utilizadas como componente principal das memórias do computador.

- Sexta Geração: A evolução das memórias levou à introdução das memórias dinâmicas síncronas, que sincronizavam o acesso aos dados com o relógio do barramento do processador, aumentando ainda mais a velocidade de acesso, com taxas de transferência de dados ainda mais altas e maior eficiência energética.

23. Descreva a evolução tecnológica dos processadores ao longo das diversas gerações.
    Resposta: Aqui está uma visão geral dessa evolução:

    - Primeira Geração: Os primeiros computadores usavam relés e tubos a vácuo para processamento. Eles eram grandes, lentos e consumiam muita energia. Exemplos incluem o ENIAC e o UNIVAC I.

    - Segunda Geração: Os transistores, menores, mais rápidos e menos propensos a falhas passaram a ser a principal tecnologia utilizada na construção dos processadores. Isso resultou em computadores mais compactos, confiáveis e com melhor desempenho.

    - Terceira Geração: A terceira geração de computadores viu o desenvolvimento dos circuitos integrados (ICs), que combinavam múltiplos transistores em um único chip de silício, permitindo o desenvolvimento de processadores mais complexos e poderosos e reduzindo ainda mais o tamanho e o consumo de energia dos computadores.

    - Quarta Geração: A tecnologia de microprocessadores, iniciada com o lançamento do Intel 4004 em 1971, marcou o início de microprocessadores completos em um único circuito integrado, possibilitando a produção de computadores mais compactos e com preços acessíveis.

    - Quinta Geração: O surgimento dos microprocessadores com arquitetura RISC (*Reduced Instruction Set Computing*), que usavam um conjunto reduzido de instruções mais simples e executavam essas instruções mais rapidamente, melhorando a eficiência do processamento, marcou esta geração de computadores. Além disso, o microprocessadores CISC de 32 bits foram também um expoente tecnológico desta geração.

    - Sexta Geração: A evolução dos processadores RISC levou à introdução de processadores com arquitetura de 64 bits, com maior poder computacional, uso de *pipeline* e maiores velocidades de relógio. Seguiram-se os processadores superescalares e os processadores *multicore*, onde várias unidades de processamento (núcleos) foram integradas em um único chip. Isso permitiu que os computadores executassem várias tarefas simultaneamente, melhorando o desempenho geral.

24. Descreva a evolução tecnológica da memória secundária dos computadores ao longo das diversas gerações.

25. Relacione e descreva brevemente as características do projeto G-10.
    Resposta: A arquitetura do G-10 tinha como principal característica a existência de um barramento único, com taxa de transferência de até 8 MB/s, pelo qual todos os blocos do sistema como o processador, as memórias e os canais de E/S, se comunicavam, à semelhança da arquitetura do computador PDP-11. O processador central possuía uma frequência de 20 MHz, oito registradores de uso geral, um registrador de estado e mais quatro para controle de segmentação da memória. O seu conjunto de instruções tinha aproximadamente 100 instruções de máquina com largura de 16 bits, com diversos e variados modos de endereçamento, executadas por uma unidade de controle microprogramada, característica das arquiteturas CISC da época. A memória principal tinha capacidade de 32 KiB, podendo chegar até 64 KiB, sendo acessada em palavras de 16 bits. O G-10 podia ter até quatro canais de E/S ligados ao barramento dos sistema, podendo ser de dois tipos, programado ou DMA, cada um suportando até 16 controladores. Os mais diversos tipos de dispositivos de E/S, tanto de baixa, média como alta velocidade, como disco rígido, tele-impressora, leitora de cartões, perfuradora e leitora de fita de papel, podiam ser conectados pelo barramentos de E/S, aos canais de E/S.

26. Relacione e descreva brevemente os principais computadores da Cobra.

27. Quais as principais contribuições do pesquisador Newton Faller para a computação no Brasil?
    Resposta: Newton Faller foi um engenheiro eletricista formado no ITA e cientista da computação brasileiro. Faller também foi o chefe do projeto de desenvolvimento do Plurix, uma versão do Unix brasileiro, além do projeto Pegasus, uma família de supermicrocomputadores, homogêneos, simétricos, de 32 bits, construído com diversas unidades de processamento (UCPs) da família MC680XX operando em paralelo (multiprocessamento), no Núcleo de Computação Eletrônica da Universidade Federal do Rio de Janeiro (NCE/UFRJ), Rio de Janeiro. Hoje, o equivalente brasileiro do Prêmio Turing é chamado de "Prêmio Newton Faller", que homenageia membros da SBC que se distinguiram ao longo de sua vida por serviços prestados à SBC. Newton Faller começou sua carreira

Capítulo 2. Breve histórico da computação

trabalhando com compressão de dados, estudando os códigos clássicos de Huffman e foi o primeiro a propor os "códigos de Huffman adaptativos". Mais tarde, Robert G. Gallager (1978) e Donald Knuth (1985) propuseram alguns complementos e o algoritmo ficou amplamente conhecido como FGK (das iniciais de cada um dos pesquisadores). Além da formação de recursos humanos, Newton Faller contribuiu fortemente para a pesquisa e o desenvolvimento de tecnologia na área de arquitetura de computadores e sistemas operacionais no Brasil.

28. Quais as principais contribuições do pesquisador Julio Salek Aude para a computação no Brasil?

Resposta: Júlio Salek Aude foi um importante pesquisador na área de Ciência da Computação no Brasil. Ele se formou em Engenharia Eletrônica pela Universidade Federal do Rio de Janeiro (UFRJ) em 1974, obteve mestrado em Engenharia de Sistemas e Computação pela UFRJ em 1978 e doutorado em Ciência da Computação pela Universidade de Manchester em 1986. Aude foi professor adjunto da UFRJ, analista de sistemas da UFRJ e pesquisador 2A do Conselho Nacional de Desenvolvimento Científico e Tecnológico. Ele trabalhou principalmente nos seguintes temas: Banco de Dados de Regras de Projeto, Linguagem de Descrição de Regras de Projeto, Adaptabilidade a Diferentes Tecnologias e CAD para Sistemas Digitais. Aude também liderou o projeto Multiplus/Mulplix, que visava o desenvolvimento de uma arquitetura paralela modular distribuída com memória compartilhada capaz de suportar até 1024 elementos de processamento baseados em microprocessadores SPARC e a implementação do Mulplix, um sistema operacional semelhante ao Unix que fornece um ambiente adequado para programação paralela para a arquitetura Multiplus. O prêmio Júlio Salek Aude é concedido anualmente pelo Comitê de Arquitetura de Computadores e Computação de Alto Desempenho da Sociedade Brasileira de Computação em reconhecimento à excelência técnica.

29. Relacione e descreva brevemente as características do projeto Multiplus.

Resposta: O Projeto Multiplus foi desenvolvido por vários anos no Núcleo de Computação Eletrônica da Universidade Federal do Rio de Janeiro (NCE/UFRJ) e teve como objetivo a construção de um protótipo de computador com uma arquitetura paralela com memória compartilhada distribuída capaz de suportar até 1024 elementos de processamento baseados em microprocessadores SPARC e a implementação do Mulplix, um sistema operacional semelhante ao Unix que fornece um ambiente adequado para programação paralela para a arquitetura Multiplus.

30. Relacione e descreva brevemente as características do sistema operacional Plurix.

Resposta: O sistema operacional Plurix foi desenvolvido no Núcleo de Computação Eletrônica da Universidade Federal do Rio de Janeiro (NCE/UFRJ) na década de 1980. O Plurix é um sistema operacional semelhante ao Unix desenvolvido no Brasil. Os pesquisadores do NCE, após retornarem de cursos de pós-graduação nos Estados Unidos, tentaram licenciar o código-fonte do Unix da AT&T no final dos anos 1970 sem sucesso. Em 1982, em função da recusa da AT&T em licenciar o código, uma equipe de desenvolvimento liderada por Newton Faller decidiu iniciar o desenvolvimento de um sistema alternativo, chamado Plurix, usando como referência a versão 7 do Unix, a mais recente na época, que eles tinham rodado em um antigo sistema de computador Motorola. Em 1985, o sistema Plurix estava funcionando no Pegasus 32-X, um computador multiprocessador com memória compartilhada também projetado no NCE. O Plurix foi licenciado para algumas empresas brasileiras em 1988.

31. Relacione e descreva brevemente as características do projeto NCP I.

Resposta: O computador paralelo NCP I (Núcleo de Computação Paralela) era um sistema de memória distribuída que teve dois protótipos construídos, cada um com oito nós de processamento, com capacidade de 320 MIPS e 640 MFlops. Cada nó consistia de 1 transputer T800 e 1 processador Intel i860, elaborado com uma sofisticada placa de circuito impresso com oito camadas, possuindo 12 MiB de memória, 80 Mbps de banda de comunicação e interface VME. Além disso, o sistema contava com um disco SCSI de 600 MiB, sistema operacional Unix-like, compiladores Fortran e C, e uma interface de redes com o protocolo TCP/IP, uma novidade naquela época. Concomitantemente ao desenvolvimento dos protótipos, foram realizadas intensas pesquisas em aplicações nas áreas da Engenharia Elétrica e Engenharia Civil por pesquisadores e alunos da COPPE/UFRJ.

3
Organização do computador e do processador

"Um mercador dispunha de oito pérolas iguais, sendo que sete tinham o mesmo peso; a oitava, entretanto, era um pouco mais leve que as outras. Como poderia o mercador descobrir a pérola mais leve e indicá-la, usando a balança apenas duas vezes?"

Malba Tahan, *O Homem que Calculava*

De uma maneira simplificada, o computador é um equipamento que recebe, processa e retorna as informações ao usuário, transformando-as com uma determinada utilidade, segundo as instruções definidas por um programa. Um programa é um conjunto de instruções e dados que são carregados na memória do computador no formato binário e que definem uma forma de interação com o usuário e especificam as tarefas que serão realizadas pelo computador. Os programas são inicialmente definidos pelos programadores com o uso de uma linguagem de alto nível (como C, Python, Fortran e outras) e que são posteriormente traduzidos pelo compilador para a linguagem de máquina, que é a linguagem que o processador entende. A seguir vamos ver, modernamente, como isso tudo começou e trazer mais detalhes sobre a arquitetura e o funcionamento do computador e do seu principal elemento: o processador. Especificamente, escolhemos o processador educacional Sapiens como um exemplo de arquitetura, tendo em vista sua simplicidade e capacidade de ser compreendido facilmente pelos estudantes.

3.1 ARQUITETURA DE VON NEUMANN

Basicamente, a estrutura e a funcionalidade do computador moderno foram definidas por von Neumann em 1945, durante o projeto do computador EDVAC, com a publicação de um relatório (NEUMANN; GODFREY, 1993) descrevendo a sua arquitetura, conforme apresentado na Seção 2.3.3. Para entendermos a importância da arquitetura von Neumann vamos começar fazendo uma pergunta: qual a diferença entre uma calculadora e um computador?

Uma calculadora básica executa somente as funções predefinidas em seu teclado. Caso seja necessário realizar uma operação diferente, será preciso modificar os circuitos eletrônicos presentes na calculadora, bem como o teclado, para incorporar a nova função. Consequentemente, não existe flexibilidade para efetuar ajustes na calculadora de modo a adequá-la a novas aplicações.

O computador, por sua vez, é um equipamento que oferece a possibilidade de ser configurado facilmente para novas tarefas, de acordo com as necessidades de cada aplicação do usuário. A grande inovação da proposta de von Neumann foi uma nova forma de arquitetura do computador para permitir um alto grau de flexibilidade, de modo a adaptá-lo facilmente para diversas aplicações.

A proposta de computador controlado pelo programa armazenado em memória (NEUMANN; GODFREY, 1993) foi um dos conceitos fundamentais apresentados por von Neumann que permitiu essa flexibilidade. Em seu modelo de computador foi introduzido o conceito de memória, um dispositivo de armazenamento temporário, para onde programas (instruções e dados) diferentes poderiam ser carregados a partir de uma unidade de entrada, para serem executados pela unidade aritmética e lógica, com os resultados sendo transferidos da memória para uma unidade de saída, tudo isso sob a coordenação de uma unidade de controle. Deste modo, ficava garantida a flexibilidade do computador, que pode ter o seu funcionamento facilmente alterado mediante o uso de instruções e dados diferentes, de acordo com a aplicação de cada usuário.

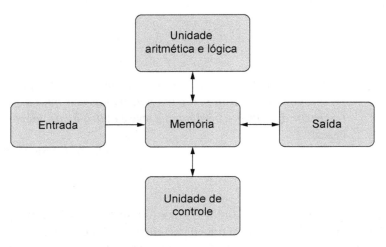

Figura 3.1. Arquitetura de von Neumann.

Sendo mais formal, os componentes da máquina de von Neumann (Figura 3.1) podem ser descritos assim:

- **Unidade Aritmética e Lógica**: É a unidade que executa as operações aritméticas e lógicas, tais como: soma, subtração, multiplicação, divisão, raiz quadrada, movimentação entre a unidade aritmética e a memória, verificação do sinal do resultado, conversão de decimal para binário e vice-versa. Um total de 10 operações fundamentais foram definidas por von Neumann no artigo original.

- **Unidade de Controle**: É a unidade responsável pelo sequenciamento das operações, transferência dos dados e instruções e pelo controle das demais unidades do computador.

- **Memória**: É a unidade onde as instruções, os dados de entrada, as tabelas de referência e os resultados intermediários são armazenados para permitir a execução de um programa.

- **Entrada**: É a unidade que transfere a informação (numérica ou não) do meio externo. Todas as transferências devem ser feitas para a memória e nunca diretamente para a unidade de controle.

- **Saída**: É a unidade que transfere a informação (numérica ou não) para o meio externo. Todas as transferências devem ser feitas da memória para o meio externo, e nunca diretamente da unidade de controle.

Von Neumann sugeriu o uso da numeração binária para a representação interna dos números, em vez da numeração decimal, pela evidente economia que isso proporciona no tempo gasto nos cálculos e na complexidade dos circuitos. O componente eletrônico básico da máquina EDVAC, com comportamento análogo ao neurônio biológico, era o *E-element*, que poderia ser implementado com 1 ou 2 tubos a vácuo (válvulas) e combinado para produzir circuitos mais complexos para a unidade aritmética, memória e unidade de controle. O *E-element* é um dispositivo que recebe e emite sinais por uma linha conectada a ele, de modo equivalente ao axônio de um neurônio. Além disso, esses sinais, tais como os sinais do sistema nervoso, não são se propagam de forma instantânea, demandando um intervalo de tempo para serem transmitidos.

Entretanto, diferentemente do sistema nervoso humano, essa quantidade de tempo possui um valor fixo, pois alguns outros atrasos presentes no sistema nervoso humano são ignorados pelos *E-elements*. Além disso, outra diferença do *E-element* para o sistema nervoso humano é que todos esses elementos atuam de maneira sincronizada pelo relógio central da máquina, enquanto o funcionamento dos neurônios é assíncrono.

As válvulas foram escolhidas como elementos básicos por serem dispositivos existentes, com a tecnologia disponível naquela época, de menor tempo de chaveamento (mudança do valor lógico '0' para o valor lógico '1'). O uso de um sinal elétrico periódico para cadenciar todas as operações do computador foi também proposto por von Neumann, dando origem ao que chamamos de relógio do computador.

O modelo de arquitetura de von Neumann continua sendo utilizado no projeto dos computadores comerciais ainda hoje e o estudo de suas características permite uma compreensão adequada do seu funcionamento.

Note que no modelo de von Neumann tudo está armazenado na memória: em princípio, dados e instruções ficam na mesma memória, sem conflito, desde que estejam em endereços diferentes. Contudo, há algumas situações nas quais é conveniente armazenar dados e instruções em memórias fisicamente diferentes, e esse tipo especial de organização recebe o nome especial de arquitetura *Harvard* (Figura 3.2). Esse nome deriva do fato de que esse tipo de organização foi adotado de forma pioneira pelo processador Mark I, apresentado na Seção 2.2.4, desenvolvido pela Universidade de Harvard.

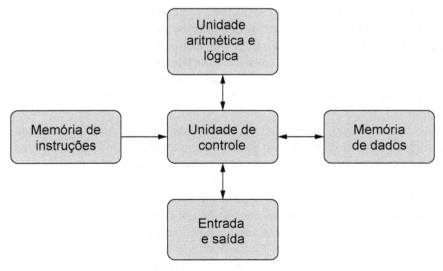

Figura 3.2. **Arquitetura Harvard.**

3.2 MODELO DE BARRAMENTO DE SISTEMA

O modelo de von Neumann passou por um refinamento que recebeu o nome de modelo de barramento de sistema (Figura 3.3). Nesse modelo, a unidade de controle e a unidade aritmética, e também novos elementos de memória chamados de registradores, são agregados em um único componente que recebe o nome de processador. A unidade de entrada e a unidade de saída são apresentadas agora também como um único módulo, chamado de unidade de entrada/saída. A memória continua sendo vista com uma unidade independente, com as mesmas funções da arquitetura de von Neumann, ou seja, armazenamento de dados e instruções dos programas em execução. Outro elemento novo que surge neste modelo é o próprio barramento de sistema, que faz a interligação entre o processador, a memória e a unidade de entrada/saída.

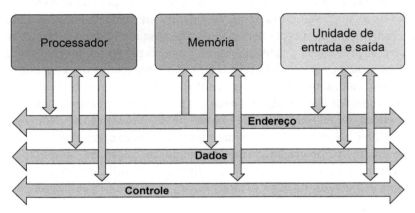

Figura 3.3. Modelo de Barramento de Sistema.

O barramento de sistema é composto pelos barramentos de endereço, dados e controle. O barramento de endereços transporta os sinais de endereço por meio de fios ou trilhas metálicas, conectando o processador, memória e a unidade de entrada/saída. Esses sinais, que podem ser fornecidos tanto pelo processador como pela unidade de entrada/saída, vão determinar em qual posição de memória os dados serão lidos ou escritos. A informação correspondente, que está sendo recuperada ou armazenada, é transportada pelo barramento de dados, que é bidirecional. Apesar do nome, tanto as instruções como os seus operandos (os dados propriamente ditos) circulam pelo barramento de dados. O barramento de controle possui sinais que indicam a natureza da operação que vai ser realizada: se de leitura ou escrita. Além de possuir também sinais de sincronização das operações, interrupção do processador e para a arbitragem do barramento. A arbitragem serve para determinar qual dos elementos vai utilizar o barramento naquele momento, garantindo o seu uso livre de conflitos.

Eventualmente, nos modernos computadores, podem existir um ou mais barramentos dedicados a ligar os periféricos à unidade de entrada/saída. Isso permite que o acesso do processador à memória se faça com maior eficiência, pela diminuição do tráfego de dados no barramento de sistema.

Em realidade, o modelo de barramento de sistema foi se modificando ao longo dos anos, se adaptando às demandas de miniaturização dos computadores, cada vez mais compactos, portáteis e com menor consumo de energia. Nos computadores pessoais modernos não há um barramento de sistema explícito, mas apenas um controlador (*chipset*) de E/S que faz a intermediação entre o processador e os dispositivos de entrada e saída, como pode ser visto na Figura 3.4. No mesmo *chip* do processador estão embutidos também o controlador e o barramento de acesso à memória principal; o controlador e/ou a interface de interconexão à placa de vídeo; e ainda um terceiro barramento que faz a interface com o controlador de E/S externo.

Esse controlador de E/S é conhecido por diversos nomes, tais como *chipset*; ponte sul (*southbridge*); *I/O Controller Hub* na nomenclatura da Intel, e possui diversas funções embutidas, como: controlador de DMA; controlador de interrupção; temporizadores; relógio de tempo real; controlador USB; controlador de áudio;

Capítulo 3. Organização do computador e do processador

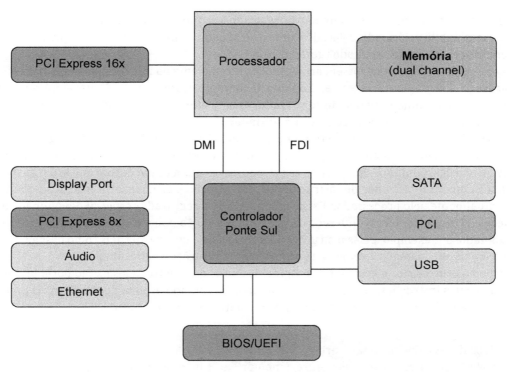

Figura 3.4. **Placa de Processador Moderno.**

controlador de Ethernet; interface para os discos rígidos; e interface para o barramento PCI Express. Maiores detalhes podem ser vistos na Seção 5.1.4. A seguir vamos examinar cada um dos componentes do modelo de barramento de sistema com mais detalhes.

3.2.1 Processador

O processador é o componente principal de um computador, sendo responsável pela execução de programas escritos em uma linguagem de máquina específica para cada tipo de processador. As instruções desses programas coordenam o funcionamento do processador, para realizar desde operações simples, como somar dois números, até operações complexas, como renderizar gráficos 3D ou executar algoritmos de inteligência artificial. O processador é muitas vezes considerado o "cérebro" do computador, pois é responsável por interpretar e executar as instruções dos programas, realizar cálculos, controlar o fluxo de dados e coordenar as operações de todos os outros componentes do sistema.

Um programa em linguagem de máquina é um conjunto de instruções codificadas em binário, que são diretamente executadas pelo processador. Cada instrução é representada por uma sequência específica de bits ('0's e '1's) que o processador interpreta e executa, possuindo um ou mais dados de leitura e/ou escrita chamados de operandos. Um operando é um valor sobre o qual uma instrução opera. Por exemplo, em uma instrução de adição, os operandos seriam os dois valores que estão sendo somados e o resultado que está sendo escrito. Os operandos podem ser números, endereços de memória ou outros tipos de dados, dependendo da instrução específica.

O processador executa as instruções em um ciclo contínuo conhecido como ciclo de instrução, que envolve buscar as instruções na memória, decodificar as instruções para entender o que elas fazem, executar as instruções e, opcionalmente, armazenar os resultados de volta na memória ou em outros registradores internos. O processador possui diversas subunidades essenciais, como a unidade de controle, que coordena a execução das instruções, e a unidade aritmética e lógica (UAL), que executa as operações matemáticas e lógicas.

No processador encontramos também os registradores, que são elementos de memória, de pequena capacidade, mas de alta velocidade, colocados junto da UAL para armazenar os valores que vão ser utilizados como operandos e receber os resultados gerados pela UAL.

Se os operandos e resultados fossem armazenados diretamente na memória, o tempo para a realização das operações da UAL aumentaria tremendamente. O conjunto desses registradores temporários presentes no processador é denominado **banco de registradores** e, quando o processador possui apenas um desses registradores, ele recebe o nome especial de **acumulador**.

Os registradores do processador são referenciados explicitamente pelas instruções lógicas, aritméticas e de transferência de dados, podendo ser fontes (operandos de leitura) ou de destino (operandos de escrita) para essas instruções. Contudo, além desses registradores, existem ainda outros que são transparentes ao programador, como o registrador de instrução (RI), cuja função é armazenar a instrução que está sendo executada atualmente pelo processador. Existe ainda um outro registrador especial denominado apontador de instruções (PC), que contém o endereço da próxima instrução que vai ser executada. Esse registrador pode ser alterado, por exemplo, pelas instruções de transferência de controle, tais como desvios condicionais ou incondicionais, ou chamada e retorno de procedimento (funções e sub-rotinas).

A função do processador é executar os programas que estão armazenados na memória principal. Isso é feito buscando suas instruções, examinando-as, e então, executando-as uma após a outra. O processador é responsável pela realização de uma série de funções, dentre as quais destacamos:

- buscar instruções e dados na memória;
- programar a transferência de dados entre a memória e os dispositivos de entrada/saída;
- decodificar as instruções;
- executar as operações aritméticas e lógicas;
- realizar o tratamento das exceções na execução das instruções;
- responder aos sinais enviados por dispositivos de entrada/saída, tais como interrupções e sinais de erro.

Na Figura 3.5 podemos ver a fotografia de um processador de 64 bits utilizado nos modernos computadores.

O processador tem seu funcionamento sincronizado pelo relógio, que pode operar em frequência diferente dos demais componentes do computador, e serve para cadenciar as diversas fases de execução das instruções. Quanto mais rápido (maior a frequência) for o sinal de relógio, mais rápido as instruções, e por consequência, os programas, serão executados. No entanto, o atraso inerente aos componentes básicos do processador (portas lógicas, *flip-flops* etc.) e a potência máxima que consegue ser dissipada pelo seu encapsulamento, limitam a frequência máxima de relógio do processador.

Figura 3.5. **Processador Intel Core I7.**

Os processadores modernos incorporam componentes que anteriormente eram externos, tudo em uma única pastilha (*chip*). Esses processadores são equipados com múltiplos núcleos, o que significa que contêm vários processadores independentes podem executar diferentes programas simultaneamente, melhorando significativamente o desempenho dos computadores. Além disso, incluem também memória cache, que armazena temporariamente dados frequentemente acessados, otimizando a execução dos programas. Em alguns sistemas, inclusive, é possível encontrar controladores de vídeo integrados na mesma pastilha que o processador. Maiores detalhes sobre o funcionamento do processador podem ser vistos na Seção 3.3.

3.2.2 Memória

A memória principal é utilizada para armazenar os programas (instruções e dados) que vão ser processados durante a operação normal do computador. A menor unidade de informação que pode ser manipulada individualmente na memória é o *byte*, um conjunto de 8 bits, sendo que cada *byte* possui um endereço distinto na memória. Ou seja, para que qualquer informação possa ser lida ou escrita na memória, ela deve ser acompanhada de um endereço, que pode ser fornecido tanto pelo processador como pela unidade de entrada/saída.

Figura 3.6. Pente de Memória de Computador.

Os dados ou instruções armazenados na memória são transferidos pelo barramento de dados, cuja largura em bits pode variar de acordo com diversos fatores, mas um valor comum nos modernos computadores é uma largura de 64 bits, ou seja, 8 *bytes* podem ser lidos e/ou escritos simultaneamente na memória. Já a quantidade de bits utilizados para endereçar memória depende diretamente da sua capacidade de armazenamento. Quanto maior for a sua capacidade, maior a largura em bits necessária no seu barramento de endereço.

A unidade de memória do computador é formada uma parte volátil, chamada de memória primária ou principal (*Random Access Memory* – RAM) e por outra parte não volátil (*Read Only Memory* – ROM). As informações armazenadas na memória principal podem ser alteradas durante a execução de um programa, mas são mantidas apenas enquanto o computador estiver ligado, sendo perdidas quando for desligado. Uma memória principal com capacidade de armazenamento na ordem de alguns *gibibytes* é comum nos computadores pessoais modernos.

A memória não volátil, que mantém o seu conteúdo mesmo quando o computador é desligado, é utilizada para armazenar os programas responsáveis por iniciar o funcionamento do computador, realizar os testes iniciais e copiar o sistema operacional do disco para a memória principal. Nos primeiros computadores pessoais compatíveis com o IBM/PC, essa memória recebia o nome de BIOS (*Basic Input/Output System*) – veja a Seção 6.1.1 – relativa ao programa que ela armazenava. Embora seja não volátil, nos modernos computadores a BIOS pode ser atualizada diretamente no computador, mediante reprogramação de seu conteúdo, mas isso deve acontecer apenas eventualmente. Maiores detalhes sobre a memória do computador serão apresentados no Capítulo 4.

3.2.3 Entrada e saída

Nos primeiros computadores fazia sentido pensar que os computadores possuíam uma unidade de entrada e saída, um elemento único central ao qual seriam conectados todos os dispositivos que seriam destinados a:

- permitir a comunicação entre os seres humanos e o computador;
- fornecer ou obter dados que alimentariam o processador e a memória;
- receber informações do processador e/ou memória para exibição ou armazenamento permanente.

Hoje, é difícil pensar na existência de uma unidade de entrada e saída (E/S), pois a sua funcionalidade é realizada por circuitos bastante distintos, conhecidos como controladores e interfaces, que permitem a comunicação entre os vários dispositivos de E/S (chamados genericamente de periféricos) com o processador e a memória. Alguns destes dispositivos de E/S se destinam a permitir o estabelecimento de comunicação entre os usuários (humanos) e o computador, mas cada vez mais o computador captura dados e controla as "coisas do mundo real", e se comunica com outros computadores por meio de mecanismos (redes) de comunicações. Porém, tanto nos computadores do passado quanto nos atuais, neste processo de comunicação entre o computador e o meio externo, necessariamente há algum tipo de conversão da informação entre os dados na forma binária, armazenados no computador, para um formato físico, existente no meio externo. Em particular, há transferência de dados na forma analógica para a forma digital e vice-versa.

Figura 3.7. **Teclado de Computador.**

Nos computadores de uso pessoal, ainda é possível observar a distinção física entre o processador, a memória e os outros circuitos responsáveis pela conexão com controladores e/ou interfaces, algo que no passado poderia ser chamada de unidade de entrada e saída. Em placas um pouco mais antigas, um circuito integrado com o nome de "ponte sul" (*southbridge*) controlava os dispositivos mais lentos, em particular áudio, discos, interface de rede e barramentos como USB e PCI. Por sua vez, os dispositivos com grande velocidade de transferência de dados, como o vídeo e a memória, eram controlados por um componente chamado de "ponte norte" (*northbridge*). Nos processadores mais modernos essa funcionalidade foi incorporada ao mesmo chip do processador. Independentemente do caso, os periféricos se interligam a esses controladores a partir de conexões específicas chamadas de barramentos de E/S. Cada tipo de periférico utiliza um barramento com um padrão próprio, que é mais adequado para a transferência dos seus dados de/para o computador, resultando em uma enorme quantidade de padrões de barramentos disponíveis para uso.

A memória secundária ou memória de massa é onde os programas e dados, incluindo aqueles do sistema operacional, são armazenados de uma forma persistente no computador. Toda informação que precisa ser mantida depois que o computador for desligado é guardada nesses dispositivos. Hoje, a memória secundária é constituída, principalmente, pelo conjunto de discos magnéticos do computador e também, cada vez mais, pelos discos de estado sólido. Há outros dispositivos, removíveis ou não, que podem ser considerados parte da memória secundária, tais como fitas magnéticas, discos ópticos, *pendrives*, entre outros. Uma das características da memória secundária é o alto volume de dados e o baixo custo de armazenamento por *byte* quando comparado com a memória principal.

Maiores detalhes sobre o funcionamento dos dispositivos e barramentos de entrada e saída podem ser encontrados no Capítulo 5. Informações adicionais sobre a memória secundária, sistemas de armazenamento e alguns periféricos são apresentadas no Capítulo 6.

3.3 O FUNCIONAMENTO DO PROCESSADOR

O processador é o componente eletrônico no computador responsável pela interpretação das instruções em linguagem de máquina e controle de todos os demais dispositivos do computador, com o objetivo de realizar as tarefas determinadas pelas aplicações do usuário.

Para executar um programa armazenado na memória, o processador realiza constantemente a busca de instruções no endereço de memória indicado pelo apontador de instruções (PC). Assim que a instrução é

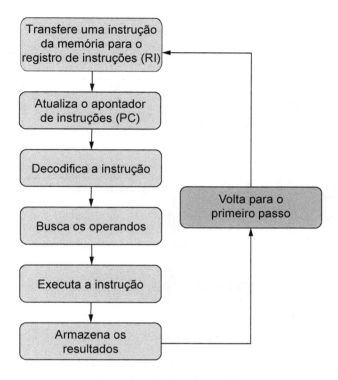

Figura 3.8. Ciclo de Instrução.

lida da memória, ela é transferida para o registrador de instrução (RI) e o valor do apontador de instruções é automaticamente incrementado para apontar para a próxima instrução na memória. Esse processo é repetido continuamente até que uma instrução de transferência de controle seja executada. Esta sequência de etapas está ilustrada na Figura 3.8.

Esse processo, chamado de ciclo de instrução, se repete indefinidamente, instrução após instrução, um programa após o outro. Ou seja, enquanto o computador estiver ligado, o processador está sempre trabalhando, embora em algumas situações ele possa diminuir o seu ritmo ou até mesmo ser colocado em um estado de dormência, com a finalidade de economizar energia.

A organização interna de um processador para a execução de suas instruções pode variar bastante. Enquanto os processadores mais básicos contam com pelo menos um acumulador (AC), os modelos mais avançados podem ter dezenas ou até mesmo centenas de registradores para armazenar os resultados temporários das operações. Em qualquer caso, em algum momento, os valores armazenados nos registradores serão transferidos para a memória do computador, nas posições correspondentes às variáveis do programa. Um modelo bem simples de processador pode ser visto na Figura 3.9.

Além das instruções aritméticas e lógicas, um processador pode ter vários outros tipos de instruções. Por exemplo, em uma instrução de desvio incondicional, o valor do apontador de instruções (PC) é alterado para o endereço especificado nessa instrução. Assim, o fluxo de execução das instruções pode ser transferido para um outro ponto do programa.

Uma outra funcionalidade que os processadores modernos oferecem é a capacidade de chamar rotinas ou procedimentos, ou seja, partes do programa que podem ser acessadas de diversos pontos dentro do programa principal. Ao contrário de um desvio convencional, a chamada de um procedimento requer que um endereço de retorno seja armazenado, permitindo que o processador retorne ao ponto do programa principal de onde a rotina foi chamada. Dessa maneira, o endereço da instrução seguinte àquela que fez a chamada de procedimento é armazenado e, posteriormente, ao retornar-se da rotina, esse endereço é utilizado para atualizar o valor do apontador de instruções.

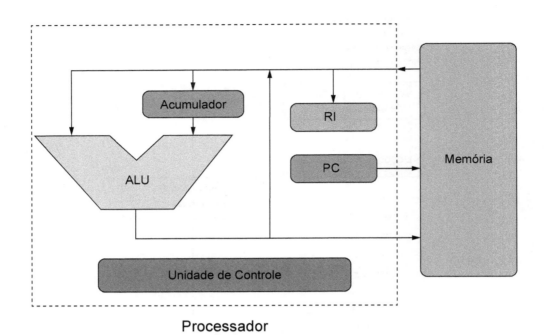

Figura 3.9. Processador com Acumulador.

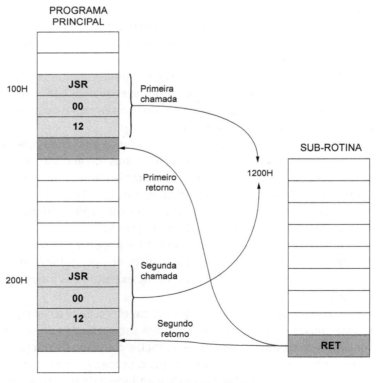

Figura 3.10. Chamada de procedimento.

Existem diversas maneiras de armazenar esse endereço de retorno, sendo que em uma delas, esse endereço é guardado em uma estrutura de dados na memória chamada de pilha, na qual os elementos são retirados sempre na ordem inversa em que foram colocados. Em outras palavras, os elementos colocados por último são os primeiros a serem removidos, e vice-versa.

Neste contexto, existe um registrador especial, chamado de apontador de pilha (*stack pointer* – SP), que aponta sempre para o último elemento que está no topo da pilha e é automaticamente atualizado à medida que os elementos são inseridos ou retirados da pilha. Uma característica especial da pilha é que ela "cresce" no sentido oposto aos endereços de memória, indo do final para o início da área de memória disponível. Quando um elemento é adicionado à pilha, o apontador de pilha é decrementado, antes da movimentação dos dados, em um valor igual ao tamanho dos dados a serem colocados na pilha. Ao retirar um elemento da pilha, o apontador é incrementado, após a transferência dos dados, de um valor também igual ao tamanho dos dados retirados na pilha.

3.3.1 Execução das instruções

O processador possui um componente especial, chamado de unidade aritmética e lógica UAL (em inglês, *arithmetic and logic unit* – ALU), para a execução das instruções aritméticas e lógicas do processador. Essa unidade tem a capacidade de efetuar operações aritméticas utilizando os operandos fornecidos pelas instruções, sempre no formato binário. A unidade aritmética e lógica é versátil, podendo realizar diversas operações, com destaque nas seguintes: adição, subtração, multiplicação, divisão, operações lógicas (E, OU, OU EXCLUSIVO etc.), deslocamento e rotação (tanto à esquerda quanto à direita) e comparação.

Os diferentes modos como as instruções acessam os seus dados (operandos) são chamados modos de endereçamento, cujos detalhes estão disponíveis na Seção 3.3.3. No entanto, independentemente da forma como os operandos são determinados, o processador possui internamente componentes especiais de armazenamento, chamados de registradores ou acumuladores, para guardar os resultados temporários dessas operações, com o objetivo de agilizar sua execução. Esses registradores também pode ser referenciados explícita ou implicitamente pelas instruções, de maneira que, mesmo quando os operandos das instruções estão localizados na memória, esses registradores são utilizados de modo transparente para o programador.

Uma representação esquemática da unidade aritmética e lógica pode ser vista na Figura 3.11. Nesta figura *A* e *B* são os operandos da função a ser realizada pela UAL, que é determinada pelo código colocado em *F*, sendo que o resultado final estará disponível em *R*, com os eventuais valores de códigos de condição da operação (Negativo, Zero, *Carry*, *Overflow* etc.) apresentados em *D*.

A largura da arquitetura de um processador (que pode ser de 8, 16, 32 ou 64 bits) é definida pela largura em bits do maior operando inteiro que pode ser processado de uma única vez (em um ciclo de máquina) pela UAL. De outra forma, a largura de uma arquitetura:

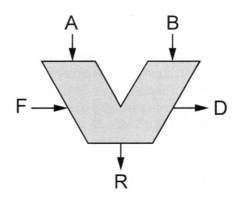

Figura 3.11. **Unidade Aritmética e Lógica.**

- **NÃO** é definida pelo tamanho em bits da instrução;
- **NÃO** é definida pela largura do barramento de dados interno ou externo;
- **NÃO** é definida pela largura em bits dos operandos da unidade de ponto flutuante;
- **NÃO** é definida pela largura em bits do apontador de instruções (PC) ou do barramento de endereços.

Como consequência direta, a largura em bits do maior operando admitido pela UAL irá determinar, normalmente, a largura em bits do acumulador e dos registradores de uso geral do processador.

3.3.2 Unidade de controle

A unidade de controle é responsável pela coordenação da atividade de todos os componentes do processador, realizando também a busca das instruções na memória e transferindo-as para o registrador de instruções (RI). Em seguida, a unidade de controle faz a interpretação (decodificação) da instrução que está no RI para determinar os seguintes parâmetros:

- qual o tipo de operação vai ser realizada pela UAL;
- quantos e quais são os operandos de leitura, e qual o registrador de destino, se houver;
- copiar os operandos necessários para a execução da instrução, colocando-os na entrada da UAL;
- ler o resultado da saída da UAL e enviar para o destino correto.

Em outras palavras, todas as informações que a unidade de controle utiliza para execução das operações estão presentes na própria instrução. Cada processador tem um conjunto próprio de instruções, com um número total de instruções distinto e que variam tanto quanto à largura em bits, como a forma de codificar as operações e buscar os seus operandos. Como consequência dessas diferenças, há duas formas básicas para a implementação da unidade de controle dos processadores:

- através de microprogramação;
- controle direto pelo *hardware* (PLA, ROM).

A unidade de controle gera um conjunto de sinais, chamado de palavra de controle, para comandar os circuitos lógicos responsáveis pelo funcionamento do processador. A operação desses circuitos é coordenada pelo relógio do processador que, juntamente com a palavra de controle, faz o acionamento de registradores, unidades funcionais, multiplexadores e outros circuitos para a correta execução das instruções.

As unidades de controle microprogramadas possuem em seu interior uma memória não volátil, normalmente do tipo PROM (*Programmable Read Only Memory* – ROM programável), mas que em alguns casos pode ser uma memória RAM alimentada por uma PROM externa. Esta memória é endereçada por um apontador de microinstruções, e cada posição desta memória possui uma palavra de controle adequada para a realização de todas as etapas de execução das instruções. Como muitas instruções possuem passos idênticos para a sua execução, como a busca da instrução, leitura e escrita dos operandos, esses trechos em comum são reaproveitados, permitindo obter uma memória de microprograma mais compacta.

As unidades controladas pelo *hardware*, por sua vez, possuem uma lógica mais simples, sendo compostas normalmente por circuitos como uma PLA (matriz programável de ANDs e ORs para gerar funções lógicas) e uma pequena máquina de estados finitos (função que define o próximo estado em um sistema a partir de regras que tomam por base suas entradas ou seus eventos). Esta lógica fornece um conjunto de bits (*control word* – palavra de controle) que fornecem os pormenores da execução das instruções. De acordo com a instrução que está sendo executada, em cada um desses estados, a máquina de estados ativa um conjunto de saídas diferentes para o controle das unidades funcionais, registradores e multiplexadores que compõem o *hardware* do processador, além de fornecer informações utilizadas para definir qual será o próximo estado.

A função que define o próximo estado pode estar implementada como uma máquina de estados finitos ou fazendo-se uso de um sequenciador explícito (circuito que gera uma sequência de saídas ou estados de acordo com uma lógica predeterminada). Se o número de estados for grande e houver muitas sequências de estados consecutivos sem desvio, a implementação com uso de um sequenciador explícito é mais eficiente. A lógica de controle, que decodifica o estado atual e gera os sinais de controle, pode ser implementada com

Capítulo 3. Organização do computador e do processador

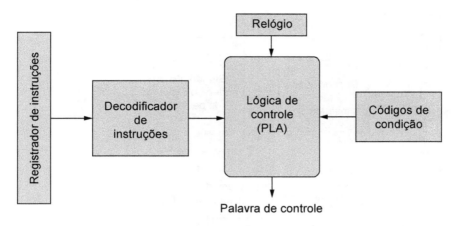

Figura 3.12. Unidade de Controle por *Hardware*.

ROMs (memória apenas de leitura) ou PLAs (arranjos lógicos programáveis que produzem as funções lógicas), ou uma combinação dos dois. As PLAs são mais eficientes, com exceção dos casos onde as funções de controle são muito densas (com muitos termos), quando então o uso de ROMs pode ser mais adequado.

As unidades de controle microprogramadas são características das arquiteturas do tipo CISC (*Complex Instruction Set Computer*), que se caracteriza por ter um conjunto de instruções grande e complexo, o que permite a criação de programas mais curtos. O controle diretamente pelo *hardware* é encontrado normalmente nas arquiteturas do tipo RISC (*Reduced Instruction Set Computer*), que se caracteriza por um conjunto de instruções pequenas e mais simples, diminuindo a complexidade de seu *hardware* e diminuindo o consumo de energia mas aumentando o tamanho dos programas. Maiores detalhes sobre isso podem ser vistos na Seção 3.5.

Unidade de controle microprogramada

A microprogramação é uma técnica de projeto da unidade de controle de um processador que faz uso de uma memória interna ao processador, normalmente uma PROM ou EPROM (memórias ROM que podem ser reprogramadas), para armazenar uma sequência de ativações de sinais de controle, conhecidas como microinstruções, necessárias para a execução de suas instruções (AUDE, 2001). Essa técnica foi proposta inicialmente por Maurice Wilkes em 1951 (WILKES; KAHN, 2003), um cientista de computação britânico que projetou e ajudou a construir o *Electronic Delay Storage Automatic Calculator* (EDSAC), um dos primeiros computadores controlado por programa armazenado.

Cada palavra de memória, correspondendo a uma microinstrução, possui, em geral, dois campos: o primeiro deles, chamado de campo de controle, é constituído por um conjunto de bits, onde cada bit é associado a um sinal de controle diferente da arquitetura do processador, como seleção de um multiplexador, ativação de um registrador e assim por diante. O segundo campo, denominado campo de endereçamento, contém o endereço na memória de microprograma da próxima microinstrução a ser executada. Assim, a execução de cada instrução é definida por uma sequência de microinstruções armazenadas na memória de microprograma, constituindo o que é chamado de microprograma da instrução.

A Figura 3.13 ilustra a estrutura geral de uma unidade de controle microprogramada. A instrução armazenada no registrador de instruções é decodificada e, dependendo do valor dos códigos de condição e dos operandos, um endereço inicial é gerado e carregado no apontador de microinstruções. A microinstrução inicial é lida então da memória de microprograma, ativando os sinais necessários para o início da execução da instrução. A execução do código segue sequencialmente, de microinstrução em microinstrução, até que a execução de toda a instrução seja realizada.

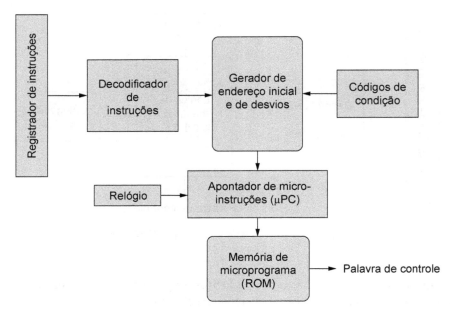

Figura 3.13. **Unidade de Controle Microprogramada.**

As memórias de microprograma normalmente utilizam a tecnologia ROM, mas também podem ser implementadas com a tecnologia RAM, possibilitando assim que o microprograma seja alterado facilmente na fase de testes e avaliação do projeto ou que a arquitetura do processador emule diferentes conjuntos de instruções, carregando-se na memória de controle os novos microprogramas necessários para a emulação desejada.

Existem, basicamente, dois estilos para se definir a microprogramação das instruções de um processador: a microprogramação horizontal e a microprogramação vertical.

A microprogramação é dita totalmente horizontal quando a cada *ponto de controle* do *hardware* do processador (responsável pelo acionamento de registradores, multiplexadores etc.) corresponde a um único bit no campo de controle das microinstruções. Portanto, com a adoção do estilo de microprogramação horizontal, cada bit de controle da microinstrução atua diretamente sobre um ponto de controle específico da arquitetura do processador, não sendo necessária a introdução de nenhum circuito de decodificação da informação adicional, o que faz com que a lógica de controle seja mais rápida.

São duas as principais desvantagens principais da microprogramação horizontal. A primeira delas está relacionada com o fato de que as microinstruções tendem a ter uma largura em bits muito grande, o que pode dificultar sua implementação com uso de memórias comerciais, que normalmente tem um largura em bits mais reduzida. Esta questão, no entanto, não é relevante em implementações em que o processador é feito com circuitos integrados personalizados, já que, neste caso, a memória de controle é totalmente projetada pelo fabricante do processador. A segunda desvantagem do uso de microprogramação horizontal está associada ao grande número de microinstruções diferentes que normalmente são geradas para a composição dos microprogramas. Com isso, fica mais difícil a definição de um *micro-assembly* (um modo de programação de nível muito próximo ao *hardware*, em que cada instrução escrita se correlaciona diretamente com uma instrução de máquina específica executada pelo processador), baseado em um conjunto não muito extenso de microinstruções com funcionalidades diferentes.

A microprogramação vertical, por sua vez, tem como filosofia trabalhar com um conjunto não muito extenso de microinstruções, tornando muito simples a definição de um *micro-assembly* para a especificação desses microprogramas. Cada microinstrução do conjunto realiza, em geral, poucas micro-operações, sendo, portanto, bastante simples. Logo, se o conjunto total de instruções é igual a N, são necessários apenas $\lceil log_2(N) \rceil$ bits para cada microinstrução. Como consequência, a memória de microprograma se torna mais

Capítulo 3. Organização do computador e do processador

estreita e, em geral, com maior comprimento, já que o número de microinstruções associado à execução de cada instrução do processador tende a crescer.

É importante observar que, com a utilização da microprogramação vertical, a execução das instruções tende a se tornar mais lenta por dois motivos. Em primeiro lugar, como a informação é armazenada de forma codificada na memória de microprograma, é necessária a introdução de circuitos de decodificação do código da microinstrução para que os sinais de controle dos componentes da arquitetura do processador sejam efetivamente gerados. Em segundo lugar, conforme já foi dito, o número de microinstruções associadas ao processamento de cada instrução é maior do que no caso da microprogramação horizontal.

Frequentemente, a unidade de controle microprogramada utiliza uma solução de compromisso entre a microprogramação totalmente horizontal e a microprogramação vertical. Com a adoção desta solução de compromisso, obtém-se praticamente a mesma flexibilidade da microprogramação horizontal, com o uso de uma memória de microprograma não tão larga. Porém, circuitos de decodificação devem ser utilizados para explicitar a ação de controle definida pelos campos codificados da microinstrução e a definição de um *micro-assembly* continua não sendo tão simples.

3.3.3 Modos de endereçamento

Em uma arquitetura de processador, os operandos das instruções podem ser constantes, ou variáveis armazenadas em registradores ou na memória. Como consequência, esses operandos podem ser acessados de diversos modos, alguns dos quais são relacionados a seguir:

- **Imediato:**

> ADD R5, R4, #8 $\Rightarrow$ Regs[5] $\leftarrow$ Regs[4]+8
> No exemplo acima, o operando é uma constante (8) que está codificada diretamente na instrução de máquina ou em *bytes* subsequentes a ela.

- **Registrador ou Acumulador:**

> ADD R5, R4,R3 $\Rightarrow$ Regs[5] $\leftarrow$ Regs[4]+Regs[3]
> O operando está no registrador ou acumulador. Note que o acumulador é referenciado de forma implícita, ou seja, não aparecerá nem no código em linguagem de montagem nem no código da instrução de máquina. No caso do registrador, o número do registrador está codificado no código da instrução. No exemplo acima, temos três operandos, todos em registrador.

- **Direto ou Absoluto:**

> ADD R2, R1, (1001) $\Rightarrow$ Regs[2] $\leftarrow$ Regs[1]+Mem[1001]
> O operando está armazenado em um endereço de memória que está codificado diretamente na instrução ou nos *bytes* subsequentes a ela. No exemplo acima, o **operando** está no endereço 1001 de memória. Um outro acesso precisa ser realizado para que o operando em si seja buscado na memória.

- **Indireto via Registrador:**

> ADD R5, R4, (R1) $\Rightarrow$ Regs[5] $\leftarrow$ Regs[4]+Mem[Reg[1]]
> O operando está localizado no endereço de memória armazenado no registrador que está codificado na instrução. No caso do exemplo anterior, o registrador R1 contém o **endereço de memória** do operando. Nesse ponto, é necessário realizar mais um acesso à memória para recuperar o operando.

- **Indireto via Memória:**

> ADD R1, R2, @(1003) $\Rightarrow$ Regs[1] $\leftarrow$ Regs[2]+Mem[Mem[1003]]
> O operando está localizado em um endereço de memória armazenado no endereço de memória que está codificado na instrução ou nos *bytes* subsequentes a ela. No exemplo acima, o **endereço do operando** está na posição 1003 de memória. São necessários dois acessos adicionais à memória: um para recuperar o endereço do operando e outro para buscar o operando em si.

- **Deslocamento:**

> ADD R1, R2, 100(R1) $\Rightarrow$ Regs[2] $\leftarrow$ Regs[2]+Mem[R1+100]
> O operando está localizado em um endereço de memória obtido pela soma do conteúdo do registrador e da constante codificados na instrução. No exemplo acima, o valor 100 é somado ao conteúdo do registrador R1 para determinar o **endereço de memória** do operando. É necessário realizar mais um acesso à memória para buscar o operando em si.

- **Indexado:**

> ADD R2, (R3+R4) $\Rightarrow$ Regs[2] $\leftarrow$ Regs[2]+Mem[R3+R4]
> O operando está localizado em um endereço de memória obtido pela soma do conteúdo de dois registradores codificados na instrução. No exemplo acima, o **endereço de memória** do operando é obtido pela soma do conteúdo dos registradores R3 e R4. É necessário um outro acesso à memória para que o operando da instrução seja recuperado.

- **Pilha:**

> PUSH $\Rightarrow$ SP = SP +1 ; MEM[SP] $\leftarrow$ ACC
> No modo pilha, o apontador de pilha (SP) é um registrador utilizado para endereçar a memória e buscar o operando, de uma forma implícita. Ou seja, os operandos de origem e destino estão, implicitamente, colocados no topo da pilha e não estão codificados na instrução.

Note que uma instrução pode utilizar vários modos diferentes para buscar cada um dos seus operandos. A Figura 3.14 procura ilustrar de uma forma mais intuitiva alguns modos de endereçamento apresentados anteriormente. Existem ainda outros modos de endereçamento mais complexos utilizados por diversos processadores, mas cujo estudo foge ao escopo deste livro. Para maiores informações recomendamos a consulta ao livro de Hennessy e Patterson (HENNESSY; PATTERSON, 2017).

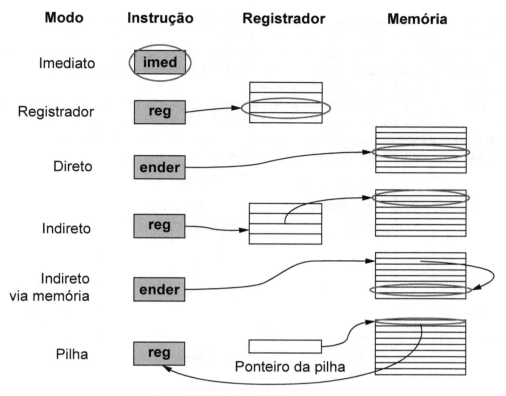

Figura 3.14. Modos de Endereçamento.

3.3.4 Ordenação dos *bytes* na memória

Vamos avançar agora em mais alguns detalhes sobre a organização dos operandos das instruções na memória. Um operando com mais de um *byte* de comprimento pode ser armazenado de dois modos diferentes, de acordo com a ordenação que o processador utiliza para a sequência de *bytes* desse operando na memória. Internamente, qualquer computador funciona igualmente bem, independentemente da ordenação utilizada, já que seu *hardware* usa consistentemente a mesma ordenação para armazenar e carregar seus operandos. Por esse motivo, programadores e usuários de computador normalmente ignoram a ordenação do computador com o qual estão trabalhando.

No entanto, essa ordenação pode se tornar um problema ao mover-se dados externamente ao computador – como ao transmitir dados entre computadores diferentes pela Internet, ou um programador analisando *bytes* de dados internos do computador a partir de um *dump* de memória – e a ordenação usada difere do esperado. Nesses casos, a ordenação dos dados deve ser entendida e levada em consideração. Por exemplo, um operando de 32 bits, que contém quatro *bytes*, possui duas maneiras possíveis para um computador ordenar os seus *bytes* individuais na memória. Esses modos de ordenação são conhecidos como *big-endian* e *little-endian*.

A ordenação *big-endian* armazena o *byte* mais significativo de um operando no menor endereço de memória e o *byte* menos significativo no maior endereço. A ordenação *little-endian*, por outro lado, armazena o *byte* menos significativo no menor endereço de memória e *byte* mais significativo no maior endereço. Ambos os tipos de ordenação são amplamente utilizados pelos processadores comerciais. A escolha da ordenação a ser utilizada em um novo projeto de processador geralmente é arbitrária, mas revisões e atualizações de tecnologia posteriores perpetuam essa ordenação existente e muitos outros atributos de projeto para manter a compatibilidade com versões anteriores.

A ordenação *little-endian* prevalece em arquiteturas de processadores como x86, implementações mais antigas do ARM e também no RISC-V. Por outro lado, a ordenação adotada nos processadores Motorola 68K, nas versões mais antigas do SPARC (como o v8 de 32 bits) e PowerPC, e na maioria dos protocolos de rede, é o *big-endian*, conhecida também como ordem de rede. Esse modo transmite o *byte* mais significativo primeiro, como é o caso do conjunto de protocolos da Internet.

Alguns projetos de arquitetura, como os processadores MIPS, versões mais recentes do ARM, PowerPC (Motorola) e SPARC v9 de 64 bits (Sun/Oracle), oferecem a flexibilidade de utilizar tanto a ordenação *little-endian* quanto a *big-endian*, permitindo que essa configuração seja definida mediante um registro de controle. Tais arquiteturas são denominadas *bi-endian*.

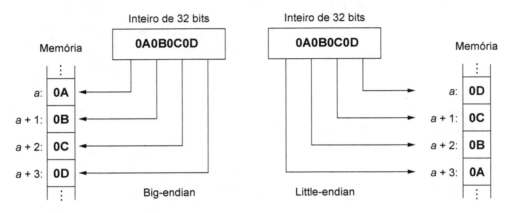

Figura 3.15. Ordenação dos *Bytes*.

Esse problema também existe, por exemplo, no formato de codificação de caracteres UTF-16 e UTF-32 (veja Seção 1.4), que usam unidades de código com dois e quatro *bytes* de comprimento, respectivamente. Para essas codificações UTFs, existem três variantes: *big-endian* (BE), *little-endian* (LE) e não marcado. O formato BE usa serialização de *bytes* enviando o *byte* mais significativo primeiro, o formato LE usa serialização de *bytes* enviando o *byte* menos significativo primeiro e o formato não marcado usa serialização de *bytes* *big-endian* por padrão, mas pode incluir um marcador com a ordem de *bytes* (BOM, em inglês) no início da transmissão para indicar qual a serialização de *bytes* utilizada.

Um marcador de ordem de *bytes* (BOM) consiste no código de caractere U+FEFF no início de um fluxo de dados, que pode ser usado como uma assinatura que define a ordem de *bytes* e a forma de codificação, principalmente de arquivos de texto simples não marcados. Em alguns protocolos de nível superior, o uso de um BOM pode ser obrigatório (ou proibido) no fluxo de dados Unicode definido nesse protocolo.

Tabela 3.1. Formato da Codificação Unicode

bytes	Formato da Codificação
00 00 FE FF	UTF-32, big-endian
FF FE 00 00	UTF-32, little-endian
FE FF	UTF-16, big-endian
FF FE	UTF-16, little-endian
EF BB BF	UTF-8

Uma curiosidade a respeito da origem dos termos *little-endian* e *big-endian*, que se deve a um artigo "*On Holy Wars and a Plea For Peace*" de Danny Cohen publicado em 1 de abril (sic!) de 1980 (COHEN, 1980).

Capítulo 3. Organização do computador e do processador **125**

Uma versão editada apareceu na IEEE Computer Magazine, em outubro de 1981. Este artigo clássico, muito influente e divertido, introduziu os termos *little-endian* e *big-endian* e incentivou as pessoas a cessarem as disputas acaloradas em torno de qual ordenação de *bytes* era melhor. Ainda é uma leitura recomendada para qualquer pessoa que tenha algum interesse relativo à ordenação de *bytes*.

Os termos *little-endian* e *big-endian* foram emprestados da sátira de Jonathan Swift, "Viagens de Gulliver" (SWIFT, 2004), na qual dois reinos entraram em guerra pela questão sobre por qual extremidade, a menor ou a maior (*little end* ou *big end*), um ovo cozido deveria ser quebrado para ser consumido. Na década de 1970 e 1980, no século passado, a ordenação dos *bytes* na memória foi assunto de discussões intensas, tanto na indústria e academia, mas que se acalmaram nos anos seguintes, em razão da clareza da definição dos modos de ordenação admitidos nos padrões de transmissão e codificação publicados.

3.4 TIPOS DE ARQUITETURA DE PROCESSADOR

Os processadores podem ser desenvolvidos com uma variedade de arquiteturas, que se distinguem principalmente pela maneira como os operandos das instruções são acessados e armazenados internamente. A seguir, forneceremos uma breve introdução aos seguintes tipos de arquitetura:

- Pilha
- Acumulador
- Memória-Memória
- Registrador-Memória
- Registrador-Registrador

A arquitetura do tipo memória-memória apresenta o menor número de instruções na tradução da linguagem de alto nível para a linguagem de máquina, contudo, como veremos a seguir, essa compactação de código vem com um custo adicional em termos de complexidade e tempo de execução do programa. Para comparar cada uma dessas arquiteturas, mostramos na Tabela 3.2 como realizar a operação **C := A + B** em detalhes, utilizando pseudo-instruções em linguagem de montagem.

Tabela 3.2. Tipos de Arquitetura

Pilha	Acumulador	Memória-Memória	Registrador-Memória	Registrador-Registrador
PUSH A	LOAD A	ADD C, B, A	LOAD R1, A	LOAD R1, A
PUSH B	ADD B		ADD R1, B	LOAD R2, B
ADD	STORE C		STORE C, R1	ADD R3, R1, R2
POP C				STORE C, R3

3.4.1 Arquitetura de pilha

Nos processadores com arquitetura de pilha, todos os operandos das instruções implicitamente estão no topo da pilha. Com isso, as instruções gastam menos bits, quando comparado com outros tipos de arquitetura, já que não precisam codificar a origem e destino das operações. Isso era uma propriedade importante nos computadores mais antigos, pois resultava em um tamanho menor para a codificação das instruções dos programas, permitindo uma significativa economia de memória. Atualmente, esse tipo de arquitetura é bastante utilizado em máquinas virtuais que precisam enviar seu código pela Internet, por exemplo, nas máquinas virtuais Java[1] ou WebAssembly.[2]

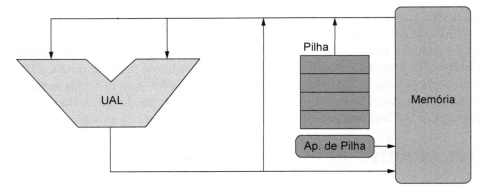

Figura 3.16. Arquitetura de Pilha.

Essas arquiteturas possuem duas operações conhecidas como "POP" e "PUSH" para, respectivamente, retirar e colocar operandos no topo da pilha. Normalmente, em uma implementação real, os primeiros elementos no topo da pilha se encontram em registradores junto ao processador, e o restante da pilha é distribuído na memória a partir do endereço indicado pelo apontador de pilha. A Figura 3.16 representa um modelo desta arquitetura.

No exemplo mostrado aqui, podemos verificar que a operação **C** := **A** + **B** é realizada com os seguintes passos: primeiro o valor da variável **A** é copiado da memória e colocado no topo da pilha, com a instrução **PUSH A**. Depois, o conteúdo da variável **B** é colocado no topo da pilha com a instrução **PUSH B**. Agora, com os valores de A e B já posicionados nas duas primeiras posições da pilha, a instrução **ADD** é executada, fazendo a soma desses dois valores e o resultado, por sua vez, colocados no topo da pilha. Em seguida, com a instrução **POP C**, o resultado é retirado do topo da pilha e armazenado na memória, na posição correspondente à variável **C**.

3.4.2 Arquitetura de acumulador

A arquitetura de acumulador tem como principal característica a utilização do acumulador com um dos operandos implícitos na maioria instruções. O acumulador é um registrador especial colocado junto à unidade aritmética e lógica (UAL) com o intuito de agilizar as operações realizadas pelo processador. Se todas as operações fossem realizadas diretamente com todos os operandos em memória provavelmente haveria um grande impacto negativo no desempenho desses processadores, já que tempo gasto para acessar os dados na memória é bem maior do que para acessar os dados armazenados no acumulador.

É um modelo de arquitetura muito utilizado em processadores mais simples, tanto nos processadores mais antigos como nos modernos processadores embarcados, por ser de fácil implementação e ser uma solução de compromisso entre custo e desempenho. Exemplos modernos de arquitetura de acumulador

---

[1] Disponível em: https://pt.wikipedia.org/wiki/Maquina_virtual_Java. Acesso em: 19 mar. 2024.
[2] Disponível em: https://pt.wikipedia.org/wiki/WebAssembly. Acesso em: 19 mar. 2024.

Capítulo 3. Organização do computador e do processador

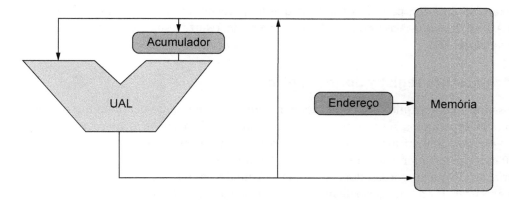

Figura 3.17. Arquitetura de Acumulador.

são os processadores PIC,[3] o Intel 8051[4] e nosso processador didático Sapiens. A Figura 3.17 representa um modelo desta arquitetura.

```
LOAD    A
ADD     B
STORE   C
```

Neste exemplo, podemos verificar que a operação **C := A + B** é feita copiando-se o valor da variável **A** da memória para o acumulador, com a instrução **LOAD A**. Em seguida, o conteúdo do acumulador é somado com o valor da variável **B** com a instrução **ADD B**, e o resultado é colocado de volta no acumulador. A seguir, o resultado é copiado do acumulador para a posição de memória correspondente à variável **C**, com a instrução **STORE C**.

3.4.3 Arquitetura memória-memória

Os processadores com arquitetura memória-memória possuem instruções aritméticas e lógicas onde todos os operandos são referenciados explicitamente. Ou seja, essas instruções possuem um total de três operandos, que podem estar localizados na memória. Apesar de, em grande parte dos casos, ainda ser necessário fazer uso de registradores, as instruções aritméticas e lógicas desses processadores têm a capacidade de referenciar todas as variáveis diretamente na memória.

Normalmente, o código gerado pelos compiladores para essas máquinas é bastante eficiente, com um número bem menor de instruções de máquinas. Em contrapartida, resultam em arquiteturas com implementação bastante complexa e sem possibilidade do uso de técnicas de otimização da execução das instruções como o *pipeline*. Como consequência, tem baixo desempenho quando comparado com outras arquiteturas que adotaram soluções mais modernas, como os processadores RISC. Esse tipo de arquitetura é característico dos processadores CISC (veja a Seção 3.5). Um exemplo de computador deste tipo é o VAX-11/780,[5] um processador bastante comercializado nas décadas de 1970 e 1980 no século passado.

```
ADD  C, B, A
```

---

[3] Disponível em: https://www.wikiwand.com/pt/Microcontrolador_PIC. Acesso em: 19 mar. 2024.
[4] Disponível em: https://www.wikiwand.com/pt/Intel_8051. Acesso em: 19 mar. 2024.
[5] Disponível em: https://www.wikiwand.com/pt/VAX/VMS. Acesso em: 19 mar. 2024.

No exemplo anterior, podemos verificar que a operação C := A + B é feita com apenas uma única instrução **ADD C, B, A** que lê as variáveis **A** e **B** da memória, realiza a soma e escreve o resultado de volta na memória na variável **C**.

3.4.4 Arquitetura registrador-memória

Os processadores com arquitetura registrador-memória normalmente possuem instruções aritméticas e lógicas com dois operandos, sendo que um deles está em memória e o outro em registrador. O resultado da operação é escrito automaticamente no mesmo registrador. Os exemplos clássicos deste tipo arquitetura são o IBM 360 e os processadores da linha Intel x86. São também consideradas arquiteturas do tipo CISC em sua maioria, sendo que o processadores da linha x86, modernamente, implementam um tradutor que, em tempo de execução, faz a translação de instruções convencionais x86 para aquelas de um processador RISC implementado internamente no processador.

```
LOAD   R1, A
ADD    R1, B
STORE  C, R1
```

No exemplo mostrado acima podemos verificar que a operação **C := A + B** é realizada colocando-se primeiro o valor da variável **A** no registrador **R1**, com a instrução **LOAD R1, A**. Logo a seguir, o valor armazenado no registrador R1 é somado com a variável **B** em memória, com a instrução **ADD R1, B**, sendo que o resultado é colocado de volta no registrador **R1**. A seguir, o resultado é copiado do registrador **R1** e escrito na variável **C** em memória com a instrução **STORE C, R1**.

3.4.5 Arquitetura registrador-registrador

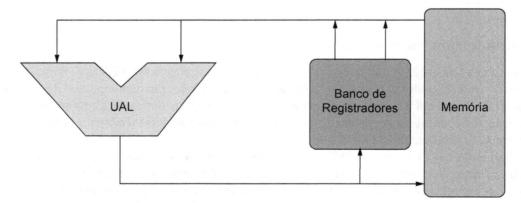

Figura 3.18. Arquitetura de Registrador.

Os processadores com arquitetura registrador-registrador possuem características particulares. Primeiro: as instruções aritméticas e lógicas podem ter até três operandos, todos em registrador, sendo dois de origem e um de destino. Segundo: as únicas instruções que fazem acesso à memória são "LOAD", para carregar os dados da memória para os registradores e "STORE", para fazer o caminho inverso.

A compilação dos programas em alto nível resultam um código com um maior número de instruções, porém de execução muito mais simples. Essas características permitem o desenvolvimento de projetos de processadores mais simples e, em consequência, mais rápidos e com menor consumo de energia. Por isso é o

Capítulo 3. Organização do computador e do processador

129

modelo de arquitetura, característico das arquiteturas RISC (veja a Seção 3.5), mais disseminado entre os processadores comerciais atualmente. A Figura 3.18 apresenta um modelo simplificado desta arquitetura.

```
LOAD  R1, A
LOAD  R2, B
ADD   R3, R1, R2
STORE C, R3
```

No exemplo anterior, podemos verificar que a operação **C** := **A** + **B** é feita colocando-se primeiro o valor da variável **A** no registrador **R1** com a instrução **LOAD R1, A**. Logo a seguir, o registrador **R2** recebe o valor da variável **B** com a instrução **LOAD R1, B**. Depois, o conteúdo de **R1** é somado com **R2** e o resultado é colocado no registrador **R3**. A seguir, o valor armazenado em **R3** é escrito na variável **C** em memória com a instrução **STORE C, R3**.

3.5 RISC *VERSUS* CISC

Um dos objetivos da arquitetura de um processador é permitir a execução dos programas o mais rapidamente possível. Há várias técnicas que são empregadas para isso, mas, de uma forma simplificada, o tempo de execução de um programa pode ser definido pela seguinte equação:

$$T_p = C_i \times T_c \times N_i \tag{3.1}$$

Em que:

T_p = tempo de execução do programa;
C_i = ciclos gastos em média por instrução;
T_c = tempo de duração de um ciclo;
N_i = número de instruções do programa.

O C_i também é conhecido com CPI (Ciclos por Instrução) e define o número médio de ciclos gastos por cada instrução. É um valor que varia de acordo com cada programa, por exemplo, se possui mais instruções inteiras ou de ponto flutuante, além do tipo da arquitetura do processador. O CPI é obtido dividindo-se o número total de ciclos de relógio gastos para executar um programa pelo total de instruções executadas. O seu inverso é IPC (Instruções por Ciclo), mais usado modernamente na arquiteturas superescalares, para indicar o número de instruções, normalmente maior do que um, que podem ser executadas a cada ciclo de relógio do processador. O tempo de ciclo (T_c) é o inverso da frequência do relógio, segundo a fórmula:

$$T_c = \frac{1}{F} \tag{3.2}$$

Por exemplo, se a frequência do relógio for 100 MHz (100×10^6), o tempo de ciclo de relógio será de 10 ns (10×10^{-9}). Logo, quanto maior for a frequência do relógio, menor será o tempo de ciclo de relógio, normalmente expresso em nanossegundos, e menor será o tempo total de execução dos programas. Durante algum tempo os projetistas buscaram reduzir o tempo de execução dos programas aumentando ao máximo a frequência do relógio do processador, a partir de diversas técnicas de projeto, por exemplo, o *superpilening* (veja a Seção 8.2). Entretanto, essa abordagem tem um limite em função do atraso mínimo dos componentes do processador, assim como da potência máxima que podia ser dissipada pelo conjunto encapsulamento e dissipador.

Uma outra maneira de melhorar o desempenho é diminuir o número total de instruções (N_i) gastas para traduzir um programa da linguagem de alto nível para a linguagem de máquina. Assim, instruções cada vez mais complexas eram implementadas no conjunto de instruções do processador. Essas instruções podiam realizar de uma só vez várias operações complexas, acessando o maior número possível de operandos de uma única vez, com vários e diversos modos de endereçamento possíveis.

Mas a contrapartida é que o número de ciclos para executar cada instrução é muito maior, e um *hardware* mais complexo resultava em frequências de relógio menores, em virtude do longo tempo necessário para a decodificação das instruções. Essa aproximação foi utilizada pelas arquiteturas CISC (*Complex Instruction Set Computer*), utilizada nas primeiras arquiteturas de processadores, incluindo aquelas utilizadas nos primeiros microprocessadores, até o início da década de 1980. Contudo, no início da década de 1980, surgiu nas universidades norte-americanas (Berkley e Stanford, especificamente) uma nova proposta de arquitetura para os processadores. Nesse novo conceito, buscava-se reduzir o tempo de execução dos programas mediante a diminuição do número de ciclos gastos para executar cada instrução e também no tempo de duração de cada ciclo de máquina.

Para atingir esse objetivo as instruções foram simplificadas ao máximo, realizando cada uma delas o menor número operações e com a menor quantidade de operandos possível. Além disso, os modos de endereçamento dos operandos utilizados eram extremamente simples, a fim de diminuir a complexidade do *hardware* do processador. As novas arquiteturas receberam o nome de RISC (*Reduced Instruction Set Computers*). A consequência negativa disso é que um maior número de instruções em linguagem de máquina eram necessárias para codificar um programa em linguagem de alto nível, quando comparado com as arquiteturas convencionais da época, mas fato esse que foi plenamente compensado pelos demais ganhos que a arquitetura apresentava. Durante a década que se seguiu, um intenso debate foi realizado sobre qual tipo de arquitetura seria melhor e mais rápida. Porém, no início da década de 1990, os processadores RISC se estabeleceram como o padrão de arquitetura no mercado.

Exemplos de arquitetura CISC são os antigos processadores x86 da Intel, VAX 11/780, entre outros computadores clássicos. Já os processadores SPARC, MIPS e ARM são exemplos de arquiteturas RISC. Atualmente, os processadores da Intel são uma arquitetura híbrida, sendo externamente compatíveis com o código da arquitetura x86, mas que são traduzidas em tempo de execução para as instruções RISC da arquitetura interna que efetivamente executa as instruções. Resumindo, as arquiteturas CISC são caracterizadas por instruções complexas, que frequentemente demandam um grande número e variável de ciclos de relógio para serem executadas. Essas instruções possuem formatos variáveis e diversos modos de endereçamento dos operandos. Vários tipos de instruções podem acessar os seus operandos diretamente na memória. Como resultado, há uma dificuldade grande para o uso de técnicas como *pipeline* (veja a Seção 8.1) na implementação desses processadores. A taxa média de execução das instruções por ciclo tende a ser bastante superior a 1 ciclo por instrução (CPI) e a unidade de controle desses processadores é em geral microprogramada. Como grande vantagem, os compiladores podem gerar códigos compactos, com um reduzido número de instruções.

Por outro lado, as arquiteturas RISC se destacam pelo uso de instruções mais simples, com um número fixo de ciclos de relógio para sua execução. Cada fase de processamento das instruções tem a duração fixa igual a um ciclo de relógio, e os formatos das instruções são mais padronizados, com um número reduzido de modos mais simples de endereçamento dos operandos. O acesso à memória, para leitura e escrita de operandos, é restrito apenas às instruções de *load* e *store*. Essas características permitem uma implementação mais fácil da técnica de *pipeline*. Além disso, a taxa média de execução de instruções é igual ou inferior a um ciclo por instrução (CPI), e a unidade de controle desses processadores é, em geral, *hardwired*, ou seja, sem uso de microprogramação. No entanto, o processo de compilação para as arquiteturas RISC é mais complexo, exigindo cuidados especiais para otimizar o desempenho do código gerado.

3.6 PROCESSADOR SAPIENS

3.6.1 Apresentação

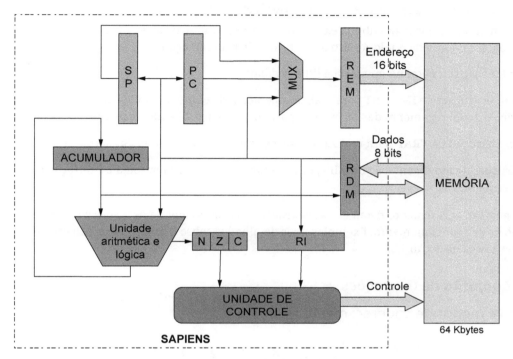

Figura 3.19. Processador Sapiens.

Nesta seção vamos apresentar um estudo de caso – o processador didático Sapiens – que possui uma arquitetura do tipo acumulador (veja a Seção 3.4), cuja simplicidade é adequada para introduzir de forma gradual os aspectos centrais do funcionamento e programação de um processador. A arquitetura do processador Sapiens, cujo diagrama em blocos é mostrado na Figura 3.19, inclui, entre outras, as seguintes características:

- Uma arquitetura de 8 bits, com um acumulador também de 8 bits;

- Instruções de 8 bits, com até 2 *bytes* como parâmetros adicionais;

- Um apontador de instruções (PC – *Program Counter*) com 16 bits de largura, permitindo endereçar uma memória de 64 Kibytes;

- Um apontador de pilha (SP – *Stack Pointer*), também de 16 bits, para possibilitar o uso de uma pilha para a chamada e o retorno de rotinas e procedimentos, além da passagem de parâmetros;

- Códigos de condição para indicar o resultado da última operação na UAL:

  - Um código de condição (*flag*) **C** (*carry*) para indicar se houve vai um ou vem um, conforme a operação anterior tenha sido uma adição ou subtração;

  - Um código de condição (*flag*) **Z** para indicar se o resultado da última operação da UAL foi igual a zero;

  - Um código de condição (*flag*) **N** para indicar se o resultado da última operação UAL foi negativo.

- Estão implementados os modos imediato, direto e indireto de acesso aos operandos, sendo que:
  - O modo imediato simplifica as operações de atribuição de valores iniciais, incremento e decremento de variáveis;
  - O modo direto permite acesso fácil às variáveis em memória;
  - Um modo indireto possibilita exercitar as noções de indexação e ponteiros – que são básicas para entendimento de qualquer estrutura básica de programação.
- A ordenação dos *bytes* na memória é *little-endian*;
- Possui instruções de **IN** e **OUT** para realizar operações de entrada e saída em dispositivos de E/S, em um espaço de endereçamento de 256 *bytes*, separado do espaço de endereçamento da memória;
- Uma instrução de **TRAP** para realizar operações mais elaboradas de E/S;
- Instruções de movimentação de pilha, deslocamento do registrador, soma e subtração com *vai um/vem um*, entre outras.

A seguir são apresentados detalhes das instruções do processador Sapiens, tais como seu formato e uma descrição do seu funcionamento. Exemplos mais detalhados sobre a programação do processador Sapiens podem ser vistos na Seção 7.2.

3.6.2 Conjunto de instruções

Formato e modos de endereçamento

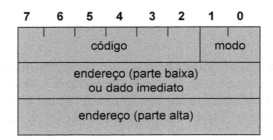

Figura 3.20. Formato das Instruções.

As instruções em linguagem de máquina do processador Sapiens podem ter um, dois ou três *bytes*, conforme pode ser visto na Figura 3.20. Nas instruções, o primeiro *byte* (8 bits) sempre contém o código de operação nos 6 bits mais significativos e o modo de endereçamento nos 2 bits menos significativos. As instruções que ocupam apenas um *byte* ou não possuem operandos ou modificam exclusivamente o acumulador, que serve como operando implícito para a grande maioria das instruções. As instruções com dois *bytes* são aquelas que, além do acumulador, têm um operando imediato de 8 bits no segundo *byte* da instrução. Nas instruções com 3 *bytes*, os dois últimos *bytes* podem conter o endereço de memória do operando (modo direto), ou o endereço de memória do ponteiro para o operando (modo indireto) ou ainda o próprio operando (modo imediato de 16 bits). A codificação para o modo de endereçamento, feita nos dois últimos bits do primeiro *byte* da instrução, é a seguinte:

00 – Direto: o segundo e terceiro *bytes* da instrução contêm o endereço do operando na memória;

01 – Indireto: o segundo e terceiro *bytes* da instrução contêm o endereço da posição de memória com o endereço do operando (ou seja, é o endereço do ponteiro para o operando). Na linguagem de montagem, usou-se como convenção para indicar que um operando é indireto precedê-lo pelo caractere @ (arrôba);

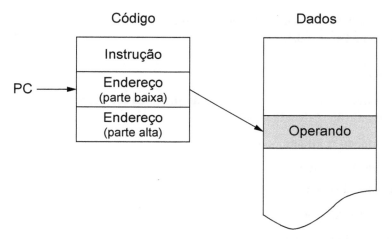

Figura 3.21. Modo Direto.

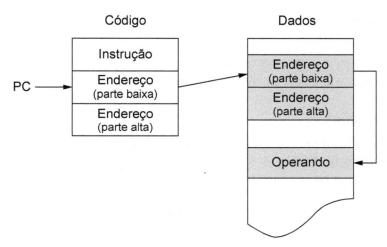

Figura 3.22. Modo Indireto.

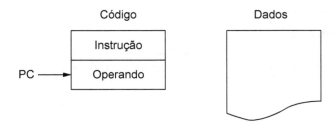

Figura 3.23. Modo Imediato.

10 – Imediato 8 bits: o segundo *byte* da instrução é o próprio operando. Na linguagem de montagem, usou-se como convenção para indicar que um operando é indireto precedê-lo pelo caractere # (tralha).

11 – Imediato 16 bits: os dois *bytes* seguintes à instrução são utilizados como operando. Na linguagem de montagem, usou-se como convenção para indicar que um operando é indireto precedê-lo pelo caractere # (tralha). O compilador fica encarregado de gerar o operando no tamanho correto. A única instrução que utiliza este modo é a **LDS** (*Load Stack Pointer*).

Maiores detalhes sobre modos de endereçamento que as instruções possuem nos processadores em geral podem ser vistos na Seção 3.3.3.

Códigos de condição

A seguir são apresentados os códigos de condição do processador Sapiens, ou seja, *flags* que indicam o resultado da última operação realizada pela UAL.

- **N** – (negativo): sinal do resultado

    1 – o resultado é negativo

    0 – o resultado não é negativo

- **Z** – (zero): indica resultado igual a zero

    1 – o resultado é igual a zero

    0 – o resultado diferente de zero

- **C** – (*carry*): indica que a última operação resultou em vai um (*carry*), no caso de soma, ou vem um (*borrow*) em caso de subtração.

    1 – o resultado deu vai um ou vem um.

    0 – o resultado não deu nem vai um ou vem um.

Descrição das instruções

O processador Sapiens possui um conjunto de instruções compatível com seus predecessores, Neander (WEBER, 2012) e NeanderX (BORGES, J. A. S.; SILVA, G. P., 2016). Ou seja, o código escrito para esses processadores é totalmente compatível e pode ser executado no simulador SimuS (SILVA, G. P.; BORGES, J. A. S., 2016).

A seguir apresentamos uma descrição do funcionamento de todas as instruções do Sapiens, seus operandos e os respectivos códigos de operação.

1. **NOP** (código 0000 0000)
    A instrução NOP não faz nada. Essa instrução tem um *byte* de tamanho.

    ---

2. **STA ender ou @ender** (código 0001 000X)
    A instrução **STA** armazena o conteúdo do acumulador (8 bits) na posição de memória definida pelo endereço *ender* de 16 bits, acessada no modo direto ou indireto. Essa instrução tem três *bytes* de tamanho.

    ---

3. **STS ender ou @ender** (código 0001 010X)
    A instrução **STS** armazena o conteúdo do apontador de pilha (SP), de 16 bits, na posição de memória definida pelo endereço *ender* de 16 bits, acessado no modo direto ou indireto. Essa instrução tem três *bytes* de tamanho.

    ---

4. **LDA #imed, ender ou @ender** (código 0010 00XX)
    A instrução **LDA** carrega um *byte* no acumulador, que pode ser lido como operando imediato ou de uma posição de memória definida pelo endereço *ender* de 16 bits, acessada no modo direto ou indireto. Os *flags* **N** e **Z** são modificados de acordo com o valor carregado no acumulador. Essa instrução pode ter um tamanho igual a 2 ou 3 *bytes*.

Capítulo 3. Organização do computador e do processador **135**

5. **LDS #imed16, ender ou @ender** (código 0010 01XX)

A instrução **LDS** carrega dois *bytes* no apontador de pilha (SP), que podem lidos como operando imediato ou de uma posição de memória definida pelo endereço *ender* de 16 bits, acessada no modo direto ou indireto. Essa instrução tem três *bytes* de tamanho.

---

6. **ADD #imed, ender ou @ender** (código 0011 00XX)

A instrução **ADD** soma o acumulador com um *byte*, que pode ser lido como operando imediato ou de uma posição de memória definida pelo endereço *ender* de 16 bits, acessada no modo direto ou indireto. O resultado é colocado no acumulador. Os *flags* **N, Z e C** são modificados de acordo com o resultado da operação. Essa instrução tem tamanho igual a 2 ou 3 *bytes*.

---

7. **ADC #imed, ender ou @ender** (código 0011 01XX)

A instrução **ADC** soma o acumulador com o *Carry* (*flag* C) e com um *byte*, que pode ser lido como operando imediato ou de uma posição de memória definida pelo endereço *ender* de 16 bits, acessada no modo direto ou indireto. O resultado é colocado no acumulador. Os *flags* **N, Z e C** são modificados de acordo com o resultado da operação. Essa instrução tem tamanho igual a 2 ou 3 *bytes*.

---

8. **SUB #imed, ender ou @ender** (código 0011 10XX)

A instrução **SUB** subtrai o acumulador de um *byte*, que pode ser lido como operando imediato ou de uma posição de memória definida pelo endereço *ender* de 16 bits, acessada no modo direto ou indireto. O resultado é colocado no acumulador. Os *flags* **N, Z e C** são modificados de acordo com o resultado da operação. Essa instrução tem tamanho igual a 2 ou 3 *bytes*.

---

9. **SBC #imed, ender ou @ender** (código 0011 11XX)

A instrução **SUB** subtrai o acumulador do *carry* (*flag* C) e de um *byte*, que pode ser lido como operando imediato ou de uma posição de memória definida pelo endereço *ender* de 16 bits, acessada no modo direto ou indireto. O resultado é colocado no acumulador. Os *flags* **N, Z e C** são modificados de acordo com o resultado da operação. Essa instrução tem tamanho igual a 2 ou 3 *bytes*.

---

10. **OR #imed, ender ou @ender** (código 0100 00XX)

A instrução **OR** realiza um "ou" bit a bit entre o acumulador e um *byte*, que pode ser um operando imediato ou um valor lido de uma posição de memória definida pelo endereço *ender* de 16 bits, acessado no modo direto ou indireto. O resultado é colocado no acumulador. Os *flags* **N e Z** são modificados de acordo com o resultado da operação. Essa instrução tem tamanho igual a 2 ou 3 *bytes*.

---

11. **XOR #imed, ender ou @ender** (código 0100 01XX)

A instrução **XOR** realiza um "ou exclusivo" bit a bit entre o acumulador e um *byte*, que pode ser um operando imediato ou um valor lido de uma posição de memória definida pelo endereço *ender* de 16 bits, acessada no modo direto ou indireto. O resultado é colocado no acumulador. Os *flags* **N e Z** são modificados de acordo com o resultado da operação. Essa instrução tem tamanho igual a 2 ou 3 *bytes*.

---

12. **AND #imed, ender ou @ender** (código 0101 00XX)

A instrução **AND** realiza um "e" bit a bit entre o acumulador e um *byte*, que pode ser um operando imediato de ou um valor lido de uma posição de memória definida pelo endereço *ender* de 16 bits, acessada no modo direto ou indireto. O resultado é colocado no acumulador. Os *flags* **N e Z** são modificados de acordo com o resultado da operação. Essa instrução tem tamanho igual a 2 ou 3 *bytes*.

13. **NOT** (código 0110 0000)

A instrução **NOT** complementa ('0' → '1' e '1' → '0') os bits do acumulador. O resultado é colocado no acumulador. Os *flags* **N e Z** são modificados de acordo com o resultado da operação. Essa instrução tem um *byte* de tamanho.

14. **SHL** (código 0111 0000)

A instrução **SHL** (*shift left*) realiza o deslocamento do acumulador de um bit para a esquerda, por meio do *carry*. O resultado é colocado no acumulador. O bit mais significativo ao ser deslocado para fora do acumulador é colocado no *carry* (*flag* C). São inseridos '0's no bit menos significativo. Os *flags* **N e Z** são modificados de acordo com o resultado da operação. Essa instrução tem um *byte* de tamanho.

15. **SHR** (código 0111 0100)

A instrução **SHR** (*shift right*) realiza o deslocamento do acumulador de um bit para a direita através do *carry*. O resultado é colocado no acumulador. O bit menos significativo ao ser deslocado para fora do acumulador entra no *carry* (*flag* C). São inseridos '0's no bit mais significativo. Os *flags* **N e Z** são modificados de acordo com o resultado da operação. Essa instrução tem um *byte* de tamanho.

16. **SRA** (código 0111 1000)

A instrução **SRA** (*shift right arithmetic*) realiza o deslocamento do acumulador de um bit para a direita por meio do *carry*. O resultado é colocado no acumulador. O bit menos significativo que sai à direita do acumulador entra no *carry* (*flag* C). O bit mais significativo (de sinal) é repetido à esquerda, de modo que um número negativo em complemento a 2 continua sempre negativo. Os *flags* **N e Z** são modificados de acordo com o resultado da operação. Essa instrução tem um *byte* de tamanho.

17. **JMP ender ou @ender** (código 1000 000X)

A instrução **JMP** (*jump*) altera o valor do apontador de instruções (PC) e desvia a execução do programa para o endereço de 16 bits definido pelo seu operando, que pode ser acessado no modo direto ou indireto. Essa instrução tem três *bytes* de tamanho.

18. **JN ender ou @ender** (código 1001 000X)

A instrução **JN** (*jump if negative*) altera o valor do apontador de instruções (PC) e desvia a execução do programa para o endereço de 16 bits definido pelo seu operando, que pode ser acessado no modo direto ou indireto, apenas se a última operação realizada produziu um valor negativo (*flag* N igual a 1). Essa instrução tem três *bytes* de tamanho.

Capítulo 3. Organização do computador e do processador

19. **JP ender ou @ender** (código 1001 010X)

    A instrução **JP** (*jump if positive*) altera o valor do apontador de instruções (PC) e desvia a execução do programa para o endereço de 16 bits definido pelo seu operando, que pode ser acessado no modo direto ou indireto, apenas se a última operação realizada produziu um valor positivo (*flags* **N** e **Z** iguais a 0). Essa instrução tem três *bytes* de tamanho.

20. **JZ ender ou @ender** (código 1010 000X)

    A instrução **JZ** (*jump if zero*) altera o valor do apontador de instruções (PC) e desvia a execução do programa para o endereço de 16 bits definido pelo seu operando, que pode ser acessado no modo direto ou indireto, apenas quando a última operação realizada produziu um valor igual a zero (*flag* **Z** igual a 1). Essa instrução tem três *bytes* de tamanho.

21. **JNZ ender ou @ender** (código 1010 010X)

    A instrução **JNZ** (*jump if not zero*) altera o valor do apontador de instruções (PC) e desvia a execução do programa para o endereço de 16 bits definido pelo seu operando, que pode ser acessado no modo direto ou indireto, apenas quando a última operação realizada produziu um valor diferente de zero (*flag* **Z** igual a 0). Essa instrução tem três *bytes* de tamanho.

22. **JC ender ou @ender** (código 1011 000X)

    A instrução **JC** (*jump if carry*) altera o valor do apontador de instruções (PC) e desvia a execução do programa para o endereço de 16 bits definido pelo seu operando, que pode ser acessado no modo direto ou indireto, apenas quando a última operação realizada produziu um vai um ou vem um (*flag* C igual a 1). Essa instrução tem três *bytes* de tamanho.

23. **JNC ender ou @ender** (código 1011 010X)

    A instrução **JNC** (*jump if not carry*) altera o valor do apontador de instruções (PC) e desvia a execução do programa para o endereço de 16 bits definido pelo seu operando, que pode ser acessado no modo direto ou indireto, apenas quando a última operação realizada não produziu um vai um ou vem um (*flag* C igual a 0). Essa instrução tem três *bytes* de tamanho.

24. **IN ender8** (código 1100 0000)

    A instrução **IN** (*input*) carrega no acumulador um *byte* lido de um dispositivo no espaço de endereçamento de E/S indicado pelo operando *ender8*, com apenas 8 bits, apenas no modo direto. Essa instrução tem dois *bytes* de tamanho.

25. **OUT ender8** (código 1100 0100)

    A instrução **OUT** (*output*) armazena o conteúdo do acumulador em um dispositivo no espaço de endereçamento de E/S indicado pelo operando *ender8*, com apenas 8 bits, apenas no modo direto. Essa instrução tem dois *bytes* de tamanho.

26. **JSR ender ou @ender** (código 1101 000X)

    A instrução **JSR** (*jump to subroutine*) altera o valor do apontador de instruções (PC) e desvia a execução do programa para o endereço *ender* de 16 bits, que pode ser acessado no modo direto ou indireto, salvando antes o endereço da próxima instrução (endereço de retorno) no topo da pilha. O valor do apontador de pilha é ajustado de acordo (SP = SP − 2). Essa instrução tem três *bytes* de tamanho.

27. **RET** (código 1101 0100)

A instrução **RET** (*return*) retorna de uma rotina, alterando o valor do apontador de instruções (PC) para o endereço de retorno que está no topo da pilha e atualizando o apontador de pilha (SP = SP + 2). Essa instrução tem um *byte* de tamanho.

28. **PUSH** (código 1110 0000)

A instrução **PUSH** coloca o conteúdo do acumulador (8 bits) no topo da pilha, atualizando o apontador de pilha (SP = SP − 1). Essa instrução tem um *byte* de tamanho.

29. **POP** (código 1110 0100)

A instrução **POP** retira um *byte* no topo da pilha e coloca no acumulador, atualizando em seguida o apontador de pilha (SP = SP + 1). Os *flags* **N e Z** são modificados de acordo com o valor carregado no acumulador. Essa instrução tem um *byte* de tamanho.

30. **TRAP ender ou @ender** (código 1111 000X)

A instrução **TRAP** é utilizada para emulação de rotinas de E/S pelo simulador. O tipo de serviço solicitado é passado como parâmetro no acumulador. O operando *ender* de 16 bits define, no modo direto ou indireto, o endereço de memória para a passagem de parâmetros adicionais.

31. **HLT** (código 1111 1100)

A instrução HLT (*halt*) para a máquina. Essa instrução tem um *byte* de tamanho.

Instruções que afetam os códigos de condição

É importante saber quais os códigos de condição são afetados pela execução das instruções. Com essa informação, o programador pode usar as instruções de desvio condicional adequadas para implementar a lógica de tomada de decisão em seus programas.

- As instruções lógicas e aritméticas (**ADD, ADC, SUB, SBC, NOT, AND, OR, XOR, SHL, SHR, SRA**) e as instruções de transferência **LDA, LDS e POP** afetam apenas os códigos de condição N e Z de acordo com o resultado produzido.

- As instruções lógicas e aritméticas (**ADD, ADC, SUB, SBC, SHL, SHR, SRA**) afetam também o código de condição *carry* de acordo com o resultado produzido.

- As demais instruções (**STA, STS, JMP, JN, JP, JZ, JNZ, JC, JNC, JSR, RET, PUSH, IN, OUT, NOP, TRAP e HLT**) não alteram os códigos de condição.

Um resumo disso pode ser visto na Tabela 3.3.

Tabela 3.3. Instruções que Afetam os Códigos de Condição

Instrução	Código de Condição
LDA	N, Z
ADD	N, Z, C
SUB	N, Z, C
ADC	N, Z, C
SBC	N, Z, C
AND	N, Z
OR	N, Z
XOR	N, Z
NOT	N, X
SHR	N, Z, C*
SRA	N, Z, C*
SHL	N, Z, C**
POP	N, Z

* A *flag* de *carry* recebe o bit menos significativo que é deslocado para fora do acumulador.
** A *flag* de *carry* recebe o bit mais significativo que é deslocado para fora do acumulador.

3.6.3 Operações de entrada e saída

O processador Sapiens pode acessar dispositivos de entrada e saída virtuais em um espaço de endereçamento de 256 *bytes*, que não faz parte do espaço de memória. As instruções que fazem acesso a esse espaço, são as instruções **IN** e **OUT**, que possuem como parâmetro adicional um endereço de 8 bits, acessado sempre no modo direto de endereçamento. O processador possui ainda uma instrução **TRAP** para operações de E/S em dispositivos mais complexos, mas que não são mapeados para nenhum espaço de endereçamento. O simulador Sapiens implementa diversos dispositivos virtuais, acessíveis pelas instruções **IN**, **OUT** e **TRAP**, cujas características e modos de acesso são descritas em detalhes na Seção 7.8.

Outros exemplos de programas com maiores detalhes de uso das instruções do processador Sapiens podem ser encontrados na Seção 7.2.

3.6.4 Microarquitetura

No diagrama em blocos da Figura 3.24 podemos visualizar diversos elementos que compõem a microarquitetura do processador Sapiens, com os respectivos caminhos de dados para a transferência de instruções, operandos e endereços. Apresentamos mais detalhes do seu funcionamento a seguir.

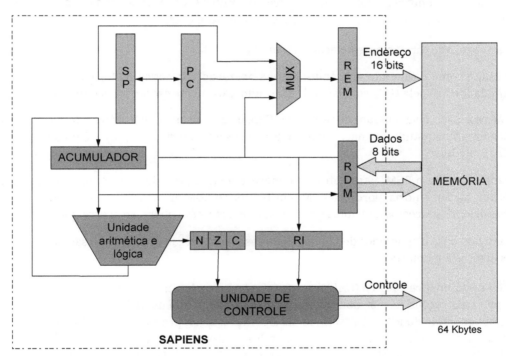

Figura 3.24. Processador Sapiens.

O programa, que é o conjunto de instruções e dados no formato binário, é carregado pelo simulador SimuS na memória. A partir do endereço inicial carregado pelo simulador no apontador de instruções (PC – *Program Counter*), o processador realiza permanentemente o ciclo de busca e execução de instruções, sendo que o valor do PC é automaticamente incrementado de 1 após cada leitura de um *byte* da memória. O PC armazena sempre o endereço da próxima instrução a ser executada, podendo ser modificado pelas instruções de desvio, chamada e retorno de procedimento. Os acessos à memória, para a busca de dados ou instruções, são feitos a partir do endereço armazenado no registrador de endereço de memória (REM). O multiplexador (MUX) decide de onde virá o endereço a ser armazenado no REM:

i) do apontador de instruções (PC), quando o valor do REM é utilizado para acessar as instruções, dados imediatos e endereços que estão no código do programa;

ii) do valor armazenado no registrador de dados da memória (RDM), quando o endereço no REM serve para acessar os operandos no modo direto ou indireto na memória. Como o RDM possui 8 bits, a transferência para o REM, com 16 bits, é feita em dois passos. Então, no modo direto são necessários dois acessos à memória e no modo indireto, essa operação ocorre quatro vezes;

ii) do valor armazenado no apontador de pilha (SP), quando o endereço no REM serve para acessar os operandos na pilha com as instruções **PUSH** e **POP** ou para salvar e restaurar o endereço de retorno durante a chamada ou retorno de procedimento.

O ciclo de busca de instruções usa o endereço armazenado em REM (vindo do PC) para transferir as instruções da memória para o RDM e daí então para o registrador de instruções (RI). Ao chegar no RI a instrução é analisada pela unidade de controle e, de acordo com o seu código de operação, os caminhos de dados e registradores internos do processador são acionados adequadamente para execução da instrução. No ciclo de execução da instrução, o valor em REM serve para a busca de operandos, no modo imediato, direto ou indireto de endereçamento, ou para acesso à pilha. Os operandos são lidos da memória para o RDM, podendo então, em geral, ocorrer uma das seguintes situações:

i)   ser armazenado diretamente no acumulador (AC);

ii) ser usado como o segundo operando de uma operação aritmética ou lógica a ser realizada com o acumulador(AC) pela UAL, com o resultado sendo novamente escrito no acumulador (AC);

iii) ser armazenado no apontador de instruções (PC), no caso de uma instrução de desvio ou de retorno de procedimento, quando são necessários dois acessos à memória, porque o PC possui 16 bits e o RDM apenas oito bits;

iv) ser movido para o REM, para definir o endereço de memória do operando, o que também requer dois acessos à memória, porque o REM tem 16 bits e o RDM apenas 8 bits. Então, no modo direto são necessários dois acessos à memória e no modo indireto, essa operação ocorre quatro vezes;

v)   ser movido para o apontador de pilha (SP), no caso da instrução LDS, quando são necessários também dois acessos à memória.

A unidade aritmética e lógica (UAL) é responsável pela realização das operações aritméticas e lógicas definidas pelas instruções. Recebe dois operandos na entrada, sendo um deles sempre o acumulador (AC) e outro, se houver, vindo do RDM. O resultado das operações é sempre escrito de volta no acumulador (AC). Em algumas instruções esse resultado afeta o valor dos *flags* **N**, **Z** e **C**. Se houver *carry*, o *flag* **C** vai para 1. Se o resultado for negativo, o *flag* **N** vai para 1, caso contrário fica em 0. Se o resultado for igual a zero, o *flag* **Z** vai para 1, caso contrário fica em 0. Como consequência, se os dois *flags* **N** e **Z** são iguais a 0, o resultado é positivo.

Os registradores que possuem 8 bits de largura são o acumulador, o registrador de instruções (RI) e o RDM. Os registradores que endereçam a memória, como o apontador de instruções (PC), apontador de pilha (SP) e REM, possuem todos 16 bits. Isso define o tamanho máximo de memória endereçável pelo Sapiens em 64 kibytes. Não estão representados no diagrama em blocos os dispositivos virtuais de E/S, que são acessados por instruções especiais de entrada e saída (**IN** e **OUT**) em um espaço de endereçamento de E/S com 8 bits à parte.

Capítulo 3. Organização do computador e do processador **141**

3.7 EXERCÍCIOS PROPOSTOS

1. Com relação à organização histórica do computador, responda:

   (a) Quais os componentes do computador propostos no modelo de von Neumann?

   (b) Qual a sua principal contribuição em termos da organização de um computador?
   Resposta: A principal contribuição de von Neumann em termos da organização de um computador foi a proposta de computador controlado pelo programa armazenado em memória. Ou seja, uma proposta de arquitetura para um computador digital eletrônico que armazena seus programas na memória, permitindo assim que um mesmo *hardware* realize funções diferentes de acordo com as instruções e dados que são carregados na sua memória.

   (c) Qual a forma de representação interna dos números utilizada na proposta elaborada por von Neumann?
   Resposta: Von Neumann, em uma analogia com o comportamento dos neurônios, sugere o uso da numeração binária para a representação interna dos números, em vez da numeração decimal, pela evidente economia que isso proporciona no tempo gasto nos cálculos e na complexidade dos circuitos.

   (d) O que era e como era implementado o E-element? Qual a sua analogia com a biologia?
   Resposta: O componente eletrônico básico da máquina EDVAC, com comportamento análogo ao neurônio biológico, era o E-element, que poderia ser implementado com 1 ou 2 tubos a vácuo (válvulas) e combinado para criar circuitos mais complexos para a unidade aritmética, memória e unidade de controle.

   (e) Qual o componente eletrônico principal proposto para a construção do computador?
   Resposta: O componente eletrônico principal proposto por von Neumann para a construção do computador foi o tubo a vácuo (válvula).

   (f) Quais as características da arquitetura Harvard?
   Resposta: A arquitetura Harvard é uma arquitetura de computador que usa conjuntos separados de barramentos de endereço e dados para ler e escrever dados na memória e para buscar instruções. O uso de memórias e barramentos separados permite que uma operação de busca de instrução e uma operação de leitura/escrita de dados ocorram ao mesmo tempo.

   (g) Quais as diferenças do modelo de von Neumann para o modelo de barramento de sistema?

   (h) Como se subdivide o barramento de sistema?
   Resposta: O barramento do sistema é subdividido em barramento de endereço, barramento de dados e barramento de controle.

   (i) Existe o barramento do sistema nos modernos computadores? Como são organizadas as suas placas?

2. O processador é talvez o elemento mais importante do computador. Com relação a isso, responda:

   (a) Quais são os principais componentes do processador?
   Resposta: Os principais componentes do processador incluem a unidade de controle, a unidade lógica e aritmética (ULA), registradores e, modernamente, a memória cache, além das interfaces com a memória e o controlador de vídeo.

   (b) Quais são as funções realizadas pelo processador?

   (c) Qual a função do relógio? Quais são os fatores limitantes da frequência máxima do processador?
   Resposta: A função do relógio é sincronizar todas as operações do processador. É um sinal elétrico periódico que controla o funcionamento de todos os componentes do processador. Os fatores limitantes da frequência máxima do processador incluem o tempo de propagação dos sinais através dos componentes do processador, e a potência máxima dissipada pelo processador. Quanto maior a frequência, maior o calor gerado pela operação do processador, o que pode levar ao colapso do seu funcionamento.

   (d) Quais são os passos do ciclo de instrução que o processador realiza?

3. O desempenho de um processador está associado a diversas variáveis, entre elas: o número médio de instruções executadas por ciclo e a frequência do relógio. Com relação a isso, responda:

(a) Qual a equação que define o tempo total de execução de um programa?

Resposta: O tempo total de execução de um programa é definido pela equação:

Tempo de Execução = Número de Instruções * Ciclos por Instrução * Tempo de Ciclo do Relógio.

(b) Qual a diferença de estratégia entre as arquiteturas RISC e CISC para diminuir o tempo de execução de um programa?

(c) Se um processador gasta 1.200.000 de ciclos para executar um total de 1.000.000 instruções, qual o IPC (instruções por ciclo) médio obtido?

Resposta: Se um processador gasta 1.200.000 ciclos para executar um total de 1.000.000 instruções, então o IPC (instruções por ciclo) médio obtido é 1.000.000 / 1.200.000 = 0,83.

(d) E o CPI (ciclos por instrução) médio?

Resposta: O CPI (ciclos por instrução) médio é o inverso do IPC, então neste caso seria 1.200.000 / 1.000.000 = 1,2.

(e) Qual o tempo total de execução deste programa em um processador com frequência de 1,2 GHz?

Resposta: O tempo total de execução deste programa em um processador com frequência de 1,2 GHz seria:

Tempo = 1.200.000 ciclos $\times$ Tempo de Ciclo = 1.200.000 ciclos $\times$ (1 / 1,2 GHz) = 0,001 segundo ou 1 milissegundo.

4. As arquiteturas de processador podem se diferenciar bastante quanto à sua forma de construção, o que vai influenciar em diversas características finais desses processadores. Com relação a isso, responda:

(a) O que define a largura em bits de uma arquitetura?

Resposta: A largura em bits de uma arquitetura é definida pela largura em bits do maior operando inteiro que pode ser processado de uma única vez (em um ciclo de máquina) pela unidade aritmética e lógica.

(b) O que diferencia a chamada de procedimentos de um desvio comum no processador?

Resposta: A principal diferença entre a chamada de procedimentos e um desvio comum no processador é que a chamada de procedimentos salva o endereço de retorno na pilha antes de desviar para o endereço do procedimento, enquanto um desvio comum simplesmente altera o apontador de instruções para o novo endereço sem salvar o endereço de retorno.

(c) Qual a principal vantagem da máquina de pilha? Onde encontramos exemplos de sua aplicação?

(d) Qual a principal característica das arquiteturas registrador-registrador? Onde encontramos exemplos de sua aplicação?

Resposta: A principal característica das arquiteturas registrador-registrador é que todas as operações são realizadas entre registradores, sem acesso direto à memória durante a execução da instrução. Isso permite que as instruções sejam mais simples e rápidas, pois apenas as instruções de *load* e *store* fazem acesso à memória. Isso simplifica a decodificação das instruções e a lógica da unidade de controle, permitindo um *hardware* mais rápido e eficiente. Exemplos de sua aplicação incluem as arquiteturas RISC, como ARM e MIPS.

(e) As arquiteturas memória-memória são características de qual tipo de processador?

Resposta: As arquiteturas memória-memória são características dos processadores CISC, como o VAX780. Nesse tipo de arquitetura, as instruções podem acessar todos os seus operandos diretamente na memória. Apesar de isso proporcionar um código de programa mais compacto, a complexidade resultante torna o processador mais lento e ineficiente.

(f) Quais as diferenças e similaridades entre arquiteturas de pilha e acumulador?

5. A unidade de controle é responsável pela coordenação do funcionamento do processador. Com relação a isso, responda:

(a) Quais as funções realizadas pela unidade de controle do processador?

(b) O que é a palavra de controle da unidade de controle?

Resposta: A palavra de controle da unidade de controle é um conjunto de bits que especifica quais operações devem ser realizadas pelo processador em um determinado ciclo de instrução. Cada bit da palavra de controle corresponde a um sinal de controle específico que é enviado para os componentes do processador para realizar uma determinada operação. A operação desses circuitos é coordenada pelo relógio do processador

Capítulo 3. Organização do computador e do processador **143**

que, juntamente com a palavra de controle, faz o acionamento de registradores, unidades funcionais, multiplexadores e outros circuitos para a correta execução das instruções.

(c) Qual a diferença entre a unidade de controle microprogramada e por *hardware*.

Resposta: A principal diferença entre a unidade de controle microprogramada e por *hardware* é a forma como os sinais de controle são gerados. Em uma unidade de controle microprogramada, os sinais de controle são gerados por um microprograma armazenado em uma memória especial chamada memória de controle. Em uma unidade de controle por *hardware*, os sinais de controle são gerados diretamente por circuitos lógicos combinacionais, normalmente uma PLA (matriz programável de ANDs e ORs para gerar funções lógicas), além de uma pequena máquina de estados.

(d) Quais as principais diferenças entre a microprogramação vertical e horizontal?

6. Um processador pode buscar os operandos de suas instruções de diversas maneiras. Com relação a isso, responda:

(a) Enumere os principais modos de endereçamento das instruções do processador. Eles estão presentes em todos os processadores?

(b) Quais modos de endereçamento podem ter os operandos implícitos, ou seja, não estão especificados claramente na instrução?

Resposta: Os modos de endereçamento que podem ter os operandos implícitos incluem o endereçamento de pilha e o endereçamento por acumulador. Nesses modos de endereçamento, o operando é armazenado no acumulador ou no topo da pilha e não precisa ser especificado na instrução.

(c) Qual a utilização do modo indireto de endereçamento?

Resposta: O modo indireto de endereçamento é empregado quando o endereço do operando não é conhecido no momento da compilação do programa. Essa abordagem é especialmente útil para a manipulação de ponteiros especificados em linguagens de alto nível.

(d) Qual a utilização do modo imediato de endereçamento?

7. Os dados maiores que um byte podem ser armazenados com diferentes ordenações na memória do computador. Com relação a isso, responda:

(a) Quais são as ordenações possíveis desses dados? Detalhe e exemplifique.

(b) Exemplifique pelo menos uma arquitetura para cada um dos modos de ordenação.

Resposta: Algumas arquiteturas que utilizam o formato *big-endian* incluem SPARC, Motorola 68000 e PowerPC. Algumas arquiteturas que utilizam o formato *little-endian* incluem x86, RISC-V e as primeiras versões da arquitetura ARM.

(c) Existem arquiteturas que podem utilizar os dois modos? Em caso positivo, exemplifique.

Resposta: Sim, existem arquiteturas que podem utilizar ambos os modos de ordenação. Essas arquiteturas são chamadas de *bi-endian* e permitem que o modo de ordenação seja selecionado por meio de um bit de configuração. Um exemplo de arquitetura *bi-endian* é a MIPS, as versões mais recentes do ARM, e SPARC V9 de 64 bits (Sun/Oracle).

(d) Computadores com ordenação diferente podem trocar dados diretamente? Como eles fazem para se comunicar, por exemplo, pela internet?

8. A arquitetura dos processadores se divide em duas grandes categorias: CISC e RISC. Com relação a isso, responda:

(a) Apresente um resumo das principais características dos processadores CISC.

(b) Apresente um resumo das principais características dos processadores RISC.

Resposta: Os processadores RISC (*Reduced Instruction Set Computing*) apresentam características distintas em comparação às arquiteturas CISC. Elas são caracterizadas por instruções mais simples, usualmente com o mesmo tamanho, que demandam um número fixo de ciclos de máquina para sua execução. Além disso, utilizam poucos modos simples de endereçamento de operandos e possuem poucos formatos diferentes de instruções. Nas arquiteturas RISC, apenas as instruções de *load* (carregamento) e *store* (armazenamento) referenciam operandos na memória principal, e cada fase do processamento da instrução tem duração fixa, correspondente a um ciclo de máquina. Essas características acarretam diversas consequências. As arquiteturas RISC são implementadas com o uso do *pipeline*, permitindo a execução de várias instruções em paralelo e aumentando a eficiência do processamento. A taxa média de execução de instruções por ciclo de máquina é igual ou inferior a um ciclo por instrução (CPI), o que torna o processamento mais eficiente. Em geral, a unidade de controle das arquiteturas RISC é implementada em *hardware* (*hardwired*). O processo de compilação para essas arquiteturas é complexo e requer cuidados especiais para otimização do desempenho do código gerado, visando aproveitar ao máximo o potencial de execução rápida das instruções.

(c) Enumere duas arquiteturas do tipo CISC.

Resposta: Duas arquiteturas do tipo CISC incluem a família x86 da Intel e a família VAX da Digital Equipment Corporation.

(d) Enumere duas arquiteturas do tipo RISC.

Resposta: Duas arquiteturas do tipo RISC incluem ARM e MIPS.

(e) Como são organizados atualmente os processadores Intel x86_64? Como arquiteturas RISC ou CISC?

9. O processador Sapiens é uma arquitetura hipotética, bem simples, utilizada para o ensino de arquitetura de computadores. Com relação a isso, responda:

(a) Qual o tamanho da arquitetura em bits?

Resposta: A arquitetura do processador Sapiens é de 8 bits. Possui unidade lógica e arimética de 8 bits e acumulador, o único registrador do processador, também de 8 bits.

(b) Entre os diversos tipos, como você classifica a arquitetura do processador Sapiens? Justifique.

Resposta: O processador Sapiens é uma arquitetura baseada em acumulador. Isso significa que ele possui um registrador especial, chamado acumulador, que é usado como operando implícito para a maioria das instruções.

(c) Você classificaria o processador Sapiens como um processador RISC ou CISC? Justifique.

Resposta: O processador Sapiens pode ser classificado como um processador CISC (*Complex Instruction Set Computing*), pois apesar de possuir um conjunto bem simples de instruções complexas, pode acessar os operandos das instruções diretamente na memória e o tamanho das instruções é variável, dependendo da sua complexidade.

(d) Quais os modos de endereçamento utilizados pelo processador Sapiens? Exemplifique cada um dos casos.

(e) Relacione as instruções do Sapiens que não possuem nenhum modo de endereçamento.

Resposta: As instruções que não utilizam nenhum dos modos de endereçamento apresentados são aquelas que não têm o acumulador e nenhum outro operando implícito ou explícito: NOP, HLT.

(f) Qual o tamanho em bytes das suas instruções?

Resposta: As instruções do processador Sapiens podem ter um, dois ou três bytes (8 bits).

(g) Como os modos de endereçamento são codificados em formato binário na instrução?

Resposta: Os modos de endereçamento são codificados em formato binário nos 2 bits menos significativos do primeiro byte da instrução. 00 – modo direto; 01 – modo indireto; 10 – modo imediato; 8 bits 11 – modo imediato 16 bits.

(h) Quais são e para que servem os códigos de condição?

Resposta: Os códigos de condição são bits armazenados no registrador de código de condição que indicam o resultado da última operação realizada pelo processador. O processador Sapiens possui três códigos de condição: negativo (N), zero (Z) e *carry* (C). Esses códigos são usados para controlar o fluxo de execução do programa por meio das instruções de desvio condicional.

(i) Relacione as instruções que alteram o código de condição **C**.

(j) Relacione as instruções que NÃO alteram o código de condição **C**.

Resposta: As demais instruções (STA, STS, JMP, JN, JP, JZ, JNZ, JC, JNC, JSR, RET, PUSH, IN, OUT, NOP, TRAP e HLT) não alteram os códigos de condição.

(k) Relacione as instruções que podem alterar o valor do apontador de instruções (PC) para um endereço diferente da instrução seguinte.

Resposta: As instruções que podem alterar o valor do apontador de instruções (PC) para um endereço diferente da instrução seguinte são as instruções de desvio, as instruções de chamada e retorno de sub-rotina.

Capítulo 3. Organização do computador e do processador **145**

(l) Relacione as instruções que podem alterar o valor do apontador de pilha (SP).

Resposta: As instruções que podem alterar o valor do apontador de pilha (SP) são as instruções PUSH e POP e as instruções CALL e RET. Adicionalmente, o valor do SP pode ser alterado pela instrução LDS.

(m) Quais são as instruções utilizadas nas operações de E/S?

Resposta: As instruções utilizadas nas operações de E/S são as instruções IN e OUT, além da instrução especial TRAP.

(n) Quais são os dispositivos de E/S emulados pelo simulador SimuS?

Resposta: Os dispositivos de E/S emulados pelo simulador SimuS incluem um painel de chaves, um display de sete segmentos, um teclado de 12 teclas, e um banner 1×6.

(o) Qual a finalidade da instrução de TRAP? Quais as funções implementadas no simulador SimuS?

Resposta: A finalidade da instrução TRAP é chamar o simulador para realizar operações mais elaboradas de E/S. As funções implementadas no simulador SimuS incluem leitura e escrita em console, temporização, geração de números aleatórios, entre outras.

(p) Na sua arquitetura, qual a função dos registradores REM, RDM e RI?

(q) Quais são as fontes possíveis para os endereços armazenados no REM?

Resposta: As fontes possíveis para os endereços armazenados no REM incluem o apontador de instruções (PC), o apontador de pilha (SP), e o operando direto ou indireto das instruções, quando houver.

(r) Quais os destinos possíveis para os dados armazenados no RDM?

Resposta: Os destinos possíveis para os dados armazenados no RDM incluem o acumulador (AC), o registrador de instruções (RI), a memória principal e os dispositivos de E/S.

(s) Relacione os registradores que possuem 8 ou 16 bits na sua arquitetura.

Resposta: Na arquitetura do processador Sapiens, os registradores que possuem 8 bits são o acumulador (AC). Os registradores que possuem 16 bits são o contador de programa (PC) e o apontador de pilha (SP).

10. No trecho em linguagem de montagem a seguir, identifique os diversos modos de endereçamento (imediato, registrador/acumulador, direto, indireto) existentes nas instruções do processador Sapiens. Note que uma instrução pode ter MAIS de um modo de endereçamento.

(a) IN BANNER

(b) JSR @ROTINA

(c) LDA #100

(d) SUB @PONTEIRO

(e) SHL

(f) TRAP @X

(g) RET

(h) ADC UM

(i) AND @A

(j) PUSH

Resposta: Aqui estão os diversos modos de endereçamento existentes nas instruções do processador Sapiens no trecho de código fornecido:

- 'IN BANNER': Modo direto e acumulador.

- 'JSR @ROTINA': Modo indireto e piha.

- 'LDA #100': Modo imediato e acumulador.

- 'SUB @PONTEIRO': Modo indireto e acumulador.

- 'SHL': acumulador.
- 'TRAP @X': Modo indireto.
- 'RET': Modo pilha.
- 'ADC UM': Modo direto e acumulador.
- 'AND @A': Modo indireto e acumulador.
- 'PUSH': Pilha e acumulador.

Note que uma instrução pode ter mais de um modo de endereçamento, dependendo do número de operandos que ela possui. Por exemplo, a instrução 'ADC UM' possui um operando e utiliza o modo direto para acessá-lo. Mas possui o acumulador como modo implícito de endereçamento.

4
Memória principal e hierarquia de memória

"Poderoso Vizir – tornou o Homem que Calculava –, vejo que acabais de fazer 32 vocábulos, com um total de 143 letras, o maior elogio que ouvi em minha vida, e eu, para agradecer-vos, sou forçado a empregar 64 palavras nas quais figuram nada menos que 286 letras. O dobro, precisamente! Que Alá vos abençoe e vos proteja."
Malba Tahan, *O Homem que Calculava*

Em 1945, von Neumann apresentou a todos a proposta revolucionária do computador controlado por programa armazenado, onde a função que o computador realiza é determinada pelas instruções e dados carregados na sua memória. Nesse contexto, os componentes utilizados para a construção da memória, a sua forma de organização e a estrutura hierárquica que ela apresenta nos modernos computadores são de fundamental importância para o seu desempenho.

Neste capítulo, vamos estudar a organização da memória e a estrutura da hierarquia de memória do computador. A seção de organização de memória abrange o estudo dos diversos tipos de tecnologia utilizadas para a construção da memória principal do computador. Detalhes sobre a forma como sua hierarquia é organizada são apresentados na seção de hierarquia de memória, onde são discutidos os pormenores sobre a organização da memória cache e da memória virtual do computador.

4.1 MEMÓRIA PRINCIPAL

Quando falamos em memória do computador, sem qualificadores, estamos nos referindo à memória principal ou primária. Essa memória é responsável por armazenar informações binárias que representam as instruções e dados dos programas, que serão executados pelo processador. Além disso, a memória também armazena os resultados intermediários ou finais provenientes desse processamento. Ao longo do tempo, a memória principal foi construída com uso de diversas tecnologias. Atualmente, a memória de estado sólido tem predominado, tendo como elemento básico um circuito eletrônico composto por transistores para armazenar um bit de informação. A memória principal permite dois tipos básicos de operações: a leitura e a escrita de informações. Os dados a serem escritos nessa memória podem vir tanto do processador quanto de dispositivos de entrada de dados. Por sua vez, as informações armazenadas na memória podem ser lidas tanto pelo processador quanto por dispositivos de saída. A seguir, vamos explorar de maneira mais detalhada o funcionamento da memória em um computador.

4.1.1 Conceitos básicos

Antes de tudo, vamos relembrar alguns conceitos básicos sobre manipulação da informação no formato binário: o bit é a menor fração de informação binária e, como o nome diz, pode ser representado por dois valores, conhecidos como '0' e '1'. O *byte*, por sua vez, é um conjunto de 8 bits, caracterizando a menor unidade de informação que pode ser manipulada na memória, possuindo um endereço próprio. Como já vimos, a abreviação utilizada para o bit é o "b" minúsculo e para o *byte* é o "B" maiúsculo, sendo importante não confundir um com o outro, pois estamos falando de quantidades bastante diferentes.

Como as memórias modernas são capazes de armazenar uma grande quantidade de informação, normalmente são utilizados multiplicadores binários para expressar a sua capacidade de armazenamento em *bytes*. Na Tabela 4.1 estão alguns dos multiplicadores normalmente utilizados em computação.

Tabela 4.1. Multiplicadores na Base 2

Legado	Novo	Representação
k (kilo)	Ki (kibi)	2^{10} unidades
M (mega)	Mi (mebi)	2^{20} unidades
G (giga)	Gi (gibi)	2^{30} unidades
T (tera)	Ti (tebi)	2^{40} unidades
P (peta)	Pi (pebi)	2^{50} unidades
E (exa)	Ei (exbi)	2^{60} unidades
Z (zeta)	Zi (zebi)	2^{70} unidades
Y (yota)	Yi (yobi)	2^{80} unidades

A capacidade de uma memória indica o total de bits ou, mais usualmente, *bytes*, que podem ser armazenados nessa memória. Nas memórias de acesso aleatório cada *byte* possui um endereço distinto, ou seja, um número que identifica a sua posição na memória, sendo utilizado toda vez que é feita uma operação de leitura ou escrita. Os endereços são sempre expressos como números binários, embora sejam usados os números octais, hexadecimais e decimais por simplificação.

Uma palavra de memória é um grupo de células que, nos computadores atuais, pode armazenar entre 4 e 8 *bytes*, sendo que normalmente uma palavra de memória é lida ou escrita de uma única vez. A Figura 4.1 mostra uma memória com 8 palavras de um *byte* apenas, para facilitar o nosso raciocínio. Cada palavra tem um endereço específico composto por 3 bits, variando de 000 a 111. Assim sendo, uma memória com 32 posições precisaria de um endereço de 5 bits para que todo o seu conteúdo fosse acessado; já uma memória com 64 precisaria de 6 bits e assim por diante. Uma memória com N *bytes*, precisa de $\lceil \log_2(N) \rceil$ bits para ser endereçada.

O endereço é utilizado tanto para as operações de leitura como de escrita na memória. Se o mesmo endereço for utili-

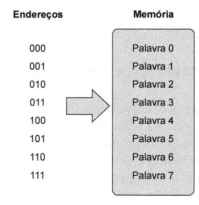

Figura 4.1. Endereços em uma Memória Simples.

zado em uma operação de escrita e, posteriormente, uma operação de leitura for feita com o mesmo endereço, essa operação deve retornar o mesmo valor escrito previamente. Salvo qualquer condição de erro, esse valor não se altera até que uma nova operação de escrita seja realizada com o mesmo endereço.

Uma unidade de memória é composta por diversas pastilhas ou *chips*, sendo que modernamente elas são agregadas em uma placa, contendo 8 pastilhas, formando um módulo de memória de 64 bits. Maiores detalhes sobre esses módulos de memória serão vistos na Seção 4.2.5.

Voltando às pastilhas de memória, os sinais necessários para sua operação, basicamente, podem ser vistos na Figura 4.2, sendo descritos a seguir:

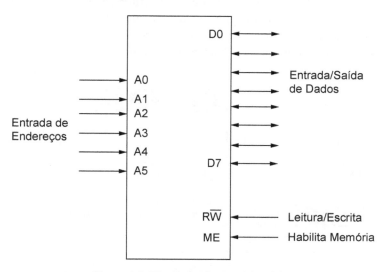

Figura 4.2. Diagrama de uma Memória.

- **Entrada/Saída de Dados (D0-D7)**: contém as palavras que serão lidas ou escritas na memória. Como o tamanho da palavra é 8 bits, são necessárias 8 linhas de dados.
- **Entradas de Endereço (A0-A5)**: como a memória possui capacidade de armazenar 64 palavras, são necessários 64 (2^6) endereços diferentes, começando de 000000 até 111111 (0 a 63 em decimal). Portanto, a memória deve ter 6 bits de entradas de endereço.
- **Entrada (R/$\overline{W}$)**: determina qual das operações de memória deverá ser efetuada. Se R/$\overline{W}$ for igual a '1', indica que uma operação de leitura será executada. Se for '0', será realizada uma operação de escrita.
- **Habilitação da Memória (ME)**: responsável pela habilitação e desabilitação da pastilha de memória, permitindo que várias pastilhas sejam agregadas para compor a memória.
- Cada tipo de memória pode ter outras linhas específicas de controle.

Os seguintes passos devem ser realizados para efetuar uma operação de leitura ou escrita:

1. colocar o endereço nas linhas de endereço (A0-A5);
2. selecionar a operação de leitura ou escrita ($R/\overline{W}$);
3. fornecer os dados de entrada, se for uma escrita (D0-D7);
4. habilitar a pastilha de memória para responder a um endereço na entrada (ME).

As operações de leitura e escrita não acontecem instantaneamente, precisando de um determinado intervalo de tempo, chamado de tempo de acesso, para serem realizadas. Esse tempo pode variar em função do tipo de operação, se de leitura ou escrita, além das características de cada memória, como tecnologia de fabricação, capacidade de armazenamento, entre outras.

4.2 CLASSIFICAÇÃO DAS MEMÓRIAS

As memórias podem apresentar propriedades distintas, de acordo com a tecnologia com que são fabricadas. São utilizadas em aplicações diferentes, conforme a velocidade de leitura e escrita dos dados, capacidade de armazenamento, volatilidade da informação, consumo etc. Isso resulta em diversas formas de classificá-las. Na Figura 4.3 podemos ver um resumo da classificação dos tipos de memória que vamos analisar nesta seção.

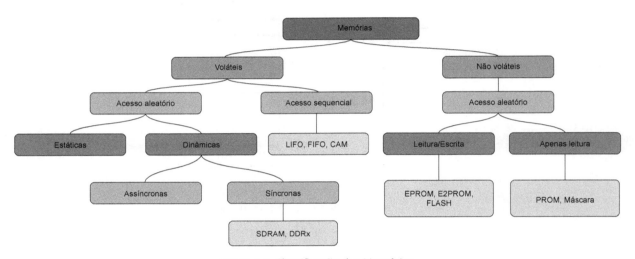

Figura 4.3. Classificação das Memórias.

4.2.1 Memórias de acesso aleatório ou sequencial

As memórias utilizadas no computador, no que toca à sua forma de acesso, podem se dividir em duas grandes categorias:

> 1. Memórias de acesso aleatório: Os dados podem ser lidos ou escritos sem uma ordem preestabelecida. São conhecidas como memórias RAM (*Random Access Memory*).
> 2. Memórias de acesso sequencial: Os dados podem ser lidos e escritos apenas em uma determinada ordem. As memórias FIFO (*First In, First Out*), onde os dados são lidos na mesma ordem em que foram armazenados, e os registradores de deslocamento são alguns exemplos.

A quase totalidade das memórias utilizadas no computador é de acesso aleatório, ou seja, necessita de um endereço para determinar onde as informações estão/serão armazenadas. No restante deste texto, a menos que claramente dito em contrário, estaremos nos referindo às memórias de estado sólido de acesso aleatório. As pastilhas de memória podem ser agrupadas para formarem palavras com maior largura ou conjuntos de memória de maior capacidade. Com isso, podem necessitar de um número maior de bits de endereço e de pastilhas para seu funcionamento adequado. Por exemplo, quantos bits de endereço são necessários para endereçar um conjunto de memória de 512 MiB?

Capítulo 4. Memória principal e hierarquia de memória **151**

O raciocínio para responder a isso é muito simples. Primeiramente, devemos verificar a qual potência de 2 corresponde a capacidade da memória com uso da Tabela 4.1. Depois disso, os expoentes são somados para obter o total de bits necessários para endereçar a memória.

- 512 MiB $\longrightarrow 2^9 \cdot 2^{20}$ *bytes*
- $2^9 \times 2^{20}$ *bytes* $\longrightarrow 2^{29}$ *bytes*
- 2^{29} *bytes* $\longrightarrow$ 29 bits de endereço

Quantas pastilhas são necessárias para montar um módulo de memória de 64 bits, e qual a capacidade de cada uma em *bytes*, se cada pastilha tem um barramento de dados de 8 bits? Para um barramento de 64 bits, composto por pastilhas com 8 bits de de largura de dados, são necessárias:

- 64 b / 8 b $\longrightarrow$ 8 pastilhas
- $2^{29} \div 2^3$ *bytes* $\longrightarrow 2^{26}$ *bytes*
- $2^{26} \longrightarrow$ 64 MiB cada pastilha

Como são oito pastilhas de memória, os três bits menos significativos do endereço são utilizados para selecionar a pastilha desejada para ser lida ou escrita. Os demais 26 bits devem ser utilizados em cada pastilha, que terão a capacidade igual a 2^{26} ou 64 MiB.

Repetindo agora o mesmo procedimento para calcular o total de bits para endereçar um conjunto de memória de 2 GiB:

- 2 GiB $\longrightarrow 2^1 \cdot 2^{30}$ *bytes*
- $2^1 \cdot 2^{30}$ *bytes* $\longrightarrow 2^{31}$ *bytes*
- 2^{31} *bytes* $\longrightarrow$ 31 bits de endereço

Então, para um barramento de 64 bits, composto por pastilhas com 8 bits de largura de dados, são necessárias:

- 64 b / 8 b $\longrightarrow$ 8 pastilhas
- $2^{31} \div 2^3$ *bytes* $\longrightarrow 2^{28}$ *bytes*
- $2^{28} \longrightarrow$ 256 MiB cada pastilha

Novamente, como são oito pastilhas de memória, os três bits menos significativos do endereço são utilizados para selecionar a pastilha desejada para ser lida ou escrita. Os demais 28 bits devem ser utilizados para endereçar cada pastilha, que terão a capacidade igual a 2^{28} ou 256 MiB.

4.2.2 Memórias voláteis ou não voláteis

As memórias também podem ser classificadas com relação à capacidade de manter o seu conteúdo, depois que deixam de ser alimentadas por uma fonte de energia elétrica. Podem ser então de dois tipos: voláteis e não voláteis. A **memória principal** do computador é formada na maior parte com memória volátil e uma pequena parcela de memória não volátil.

As informações armazenadas na memória volátil, popularmente conhecida como memória RAM, podem ser alteradas durante a execução de um programa, sendo então usadas para armazenar os resultados intermediários e finais das operações realizadas pelo processador. As memórias voláteis são aquelas que mantêm o seu conteúdo apenas enquanto há alimentação elétrica, ou seja, uma vez que a alimentação é desligada, o conteúdo se perde.

A memória não volátil é usada para armazenar informações que não necessitam ser alteradas no decorrer do processamento. É utilizada para iniciar o funcionamento do computador, realizando os testes iniciais e cópia do sistema operacional para a memória, sendo conhecida como **BIOS** ou **UEFI** (veja as Seções 6.1.1 e 6.1.2) nos computadores baseados no IBM/PC. As memórias **não voláteis** são aquelas nas quais a informação é preservada mesmo após a perda da alimentação elétrica; quando a alimentação é restabelecida, os dados podem ser novamente lidos sem nenhuma alteração no seu conteúdo.

As memórias não voláteis mais antigas, do tipo EPROM (*Erasable Programmable Read-Only Memory*), podiam ser apagadas e reescritas mediante um demorado processo que envolvia a retirada da memória do circuito, o que era realizado com certa facilidade, pois utilizavam um soquete especial; seguido de um demorado ciclo de apagamento com uso de luz ultra-violeta; a reprogramação em dispositivos especiais também fora do circuito; e, finalmente, a sua reinserção no circuito. As memórias não voláteis mais recentes, do tipo Flash, podem ser lidas e também escritas, sem precisarem ser retiradas da placa ou do circuito onde estejam conectadas. Isso permite, por exemplo, uma rápida atualização da versão de uma memória BIOS ou UEFI do computador. As memórias do tipo Flash são também utilizadas em dispositivos de armazenamento da **memória secundária**, como unidades de estado sólido (SSDs) (veja a Seção 6.3), *pendrives* e cartões de memória. Maiores detalhes sobre as memórias Flash podem ser vistos na Seção 4.2.7.

4.2.3 Memórias dinâmicas ou estáticas

As memórias voláteis de acesso aleatório (RAM – *Random Access Memory*), utilizadas nos modernos computadores, podem ser classificadas como estáticas ou dinâmicas, dependendo da tecnologia com que são fabricadas. Vejamos a seguir:

- As memórias dinâmicas recebem este nome porque necessitam que a informação armazenada seja periodicamente atualizada, isto é, elas precisam ser lidas e novamente escritas sob o risco de essas informações serem perdidas.
- As memórias estáticas não precisam deste tipo de operação, preservando a informação enquanto houver alimentação.

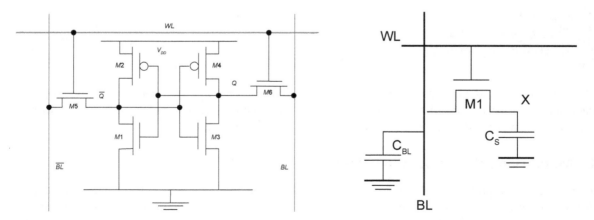

Figura 4.4. Diagrama de Memória Estática e Dinâmica.

Capítulo 4. Memória principal e hierarquia de memória

A razão para essa diferença está na forma como a célula de memória, que armazena um bit, é construída em cada caso. Como podemos ver na Figura 4.4, a célula de memória estática, que serve para armazenar um bit, é construída com seis transistores, enquanto as células de memória dinâmica são muito mais simples, com apenas um transistor e um capacitor. Esse capacitor é muito pequeno e, por conta da corrente de fuga que existe nos componentes da memória, tende a se descarregar em um curto espaço de tempo. Os respectivos *layouts* físicos podem ser vistos na Figura 4.5.

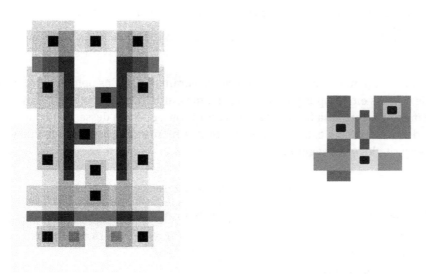

Figura 4.5. *Layout* de Memória Estática e Dinâmica.

Isso resulta em diferenças fundamentais nas características dessas memórias, que influenciam diretamente suas aplicações. Não seria viável, sob diversos aspectos, construir um computador com apenas um tipo de memória. As memórias dinâmicas seriam muito lentas para realizar todas as tarefas necessárias, e as memórias estáticas muito caras e com um grande consumo de energia e dissipação de calor. Desta forma, no computador, a memória é organizada de uma forma hierárquica, onde quantidades menores de memória, porém mais rápidas, são colocadas mais perto do processador e quantidades maiores de memória, porém mais lentas, são colocadas mais longe (veja a Seção 4.17).

Memórias estáticas

As células de memória estática, por contarem com um maior número de transistores e também de maior área, são mais rápidas e tem maior consumo do que as memórias dinâmicas. Contudo, também em virtude de seu tamanho, resultam em pastilhas com menor capacidade de armazenamento e maior custo, o que faz essas memórias particularmente interessantes para uso nas memórias caches dos processadores, cuja capacidade é reduzida quando comparado com a memória principal. As características das memórias estáticas são resumidas na Tabela 4.2.

Memórias dinâmicas

As memórias dinâmicas possuem alta densidade e baixo consumo, pois as suas células são de reduzido tamanho, sendo interessantes para utilização na memória principal dos computadores. As características das memórias dinâmicas são resumidas na Tabela 4.3. Pelo fato de o capacitor utilizado nas memórias dinâmicas ser muito pequeno, a carga não consegue ser mantida por muito tempo e esse tipo de memória requer atualizações constantes do seu conteúdo, o que é feito por ciclos especiais de acesso chamados de

Tabela 4.2. **Características das Memórias Estáticas**

Vantagens	Desvantagens
Os dados permanecem armazenados enquanto houver alimentação	As células de memória são maiores, com cerca de 6 transistores
São mais rápidas	O consumo de energia é maior
O estado da célula é estável, não precisa de ciclos de atualização	A capacidade de armazenamento é menor

refresh ou atualização. Antigamente, esses ciclos de *refresh* eram realizados pelo próprio processador, que era interrompido de tempos em tempos para essa tarefa, mas, atualmente, existem circuitos embutidos na própria pastilha de memória com essa finalidade. Uma outra consequência dessa fragilidade de construção é que as leituras são destrutivas, isto é, o capacitor perde totalmente sua carga ao ser lido e o conteúdo da célula precisa ser reescrito logo em seguida.

Tabela 4.3. **Características das Memórias Dinâmicas**

Vantagens	Desvantagens
As células de memória são menores, com apenas um transistor e um capacitor	A atualização periódica dos dados é necessária
O consumo de energia é menor	A leitura é destrutiva e requer uma atualização em seguida
A capacidade de armazenamento é maior	São mais lentas que as estáticas

As células de memória dinâmicas são agrupadas em linhas e colunas em uma estrutura chamada de matriz de células de memória e, com a finalidade de otimizar o tempo de acesso, essa matriz costuma ter o número de linhas aproximadamente igual ao número de colunas, resultando em formato o mais quadrado possível. Essa organização resulta na divisão do endereço em duas partes mais ou menos iguais, sendo que uma parte é chamada de endereço de linha (*row address*) e a outra parte de endereço de coluna (*column address*), conforme podemos observar na Figura 4.6.

Assim sendo, o acesso à memória dinâmica é feito em duas etapas: na primeira é fornecido o endereço de linha, quando é feita a seleção de todos os bits da linha. Em seguida, é fornecido o endereço de coluna, quando então um dentre estes bits é selecionado, para operação de leitura ou escrita ser realizada. Para realizar a operação de leitura, a linha selecionada é armazenada em um conjunto de registradores que armazenam todos os seus bits. Depois, o bit selecionado é enviado para os *buffers* de saída da pastilha. Como a leitura é destrutiva, todo o conteúdo da linha que foi lida que está armazenado nos registradores precisa ser reescrito de volta na mesma linha.

A operação de escrita é bem similar à de leitura, já que uma linha inteira é lida para os registradores, sendo que o bit que está sendo escrito é substituído na posição adequada e toda a linha é reescrita de volta na matriz de memória, com a informação atualizada. Note que cada uma dessas matrizes é responsável por armazenar apenas um bit de memória e, para formar um *byte*, é necessário agrupar oito dessas matrizes em um único chip, sendo todas acessadas em paralelo para a leitura ou escrita de um *byte*. Adicionalmente, os módulos de memória dos computadores atuais utilizam normalmente 8 pastilhas, também em paralelo, para formar uma palavra de memória de 64 bits. Veremos mais detalhes desses módulos na Seção 4.2.5.

Capítulo 4. Memória principal e hierarquia de memória

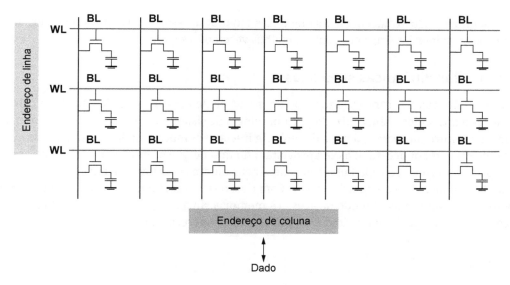

Figura 4.6. Diagrama de Matriz de Memória Dinâmica.

4.2.4 Memórias dinâmicas assíncronas

As memórias dinâmicas assíncronas requerem um protocolo mais simples, porém menos eficiente, para serem acessadas. Notem que o barramento de endereços é compartilhado, ou seja, o endereço de linha é fornecido antes do endereço de coluna, nas mesmas linhas de acesso à memória. Para coordenar essa multiplexação, são utilizados dois sinais de controle, o *Row Address Strobe* (RAS) e o *Column Address Strobe* (CAS), nesta ordem, para indicar quando os endereços de linha ou de coluna estão disponíveis no barramento, devendo ser capturados pela memórias. Eventualmente, dois outros sinais, WE e OE, são utilizados para indicar se estamos realizando uma escrita ou leitura na memória. Se for uma leitura, OE é colocado em '0' logo após a ativação do CAS e, após um determinado tempo de leitura, a informação a ser lida estará disponível nos pinos de dados da memória. Se for uma escrita, o sinal WE é colocado em '0' e, após um tempo determinado, a informação colocada no barramento de dados é capturada e escrita na posição de memória correspondente. É uma condição de erro se os dois sinais forem ativados simultaneamente.

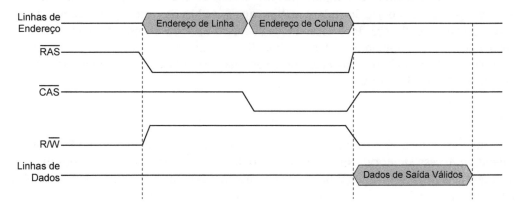

Figura 4.7. Diagrama de Acesso Memória Assíncrona.

O modo de acesso à memória assíncrona pode ser vista na Figura 4.7. Assim como todas as memórias dinâmicas, essas memórias exigem a realização periódica de ciclos de atualização para garantir que não haja perda da informação armazenada. As memórias dinâmicas assíncronas foram sendo gradativamente substituídas pelas memórias síncronas, cujos detalhes veremos a seguir.

4.2.5 Memórias dinâmicas síncronas

As memórias dinâmicas síncronas são um tipo de memória de acesso aleatório (DRAM), voláteis, onde a leitura ou escrita dos dados é sincronizada por um relógio de sistema ou de barramento, sendo projetadas para permitir a leitura ou escrita, depois da latência inicial, em modo rajada (*burst mode*) com uma taxa de um ciclo de relógio por acesso. Elas se aproveitam do fato de que os modernos processadores possuem memórias caches internas e, a cada falha da cache, linhas inteiras de *bytes* com endereços consecutivos são lidas ou escritas da memória de uma única vez. Com isso, o seu desempenho é significativamente superior ao das memórias assíncronas. O modo de acesso à memória síncrona pode ser vista na Figura 4.8, onde o acesso é com um endereço inicial dividido em duas partes: endereço de linha e de coluna.

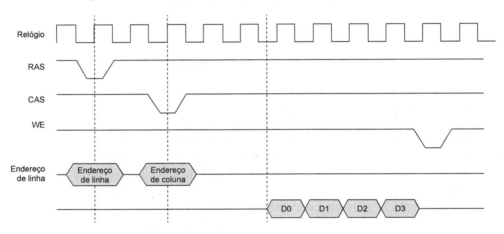

Figura 4.8. Diagrama de Acesso Memória Síncrona.

Ou seja, primeiramente, é enviado o endereço de linha e o sinal RAS (*Row Address Strobe*) é ativado pelo processador, indicando que a memória pode capturar essa parte do endereço. Em seguida, é enviado o endereço de coluna e o sinal CAS (*Column Address Strobe*) é ativado pelo processador, indicando que a memória pode capturar essa parte do endereço. Note que as linhas de endereço são compartilhadas para o envio das duas partes do endereço, daí a necessidade de serem enviados sucessivamente. Após o recebimento do endereço, decorrida a latência inicial, são feitos diversos acessos sequenciais, e no caso da leitura, a memória fornece 8 *bytes* de informação a cada subida do sinal de relógio, que são enviados para o processador, em paralelo, pelos 64 bits de dados.

Memórias SDRAM

As primeiras memórias síncronas fabricadas eram conhecidas apenas como memórias SDRAM (*Synchronous Dynamic Random Access Memory*). No entanto, com o desenvolvimento de novos tipos de memórias, foi necessário diferenciá-las, e então passaram a ser denominadas SDR SDRAM (*Single Data Rate* SDRAM). Esses módulos de memórias podem aceitar um endereço e, depois da latência inicial, transferir uma palavra de dados por ciclo de relógio, seja na leitura ou na escrita. As velocidades típicas de relógio dessas memórias são 100 ou 133 MHz, cujos módulos são conhecidos como PC-100 e PC-133. Na memória SDRAM, a matriz de células de memória opera na mesma frequência do barramento externo, ou seja, 100 ou 133 MHz.

Esses módulos de memória são construídos com pastilhas de memória com largura variável do barramento de dados (os valores mais comuns são 4, 8 ou 16 bits), que são agrupadas em módulos, do tipo DIMM (*Dual In-line Memory Modules*) com 168 pinos que leem ou escrevem 64 bits (sem correção de erros – ECC) ou 72 bits (com ECC) de dados ao mesmo tempo. Veja mais detalhes sobre o código de correção de erro na Seção 4.2.6. Essas memórias fizeram grande sucesso, por conta da grande adoção de memórias caches nos modernos processadores, resultando em enormes ganhos de desempenho. Vemos a seguir a evolução que ocorreu no projeto desse tipo de memória ao longo do tempo.

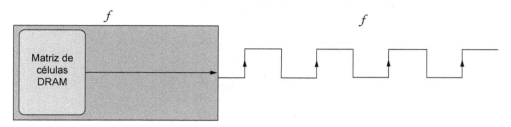

Figura 4.9. Diagrama de Acesso Memória SDRAM.

Memórias DDR, DDR2, DDR3 e DDR4

As memórias DDR SDRAM (*Double-Data-Rate Synchronous Dynamic Random Access Memory*) são uma classe de memória que alcança maior largura de banda a partir da transferência de dados tanto na subida como na descida do sinal de relógio. Na prática, isso praticamente dobra a taxa de transferência sem aumentar a frequência da interface de barramento do processador com a memória. Assim, uma célula de memória DDR-200 opera na realidade com uma frequência de relógio de apenas 100 MHz e possui uma largura de banda de cerca de 1600 MB/s. Note que, para isso ser possível, as matrizes de memória são organizadas em dois bancos, que são acessados alternadamente. Assim, cada banco, individualmente, continua sendo acessado na frequência de 100 MHz.

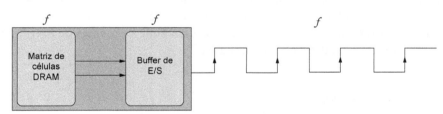

Figura 4.10. Diagrama de Acesso Memória DDR.

As memórias DDR2 foram lançadas comercialmente em 2004. Tal como as memórias DDR, as memórias DDR2 transferem os dados tanto na subida como na descida do relógio. A diferença principal entre elas é que as matrizes de memória são organizadas em quatro bancos, e a frequência interna dos *buffers* e do barramento externo da DDR2 é o dobro da velocidade das células de memória, permitindo que quatro palavras de dados sejam transferidas por ciclo de memória interna.

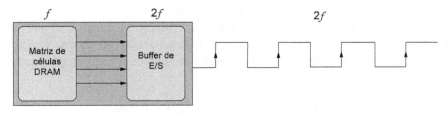

Figura 4.11. Diagrama de Acesso Memória DDR2.

Então, sem acelerar as células de memória propriamente ditas, a DDR2 pode operar efetivamente com o dobro da velocidade de uma memória DDR. O custo para essas otimizações é o aumento da latência, ou tempo inicial de acesso, já que as células levam duas vezes mais tempo (em termos de ciclos de barramento) para produzir o primeiro resultado e os *buffers* utilizados adicionam ainda mais esse atraso em termos de ciclos de relógio. Veremos mais detalhes sobre o desempenho dessas memórias mais adiante.

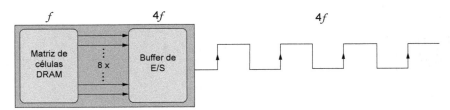

Figura 4.12. Diagrama de Acesso Memória DDR3.

Em 2007, os módulos de memória DDR3 começaram a ser oferecidos comercialmente. A matriz de memória dos módulos DDR3 está organizada internamente em oito bancos que trabalham a um quarto da frequência do barramento externo, o requer um *buffer* capaz de armazenar 8 bits em comparação com os 4 bits da memória DDR2. As memórias DDR3 são alimentadas com 1,5 V, possuem latência típica de 5 a 17 ciclos de relógio e velocidades de relógio do barramento externo de até 1600 MHz.

As matrizes de memória dos módulos DDR4, introduzidas em 2014, trabalham a um oitavo da frequência do barramento externo, sendo que as memórias DDR4 são alimentadas com 1,2 V e possuem latência inicial típica de 10 a 19 ciclos de relógio, bem maior que os demais tipos de memórias DDRs. Em compensação, as frequências de relógio, de até 2400 MHz, e as taxas de transferências estão entre as maiores atingidas, conferindo um grande desempenho a essas memórias.

Comercialmente, as memórias DDR podem ser obtidas nos padrões como DDR2-667, DDR3-2400, DDR4-2400. Na verdade, esses valores numéricos correspondem ao dobro da velocidade real do relógio. Por exemplo, uma memória DDR2-667 na realidade trabalha com uma frequência de barramento externo de 333 MHz, uma DDR3-2400 a 1200 MHz e assim por diante.

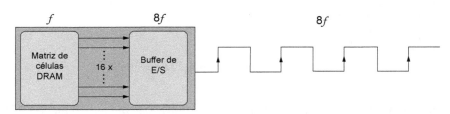

Figura 4.13. Diagrama de Acesso Memória DDR4.

Observe que a latência absoluta (e, portanto, o desempenho final) é determinada pelos tempos de acesso e pela frequência do relógio da memória. Ao traduzir os tempos de memória em latência real, é importante observar que os tempos de acesso estão em unidades de ciclos de relógio, que para uma memória DDRx é a metade da velocidade da taxa de transferência comumente citada, isto é, uma DDR3-800 tem frequência de barramento de 400 MHz. Então, a latência real é dada pelo número total de ciclos de relógio para acesso aos dados e duração de cada ciclo de relógio (medido em nanossegundos). A combinação dessas duas variáveis resulta na equação de latência:

$$\text{latência (ns)} = \text{tempo de ciclo de relógio (ns)} \times \text{número de ciclos de relógio}$$

Ou seja, sem conhecer a frequência do relógio, é impossível afirmar se um conjunto de tempos é "mais rápido" que outro. Por exemplo, a memória DDR3-2000 tem uma frequência de relógio de 1000 MHz, que produz um ciclo de 1 ns. Com este relógio de 1 ns, uma latência CAS de 7 ciclos (CL7) fornece uma latência CAS absoluta de 7 ns. A memória DDR3-2666, que é mais rápida, (com relógio de 1333 MHz, ou 0,75 ns por ciclo) pode ter uma latência CAS maior que 9 ciclos (CL9), mas em uma frequência de relógio de 1333 MHz o intervalo de tempo para se esperar 9 ciclos de relógio é de apenas 6,75 ns. É por esta razão que DDR3-2666 CL9 tem uma latência CAS absoluta menor que DDR3-2000 CL7.[1]

Contudo, embora possuam a mesma taxa máxima de transferência teórica, na interface entre uma geração e outra, memórias de mesma frequência possuem desempenho diferentes. Por exemplo, as memórias DDR-400 e DDR2-400 têm a mesma frequência externa de 200 MHz e a mesma taxa de transferência nominal de 3200 MB/s (200 × 2 × 8 *bytes*), mas a memória DDR-400 tem latência inicial menor, o que resulta em melhor desempenho. O mesmo acontece com as memórias DDR2-800 e DDR3-800 e assim por diante.

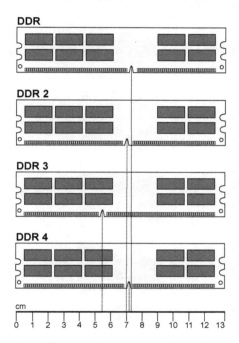

Figura 4.14. **Diferença Física entre Módulos de Memória.**

Os módulos de memória de gerações diferentes não são compatíveis entre si, nem eletricamente nem fisicamente (veja a Figura 4.14). Por exemplo, o chanfro ou ranhura do módulo está colocado em uma posição diferente e a densidade de pinos é diferente entre as diversas gerações, com tensão de alimentação, e consumo, gradativamente menores. Por exemplo: as memórias DDR, introduzidas em 1998, tinham 184 pinos, e trabalhavam com 2,5 V; as memórias DDR2, com ano de introdução em 2003, tinham 240 pinos e tensão de trabalho 1,8 V; já as DDR3, fabricadas a partir de 2007, vinham com 240 pinos e utilizavam tensão de 1,5 V; a partir de 2014 encontramos as memórias DDR4, com 288 pinos e tensões de 1,2 V. Por isso, se o seu módulo de memória não estiver entrando no conector de memória da placa-mãe, não force! Provavelmente, o módulo de memória não é do tipo correto para o seu computador. Veja uma relação com os diversos tipos de módulos de memória na Tabela 4.4.

---

[1] Disponível em: https://en.wikipedia.org/wiki/Memory_timings. Acesso em: 19 mar. 2024.

Tabela 4.4. Comparação entre Módulos de Memória

Padrão	Relógio Célula (MHz)	Relógio Barramento (MHz)	Largura de Banda (MB/s)
DDR-200	100	100	1600
DDR-266	133	133	2133
DDR-333	166	166	2666
DDR-400	200	200	3200
DDR2-400	100	200	3200
DDR2-533	133	266	4266
DDR2-667	166	333	5333
DDR2-800	200	400	6400
DDR2-1066	266	533	8533
DDR3-800	100	400	6400
DDR3-1066	133	533	8533
DDR3-1333	166	666	1066
DDR3-1600	200	800	12800
DDR3-1866	233	933	14933
DDR3-2133	266	1066	17066
DDR4-1600	200	800	12800
DDR4-1866	233	933	14933
DDR4-2133	266	1066	17066
DDR4-2400	300	1200	19200
DDR4-2666	333	1333	2133
DDR4-2933	366	1466	23466
DDR4-3200	400	1600	25600

4.2.6 Paridade e código de correção de erro

As modernas memórias dinâmicas, por apresentarem uma estrutura muito simples de célula de memória e de dimensões reduzidíssimas, são muito sujeitas a erros, ou seja, mudanças aleatórias no valor armazenado, normalmente de '1' para '0'.

Para contornar este problemas, muitos módulos de memória possuem bits adicionais para detecção e correção de erro. Nos esquemas mais simples é adicionado um bit de paridade adicional para cada palavra armazenada. Assim, o bit de paridade assegura que o número total de bits em '1' na palavra armazenada seja par ou ímpar. Por exemplo, no caso da paridade par, se o total for ímpar, então o valor do bit de paridade é colocado em '1', garantindo assim que o total de bits armazenados, incluindo o bit de paridade, seja par. O mesmo raciocínio se aplica para o caso da paridade ímpar, garantindo que o total de bit sem '1' seja sempre ímpar. Assim, se algum dos bits armazenados mudar de valor, isso será facilmente detectado durante a leitura do valor, um sinal de erro é ativado indicando a falha.

Contudo, em aplicações de missão crítica, ou ainda, se um número par de bits armazenados na palavra mudar de valor, o bit de paridade pode não ser suficiente para garantir a continuidade do processamento ou a detecção desta situação. Neste sentido, é comum o uso de um código de correção de erro baseado no

Capítulo 4. Memória principal e hierarquia de memória   **161**

algoritmo de Hamming.[2] Esse código é capaz de detectar e corrigir erros simples (1 bit) e detectar erros duplos (2 bits) se um bit adicional de paridade for inserido para toda a palavra. De uma forma prática, o número total de m bits do código de correção de Hamming necessários deve obedecer à seguinte condição:

$$k + m + 1 \leq 2^m$$

em que k é o número de bits da informação propriamente dita. Ou seja, para uma palavra de 32 bits, temos que:

$$32 + m + 1 \leq 2^m$$
$$33 + m \leq 2^m$$
$$m = 6$$

Verificamos que o valor de m que satisfaz essa condição é $m = 6$. Se fizermos $k = 64$, um valor comum para os módulos de memória modernos, obteremos valor de $m = 7$. Neste último caso, adicionando-se um bit de paridade, são então necessários 8 bits para correção de erro simples e detecção de erro duplo. Por isso, os módulos de memória de 64 bits atuais, com detecção e correção de erro, são fornecidos normalmente com 9 chips de memória, com 8 bits cada. A Tabela 4.5 apresenta os valores máximos para o comprimento da palavra de memória, ou cadeia de bits transmitida, para valor de m do código de Hamming.

Tabela 4.5. Tabela do Código de Hamming

Bits Paridade	Bits de Dados	Total de bits
m	k	$m + k$
2	1	3
3	4	7
4	11	15
5	26	31
6	57	63
7	120	127
8	247	255

4.2.7 Memórias Flash

A memória Flash é uma memória de leitura e escrita que mantém o seu conteúdo mesmo sem alimentação. É uma evolução das memórias EEPROM (*Electrical Erasable* PROM) e seu nome foi criado pela empresa Toshiba para expressar o quão rápido ela poderia ser apagada e reescrita. A memória Flash é amplamente utilizada para armazenamento em módulos como dispositivos de estado sólido (SSD), *pendrives* e cartões de memória.

Há alguns anos as memórias Flash substituíram as memórias ROMs como memórias BIOS, e depois UEFI, dos computadores. Assim, elas podem ser atualizadas diretamente nas placas no lugar de serem removidas e

---

[2]   Disponível em: https://ieeexplore.ieee.org/document/6772729. Acesso em: 19 mar. 2024.

substituídas. Uma grande limitação das memórias Flash é que, embora elas possam ser lidas ou escritas *byte* a *byte*, como em uma memória comum, elas devem ser apagadas em bloco. Usualmente, todos os bits são levados para o nível lógico '1' durante o apagamento.

A célula de memória Flash, com um bit, é construída com um tipo especial de transistor de efeito de campo (FET – *Field Effect Transistor*), conforme pode ser visto na Figura 4.15, que possui uma porta flutuante (*floating gate*), que é separada da porta de controle por uma fina camada de óxido, de modo que fica completamente isolada eletricamente do circuito. No entanto, ela pode acumular cargas elétricas negativas por indução.

Na ausência destas cargas o nível lógico da saída de dados é '1', e quando as cargas são induzidas o nível lógico é '0'. As cargas induzidas na porta flutuante podem ficar armazenadas por vários anos. Assim, cada transistor pode armazenar o nível lógico '0' ou '1', simplesmente, induzindo ou não cargas negativas na porta flutuante. Para apagar a informação, basta então descarregar todas as cargas induzidas nesta porta.

Desse modo, em um bloco de memória Flash totalmente apagada, qualquer posição dentro desse bloco pode ser programado. Contudo, uma vez que um bit tenha sido colocado em nível lógico '0', apenas apagando todo o bloco pode ser colocado novamente em nível lógico '1'. Em outras palavras, as memórias Flash podem ser lidas e escritas aleatoriamente, mas não oferecem este tipo de facilidade para operações de reescrita ou apagamento.

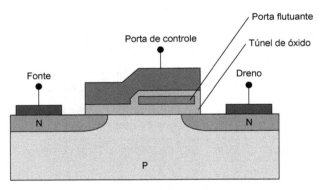

Figura 4.15. Célula de Memória Flash.

As memórias Flash são construídas de portas NOR ou NAND. As memórias NOR funcionam mais como a memória de um computador, enquanto as memórias NAND funcionam como um disco rígido, além de outras diferenças construtivas que não iremos entrar em detalhes. As memórias Flash do tipo NOR são utilizadas em câmeras digitais, aparelhos celulares e *tablets*, armazenando o sistema operacional e outros dados que mudam com pouca frequência. As memórias Flash do tipo NAND são utilizadas para armazenar dados em dispositivos de estado sólido, *pendrives* para USB, tocadores de MP3 e armazenamento de fotos em câmeras digitais.

Uma limitação das memórias Flash é com relação à exposição aos raios X, que podem apagar bits programados (convertendo bits '0' programados em bits '1' apagados). Outra limitação da memória Flash é o reduzido número de operações de apagamento que podem ser realizadas, como veremos a seguir.

Memórias Flash do tipo NOR

Desenvolvidas e lançadas comercialmente pela Intel em 1988, as memórias Flash do tipo NOR permitem um acesso aleatório de alguns *bytes*, o que é ideal para a execução de instruções de um programa. As células NOR devem ser apagadas em blocos de 64, 128 ou 256 KiB antes de serem escritas e isso pode levar até alguns segundos. Contudo, a leitura e escrita de um *byte* por vez é muito rápida. As memória Flash do tipo NOR permitem cerca de 100.000 a 1.000.000 ciclos de apagamentos por bloco antes de se esgotarem, dependendo da tecnologia de fabricação. Sim, isso mesmo, depois de um certo número de operações de apagamento, as memórias Flash não podem ser mais reescritas.

Memórias Flash do tipo NAND

Apesar de desenvolvidas de forma pioneira pela Toshiba, as memórias Flash do tipo NAND só foram lançadas comercialmente um ano depois das memórias NOR da Intel, sendo vistas pelo sistema operacional como um disco rígido.

As leituras e escritas são feitas em blocos de 512 *bytes* (igual ao setor de um disco rígido), de um modo mais rápido que nas memórias NOR. Contudo, tipicamente, páginas com até 4 KiB (oito blocos) são lidas e escritas de uma vez. Antes da escrita, as células são apagadas em blocos de 16 a 512 KiB. Menos cara que a Flash do tipo NOR, a Flash NAND pode ser reescrita cerca de 100 mil vezes, para as tecnologias mais comuns, como as células de apenas um nível (SLC), diminuindo conforme aumenta o número de bits armazenado por célula. Como resultado, a célula NAND de nível quádruplo (QLC), com quatro bits por célula, é geralmente usada para aplicações de leitura intensiva, e os tipos de NAND com menos bits são usados para cargas de trabalho de escrita intensiva. Contudo, a vida de um dispositivo baseado em memória Flash pode ser bastante estendida com algoritmos que procuram distribuir as operações de apagamento igualmente entre os blocos da memória Flash, além da possuírem uma capacidade real de armazenamento maior que a nominal oferecida ao usuário.

4.3 HIERARQUIA DE MEMÓRIA

4.3.1 Introdução

Um computador com uma quantidade infinita de memória principal, com um tempo de acesso instantâneo, de modo que os programas pudessem ser executados o mais rápido possível, limitados apenas pela velocidade do processador, talvez fosse a situação ideal desejada por todo programador. Contudo, isso não é possível nos sistemas reais, já que as memórias principais dos modernos computadores, que são construídas com pastilhas de memórias dinâmicas (veja Seção 4.2.3), têm um tempo de acesso e capacidade limitadas.

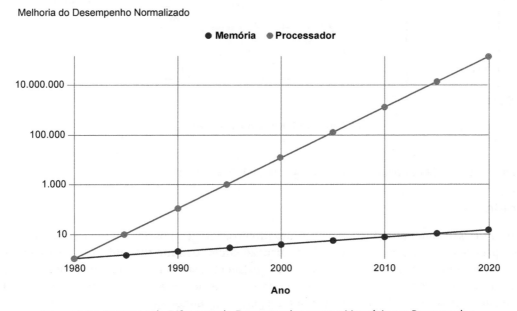

Figura 4.16. Aumento da Diferença de Desempenho entre a Memória e o Processador.

Mais do que isso, a diferença de velocidade entre os processadores e o tempo de acesso à memória principal tem aumentado ao longo dos anos, como podemos observar na Figura 4.16. Hoje, a duração de um ciclo de relógio do processador é muito menor que o tempo de acesso à memória principal. Como consequência, há necessidade de inclusão de tempos de espera no acesso do processador à memória: ciclos de relógio onde o processador fica parado, sem realizar computação útil, enquanto aguarda os dados/instruções serem buscados na memória.

Qual a solução que poderia ser adotada então? A mais simples para este problema, que seria a substituição das memórias dinâmicas pelas estáticas, não é viável: as memórias estáticas, apesar de serem mais rápidas, têm capacidade de armazenamento bem mais reduzida; um maior consumo de energia; e um custo de aquisição bem maior.

Para superar essas limitações, os projetistas de computador propuseram o uso de uma hierarquia de memória, onde componentes de memória, de menor capacidade porém mais rápidos, são colocados junto ao processador para fornecer os dados mais necessários naquele momento. Esses dados são uma cópia parcial da informação que está nas hierarquias inferiores de memória, sendo que só a informação mais relevante é copiada dos níveis inferiores para os níveis mais altos. Desse modo, os acessos cujo conteúdo é encontrado nos níveis mais altos da hierarquia, chamados de **acerto**, podem ser processados mais rapidamente. Os acessos cujo conteúdo não é encontrado nesses níveis mais altos, chamados de **falha**, têm o seu conteúdo buscado nos níveis mais baixos da hierarquia, que tem maior capacidade, porém com tempo de acesso mais lento.

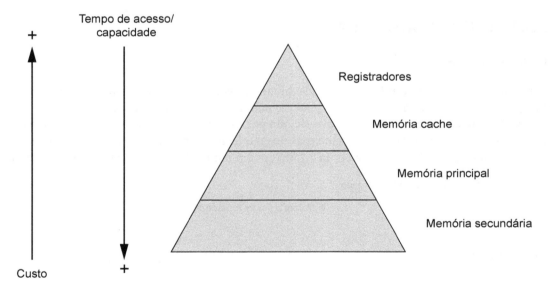

Figura 4.17. Hierarquia de Memória.

Os elementos mais importantes nesta proposta de hierarquia de memória são os seguintes:

Registradores

Os registradores são elementos de memória muito rápidos, com tempos de acesso menores que um ciclo de relógio do processador, mas com capacidade de armazenamento muito reduzida, na ordem de centenas de *bytes*, localizados internamente ao processador. Os registradores são construídos com a mesma tecnologia de fabricação do processador, justificando assim o seu reduzido tempo de acesso. O controle de qual informação deve estar nos registradores é feita explicitamente pelo compilador, que determina quais variáveis serão colocadas nos registradores. É o único nível da hierarquia que realiza movimentações iguais apenas ao

Capítulo 4. Memória principal e hierarquia de memória

tamanho da informação desejada, entre o nível atual e os níveis inferiores, no caso a memória cache e memória principal.

Memória cache

Modernamente, a memória cache está localizada na mesma pastilha do processador e situada em um nível da hierarquia de memória entre os registradores e a memória principal. A memória cache é elaborada com tecnologia de memória estática (SRAM – *Static Random Access Memory*). As memórias estáticas tem pequena capacidade de armazenamento, na ordem de KiB ou MiB, mas são muito rápidas, permitindo acessos em um ou dois ciclos de relógio do processador, mas com a desvantagem de ter um alto custo e consumo de energia. As movimentações de informação entre a memória cache e a memória principal, o seu nível imediatamente inferior, são feitas em quantidades sempre iguais, na ordem de dezenas de *bytes*, chamadas de **linhas** ou **blocos**. O controle da movimentação da informação entre a memória principal e a memória cache é feita por uma máquina de estados, implementada em *hardware* e localizada junto à cache na mesma pastilha do processador.

Memória principal

A memória principal é elaborada com uma tecnologia denominada memória semicondutora dinâmica (DRAM – *Dynamic Random Access Memory*). As memórias dinâmicas têm grande capacidade de armazenamento, na ordem de alguns GiB, com menor consumo de energia, porém mais lentas que as memórias estáticas. São constituídas por pastilhas de memória dinâmica montadas em módulos conforme visto na Seção 4.2.5. Elas necessitam de uma lógica para restauração (*refresh*) periódica do seu conteúdo, quer embutida ou fora da pastilha, que aumentam o tempo médio de acesso, da ordem de dezenas de ciclos de relógio. Elas possuem um custo de armazenamento intermediário por *byte*, menor que as memórias estáticas, porém maior que os dispositivos da memória secundária. A unidade de movimentação entre a memória principal e a memória secundária é a página, com tamanho na ordem de alguns KiB, cujo controle de movimentação é realizado pelo sistema operacional.

Memória secundária

A memória secundária é o nível mais baixo da hierarquia de memória, sendo composta pelos dispositivos de estado sólido, com memórias do tipo Flash; pelos meios magnéticos, como o disco rígido e a fita; e pelos dispositivos ópticos, como o CD-ROM. Sua principal característica é um alto tempo de acesso, de vários milissegundos, mas com grande capacidade de armazenamento, na ordem de TiB, e baixíssimo custo de armazenamento por *byte*. Os programas e arquivos são armazenados integralmente e de forma persistente na memória secundária, que é composta por dispositivos de memória não volátil, capazes de manter a informação preservada quando o computador é desligado, ao contrário dos níveis superiores da hierarquia, onde toda a informação armazenada é perdida quando há queda de energia.

A Figura 4.18 apresenta um resumo com os tempos de acesso característicos de cada nível; a ordem de grandeza da quantidade de armazenamento desses níveis; a unidade de informação movimentada entre cada um dos níveis; e os responsáveis pelo controle da movimentação entre cada hierarquia. A grande razão para o funcionamento da hierarquia de memória é que os programas, constantemente, se utilizam das mesmas instruções e dados já lidos anteriormente. Na seção a seguir estudamos essas características com mais detalhes.

4.3.2 Conceito de localidade

Um questionamento que poderia ser feito é: por que a cópia da informação dos níveis inferiores para os superiores da hierarquia é útil, se de fato ela introduz atrasos no acesso do processador aos dados e instruções

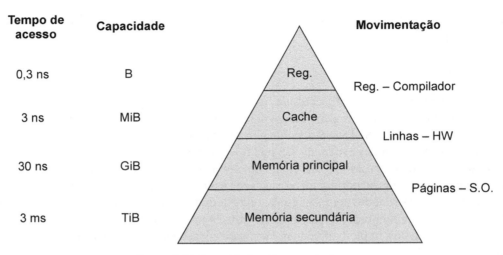

Figura 4.18. Capacidade e Tempos de Acesso.

do programa? Ou seja, por que perder tempo na cópia da informação, se essa operação precisa ser repetida toda vez que o processador necessitar desta informação?

A resposta está no fato de que existe uma grande probabilidade de o processador executar os mesmos trechos de código repetidamente e de utilizar em sequência dados que estejam em posições de memória muita próximas entre si. Essas propriedades dos programas são chamadas de localidade **temporal** e **espacial** (HENNESSY; PATTERSON, 2017).

> **Localidade Temporal**: Durante a execução de um programa, as posições de memória, relativas aos dados ou instruções, que são referenciadas (lidas ou escritas), tendem a ser novamente referenciadas em um curto intervalo de tempo.
> - usualmente observada na execução de laços de instruções; nos acessos à estrutura de dados como vetores, pilhas de dados, variáveis como contadores etc.;
> - é uma propriedade essencial para a eficiência da memória cache;
> - se uma referência a uma posição de memória é repetida N vezes durante um laço de programa, após a primeira referência, essa posição deve ser encontrada novamente na cache nas próximas vezes.

> **Localidade Espacial**: Durante a execução de um programa, se uma posição de memória, relativa aos dados ou instruções, é referenciada, as posições de memória em endereços adjacentes tendem a ser referenciadas logo em sequência.
> - a informação é trazida em blocos da memória principal para a cache, considerando que o processador deve utilizar em breve os dados/instruções que ocupam posições vizinhas de memória;
> - as informações devem ser movimentadas em bloco entre os diversos níveis de hierarquia de memória;
> - o tamanho de um bloco é um parâmetro de projeto, sendo que nas memórias caches, tamanhos usuais são 32, 64 e 128 *bytes* e as páginas da memória virtual possuem de 1 a 16 KiB.

Capítulo 4. Memória principal e hierarquia de memória **167**

Assim, por conta dessas propriedades, uma informação buscada na hierarquia de memória é utilizada diversas vezes pelo processador até que não seja mais necessária, quando então é descartada dos seus níveis mais altos. Vejamos a seguir uma análise da eficiência da hierarquia de memória.

4.3.3 Métricas importantes

Para avaliar a eficiência de uma hierarquia de memória, alguns parâmetros devem ser considerados. Primeiro, a taxa de acerto é definida como a relação entre o número de acessos cujo conteúdo é encontrado nos níveis mais altos da hierarquia e o número total de acessos. Se a taxa de acerto é suficientemente alta, parece ao processador que o tempo de acesso efetivo é muito próximo daquele do nível mais alto da hierarquia, mas com uma capacidade total de memória próxima do seu nível mais baixo.

Em mais detalhes: quando fazemos um acesso a um nível da hierarquia e encontramos a informação desejada, dizemos que houve um **acerto**, em caso contrário dizemos que houve uma **falha**. Os acessos que resultam em acertos nos níveis mais altos da hierarquia podem ser processados mais rapidamente, ao passo que os acessos que geram falhas obrigam que a informação seja buscada nos níveis mais baixos da hierarquia, levando assim mais tempo para serem atendidos. Para que um determinado nível da hierarquia possa ser considerado eficiente é desejável que o número de acertos seja bem maior do que o número de falhas. Vamos em seguida analisar algumas métricas que permitem avaliar a eficiência de um determinado nível da hierarquia de memória.

A taxa de acerto (h) é definida como a relação entre o número de acertos e o número total de acessos em um determinado nível da hierarquia de memória, ou seja, a probabilidade de uma posição referenciada ser encontrada em determinado nível da hierarquia de memória. O total de acessos inclui tanto os acessos de leitura como os de escrita.

$$h = \frac{\text{número de acertos}}{\text{total de acessos}}$$

Quanto maior for a taxa de acertos e, por contrapartida, menor a taxa de falhas, melhor será o desempenho de um nível de hierarquia de memória. Essas taxas de acerto, contudo, variam de acordo com o tipo de programa que está sendo executado e as características de localidade espacial e temporal que este apresenta. De um forma geral, as taxas de acerto nas memórias caches dos modernos processadores costumam ser maiores do que 90%, para a grande maioria dos programas executados. Entretanto, essa métrica apenas não é suficiente para determinar com clareza a efetividade de um nível da hierarquia de memória.

A eficiência de um nível de hierarquia de memória pode ser avaliada com uso de uma métrica importante chamada de tempo médio de acesso (T_{ma}), que é a média ponderada entre o tempo gasto nos acessos com acerto neste nível e o tempo gasto buscando os dados no nível inferior, quando ocorre uma falha. O tempo de acesso com acerto é o tempo necessário para buscar a informação em um nível da hierarquia, que inclui o tempo necessário para determinar se o acesso à informação foi um acerto ou uma falha. A penalidade por falha ou tempo acesso com falha é o tempo necessário para buscar a informação nos níveis inferiores da hierarquia, armazená-la no nível atual e enviá-la para o nível superior. O tempo médio de acesso é definido pela seguinte equação:

$$T_{ma} = h \times T_a + (1 - h) \times T_f$$

em que:

- T_{ma} = tempo médio de acesso;
- h = taxa de acerto;
- T_a = tempo de acesso quando há acerto;
- T_f = tempo de acesso quando ocorre uma falha.

Por exemplo, se Ta = 10 ns, Tf = 100 ns, h = 90%:

$$T_{ma} = 0,90 \times 10 + (1 - 0,90) \times 100 = 19 \text{ ns}$$

Eventualmente, essa formulação pode ser repetida recursivamente, para diversos níveis da hierarquia, conforme veremos na análise da memórias caches de vários níveis na Seção 4.4.7.

4.4 MEMÓRIA CACHE

A memória cache foi a grande solução encontrada para diminuir os ciclos de espera do processador na execução dos programas na memória principal. Basicamente, consiste em combinar uma pequena quantidade de memória rápida com uma grande quantidade de memória lenta:

- uma cópia de parte do programa que está sendo executado é colocada em um dispositivo de memória mais rápido;
- o restante do programa, que não está sendo utilizado no momento, fica em uma memória mais lenta.

A velocidade de acesso resultante é próxima à da memória mais rápida, mas com uma capacidade total de armazenamento igual à da memória lenta. A essa memória pequena e rápida chamamos de **memória cache**.

No início dos tempos a memória cache está vazia, ou seja, não possui nenhuma informação armazenada e todas as suas linhas estão marcadas como inválidas. As instruções e dados vão sendo então gradativamente copiados dos níveis inferiores, como a memória principal e secundária, para a memória cache, à medida que são utilizados pelo processador. Na realidade, o processador inicia a busca das instruções ou dos dados na suposição de que estejam armazenados na memória cache. Se forem encontrados na memória cache (houve um acerto), a informação desejada é transferida para o processador. Mas se os dados ou a instrução não estiverem na memória cache (houve uma falha), então o processador aguarda, enquanto a instrução/dados desejados são copiados para a memória cache e depois transferidos para o processador.

Durante a busca da informação que está faltando na cache, em vez de trazer somente a instrução ou dados solicitados pelo processador, um bloco inteiro é copiado da memória principal e armazenado em uma linha da cache, que então é marcada como válida. O objetivo é minimizar a taxa de falhas nos próximos acessos, seguindo o princípio da localidade espacial. O tamanho de um bloco é um parâmetro de projeto nas memórias caches, tamanhos usuais são 32, 64 e 128 *bytes*. Note que um **bloco** trazido da memória principal recebe o nome de **linha** quando armazenado na memória cache, sendo, portanto, de mesmo tamanho.

Para permitir a identificação adequada de quais são os blocos armazenados na memória cache é necessário também guardar, no todo ou em parte, o endereço que cada bloco possui na memória principal. Quando o processador realizar um acesso, na busca de dados ou instruções, o endereço armazenado junto ao bloco é comparado com o endereço fornecido pelo processador, para saber se houve um acerto ou não. Em

Capítulo 4. Memória principal e hierarquia de memória

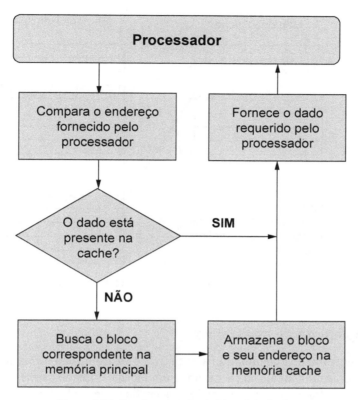

Figura 4.19. Funcionamento da Memória Cache.

realidade, a parte do endereço utilizada para endereçar a informação dentro da linha ou bloco, chamada de *offset*, é descartada e nunca é armazenada com o resto do endereço. Como essa parte do endereço é diferente para todos os *bytes* da mesma linha ou cache, ela não pode ser utilizada para comparação com o endereço fornecido pelo processador, pois assim não seria possível obter a condição de igualdade.

4.4.1 Estratégias de mapeamento da memória cache

Quando o acesso à memória cache resulta em uma falha, um bloco inteiro deve ser buscado na memória principal e colocado em uma linha na memória cache. Existem então várias políticas possíveis para definir a maneira como este bloco deve ser armazenado na memória cache. Essas políticas distintas são denominadas mapeamentos, que podem ser dos seguintes tipos:

- **Mapeamento completamente associativo**: Um bloco da memória principal pode ser armazenado indistintamente em qualquer linha na memória cache.
- **Mapeamento direto**: Cada bloco da memória principal só pode ser armazenado em uma única linha na memória cache, segundo um critério definido pelo endereço do bloco na memória principal.
- **Mapeamento associativo por conjunto**: Cada bloco da memória principal pode ser armazenado indistintamente em um determinado grupo de linhas na memória cache, chamado de conjunto. O critério para a escolha desse conjunto é definido pelo endereço do bloco na memória principal.

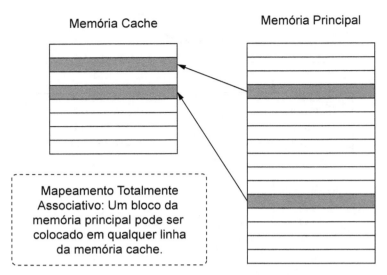

Figura 4.20. Mapeamento Totalmente Associativo.

Mapeamento completamente associativo

O mapeamento totalmente (ou completamente) associativo, conforme visto na Figura 4.20, é talvez a forma mais intuitiva de organizar uma memória cache, onde um bloco é buscado na memória principal e armazenado na memória cache, juntamente com o seu endereço, em qualquer linha que não esteja ocupada. Simples, não? Sendo assim, em um próximo acesso do processador é feita a comparação do endereço deste acesso com todos os endereços já armazenados nas posições válidas da memória cache. Se houver coincidência com algum endereço de um bloco já armazenado (ou seja, um acerto), os dados correspondentes são fornecidos ao processador. Em caso contrário (ou seja, uma falha), o bloco correspondente será buscado na memória principal e colocado em alguma linha que não esteja ocupada. Se a cache estiver cheia, com todas as linhas ocupadas, alguma linha deverá ser escolhida para ser substituída, segundo algum dos algoritmos que serão apresentados na Seção 4.4.4.

Evidentemente, essa operação de comparação pode ser bastante demorada se a memória cache tiver muitas linhas. Uma maneira para acelerar essa busca é utilizar comparadores em paralelo, que fazem todas as comparações simultaneamente. Mas isso tem um custo adicional em termos de circuitos eletrônicos e, de modo geral, as memórias caches com mapeamento associativo são pequenas, não possuindo muitas linhas (ou entradas). A seguir apresentamos uma listagem das vantagens e desvantagens desse tipo de mapeamento:

Vantagens:
- máxima flexibilidade no posicionamento de qualquer bloco da memória principal em qualquer linha da memória cache;
- melhor aproveitamento da capacidade de armazenamento da memória cache;
- maiores taxas de acerto.

Capítulo 4. Memória principal e hierarquia de memória

Desvantagens:
- o custo em *hardware* para a comparação simultânea de todos os endereços armazenados na memória cache é alto;
- caso a comparação seja feita de forma sequencial, o tempo para determinar se houve acerto não cresce enormemente e torna proibitivo o uso desta opção;
- quando a cache está cheia, o custo do algoritmo de substituição (em *hardware*), para selecionar a linha da cache que vai ser substituída, como consequência de uma falha, é significativo.

Consequências:
- esse tipo de mapeamento é utilizado apenas em memórias associativas de pequeno tamanho (32 a 64 linhas), tais como as utilizadas em tabelas de mapeamento de endereço da gerência de memória virtual (TLB – *Translation Lookaside Buffer*).

Mapeamento direto

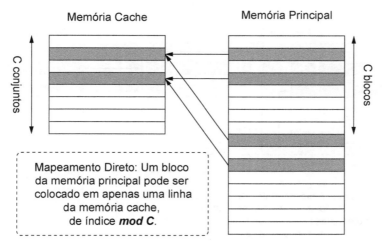

Figura 4.21. Mapeamento Direto.

O mapeamento direto, cujo diagrama de funcionamento é apresentado na Figura 4.21, é uma forma simples e eficiente de organização da memória cache. Nesse tipo de mapeamento, o endereço é dividido em três partes:

1. **Offset**: são os bits utilizados para selecionar os *bytes* dentro da linha que serão lidos ou modificados pelo processador;

2. **Índice**: são os bits menos significativos (à direita) do endereço do bloco, excluídos os bits do *offset*. O índice é utilizado para determinar a posição na memória cache onde o bloco será armazenado;

3. **Rótulo (tag)**: é a parte mais significativa do endereço do bloco (à esquerda), é armazenado na memória cache juntamente com o conteúdo da memória principal, para identificar unicamente cada bloco. É obtido diminuindo o total de bits do endereço dos bits de índice e *offset*.

Quando o processador realizar um novo acesso, o índice é usado para endereçar a memória cache. Se o rótulo armazenado junto com aquela linha na memória cache for igual ao rótulo do endereço fornecido pelo processador, então houve acerto. A informação armazenada na linha é enviada para o processador, sem necessidade de acesso à memória principal. Em caso de falha, o bloco correspondente é buscado na memória principal e armazenado sempre na mesma linha correspondente ao índice, substituindo eventualmente a linha que já está ocupando aquela posição na memória cache.

Vantagens:
- não há necessidade de algoritmo de substituição;
- o *hardware* é simples e de baixo custo;
- alta velocidade de operação.

Desvantagens:
- o desempenho diminui se acessos consecutivos são feitos em palavras com mesmo índice;
- a taxa de acerto é inferior ao de memórias caches com mapeamento associativo;
- contudo, a taxa de acerto pode ser melhorada com o aumento do tamanho da cache.

Mapeamento associativo por conjunto

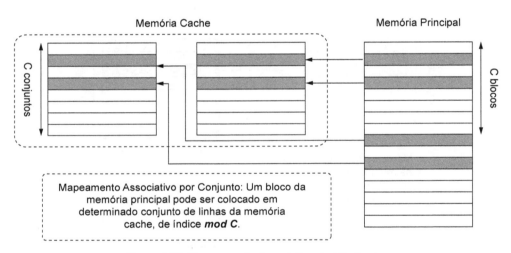

Figura 4.22. Mapeamento Associativo por Conjunto.

No mapeamento direto, todos os blocos armazenados na memória cache devem ter, obrigatoriamente, índices diferentes. No mapeamento completamente associativo, ilustrado na Figura 4.22, os blocos podem ser colocados em qualquer linha da memória cache. No mapeamento associativo por conjunto, existe uma solução de compromisso: um número limitado de blocos, de mesmo índice mas com rótulos diferentes, pode estar na memória cache ao mesmo tempo. Esse grupo de linhas com o mesmo índice é chamado de **conjunto**.

Assim, quando é feito um acesso, a comparação do endereço fornecido pelo processador é feita com os rótulos de todas as linhas do mesmo conjunto, simultaneamente. Se houver acerto em alguma delas, a informação é fornecida para o processador. Em caso de falha, o bloco em questão é buscado da memória principal e colocado em uma das linhas do conjunto que estiver vazia. Se todas as linhas estiverem ocupadas, uma delas deve ser escolhida para ser substituída, também de acordo com algum dos algoritmos previstos na Seção 4.4.4.

O total de linhas que podem ser armazenadas no mesmo conjunto define a associatividade da memória cache. Por exemplo, se um conjunto pode armazenar até quatro linhas diferentes, então dizemos que a cache tem associatividade quatro ou com quatro vias.

Capítulo 4. Memória principal e hierarquia de memória

Vantagens:
- reduz as chances de conflito;
- é rápido para descobrirmos se um bloco está na cache.

Desvantagens:
- necessita de algoritmo de substituição implementado em *hardware*.

4.4.2 Tamanho do bloco

A escolha do tamanho da linha ou bloco da cache é um parâmetro de projeto que deve ser cuidadosamente escolhido, pois uma vez definido, não pode mais ser alterado. Tamanhos de bloco maiores tendem a fazer uso melhor da localidade espacial, aumentando a taxa de acerto. Contudo, blocos de maior tamanho nas memórias caches aumentam a penalidade por falha, ou seja, o tempo gasto para trazer este bloco da memória principal para a memória cache é maior. Assim sendo, uma solução de compromisso é encontrada após exaustivas simulações de um conjunto diversificado de programas na fase de projeto dos processadores. Tamanhos típicos de blocos ou linhas para as memórias caches variam entre 16 e 128 *bytes*.

Vamos supor agora uma situação onde temos um processador A com uma cache com linhas de 32 *bytes* e um outro processador B com uma cache com linhas de 128 *bytes*, mas ambas com mapeamento direto e capacidade igual a 64 KiB. A taxa de acerto observada da cache do processador A é de 95% e do processador B é 98%. Esse aumento na taxa de acerto se deve, por hipótese, ao fato de a cache do processador B ter um bloco maior que a cache do processador A. Mas observamos também que o tempo de acerto é de 5 ns em ambos os casos, mas que o tempo de falha da cache A é de 50 ns e da cache B é 110 ns, em função do maior tempo necessário para a busca de um bloco maior na memória. Qual das caches é a mais eficiente?

Para responder a essa pergunta, vamos resgatar a equação do tempo médio de acesso:

$$T_{ma} = h \times T_a + (1 - h) \times T_f$$

Vamos resolver essa equação para cada um dos casos:

$$T_{ma}A = 0,95 \times 5 + (0,05) \times 50 = 7,25 \text{ ns}$$

$$T_{ma}B = 0,98 \times 5 + (0,02) \times 110 = 7,1 \text{ ns}$$

Nesse caso, notamos que a cache do processador B apresenta uma eficiência maior, para a média dos programas simulados, a despeito do aumento do tempo de falha. Devemos observar que em um caso real a eficiência, assim como a taxa de acerto, dependem dos programas que são executados pelo processador, podendo variar de caso a caso.

4.4.3 Operações de escrita

Uma operação de leitura na cache não afeta o seu conteúdo e não há discrepância entre o conteúdo da memória cache e o conteúdo da memória principal. Já nas operações de escrita as informações armazenadas na cache e na memória principal podem ter valores diferentes. Ou seja, se a escrita for realizada apenas na memória cache e a memória principal não for atualizada, isto poderá causar problemas ao correto funcionamento do computador.

Poderia haver problemas, por exemplo, caso fosse realizada uma operação de E/S da memória principal para o disco rígido. Nesse caso, os dados poderiam ser enviados para o disco rígido desatualizados. Uma outra situação problemática, em um computador com vários processadores, poderia acontecer se um processador utilizasse os dados armazenados na memória, que já foram modificados por um outro processador em sua cache, mas não foram ainda atualizados na memória principal. Desta maneira, em algum momento os dados modificados por um processador em sua cache devem ser copiados para a memória principal. Vamos analisar em seguida duas situações: a primeira quando ocorre um acerto na cache durante a operação de escrita e a segunda quando ocorre uma falha.

Escrita com acerto

Existem duas políticas possíveis para a atualização dos dados quando há um acerto durante uma escrita na cache, ou seja, a informação a ser atualizada está em uma linha ou bloco armazenado na memória cache. São os chamados mecanismos de coerência:

> - **Write-through**: a escrita é realizada simultaneamente na cache e na memória principal. Neste caso as operações de escrita são mais lentas que as de leitura, e a escrita adicional na memória principal reduz o tempo médio de acesso à memória cache.

> - **Write-back**: o bloco é atualizado na memória cache imediatamente. A memória principal é atualizada apenas quando o bloco modificado for substituído na memória cache.

Na política *write-through*, as falhas são mais simples de serem tratadas, pois nunca há necessidade de escrever todo o bloco no nível mais inferior da hierarquia, apenas a palavra sendo atualizada. Essa técnica permite a implementação mais fácil de protocolos para a manutenção da coerência entre as caches, quando houver mais de uma cache no mesmo barramento, porque a escrita é visível para todos os processadores.

Na política *write-back*, as palavras podem ser escritas na velocidade da cache, em lugar da memória principal. Várias escritas sucessivas para o mesmo bloco são atualizadas em uma única operação no nível mais inferior da hierarquia e permite, ainda, o uso de transferências em rajada para atualização dos blocos no nível de hierarquia inferior. Contudo, essa política exige protocolos adicionais de controle para garantir a coerência das caches quando houver mais de um processador no sistema, ou quando forem feitas operações de E/S da memória para os dispositivos de armazenamento secundário (disco rígido, SSD, CD-ROM, fita etc.).

Esses protocolos visam forçar a colocação no barramento de informações sobre as operações de escrita sempre que necessário, pois a memória principal nem sempre possui uma cópia válida do bloco que está sendo solicitado. Esses protocolos definem a responsabilidade sobre quem deve fornecer um bloco de dados quando uma operação de leitura com falhas ocorre.

Escrita com falha

Se ocorrer uma falha no acesso de escrita, duas estratégias são possíveis de serem utilizadas:

> - **Write allocate**: O bloco onde vai ser feita a operação de escrita é trazido primeiramente para a memória cache e a operação de escrita é então realizada.

Capítulo 4. Memória principal e hierarquia de memória **175**

> ▪ **No write allocate**: O bloco a ser escrito não é trazido para a memória cache e, portanto, a operação de escrita sempre se realiza apenas na memória principal.

Não há grande diferença de desempenho ou nos protocolos de coerência entre cada uma das políticas, sendo a política de escrita com acerto o fator determinante para essa escolha. Usualmente, a política *write allocate* é adotada com o modo *write back* e a política *no write allocate* com o modo *write through*.

4.4.4 Política de substituição de blocos

O modo de localização de um bloco depende do esquema de mapeamento utilizado. No caso do mapeamento direto é necessário apenas uma comparação. No caso do mapeamento associativo, são necessárias tantas comparações quanto forem os blocos/linhas em cada conjunto. No caso das memórias totalmente associativas, é necessário que todas as posições da memória cache sejam comparadas. Normalmente, essas comparações são realizadas em paralelo por vários circuitos no *hardware* do processador.

Mas quando ocorre uma falha na memória cache, um novo bloco precisa ser trazido da memória principal. Na cache com mapeamento direto, não é necessário escolher qual bloco da cache será substituído, pois um bloco pode ocupar apenas uma posição na cache e, se houver um outro bloco ocupando aquela posição, este será obrigatoriamente substituído para a colocação do novo bloco.

Contudo, na cache com associatividade total ou por conjunto, um dos blocos que estão no mesmo conjunto deve ser escolhido para ser substituído. Ou seja, uma política (algoritmo) de substituição precisa ser implementada em *hardware*. Dependendo do algoritmo escolhido para ser utilizado, poderá haver diferenças para mais ou menos nas taxas de acerto da cache. Note que uma cache com mapeamento completamente associativo pode ser considerada uma cache com um único conjunto onde estão todas as linhas da cache. São três os algoritmos de substituição mais utilizados:

> ▪ **Algoritmo de substituição aleatório (randômico)**: Um bloco é escolhido aleatoriamente para ser substituído no conjunto. É uma política de fácil implementação, mas tem problemas de desempenho, pois diminui a taxa de acerto, em esquemas totalmente associativos.

> ▪ **Substituição por fila FIFO (*First In, First Out* – primeiro a entrar, primeiro a sair)**: O bloco que está há mais tempo no conjunto é removido. É uma política menos simples para se implementar e pode diminuir a taxa de acerto quando o bloco mais antigo for ainda muito utilizado.

> ▪ **Substituição LRU (*Least Recently Used* – menos recentemente utilizado)**: O bloco a ser substituído no conjunto é aquele que não é referenciado (lido ou escrito) há mais tempo. É o esquema de melhor desempenho, mas cuja implementação é a mais complexa.

O algoritmo LRU, que substitui o bloco ou linha que há mais tempo não é referenciado, isto é lido ou escrito, não deve ser confundido com diversos algoritmos aproximativos que são utilizados, entre eles, o LFU (*Least Frequently Used* – menos frequentemente utilizado). Esse algoritmos aproximativos são normalmente escolhidos em função da complexidade do algoritmo LRU, que exige a utilização de registradores com anotações de tempo (*timestamps*) para sua correta implementação.

4.4.5 Os três Cs

A função da memória cache é agilizar a execução de programas, armazenando cópias de blocos de dados da memória principal em uma memória cache mais rápida, embora de menor capacidade. O gráfico na Figura 4.23 ilustra a taxa de falhas (*miss ratio*) de uma memória cache em função do seu tamanho e associatividade. Quanto menor for o valor da taxa de falhas, melhor será o desempenho da cache. As falhas encontradas em uma memória cache podem ser classificadas em três categorias: falhas compulsórias, por capacidade ou por conflito (também chamadas de 3 Cs) (HENNESSY; PATTERSON, 2017).

- **Falhas compulsórias**: São falhas que ocorrem sempre no primeiro acesso a um bloco, já que o bloco nunca foi armazenado na memória cache.
- **Falhas devido à capacidade**: São falhas que ocorrem quando a cache não consegue armazenar todos os blocos necessários à execução de um programa, por não ter capacidade suficiente.
- **Falhas por conflitos ou colisão**: São falhas que ocorrem quando diversos blocos competem pela mesma posição (conjunto) na memória cache. Esse tipo de falha não ocorre em caches totalmente associativas, pois neste caso um bloco pode ser armazenado em qualquer linha da memória cache.

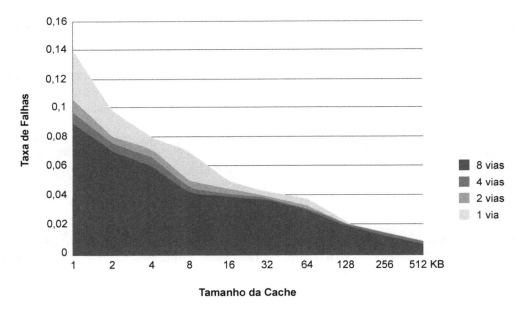

Figura 4.23. Motivos de Falhas.

Aumentar o tamanho dos blocos da cache pode diminuir as falhas compulsórias, fazendo uso da localidade espacial. No entanto, isso resulta em um aumento na penalidade por falha, uma vez que aumenta o tempo necessário para carregar um bloco da memória principal para a cache durante uma falha. Há um tamanho ótimo, que normalmente é determinado com uso de simulações, mas esse tipo de falha nunca pode ser completamente eliminado. Aumentar o tamanho da cache pode diminuir as falhas por capacidade, porém resultará em um aumento no tempo de acesso com acerto, uma vez que uma cache maior apresenta um tempo de acesso maior. Vale ressaltar, mais uma vez, que esse tipo de falha não pode ser completamente eliminado. As falhas por conflito podem ser reduzidas com um aumento da associatividade (número de vias) da cache, mas isso implica um aumento no tempo de acesso com acerto, pois há necessidade de um maior número de comparações para verificar a presença ou não do bloco na memória cache. Além disso, o aumento na associatividade pode resultar em um eventual aumento no custo de implementação. A penalidade por falha

Capítulo 4. Memória principal e hierarquia de memória

também pode ser reduzida com uso de cache multinível, já que há mais chance de o bloco ser encontrado nos níveis inferiores da cache, antes de ser necessária uma ida à memória principal. Veja mais detalhes na Seção 4.4.7.

4.4.6 Caches virtuais e físicas

O processador executa os programas a partir dos endereços virtuais fornecidos pelo compilador. Contudo, esses endereços devem ser traduzidos, em tempo de execução, para endereços físicos, que refletem a real posição que esses programas ocupam na memória principal. Essa tradução é feita pela gerência de memória, conforme pode ser visto na Seção 4.5.

Em algumas situações, quando o processador é muito rápido com relação à memória cache, pode ser que não haja tempo para a tradução dos endereços virtuais em endereços físicos e ainda verificar se o bloco está presente ou não na memória cache. Nessas situações, uma solução possível é armazenar na cache os endereços virtuais relativos aos rótulos dos blocos, ou seja, antes da tradução pela gerência de memória, economizando assim preciosos nanossegundos.

Deste modo, a verificação se o bloco está ou não na memória cache pode ser feita em paralelo com a conversão do endereço virtual em físico pela gerência de memória. Mas essa solução apresenta como inconveniente a possibilidade de ocorrência de *aliasing*: dois ou mais endereços virtuais idênticos gerados por processos diferentes, que se referem a endereços físicos distintos armazenados na mesma linha da memória cache. Para que a memória cache consiga funcionar adequadamente nesta situação é necessário que seja realizado um *flush* (descarte de todos os dados armazenados na cache), a cada troca de processo. Outro ponto a se observar é que a manutenção da coerência de dados da memória cache virtual é muito difícil de ser realizada em ambientes com múltiplos processadores, já que isso normalmente é feito com o uso de endereços físicos.

Em uma situação normal, a cache armazena os endereços físicos dos blocos de memória. Neste caso, o tempo de acesso é um pouco mais lento porque o acesso à cache deve ocorrer após a conversão do endereço virtual em físico. Esse tipo de cache tem implementação mais simples e permite que algoritmos de coerência de cache sejam utilizados em ambientes com múltiplos processadores, motivo pelo qual a maioria dos processadores modernos implementa caches físicas. A questão do tempo de acesso pode ser contornada com a implementação de vários níveis de cache e o uso de caches menores, e mais rápidas, no primeiro nível.

4.4.7 Caches separadas e multiníveis

Um modo de organização muito comum nos modernos processadores é o uso de memória cache separada para dados e instruções, que apresenta diversas vantagens como:

- a política de escrita só precisa ser aplicada à cache de dados;
- existem caminhos separados entre memória principal e cada cache, permitindo transferências simultâneas de dados e instruções (p. ex., quando o processador possui um *pipeline* – veja a Seção 8.1);
- estratégias diferentes podem ser utilizadas para cada tipo de memória cache, por exemplo, capacidades diferentes, tamanho do bloco e associatividade.

A implementação de uma cache pequena e muita rápida junto ao processador é muito utilizada para que os dados e instruções sejam fornecidos em apenas um ciclo de relógio. Essa cache recebe o nome de cache de nível 1 (L1). Uma outra cache, chamada de nível 2 (L2), é inserida entre a memória principal e a cache de nível 1. Essa cache não é tão rápida quando a cache L1, mas possui maior capacidade e uma taxa de acerto boa o suficiente para reduzir o tempo de acesso aos dados, quando houver uma falha na cache de nível 1. Normalmente, a cache de nível 1 é separada em dados e instruções, e a cache de nível 2 é unificada.

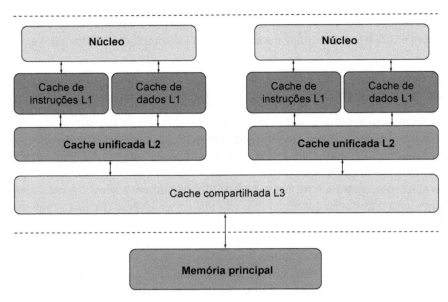

Figura 4.24. **Caches Multiníveis.**

O tempo médio de acesso é menor com uso de uma cache multinível, como pode ser visto na equação para o tempo médio de acesso em uma cache de dois níveis unificados:

$$T_{ma} = h_1 \times T_a^1 + (1 - h_1) \times (h_2 \times T_a^2 + (1 - h_2) \times T_f)$$

em que:

- T_{ma} = tempo médio de acesso;
- h_1 = taxa de acerto da cache de nível 1 (L1);
- T_a^1 = tempo de acesso à cache de nível 1 (L1) quando há acerto;
- h_2 = taxa de acerto da cache de nível 2 (L2);
- T_a^2 = tempo de acesso à cache de nível 2 (L2) quando há acerto;
- T_f = tempo de acesso com falha.

Por exemplo, se T_a^1 = 10 ns, T_a^2 = 20 ns, T_f = 100 ns, h_1 = 90%, h_2 = 95% :

$$T_{ma} = 0,90 \times 10 + (1 - 0,90) \times (0,95 \times 20 + (1 - 0,95) \times 100 = 11,4 \text{ ns}$$

Ou seja, esse valor é melhor que o resultado obtido apenas com pela cache de nível 1, como visto na equação da Seção 4.3.3. Nos processadores modernos, com mais de um núcleo, é comum a existência de um terceiro nível de cache (L3), compartilhada por todos os núcleos (veja a Figura 4.24). O tempo de acesso com acerto a essa cache é da ordem de algumas dezenas de ciclos de relógio.

O uso de caches multiníveis é um recurso comum nos modernos processadores, mas que pode resultar na diminuição da taxa de acerto nos níveis mais próximos ao processador, pelo uso de caches com capacidade menor nesses níveis para acompanhar as velocidades crescentes de relógio dos processadores. A arquitetura

Capítulo 4. Memória principal e hierarquia de memória

e o desempenho final de uma memória cache devem ser adequadamente avaliados por meio de simulações, antes da sua implementação física no processador.

Tabelas comparativas

Na Tabela 4.6 são apresentadas as características de velocidade, níveis e capacidade de memória cache e de memória principal de alguns processadores comerciais.

Tabela 4.6. Tabela Comparativa Hierarquia de Memória

Processador	Intel Core i7-7820X	Intel Core i9-12900KS	AMD Ryzen 9 5950X	AMD Ryzen 7 5800X
Frequência máxima	4,5 GHz	5,5 GHz	4,9 GHz	4,7 GHz
L1 (Dados)	32 KiB	32 KiB	64 KiB	32 KiB
L1 (Instruções)	32 KiB	32 KiB	64 KiB	32 KiB
L2	1 MiB	256 KiB	512 KiB	256 KiB
L3	11 MiB	30 MiB	64 MiB	32 MiB
Associatividade	16 vias	16 vias	16 vias	8 vias

4.5 MEMÓRIA VIRTUAL

O sistema de memória virtual é responsável pelo controle de qual informação vai ficar armazenada na memória principal, à disposição do processador, e qual vai ser movida para a memória secundária. O objetivo é oferecer o melhor uso possível para a memória principal e, como consequência, o melhor desempenho possível para os processos ativos. Assim, a memória é compartilhada entre os diversos processos em execução, procurando dar a cada um deles uma fatia de memória proporcional à sua demanda, sem que isso, contudo, comprometa a execução dos demais processos.

A memória virtual é um conjunto de *hardware* e de rotinas do sistema operacional, que, além do controle da hierarquia entre a memória principal e a memória secundária, realiza a proteção dos processos, evitando que um processo modifique informações que pertençam a algum outro processo. Finalmente, a memória virtual também faz a translação de endereços virtuais em endereços reais, já que os programas normalmente enxergam um espaço de endereçamento maior que a memória física disponível. Em resumo, a memória virtual realiza três funções principais:

- controle da hierarquia entre a memória principal e a memória secundária;
- proteção, evitando que um programa modifique informações que pertençam a algum outro;
- mapeamento dos endereços de um espaço de endereçamento virtual em endereços físicos.

Note que um programa ao ser compilado possui um endereço inicial de execução que é distinto daquele que é carregado para execução na memória. Então, alguma maneira de tradução de endereços virtuais (aqueles com que o programa foi compilado) para endereços físicos ou reais (aqueles onde o programa foi carregado) deve ser realizada.

O método mais utilizado pela memória virtual é a divisão do espaço de endereçamento do programa em blocos de tamanho fixo. Esses blocos são chamados de **páginas** no espaço de endereçamento virtual e de **quadros** (ou *frames*) na memória principal. Tamanhos usuais para as páginas em diversos sistemas operacionais são entre 1 KiB e 8 KiB, mas podem chegar até 64 KiB.

Cada página virtual do processo possui um **descritor** que contém basicamente um bit de validade indicando que o descritor tem informação válida, um bit para indicar se a página foi modificada e o endereço físico atual da página, que pode ser um endereço na memória principal ou a sua localização na memória secundária. O conjunto de descritores de um processo se chama tabela de páginas e fica armazenada em uma estrutura hierárquica na memória principal, no espaço de endereçamento do núcleo do sistema operacional. Cada processo tem a sua própria tabela de páginas associada, que é criada junto com o processo.

Evidentemente, este modo de organização apresenta um grande inconveniente: para cada acesso à memória seria necessário um segundo acesso à tabela de páginas, também na memória, dobrando o tempo de execução dos programas. Agora, graças à localidade temporal e espacial dos programas, isso pode ser resolvido com relativa facilidade. Cada novo acesso à uma página é seguido por milhares e milhares de acessos a endereços que estão nessa mesma página, resultando em uma alta taxa de acerto.

Assim sendo, o endereço físico (ou endereço do quadro) é buscado no descritor na tabela de páginas e armazenado em uma pequena memória associativa junto do processador. Deste modo, essa memória associativa é consultada e, em caso de acerto, o endereço armazenado é utilizado no acesso à memória, dispensando a ida à tabela de páginas na memória principal. E mais, essa consulta e tradução pode ser feita em menos de um ciclo de processador, com alta taxa de acerto e muito eficiente. Essa tabela recebe o nome abreviado de TLB (*Translation Lookaside Buffer*) e normalmente possui capacidade para armazenar algumas dezenas de descritores.

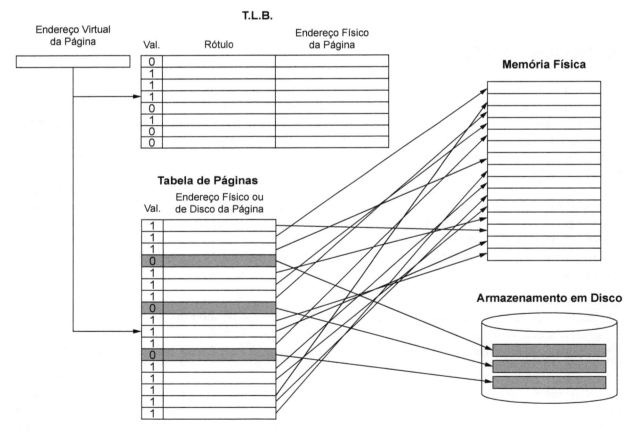

Figura 4.25. Diagrama da Memória Virtual.

Apesar de muitos aspectos dos componentes da hierarquia de memória diferirem quantitativamente, muitas das políticas e das características da memória virtual são semelhantes à memória cache em termos qualitativos:

Capítulo 4. Memória principal e hierarquia de memória

- **Onde colocar uma página?**

  Esta questão afeta apenas a memória cache, já que o método utilizado pela memória virtual é o mapeamento totalmente associativo. Ou seja, as páginas de um processo podem ocupar qualquer posição na memória física que não esteja sendo utilizada pelo sistema operacional.

- **Qual o tamanho de uma página?**

  Tamanhos de páginas maiores tendem a fazer uso melhor da localidade espacial, aumentando a taxa de acerto. Uso de páginas maiores tende a diminuir o tamanho da tabela de páginas, diminuindo a penalidade por falha das TLBs. Assim, tamanhos típicos de páginas estão entre 1 e 16 KiB, sendo 4 KiB o tamanho padrão para a maioria dos sistemas operacionais.

- **Como encontrar uma página?**

  Nos sistemas de memória virtual, a tabela de páginas é utilizada para indexar a memória principal. Esta tabela contém todas as translações de endereços virtuais para endereços físicos de todas as páginas em uso pelos processos ativos. Caso uma determinada página não esteja carregada na memória, a posição correspondente na tabela de páginas é marcada como inválida e deve ser buscada pelo sistema operacional na memória secundária.

- **Qual das páginas deve ser substituída quando ocorrer uma falha e não houver espaço disponível na memória principal?**

  No sistema de memória virtual, algoritmos semelhantes aos utilizados na memória cache são empregados para decidir qual a página que deve ser removida da memória: LRU, FIFO, Aletório e do Relógio são os principais. Adicionalmente, um bit de modificado no descritor na tabela de páginas indica se a página a ser removida deve ser atualizada antes na memória secundária. Nos modernos sistemas operacionais, para cada processo, apenas um subconjunto de suas páginas, que é denominado "conjunto de trabalho", é mantido em memória. O universo das páginas candidatas à substituição pode ser local (do mesmo conjunto de trabalho) ou global (todas as páginas de todos os processos na memória são analisadas).

- **O que acontece em uma escrita?**

  No caso da memória virtual, o algoritmo utilizado para atualização das páginas é sempre o *write-back* com *write-allocate*. Ou seja, as páginas só são atualizadas na memória secundária se tiverem sido modificadas, em caso contrário são descartadas, pois sempre haverá uma cópia idêntica do arquivo original armazenada na memória secundária. No caso de uma escrita sem acerto, a página é trazida para a memória principal para então ser feita a escrita dos dados correspondentes. A área de armazenamento para as páginas modificadas na memória secundária recebe o nome de espaço de troca (*swap*), podendo ser uma partição e/ou um arquivo no disco rígido (HDD) ou no dispositivo de estado sólido (SSD).

O diagrama da Figura 4.26 apresenta o funcionamento da memória virtual. Em primeiro lugar, o processador apresenta o endereço virtual dos dados/instrução que deseja acessar. Um *hardware* especializado verifica se o descritor da página correspondente está armazenado na TLB. Se houver um acerto, o endereço físico armazenado no descritor é utilizado para formar o endereço para acesso à memória principal ou memória cache. Se houver acerto na memória cache, o processador prossegue a execução do programa sem interrupções ou atrasos.

Se houver uma falha na TLB (*page miss*), o mecanismo de busca em *hardware* acessa automaticamente a tabela de páginas do processo na memória principal, e consulta o descritor correspondente àquela página virtual. Se o descritor informar que a página já está carregada na memória física, a TLB é atualizada com o conteúdo do descritor, o endereço físico é formado e prossegue o acesso do processador à memória principal/cache. Esta operação resulta na parada do processador por algumas dezenas de ciclos de máquina, mas não ocorre troca de processo.

Se houver uma falha da tabela de páginas (*page fault*), é iniciada pelo sistema operacional uma operação de cópia da página da memória secundária para a memória principal. Essa operação, contudo, é muito lenta, na ordem de alguns milissegundos, no que resultaria em atrasos inaceitáveis na operação do processador.

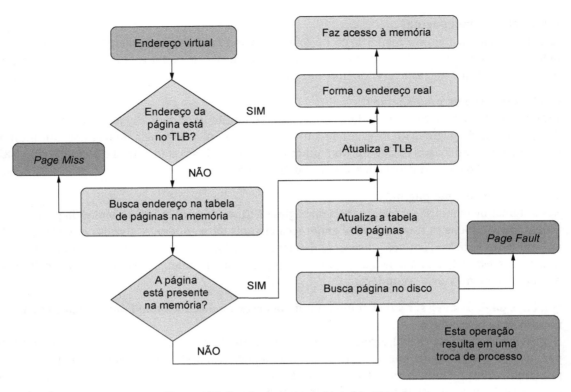

Figura 4.26. Funcionamento da Memória Virtual.

Para ocultar este atraso é feita uma troca de processo, colocando o processo atual na fila de espera do sistema. Ou seja, todo o contexto relativo ao processo em execução é salvo na memória e um novo processo é escalonado para execução pelo sistema operacional. Quando a página em questão tiver sido carregada na memória, uma interrupção é enviada ao processador, que desvia para uma rotina do sistema operacional que faz a atualização da tabela de páginas, retira o processo da fila de espera e o coloca na fila de prontos para, assim que possível, ser novamente executado.

Os valores típicos de desempenho de uma TLB são os seguintes: tamanho de 32 a 512 entradas; tempo de acerto entre 0,5 e 1 ciclo; penalidade de falha entre 10 e 100 ciclos de relógio e taxa de falhas entre 0,01% e 1%. Então, se uma TLB gasta um ciclo em cada de acerto, com penalidade de falha de 30 ciclos e taxa de falha de 1%, então ciclo de memória efetivo é em média igual a:

$$T_{ma} = 1 \times 0,99 + (1 + 30) \times 0,01 = 1,30$$

Ou seja, 1,3 ciclo de relógio por acesso de memória. A Tabela 4.7 apresenta valores típicos de tamanho de página e da TLB para alguns processadores.

Uma pergunta adicional para a memória virtual que surge é a seguinte:

- **Qual deve ser o tamanho da espaço de (*swap*) com relação ao tamanho da memória principal?**

O espaço de troca (*swap*) de um sistema operacional é usado quando não há mais quadros livres no conjunto de trabalho do processo ou na memória principal, dependendo se for empregada uma política de substituição local ou global. Se o sistema precisar de mais recursos de memória e não houver espaço disponível suficiente, os quadros modificados na memória principal são movidos para o espaço de troca mediante o algoritmo de substituição utilizado.

Tabela 4.7. **Valores Típicos de Memória Virtual**

Processador	Tam. de Página	TLB Instruções	TLB Dados
Alpha 21024	8 KiB	8 entradas (CA^3)	32 entradas (CA)
Alpha 21124	8 KiB	48 entradas (CA)	64 entradas (CA)
Alpha 21224	8 KiB	64 entradas (CA)	128 entradas (CA)
Intel Pentium	4 KiB	32 entradas (4 vias)	64 entradas (4 vias)
intel Pentium II	4 KiB	32 entradas (4 vias)	64 entradas (4 vias)
Intel Pentium IV	4 KiB	64 entradas (4 vias)	128 entradas (4 vias)
Intel Core Duo	4 KiB	64 entradas (CA)	64 entradas (CA)
Intel i3 Sandy Bridge	4 KiB	64 entradas/thread (4 vias)	64 entradas (4 vias)

CA – Completamente Associativa

Embora o espaço de troca possa ajudar máquinas com uma pequena quantidade de memória principal, não deve ser considerado um substituto para a demanda por mais memória física. O espaço de troca está localizado na memória secundária e tem um tempo de acesso mais lento do que a memória principal. O espaço de troca pode ser uma partição de troca dedicada (recomendado), um arquivo de troca ou uma combinação de partições de troca e arquivos de troca.

Há algum tempo atrás, a quantidade recomendada de espaço de troca aumentava linearmente com a quantidade de memória principal no sistema. No entanto, os sistemas modernos geralmente incluem dezenas a centenas de *Gibibytes* de memória principal. Como consequência, grandes quantidades de memória *swap* não são efetivas para garantir o funcionamento do sistema, em razão do grande tempo que seria perdido enviando e trazendo quantidades enormes de páginas da memória secundária para a memória principal e vice-versa. Assim, à medida que aumenta a quantidade de memória principal, o tamanho do espaço de troca tende a ser proporcionalmente menor.

Na Tabela 4.8[4] vemos as quantidade de espaço recomendadas para o sistema operacional CentOS 7, em função do tamanho da memória memória principal. Note que nos sistemas com hibernação deve haver espaço adicional suficiente para a cópia do conteúdo da memória principal para o espaço de troca (*swap*), já que na hibernação todo o conteúdo da memória é copiado para o espaço de troca.

Tabela 4.8. **Tamanho do Espaço de Troca**

Quantidade de memória principal	Espaço de troca recomendado	Espaço de troca recomendado com hibernação
menor que 2 GiB	2 vezes a quantidade de memória principal	3 vezes a quantidade memória principal
entre 2 GiB e 8 GiB	Igual à quantidade de memória principal	2 vezes a quantidade de memória principal
entre 8 GiB e 64 GiB	No mínimo 4 GiB	1,5 vez a quantidade de memória principal
maior que 64 GiB	No mínimo 4 GiB	A hibernação não é recomendada

---

4   Disponível em: https://access.redhat.com/documentation/en-us/red_hat_enterprise_linux/7/html/storage_administration_guide/ch-swapspace. Acesso em: 19 mar. 2024.

Nos sistemas operacionais mais modernos, a área de *swap* na memória secundária foi substituída por uma partição comprimida na própria memória principal do computador, chamada de ZRAM. A ZRAM cria um dispositivo de bloco na memória onde as páginas que seriam gravadas para área de troca (em disco rígido ou no SSD) são primeiro compactadas e depois armazenadas neste dispositivo de bloco. Isso permite uma operação de *swap* muito mais rápida e também a compactação de dados fornece uma quantidade significativa de economia de memória. Uma desvantagem da ZRAM é que ela requer o uso de processamento para compactação dos dados, mas isso geralmente é compensado pelos ganhos obtidos ao evitar a realização *swap* para a memória secundária e a economia geral de memória com a compactação.

Por exemplo, se o computador tem 16 GiB de memória, até 8 GiB são reservados para a realização de *swap* de uma forma incremental. Dependendo da taxa de compressão das páginas que são enviadas para *swap*, isso pode significar um aumento de até 2 ou 3 vezes no tamanho da área reservada, passando, por exemplo, de 8 GiB para 24 GiB de capacidade efetiva. O lado negativo desta abordagem, além do aumento no uso de processador com essa atividade, é a impossibilidade do uso de hibernação nos sistemas, já que não é possível realizar o salvamento da memória principal para a memória secundária.

4.6 EXERCÍCIOS PROPOSTOS

1. Uma memória bem dimensionada e com largura de banda adequada é fundamental para o bom funcionamento do computador. Com relação aos tipos de memórias utilizadas de um computador, responda:

    (a) Qual a diferenciação entre memórias de acesso sequencial e aleatório?

    Resposta: Memórias de acesso sequencial são aquelas em que os dados são lidos ou gravados sequencialmente, em uma ordem específica, exigindo que a leitura/gravação seja feita em uma posição após a outra, como as memórias FIFO. Já as memórias de acesso aleatório permitem o acesso direto à qualquer posição de memória, independentemente da ordem, com uso de um endereço, como a memória principal do computador.

    (b) Qual a diferenciação entre memórias semicondutoras voláteis e não voláteis?

    Resposta: Memórias semicondutoras voláteis são aquelas que perdem seus dados quando a energia é desligada, ou seja, os dados armazenados são temporários. A memória principal do computador é um exemplo típico de memória volátil. Já as memórias semicondutoras não voláteis são capazes de manter os dados mesmo quando a energia é desligada, tornando-as ideais para armazenamento permanente. Exemplos incluem memórias ROM (*Read-Only Memory*), memórias Flash e memórias EEPROM (*Electrically Erasable Programmable Read-Only Memory*), utilizadas, por exemplo, para armazenar a BIOS/UEFI.

    (c) Relacione os principais tipos de memórias semicondutoras não voláteis.

    (d) Quais as principais diferenças entre as memórias estáticas e dinâmicas?

    (e) Por que as memórias dinâmicas necessitam de atualização periódica do seu conteúdo?

    Resposta: As memórias dinâmicas (DRAM) são baseadas em capacitores para armazenar os dados. Em função das perdas naturais do capacitor, as informações armazenadas nele começam a se dissipar ao longo do tempo. Portanto, para manter a integridade dos dados, é necessário atualizar periodicamente (*refresh*) a carga elétrica nos capacitores da DRAM.

    (f) Por que as leituras nas memórias dinâmicas são destrutivas? Qual a solução adotada para este problema?

    Resposta: As leituras nas memórias dinâmicas (DRAM) são destrutivas porque o processo de leitura envolve a descarga do capacitor para determinar o valor do bit. Essa descarga esvazia o capacitor, fazendo com que a informação armazenada seja perdida. Para resolver esse problema, as memórias DRAM utilizam um circuito adicional, que reescreve o valor lido no capacitor.

    (g) Qual a classificação completa do tipo de memória utilizada como memória principal nos modernos computadores?

Capítulo 4. Memória principal e hierarquia de memória **185**

2. Quantos bits de endereço são necessários para endereçar um conjunto de memória de 2 GiB?

Resposta: Para endereçar um conjunto de memória de 2 GiB, precisamos calcular quantos bits são necessários para representar cada endereço possível. Um GiB é igual a 2^{30} *bytes*, ou seja, 1.073.741.824 *bytes*. Para determinar a quantidade de bits de endereço necessários, podemos utilizar a fórmula:

Bits de endereço = $\log_2$(Tamanho da memória em *bytes*)

No caso, a memória tem 2^{31} *bytes*, então:

Bits de endereço = $\log_2(2^{31})$ = 31 bits.

Portanto, são necessários 31 bits de endereço para endereçar um conjunto de memória de 2 GiB.

3. Quantas pastilhas são necessárias para montar um módulo de memória de 2 GiB com 64 bits de largura, e qual a capacidade de cada pastilha em *bytes*, se cada pastilha tem um barramento de dados de 8 bits?

Resposta: Para montar um módulo de memória de 2 GiB com 64 bits de largura, precisamos calcular quantas pastilhas de memória são necessárias e qual a capacidade de cada pastilha. Primeiro, vamos converter 2 GiB para *bytes*:

2 GiB = $2 \times 1024 \times 1024 \times 1024$ *bytes* = 2.147.483.648 *bytes*

Agora, precisamos determinar quantas pastilhas de memória são necessárias para atingir a largura de 64 bits. Cada pastilha tem um barramento de dados de 8 bits, então:

Número de pastilhas = Largura do barramento de dados / Largura do módulo de memória

Número de pastilhas = 64 bits / 8 bits = 8 pastilhas

Portanto, são necessárias 8 pastilhas de memória para montar um módulo de memória de 2 GiB com 64 bits de largura. Agora, para determinar a capacidade de cada pastilha, basta dividir a capacidade total do módulo pelo número de pastilhas:

Capacidade de cada pastilha = Capacidade total do módulo / Número de pastilhas

Capacidade de cada pastilha = 2.147.483.648 *bytes* / 8 pastilhas = 268.435.456 *bytes*

Cada pastilha tem uma capacidade de 268.435.456 *bytes* ou 256 MiB.

4. Quantos bits são necessários para um código de correção de erro com correção de um bit errado e detecção de até dois bits errados em uma palavra de memória com largura de dados de 64 bits? Justifique.

Resposta: Um código de Hamming é um tipo de código de correção de erros que pode detectar e corrigir erros na transmissão de dados. Para um código de Hamming que pode corrigir erros de 1 bit em uma palavra de dados de 64 bits, precisamos calcular o número de bits de paridade necessários. Digamos que o número de bits de paridade seja 'p'. De acordo com a fórmula do código de Hamming, temos $2^p \geq p + 64 + 1$. Resolvendo esta desigualdade, obtemos 'p = 7'. Portanto, precisamos de pelo menos 7 bits de paridade para implementar um código de Hamming que possa corrigir erros de 1 bit. Para a deteção de 2 bits errados, precisamos adicionar um bit a mais de paridade simples, totalizando então 8 bits para correção de erro com correção de um bit errado e detecção de até dois bits errados em uma palavra de memória com largura de dados de 64 bits.

5. As memórias síncronas são utilizadas como memória principal nos modernos computadores. Com relação às memórias síncronas, responda:

   (a) Por que as memórias síncronas passaram ser utilizadas pelos modernos processadores?

   Resposta: As memórias síncronas passaram a ser utilizadas pelos modernos processadores em razão da necessidade de acompanhar a crescente velocidade e eficiência dos processadores, que transferem a informação em blocos entre a memória principal e a sua memória cache interna. Assim, após o endereço inicial, várias posições sequenciais de memória são transferidas sucessivamente a cada ciclo de relógio.

   (b) Quais as principais diferenças entre as memórias síncronas do tipo SDRAM, DDR e DDR2?

   (c) Quais as principais diferenças entre as memórias síncronas do tipo DDR3 e DDR4?

   Resposta: A matriz de memória dos módulos DDR3 estão organizadas internamente em oito bancos que trabalham a um quarto da frequência do barramento externo, o requer um *buffer* capaz de armazenar 8 bits em comparação com os 4 bits da memória DDR2. As memórias DDR3 são alimentadas com 1,5 volts, possuem latência típica de 5 a 17 ciclos de relógio e velocidades de relógio do barramento externo de até 1600 MHz. As matrizes de memória dos módulos DDR4, introduzidas em 2014, trabalham a um oitavo da frequência do barramento externo com 16 bancos de memória internos, sendo alimentadas com 1,2 V e possuem latência inicial típica de 10 a 19 ciclos de relógio. As memórias DDR3 tem uma interface de 240 pinos, enquanto as memórias DDR4 têm uma interface de 288 pinos e são mecanicamente diferentes. A velocidade de relógio da DDR3 chega até 1600 MHz, enquanto a velocidade de relógio da DDR4 vai até 2400 MHz.

6. Com relação às memórias Flash, responda:

(a) O que são memórias Flash e qual a sua utilização nos modernos computadores?
Resposta: Memórias Flash são um tipo de memória não volátil utilizada nos computadores modernos para armazenamento de dados. Elas retêm as informações mesmo quando a energia é desligada. As memórias Flash são amplamente utilizadas em dispositivos de armazenamento como unidades de estado sólido (SSD), cartões de memória, *pendrives* e outros dispositivos de armazenamento portáteis. Também são utilizadas em *firmware* de dispositivos eletrônicos, como BIOS/UEFI de computadores e *firmware* de *smartphones* e *tablets*.

(b) Quais as diferenças entre as memórias Flash do tipo NOR e do tipo NAND?

(c) Por que as memórias Flash têm uma vida útil limitada e o que pode ser feito para prolongar sua durabilidade?
Resposta: As memórias Flash têm uma vida útil limitada devido ao processo de gravação e apagamento que ocorre nas células de memória. Cada célula pode suportar apenas um número limitado de ciclos de gravação/apagamento antes de começar a se degradar. Para prolongar a durabilidade das memórias são implementados algoritmos de gerenciamento de desgaste que distribuem uniformemente as operações de escrita e apagamento em todas as células da memória, evitando o desgaste excessivo de algumas áreas específicas.

(d) As operações de reescrita ou apagamento podem ser feitas *byte* a *byte*? Explique.

7. A utilização da hierarquia de memória visa oferecer um sistema de memória com tempo de acesso e capacidade de armazenamento adequadas, mas dentro de parâmetros de custo razoáveis. Com relação à hierarquia de memória de um computador, responda:

(a) Quais são os principais componentes da hierarquia de memória do computador?

(b) Qual a quantidade mínima de informação que é movimentada entre cada um dos seus níveis?
Resposta: Os registradores movimentam quantidades de memória iguais ao seu tamanho. Para os demais níveis, contudo, as informações são movimentadas em blocos, se aproveitando da localidade espacial. Entre a memória cache e a memória principal são blocos ou linhas com 32 a 128 *bytes*, por exemplo. Entre a memória principal e a memória secundária são movimentadas páginas, cujo tamanho pode ter entre 1 e 4 KiB.

(c) Qual a relação entre custo, tempo de acesso e capacidade de armazenamento dos seus diversos níveis?

(d) Quem é o responsável pelo controle da movimentação de informação entre cada um dos seus níveis?
Resposta: O compilador é quem determina quando uma informação vai ser transferida de/para os registradores, com uso de instruções de *load* e *store*, por exemplo. Entre a memória cache e a memória principal a movimentação dos blocos/linhas é feita automaticamente pelo *hardware*, no caso o controlador de cache, que utiliza uma máquina de estados para isso. Entre a memória principal e a memória principal o controle da movimentação das páginas é feita por *software*, ou seja, o gerenciador de memória virtual do sistema operacional.

(e) Explique os conceitos de localidade temporal e espacial e sua importância para o funcionamento da hierarquia de memória.

8. Os modernos processadores não podem prescindir do uso da memória cache para manterem padrões de desempenho adequados. Com relação à memória cache, responda:

(a) Qual o principal motivo para utilização de memória cache nos modernos computadores?
Resposta: O principal motivo para a utilização de memória cache nos modernos computadores é reduzir o tempo de acesso à memória principal (RAM) pelo processador. A memória cache é uma memória de acesso mais rápido e de menor capacidade que fica entre o processador e a memória principal. Ela armazena cópias dos dados e instruções frequentemente acessados pelo processador, de forma a fornecer acesso mais rápido a esses dados, sem a necessidade de acessar a memória principal toda vez que o processador precisar de um dado.

Capítulo 4. Memória principal e hierarquia de memória **187**

(b) Qual o tipo de memória utilizada nas memórias caches? Por quê?

Resposta: O tipo de memória mais comumente utilizada nas memórias caches é a memória estática de acesso aleatório (SRAM – *Static Random Access Memory*). Isso ocorre porque a SRAM é mais rápida e consome menos energia do que a memória dinâmica de acesso aleatório (DRAM – *Dynamic Random Access Memory*) utilizada na memória principal. Embora a SRAM seja mais cara e tenha menor capacidade de armazenamento do que a DRAM, essas características são compensadas pelo ganho significativo de desempenho proporcionado pela memória cache.

(c) Explique como o conceito de localidade espacial é explorado na organização da memória cache.

9. As memórias caches apresentam variações de projeto visando atender diversos requisitos específicos para cada situação. Com relação a isso, responda:

(a) Quais as vantagens e desvantagens do mapeamento completamente associativo?

Resposta: Vantagens: Qualquer bloco pode ser armazenado em qualquer linha da cache, permitindo um uso mais eficiente do espaço disponível na memória cache. Como consequência, a taxa de acerto é mais alta. Desvantagens: O *hardware* necessário para implementar o mapeamento completamente associativo pode ser mais complexo e caro, em função da quantidade de comparações necessárias para determinar se houve acerto ou não. Como um bloco pode ser colocado em qualquer linha da cache, a busca do bloco na cache pode ser mais lenta.

(b) Quais as vantagens e desvantagens do mapeamento direto?

Resposta: Vantagens: O mapeamento direto é a forma mais simples de mapeamento e requer menos *hardware*, sendo mais rápido para determinar se houve um acerto ou não.

Desvantagens: A ocorrência de conflito de blocos pode levar a uma baixa taxa de acerto em determinadas situações, especialmente quando a cache é muito pequena.

(c) Quais as vantagens e desvantagens do mapeamento associativo por conjunto?

(d) Quais são e como se comparam, em termos de complexidade e desempenho, as políticas de substituição de blocos para as caches associativas?

(e) Quais as dificuldades para implementação de uma política de substituição LRU verdadeira? Quais os algoritmos aproximativos normalmente utilizados?

Resposta: A dificuldade na implementação de uma política de substituição LRU verdadeira está principalmente relacionada com a necessidade de manter um registro detalhado do histórico de acesso a cada bloco na cache. Isso requer uma estrutura de dados complexa e uma quantidade significativa de *hardware* dedicado ao rastreamento do tempo de acesso de cada bloco. Em caches com tamanhos maiores, a complexidade e o custo podem se tornar proibitivos. Diante das dificuldades de implementar o LRU verdadeiro, muitos sistemas utilizam algoritmos aproximativos, que são mais simples e requerem menos recursos de *hardware*. Alguns dos algoritmos aproximativos comumente utilizados incluem:

- Pseudo-LRU: O algoritmo Pseudo-LRU é uma abordagem aproximada do LRU que usa bits para rastrear o histórico de acesso. Cada conjunto tem um contador ou conjunto de bits que é atualizado para indicar o *status* dos blocos (usado ou não usado) dentro do conjunto. Essa abordagem é mais simples do que o LRU verdadeiro.

- *Least Frequently Used* (LFU): Embora o LFU não seja um algoritmo LRU, ele é frequentemente usado como uma abordagem aproximativa para substituição de blocos em caches. Ele substitui o bloco menos frequentemente utilizado, o que pode ser uma boa aproximação do LRU em certos casos.

(f) Quais as políticas possíveis a serem utilizadas para as operações de escrita com acerto na cache?

(g) Quais as políticas possíveis a serem utilizadas para as operações de escrita com falha na cache?

(h) Quais as associações mais comuns entre as políticas de escrita?

(i) Em um sistema com cache virtual, por que, quando há troca de contexto entre processos, é necessário fazer-se uma operação de *flush* na memória cache?

Resposta: Quando ocorre uma troca de contexto entre processos em um sistema com cache virtual, é necessário fazer uma operação de *flush* na memória cache para garantir que o novo processo que será executado não tenha acesso a dados residuais do processo anterior, já que os endereços virtuais podem sofrer de *aliasing* e os dados do processo anterior serem acessados incorretamente. Para evitar comportamentos indesejados e garantir a correta execução do novo processo, é necessário limpar a cache antes de iniciar a execução do próximo processo.

(j) Quais soluções você acredita que poderiam ser adotadas para evitar a necessidade desta operação de *flush*?
Resposta: Uma solução possível para evitar a necessidade de uma operação de flush completa na cache durante a troca de contexto é armazenar o PID de cada processo junto com o endereço virtual no rótulo da memória cache.

(k) Defina o que são os três Cs e qual a sua influência na taxa de acerto da memória cache.

10. No processador Intel i7 são utilizadas caches multiníveis, sendo as caches L1 e L2 privativas de cada núcleo e a cache L3 é compartilhada entre todos os núcleos. Com relação a essa organização, responda:

(a) Por que são utilizadas caches separadas para dados e instruções no primeiro nível (L1) de cache? Quais as vantagens e desvantagens dessa separação?

(b) Qual a finalidade do uso de uma cache de nível 2 privada para cada núcleo?
Resposta: A cache de nível 2 (L2) privada para cada núcleo tem como finalidade fornecer uma camada intermediária de armazenamento entre a cache L1 privada do núcleo e a cache L3 compartilhada, proporcionando menor latência de acesso e diminuindo o tempo médio de acesso. Como cada núcleo tem sua própria cache L2 privada, há menos interferência entre os núcleos durante o acesso aos dados.

(c) Quais as finalidades para uso de uma cache de nível 3 compartilhada entre os diversos núcleos?
Resposta: Uma cache compartilhada de nível 3 permite a redução do tempo de acesso às variáveis compartilhadas entre as diversas *threads* ou processos executando em cada núcleo, evitando a necessidade de ida à memória. Ao aumentar a capacidade da cache de nível 3, há uma maior probabilidade de os dados estarem presentes na cache compartilhada, reduzindo a necessidade de acessar a memória principal. Isso resulta em menor latência de acesso aos dados, melhorando o desempenho geral do sistema executando aplicações paralelas.

11. Resolva os seguintes problemas relativos à organização da memória cache:

(a) Considere processador A com uma cache com linhas de 32 *bytes* e um outro processador B com uma cache com linhas de 128 *bytes*, mas ambas com mapeamento direto e capacidade igual a 256 KiB. A taxa de acerto observada da cache do processador A é de 96% e do processador B é 98%. Esse aumento na taxa de acerto se deve, por hipótese, ao fato de a cache do processador B ter um bloco maior que a cache do processador A. Mas observamos também que o tempo de acerto é de 2 ns em ambos os casos, mas que o tempo de falha da cache A é de 40 ns e da cache B é 100 ns, em função do maior tempo necessário para a busca de um bloco maior na memória. Qual das caches é a mais eficiente?
Resposta: Para determinar qual das caches é mais eficiente, precisamos levar em consideração tanto a taxa de acerto quanto o tempo médio de acesso (tempo de falha) das caches. Vamos calcular o tempo médio de acesso (TMA) para cada cache usando a fórmula TMA = (Taxa de acerto * Tempo de acerto) + (Taxa de falha * Tempo de falha):

- Para o processador A: Tempo de acerto = 2 ns. Tempo de falha = 40 ns.
  TMA = (0,96 * 2 ns) + (0,04 * 40 ns) = 1,92 ns + 1,6 ns = 3,52 ns
- Para o processador B: Tempo de acerto = 2 ns. Tempo de falha = 100 ns.
  TMA = (0,98 * 2 ns) + (0,02 * 100 ns) = 1,96 ns + 2 ns = 3,96 ns

Portanto, o tempo médio de acesso da cache do processador A é de 3,52 ns, enquanto o tempo médio de acesso da cache do processador B é de 3,96 ns. Podemos concluir que a cache do processador A é mais eficiente em comparação com a cache do processador B.

(b) Considere um sistema constituído de um processador, memória cache de dois níveis e memória principal, no qual o tempo de acesso à memória cache L1 é de 4 ns, à cache nível 2 é 24 ns e à memória principal é de 100 ns. Os tempos já incluem o tempo de busca do bloco ha hierarquia inferior no caso de falha. Constata-se que as taxas de acerto da memória cache são, respectivamente, 95% e 90%. Calcule o tempo médio de acesso à memória do sistema.

Capítulo 4. Memória principal e hierarquia de memória **189**

Resposta: Para calcular o tempo médio de acesso à memória do sistema, precisamos levar em consideração as taxas de acerto e os tempos de acesso de cada nível de cache e da memória principal. Vamos calcular o tempo médio de acesso (TMA) para o sistema usando a fórmula:

TMA = (Taxa de acerto * Tempo de acesso) + (Taxa de falha * Tempo de falha)

Vamos calcular o TMA para cada nível de cache e a memória principal:

- Para a memória cache L1: TMA_L1 = (0,95 * 4 ns) + (0,05 * TMA_L2)
- Para a memória cache L2: TMA_L2 = (0,90 * 24 ns) + (0,10 * 100 ns) = 21,6 ns + 10 ns = 31,6 ns

Agora, substituindo-se o valor obtido na primeira equação, temos:

TMA_L1 = (0,95 * 4 ns) + (0,05 * 31,6 ns) = 3,8 ns + 1,58 ns = 5,38 ns

Portanto, o tempo médio de acesso à memória do sistema é de aproximadamente 5,38 ns.

(c) Em um sistema de memória com cache operando com o esquema *write-through*, o tempo de falha (memória principal) é de 100 ns e o tempo de acerto (memória cache) é de 5 ns. Oitenta por cento dos acessos do processador ao sistema de memória são de leitura e os 20% restantes são de escrita. A taxa de acerto na memória cache é de 98%. Qual o tempo de acesso médio a este sistema de memória?

Resposta: Em uma cache *write-through*, nas operações de escrita, o tempo de acerto é igual ao tempo de falha, pois os dados são escritos tanto na cache quanto na memória principal, simultaneamente. Dado que o tempo de acerto (tempo de escrita) é igual ao tempo de falha (100 ns), podemos recalcular o tempo médio de acesso (TMA) ao sistema de memória considerando os acessos de leitura e escrita. Considerando que a taxa de acerto na memória cache é de 98% e que os acessos de leitura correspondem a 80%, temos:

TMA_total = 0,8 ((0,98 * 5 ns) + (0,02 * 100 ns)) + (0,20 * 100 ns) = 0,8 * (4,9 ns + 2 ns) + 20 ns =

TMA_total = 5,52 + 20 = 25,52 ns

Portanto, o tempo médio de acesso a este sistema de memória é de aproximadamente 25,52 ns.

(d) Uma memória cache com mapeamento direto com capacidade igual a 4 MiB possui 64 *bytes* em cada linha da cache. Se o endereço do sistema possui 36 bits, quantos bits são gastos para o rótulo, índice e para o *offset*?

Resposta: Para uma memória cache com mapeamento direto, o endereço de memória é dividido em três partes: o rótulo (*tag*), o índice e o *offset*. O tamanho do *offset* é determinado pelo número de *bytes* em cada linha da cache. Nesse caso, são 64 *bytes*. Como 64 é igual a 2^6 (2 elevado à potência de 6), são necessários 6 bits para representar o *offset*.

O tamanho do índice é determinado pelo número de linhas na cache. Nesse caso, a capacidade da cache é de 4 MiB, e cada linha possui 64 *bytes*. Portanto, o número total de linhas é de 4 MiB / 64 *bytes* = 2^{16} (2 elevado à potência de 16). Assim, são necessários 16 bits para representar o índice. Para determinar o tamanho do rótulo (*tag*), devemos subtrair o número de bits do índice e do *offset* do tamanho total do endereço.

- Tamanho do endereço = 36 bits (dado no enunciado)
- Tamanho do índice = 16 bits
- Tamanho do *offset* = 6 bits
- Tamanho do rótulo (*tag*) = Tamanho do endereço – Tamanho do índice – Tamanho do *offset* = 36 bits – 16 bits – 6 bits = 14 bits

(e) Uma memória cache com mapeamento completamente associativo por possui 2048 linhas de 128 *bytes*, sendo que o endereço do sistema possui 32 bits. Quantos bits são gastos para o rótulo e para o *offset*?

Resposta: Em uma memória cache com mapeamento completamente associativo, o endereço de memória é dividido em duas partes: o rótulo (*tag*) e o *offset*. O tamanho do *offset* é determinado pelo número de *bytes* em cada linha da cache. Nesse caso, são 128 *bytes*. Como 128 é igual a 2^7 (2 elevado à potência de 7), são necessários 7 bits para representar o offset.

Para determinar o tamanho do rótulo (*tag*), devemos subtrair o número de bits do *offset* do tamanho total do endereço.

- Tamanho do endereço = 32 bits (dado no enunciado)
- Tamanho do *offset* = 7 bits (determinado pelo número de *bytes* em cada linha da cache)
- Tamanho do rótulo (*tag*) = Tamanho do endereço – Tamanho do *offset* = 32 bits – 7 bits = 25 bits

Portanto, na memória cache com mapeamento completamente associativo, são gastos 25 bits para o rótulo e 7 bits para o *offset*.

12. A memória virtual é um conjunto de *hardware* e *software* que busca uma melhor utilização possível da memória principal do computador. Com relação à memória virtual, responda:

(a) Enumere e descreva quais as principais funções que a memória virtual realiza.

(b) Qual a definição de página? Qual o tamanho típico de uma página?
Resposta: Uma página é uma unidade de tamanho fixo de dados que é transferida entre a memória principal e a memória secundária. O tamanho típico de uma página varia, dependendo do sistema operacional e da arquitetura do processador, mas geralmente é entre 1 KiB e 16 KiB.

(c) O que acontece com um processo quando a página acessada não está na memória principal?
Resposta: Quando um processo acessa uma página que não está na memória principal, ocorre uma falha de página. Nesse caso, o sistema operacional interrompe a execução do processo, retirando-o da fila de prontos, e transfere a página solicitada da memória secundária para a memória principal. Isso pode envolver a substituição de uma página existente na memória principal para liberar espaço para a nova página. Depois que a página solicitada é transferida para a memória principal, o processo é retirado da fila de bloqueados e movido para a fila de prontos para que sua execução seja retomada.

(d) Qual a função, tamanho típico e organização do *Translation Lookaside Buffer* (TLB)?
Resposta: O *Translation Lookaside Buffer* (TLB) é uma cache de *hardware* que armazena as traduções recentes de endereços virtuais para endereços físicos. O tamanho típico do TLB varia dependendo da arquitetura do processador, mas geralmente é de algumas centenas de entradas. O TLB é organizado como uma cache completamente associativa ou associativa por conjunto, onde cada entrada contém um endereço virtual, um endereço físico e bits de controle.

(e) Quando uma página substituída na memória principal deve ser escrita na área de *swap*?
Resposta: Quando uma página substituída na memória principal deve ser escrita na área de *swap* depende se a página foi modificada enquanto estava na memória principal. Se a página foi modificada, ela deve ser escrita na área de *swap* antes de ser substituída para garantir que as alterações não sejam perdidas. Se a página não foi modificada, ela pode ser simplesmente descartada sem precisar ser escrita na área de *swap*.

(f) Qual deve ser o tamanho da área de troca (*swap*) em disco com relação à memória principal?

(g) Qual é a alternativa mais moderna para a utilização da área de troca (*swap*) em disco? Como ela funciona?
Resposta: Uma alternativa mais moderna à utilização da área de troca (*swap*) em disco é o uso da compactação de memória. A compactação de memória funciona comprimindo os dados armazenados na memória principal para liberar espaço para novas páginas sem precisar transferi-las para a área de *swap* em disco. Isso pode melhorar o desempenho do sistema, pois a compactação e descompactação dos dados na memória principal é geralmente mais rápida do que transferi-los para o disco.

(h) O algoritmo de substituição LRU (menos recentemente utilizado) tem excelente desempenho. Por que ele é tão difícil de implementar? Quais técnicas são utilizadas para aproximação do algoritmo LRU?

5

Entrada e saída, barramentos e redes de comunicação

"Esse homem (e apontou para o joalheiro) veio da Síria vender joias em Bagdá; prometeu-me que pagaria, pela hospedagem, 20 dinares se vendesse as joias por 100 dinares, pagando 35 se as vendesse por 200. Ao cabo de vários dias, tendo andado daqui para ali, acabou vendendo tudo por 140 dinares. Quanto deve pagar, consoante a nossa combinação pela hospedagem?"

Malba Tahan, *O Homem que Calculava*

As unidades que compõem o modelo de barramento de sistema são o processador, memória e entrada/saída. Embora o foco de muitas publicações se dê em torno do funcionamento do processador e da memória, não é possível ter um entendimento adequado do funcionamento do computador sem uma compreensão clara do funcionamento da unidade de E/S e suas formas de interação com os demais componentes do sistema, como processador e memória. Neste capítulo, iremos apresentar maiores detalhes sobre a unidade de entrada e saída (E/S), os diversos tipos de barramentos utilizados para comunicação com os periféricos, além dos meios mais comuns para a transmissão da informação internamente e entre computadores.

5.1 CONCEITOS BÁSICOS

Os primeiros computadores, que seguiam estritamente o modelo de von Neumann, conectavam os dispositivos de entrada e saída diretamente à memória, com a intervenção da unidade de controle. Os dispositivos de entrada e saída usados nessas primeiras máquinas eram equipamentos de conexão simples, como teclados, leitores/impressoras de fitas de papel perfurado e máquinas de escrever, e desta forma, a complexidade da implementação era relativamente pequena.

Em pouco tempo, contudo, o computador evoluiu para o modelo de barramento de sistema. Nesse modelo o barramento de sistema está subdividido em pelo menos três barramentos: um para transmissão de endereços, outro para dados e mais um para os sinais de controle. O barramento de endereço contém a informação de onde os dados devem ser lidos ou escritos, sendo que a sua largura em bits determina a capacidade de endereçamento do barramento e, por consequência, a capacidade máxima da memória do sistema. As instruções e os dados propriamente ditos circulam pelo barramento de dados, indo e vindo do processador ou da unidade de entrada/saída para a memória. O barramento de controle determina, entre outras coisas, se está sendo feita uma operação de leitura ou escrita; qual o dispositivo de entrada e saída que está sendo acessado; e transmite informações de erro ou de interrupção para o processador.

> *Pense no barramento como um conjunto de vários fios, onde a informação circula sob a forma de impulsos elétricos, sendo transferida entre os seus diversos componentes. Essa transmissão requer diversos cuidados, de modo que a informação se mantenha íntegra, assim, os fios do barramento são conectados a pequenos circuitos de filtragem e proteção elétrica para garantir a correta transmissão desses sinais.*

> *Quando falamos "endereço" estamos nos referindo a uma posição de memória ou a algum dispositivo de entrada ou saída.*

Esse modelo simplificado dá uma falsa ideia de que é muito simples conectar qualquer dispositivo a um computador. Na realidade, a unidade de entrada e saída é uma abstração para facilitar o entendimento do funcionamento do computador como um todo. Em verdade, ela é composta por diversos controladores, onde cada um deles está conectado a um tipo diferente de periférico, por meio de barramentos específicos, de acordo com as características de cada periférico, chamados de barramentos de entrada e saída (E/S).

Como cada tipo de periférico tem características particulares, como a velocidade e volume de transmissão/recepção de dados, cada periférico possui um padrão de barramento de E/S mais adequado. Assim, é necessário que o computador disponha de diversos padrões de barramentos de E/S para permitir a conexão de vários tipos de periféricos ao computador. Os controladores compatibilizam a temporização e os circuitos elétricos desses diversos barramentos com o barramento de sistema e lidam com uma série de detalhes dos dispositivos reais de entrada e de saída.

> *O público leigo usa uma terminologia simplificada para controladores nos computadores caseiros, que são chamados de "placas" (por exemplo, placa de vídeo, placa de rede etc.). Esta informação é oriunda dos primeiros computadores pessoais onde cada controlador realmente era implementado em uma placa de circuitos independente da placa-mãe do computador pessoal.*

Há inúmeros tipos de controladores, sendo que alguns se tornaram tão usuais que deixaram de ser produzidos como componentes eletrônicos externos e passaram a fazer parte dos circuitos ou da placa-mãe do computador. Alguns deles, é importante frisar, têm imensa complexidade, e diversos são programáveis (um caso típico são os controladores de vídeo, que tiveram enorme sofisticação nos últimos anos por causa dos aos requisitos da indústria de jogos). Outros foram preparados para atender a uma gama enorme de dispositivos, por exemplo, os controladores USB, onde podemos conectar periféricos tão variados como teclados, mouses, *pendrives*, discos rígidos, câmeras etc. Qualquer que seja o barramento de E/S escolhido, deverá haver um controlador no computador para fazer a interligação entre os diversos barramentos de E/S e o barramento do sistema, onde estão conectados o processador e a memória principal.

5.1.1 Programação de interfaces de E/S

Conceitualmente falando, a programação de interfaces é algo que deveria ser simples, afinal há apenas duas possibilidades de ação:

Capítulo 5. Entrada e saída, barramentos e redes de comunicação **193**

- Transferir os dados provenientes do controlador de E/S para a memória (ou em algum registrador interno do processador);
- Fazer o caminho inverso: copiar uma informação de uma posição de memória (ou de um registrador) para o controlador de E/S.

Na prática, entretanto, essas operações nunca podem ser realizadas sem um rígido controle de tempo e proteção de dados. Por exemplo:

1. Só podemos ler uma informação do controlador quando esta informação está pronta para ser lida, caso contrário o resultado do que será lido é imprevisível;

2. Só podemos escrever dados no controlador quando o seu dispositivo associado estiver pronto e liberado para receber informações (ou seja, quando não existem impedimentos para que os dados sejam enviados);

3. Adicionalmente, obter informações de um certo dispositivo pode ser uma atividade restrita: por exemplo, em um computador ao qual estejam conectados vários usuários, não é razoável que um determinado usuário possa criar um programa para ler da placa de rede o que está sendo transmitido por outro usuário;

4. Caso os comandos não sejam executados em uma sequência e temporização específicas, podem produzir resultados errados e, em uma situação limite, até danificar o dispositivo que está sendo controlado.

Falaremos a seguir de algumas técnicas importantes associadas ao tratamento de entrada e saída, abstraindo-se vários detalhes, e focando nos fundamentos envolvidos nas operações mais básicas.

Laço de espera ou espera ocupada

Esta técnica está relacionada com o fato de não podermos ler ou escrever dados no controlador, sem que antes esse esteja pronto. Colocado de forma simples, utilizamos uma técnica trivial, baseada na existência de um registrador que reflete a condição atual do periférico (ou do controlador), indicando se já podemos enviar ou receber dados. A técnica é a seguinte:

- Ficar em um laço de espera até que o valor lido em um registrador de estado indique que o controlador está pronto;
- Realizar então a operação de escrita ou leitura dos dados.

Vamos utilizar um pequeno exemplo para demonstrar que, mesmo em situações triviais, pode haver muitos detalhes envolvidos. Vamos supor um painel conforme visto na Figura 5.1, com um botão e 4 pequenas lâmpadas. O objetivo é controlar esse painel, de forma que apenas uma das lâmpadas esteja acesa a cada momento. Ao apertar o botão, a lâmpada atual se apaga, e a vizinha imediatamente à esquerda se acende. Quando a lâmpada que está acesa for a mais à esquerda, ao apertarmos o botão, isso faz com que a primeira lâmpada seja novamente acesa.

Este painel está conectado a um controlador muito simples que contém apenas dois registradores:

- O primeiro, com 1 bit apenas, reflete continuamente a situação do botão ('1' = apertado; '0' = solto); e

- O segundo registrador representa em cada bit a situação de cada uma das lâmpadas ('1' = acesa; '0' = apagada), de acordo com a sua posição no painel: o bit mais à direita para a lâmpada mais à direita etc.

A Figura 5.1 representa o controlador, com dois registradores, e sua ligação ao processador e ao painel. Nota-se a existência de um primeiro registrador que está no endereço simbólico BOTAO, que representa um endereço válido de E/S para o botão, cujo conteúdo espelha o fato de o botão estar apertado ou solto; um segundo registrador está no endereço simbólico LAMPADAS, que ao ser escrito acende ou apaga as lâmpadas associadas a cada um de seus bits. Note que no desenho um dos bits está em '1', indicando que uma das lâmpadas está acesa, de acordo com o que é apresentado no desenho das lâmpadas.

Um algoritmo simplificado para realizar isso poderia ser algo como descrito no código em linguagem simbólica a seguir, onde 'IN' representa um operação de leitura, e 'OUT' uma operação de escrita nos registradores:

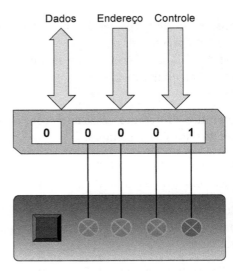

Figura 5.1. **Controle do Painel.**

```
começa programa
    L <= 1 ; // situação inicial = lâmpada da direita ligada (00000001b)
    OUT (LAMPADAS, L);
        repete indefinidamente
        Se IN (BOTAO) == 1  // se botão foi apertado
            L <= L << 1;    // desloca os bits de L uma posição para a esquerda
            Se L > 8 então  // cuida do deslocamento máximo à esquerda
                L <= 1;     // acende a lâmpada mais à direita
                OUT (LAMPADAS, L);  // escreve no registrador
    repete                  // Nada faz até o botão ser desapertado
        não faz nada
            até que IN (BOTAO) == 0;
        fim repete
    fim repete
fim programa
```

Um fenômeno muito comum neste tipo de programação é o que conhecemos por "espera ocupada", ou seja, um gasto inútil de processamento só para esperar que o registrador tenha o valor que desejamos. Este programa acima apresenta duas esperas ocupadas:

- ficamos o tempo enorme fazendo "IN (BOTAO)", testando, testando, testando sem parar, e ocupando o processador nisso;

- depois, ficamos mais um tempo esperando o botão ser liberado, em um laço sem nada fazer, e ocupando o processador com isso!

Mas seria isso assim tão preocupante? Muitas vezes existe um grave problema, sim! Primeiro, o processador fica impedido de realizar outras tarefas enquanto está ocupado no laço de espera. Segundo, o consumo de processador significa gasto de energia, ou seja, este algoritmo jamais poderia ser usado em um equipamento em que a energia é um recurso que não podemos desperdiçar (como no telefone celular, em que uma espera ocupada acaba com a bateria em questão de minutos). A solução passa por agregar ao circuito do controlador um mecanismo especial conhecido por interrupção, que mostraremos mais adiante.

O laço de espera (*busy waiting*) é algo muito fácil de entender quando se tem apenas um registrador para testarmos, mas na vida real, entretanto, a situação mais comum é que existam vários registradores

Capítulo 5. Entrada e saída, barramentos e redes de comunicação **195**

que produzem e recebem dados. O usual então é expandir o laço de forma padronizada, com um algoritmo que organizaria o atendimento para vários registradores ou mesmo interfaces diferentes. Um algoritmo de varredura (*polling*) pode ser imaginado dessa maneira:

```
Inicia todas as interfaces e registradores
        Repete algumas vezes (ou infinitas vezes)
        Verifica o registrador de status do dispositivo 1
            Se ele precisa ser atendido
                Atende o dispositivo 1
            Verifica o registrador de status do dispositivo 2
                Se ele precisa ser atendido
                Atende o dispositivo 2
            Verifica o registrador de status do dispositivo 3
                Se ele precisa ser atendido
                Atende o dispositivo 3
        etc.
```

É importante frisar que este algoritmo é apenas uma ideia geral do processo de varredura e que cada equipamento exige a implementação de variantes deste algoritmo. O algoritmo mostrado acima tem as mesmas dificuldades da espera ocupada, uma vez que o laço é executado, na maior parte das vezes o processador só fica testando, testando, testando, e não fazendo nada de útil.

5.1.2 Exceções e interrupção

As exceções do processador ocorrem quando o fluxo normal de execução de um programa é alterado, para permitir que o processador manipule eventos gerados por fontes internas ou externas. Quando uma exceção ocorre, o processador muda o seu modo de execução de normal (ou usuário) para o modo privilegiado (ou *kernel*). O contexto do programa em execução, isto é, registradores, apontador de instruções e pilha, entre outros, é salvo na memória e o processador desvia para um rotina do núcleo do sistema operacional.

No modo privilegiado de execução, o processador pode acessar a todo o espaço de endereçamento da memória e executar todos os tipos de instruções, o núcleo do sistema operacional é executado neste modo. Isso já não ocorre no modo usuário, onde o espaço de endereçamento é restrito pela gerência de memória virtual e onde é proibida a execução de certas instruções pelo processador. Os programas de usuário e aplicações normais são executados neste modo. As fontes de exceção podem ser diversas e de diversos tipos, conforme mostrado a seguir.

1. **Interrupção de dispositivos de E/S**: tais como discos, interface de rede, temporizador etc.

2. **Chamadas ao sistema operacional**: realizado a partir da execução de instruções *trap*, como visto na Seção 3.6.3.

3. *Breakpoints*: utilizados pelo programador na depuração do programa, interrompe a execução em determinados pontos escolhidos pelo programador.

4. **Operações aritméticas**: quando ocorre um problema na execução das instruções, tais como *overflow, underflow*, divisão por zero etc.

5. **Falha de página**: quando uma página do programa não está presente na memória e precisa ser buscada no disco pela gerência de memória. Os detalhes podem ser vistos na Seção 4.5.

6. **Erros de endereçamento de memória**: quando ocorre um erro de paridade ou violação do espaço de endereçamento reservado para o processo. Veja mais detalhes também nas Seções 4.5 e 4.2.6.

7. **Violação de proteção de memória**: quando um processo tentar realizar uma operação de escrita em páginas de apenas leitura.

8. **Instrução inválida**: quando o processador executa instruções que não são reconhecidas no seu conjunto de instruções ou não são permitidas para o modo atual de execução.

9. *Reset* **ou falha de alimentação**: quando o processador é interrompido por um sinal de alta prioridade, como queda de força ou ativação do sinal de *reset*.

Os programas de usuário, quando precisam realizar uma operação de E/S ou uma solicitação de serviço ao sistema operacional, o fazem por meio de uma instrução especial, normalmente um *trap*, que muda o modo de execução de normal para privilegiado e transfere a execução do processador para uma rotina do núcleo do sistema operacional. A seguir alguns exemplos de solicitações ao sistema operacional:

1. execução de outros programas (fork, exec etc.);

2. operações de E/S (read, write etc.);

3. manipulação de arquivos (open, create, remove etc.);

4. comunicação entre processos (pipe, socket, signal etc.);

5. alocação de recursos (malloc, lock etc.);

6. proteção (quota, mprotec etc.).

Enquanto a chamada de sistema é controlada pelo *software*, a interrupção é um tipo de exceção ativada diretamente pelo *hardware*. A interrupção é uma maneira eficiente de comunicação do processador com os controladores e periféricos. Neste tipo de mecanismo os controladores de E/S interrompem o processador, que desvia para uma rotina específica do núcleo do sistema operacional, quando estão prontos para receber ou enviar dados, ou quando terminam de executar uma tarefa anteriormente solicitada pelo processador. Uma maneira simples de entender o mecanismo de interrupção é fazermos uma analogia com o que acontece em um ônibus.

Suponha agora que, durante o trajeto, um passageiro deseje desembarcar do ônibus. Existe uma cordinha ou botão dentro do ônibus que, ao ser acionado por um ou mais passageiros, acende uma lâmpada no painel do ônibus (em alguns casos o mecanismo aciona uma campainha também). Essa lâmpada permanece acesa até o motorista desligá-la manualmente. O motorista, assim que possível, realiza os seguintes procedimentos: para no próximo ponto, abre a porta, aguarda o(s) passageiro(s) desembarcar(em), fecha a porta e prossegue viagem novamente. O funcionamento básico da interrupção dos computadores é parecido:

Figura 5.2. Pedido de Parada no Ônibus.

a) no barramento de controle existe um sinal (fio), chamado de pedido de interrupção (*interrupt request*), que é acionado eletricamente por qualquer dos controladores quando este precisa de algum atendimento;

b) assim que possível, o processador deve paralisar o programa que está sendo executado para atender ao pedido de atenção do controlador;

c) o sinal de pedido de interrupção é automaticamente inibido nesta hora, e assim, novas tentativas de acioná-lo serão ignoradas durante este atendimento;

d) uma rotina central de tratamento é chamada, e deve identificar (por exemplo, por varredura) qual o dispositivo que precisa ser atendido, chamando uma rotina específica para tratar aquele dispositivo;

e) quando o atendimento termina, o sinal de pedido de interrupção já foi liberado, e o processador reassume o programa que havia sido interrompido.

Tudo se passa como se o processador chamasse automaticamente uma "rotina especial", que será responsável por tratar o evento que causou a interrupção. Esta rotina, conhecida como tratador de interrupção (*interrupt handler*), é especial em muitos sentidos:

- essa rotina não será executada por um comando de chamada de procedimento comum usado na programação, mas é gerada diretamente pelo *hardware* do processador;

- ela tem que ser colocada em um endereço fixo de memória (este endereço depende do processador e do sistema operacional);

- antes de a rotina ser chamada, o processador desabilita as interrupções e armazena na memória (geralmente em uma estrutura chamada de pilha) o endereço de retorno, para permitir que o programa reassuma a execução a partir do ponto onde foi interrompido;

- a rotina precisa garantir que nenhum dos dados que estavam sendo utilizados pelo programa interrompido sejam perdidos. Para isso, logo de início, todos os registradores internos do processador são salvos na memória (geralmente também na pilha);

- depois que completar suas funções, todos os registradores do processador têm que ser restaurados;

- finalmente ocorre o retorno, recarregando o apontador de instruções a partir da pilha. Este retorno deve ser feito por uma instrução especial, que não apenas retorna, mas habilita o recebimento de novas interrupções.

O esquema apresentado anteriormente mostra as interrupções sendo ativadas por um único sinal de pedido de interrupção. A maioria dos processadores atuais, entretanto, é capaz de tratar vários sinais de interrupção, cada um correspondendo a um nível de prioridade diferente, o que torna o tratamento de interrupção mais simples, por haver uma identificação prévia sobre quem solicitou a interrupção. A Figura 5.3 apresenta um esquema possível para isso, que é a organização de uma pilha de vetores de interrupção, onde cada nível de interrupção distinto aponta para uma rotina de tratamento de interrupção diferente, específica para o tipo de dispositivo sendo atendido.

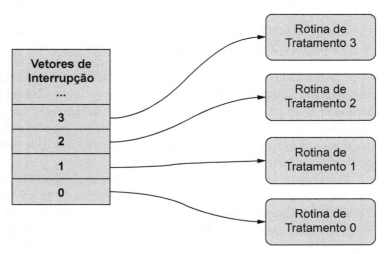

Figura 5.3. **Vetores de Interrupção.**

Assim, eventos mais críticos têm a garantia de serem atendidos, mesmo que o processador já esteja atendendo a uma interrupção de menor prioridade. Durante o atendimento de uma interrupção de um determinado nível, as interrupções do mesmo nível ou de nível inferior são ignoradas.

Sendo o processamento da interrupção essencial para o tratamento de eventos assíncronos, muitos sistemas contam com um circuito especializado para auxiliar o processador no tratamento das interrupções, que é chamado de controlador de interrupção, e pode estar ou não embutido no mesmo encapsulamento do processador. Suas principais funções são:

- sinalizar o término do atendimento das interrupções para os dispositivos de E/S;

- reconhecer interrupções indicadas por nível ou por uma simples transição;

- combinar diversas fontes de interrupção em uma ou mais linhas de interrupção do processador. Isso é necessário porque em um *hardware* complexo pode haver diversas fontes de interrupção, que serão tratadas por um vetor de interrupções com poucas posições;

- mascarar interrupções, inibindo e liberando interrupções que podem ser executadas para atender a certos requisitos operacionais;

- dar suporte em *hardware* para o estabelecimento das políticas de tratamento de interrupção utilizadas nos sistemas operacionais, como fixa, rotativa, em cadeia, entre outras.

> *Um dos controladores de interrupção mais conhecidos foi o 8259A, que foi incluído na arquitetura do IBM/PC e, recentemente, incorporado ao controlador de periféricos conhecido como ponte sul* (southbridge), *cujos detalhes podem ser vistos na Seção 5.1.4.*

5.1.3 Acesso direto à memória – DMA

A programação de entrada e saída que vimos até o momento utiliza o processador para conduzir a transferência dos dados do dispositivo para a memória e vice-versa. Há, entretanto, muitas situações em que isso traz problemas, por exemplo:

- a necessidade de usar o processador intensivamente para esta finalidade pode diminuir em muito o desempenho da máquina, o que é muito importante quando vários programas estão sendo executados;

- a taxa de transferência pode ser tão alta que o processador não tenha velocidade suficiente para transferir os dados sem perda de informações.

O mecanismo de acesso direto à memória, mais conhecido como DMA (*Direct Memory Access*), permite que determinados dispositivos acessem a memória do sistema para leitura e escrita de dados independentemente do processador, oferecendo maior desempenho para as transferências de grande volume de dados, envolvendo dispositivos como discos rígidos, interfaces de rede e placas gráficas, comuns em sistemas multiusuário e multitarefa nos modernos computadores. Este mecanismo de DMA pode ser implementado de diversas formas, como veremos a seguir.

Originalmente, esse tipo de transferência era implementado por um controlador especial, em um circuito dedicado totalmente à parte do processador, chamado de controlador de DMA. O uso do controlador de DMA para realizar transferências tinha evidentes vantagens sobre a utilização do processador, já que isso liberava o processador para realizar outras atividades mais nobres, como a execução de outros processos. O controlador de DMA podia ainda ter vários canais, onde cada canal é um conjunto de registradores que permite que várias transferências de DMA para diferentes dispositivos de E/S sejam programadas, e que elas prossigam de forma independente uma da outra.

Embora haja variações conforme as características de cada sistema, a essência do funcionamento do DMA é simples e, sem perda de generalidade, podemos descrevê-lo como:

- o processador programa o DMA indicando de qual dispositivo os dados deverão ser transferidos de/para, o endereço de memória para/de onde os dados serão lidos/escritos e, finalmente, a quantidade de bytes a serem transferidos;

Capítulo 5. Entrada e saída, barramentos e redes de comunicação

199

- a operação de DMA também pode ser iniciada por qualquer dispositivo que precisa enviar dados para a memória, por meio de uma solicitação ao controlador DMA;

- o DMA aciona então um sinal para ter acesso exclusivo aos barramentos de sistema (*bus request*);

- o processador termina a execução da instrução atual e aciona um sinal para liberar o barramento de sistema para uso (*bus grant*), e em seguida suspende temporariamente a execução das instruções;

- o DMA transfere os dados de forma mais rápida possível para a memória, e desliga o sinal de acesso (*bus request*) para indicar que terminou o uso do barramento.

- o DMA envia um sinal de interrupção para avisar ao processador que terminou de realizar a tarefa que foi solicitada.

Este modo de funcionamento do DMA, contudo, nem sempre pode ser implementada, porque acaba impedindo que o processador utilize o barramento por um tempo relativamente grande, enquanto a transferência dos dados é realizada. Dessa maneira, é necessário sofisticar a forma de operação, a partir de modos específicos de operação:

- **Modo rajada ou em bloco**: um bloco inteiro de dados é transferido em uma sequência contínua. Uma vez que o controlador de DMA tem acesso ao barramento do sistema, todos os bytes de dados são transferidos antes de o controle ser devolvido novamente para o processador. Como consequência, o processador pode ficar inativo por longos períodos de tempo. Este modo também é conhecido como modo de transferência em bloco.

- **Modo roubo de ciclo**: é utilizado em sistemas onde o processador não pode ficar desabilitado por longos períodos de tempo. Nesse modo, o controlador de DMA obtém acesso ao barramento do sistema, mas libera o seu controle após realizar uma única transferência, permitindo ao processador fazer uso do mesmo, caso necessário. A velocidade de transmissão do bloco de dados não é tão rápida em comparação com o modo de rajada, mas é útil para sistemas que necessitam processar dados em tempo real.

- **Modo transparente**: esse modo gasta o maior tempo para transferir um bloco de dados, mas ainda é o mais eficiente em termos de desempenho global do sistema. O controlador de DMA transfere apenas dados quando o processador está realizando operações que não usam o barramento do sistema. A dificuldade é que o *hardware* precisa determinar quando o processador não está usando o barramento de sistema, o que pode ser difícil de realizar na prática, sendo um modo de transferência mais lento que os demais. É conhecido também como modo de transferência oculto.

Na realidade, o uso de um controlador de DMA de sistema único, centralizando todas as operações de transferências de dados entre os dispositivos de E/S e a memória, é um conceito de uso cada vez mais restrito hoje em dia, sendo utilizado apenas em sistemas de menor complexidade e desempenho. Neste sentido, existem três formas básicas de realizar o DMA, que são discutidas a seguir:

- *Third-Party* **DMA**

  Esse tipo de DMA usa um controlador de DMA do sistema, com diferentes canais de DMA, capazes de realizar transferências para mais de um dispositivo de E/S simultaneamente. Os dispositivos de E/S dependem unicamente do controlador de DMA do sistema para realizar as transferências de dados entre a memória e os dispositivos de E/S. O sistema operacional, com uso do processador, deve então programar os registradores do controlador de DMA com a informação adequada para realização de cada uma dessas transferências de dados.

- *First-party* **DMA**

  Nesse tipo de acesso direto à memória, o próprio dispositivo de E/S pode realizar as operações DMA com uso do barramento do sistema, mas necessita fazer isso mediante o uso de um canal do controlador de DMA do sistema. Nesse caso, o canal do controlador de DMA deve ser adequadamente programado no modo "cascata", que delega a transferência para outro controlador ou dispositivo, para que não haja interferência por parte dele neste tipo de transferência.

- *Bus-Master* DMA

    Aqui, o dispositivo de E/S pode receber o controle do barramento do sistema, sem envolvimento do processador ou de um controlador de DMA de sistema, e realizar a transferência direto de/para a memória principal por meio de um controlador de DMA próprio. O sistema operacional deve então programar diretamente os registradores do DMA do dispositivo de E/S com os dados para a transferência. É a maneira mais utilizada nos modernos computadores e sistemas operacionais. Embora sejam conceitos distintos, eventualmente os termos *first-party* e *bus-master* são usados como sinônimos.

Historicamente, o controlador de DMA era um componente à parte na placa do computador, sendo o controlador de DMA Intel 8237 um dos mais conhecidos, sendo um dispositivo com quatro canais que podia ser expandido para incluir qualquer número de canais DMA, e capaz de realizar transferências de DMA com taxas de até 1,6 MB/S. Cada canal era capaz de endereçar uma seção completa de 64 kbytes de memória e transferir até 64 kbytes com uma única programação.

Esse controlador, contudo, foi posteriormente integrado ao controlador de periféricos conhecido como ponte sul (veja a Seção 5.1.4). Nesse caso, o 8237 integrado na ponte sul permite que dispositivos legados, como controlador de disquete, portas seriais e paralelas, teclado e mouse PS/2, entres outros, conectados ao barramento ISA ou ao seu substituto LPC (*Low Pin Count*), possam realizar transferências de DMA em uma placa-mãe compatível com o IBM/PC.

Basicamente, o modo *third-party* está restrito aos barramentos legados descritos acima, enquanto os barramentos mais modernos, como IDE, SATA, USB e PCIe, utilizam o modo *bus-master*, onde os dispositivos de E/S realizam a transferência de dados por meio de um DMA e/ou microcontrolador próprio, diretamente de/para a memória, sem a necessidade da intervenção de um controlador de DMA do sistema.

5.1.4 Chipset

Eventualmente, o modelo de barramento de sistema evoluiu, sendo este barramento de comunicação com a memória e os dispositivos de E/S substituído por um conjunto de controladores integrados na mesma placa do processador, chamados comumente de *chipset*.[1] O grau de integração desse conjunto de controladores foi aumentando e, no final da década de 1990, havia apenas dois controladores nas placas de computadores compatíveis com o IBM-PC: a ponte norte (*Northbridge*) e a ponte sul (*Southbridge*). Em 1997, a AMD já tinha um conjunto de apenas dois controladores chamados de AMD-640 chipset, utilizados para interface com o processador AMD K6. Na linha de controladores da Intel, havia a ponte norte Intel 810, que fazia a interface com a memória e, via barramento AGP ou PCIe, com controlador gráfico; e também a ponte sul, chamada de ICH, ambos lançados em junho de 1999. A sua última versão, a ICH 10, foi lançada pela Intel em junho de 2008, sendo substituída pela arquitetura *Platform Controller Hub* (PCH).

Figura 5.4. **Chipset.**

A ponte norte tinha como função principal realizar a interface com a memória e com o controlador gráfico, sendo que a ponte sul fazia a conexão com os demais periféricos e barramentos do computador. A maior parte das funções da ponte norte, incluindo o controlador de memória, um controlador gráfico, a

---

[1] Disponível em: https://pt.wikipedia.org/wiki/Chipset. Acesso em: 19 mar. 2024.

Capítulo 5. Entrada e saída, barramentos e redes de comunicação **201**

interface da placa gráfica (padrão PCIe x16 – veja a Seção 5.3.5), foi finalmente integrada ao processador. O controlador ponte sul ficou responsável por cuidar das muitas das funções de E/S do computador. Em sistemas da Intel, a ponte sul passou a se chamar *Platform Controller Hub* (PCH), sendo que a AMD, por sua vez, nomeou seu controlador como *Fusion Controller Hub* (FCH) desde a introdução de sua *Fusion* AMD, *Accelerated Processing Unit* (APU), em 2011. A ponte norte foi, portanto, eliminada. Atualmente, as principais interfaces usadas para conectar a ponte sul ao processador são a DMI (Intel) e UMI (AMD), que possuem protocolos bastante similares ao PCI Express. As principais funções embutidas do controlador de periféricos ponte sul são:

- interfaces PCI Express de baixa velocidade (PCIe), geralmente para Ethernet e NVMe;

- barramento SPI para acesso à memória Flash com a BIOS/UEFI do computador;

- memória de sistema CMOS (memória de configuração da BIOS), auxiliado pela alimentação suplementar da bateria, que cria uma área de armazenamento não volátil limitada para os dados de configuração da BIOS;

- controlador de DMA 8237, em uma configuração dual com 7 canais, permite que dispositivos de E/S legados acessem diretamente a memória principal sem precisar de ajuda do processador;

- controlador de interrupção programável, que fornece meios pelos quais os dispositivos de E/S solicitam atenção do processador para lidar com as transferências de dados;

- interface para discos rígidos ou SSD no padrão SATA ou M.2;

- interface USB;

- interface para relógio de tempo real;

- temporizadores programáveis;

- interfaces de áudio.

5.2 TRANSMISSÃO DA INFORMAÇÃO

Vamos tratar agora de detalhes sobre a forma como a informação pode ser transmitida entre os diversos componentes do computador. Como ponto de partida, vamos recapitular sobre a forma como a informação é representada nos computadores modernos. Ou seja, as informações para serem processadas, devem estar na forma digital, em outras palavras, uma sequência de valores binários, compostos por bits com níveis lógicos '0' e '1'.

Em uma visão bem intuitiva, que a maior parte das pessoas pode ter sobre o funcionamento de um computador, cada bit poderia ser representado com uso de dois níveis de voltagem distintos (por exemplo, 0 e 5 V) e transmitidos entre os diversos componentes por um fio de metal. Contudo, essa não é a única maneira de enviar os bits: por exemplo, não é difícil de imaginar que um bit possa ser também representado por um fluxo de luz *laser*, como no caso da transmissão por um cabo de fibra óptica. Mas, simplificadamente, no contexto dessa explicação, vamos chamar de "fio" o meio de transmissão que pode receber um bit e fazê-lo fluir de um elemento "transmissor" para um outro "receptor".

Essa informação então para ser transmitida entre os componentes do computador e, principalmente, entre os barramentos que conectam o computador aos seus periféricos pode ser enviada das seguintes formas básicas: em paralelo ou serial, síncrona ou assíncrona. Vejamos alguns conceitos básicos envolvidos nesses tipos de transmissão.

5.2.1 Transmissão em paralelo

Nesse modo, como a transmissão de cada um dos bits que compõem a unidade de informação (um, dois ou quatro bytes, por exemplo) é feita simultaneamente entre um dispositivo e o controlador, precisamos portanto de vários fios em paralelo (por exemplo, 8, 16 ou 32 fios) para transportar cada bit da unidade de informação.

Geralmente, deve existir algum protocolo adicional, com uso de sinais de controle, que indica se os dados já foram colocados nos fios, que podem então ser lidos pelo controlador. Em outras palavras, vários bits são transmitidos de cada vez, com alguma forma de sincronismo ou protocolo envolvido para coordenar a transmissão desses bits.

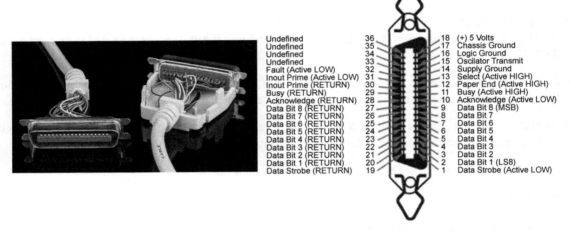

Figura 5.5. Interface Paralela com 8 Bits de Dados para Impressoras Antigas do Padrão Centronics.

A transmissão paralela podem ser assíncrona ou síncrona. No caso da transmissão assíncrona, envolve a troca de uma série de sinais de controle que, por meio de um protocolo preestabelecido, determinam quando a informação está disponível para ser lida ou escrita. Os tempos envolvidos neste protocolo podem variar para mais ou menos, conforme a velocidade de transmissão do periférico.

Quando a transmissão é síncrona, ela envolve um sinal de relógio que vai sincronizar a transferência de dados, indicando que os dados podem ser lidos ou escritos depois de um número determinado de ciclos de relógio. Neste caso, o número de sinais de controle é bem menor e o protocolo bem mais simplificado.

Com relação à velocidade de transmissão, a taxa de transmissão de um barramento paralelo é diretamente proporcional à largura (número total) em bits (ou bytes) do barramento e à velocidade com que uma transferência é realizada por meio do barramento. No caso dos barramentos síncronos, é usual obtermos a taxa de transmissão com a multiplicação da frequência do relógio pela largura em bytes do seu barramento de dados. Quanto maior for a taxa de transmissão, maior será o desempenho (*throughput*) de um barramento.

Por exemplo, no caso de um barramento paralelo síncrono com 32 bits de largura e frequência de 66 MHz, a taxa máxima teórica de transmissão é dada pela seguinte equação.

$$Taxa = (32/8) \times 66 = 4 \times 66 = 264 \text{ Mbytes/s}.$$

Normalmente a taxa de transmissão dos barramentos paralelos é dada em bytes por segundo ou B/s, e seus multiplicadores: kB/S, MB/S ou GB/S.

Capítulo 5. Entrada e saída, barramentos e redes de comunicação   **203**

Embora este modelo pareça bastante simples, exitem vários problemas que devemos considerar. Apesar de parecer que é imediata, a colocação de um bit em um fio elétrico não ocorre instantaneamente, em tempo zero. Há sempre algum tempo de propagação envolvido neste processo, e isso vai impactar a velocidade de transmissão da informação. Igualmente importante é o fato de que este fio pode ser muito extenso, e desta maneira, ocorrer degradação no sinal transmitido ou mesmo alguma interferência eletromagnética entre os fios, corrompendo assim a informação transmitida. Maiores detalhes são apresentados na Seção 5.3.2. Alternativamente, existe a forma de transmissão serial, que tenta resolver alguns desses problemas.

5.2.2   Transmissão serial

Nesse modo de transmissão, os diversos bits que compõem a informação a transmitir serão enviados por um único fio, sequencialmente, um a um. A forma usual de transmissão é transmitir um bit, esperar um tempo fixo, depois enviar outro bit e assim por diante. Neste caso, seria razoável supor que o tempo de transmissão serial de um caractere com 8 bits deveria ser, pelo menos, 8 vezes maior do que na transmissão em que os bits são enviados em paralelo. Por outro lado, também parece razoável supor que o custo físico da mídia deveria ser bem menor (8 fios sendo substituídos por um apenas). Na verdade, as duas suposições não são exatamente verdadeiras, como veremos mais adiante.

Na transmissão serial, é usual utilizarmos um tempo fixo para de transmissão de cada bit, o que implica uma taxa de transmissão (*bit rate*) fixa, ou seja, quantos bits com a mesma duração serão transmitidos a cada segundo. Algumas pequenas questões surgem aqui:

- Como é indicado o momento em que o primeiro bit vai ser transmitido?

- Se for necessário enviar vários caracteres, como saber quando a transmissão acabou?

- Como sincronizar o transmissor e o receptor para que a informação seja lida na hora certa?

- Se houver um transtorno na transmissão, por exemplo, uma interferência eletromagnética no fio causado por um raio que caiu na redondeza, haveria como detectar uma eventual mudança no valor do bit ao chegar ao destino?

- Quantos bits seria possível enviar a cada segundo?

Existem inúmeras situações a tratar, mas algumas delas têm formas de abordagem padronizadas. Essas questões foram levantadas para que o leitor possa refletir sobre a complexidade envolvida na transmissão da informação serial.

Transmissão serial assíncrona

Esta é a forma mais simples conceitualmente, e provavelmente a mais utilizada nas aplicações de pequena complexidade. O esquema é o seguinte:

- o fio é mantido em repouso com o valor '1' (por exemplo, com 5 V);

- para iniciar a transmissão de um caractere, o fio é colocado no valor '0', e ali permanece pelo tempo de um bit. Este tempo é conhecido como "*start bit*" (bit indicador de início);

- a partir daí o valor de cada bit do caractere é colocado no fio, e então se espera o tempo fixo de um bit;

- após o último bit ter sido enviado, o fio volta ao valor de repouso (valor 1), e ali permanece pelo tempo mínimo relativo a um bit. Este tempo é conhecido como "*stop bit*" (bit indicador de fim).

O circuito de identificação dos bits geralmente usa apenas o ponto central para identificar o valor do bit, chamado de ponto de amostragem (*sampling point*). A Figura 5.6 mostra ao longo do tempo o esquema de transmissão.

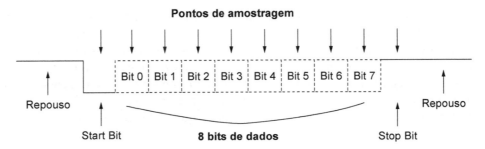

Figura 5.6. Esquema Básico de Transmissão Serial Assíncrona.

Notas:

1. é importante observar que, tradicionalmente, os bits são transmitidos de trás para frente, ou seja, do bit de mais baixa ordem para a mais alta;

2. para aumentar a confiabilidade da detecção do início dos caracteres, é muito comum aumentar um pouco o tempo mínimo de repouso entre os caracteres a transmitir (*stop bit*), para 1,5 vez o tempo de 1 bit ou de 2 vezes o tempo de 1 bit;

3. hoje, é usual que sejam transmitidos 8 bits para cada caractere, mas é possível usar menos ou mais bits. A maioria dos dispositivos atuais permite transmitir 7 ou 8 bits.

Transmissão serial síncrona

Este estilo de transmissão não agrega bits de *start* e *stop* a cada caractere. Em outras palavras, os bits dos caracteres são transmitidos um após o outro, sem espaço entre eles. Parece ser algo bem mais econômico: por exemplo, se transmitirmos 8 bits por caractere, teríamos que agregar pelo menos 2 bits adicionais na comunicação assíncrona. Porém, isso traz a necessidade de:

- sincronização perfeita entre transmissor e receptor, para garantir o momento exato da transmissão do primeiro caractere;
- alguma forma de indicar quando a transmissão termina, como saber previamente o número de caracteres transmitidos, ou usar uma configuração de bits especial ao fim da mensagem.

As soluções para estes problemas são diversas, mas o fator em comum é a utilização de um sinal de relógio, que é enviado em paralelo com os dados, em um fio adicional. Basicamente, os dados são amostrados no receptor na transição do relógio, garantindo assim a transmissão correta da informação.

No barramento serial síncrono, a taxa de transmissão é determinada pelo número de canais (vias) que o barramento possui, sendo geralmente expressa em bits por segundo ou bps, com seus multiplicadores: kbps, Mbps ou Gbps. A taxa máxima de transmissão é obtida multiplicando-se a frequência do relógio do barramento pelo número de canais do barramento. Por exemplo, no caso de um barramento serial síncrono com 8 vias e frequência de 600 MHz, a taxa máxima teórica de transmissão é dada pela seguinte equação:

$$Taxa = 8 \times 600 \text{ MHz} = 4800 \text{ Mbps ou } 4,8 \text{ Gbps}$$

5.2.3 Detectando e corrigindo erros de transmissão

Em uma situação ideal, em que o meio de transmissão e as ligações entre os dispositivos e os controladores são confiáveis, os esquemas de transmissão mostrados anteriormente seriam suficientes para garantir que as informações fluíssem sem dificuldade. Entretanto, é praticamente impossível garantir essa situação de confiança na transmissão e, na prática, os bits transmitidos, ao passar pelo meio de transmissão, podem ser fisicamente degradados, conforme exibido na Figura 5.7.

Figura 5.7. Degradação do Sinal que Pode Ocorrer na Transmissão.

Dependendo da intensidade da interferência na transmissão, pode-se interpretar erroneamente o valor dos bits. Existem três técnicas principais para detectar a ocorrência de erros, que podem ser usadas isoladamente ou em conjunto.

a) Transmissão da paridade

A ideia é simples: na transmissão de cada caractere adicionamos um bit, assegurando que o número total de bits '1' transmitidos será sempre par ou ímpar. Por exemplo, o caractere 'A' em ASCII (binário 01000001) contém dois bits '1', ou seja, a quantidade é par, já o caractere B (binário 01000011) contém três bits '1', ou seja, ímpar. No caso da paridade par, precisamos adicionar ao caractere 'B' um bit adicional em '1' para garantir um número total de bits par. Já no caso da paridade ímpar, esse bit adicional em '1' precisa ser adicionado ao caractere 'A', conforme exemplificado na Tabela 5.1. Não há padrão preferido quanto ao tipo de paridade, par ou ímpar, mas é importante que essa codificação seja previamente acordada antes do início da transmissão, e que receptor e emissor usem o mesmo padrão de paridade. Quando agregamos o bit de paridade, garantimos que se apenas um dos bits tiver sido danificado, é possível indicar que ocorreu um erro (mas não qual bit foi alterado).

Tabela 5.1. Paridade

Exemplo			
Caractere	Total de bits em 1	Paridade Par	Paridade Ímpar
00000000	0	0	1
01000001	2	0	1
01000011	3	1	0
11111111	8	0	1

b) Transmissão da soma dos caracteres (BCC - *Block Character Check*)

É muito comum quando se transmitem vários caracteres que formam uma mensagem agregar um caractere extra ao final da mensagem, normalmente calculado como o "XOR" (ou exclusivo) em binário de cada caractere transmitido. No exemplo da Tabela 5.2 vemos o caso da transmissão das letras ABC em ASCII com 8 bits por letra.

Essa é uma maneira muito simples de calcular o BCC. Outra possibilidade é calcular o complemento a dois da soma de todos os bytes, de forma tal que se computarmos a soma binária de toda mensagem, incluindo o BCC, obteremos o resultado zero se não houver erro.

Tabela 5.2. Cálculo do BCC

Exemplo	
01000001	A
01000010	B
01000011	C
01000000	BCC

c) CRC – *Cyclic Redundancy Check*

Assim como o BCC, o CRC é um código binário de tamanho fixo anexado ao final da mensagem, mas neste caso com um valor de verificação baseado no resto de divisão polinomial do seu conteúdo. Durante a recepção da mensagem o cálculo é refeito e comparado com o valor gerado anteriormente. O valor gerado para o código de validação é feito com uso de gerador polinomial. Esse polinômio será o divisor em uma divisão polinomial em que a mensagem de dados será o dividendo e o quociente é descartado, porém o resto será o código de verificação. O tipo de polinômio usado no CRC depende do comprimento do bloco que deve ser protegido e do tipo de recursos a serem protegidos. Esta técnica é preferida quando a transmissão da informação precisa ser garantida com maior confiabilidade, pois permite, dentro de alguns limites, detectar e corrigir o erro no bloco transmitido.

5.3 BARRAMENTOS DE E/S

Existem vários tipos de dispositivos de entrada e saída, tais como teclado, mouse, vídeo, disco rígido ou de estado sólido, impressora, áudio, interface de rede etc. Para cada tipo de dispositivo existe um controlador e um barramento mais adequado para sua conexão ao computador. O tipo de barramento é escolhido considerando-se fatores como a taxa necessária para a transmissão dos dados; se o barramento será compartilhado por mais de um dispositivo ou não; se há necessidade do uso de linhas de interrupção; a distância máxima entre o controlador e o dispositivo de E/S etc.

Como consequência, os barramentos de E/S são complexos e bastante distintos entre si: podem ser seriais ou paralelos, síncronos ou assíncronos, entre outras características. No caso dos barramentos paralelos, esses são divididos normalmente em barramentos de endereço, dados e controle, sendo que a largura em bits de cada um deles varia de acordo como padrão utilizado. Os barramentos variam também com relação a uma série de outros parâmetros, que são utilizados para a classificação dos barramentos, que serão apresentados nesta seção.

5.3.1 Características dos barramentos

Como vimos, há diversas formas de transmitir a informação, tais como serial ou paralela, síncrona ou assíncrona. Qualquer combinação desses modos pode ser encontrada nos diversos padrões de barramento de E/S existentes: paralelo e síncrono, paralelo e assíncrono, serial assíncrono e serial síncrono. Contudo, há diversas outras características que esses barramentos podem apresentar, que vamos elencar a seguir.

Os barramentos classificados como paralelos são aqueles que transmitem a informação (um ou mais bytes) por várias linhas ou fios em paralelo, conforme vimos na Seção 5.2.1, podendo ter uma largura de 8, 16 ou 32 bits, normalmente. Já os barramentos ditos seriais transferem a informação (um ou mais bytes) sequencialmente, bit a bit, normalmente por uma única linha ou fio, conforme apresentado na Seção 5.2.2, mas a sua capacidade pode ser expandida com o uso de diversas vias ou canais seriais.

Os barramentos assíncronos não possuem sinal de relógio. Os dados são transmitidos mediante um protocolo implementado por sinais de controle e podem levar tempos diferentes para serem transmitidos. Um diagrama esquemático do seu funcionamento pode ser visto na Figura 5.8.

Por sua vez, os barramentos síncronos são aqueles que possuem um sinal de relógio em suas linhas de controle que determina que os dados sejam transmitidos em intervalos de tempo definidos. Um diagrama esquemático do seu funcionamento pode ser visto na Figura 5.9. Uma análise mais detalhada das vantagens e desvantagens de cada um desses tipos de barramentos é apresentada na Seção 5.3.2.

Quando o barramento é compartilhado por diversos periféricos, é preciso organizar o acesso ao barramento, ou seja, que dispositivo vai poder fazer uso naquele momento do barramento. Isto é feito com a implementação de árbitros, que podem ser centralizados ou distribuídos. Os barramentos com árbitros centralizados, como o nome já indica, possuem um único árbitro que recebe todos os pedidos, que são feitos por meio de linhas especiais do barramento. O uso do barramento será concedido a um ou outro dispositivo segundo critérios diversos, tais como a prioridade de cada dispositivo, tempo do último acesso etc. Os barramentos com árbitros descentralizados realizam as mesmas funções, mas o controle de arbitragem está distribuído pelos diversos dispositivos que estão conectados ao barramento.

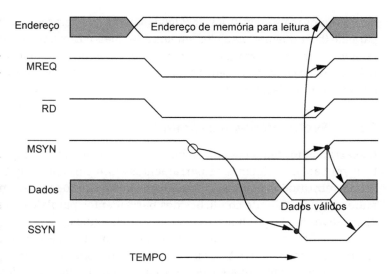

Figura 5.8. Barramento Assíncrono.

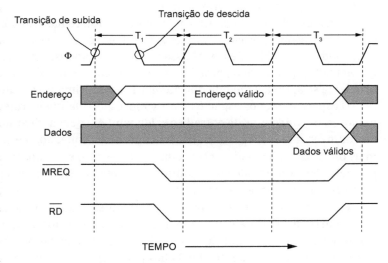

Figura 5.9. Barramento Síncrono.

Os barramentos paralelos podem utilizar linhas distintas ou compartilhadas para endereços e dados. Quando as mesmas linhas do barramento são utilizadas, ora para a transmissão de dados ora para a transmissão de endereços, diz-se que o barramento é multiplexado. Em caso contrário, ou seja, quando existem linhas separadas para os sinais de endereço e de dados, diz-se que o barramento é não multiplexado. O uso de barramento não multiplexado exige um número maior de linhas, ou seja, fios para a transmissão dos sinais, que muitas vezes não está disponível. Se o barramento pode operar com modos de transferência em bloco (rajada), onde a partir de um endereço inicial vários dados são transferidos, é comum encontrarmos o uso do barramento multiplexado. Os barramentos seriais são naturalmente multiplexados, sendo os endereços transmitidos pela mesma linha que os dados.

O comprimento dos barramentos também pode variar bastante, de alguns centímetros até dezenas de metros, em função da sua organização e da tecnologia empregada. Esse comprimento máximo é determinado por diversos fatores, destacando-se a tecnologia dos *drivers* de *hardware* (*drivers* diferenciais permitem barramentos mais longos), a velocidade máxima de operação (quanto mais rápido mais curto), se é serial ou paralelo (barramentos paralelos tendem a ser mais curtos), síncrono ou assíncrono (barramentos assíncronos tendem a ser mais curtos). Quando nos referimos, por exemplo, a barramentos de fibra óptica, a distância máxima pode chegar a dezenas de quilômetros. Maiores detalhes sobre esse tipo de barramento podem ser encontrados na Seção 5.4.1.

5.3.2 Evolução dos barramentos

Os barramentos têm evoluído ao longo do tempo em diversos quesitos, tais como confiabilidade e taxa de transmissão. Inicialmente, os barramentos eram paralelos e assíncronos, contudo foram gradativamente sendo substituídos pelos barramentos seriais e síncronos. Essa mudança teve várias motivações, principalmente pela falta de condições dos barramentos paralelos de atenderem às crescentes demandas dos dispositivos de E/S por maiores taxas de transferência.[2]

Um problema comum com os barramentos paralelos é a interferência entre as linhas de dados, chamado de *cross talk* ou diafonia. Esse ruído é causado por sinais eletromagnéticos que afetam outro sinal eletrônico, o que é muito comum quando os fios estão muito próximos uns dos outros, como nos barramentos paralelos, causando a distorção no sinal elétrico dos dados, levando a erros de transmissão. Isso é mitigado em muitos barramentos paralelos com o uso de um fio de sinal e outro fio com terra, mas essa solução dobra o número de fios necessários no cabo paralelo para a transmissão dos sinais, aumentando o espaço ocupado pelos cabos nos gabinetes dos computadores.

Outro problema na comunicação paralela ocorre nas transferências de dados de alta frequência, por conta do *skew* ou defasagem entre os sinais. Em frequências mais altas, é comum que os bits '0' e '1' tenham velocidades diferentes de transmissão e cheguem ao dispositivo receptor em momentos diferentes. Isso é problemático, pois o cabo paralelo requer que todos os bits de dados sejam recebidos ao mesmo tempo. Esse problema se agrava à medida que aumenta o comprimento do cabo utilizado para a transmissão de dados.

O espaço é um dos aspectos mais valiosos de qualquer projeto moderno. Conforme os projetos ficam menores, os conectores de entrada e saída também devem ficar menores. Como as portas paralelas exigem um número maior de pinos individuais para sua conexão, o espaço necessário fica maior à medida que mais pinos são adicionados. Esse requisito de espaço é um dos motivos porque é muito raro vermos portas paralelas em computadores e monitores modernos. Houve uma adoção de portas menores do tipo serial para economizar espaço e tamanho.

Os cabos e conectores paralelos também são mais caros para fabricar e implementar do que sua contraparte serial. Uma vez que mais fios são necessários, cada fio aumenta o custo total do produto. Na comunicação de dados paralela, mais de 34 fios podem ser necessários para algumas das operações mais avançadas. A diferença entre 1 e 34 fios pode ser exponencialmente mais cara e geralmente é um grande fator de influência na escolha para uma aplicação.

Já as portas seriais são mais comumente conhecidas por sua facilidade de uso e pequenas dimensões físicas. Com muitas portas seriais agora adotando a capacidade de serem conectadas independentemente da orientação, o esforço necessário para o usuário é mínimo. A simplificação do processo de conexão tornou o uso das interfaces com portas seriais muito mais fácil e sua durabilidade também é muito maior.

O protocolo serial também é muito mais confiável na transmissão de dados de alta frequência e em aplicações de longa distância. Como o barramento serial envia um bit por vez em um único fio, é muito difícil que os dados se misturem quando as velocidades são aumentadas. Não há como os dados chegarem ao receptor antes ou depois de os bits serem enviados pelo dispositivo de origem. Conforme a tecnologia continua a se desenvolver, não é incomum ver comunicação serial acima de 10 Gbps em cabos USB 3.1.

Os cabos seriais também são muito melhores para conexões de longa distância (maiores que um metro). Como todos os dados estão sendo enviados por um único fio, o uso em longa distância é muito mais confiável,

---

[2] Disponível em: https://www.totalphase.com/blog/2020/10/differences-between-serial-parallel-communication/. Acesso em: 19 mar. 2024.

Capítulo 5. Entrada e saída, barramentos e redes de comunicação

porque os dados não ficam agrupados e podem ser enviados em velocidades muito altas e com uma precisão quase perfeita.

Uma evolução presente tantos nos barramentos seriais como nos barramentos paralelos mais modernos é o uso de transmissão diferencial para o envio de dados. Esse nome vem justamente do fato de que os sinais são transmitidos em modo diferencial (tensões opostas ou fases opostas nos condutores), o que aumenta a imunidade a interferências externas.

Esse tipo de transmissão de dados reduz a geração de ruído eletromagnético, porque o fluxo de corrente igual e em sentido oposto nos dois fios cria campos eletromagnéticos iguais e opostos que tendem a se cancelar. Além disso, os fios de transmissão fortemente acoplados reduzirão a suscetibilidade à interferência de ruído eletromagnético porque o ruído afetará igualmente cada fio e aparecerá apenas como um ruído de modo comum. O receptor não é afetado pelo ruído de modo comum (nos dois fios), pois detecta a tensão diferencial, que não é afetada pelas mudanças de tensão de modo comum.

Finalmente, a grande maioria dos barramentos modernos, sejam eles seriais ou paralelos, utiliza a transmissão síncrona no lugar da transmissão assíncrona dos dados. A transmissão síncrona se utiliza de um sinal de relógio para sincronizar a transmissão dos dados, de modo a transmitir os dados em intervalos predefinidos de dados, em oposição aos barramentos assíncronos, onde os dados são transmitidos mediante um protocolo implementado por sinais de controle e podem levar tempos diferentes para serem transmitidos.

Hoje, a tendência é a utilização dos barramentos síncronos, porque apresentam um melhor desempenho (taxa de transferência) que os barramentos assíncronos já que não há sobrecarga para estabelecer uma referência de tempo para cada transação. Outro motivo que ajuda o barramento síncrono a operar rapidamente é que o protocolo do barramento é predeterminado e muito pouca lógica está envolvida na implementação da máquina de estados finitos para seu controle.

O uso da transmissão síncrona permite também a implementação mais eficiente das transferências em rajada, onde em um única operação de transferência vários blocos de dados são transferidos em sequência, otimizando o envio e recepção de dados pelo barramento. A maioria dos barramentos seriais utiliza a transmissão síncrona dos dados.

5.3.3 Barramentos de E/S legados

Há uma série de barramentos de E/S históricos, que não são mais utilizados atualmente, mas que tiveram uma grande importância na história da computação, cujas características vamos enumerar brevemente.

ISA – Industry Standard Architecture

O padrão ISA foi o primeiro padrão de barramento de E/S utilizado nos computadores do tipo IBM/PC, lançado em 1981. Era um barramento paralelo, síncrono, com frequência de 4,77 ou 8 MHz, não multiplexado, com uma largura de dados de 8 bits em sua versão inicial, que depois foi expandida para 16 bits, quando do lançamento do IBM PC/AT em 1984. Permitia o uso de interrupção para os periféricos se comunicarem com o processador, além de suportar transferências com o uso de DMA. O conector ISA na realidade era um conjunto de dois conectores um 62 pinos e o outro com 36 pinos.

IDE/PATA – Integrated Drive Electronics / Parallel ATA

O barramento IDE, lançado pela IBM em 1986, era um barramento paralelo assíncrono não multiplexado, com 16 bits de endereço e 16 bits de dados, que utilizava conectores de 40 pinos. Este barramento surgiu especificamente para possibilitar a ligação de discos rígidos dentro dos gabinetes dos computadores com os respectivos processadores.

O barramento IDE possuía diversos modos de transferência de dados. No modo PIO as transferências de dados eram realizadas pelo processador. O modo DMA (Acesso Direto à Memória) significava que os dados eram transferidos diretamente entre o disco e a memória sem o uso do processador, ao contrário do modo PIO. Alguns discos permitiam o modo de transferência em bloco, onde vários setores eram transferidos do disco para a memória sem necessidade de interrupção do processador. Isto diminuía a sobrecarga do processador, já que cada interrupção forçava uma troca de contexto, verificação do dispositivo e preparação de uma nova transferência de dados.

PCI – Peripheral Component Interconnect

O barramento PCI era um barramento paralelo, síncrono, com frequências de relógio de 33 e 66 MHz, com barramento multiplexado para dados e endereços. Existiam versões com 32 ou 64 bits de largura de dados. O PCI tinha suporte para interrupção e permitia que múltiplos dispositivos fizessem uso do barramento para iniciar transferências de dados, além do processador.

O PCI tratava todas as transferências como transferências em bloco. Cada ciclo começava com uma fase de endereço seguida por uma ou mais fases de dados. As fases de dados podiam se repetir indefinidamente, mas eram limitadas por um temporizador que definia o máximo período de tempo que um dispositivo poderia controlar o barramento.

Tabela 5.3. Barramento PCI

Características	
Largura	32 ou 64 bits
Multiplexado	SIM
Arbitragem	Centralizada
Síncrono	SIM
Frequência do Relógio	33 a 66 MHz
Taxa de Transferência	132 a 528 MB/s
Comprimento Máximo	0,5 m

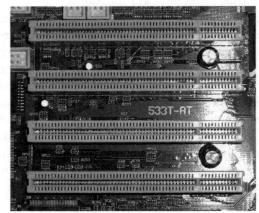

Figura 5.10. Barramento PCI.

AGP – Accelerated Graphics Port

O barramento de padrão AGP foi desenvolvido exclusivamente para interface com o vídeo, já que a taxa de transferência oferecida pelo padrão PCI, utilizado anteriormente, não era suficientemente rápido para o processador acessar as informações contidas na memória das modernas interfaces de vídeo.

O padrão AGP era um barramento paralelo síncrono com largura de 32 bits, com frequência inicial de 66 MHz, que permitia que placas de vídeo tivessem acesso diretamente à memória principal do computador, onde informações de vídeo estavam armazenadas. A taxa de transferência obtida entre a placa de interface vídeo e a memória principal do computador estava vinculada ao do modo de operação do barramento AGP, que dependia tanto do tipo da ponte de barramento utilizada como também da placa de interface de vídeo.

A versão 1.0 do barramento AGP trabalhava com uma tensão de 3,3 V, oferecia modo 1X, permitindo enviar 4 bytes por ciclo, e modo 2X, que permitia transferir 8 bytes por ciclo. Em 1998, a versão 2.0 do barramento AGP trouxe o modo AGP 4X, que permitia o envio de 16 bytes por ciclo. A versão 2.0 do canal AGP alimentada por uma tensão de 1,5 V, conectores ditos universais (AGP 2.0 universal) também surgiram neste período, suportando as duas tensões. A versão 3.0 do barramento AGP, criada em 2002, permitiu duplicar a taxa de transferência do AGP 2.0, oferecendo assim um modo AGP 8x, de 32 bytes por ciclo.

Para que o uso do padrão AGP 8x ou 4x fosse eficaz, era necessário que a memória principal do processador utilizasse memórias do tipo DDR ou RAMBUS, que possuíam velocidade adequada para suportar as altas taxas de transferências destes barramentos. Em caso contrário, as mesmas poderiam se tornar gargalos e limitar em valores menores as taxas de transferência de dados.

Capítulo 5. Entrada e saída, barramentos e redes de comunicação | **211**

Tabela 5.4. Padrão AGP

Evolução			
Interface	Relógio	Largura de Banda	Comparação
AGP, 1x	66 MHz	264 MB/s	2
AGP, 2x	66 MHz	528 MB/s	4
AGP, 4x	66 MHz	1056 MB/s	8
AGP, 8x	66 MHz	2133 MB/s	16

SCSI – Small Computer System Interface

O padrão SCSI (*Small Computer System Interface*) foi criado com a finalidade de oferecer um padrão de alto desempenho para transferência de dados para periféricos nos microcomputadores, sendo uma tecnologia antiga, chegando ao mercado oficialmente em 1986. Uma de suas características era permitir a conexão de vários dispositivos (como fitas, discos etc.) simultaneamente ao barramento. Embora sua aplicação mais comum fosse com discos rígidos, outros tipos de dispositivos, como impressoras e *scanners*, se aproveitaram dessa tecnologia. Sua utilização sempre foi mais frequente em servidores e aplicações profissionais que necessitam de maior velocidade.

Para seu uso era necessário uma placa controladora, o *host adapter*, que era a responsável pela comunicação entre um dispositivo e o computador por meio da interface SCSI. Essa controladora poderia estar na placa-mãe ou ser instalada a partir de um *slot* PCI livre, por exemplo.

Era possível a conexão com vários dispositivos em um único barramento, mas apenas dois dispositivos podiam se comunicar ao mesmo tempo (um faz o papel de iniciador e o outro de destinatário). Uma particularidade das conexões SCSI era a necessidade de um sistema de terminação, que era normalmente ativado no último dispositivo conectado ao cabo. Esse mecanismo, formado por um conjunto de resistores, impedia que os sinais de transmissão retornassem pelo barramento.

A maior distância de ligação dos periféricos ao computador era de alguns metros, o que permitia a colocação dos dispositivos fora do gabinete do computador. O barramento SCSI oferecia ainda dois modos de conexão: síncrono e assíncrono, sendo o modo síncrono utilizado para a transferência em bloco de dados e o assíncrono para comandos e pequeno volume de dados.

Tabela 5.5. Barramento SCSI

Características	
Largura	8 a 32 bits
Multiplexado	SIM
Arbitragem	Distribuída
Relógio	Assíncrono/Síncrono (5 a 160 MHz)
Banda Passante	5 a 640 MB/s (sincr.)
Comprimento	3 a 25 metros

Este padrão evoluiu bastante desde a sua criação, oferecendo taxas de transferências cada vez maiores, mantendo-o à frente em termos de desempenho dos padrões de barramento concorrentes na época, entre eles o IDE. O barramento Ultra 320 SCSI, finalizado em 2001, veio como uma tentativa para manter o SCSI à frente do barramento IDE em termos de velocidade, já que o ATA 133, com uma largura de banda de 133 MB/s já havia chegado muito perto do padrão anterior. O Ultra 320 SCSI era destinado apenas a servidores, pois as placas utilizavam obrigatoriamente *slots* PCI de 64 bits e 66 MHz (com taxa de transmissão de 533 MB/s), que não eram encontrados em placas destinadas a computadores domésticos. Os requisitos de cabeamento eram os mesmos do Ultra 160 SCSI, o que permitia a substituição direta de uma placa pela outra.

O cabo mais comum (8 bits) tinha 50 fios (pinos), 25 dos quais fios terra para evitar ruído, 8 sendo para dados, 1 de paridade, 9 de controle e o restante para energia elétrica. Os dispositivos de 16 bits (e 32 bits) precisam de um segundo cabo para sinais adicionais.

5.3.4 USB – Universal Serial Bus

No começo dos anos 1990, os periféricos para computadores utilizavam todos os tipos de interface e conectores, levando-se muito tempo para instalar e configurar esses dispositivos. Havia portas seriais, portas paralelas, conexões de teclado e *mouse*, portas de *joystick*, portas MIDI e assim por diante. E nenhuma delas satisfazia aos requisitos básicos de *plug-and-play*. Além disso, muitas dessas interfaces faziam uso de recursos que são limitados no computador, tais como interrupções de *hardware* e canais DMA.

A partir disso, grandes empresas da computação, como Compaq, DEC, IBM, Intel, IBM, Microsoft, NEC e Nortel, seguidas depois por Hewlett-Packard, Lucent e Philips, formaram o USB Implementers Forum, Inc., uma corporação sem fins lucrativos para publicar as especificações e organizar o desenvolvimento do USB.[3]

O USB, ou *Universal Serial Bus*, foi um protocolo criado para ser a interface única pela qual poderiam ser transferidos dados, imagem, som ou mesmo energia – tudo de uma maneira muito mais prática do que quando precisávamos de um cabo diferente para cada uma destas tarefas. O USB foi projetado para não exigir recursos específicos de interrupção ou DMA e também para ser *hot-pluggable*, sendo importante que nenhum conhecimento especial fosse exigido do usuário para instalar um novo dispositivo, e todos os dispositivos seriam distinguíveis um dos outros, de modo que o *software* de comunicação correto sempre fosse usado automaticamente.

Assim, em janeiro de 1996, o primeiro padrão USB 1.1 foi lançado, mas apenas em junho de 1998 o Microsoft Windows 98 foi o primeiro sistema operacional a suportar o USB. Desde então, surgiram mais três gerações de USB, sendo que o mais recente, USB 4.0, foi lançado em 2019. Cada um desses padrões especifica velocidades de comunicação máximas diferentes, mas sempre mantendo compatibilidade com as versões anteriores, conforme especificado a seguir:

Tabela 5.6. Barramento USB

Evolução do Padrão		
Padrão	Nome Comercial	Velocidade
USB-1.0	Low-speed	1,5 Mbps
USB-1.1	Full-speed	12 Mbps
USB-2.0	Hi-speed	480 Mbps
USB-3.0	Superspeed	5 Gbps
USB-3.1	Superspeed	10 Gbps
USB 3.2	SuperSpeed	20 Gbps
USB 4.0	USB4	40 Gbps

O USB é baseado na chamada "topologia estrela em camadas" na qual há um único controlador *host* e até 127 dispositivos "escravos". O controlador *host* é conectado a um *hub*, integrado ao computador, que permite vários pontos de conexão (geralmente chamados de portas). Um *hub* adicional externo pode ser

---

[3] Disponível em: https://spectrum.ieee.org/how-usb-came-to-be. Acesso em: 19 mar. 2024.

conectado a cada um desses pontos de conexão e assim por diante. No entanto, existem limitações nesta expansão.

Na especificação inicial, o comprimento de qualquer cabo é limitado a 5 metros, por conta do atraso máximo permitido para os sinais no protocolo. Isso significa que um dispositivo não pode estar a mais de 30 metros do computador, e mesmo com uso do valor máximo de 5 *hubs* externos, dos quais pelo menos 2 precisarão ser autoalimentados. Portanto, o USB é um barramento para dispositivos que estejam próximos ao computador.

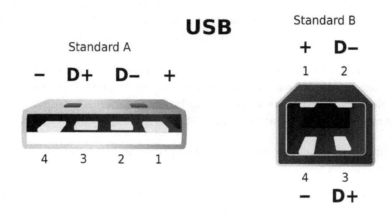

Figura 5.11. **Conectores USB 2.0.**

As primeiras versões do USB utilizavam um cabo blindado contendo 4 fios. Dois deles, D+ e D−, formam um par trançado responsável por transportar um sinal de dados diferencial, sendo que os sinais nesses dois fios são referenciados ao (terceiro) fio GND. O quarto fio é chamado de VBUS e carrega uma alimentação nominal de 5 V, que pode ser usada por um dispositivo para sua alimentação. Um diagrama esquemático desses conectores pode ser visto na Figura 5.11.

Isso foi alterado a partir da versão 3.2 com a adoção do conector conhecido como USB-C que pode, finalmente, ser inserido em qualquer posição e que conta com um número maior de pinos, conforme vemos na Figura 5.12. Esse novo conector tem o dobro de pinos para o envio e recepção dos sinais diferenciais, sendo responsável pelo grande aumento de velocidade a partir da versão USB 3.2. Os novos pinos que foram introduzidos são TX1+ e TX1− e TX2+ e TX2− para enviar os dados transmitidos e para os dados recebidos são os pinos RX1+ e RX1− e RX2+ e RX2−.

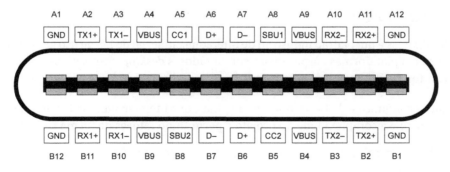

Figura 5.12. **Conector USB-C.**

O USB, na sua especificação inicial, é definido como um barramento serial síncrono, onde o relógio é transmitido, codificado juntamente com os dados diferenciais. O esquema de codificação do relógio é NRZI, onde cada bit '1' é representado por nenhuma mudança de nível e cada bit '0' é representado por uma mudança de nível. Uma sequência de zeros faz com que os dados NRZI alternem-se a cada bit, enquanto uma sequência de uns causa um longo período sem transição nos dados. Então, um '0' é inserido após seis '1's consecutivos no fluxo de dados, o que força uma transição no fluxo de dados NRZI, garantindo a sincronização da transmissão. Um pacote de dados consiste em um campo identificador de 8 bits (PID), seguido de um campo de dados contendo entre 0 e 1023 bytes, finalizado por um campo CRC com 16 bits.

Em termos de operação, quando o *host* USB é ligado, ele pesquisa sequencialmente cada um dos dispositivos escravos. O *host* USB tem o endereço 0 e, em seguida, atribui endereços a cada dispositivo escravo, além de descobrir os recursos associados a cada um deles, em um processo chamado de enumeração. As transações entre o *host* e os outros dispositivos envolvem vários pacotes. Como existem vários tipos diferentes de dados que podem ser enviados, é necessário um *token* indicando o tipo e, por vezes, uma confirmação também é retornada.

Cada pacote enviado é precedido por um campo de sincronização e seguido por um marcador de fim de pacote. Isso define o início e o fim do pacote e também permite que o nó receptor sincronize adequadamente para que os vários elementos do pacote sejam recebidos corretamente. Existem quatro tipos básicos de transações de dados que podem ser feitas no USB.[4]

- **Controle**: Este tipo de transação de dados dentro do protocolo USB geral é usado pelo *host* para enviar comandos ou parâmetros de consulta.

- **Interrupção**: O protocolo USB define uma mensagem de interrupção. Isso é frequentemente usado por dispositivos que enviam pequenas quantidades de dados, por exemplo, mouses ou teclados.

- ***Bulk***: Esta mensagem de protocolo USB é usada por dispositivos, como impressoras, para os quais são necessárias quantidades muito maiores de dados. Nesta forma de transferência de dados, blocos de dados de comprimento variável são enviados ou solicitados pelo *host*. A integridade dos dados é verificada usando verificação de redundância cíclica, CRC e uma confirmação é enviada.

- **Isócrona**: Esta forma de transferência de dados é usada para transmitir dados em tempo real em aplicativos como canais de áudio ao vivo etc. Não há verificação de dados, pois não há tempo para reenviar pacotes de dados com erros – dados perdidos podem ser mais bem acomodados do que os atrasos incorridos pelo reenvio de dados e os tamanhos dos pacotes podem ser de até 1024 bytes.

Embora o USB tenha evoluído do USB 1 ao USB 4, ainda utiliza a mesma abordagem básica para a transferência de dados. A metodologia e o protocolo de transferência de dados para o USB oferecem um método eficaz e confiável de transferência de dados, se adequando a uma grande variedade de dispositivos.

5.3.5 PCIe – PCI Express

A arquitetura PCI Express é um padrão industrial de interconexão serial de E/S de uso geral e alto desempenho projetada para uso em plataformas corporativas, computadores *desktop*, dispositivos móveis e embarcados, com muitos atributos de última geração, incluindo:[5]

- uma interface econômica e de baixo número de pinos, que oferece máxima largura de banda por pino, reduzindo o custo e a complexidade do projeto e permitindo fatores de forma reduzidos;

- largura de banda escalável de 16 gigabytes por segundo com frequência inicial de 2,5 GHz com possibilidades de evolução no futuro;

---

[4] Disponível em: https://www.electronics-notes.com/articles/connectivity/usb-universal-serial-bus/protocol-data-transfer.php. Acesso em: 19 mar. 2024.

[5] Disponível em: https://pcisig.com/faq. Acesso em: 19 mar. 2024.

- suporte para várias larguras de interconexão por meio de configurações com 1, 2, 4, 8, 12, 16 e 32 vias agregadas para se adequar às necessidades de largura de banda das aplicações;

- recursos exclusivos e avançados, como gerenciamento de energia, qualidade de serviço e outras funções nativas, não disponíveis em outras arquiteturas de E/S.

O PCI Express foi desenvolvido pela Intel, a partir de um consórcio de grandes fabricantes de *hardware* e *software* básico como IBM, AMD, Microsoft e Nvidia. Este padrão foi lançado a partir de 2002 para substituir os antigos barramentos PCI e AGP, que eram responsáveis por permitir a conexão de placas de vídeo, som e rede ao computador que, com o aumento do tráfego de dados, se tornaram insuficientes para um funcionamento rápido e dentro do potencial que deveria atingir. O PCI Express, além de permitir um fluxo muito maior de dados, estabeleceu um padrão unificado para os tipos de conectores usados naqueles dispositivos.

O PCI Express é baseado em uma topologia ponto a ponto, onde *links* seriais individuais conectam cada dispositivo ao hospedeiro. Esses *links* são compostos por diversas pistas (*lanes*). Uma pista é composta por 4 fios, ou dois pares com sinalização diferencial com a codificação NRZ (*non-return-to-zero*), sendo um par para recepção de dados e outro para transmissão de dados. Tal como acontece com outros protocolos de transmissão serial de alta taxa de dados, o sinal de relógio está embutido nos dados transmitidos. Conceitualmente, cada pista permite um fluxo de informação *full-duplex*, transportando pacotes de informação em ambas as direções entre os pontos terminais de um *link*. Os *links* físicos do PCI Express podem ter 1, 4, 8 ou 16 pistas, sendo que o total de pistas é registrado com um prefixo 'x' (por exemplo, 'x8' representa um total de 8 pistas), com x16 sendo o maior tamanho de uso comum.

Uma GPU (unidade de processamento gráfico) precisa de um volume muito grande de dados, resultando que a ampla maioria das placas de vídeo é baseada no PCI Express x16. Como já sabemos, quanto mais vias são disponibilizadas, mais dados são trafegados ao mesmo tempo. Essas são as taxas máximas teóricas com respeito ao padrão PCI Express 1.0 (mais elevadas em versões mais recentes):

- PCIe x1: 250 MB/s;
- PCIe x4: 1000 MB/s (ou 1 GB/s);
- PCIe x8: 2000 MB/s (ou 2 GB/s);
- PCIe x16: 4000 MB/s (ou 4 GB/s).

Figura 5.13. **Placa de Vídeo com PCI Express.**

Os barramentos PCI Express tiveram grande evolução desde seu lançamento, estabelecendo os seguintes padrões:

- **PCI Express 1.0**: Com 16 vias (bits) para transmissão de dados (16x), um *slot* pode realizar o tráfego de até 4 GB/s. O PCI Express 1.0 utiliza uma codificação 8b/10b, ou seja, cada grupo de 8 bits é codificado em um sinal de 10 bits em cada transmissão.

- **PCI Express 2.0**: Com 16 ou 32 vias, apresentou grande aumento de desempenho e envio de dados, o que é muito importante para placas gráficas. Com 16x, *slots* PCI Express 2.0 alcançam até 8 GB/s, podendo chegar até 16 GB/s caso seja um conector 32x, sendo adequados para grande parte dos *drives* SSD.

- **PCI Express 3.0**: Apresenta a maior velocidade alcançada por pista de dados até o momento (1 GB/s), podendo chegar até 16 GB/s, sendo preferida para aplicações em máquinas voltadas para jogos tridimensionais em tempo real.

- **PCI Express 4.0**: Tem como diferencial o dobro da velocidade da versão 3.0. Em uma interface de 16 vias, o PCIe 4.0 permite até 32 GB/s (gigabytes por segundo) de largura de banda entre o sistema e o periférico ligado ao conector. Esse aumento de velocidade também a torna interessante para explorar ao máximo modelos mais avançados de *drives* SSD (padrão NVMe) e placas de vídeo otimizadas para jogos em altíssimo desempenho.

- **PCI Express 5.0**: Pode ser visto como uma extensão do PCIe 4.0 com o dobro da velocidade: podem trabalhar com 32 GT/s e até 4 GB/s por pista, ou seja, 64 GB/s em x16. A codificação 128b/130b foi mantida.

- **PCI Express 6.0**: Previsto para ter a maior largura de banda de todas, com taxas de transferência de até 128 GB/s em x16 (o dobro da largura do PCI Express 5.0).

A única diferença estrutural entre as versões de PCI Express, portanto, é a velocidade da transmissão de dados entre a placa de expansão e o computador. Cada versão é compatível em termos de possibilidade de conexão com a versão imediatamente anterior. Assim, uma placa de vídeo que é conectada a um conector PCIe 4.0 pode funcionar também em um do tipo 3.0, com menor desempenho, pois o que muda é a quantidade de dados que serão enviados por segundo.

Conectores (*slots*) PCI Express

Os *slots* PCI Express têm tamanhos diferentes, que variam conforme os tipos que a placa-mãe suporta: quanto mais pistas houver, maior o conector. Por exemplo, um *slot* PCIe x1 é curto e um *slot* PCIe x16 é alongado:

- PCI Express x1: 25 mm de comprimento; 18 pinos;
- PCI Express x4: 39 mm de comprimento; 32 pinos;
- PCI Express x8: 56 mm de comprimento; 32 pinos;
- PCI Express x16: 89 mm de comprimento; 82 pinos; é o mais usado em conexões de placas de vídeo.

O PCI Express é um padrão capaz de trabalhar nos modos *half-duplex* ou *full-duplex*, ou seja a transmissão pode ser feita de modo uni- ou bidirecional, quando os dados são enviados e recebidos ao mesmo tempo (atingindo, portanto, o dobro da taxa de transmissão).

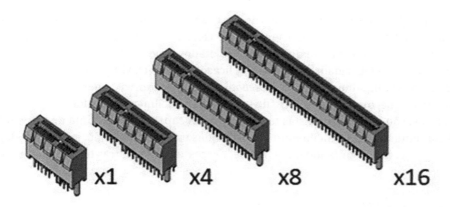

Figura 5.14. Conectores PCI Express.

Tabela 5.7. Barramento PCie

Evolução do Padrão	
PCIe 1.0	8 GB/s
PCIe 2.0	16 GB/s
PCIe 3.0	32 GB/s
PCIe 4.0	64 GB/s
PCIe 5.0	128 GB/s
PCIe 6.0	256 GB/s (previsto)

5.3.6 SATA – Serial ATA

O padrão SATA foi lançado em fevereiro de 2000 a partir de um esforço conjunto das empresas APT Technologies, Dell, Intel, Maxtor e Seagate para substituir a tradicional ATA (ou IDE). A especificação oferecia uma transferência de dados mais rápida e eficiente, tanto que já em 2008 o SATA tinha cerca de 100% do mercado de computadores pessoais. A principal diferença entre essas tecnologias está na forma como é realizada a transmissão de dados. O barramento ATA faz transmissão paralela, ou seja, vários bits por vez, como se estivessem lado a lado. O SATA faz transmissão serial, ou seja, um bit por vez, conseguindo frequências maiores e transmitindo os dados de forma mais rápida em seu barramento. Após a criação do padrão SATA, o ATA passou a ser chamado de PATA (a letra 'p' de paralela) para diferenciar da nova tecnologia. Existem na realidade diversas versões no padrão SATA, entre as quais destacamos:

- SATA Revision 1.x: também chamada de SATA 1,5 Gbps, ou informalmente, Sata 1 ou SATA 150, no qual a velocidade de transferência alcança um máximo de 150 MB/s;
- SATA Revision 2.x: também chamada de SATA 3 Gbps, ou informalmente, SATA II ou SATA 300, cuja principal característica é sua taxa de transmissão de até 300 MB/s;
- SATA Revision 3.x: também chamada de SATA 6 Gbps, ou informalmente, SATA III ou SATA 600, com taxa de transmissão de até 600 MB/s.

O padrão SATA 6 Gbps se mostra especialmente interessante para uso em unidades de disco de estado sólido (SSD), que por utilizarem memória do tipo Flash podem alcançar taxas de transferência mais elevadas do que os discos rígidos. A versão SATA 6 Gbps é compatível com SATA 3 Gbps, que é compatível com a SATA

1,5 Gbps. A especificação revisada SATA 3 Gbps dobrou as velocidades da especificação original e incluiu a especificação para o External Interface SATA (eSATA). O eSATA é, portanto, uma versão externa da interface SATA que usa conectores ligeiramente diferentes projetados especificamente para suportar a conexão e desconexão constantes e a eletricidade estática. As aplicações para o eSATA incluem armazenamento externo de conexão direta para equipamentos, como *notebooks* e computadores de mesa.

Vale a pena frisar que, quanto ao aspecto de velocidade, dificilmente os valores mencionados (150 MB/s, 300 MB/s e 600 MB/s) são alcançados. Estas taxas indicam a capacidade máxima de transmissão de dados entre o HD e o computador, mas dificilmente são utilizadas em sua totalidade, já que isso depende de uma combinação de fatores, como conteúdo da memória, processamento, outras tecnologias aplicadas ao disco rígido etc.

Conectores e cabos SATA

O padrão SATA prevê um cabo e conectores para dados com 7 pinos e outro para a alimentação com 15 pinos. Os conectores e cabos utilizados oferecem vantagens ao usuário porque ocupam menos espaço dentro do computador; e possuem encaixe mais fácil e mais seguro (é praticamente impossível conectar um cabo SATA de maneira invertida), o que também vale para o conector de alimentação elétrica do disco rígido.

Figura 5.15. **Cabo SATA.**

- O cabo SATA convencional possui um comprimento máximo de 1 metro, com conectores formados por sete vias (pinos): 3 são pinos terras e os outros 4 são para o tráfego de dados, com um par diferencial para transmissão e outro de recepção. Portanto, o tráfego de dados ocorre nos dois sentidos, podendo enviar e receber informações ao mesmo tempo; isso faz do SATA uma tecnologia *full-duplex*. A codificação utilizada é 8B/10B, isso significa que cada conjunto de 8 bits é codificado utilizando 10 bits, sendo os dois bits adicionais usados para sincronização, o que torna a transmissão de dados mais segura e menos complexa.

- mSATA: É um padrão de conexão desenvolvido especialmente para unidades de disco de estado sólido (SSD) de pequeno porte que pode ser utilizado, por exemplo, em *ultrabooks* (*notebooks* com espessura pequena) ou mesmo *tablets*. Neste caso, a unidade SSD normalmente é fornecida no formato de uma placa, tendo dimensões semelhantes a de um cartão de crédito. A ideia aqui é a de amenizar o problema da fragmentação de formatos de conectores, uma vez que cada fabricante adotava um padrão diferente. Veja mais detalhes sobre esse padrão na Seção 6.3.

- eSATA: A nomenclatura vem do termo external SATA. É um tipo de porta que permite a conexão de dispositivos externos a uma interface SATA do computador. Essa funcionalidade possibilita aproveitar a compatibilidade de discos externos com a tecnologia SATA para obter maiores taxas de transferência de dados. O eSATA propicia o aproveitamento da velocidade da versão do SATA em uso, porém não fornece alimentação elétrica, o que significa que somente dispositivos com uma fonte de alimentação externa conseguem utilizá-lo.

Os discos rígidos podem ser acessados de uma forma mais otimizada com o uso da especificação AHCI (*Advance Host Controller Interface*), que é um mecanismo de *hardware* que permite que o *software* se comunique com dispositivos Serial ATA (SATA) utilizando recursos como *hot-plugging* e enfileiramento nativo de comandos (NCQ – *Native Commmand Queuing*). O AHCI é totalmente compatível com o Microsoft Windows e o sistema operacional Linux, incluindo o Apple OS.

Em princípio, o NCQ é relativamente simples e permite que o disco rígido receba mais de um comando por vez, otimizando a ordem na qual os comandos de leitura e gravação são executados. Isso aumenta o desempenho da unidade, limitando o número de movimentos da cabeça da unidade quando várias solicitações de leitura/gravação são colocadas na fila. A velocidade de operação é aumentada, mas também há um impacto na redução do consumo de energia e no nível de ruído. Apesar de ter sido projetado para discos rígidos, o NCQ também pode ser usado em unidades de estado sólido (SSDs), executando o acesso a diversos bancos de memória Flash em paralelo.

5.3.7 Barramentos de vídeo

Padrão VGA/SVGA

A sigla VGA significa *Video Graphics Array*, sendo provavelmente o padrão de conexão de vídeo mais antigo ainda utilizado, tendo sido originalmente criado no ano de 1987 pela IBM. É facilmente reconhecível pelo seu conector de 15 pinos do tipo D-SUB (*Digital Sub-Miniature*) com dois parafusos de fixação, como pode ser visto na Figura 5.16.

Todos os cabos VGA transportam sinais de vídeo analógicos RGBHV (vermelho, verde, azul, sincronismo horizontal, sincronismo vertical). Em todas as duas versões, o padrão VGA utiliza várias taxas de varredura, fazendo que os monitores utilizados sejam necessariamente multisincronismo.

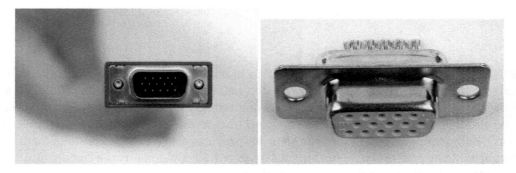

Figura 5.16. **Conector VGA de 15 Pinos Macho e Fêmea.**

O cabo VGA foi mantido em sua forma física original até hoje, mesmo que os sinais que nele trafegam tenham evoluído. Por exemplo, o padrão original dos sinais coloridos, também chamado de VGA, que suportava apenas 16 cores, foi melhorado em 1989 de 320x200 para 800×600 (XGA) e, posteriormente, para 1024×768 (Super XGA), 1280×1024 (SXGA) e 2048×1536 (QXGA). O número de cores também foi aprimorado, chegando a 64K cores, tudo isso sem mudar o conector, exceto pela exigência de qualidade dos pinos de conexão, que devem ser banhados a ouro para diminuir a interferência causada pela oxidação. Nos dias de hoje, o cabo VGA pode suportar uma resolução de vídeo razoavelmente alta (1080p), mas está longe de competir com as tecnologias mais recentes. Isto ocorre principalmente porque VGA usa sinais analógicos de vídeo, o que contribui para a degradação da qualidade da imagem, frequentemente perceptível quando comparado com interfaces digitais.

Padrão DVI

Disponibilizados em diversos dispositivos no fim da década de 1990, o padrão DVI (*Digital Video Interface*) foi, pelo menos até certo ponto, considerado substituto do padrão VGA, porque as informações são transmitidas na forma digital. Com isso, se elimina a degradação de sinal que ocorre, por exemplo, na conexão VGA (analógica) com monitores LCD que são digitais. Como o DVI trabalha diretamente com sinais digitais, não é necessário fazer a conversão, portanto, a qualidade da imagem é mantida. Por essa razão, a saída DVI foi bastante empregada em monitores de vídeo LCD, projetores, TVs de LED, entre outros equipamentos de vídeo digitais.

Figura 5.17. **Conector DVI Macho e Fêmea.**

O cabo dos dispositivos que utilizam o padrão DVI é composto, basicamente, por quatro pares de fios trançados, sendo um par para cada cor primária (vermelho, verde e azul) e um para o sincronismo. Há diversas variantes de conectores DVI, em particular as especificações *Single Link* (que suporta resoluções de até 1920×1080 pixels) e *Dual Link* que suporta resoluções de até 2060×1600 pixels) ambos com frequência de até 60 Hz. Na Figura 5.17 podemos ver uma versão dos conectores do cabo DVI.

Padrão HDMI

O padrão HDMI (*High-Definition Multimedia Interface*) foi criado em 2003, em um acordo de várias fabricantes de monitores, como a Philips, Panasonic, Sonic, Toshiba, entre outros, como forma de padronizar a conexão de televisores, monitores, projetores, computadores domésticos e outros aparelhos. Com seu desempenho robusto, amplo suporte a recursos, facilidade de uso, baixo custo e ampla adoção no setor eletrônico, os dispositivos habilitados para HDMI agora vão além dos produtos eletrônicos de consumo (para o qual este padrão foi inicialmente pensado) para incluir aplicativos portáteis, automotivos e comerciais.

Com o HDMI pode-se obter alta taxa de transferência de dados, tanto de áudio quanto de vídeo, e pode-se transmitir imagem digital desde o HD até resolução 10K nos modelos mais avançados. Os fios internos são fabricados em cobre, o que favorece a condutividade e evita atrasos ou ruídos na imagem. Os melhores conectores são banhados a ouro, em virtude de sua resistência a serem inseridos e retirados diversas vezes sem perda de contato. Na Figura 5.18 vemos a representação dos conectores macho e fêmea deste cabo, do qual existem algumas variantes de tamanho:

- Tipo A: convencional, com 19 pinos;
- Tipo B: não usado na prática;
- Tipo C: mini;
- Tipo D: micro, geralmente usado em aplicações automotivas.

Figura 5.18. **Conector HDMI Macho e Fêmea.**

Nos últimos anos, houve diversas melhorias na sua especificação, visando atender a requisitos cada vez mais exigentes. Damos destaque aqui à versão HDMI 2.1 (também conhecida por Premium Ultra), usada em diversos tipos de equipamentos com grande exigência de qualidade e resolução de vídeo e áudio. O HDMI 2.1 é voltado para conectar os aparelhos mais recentes, suportando até 4 canais de *stream* (áudio e vídeo), resoluções de 8K com taxa de 60 FPS (*frames* por segundo) e 4K, com taxa de 120 FPS, e largura de banda de 48 Gbps. Além disso, esse cabo também tem compatibilidade com o HDR dinâmico e conta com 32 canais de áudio a 1536 kHz.

Existe uma opção do padrão HDMI que permite aos dispositivos fonte, como computadores, *tablets* e até mesmo celulares, habilitados para HDMI utilizar um conector USB Tipo C para conectar diretamente a monitores com interface HDMI e fornecer sinais e recursos HDMI por meio de um cabo simples sem a necessidade de adaptadores especiais. Isso permite que duas das soluções mais populares para conectividade se unam – o conector USB tipo C de formato pequeno, reversível e multifuncional sendo adotado por *smartphones*, *tablets* e produtos para PC, e o conector HDMI, que é a interface líder com uma base instalada de bilhões de monitores. Essa opção com conector USB Tipo-C tem suporte para toda a gama de recursos da versão HDMI 1.4b, tais como resolução até 4 K, áudio *surround*, entre outros. Cabe aos fabricantes escolher quais recursos HDMI eles suportam em seus produtos com USB Tipo C.

Padrão DisplayPort

Figura 5.19. **Conector DisplayPort Macho e Fêmea.**

O DisplayPort surgiu em 2006 também em um acordo de vários fabricantes de computadores pessoais, substituindo conexões antigas, como o VGA e DVI, e se destaca pela forma com que os dados são enviados. Aqui, o envio acontece por "micropacotes", o que permite:

- alocação flexível da largura de banda disponível entre vídeo e áudio;
- resoluções maiores com taxa de atualização também maior;
- múltiplos fluxos de vídeo por apenas uma conexão física;
- transmissão de longa distância sobre mídias físicas alternativas, como a fibra óptica;
- expansão fácil do padrão para suportar muitos tipos de dados.

Destacamos a versão da especificação 1.4, que conta com recursos de aprimoramento de vídeo e áudio, permitindo:

- até 32 canais com frequência de 1536 kHz;
- várias telas conectadas por um único cabo;
- vários fluxos de vídeo em conexão física única;
- largura de banda de 32,4 Gbps;
- suporta o HDR dinâmico e resolução máxima de 8K rodando a 60 Hz.

Para usuários mais exigentes existe também a recente DisplayPort 2.0, que pode ser reconhecida facilmente por utilizar o conector USB C. Suas características mais relevantes, expandindo a versão 1.4:

- tem largura de banda de 77,4 Gbps;
- um cabo consegue lidar com três monitores em resolução 4K com 90 Hz de taxa de atualização, ou dois monitores 8K a 120 Hz;
- suporta 16K com taxa de atualização de 60 Hz.

5.4 REDES DE COMUNICAÇÃO

Com certeza um dos dispositivos mais importantes do computador é a interface de redes de comunicação. Por meio desta interface o computador tem acesso a outros computadores e dispositivos, para a transmissão de dados que podem ser arquivos, imagens, áudio ou vídeo, entre outros. As redes de comunicação podem ser classificadas de diversas formas, mas uma abordagem possível é quanto à sua abrangência, podendo ser locais (LAN – *Local Area Network*) ou de longa distância (WAN – *Wide Area Network*).

As redes locais, como o nome diz, são utilizadas para interconectar os computadores localmente, em um mesmo edifício ou ambiente, e as redes de longa distância para a comunicação entre prédios, localizados na mesma cidade ou não. As redes locais e de longa distância se utilizam de diversos meios para a transmissão da informação, entre os quais destacamos: fios metálicos (chamados também de transmissão com fio), fibra óptica ou ondas eletromagnéticas (chamadas também de transmissão sem fio).

A comunicação com fio é a transmissão de dados por meio de uma tecnologia de comunicação baseada em fio metálicos, como cobre e/ou alumínio. As redes de telefonia fixa, por exemplo, se utilizam da comunicação por fio e a maioria das redes locais usa cabos de pares trançados do padrão Ethernet para transferir dados entre os diversos computadores conectados. Em geral, as comunicações com fio são consideradas mais estáveis que a comunicação sem fio, já que são relativamente impermeáveis às condições climáticas adversas em comparação com soluções de comunicação sem fio. Essas características permitiram que as comunicações com fio permanecessem populares mesmo com o avanço das soluções sem fio.

A comunicação sem fio é a transferência de informações entre dois ou mais pontos com o uso de ondas eletromagnéticas. As distâncias alcançadas podem ser curtas, como alguns metros para o padrão Bluetooth, ou até mesmo centenas quilômetros para as comunicações via satélite. Abrange vários tipos de aplicações fixas, móveis e portáteis, incluindo rádios bidirecionais, telefones celulares, televisão digital e redes sem fio. Em termos de redes de computadores sem fio, as tecnologias mais utilizadas são o Bluetooth e o Wi-Fi.

A comunicação por fibra óptica é um método de transmissão de informações de um lugar para outro enviando pulsos de luz infravermelha através de uma fibra óptica. A luz é uma forma de onda portadora que é modulada para transportar informações. A fibra é preferível ao cabeamento elétrico quando é necessária alta largura de banda, longa distância ou imunidade à interferência eletromagnética.

A internet é uma rede de comunicação de dados global, para permitir a comunicação entre computadores, dispositivos e outras redes. É uma rede de redes que consiste na interconexão de várias redes de comunicação privadas, públicas, acadêmicas, empresariais e governamentais de âmbito local a global, ligadas por uma ampla gama de tecnologias de redes com fio, sem fio e ópticas. A internet permite uma diversidade de recursos e serviços de informação, como acesso a páginas eletrônicas, correio eletrônico, compartilhamento de arquivos, acesso remoto aos computadores, entre outros. A variedade e complexidade desses protocolos extrapola os limites deste livro, mas vamos apresentar as características das redes básicas que permitem o seu funcionamento.

5.4.1 Fibra óptica

As fibras ópticas típicas são compostas por núcleo (*core*), casca (*cladding*) e capa externa protetora (*buffer* ou *coating*). O núcleo é a parte interna da fibra, que conduz a luz, e a casca envolve o núcleo completamente. Como o índice de refração do núcleo é maior do que o da casca, a luz no núcleo que atinge a fronteira com a casca em um ângulo menor que o ângulo crítico, a depender dos índices de refração do núcleo e da casca, será refletida de volta ao núcleo em um fenômeno chamado de reflexão interna total. Isso vai permitir que o sinal luminoso possa ser transmitido por distâncias equivalentes a dezenas de quilômetros.

Para os tipos de fibra de vidro óptico mais comuns, que incluem fibras monomodo de 1550 nm e fibras multimodo de 850 nm ou 1300 nm, o diâmetro do núcleo varia de 8 a 62,5 μm. O diâmetro da casca mais comum é de 125 μm. O material de revestimento externo geralmente é plástico macio ou duro, como acrílico, náilon e com diâmetro variando de 250 μm a 900 μm. O revestimento externo fornece proteção mecânica e flexibilidade de flexão para a fibra.

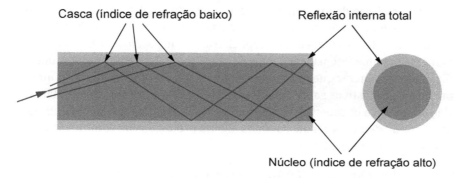

Figura 5.20. **Propagação de Luz na Fibra Óptica.**

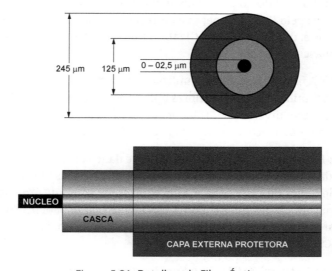

Figura 5.21. **Detalhes da Fibra Óptica.**

Existem dois tipos principais de fibra óptica utilizados em comunicações: fibras ópticas multimodo e fibras ópticas monomodo. A fibra multimodo possui um núcleo maior ($\geq$ 50 μm), permitindo a conexão de transmissores e receptores menos precisos e mais baratos, além do uso de conectores mais acessíveis. No entanto, a fibra multimodo introduz distorção multimodo, limitando a largura de banda e o comprimento do cabo óptico. Além disso, ela apresenta maior atenuação em face do maior teor de contaminantes. Por outro lado, a fibra monomodo tem um núcleo menor (< 10 μm) e requer componentes e métodos de interconexão mais caros. No entanto, permite comprimentos totais maiores e apresenta melhor desempenho, com menos perdas.

Há duas operações críticas na instalação de uma fibra óptica: as curvas e as emendas. As curvas não podem ser muito acentuadas, sob o risco de parte da luz ser perdida, atenuando demasiadamente o sinal de luz. De modo geral, o raio mínimo da curvatura deve ser cerca de 10 vezes maior que o seu diâmetro externo. Quando um cabo de fibra é dobrado excessivamente, o sinal óptico dentro do cabo pode refratar e escapar através do revestimento de fibra, assim como dobrá-lo também pode danificar permanentemente a fibra, causando microfissuras. A conexão de duas fibras ópticas pode ser feita utilizando-se a emenda por fusão ou a emenda mecânica e requer habilidades especiais e tecnologia de interconexão em virtude da precisão microscópica necessária para alinhar os núcleos da fibra. As fibras monomodos, por possuírem um núcleo mais fino, normalmente utilizam emendas por fusão, já que as emendas mecânicas para este tipo de fibra são normalmente mais caras e demandam mais tempo para instalação.

A distância de transmissão de um sistema de comunicação de fibra óptica é limitada pela atenuação e distorção na propagação do sinal de luz pela fibra. Existem então duas possibilidades: utilizar repetidores optoeletrônicos, que convertem o sinal em um sinal elétrico e, em seguida, utilizam um transmissor para enviar o sinal novamente em uma intensidade maior do que a recebida, amplificadores ópticos que amplificam o sinal óptico diretamente sem ter que converter o sinal para o domínio elétrico. Os amplificadores ópticos têm várias vantagens significativas sobre repetidores elétricos e substituíram amplamente os repetidores em novas instalações, embora os repetidores eletrônicos ainda sejam amplamente utilizados para conversão de comprimento de onda de luz. A seguir listamos alguns protocolos de comunicação que podem utilizar fibras ópticas como meio de transmissão.

- **_Fiber Distributed Data Interface_ (FDDI):** Fornece um padrão óptico de 100 Mbps para transmissão de dados em rede local que pode se estender por até 200 quilômetros. Embora a topologia lógica FDDI seja uma rede de _token_ baseada em anel, não utiliza o protocolo IEEE 802.5 _Token Ring_ como base; em vez disso, seu protocolo foi derivado do protocolo de token IEEE 802.4. O FDDI foi efetivamente tornado obsoleto nas redes locais pelo Fast Ethernet que oferecia as mesmas velocidades de 100 Mbps, mas com um custo muito menor e, desde 1998, pelo Gigabit Ethernet em razão de sua velocidade, custo ainda menor e utilização quase universal.

- **Ethernet (IEEE 802.3):** A fibra óptica pode ser utilizada como meio de transmissão em todas as versões do protocolo Ethernet, com utilização tanto de fibras ópticas em modo único (SMF) como multimodo (MMF). Para cada um deles existem diversos padrões, envolvendo velocidades desde 10 Mbps até 200 Gbps e distâncias desde centenas de metros até dezenas de quilômetros.

- **_Fibre Channel_ (FC):** É um protocolo de transferência de dados de alta velocidade que fornece entrega em ordem e sem perdas de dados brutos de bloco. O _Fibre Channel_ é usado principalmente para conectar o armazenamento de dados do computador a servidores em redes de área de armazenamento (SAN, veja a Seção 6.7.2) em centros de dados comerciais. O _Fibre Channel_ foi projetado como uma interface serial para superar as limitações das interfaces de fio de cobre de sinal paralelo de camada física então existentes, como o SCSI (veja a Seção 5.3.3) e HIPPI.

- **_Synchronous Optical Network_ (SONET) e _Synchronous Digital Hierarchy_ (SDH):** SONET e SDH, que são essencialmente os mesmos, foram protocolos originalmente projetados para transportar comunicações em modo de circuito de uma variedade de fontes diferentes, mas voltados principalmente para suportar voz codificada em tempo real, não compactada e comutada por circuito no formato PCM (Modulação por Código de Pulso). O método foi desenvolvido para substituir o sistema PDH (Hierarquia Digital Plesiócrona – "quase síncrono") para o transporte de grandes quantidades de chamadas telefônicas e tráfego de dados pela mesma fibra sem os problemas de sincronização que este possuía.

- **Asynchronous Transfer Mode (ATM)**: ATM é um protocolo central usado no backbone SONET/SDH da rede telefônica pública comutada (PSTN) e na Rede Digital de Serviços Integrados (ISDN), mas foi amplamente substituído em favor de redes de próxima geração baseadas no Protocolo Internet (IP), enquanto o ATM móvel e sem fio nunca se estabeleceu comercialmente.

5.4.2 Ethernet

Introdução

A Ethernet é o protocolo mais utilizado para conexão de computadores e dispositivos em redes locais. Por meio de uma conexão física padronizada, muito conveniente para ambientes caseiros ou corporativos, se torna simples o acesso e troca de informações e arquivos entre equipamentos que estão na mesma rede. A Ethernet é fácil de entender, implementar, manter e permite a implementação de uma rede com baixo custo.

Embora já fosse utilizado comercialmente, o padrão Ethernet foi oficializado em 1983, com a finalidade de interconectar os computadores em uma rede local. Desde então, a Ethernet evoluiu oferecendo velocidades de transmissão cada vez maiores, com um número maior de nós e de distâncias de interconexão, mas mantendo compatibilidade com versões anteriores. Com o tempo, a Ethernet substituiu amplamente as tecnologias de rede local concorrentes, tais como *Token Ring*, FDDI e ARCNET.

Na verdade, a Ethernet é uma família de tecnologias que, hoje, suportam muito mais do que redes locais, sendo usada também em redes de área metropolitana (MAN) e até redes de longa distância (WAN). Essas tecnologias têm evoluído continuamente para suportar um número cada vez maior de pontos de rede, com taxas de transmissão elevadas e longas distâncias, mas sempre mantendo compatibilidade com as versões anteriores, o que é importante quando uma rede precisa ser expandida.

Um pouco de história

A Ethernet foi originalmente desenvolvida como um projeto de interligação de um prédio da Xerox Palo Alto Research Center, em 1973. Cabos coaxiais foram presos ao teto dos corredores de laboratórios, e os computadores destes conectados aos cabos, usando alguns dispositivos especiais (*transceivers*). Os cabos, por sua vez, eram conectados entre si usando repetidores (regeneradores de sinal) também conectados aos *transceivers*, como ilustrado na Figura 5.22, extraída do artigo de 1976 de Robert Metcalfe e David Boggs, que descreviam a rede original, pelo que são conhecidos como os pais da Ethernet.

> *Esses cabos foram apelidados de "'éter", uma lembrança à teoria da física, vigente no século XIX (mas depois desmentida), que pressupunha a existência no espaço sideral de um meio físico para a propagação das ondas luminosas, denominada "luminiferous ether". Como analogia de nomenclatura, todas as informações da rede seriam conduzidas por cabos denominados "segmentos éter", daí o nome Ethernet.*

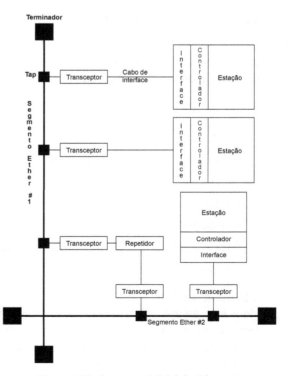

Figura 5.22. **Proposta Inicial da Ethernet.**

O funcionamento da transmissão e recepção no modelo básico da Ethernet é trivial, e se assemelha muito ao modelo que os radioamadores usam para transmissão. Suponhamos que uma estação (A) deseje transmitir uma informação para a estação (B). A estação (A) faz então a montagem de um quadro (*frame*) com os dados e mais um cabeçalho indicando seu próprio endereço (A), o endereço de destino (B) e os dados (possivelmente com algumas outras informações adicionais de controle). Em uma situação de baixo tráfego de envio de informações, a informação fluirá pelo cabo sem interferência e a estação (B) receberá o quadro enviado. Repare que todas as estações ligadas ao cabo vão escutar o que está sendo transmitido, mas irão ignorar todos os quadros que não forem destinados a elas.

Entretanto, pode ser que uma terceira estação (C) resolva transmitir para a estação (D) ao mesmo tempo que a estação (A), então os dois quadros irão se interferir eletricamente no cabo, o que é chamado de uma "colisão", e as informações terão que ser retransmitidas posteriormente, mas desta vez evitando a superposição no tempo. Uma solução simples seria escutar o cabo para ver, antes de transmitir, se não há algum quadro sendo transmitido. Mas isso também não resolve 100% dos casos. A solução completa para este problema, chamada de método CSMA/CD, está descrita mais adiante.

A simplicidade deste modelo tornou possível a expansão e variantes mantidas conceitualmente simples, se adaptando às necessidades do mercado. A rede original, conhecida como 10BASE5 (veja adiante a explicação desta nomenclatura), usava um cabo coaxial como meio compartilhado, com velocidade de 2,94 Mbps. Em breve, uma variante chamada 10BASE2 adotou o cabo coaxial fino e barato e, a partir de 1990, o par trançado (10BASE-T), muito mais barato do que cabos coaxiais. Recentemente, passou-se a usar fibra óptica em conjunto com *switches* para conexão dos segmentos. As taxas de transferência de dados da Ethernet foram aumentadas até o valor atual de 400 Gbps, com prováveis 1,6 Tbps ou mais em breve.

Buscando um custo cada vez menor do *hardware* necessário para suportar a Ethernet, a partir de 2004 a maioria dos fabricantes de computadores construiu interfaces diretamente nas placas-mãe, eliminando a necessidade de uma placa de rede separada. Com isso, o uso da Ethernet passou a ser, na prática, um modelo de comunicação praticamente universal.

Fluxo de dados na Ethernet

O padrão Ethernet é, hoje, de responsabilidade de um grupo de trabalho conhecido como IEEE 802, que é responsável pela padronização dos protocolos para redes locais e metropolitanas. Segundo o IEEE 802, uma rede Ethernet deve ser pensada como um conjunto de especificações que indicam:

a) Conexão física: Em uma rede estão definidos, entre outros, os seguintes componentes:

- topologia da rede;
- tipos de fios ou cabos utilizados;
- conectores;
- interfaces de comunicação;
- voltagens;
- formas de codificação e decodificação dos sinais;
- taxas de transmissão de dados.

São definidos também os dispositivos para conexão entre os cabos (*transceivers* e *hubs*), o controle do acesso ao meio de transmissão, os mecanismos de sincronização da transmissão e a topologia da rede. Os *transceivers* são dispositivos eletrônicos usados para conectar fios, zelando pela qualidade do sinal elétrico. Os *hubs* (também chamados de concentradores) são equipamentos que conectam (concentram) diversos fios da rede, compartilhando o fluxo de informações entre eles.

b) Enlace (ou *link*) dos dados:

O padrão Ethernet define os blocos de informação transmitida e recebida (chamados de quadros, na nomenclatura Ethernet), detectando e, quando possível, corrigindo erros que acontecem na conexão física. Os fluxos de dados são divididos em pedaços curtos chamados quadros. Cada quadro contém:

- endereço de origem (48 bits);
- endereço de destino (48 bits);
- dados extras para verificação de erros (CRC).

Cada um desses endereços é um identificador único universal chamado de endereço MAC (*Media Access Control*), com 48 bits. Os endereços MAC geralmente são atribuídos pelo fabricante das placas de interface de rede, sendo cada um deles armazenado dentro do *hardware*, quase sempre em uma memória apenas de leitura. Porém, apesar de ser único e gravado em *hardware*, o endereço MAC pode ser alterado a partir de técnicas específicas, se houver necessidade.

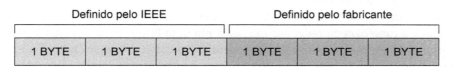

Figura 5.23. Endereço MAC.

Nos endereços MAC os três primeiros bytes são chamados OUI (*Organizationally Unique Identifier*), sendo destinados à identificação do fabricante (padronizados universalmente). Os três últimos bytes são definidos pelo fabricante, sendo este responsável pelo controle da numeração de cada placa que produz.

Há muitos protocolos de comunicação que podem ser utilizados tendo como base a Ethernet, mas damos especial destaque ao IP, que permite a comunicação entre redes de computadores distantes geograficamente uma das outras. Este padrão se consolidou e se expandiu, formando, hoje, a rede mundial de comunicação conhecida como internet.

Entendendo o modelo de transmissão: CSMA/CD

Como vimos anteriormente, a forma de transmissão na Ethernet é muito simples, mas ocorrem problemas se duas estações tentarem enviar simultaneamente informações para o cabo. A solução para isso é um método denominado CSMA/CD (*Carrier Sense Multiple Access with Collision Detection*). Este é um protocolo de comunicação que organiza a forma como os dispositivos de rede conseguem compartilhar um meio de transmissão em comum ao longo do tempo. Essa abreviatura tem o seguinte significado, que são as pressuposições do método:

- **CS (*Carrier Sense*)**: deve existir a capacidade de identificar verificar se o cabo está livre para transmitir, ou seja, se está ocorrendo alguma transmissão de dados na Ethernet.

- **MA (*Multiple Access*)**: existe a pressuposição de que múltiplos transmissores devem concorrer pela utilização da mídia, sem prioridade. Desta forma, vai ocorrer uma situação problema quando duas placas tentarem transmitir dados ao mesmo tempo, o que é chamado de colisão.

- **CD (*Collision Detection*)**: deve existir um mecanismo responsável por identificar colisões na rede.

O CSMA/CD identifica quando o meio (canal) está disponível (*idle time*) para a transmissão. Se não estiver livre, permanece testando até que esteja livre; assim que isso acontece, a transmissão é iniciada.

Simultaneamente à transmissão, o mecanismo CD (*Collision Detection* – Detecção de Colisão) obriga que os nós escutem a rede enquanto escrevem nela.

> *O CSMA/CD é também conhecido por "Listen While Talk" (LWT – "escute enquanto fala"). É fácil detectar uma colisão: basta ouvir enquanto transmite: se ouvir algo diferente do que transmitiu, houve colisão. Quando quem está transmitindo detecta uma colisão, interrompe imediatamente a transmissão e emite um sinal especial de 48 bits ("jam" – empastelamento) para anunciar que ocorreu uma colisão.*

Quando é identificada uma colisão, um tempo aleatório é calculado, e após este tempo, uma nova transmissão do mesmo quadro é tentada. Repare que é razoável pensar que pode haver uma situação esdrúxula quando a rede está tão sobrecarregada de mensagens a transmitir, que a rede se torna praticamente inviável (um enorme engarrafamento...). No protocolo CSMA/CD, 16 colisões subsequentes para o mesmo quadro são consideradas uma falha grave na rede, e tratados como um problema a ser resolvido fora do protocolo, pelo programa que controla a transmissão.

É importante notar que as restrições impostas pelo protocolo CSMA/CD, ao longo do tempo, foram resolvidas mudando a topologia da rede. Por exemplo, em uma Ethernet moderna, nem todas as estações compartilham um canal por meio de um cabo compartilhado ou de um simples *hub* repetidor. Em vez disso, cada estação se comunica com um *switch*, que por sua vez encaminha esse tráfego para a estação de destino. Nesta topologia, as colisões só são possíveis se a estação e o *switch* tentarem se comunicar ao mesmo tempo, e as colisões são limitadas a este único canal.

Evolução e tipos de Ethernet

a) 10BASE5 e sucessores

O padrão 10BASE5 (também conhecido como *thick Ethernet* ou *thicknet*) foi a primeira variante comercialmente disponível de Ethernet.

> *O nome 10BASE5 é derivado de várias características do meio físico. O 10 refere-se à sua velocidade de transmissão de 10 Mbps. BASE é a abreviação de sinalização de banda base (em oposição à banda larga), e 5 representa o comprimento máximo do segmento de 500 metros.*

Esta tecnologia foi padronizada em 1982 como IEEE 802.3. Era usado um cabo coaxial grosso e rígido de até 500 metros de comprimento. Até 100 estações podiam ser conectadas ao cabo usando *vampire taps* (junções vampiras), fazendo uso de um único meio de transmissão com 10 Mbps de largura de banda compartilhada entre elas.

O 10BASE5 era um sistema difícil de instalar e manter, sendo substituído por alternativas muito mais baratas e convenientes: primeiro, pelo 10BASE2 baseado em um cabo coaxial mais fino, e depois, uma vez desenvolvida a Ethernet sobre par trançado, pelo 10BASE-T e seus sucessores 100BASE-TX e 1000BASE-T.

Em todos estes modelos baseados em cabo coaxial, adicionar novas estações à rede era bastante complicado pela necessidade de perfurar o cabo com precisão em uma junção vampira. Uma forma utilizada para contornar essas situações era a utilização de um conector BNC, como mostrado na Figura 5.24. Uma conexão inadequada poderia derrubar toda a rede e tornar a tarefa de encontrar a origem do problema bastante difícil.

Figura 5.24. **Conector BNC Ethernet.**

b) Fast Ethernet

O Fast Ethernet é o sucessor do 10Base-T, sendo mais rápido que seus antecessores, suportando transmissões de dados a uma taxa entre 10 a 100 Mbps. Suas variantes são:

- **100BASE-T4**: As redes 100BASE-T4 são conectadas em uma topologia em estrela usando cabeamento de par trançado não blindado (UTP) e *hubs* de 100 Mbps ou *switches* Ethernet. O cabeamento UTP pode ser cabeamento de categoria 3, cabeamento de categoria 4 ou cabeamento de categoria 5 – sendo o cabeamento de categoria 5 (cat5) e o cabeamento de categoria 5 aprimorado (cat5e) as opções mais usadas. O 100BASE-T4 usa todos os quatro pares de cabeamento UTP padrão.

- **100BASE-TX**: As redes 100BASE-TX são conectadas em uma topologia em estrela usando cabeamento de par trançado não blindado (UTP) ou cabeamento de par trançado blindado (STP) e *hubs* de 100 Mbps ou *switches* Ethernet. Se for usado cabeamento UTP (que é o cenário mais comum), ele deve ser cabeamento de categoria 5 (cat5) ou cabeamento de categoria 5 aprimorado (cat5e). O 100BASE-TX usa dois pares de fios em cabeamento de par trançado, com um par de fios usado para transmissão e outro para recepção. Desta forma, com equipamento apropriado, o 100BASE-TX é capaz de suportar tanto a Ethernet *half-duplex* normal quanto as tecnologias de sinalização Ethernet *full-duplex* mais recentes.

- **100BASE-FX**: As redes 100BASE-FX são conectadas em uma topologia em estrela usando cabeamento de fibra óptica e *hubs* de fibra óptica de 100 Mbps ou *switches* Ethernet. O comprimento máximo de qualquer segmento de cabeamento de fibra óptica conectando uma estação (computador) a um *hub* é de 412 metros. O tipo de cabeamento de fibra óptica usado geralmente é o cabeamento de fibra óptica multimodo de dois fios, com um fio transportando dados transmitidos e o outro fio recebendo dados. No entanto, você também pode usar cabeamento de fibra óptica monomodo de dois fios. Se o cabeamento de fibra óptica multimodo for usado, a variedade usada normalmente é uma classe com um diâmetro de núcleo de 62,5 mícrons. Os repetidores podem ser usados para estender o comprimento do cabeamento e para fazer a interface entre os segmentos 100BASE-FX/TX e 100BASE-T4. As distâncias máximas permitidas com repetidores são 2 quilômetros usando cabeamento de fibra óptica multimodo e 10 quilômetros usando cabeamento de fibra óptica monomodo.

c) Gigabit Ethernet

O Gigabit Ethernet é o sucessor do Fast Ethernet. Permite transmissões de dados com uma velocidade muito maior, podendo chegar até 1 Gbps, ou seja, este tipo de conexão é 10 vezes mais rápido que o anterior.

A Gigabit Ethernet é um tipo de Ethernet que permite a transmissão de dados a 1 Gbps (ou 1000 Mbps) por meio de cabeamento de fibra óptica e cabeamento de par trançado de cobre. Podemos dizer que a Gigabit Ethernet superou as tecnologias concorrentes como *Fiber Distributed Data Interface* (FDDI) e *Asynchronous Transfer Mode* (ATM) como uma alternativa para *backbones* de rede de alta velocidade. A Gigabit Ethernet é definida nas especificações IEEE 802.3z e 802.3ab.

A Gigabit Ethernet pode ser implementada em quatro opções diferentes de cabeamento ou camada física:

- **1000BASE-CX**: Usa cabeamento biaxial balanceado de 150 ohms ou cabeamento de par trançado blindado (STP) em uma distância máxima de 25 metros. Esta versão é usada principalmente para conectar *switches* e roteadores em armários de fiação. Ele usa codificação 8B/10B baseada em Fibre Channel a uma taxa de transmissão serial de 1,25 Gbps.

- **1000BASE-LX**: Usa transmissões de comprimento de onda longo em cabeamento de fibra óptica monomodo. Esta versão é usada principalmente para cabos longos de até 5 quilômetros.

- **1000BASE-SX**: Usa transmissões de comprimento de onda curto em cabeamento de fibra óptica multimodo. Esta versão é usada principalmente para cabos curtos de até 300 metros (sobre fibra de 50 mícrons) e até 550 metros (sobre fibra de 62,5 mícrons).

- **1000BASE-T**: Usa cabeamento de par trançado categoria 5 (quatro pares de fios) em uma distância máxima de 100 metros (ou seja, um diâmetro máximo de rede de 200 metros) e destina-se principalmente à conexão de estações de trabalho de alta velocidade a concentradores em gabinetes de fiação próximos.

As redes Gigabit Ethernet geralmente são implementadas como redes *full-duplex* comutadas usando *switches* Ethernet de 1000 Mbps. Atualmente, seu uso é bastante disseminado, seja para conexão entre equipamentos de chaveamento da rede ou mesmo entre estações de trabalho e os equipamentos da rede.

5.4.3 Wi-Fi

A ideia da utilização de redes de comunicação sem fio não é recente e várias tentativas foram realizadas ao longo dos anos, mas a falta de padronização de normas e especificações dificultava o surgimento de uma tecnologia universal que atendesse a esse objetivo. Assim, surgiu em 1999 a Wireless Ethernet Compatibility Alliance (WECA), que em 2003 passou a se chamar Wi-Fi Alliance, cujo principal objetivo foi definir as especificações do padrão de comunicação sem fio IEEE 802.11.

Existem diferentes versões de Wi-Fi que são especificadas por vários padrões do protocolo IEEE 802.11, utilizando geralmente as bandas de rádio UHF de 2,4 GHz e SHF de 5 GHz. As primeiras possuem um maior alcance do que as segundas, sendo que essas bandas são subdivididas em vários canais e esses canais podem ser compartilhados entre diversas redes diferentes, mas apenas um transmissor pode transmitir em um canal a qualquer momento. Ou seja, embora os conteúdos estejam protegidos e não se misturem, as diversas redes competem pelo mesmo espaço de frequência e, em um ambiente saturado com diversas redes diferentes, as taxas de transmissão efetivas tendem a ser bem menores.

Capítulo 5. Entrada e saída, barramentos e redes de comunicação

A Wi-Fi Alliance determinou uma nova nomenclatura para os padrões Wi-Fi:

- 802.11b: Wi-Fi 1 (não oficial);
- 802.11a: Wi-Fi 2 (não oficial);
- 802.11g: Wi-Fi 3 (não oficial);
- 802.11n: Wi-Fi 4;
- 802.11ac: Wi-Fi 5;
- 802.11ax: Wi-Fi 6 e Wi-Fi 6E.

IEEE 802.11b

A primeira versão do Wi-Fi foi lançada em 1997, com uma taxa de transmissão de dados de 1 a 2 Mbps, mas que teve vida curta e pouca utilização. Em 1999, o 802.11 passou por uma atualização que recebeu a identificação 802.11b, cuja principal característica era a possibilidade de ter diversas velocidades de transmissão:

- 1 Mbps;
- 2 Mbps;
- 5,5 Mbps;
- 11 Mbps.

O intervalo de frequências utilizado era o mesmo do 802.11 original, ou seja, entre 2,4 GHz e 2,4835 GHz. Contudo, a técnica de transmissão utilizada era o DSSS, onde a informação transmitida utilizava determinada frequência por um curto período e mudando em seguida para outra em uma ordem sequencial. Tem como vantagens a resistência ao embaralhamento intencional ou não do sinal, compartilhamento de um único canal entre vários usuários, o nível reduzido de relação sinal/ruído de fundo dificulta a interceptação, permite a determinação do tempo relativo entre o transmissor e o receptor.

Para trabalhar de maneira efetiva com as velocidades de 5,5 Mbps e 11 Mbps, o padrão 802.11b também utilizava uma técnica de codificação chamada de *Complementary Code Keying* (CCK). A área de cobertura de uma transmissão 802.11b podia chegar, teoricamente, a 400 metros em ambientes abertos e atingir um alcance de 50 metros em locais fechados, tais como escritórios e residências, por conta de paredes e outros obstáculos que causam interferência ou impedem a propagação da transmissão dos sinais.

O padrão 802.11b e os seus sucessores podem fazer a taxa de transmissão de dados diminuir progressivamente até o limite mínimo de 1 Mbps à medida que uma estação fica mais longe do ponto de acesso. O contrário também acontece, ou seja, quanto mais perto do ponto de acesso, maior tende a ser a taxa de transmissão. O padrão 802.11b foi o primeiro a ser adotado em larga escala, sendo um dos responsáveis pela popularização das redes Wi-Fi.

IEEE 802.11a

Em 1999, quase na mesma época do lançamento da versão 802.11b, foi disponibilizado o padrão 802.11a, cuja principal característica era a possibilidade de operar com maiores taxas de transmissão de dados, entre 6 Mbps e 54 Mbps, mas com uma frequência de operação de 5 GHz, com canais de 20 MHz e com um padrão de modulação conhecido como OFDM.

O uso da frequência de 5 GHz apresenta como vantagem uma menor interferência, pois é pouca utilizada comercialmente. Contudo, além de não ter compatibilidade com os equipamentos que operam na faixa de frequência de 2,4 GHz, há uma atenuação maior do sinal em ambientes fechados.

O OFDM (*Orthogonal Frequency Division Multiplexing*) é uma técnica de transmissão de dados que utiliza múltiplas portadoras ortogonais, chamadas subportadoras, para modulação. As subportadoras são chamadas ortogonais por não possuírem sobreposição de frequência, dessa forma não interferindo umas com as outras. O princípio básico da OFDM é a conversão de um fluxo de dados serial com alta taxa de transmissão em múltiplos subfluxos paralelos com taxa de transmissão mais baixa.

A principal vantagem do uso de OFDM com relação às técnicas que utilizam uma única portadora é que a mesma taxa de transferência pode ser obtida, por conta do paralelismo das subportadoras com taxas mais baixas, com maior resiliência às condições ambientais, como atenuação de altas frequências, interferência intersimbólica, interferência causada por múltiplos caminhos, que é algo comum em redes sem fio, em função da reflexão dos sinais nas paredes e obstáculos existentes.

IEEE 802.11g

O padrão 802.11g é uma evolução do padrão 802.11b, na mesma faixa de frequência, localizada entre 2,412 e 2,462 GHz, com os mesmos canais estabelecidos para a modulação DSSS, mas operando com a modulação OFDM. O padrão também permite a utilização das modulações 64-QAM, 16-QAM, QPSK e BPSK. O padrão 802.11g consegue trabalhar com taxas de transmissão de 6 a 54 Mbps.

A capacidade de transmitir em uma frequência mais baixa com relação ao padrão 802.11a e de simultaneamente alcançar taxas de transmissão maiores do que o padrão 802.11b são o maior diferencial do padrão 802.11g com relação aos dois anteriores. Isso permitiu o uso de equipamentos com menor custo, além de reduzir consideravelmente a necessidade de visada direta entre o transmissor e o receptor. A sua taxa de transmissão de dados mais alta ajudou a disseminar o uso da comunicação sem fio, uma vez que os padrões anteriores possuíam limitações na velocidade de transmissão, o que não agradava aos usuários.

IEEE 802.11n

Logo depois do desenvolvimento do padrão 802.11g, o IEEE criou a Força Tarefa N (*Task Group* N) com o objetivo de definir um novo padrão que pudesse oferecer taxas de transmissão superiores a 100 Mpbs, aliados a uma baixa latência, aumento do alcance e da qualidade da transmissão.

Sua técnica de transmissão padrão é o OFDM, mas com algumas alterações em função do uso do esquema MIMO, sendo frequentemente chamado de MIMO-OFDM. As taxas de transmissão alcançadas variavam entre 6,5 e 288,9 Mbps, com canais de 20 MHz, e entre 13,5 e 600 Mbps, com canais de 40 MHz. O padrão 802.11n utilizava a técnica de diversidade espacial para alcançar essas taxas de transmissão. O conceito de diversidade espacial está baseado no fato de que as ondas eletromagnéticas percorrem diferentes caminhos para chegar ao receptor, possuindo diferentes valores de amplitude e fase ao longo do espaço. Então, com o uso de diferentes antenas em pontos distintos no espaço, é possível enviar e capturar versões diferentes do sinal originalmente transmitido, e depois recompô-lo.

O padrão 802.11n envia pacotes de dados diferentes por várias antenas e realiza a recomposição da mensagem na recepção, em uma técnica conhecida como MIMO (*Multiple Input, Multiple Output*). A tecnologia MIMO requer uma cadeia de radiofrequência separada e um conversor analógico-digital para cada antena MIMO, tornando sua implementação mais cara do que outros sistemas.

O uso do MIMO permite o aumento da taxa de transmissão, já que um dispositivo pode receber dados de múltiplas antenas, o que significa que conteúdos grandes, como vídeos, são transmitidos mais rapidamente, diminuindo os cortes. Outra vantagem é a redução da latência, já que com uma taxa de transmissão maior, os dispositivos conectados ao roteador esperam menos tempo para receber dados, aumentando o número de dispositivos que o roteador consegue atender de maneira satisfatória. Em condições bastante favoráveis, tais como um ambiente a céu aberto com poucas instalações que causem interferência, as redes padrão 802.11n podem cobrir distâncias maiores que 400 metros.[6]

---

[6] Disponível em: https://en.wikipedia.org/wiki/IEEE_802.11n-2009. Acesso em: 19 mar. 2024.

IEEE 802.11ac

O padrão 802.11ac ou Wi-Fi 5, cujas especificações foram finalizadas em 2013, é o padrão sucessor do 802.11n. A sua principal vantagem é possuir uma maior velocidade quando comparado aos padrões anteriores, chegando no modo de operação mais simples até 433 Mbps. O padrão 802.11ac opera apenas na faixa de frequência de 5 GHz, com canais com largura de 80 MHz ou, opcionalmente, 160 MHz.

Esse padrão utiliza técnicas mais avançadas de modulação, tais como o esquema MU-MIMO (*Multi-User* MIMO), onde é feita a transmissão de sinais simultaneamente para diversos dispositivos. Isso consegue diminuir bastante o tempo de espera de cada equipamento para iniciar sua comunicação, tornando a rede mais eficiente como um todo.

Com a utilização de várias antenas de transmissão é possível alcançar taxas de transmissão de até 6 Gbps, como no caso do emprego de oito antenas. Mesmo com a utilização de 4 antenas, taxas maiores que 1 Gbps podem ser obtidas. Os roteadores 802.11ac também podem trabalhar com a frequência de 2,4 GHz, mas na realidade, quando esses dispositivos entram nesse modo de operação, o padrão 802.11n é ativado.

O método de modulação 256-QAM é uma inovação desse padrão, aumentando a quantidade de dados enviados durante uma transmissão. Finalmente, o Wi-Fi 5 utiliza uma tecnologia que permite ao roteador otimizar a comunicação com um determinado dispositivo, otimizando os sinais enviados na sua direção, em uma técnica chamada de *Beamforming* ou TxBF.

IEEE 802.11ax

O padrão IEEE 802.11ax, sucessor do 802.11ac, é conhecido oficialmente como Wi-Fi 6, quando opera nas faixas de 2,4 GHz e 5 GHz, ou Wi-Fi 6E na faixa de frequência de 6 GHz. O padrão IEEE 802.11ax foi finalizado em setembro de 2020, e recebeu a aprovação final do IEEE em fevereiro de 2021. O principal objetivo deste padrão é melhorar a eficiência em cenários de alta densidade, tais como escritórios corporativos, *shopping centers* e apartamentos residenciais densos, permitindo que os pontos de acesso suportem mais clientes. Esse padrão fornece desempenho mais previsível para aplicativos avançados, como vídeo 4K, Ultra HD, escritório sem fio e Internet das Coisas (IoT), podendo significar uma melhoria na taxa geral de transferência de uma rede sem fio em até 300% e uma redução de 75% na latência (atraso na transmissão).[7]

O principal recurso tecnológico utilizado pelo 802.11ax é o acesso múltiplo por divisão de frequência ortogonal (OFDMA), que seria equivalente à tecnologia de telefonia celular aplicada ao Wi-Fi. Outras melhorias na utilização do espectro de frequência são o emprego de melhores métodos de controle de energia para evitar interferência com redes vizinhas, com uso da modulação de amplitude de quadratura 1024 (1024-QAM).[8]

Ao contrário do 802.11ac, o 802.11ax é uma tecnologia de banda dupla de 2,4 e 5 GHz, portanto, os clientes que utilizam somente a banda de 2,4 GHz podem aproveitar seus benefícios imediatamente. O IEEE 802.11ax foi projetado para máxima compatibilidade, coexistindo eficientemente com dispositivos 802.11a/n/ac. Mais importante ainda, o suporte 802.11ax de 2,4 GHz aumenta significativamente o alcance do Wi-Fi em ambientes fechados ou abertos. O padrão 802.11ax foi um grande avanço na tecnologia sem fio, trazendo benefícios para os usuários.

Já os dispositivos Wi-Fi 6E, que operam em 6 GHz, suportam até 60 canais de 20 MHz de largura, 28 canais de 40 MHz de largura, 14 canais de 80 MHz de largura, ou sete canais de 160 MHz. O uso de canais mais amplos permite um desempenho melhor para a maioria dos aplicações e cenários existentes. As redes Wi-Fi 6E oferecem canais de 40, 80 e 160 MHz, ou seja, dezenas de canais sem sobreposição, o que simplifica significativamente o planejamento, melhora a reutilização de frequência e possibilita a implantação de roteadores que são duas a quatro vezes mais rápidos do que roteadores de 5 GHz usando canais de 20 MHz.

---

[7] Disponível em: https://www.cisco.com/c/en/us/products/collateral/wireless/white-paper-c11-740788.html. Acesso em: 19 mar. 2024.

[8] Disponível em: https://www.commscope.com/blog/2018/wi-fi-6-fundamentals-what-is-1024-qam. Acesso em: 19 mar. 2024.

Como o uso dessas frequências depende de regulamentação local, os países que alocam os 1200 MHz completos em 6 GHz podem acessar sete canais de 160 MHz; aqueles que alocam menos do que os 1200 MHz completos terão acesso a menos canais de 160 MHz. A reserva de toda faixa de 6 GHz para uso do Wi-Fi 6E é polêmica, embora o Brasil, no momento da redação deste texto, tenha decidido destinar a faixa de 6 GHz como uso não licenciado, ou seja, disponível para o Wi-Fi, alinhado com a regulamentação dos Estados Unidos. A decisão agradou empresas como Facebook, Cisco, Qualcomm, CommScope, Microsoft, Oi e outras que se alinharam na defesa desta abordagem, mas deixou insatisfeitas as operadoras de telecomunicações e os fornecedores tradicionais de equipamentos de telefonia celular 5G, tais como Huawei, Ericsson, Nokia, Claro, TIM e Vivo.[9]

Segurança

A segurança em uma rede sem fio é muito mais crítica do que em redes com fio pois, para um usuário mal-intencionado, não há necessidade de acesso físico às instalações, bastando o uso de um receptor Wi-Fi para ter acesso direto às informações que estão sendo transmitidas. Neste sentido, o uso de um forte mecanismo de segurança é fundamental para a garantia da integridade e confidencialidade dos dados transmitidos.

A Wi-Fi Alliance definiu três protocolos de segurança denominados *Wi-Fi Protected Access* (WPA), *Wi-Fi Protected Access II* (WPA2) e *Wi-Fi Protected Access 3* (WPA3) para proteger redes sem fio, como resposta às graves deficiências do protocolo anterior, *Wired Equivalent Privacy* (WEP). O primeiro padrão, desenvolvido em 2003, foi o WPA, sendo lançado como uma medida provisória até o término do protocolo WPA2, muito mais seguro e complexo, que foi disponibilizado em 2004. Mais recentemente, em janeiro de 2018, o lançamento do WPA3 foi anunciado pela Wi-Fi Alliance com várias melhorias de segurança com relação ao WPA2. A seguir apresentamos alguns detalhes adicionais sobre esses protocolos.

- **WPA**: O protocolo WPA implementa o *Temporal Key Integrity* Protocol (TKIP), que apresenta diversas melhorias com relação ao protocolo WEP. O TKIP oferece uma chave de criptografia de 128 bits diferente para cada pacote de dados, enquanto o protocolo WEP utilizava uma chave fixa de criptografia de 64 bits ou 128 bits, que era sujeita a vários tipos de ataque. Além disso, o protocolo WPA inclui também um mecanismo de verificação de integridade das mensagens enviadas muito mais robusto que a verificação de redundância cíclica (CRC) utilizada pelo padrão WEP.

- **WPA2**: O protocolo WPA2 substituiu o protocolo WPA a partir de 2004. Entre as várias atualizações, ele faz uso de um algoritmo de encriptação de blocos baseado no AES (*Advanced Encryption Standard*), enquanto o protocolo WEP fazia uso o protocolo RC4, que tinha diversas vulnerabilidades. O uso de chaves de encriptação de 256 bits também torna esse protocolo muito mais seguro que os seus predecessores. O protocolo WPA2 utiliza um novo mecanismo de verificação de integridade de mensagens, chamado de CCMP (*CCM Mode Protocol*), muito mais robusto que aqueles utilizados pelos seus antecessores.

- **WPA3**: Esse padrão de segurança mais recente, lançado em 2018, aumenta a criptografia para 192 bits (ou 128 bits no modo *WPA3-Personal*) para aumentar a força da senha, protegendo assim senhas mais fracas que poderiam ser quebradas com relativa facilidade. O padrão WPA3 também substitui o algoritmo de troca de chave pré-compartilhada (PSK) pela troca de autenticação simultânea de iguais (SAE), um método originalmente introduzido com IEEE 802.11s, resultando em uma troca de chave inicial mais segura no modo pessoal. O *Device Provisioning Protocol* (DPP) substitui o *Wi-Fi Protected Setup* (WPS) menos seguro e também dispensa o uso de um terminal ou interface gráfica. Muitos dispositivos de automação residencial – ou IoT (Internet das Coisas) – não possuem uma interface para entrada de senha e precisavam contar com o uso de *smartphones* para intermediar sua configuração de Wi-Fi.

---

[9] Disponível em: https://teletime.com.br/26/04/2022/anatel-nao-pretende-rediscutir-espectro-para-wifi6e/. Acesso em: 19 mar. 2024.

Capítulo 5. Entrada e saída, barramentos e redes de comunicação   **235**

Tabela 5.8. **Segurança Wi-Fi**

Tabela Comparativa				
Protocolo	WEP	WPA	WPA2	WPA3
Ano de introdução	1999	2003	2004	2018
Protocolo de encriptação	chave-fixa	TKIP	CCMP	GCMP-256
Tamanho da chave	64 bits/128 bits	128 bits	128 bits	192 bits
Tipo de cifra	RC4	TKIP	AES	AES
Integridade dos dados	CRC	Message Integrity Check	CCMP	GCMP-256
Método de autenticação	chave compartilhada	PSK	PSK + PMK	SAE
Gerenciamento de chave	encriptação simétrica	WPA + WPA-PSK	PSK + PMK	SAE

5.4.4 Bluetooth

O Bluetooth é um protocolo sem fio de curta distância voltado para a comunicação de computadores e celulares com dispositivos como fones de ouvido, microfones, controladores de jogos, entre outros. O Bluetooth é gerenciado pelo Bluetooth Special Interest Group (SIG), que tem mais de 35 mil empresas associadas nas áreas de telecomunicações, computação, redes e eletrônicos de consumo. O IEEE padronizou o Bluetooth como IEEE 802.15.1, mas não mantém mais o padrão. Vamos fazer aqui um breve análise dessas versões do protocolo Bluetooth.

Bluetooth 1.0 – 3.0

Quando falamos sobre cada geração do Bluetooth, três fatores nos ajudam a distinguir entre as diferentes versões: o alcance, a velocidade de transmissão dos dados e o consumo de energia. Esses fatores são determinados pelo esquema de modulação e pelo tipo de pacote de dados utilizado. Quando a primeira versão do Bluetooth foi lançada era muito mais lenta do que as versões atuais, com velocidades de dados limitadas a 1 Mbps e o alcance de apenas 10 metros.

A primeira versão do Bluetooth usava um esquema de modulação chamado *Gaussian Frequency Shift Keying* (GFSK). Com GFSK, a portadora modulada muda entre duas frequências, representando os valores binários '1' e '0'.

Na versão 2.0 do Bluetooth 2.0, o GFSK foi substituído por dois esquemas de modulação mais modernos: pi/4-DQPSK e 8-DPSK, que usavam mudanças na fase das formas de onda para transportar informações, no lugar da modulação de frequência. Esses dois esquemas tinham velocidades maiores de transmissão de dados de 2 Mbps e 3 Mbps, respectivamente. O Bluetooth 3.0 melhorou essas velocidades de dados para 24 Mbps, com a adição do protocolo 802.11, embora isso não fosse uma parte obrigatória da especificação 3.0. Com essa última versão o protocolo podia oferecer conexão de curto alcance confiável e de alta velocidade, abrindo possibilidades de grandes avanços tecnológicos para os dispositivos sem fio.

No entanto, essas primeiras versões do Bluetooth limitavam o seu uso por tecnologias emergentes, como IoT, pelo seu alto consumo de energia.

Bluetooth 4.0 – 5.0

O Bluetooth SIG completou a versão 4.0 em junho de 2010, que inclui os protocolos *Classic Bluetooth*, *Bluetooth de alta velocidade* e *Bluetooth Low Energy* (BLE). O Bluetooth de alta velocidade é baseado em Wi-Fi e o Bluetooth clássico consiste em protocolos Bluetooth legados.

Para atender à crescente demanda por conectividade sem fio entre pequenos dispositivos, o Bluetooth 4.0 foi introduzido no mercado com uma nova categoria de Bluetooth: *Bluetooth Low Energy* (BLE). Voltado para aplicações que exigem baixo consumo de energia, o BLE retorna a uma taxa de transferência de dados menor de 1 Mbps usando o esquema de modulação GFSK. Embora a taxa de transferência máxima de dados do BLE de 1 Mbps possa não ser adequada para produtos que exigem um fluxo contínuo de dados, como fones de ouvido sem fio, outros aplicativos de IoT precisam enviar apenas pequenos bits de dados periodicamente. Um exemplo são os *wearables* de *fitness* que transmitem pequenas quantidades de dados de batimento, pressão e temperatura para o seu *smartphone* apenas quando solicitados (de um aplicativo móvel, talvez). Com o foco em manter as demandas de energia baixas, o BLE torna viáveis muitos aplicativos de IoT operados por pilhas do tipo moeda (por exemplo, *beacons*).

O Bluetooth SIG lançou o Bluetooth 5 em dezembro de 2016, com novos recursos focados principalmente na nova tecnologia da IoT. Essa versão é uma melhoria dos padrões BLE anteriores, ainda voltado para aplicativos de baixa potência, mas melhora a taxa de dados e o alcance do BLE. Ao contrário da versão 4.0, o Bluetooth 5 oferece quatro taxas de dados diferentes para acomodar uma variedade de faixas de transmissão: 2 Mbps, 1 Mbps, 500 kbps, 125 kbps. Como um aumento no alcance de transmissão requer uma redução na taxa de dados, a taxa de dados mais baixa de 125 kbps foi adicionada para oferecer suporte a aplicativos que se beneficiam mais do alcance aprimorado. Por exemplo, sensores minúsculos não são necessários para enviar grandes quantidades de dados, portanto, reduzir a taxa de dados permite que esses sensores transfiram informações até 240 metros. Por outro lado, a opção de transmissão de dados a 2 Mbps é voltada para aplicações em que se espera que o alcance seja curto, mas que pode se beneficiar muito com o aumento da velocidade de dados. A flexibilidade nas velocidades de dados oferecida pelo Bluetooth 5 permite que produtos de baixa potência enviem dados ainda mais sofisticados ao usuário final.

5.5 EXERCÍCIOS PROPOSTOS

1. Descreva brevemente a técnica de espera ocupada. Quais as suas vantagens e desvantagens?
   Resposta: A técnica de espera ocupada para dispositivos de E/S é uma estratégia em que um processo que precisa realizar operações de entrada/saída (E/S) aguarda ativamente até que a operação seja concluída. Em vez de suspender o processo durante a operação de E/S e permitir que outros processos sejam executados, o processo fica em um laço contínuo (*busy-wait*) verificando regularmente o estado do dispositivo de E/S até que a operação seja finalizada. Tem como grande vantagem a simplicidade: a técnica de espera ocupada para E/S é fácil de implementar, pois geralmente envolve apenas estruturas de controle de fluxo simples, como laços ou desvios condicionais. Como desvantagem o uso intensivo e bloqueio do processador: enquanto aguarda ativamente a conclusão da operação de E/S, o processo consome recursos do processador sem realizar trabalho útil, o que pode impedir que outros processos sejam executados. Adicionalmente, em sistemas com vários processadores, a espera ocupada para E/S pode causar competição excessiva pelo barramento, reduzindo a eficiência global do sistema.

2. Com relação ao tratamento de exceções no processador, responda:

   (a) Quais as diferenças entre modo normal e privilegiado de execução do processador?

   (b) Em qual modo as rotinas de tratamento de interrupção são executadas?
   Resposta: As rotinas de tratamento de interrupção são executadas no modo privilegiado (modo *kernel*) pois necessitam ter acesso direto aos dispositivos de E/S, o que não seria possível se fossem executadas no modo normal.

   (c) Em qual modo os programa de administrador ou *root* são executados?
   Resposta: Os programas de administrador ou *root* são executados no modo normal (modo usuário). Apesar de ter privilégios com relação ao usuário comum, os programas e/ou comandos executados pelo administrador ou *root* são executados no modo normal. É o sistema operacional que, verificando as suas credenciais, permite que ele realize operações que são proibidas para o usuário comum.

   (d) Quais os procedimentos realizados pelo processador quando ocorre uma exceção?

   (e) Relacione as possíveis fontes de exceção durante a execução de um programa.
   Resposta: As possíveis fontes de exceção durante a execução de um programa são:

Capítulo 5. Entrada e saída, barramentos e redes de comunicação **237**

- Interrupções: São eventos assíncronos causados por dispositivos de *hardware* ou condições específicas do sistema que requerem atenção imediata. Exemplos incluem interrupção de temporizador, interrupção de disco e interrupção de teclado.

- Exceções de *Software*: São eventos causados por instruções especiais ou condições no código do programa que requerem tratamento. Exemplos incluem tentativa de divisão por zero, instruções de *breakpoint*, falha de página na memória virtual, violações de proteção, acesso à área de memória não permitida.

- Chamadas de Sistema: São instruções especiais que permitem que um programa solicite serviços ao sistema operacional, como leitura de arquivos, alocação de memória e operações de E/S.

- Reset ou Falha de alimentação: são exceções prioritárias que devem ser atendidas imediatamente.

(f) Exemplifique alguns tipos de solicitação de serviços ao sistema operacional.

(g) Quais as diferenças entre uma interrupção e uma chamada de sistema?
Resposta: A diferença entre uma interrupção e uma chamada de sistema está relacionada com o contexto em que ocorrem:

- **Interrupção**: É uma interrupção assíncrona que ocorre sem o controle do usuário durante a execução normal do programa para lidar com eventos de *hardware* ou situações de sistema que requerem atenção imediata. O controle é transferido para a rotina de tratamento de interrupção no modo privilegiado (modo *kernel*).

- **Chamada de Sistema**: É uma instrução específica inserida no código do programa para solicitar um serviço ao sistema operacional. A chamada de sistema transfere temporariamente o controle para o modo privilegiado (modo *kernel*) para executar a rotina de serviço solicitada pelo usuário e depois retorna ao modo normal (modo usuário) para continuar a execução do programa.

(h) Qual o objetivo do uso de diversos níveis de interrupção?

(i) Descreva os procedimentos para o tratamento de uma interrupção pelo processador.

(j) Qual a função de um controlador de interrupção? Exemplifique um tipo de controlador.

3. Com relação à transferência de dados entre os dispositivos de E/S e a memória, responda:

(a) Quais as desvantagens da realização da transferência de dados diretamente pelo processador?
Resposta: As principais desvantagens da realização da transferência de dados diretamente pelo processador são:

- Consumo excessivo de tempo de processamento, pois o processador precisa se envolver diretamente na transferência de dados, resultando em uma carga adicional de trabalho e possível redução no desempenho do processamento de tarefas essenciais. Há um desperdício de recursos do processador, já que ele é projetado para realizar cálculos complexos e executar programas, não para gerenciar operações de E/S de baixo nível.

- A taxa de transferência pode ser tão alta que o processador não tenha velocidade suficiente para transferir os dados sem perda de informações.

(b) Descreva em detalhes como ocorre a transferência de dados via DMA.

(c) Onde está localizado atualmente o controlador de DMA?
Resposta: Atualmente, o controlador de DMA está integrado ao chipset da placa-mãe do computador. Ele é responsável por controlar as transferências de dados entre os dispositivos de E/S e a memória do sistema, aliviando o processador de gerenciar essas operações. Nos barramentos mais modernos os próprios dispositivos de E/S possuem controladores de DMA embutidos que podem realizar a transferência de dados diretamente de/para a memória do sistema ou outro dispositivo de E/S sem a necessidade da intervenção de um controlador de DMA do sistema.

(d) Qual a diferença entre os modos legados de transferência via DMA?

(e) Quais as diferenças entre *Third-Party* DMA, *First-Party* DMA e *Bus-Master* DMA?
Resposta: As diferenças entre *Third-Party* DMA, *First-Party* DMA e *Bus-Master* DMA são:

- **Third-Party DMA**: Este tipo de DMA usa um controlador de DMA do sistema, com diferentes canais de DMA, capazes de realizar transferências para mais de um dispositivo de E/S simultaneamente. Os dispositivos de E/S dependem unicamente do controlador de DMA do sistema para realizar as transferências de dados entre a memória e os dispositivos de E/S.
- **Third-Party DMA**: Nesse tipo de acesso direto à memória, o próprio dispositivo de E/S pode realizar as operações DMA com uso do barramento do sistema, mas necessita fazer isso por meio do uso de um canal do controlador de DMA do sistema. Neste caso, esse canal do controlador de DMA deve ser adequadamente programado no modo "cascata", que delega a transferência para outro controlador ou dispositivo, para que não haja interferência por parte dele neste tipo de transferência.
- **Bus-Master DMA**: o dispositivo de E/S pode receber o controle do barramento do sistema, sem envolvimento do processador ou de um controlador de DMA de sistema, e realizar a transferência direto de/para a memória principal mediante um controlador de DMA próprio. Embora sejam conceitos distintos, eventualmente os termos *first-Party* e *bus-master* são usados como sinônimos.

(f) Quais as funções realizadas pelo controlador conhecido como "ponte norte"?

Resposta: O controlador conhecido como "ponte norte" (*Northbridge*) era responsável por conectar o processador à memória RAM e à placa gráfica, que normalmente está conectada ao barramento PCI Express ou AGP (*Accelerated Graphics Port*). Além disso, a "ponte norte" era conectada à "ponte sul" para que o processador possa ter acesso aos demais dispositivos de E/S. Atualmente, suas funções foram integradas ao chip do processador.

(g) Quais as principais funções embutidas do controlador de periféricos "ponte sul"?

4. Com relação às forma de transmissão dos dados, responda:

(a) Quais as diferenças entre a transmissão paralela e serial dos dados?

Resposta: As principais diferenças são:

- **Transmissão Paralela**: Nessa forma de transmissão, vários bits são enviados simultaneamente por linhas separadas do barramento de comunicação. Cada bit é representado por uma linha individual. Geralmente, deve existir algum protocolo adicional, com uso de sinais de controle, para indicar se os dados já foram colocados nos fios, que podem então ser lidos pelo controlador.
- **Transmissão Serial**: Nessa forma de transmissão, os bits são enviados sequencialmente por uma única linha do barramento de comunicação. Nos barramentos mais modernos é comum o uso da transmissão serial com grande desempenho, como nos barramentos PCI Express, Ethernet e USB.

(b) Quais as diferenças entre a transmissão síncrona e assíncrona dos dados?

Resposta:

- **Transmissão Síncrona**: Nessa forma de transmissão, os dados são enviados em sincronia com um sinal de relógio compartilhado entre o transmissor e o receptor. Os dispositivos envolvidos devem estar sincronizados, e a taxa de transmissão deve ser consistente para que os dados sejam interpretados corretamente.
- **Transmissão Assíncrona**: Nessa forma de transmissão, os dados são enviados sem depender de um sinal de relógio compartilhado. Cada caractere é precedido por um bit de início e seguido por um ou mais bits de parada, o que facilita a sincronização entre os dispositivos. É mais simples de implementar, mas a taxa de transmissão é geralmente menor em comparação com a transmissão síncrona.

(c) Dado um barramento síncrono com largura de 64 bits e frequência de relógio de 66 MHz, determine a taxa máxima de transferência de dados.

Resposta: Para calcular a taxa máxima de transferência, multiplicamos a largura do barramento pela frequência de relógio:

Taxa máxima de transferência = Largura do barramento × Frequência de relógio

Taxa máxima de transferência = 64 bits × 66 MHz = (64/8) B × 66 MHz = 8 B × 66 MHz

Taxa máxima de transferência = 528 MB/s (megabytes por segundo)

Neste caso, o multiplicador é realmente Mega (10^6) e usualmente para barramentos paralelos o resultado é fornecido em bytes/s.

Capítulo 5. Entrada e saída, barramentos e redes de comunicação **239**

(d) Enumere as principais formas de detecção de erros de transmissão de dados.

(e) Calcule o BCC (em binário) da seguinte sequência de 3 números binários transmitidos: 01101101, 11111110 e 10110110.

Resposta: Para calcular o BCC (*Block Check Character*) de uma sequência de números binários, você pode utilizar a operação de XOR (OU exclusivo) bit a bit entre todos os números binários. O resultado será o BCC. Vamos calcular:

Sequência de números binários: 01101101, 11111110, 10110110

Passo 1: Realizar o XOR entre os dois primeiros números 01101101 XOR 11111110 = 10010011

Passo 2: Realizar o XOR entre o resultado do passo 1 e o terceiro número 10010011 XOR 10110110 = 00100101

O resultado é: 00100101

(f) Calcule as paridades par e ímpar (em binário) dos seguintes números binários: 10000001, 01010001, 01000111 e 01111110.

Resposta: A ideia é simples, adicionamos um bit, assegurando que o número total de bits '1' transmitidos será sempre par ou ímpar.

Vamos calcular as paridades par e ímpar dos números binários fornecidos:

i. Número binário: 10000001 Número de bits 1: 2 (bits 1 nas posições 7 e 1) Paridade par: 0 Paridade ímpar: 1

ii. Número binário: 01010001 Número de bits 1: 3 (bits 1 nas posições 6, 4 e 1) Paridade par: 1 Paridade ímpar: 0

iii. Número binário: 01000111 Número de bits 1: 4 (bits 1 nas posições 6, 3, 2 e 1) Paridade par: 0 Paridade ímpar: 1

iv. Número binário: 01111110 Número de bits 1: 6 (bits 1 nas posições 7, 6, 5, 4, 3 e 2) Paridade par: 0 Paridade ímpar: 1

5. Com relação às características dos barramentos de E/S do computador, responda:

(a) Caracterize as diferenças entre os barramentos paralelos e seriais.

(b) Caracterize as diferenças entre os barramentos síncronos e assíncronos.

Resposta: As principais diferenças entre os barramentos síncronos e assíncronos são:

- **Barramentos Síncronos**: Utilizam um sinal de relógio compartilhado para coordenar as transferências de dados. As transmissões ocorrem em sincronia com o relógio.

- **Barramentos Assíncronos**: Não dependem de um sinal de relógio compartilhado e não possuem uma referência temporal fixa para as transferências de dados. As transmissões ocorrem mediante um protocolo de sinais implementado entre os dispositivos.

(c) Qual a finalidade e as formas de implementação dos árbitros de barramentos?

(d) Caracterize as diferenças entre os barramentos multiplexados e não multiplexados.

(e) Quais os problemas e dificuldades dos barramentos paralelos?

Resposta: Os principais problemas e dificuldades dos barramentos paralelos são:

- **Propagação de Atraso**: Diferentes bits podem chegar ao destino em momentos distintos em razão de diferenças de percurso nos fios, causando problemas de sincronização.

- **Ruído e Interferência**: Com muitos fios próximos uns aos outros, barramentos paralelos são mais suscetíveis a ruídos e interferências que podem corromper os dados.

(f) Quais as vantagens dos barramentos seriais?

Resposta: As principais vantagens dos barramentos seriais são:

i. **Menor número de fios**: Reduz o tamanho e a complexidade das interfaces de comunicação.

ii. **Maior distância**: Permite a comunicação em distâncias maiores.

iii. **Maior taxa de transferência**: A transmissão serial pode atingir altas velocidades.

(g) Quais as vantagens dos barramentos síncronos com relação aos assíncronos?

6. Com relação aos padrões de barramentos de E/S legados, responda:

(a) Quais as principais características e aplicações do barramento ISA?

Resposta: O barramento ISA (*Industry Standard Architecture*) foi um padrão de barramento de E/S amplamente utilizado em computadores pessoais e sistemas embarcados, introduzido no início dos anos 1980.
O padrão ISA foi o primeiro a ser utilizado nos computadores do tipo IBM/PC e desempenhou um papel
importante no desenvolvimento da computação pessoal. O ISA era utilizado para conectar vários periféricos,
como placas de som, placas de vídeo, placas de rede e outros dispositivos de expansão ao computador. Ele
era um barramento paralelo, síncrono, com frequência de 4,77 ou 8 MHz, e podia operar em velocidades
relativamente baixas. Inicialmente, tinha uma largura de dados de 8 bits, mas foi posteriormente expandido para 16 bits com o lançamento do IBM PC/AT em 1984. O conector ISA consistia em dois conjuntos de
conectores, um com 62 pinos e outro com 36 pinos, que permitiam a comunicação dos periféricos com o
processador por meio de interrupções e também suportavam transferências usando DMA.

(b) Quais as principais características e aplicações do barramento IDE?

(c) Quais as principais características e aplicações do barramento PCI?

(d) Quais as principais características e aplicações do barramento AGP?

7. Com relação aos diversos padrões de barramentos de E/S do computador, responda:

(a) Como é feita a transmissão do relógio no barramento USB?

Resposta: No barramento USB (*Universal Serial Bus*) o sinal de relógio é transmitido codificado juntamente
com os dados diferenciais usando a codificação NRZI. Cada bit '1' é representado por nenhuma mudança de
nível, e cada bit '0' é representado por uma mudança de nível. Para garantir a sincronização da transmissão,
um '0' é inserido após seis 1s consecutivos no fluxo de dados. Um pacote de dados no USB é composto por
um campo identificador de 8 bits (PID), seguido por um campo de dados com até 1023 bytes e finalizado por
um campo CRC de 16 bits.

(b) Quais são os quatro tipos básicos de transações de dados do barramento USB?

(c) Quais as características de última geração do barramento PCI Express?

(d) Quantos cabos utiliza o padrão SATA? Quais as suas velocidades de transmissão?

Resposta: O padrão SATA utiliza dois cabos principais: um cabo de dados e um cabo de alimentação. O cabo
de dados é responsável por transmitir os dados entre a placa-mãe e o dispositivo SATA (como um disco rígido
ou SSD). Já o cabo de alimentação é usado para fornecer energia ao dispositivo SATA. O SATA faz transmissão
serial, ou seja, um bit por vez, conseguindo frequências maiores e transmitindo os dados de forma mais
rápida em seu barramento. Quanto às velocidades de transmissão, o padrão SATA possui várias gerações
com diferentes velocidades:

- **SATA Revision 1.x**: também chamada de SATA 1,5 Gbps, ou informalmente, Sata 1 ou SATA 150, no
qual a velocidade de transferência alcança um máximo de 150 MB/s.

- **SATA Revision 2.x**: também chamada de SATA 3 Gbps, ou informalmente, SATA II ou SATA 300, cuja
principal característica é sua taxa de transmissão de até 300 MB/s.

- **SATA Revision 3.x**: também chamada de SATA 6 Gbps, ou informalmente, SATA III ou SATA 600, com
taxa de transmissão de até 600 MB/s.

8. Com relação aos padrões de barramentos de vídeo, responda:

(a) Qual o tipo de conector utilizado e quais os sinais de vídeo transportados pelo padrão VGA/SGVA?

Resposta: O padrão VGA (*Video Graphics Array*) utiliza o conector de 15 pinos conhecido como conector
VGA D-Sub para transmitir os sinais de vídeo. Os sinais de vídeo transportados pelo padrão VGA incluem três
canais de cores analógicas (vermelho, verde e azul) conhecidos como RGB, além dos sinais de sincronização
horizontal (HSYNC) e sincronização vertical (VSYNC).

(b) Por que o padrão o DVI oferece qualidade de imagem melhor do que o padrão VGA?

(c) Qual tipo de monitor é mais adequado para utilização com o padrão DVI?

Capítulo 5. Entrada e saída, barramentos e redes de comunicação **241**

(d) Quais tipos de resolução e sinais são suportados pelo padrão HDMI?
Resposta: O padrão HDMI (*High-Definition Multimedia Interface*) suporta várias resoluções de vídeo, incluindo 480p, 720p, 1080i, 1080p, 1440p, 4K e 8K. Além disso, o HDMI também suporta diferentes formatos de sinal de áudio, tornando-o uma interface versátil para conectar dispositivos de entretenimento doméstico, como TVs, consoles de *videogame, players* de Blu-ray etc.

(e) Qual a vantagem da utilização de "micropacotes" pelo padrão Display Port?

9. Com relação às redes de comunicação com fibra óptica, responda:

(a) Quais são as camadas que compõem as fibras ópticas?
Resposta: As fibras ópticas típicas são compostas por núcleo, casca e revestimento externo protetor (*buffer* ou *coating*). O núcleo é a parte interna da fibra, que conduz a luz, e a casca envolve o núcleo completamente. Como o índice de refração do núcleo é maior do que o da casca, a luz no núcleo que atinge a fronteira com a casca em um ângulo menor que o ângulo crítico, que depende dos índices de refração do núcleo e da casca, será refletida de volta ao núcleo em um fenômeno chamado de reflexão interna total.

A diferença no índice de refração entre o núcleo e a casca é fundamental para o funcionamento eficiente da fibra óptica. Essa diferença produz uma espécie de "guia de ondas" dentro da fibra, permitindo que o sinal luminoso viaje através de múltiplas reflexões internas. Isso evita a dispersão do sinal, o que seria uma limitação significativa em longas distâncias.

(b) Quais são as características do tipos principais de fibra óptica?
Resposta: Os principais tipos de fibra óptica usados em comunicações ópticas incluem fibras ópticas multimodo e fibras ópticas monomodo. Uma fibra óptica multimodo tem um núcleo maior (≥ 50 µm), permitindo o uso de conectores, transmissores e receptores menos precisos e mais baratos. No entanto, uma fibra multimodo introduz a distorção multimodo, o que geralmente limita a largura de banda e o comprimento do cabo de fibra óptica. O núcleo de uma fibra monomodo é menor (< 10 µm) e requer componentes e métodos de interconexão mais caros, mas permite comprimentos totais maiores e melhor desempenho, com menos perdas. Adicionalmente, podemos encontrar a fibra óptica plástica (POF), que é feita de materiais plásticos, é mais fácil de ser manuseada e instalada em comparação com as fibras de vidro. No entanto, possui menor capacidade de transmissão e é geralmente utilizada em aplicações de curta distância, como conexões de áudio e equipamentos de consumo.

(c) Relacione os principais protocolos de comunicação que podem utilizar fibras ópticas como meio de transmissão.

10. Com relação à rede de comunicação Ethernet, responda:

(a) Detalhe a composição do MAC (*Media Access Control*) de uma interface de rede?
Resposta: O MAC (*Media Access Control*) é uma parte essencial de uma interface de rede Ethernet. Ele é responsável por fornecer identificação única para cada dispositivo conectado à rede. O endereço MAC é composto por 48 bits, também conhecidos como endereço físico, e é atribuído pelo fabricante da placa de rede. Esses 48 bits são normalmente representados em notação hexadecimal (por exemplo, 00:1A:2B:3C:4D:5E). Os primeiros 24 bits do endereço MAC identificam o fabricante da placa de rede, enquanto os últimos 24 bits são usados para identificar exclusivamente a placa de rede dentro daquele fabricante, sendo este responsável pelo controle da numeração de cada placa que produz. Apesar de ser único e gravado em *hardware*, o endereço MAC pode ser alterado a partir de técnicas específicas, se houver necessidade.

(b) Como funciona o método denominado CSMA/CD?
Resposta: O método CSMA/CD (*Carrier Sense Multiple Access with Collision Detection*) é um protocolo utilizado em redes Ethernet para controlar o acesso ao meio compartilhado. Quando um dispositivo deseja transmitir dados, ele primeiro verifica se o meio (cabo) está ocioso (*Carrier Sense*). Se o meio estiver ocioso, o dispositivo começa a transmitir seus dados. No entanto, enquanto os dados estão sendo transmitidos, o dispositivo continua a escutar o meio para detectar colisões.

Se o dispositivo detecta uma colisão (ou seja, outro dispositivo começou a transmitir ao mesmo tempo), ele interrompe a transmissão e envia um sinal especial chamado *jam signal* para notificar todos os dispositivos da colisão. Em seguida, cada dispositivo aguarda um período de tempo aleatório antes de tentar transmitir novamente (técnica de *backoff exponencial*).

O CSMA/CD foi amplamente utilizado em redes Ethernet de 10 Mbps e 100 Mbps, mas foi abandonado nas redes Ethernet modernas tendo em vista o aumento da velocidade das redes e a adoção de *switches*, que eliminam a ocorrência de colisões.

(c) Quais são as variantes da Fast Ethernet?

(d) Quais as quatro opções de cabeamento ou camada física da Gigabit Ethernet?

11. Com relação às redes de comunicação sem fio, responda:

(a) O que é OFDM (*Orthogonal Frequency Division Multiplexing*)?
Resposta: O OFDM (*Orthogonal Frequency Division Multiplexing*) é uma técnica de transmissão de dados que utiliza múltiplas portadoras ortogonais, chamadas subportadoras, para modulação. Cada subportadora é modulada com uma sequência de dados, e todas as subportadoras são transmitidas simultaneamente, permitindo que vários sinais sejam transmitidos de forma paralela. As subportadora são chamadas ortogonais por não possuírem sobreposição de frequência, dessa forma não interferindo umas com as outras. O princípio básico da OFDM é a conversão de um fluxo de dados serial com alta taxa de transmissão em múltiplos subfluxos paralelos com taxa de transmissão mais baixa. A OFDM é amplamente utilizada em tecnologias como Wi-Fi, WiMAX e LTE, em face de sua resistência à interferência e capacidade de transmissão em canais com ruído e distorção.

(b) Como se comparam os protocolos de segurança WPA, WPA2 e WPA3 do Wi-Fi?

(c) Quais as características e aplicações do *Bluetooth Low Energy*?

(d) Organize uma tabela com as faixas de frequência, largura e número de canais, e taxas de transmissão das diversas versões do protocolo Wi-Fi.
Resposta: Segue a tabela comparativa das versões do protocolo Wi-Fi:

Tabela 5.9. Tabela Comparativa Wi-Fi

Versão Wi-Fi	Faixa de Frequência	Largura de Banda	Número de Canais	Taxa de Transmissão (Mbps)
Wi-Fi 802.11a	5 GHz	20 MHz	23	Até 54
Wi-Fi 802.11b	2.4 GHz	20 MHz	11	Até 11
Wi-Fi 802.11g	2.4 GHz	20 MHz	11	Até 54
Wi-Fi 802.11n	2.4 GHz / 5 GHz	20 MHz a 40 MHz	23	Até 600
Wi-Fi 802.11ac	5 GHz	20 MHz a 160 MHz	83	Até 3500
Wi-Fi 802.11ax	2.4 GHz / 5 GHz	20 MHz a 160 MHz	106	Até 9600

A taxa de transmissão máxima apresentada é teórica e só pode ser atingida em condições muito especiais, com os valores variando muito dependendo da referência consultada.

6

Armazenamento e periféricos

"— Vou provar-vos, ó Vizir, que a divisão das 8 moedas, pela forma por mim proposta, é matematicamente certa. Quando durante a viajem, tínhamos fome, eu tirava um pão da caixa em que estavam guardados e repartia-o em três pedaços, comendo cada um de nós, um desses pedaços. Se eu dei 5 pães, dei, é claro, 15 pedaços; se o meu companheiro deu 3 pães, contribuiu com 9 pedaços. Houve, assim, um total de 24 pedaços, cabendo, portanto, 8 pedaços para cada um. Dos 15 pedaços que dei, comi 8; dei na realidade 7; o meu companheiro deu, como disse, 9 pedaços, e comeu também 8; logo, deu apenas 1. Os 7 pedaços que eu dei e que o bagdali forneceu formaram os 8 que couberam ao xeique Salém Nasair. Logo, é justo que eu receba 7 moedas e o meu companheiro, apenas uma."

Malba Tahan, *O Homem que Calculava*

. . . .

Os programas, que são o conjunto de dados e instruções executados pelo processador, são carregados na memória a partir dos "dispositivos de entrada", e os dados devolvidos, depois de transformados pelo programa, aos "dispositivos de saída". Note que toda a informação presente no computador está no formato binário, sendo função dos periféricos realizar a conversão para/de binário, de modo que a informação no mundo real, normalmente analógica, possa ser processada pelo computador e depois novamente convertida e interpretada pelo usuário. Os periféricos são os elementos do computador responsáveis por realizar esta interface entre o homem e o computador.

Por outro lado, o projetistas de computadores, desde os seus primórdios, têm enfrentado o desafio de como armazenar essa informação, no formato digital, de uma forma barata, eficiente, segura e confiável. Ao longo do tempo, vários dispositivos foram utilizados com essa finalidade, compondo o que é conhecido como memória secundária, ou seja, o local onde a informação fica armazenada de forma persistente, mantendo o seu conteúdo mesmo quando o computador é desligado. Entre os vários dispositivos que cumprem essa função podemos destacar os seguintes ainda em uso: discos rígidos, unidades de estado sólido, discos ópticos e unidades de fita. Um outro grande desafio para os engenheiros é como, a partir dos programas e informações que estão armazenados na memória secundária, podemos iniciar o funcionamento de um computador, de uma forma prática, flexível e segura.

Neste capítulo, abordamos assuntos como a descrição dos passos necessários para iniciar um computador; analisamos como está estruturado o armazenamento secundário do computador em seus variados aspectos, por exemplo, o modo como os discos rígidos e dispositivos de estado sólido podem ser agrupados, na busca de maior desempenho e/ou redundância; apresentamos detalhes sobre as organizações possíveis para o armazenamento secundário, conforme utilizado em grandes sistemas corporativos; fazemos também uma análise dos novos sistemas de armazenamento em nuvem, suas vantagens e desvantagens, e em que casos podem ser utilizados; e, finalmente, apresentamos detalhes sobre o funcionamento de diversos periféricos, que compõem a interface entre o homem e o computador.

6.1 INICIANDO O COMPUTADOR

Os modernos computadores são controlados por um conjunto de programas que recebem o nome de sistema operacional, responsável por mediar todas as ações entre os usuários, e suas aplicações, e o *hardware* do computador. Quando um computador é ligado, uma de suas primeiras tarefas é carregar o sistema operacional na memória principal do computador e deixá-lo disponível para todos usuários. Isso é um requisito fundamental tanto para os grandes computadores corporativos, como também para os computadores de uso pessoal.

Porém, a carga do sistema operacional em um computador é um processo complexo que é realizado em diversas etapas. Note que, quando o computador é ligado, a memória principal (RAM) do computador não tem dados válidos, pois é volátil e perdeu todo seu conteúdo quando o computador foi desligado. Assim, inicialmente, o processador deve executar um programa armazenado em uma memória não volátil do computador, que, hoje, é uma memória reprogramável do tipo Flash (veja a Seção 4.2.7). Dependendo do tipo de computador, esse programa inicial pode seguir diversos padrões. Sem perda de generalidade, iremos focar nosso estudo nos computadores pessoais compatíveis com o IBM/PC, que utilizam o padrão BIOS, legado, ou UEFI, mais moderno, cujos detalhes veremos a seguir.

6.1.1 BIOS

A BIOS é uma abreviatura de *Basic Input-Output System*, sendo responsável por ativar os componentes de *hardware* do seu computador, garantir que eles estejam funcionando corretamente e, em seguida, executar o gerenciador de partida que vai iniciar o sistema operacional instalado. Normalmente, existe uma interface de usuário para a BIOS, que pode ser ativada pelo usuário, onde podem ser definidas várias configurações de *hardware*, hora do sistema, dispositivos de *boot* e respectiva ordem de prioridade. Essas informações devem ser armazenadas de uma forma persistente para que estejam disponíveis novamente no próximo *boot*.

As primeiras memórias não voláteis dos computadores pessoais eram apenas de leitura (ROM), o que obrigou os projetistas a encontrarem soluções para armazenar de forma permanente algumas informações no computador. Então, quando uma configuração é salva, ela é armazenada em uma pequena memória CMOS (*Complementary Metal-Oxide Semiconductor*), referente à tecnologia com que essa memória era fabricada, cuja principal característica é o baixo consumo. A memória CMOS é alimentada por uma bateria à parte e permanece com seu conteúdo atualizado enquanto essa bateria estiver com carga, o que dura normalmente vários anos. Essa bateria também é responsável por manter a hora do computador atualizada, alimentando o relógio de tempo real (RTC – *Real Time Clock*) quando computador é desligado. Quando o computador é ligado, o programa armazenado na BIOS irá testar, configurar o computador e recuperar a configuração, data e hora atuais a partir dessas informações salvas na memória CMOS. Se a bateria da memória CMOS estiver descarregada, o computador não poderá manter a hora ou a data corretas no computador depois que for desligado.

O teste inicial realizado pelo computador é conhecido pelo nome de POST (*Power-On Self-Test*), e serve para verificar diversos componentes, tais como: fonte de alimentação; adaptador de vídeo; memória principal (RAM); temporizador; teclado e *mouse* etc. Após esses testes iniciais, se tudo estiver em ordem, o dispositivo de *boot*, que pode ser um disco rígido, um *pendrive* ou mesmo a Ethernet, deve ser acessado para que o processo de carga do sistema operacional seja iniciado.

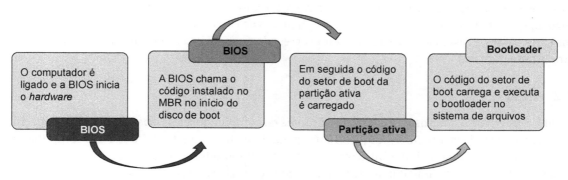

Figura 6.1. Carregando o Gerenciador de Partida.

No caso do disco rígido, a BIOS procura por um *Master Boot Record* (MBR – veja a Seção 6.2.3), onde está armazenada a primeira parte do gerenciador de partida, um pequeno trecho de código, com menos de 512 *bytes*. Como é um código muito pequeno, a sua única utilidade é procurar outro arquivo no disco e carregá-lo para realizar o processo real de partida. Como tal, este código inicial do MBR é frequentemente denominado primeiro estágio do gerenciador de partida.

O lugar exato onde o segundo estágio do gerenciador de partida será buscado pode mudar, dependendo do sistema operacional em uso. Por exemplo, no caso do sistema operacional Windows uma partição marcada como ativa será procurada na tabela de partição que fica no MBR. O primeiro setor dessa partição ativa, ou seja, apenas 512 *bytes*, serão mais uma vez carregados na memória. Esse código não é ainda o segundo estágio do gerenciador de partida, mas apenas uma continuação do primeiro estágio, podendo se estender por vários setores da partição ativa. Depois de totalmente carregado, o primeiro estágio irá buscar a segunda parte do gerenciador de partida, que normalmente estará no sistema de arquivos do Windows. No caso do sistema operacional Linux, dependendo do gerenciador de partida utilizado (LILO, GRUB ou GRUB2), o processo de carga apresenta algumas variações. Mas, basicamente, o segundo estágio do gerenciador de partida é buscado em um setor do disco ou mesmo em um arquivo no próprio sistema de arquivos do Linux.

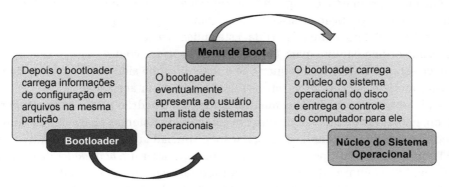

Figura 6.2. Carregando o Sistema Operacional.

A segunda parte do gerenciador de partida é a parte real do programa, que contém a interface de usuário e que irá fazer a carga do sistema operacional. A interface de usuário pode ser algo com uma simples linha de comando (versões antigas do LILO), um menu ou ambos, permitindo-se selecionar qualquer número de sistemas operacionais e especificar parâmetros adicionais de carga. As opções disponíveis são especificadas por um arquivo de configuração. Uma vez que a seleção do usuário foi registrada, passamos para o último estágio deste processo que, dependendo do sistema operacional, irá carregar a imagem do núcleo do sistema operacional na memória a partir do caminho especificado no arquivo de configuração. Em seguida, o processador desvia para uma determinada posição dentro do núcleo recém-carregado e começa a sua execução. Como alternativa, podemos ainda carregar outro carregador de partida específico para outro sistema operacional e deixá-lo executar no que é chamado de carregamento em cadeia (*chain loading*). Após todos esses passos, o sistema operacional estará carregado na memória e em execução, e o seu computador estará pronto para uso.

6.1.2 UEFI

Em 2007, a Intel, AMD, Microsoft e outros fabricantes de computadores pessoais lançaram a especificação *Unified Extensible Firmware Interface* (UEFI), utilizada, hoje, pela quase totalidade dos computadores no lugar da BIOS. A UEFI[1] substitui a BIOS tradicional nos computadores pessoais e não há como mudar de BIOS para UEFI em um computador já existente, sendo necessário comprar um novo *hardware* que suporte e inclua a UEFI. A maioria das implementações de UEFI fornece emulação de BIOS para que se possa escolher, instalar e iniciar sistemas operacionais antigos que utilizam a BIOS em vez da UEFI.

Em lugar do MBR, a UEFI utiliza uma nova forma de particionamento do disco, chamada de *GUID Partition Table* (GPT – veja a Seção 6.2.3) que permite superar muitas limitações do antigo padrão BIOS/MBR, com partições maiores e redundância para a tabela de partição. A UEFI também definiu um formato padrão para os seus programas executáveis, além de definir uma extensão do formato FAT32[2] para ser utilizado nas partições que armazenam esses programas. Ou seja, a UEFI carrega programas executáveis, compilados com um formato definido na especificação do padrão, que estão armazenados em partições de sistema destinadas exclusivamente para a UEFI, formatadas também conforme descrito na especificação do padrão.

Além disso, há uma série de recursos novos na UEFI, tais como o *Secure Boot*, que permitem verificar se houve violações no sistema operacional que está sendo carregado; e o suporte à rede de dados, permitindo acesso remoto ao computador, mesmo antes da carga do sistema operacional. Como uma BIOS tradicional, o único recurso disponível seria o acesso físico ao computador para configurá-lo. Em síntese, a UEFI é essencialmente um minissistema operacional executando direto no *firmware* do processador, podendo ser carregado da memória Flash da placa-mãe, carregado do disco rígido ou mesmo através da rede.

As distribuições Linux usam a ferramenta **efibootmgr** para instalar o gerenciador de partida da UEFI. A distribuição Linux cria uma partição de sistema no padrão EFI, se ainda não houver uma, e instala um carregador de partida EFI com uma configuração apropriada – frequentemente o *grub2-efi*, mas há outros – em um caminho correto na partição do sistema EFI e chama o *efibootmgr* para adicionar uma entrada do gerenciador de partida UEFI no menu de partida. Este aplicativo pode criar e apagar entradas do menu de partida, alterar a sua ordem e muito mais. Para usar o **efibootmgr** com sucesso, o sistema de arquivos de variáveis EFI deve estar acessível. Isso requer que o sistema tenha sido iniciado no modo EFI (e não pelo modo MBR), caso contrário as próprias variáveis EFI não podem ser acessadas.

A UEFI possui também um modo de compatibilidade com o padrão BIOS, configurável na interface de usuário. Contudo, não é recomendável misturar instalações de sistemas operacionais com uso de BIOS e UEFI no mesmo computador. Se a mídia de instalação for iniciada no modo "UEFI nativo", será feita uma instalação UEFI nativa do sistema operacional, que vai tentar gravar um *bootloader* de formato EFI em uma partição do sistema EFI e tentará adicionar uma entrada corresponde ao menu de partida. Caso se deseje fazer uma instalação nativa UEFI, provavelmente ela será instalada em um disco formatado com GPT. Se a mídia de instalação for iniciada no modo "compatibilidade BIOS", será feita uma instalação compatível com a BIOS do sistema operacional, que vai tentar gravar um carregador de partida do tipo MBR no primeiro setor do disco.

---

[1] Disponível em: https://uefi.org/sites/default/files/resources/UEFI_Spec_2_8_final.pdf. Acesso em: 19 mar. 2024.
[2] Disponível em: https://www.wikiwand.com/pt/FAT32. Acesso em: 19 mar. 2024.

6.2 DISCO RÍGIDO – HDD

6.2.1 Estrutura interna

A principal forma de armazenamento secundário nos computadores modernos ainda é o disco magnético ou disco rígido (Figura 6.3). Os discos rígidos se destacam por uma boa confiabilidade e pelo decrescente custo de armazenamento por *byte* ao longo do tempo, de cerca de US$ 0,11/GB em 2009 para US$ 0,025/GB em 2017.[3] Os discos rígidos podem ter diversos tamanhos físicos, capacidades de armazenamento, velocidades de rotação e taxas de transferência. Nesta seção realizamos um estudo sobre o disco rígido, para que possamos ter uma compreensão clara de sua forma de funcionamento e organização interna.

Figura 6.3. Disco Rígido.

Um disco rígido (HDD) é um conjunto de discos de material não magnético, como liga de alumínio, vidro ou cerâmica, recobertos com uma fina camada de material magnético (10 a 20 nm de espessura), além de uma camada adicional externa de carbono para proteção. Pequenas partículas desse material magnético são orientadas com uma ou outra polaridade, de modo a determinar os valores lógicos '0' ou '1' para armazenamento dos dados no formato binário (veja a Figura 6.4).

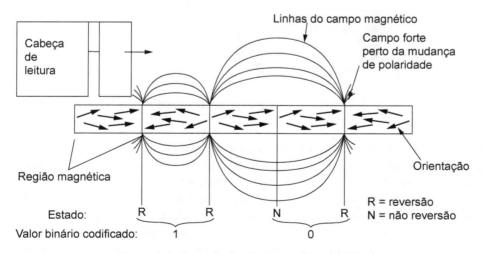

Figura 6.4. Gravação dos Dados no Disco Rígido.

---

[3] Disponível em: https://www.backblaze.com/blog/hard-drive-cost-per-gigabyte/. Acesso em: 19 mar. 2024.

Cada disco tem duas superfícies com **trilhas** concêntricas, igualmente espaçadas, correspondendo ao raio mais externo até o raio mais interno do disco. O conjunto de trilhas com o mesmo raio, em todas as superfícies, é chamado de **cilindro**. Cada uma dessas trilhas, por sua vez, está dividida em **setores**, que é a menor unidade de informação que pode ser manipulada no disco rígido, e que armazenam um número fixo e predeterminado de *bytes*. As várias cabeças, localizadas na ponta dos braços atuadores, se movimentam em conjunto sobre as diversas superfícies do disco, mas apenas uma delas está ativa em um determinado momento, para realizar a leitura ou escrita dos dados em um determinado setor.

Os discos, em função de sua geometria circular, possuem mais setores nas trilhas exteriores, já que essas apresentam um comprimento maior do que as trilhas mais internas. Originalmente, na forma legada de acessar os discos, o programador convenientemente enxergava uma geometria "cúbica" do disco, onde é feita uma tradução da geometria interna de CHS (cilindros, cabeças e setores) para um padrão onde o número de cabeças varia entre 0 e 255, mas usualmente era igual a 16; e cada trilha tinha usualmente 63 setores, cada um com 512 *bytes*.

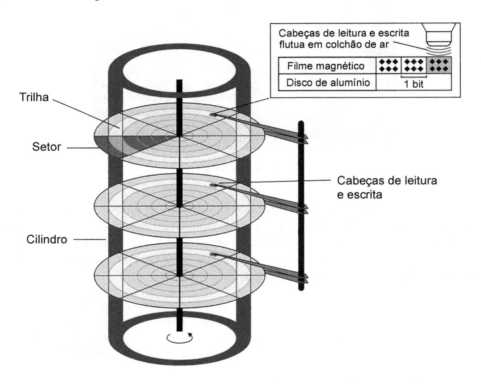

Figura 6.5. Diagrama do Disco Rígido.

Contudo, com o aumento da capacidade dos discos, a manutenção desse tipo de endereçamento se tornou muito complicada. Neste sentido, os discos rígidos mais novos apresentam uma forma de endereçamento muito mais simples, chamada de LBA (*Logical Block Addressing* – Endereçamento de Bloco Lógico). Nessa modalidade de endereçamento, um programa tem que especificar somente o número do setor com relação ao começo do disco, sendo que todos os setores no disco são numerados sequencialmente a partir de 0 (0, 1, 2, 3...). O número de bits reservado para endereçar os setores sofreu algumas modificações ao longo do tempo para poder acomodar os discos rígidos de maior capacidade. O atual esquema LBA tem 48 bits e foi introduzido em 2003 com o padrão ATA-6, aumentando o limite de endereçamento para $2^{48} \times 512$ *bytes*, que é exatamente 128 PiB ou aproximadamente 144 PB para cada disco. As tuplas legadas CHS podem ser mapeadas para a nova forma de endereçamento LBA com a seguinte fórmula:

Capítulo 6. Armazenamento e periféricos

$$LBA = (C \times HPC + H) \times SPT + (S - 1)$$

em que:

- C, H e S são o número do cilindro, o número da cabeça e o número do setor;
- LBA é o endereço de bloco lógico;
- HPC é o número máximo de cabeças por cilindro (informação relatada pela unidade de disco);
- SPT é o número máximo de setores por trilha (informação relatada pela unidade de disco).

Por exemplo, dada a tupla (130, 8, 45), em um disco com 63 setores por trilha e 16 cabeças, qual seria o valor LBA correspondente?

$$LBA = (130 \times 16 + 8) \times 63 + (45 - 1)$$
$$LBA = (2080 + 8) \times 63 + 44$$
$$LBA = 131.544 + 44$$
$$LBA = 131.588$$

Os endereços LBA podem ser mapeados para tuplas CHS com a seguinte fórmula ("mod" é a operação do módulo, ou seja, o resto, e "/" é a divisão inteira, ou seja, o quociente da divisão onde qualquer parte fracionária é descartada, ou ainda, arrendondada "para baixo"):

$$C = LBA/(HPC \times SPT)$$
$$H = (LBA/SPT) \bmod HPC$$
$$S = (LBA \bmod SPT) + 1$$

Por exemplo, dado o setor LBA 131.588, em um disco com 63 setores por trilha e 16 cabeças, qual seria o valor CHS correspondente?

$$C = 131.588/(16 \times 63) = 130$$
$$H = (131.588/63) \bmod 16 = 2088 \bmod 16 = 8$$
$$S = (131.588 \bmod 63) + 1 = 44 + 1 = 45$$
$$CHS = (130, 8, 45)$$

6.2.2 Características e desempenho

Como já foi dito, os discos magnéticos variam muito em termos de tamanho físico, velocidade de rotação, tipo de interface, capacidade de armazenamento e taxa de transferência de dados. Atualmente, em termos de tamanho físico, os discos possuem diâmetro de 2,5 polegadas, sendo utilizados normalmente em *notebooks*, enquanto os discos maiores, com 3,5 polegadas, são utilizados em servidores e *desktops*. As velocidades de rotação desses discos iniciam em 4.200 RPM (rotações por minuto), em sistemas portáteis de baixo consumo energético, indo até 15.000 RPM, em servidores de alto desempenho.

A capacidade de armazenamento é expressa em múltiplos de 1000 *bytes*, e não 1024 *bytes*, sendo que capacidades de armazenamento usuais situam-se entre 500 GB e 4 TB, podendo chegar até 20 TB em cada disco rígido individualmente. Um disco rígido de 7.200 RPM típico tem uma taxa de transferência sustentada de até 1030 Mbps, mas essa taxa depende de vários fatores, como a posição do arquivo e fragmentação do sistema de arquivos, sendo maior para discos com maiores velocidades de rotação.

Os discos rígidos são conectados aos computadores com cabos de interface padronizados, tais como PATA (*Parallel ATA*), SATA (*Serial ATA*), SCSI, SAS (*Serial Attached SCSI*) ou *Fibre Channel* (FC), sendo que os discos rígidos externos utilizam cabos com padrão USB ou *Firewire* (IEEE 1394) (veja a Seção 5.3). Os principais fatores que afetam o desempenho de um disco rígido são:

- Tempo de busca (*seek time*): é a medida de quanto tempo o braço leva para movimentar a cabeça de leitura/escrita até a trilha que contém os dados desejados. Normalmente é fornecido um valor médio que é o somatório do tempo para todas as buscas dividido pelo número de buscas possíveis.

- Latência rotacional: o tempo que leva para o setor correspondente se posicionar sob a cabeça de leitura/escrita. A latência rotacional média depende da velocidade de rotação do disco rígido e é calculada pela fórmula $T_{lr} = (0,5 \times 60) \div RPM$.

- Taxa de transferência: depende da tecnologia com que o controlador é construído, da velocidade de rotação e da densidade de gravação das trilhas, entre outros. Essa taxa define o tempo máximo para transferência dos dados a partir do momento em que a cabeça já está corretamente posicionada.

- Tempo de religamento: atrasos adicionais bem significativos podem ocorrer caso o disco tenha sido desligado para economizar energia.

Tabela 6.1. Latência disco rígido

Velocidade (RPM)	Latência rotacional média (MS)
15.000	2
10.000	3
7.200	4,16
5.400	5,55
4.800	6,25

Entre o controlador de disco e a memória principal existe uma hierarquia de memória sofisticada, que inclui um *buffer* de memória no controlador de disco, que atua como uma cache, além de *buffers* do sistema operacional, na memória principal, que servem para armazenar e enfileirar as escritas ainda não realizadas. Toda essa hierarquia de memória tem impacto significativo no desempenho final do disco rígido. Além disso, os discos podem ser agregados em arranjos, chamados de RAIDs (veja a Seção 6.6), que permitem diminuir significativamente o tempo de acesso aos dados.

6.2.3 Esquemas de particionamento

Um sistema de arquivos armazena os arquivos de uma forma estruturada no disco, para que possam ser escritos, lidos ou modificados de maneira rápida e eficiente. Porém, antes que possam ser utilizados com qualquer objetivo, os discos rígidos devem ser divididos em regiões logicamente isoladas chamadas de partições, onde podem ser instalados diferentes sistemas operacionais e os seus respectivos sistemas de arquivos. Em seguida, apresentamos algumas formas de organização desse particionamento em um disco compatível com IBM/PC.

MBR

Historicamente, o primeiro setor de um disco no padrão do IBM/PC é chamado de MBR (*Master Boot Record*) e contém, entre outras informações, a tabela de partição. Essa tabela tem quatro registros, cada um podendo descrever uma partição, basicamente com informações sobre o seu tipo, setor de início e tamanho em número de setores. Os detalhes do esquema MBR[4] podem ser vistos na Figura 6.6. Um disco pode ser dividido em um máximo de 4 partições primárias (ou até 3 partições primárias e 1 partição estendida). Uma partição estendida pode ser dividida em múltiplas partições lógicas, de uma forma transparente ao usuário final. Cada partição primária e lógica tem a sua própria letra de *drive* (C:, D: etc.) no sistema operacional Windows ou pode ser associada a um diretório nos sistemas operacionais do tipo Linux.

Como o MBR usa 32 bits para guardar as informações das partições, cada partição pode ter um tamanho máximo de 2 TiB ($2^{32} \times 512$ *bytes*). Como toda a informação sobre as partições do disco rígido é guardada apenas em um único local, isso se torna um problema caso o MBR seja corrompido. Há mais limita-

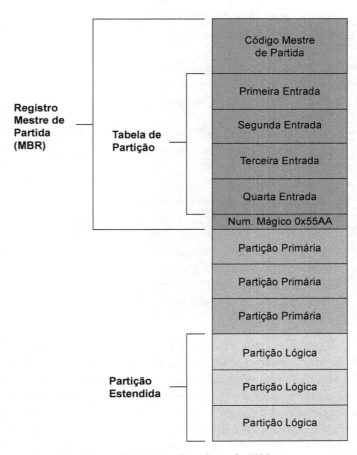

Figura 6.6. *Master Boot Record* – MBR.

ções do que propriamente vantagens ao se utilizar uma estrutura de partição do tipo MBR, já que este é um um padrão antigo utilizado para definir as partições no disco. O MBR é utilizado normalmente com computadores que têm a BIOS (veja a Seção 6.1.1) como padrão para iniciar o sistema. Já os computadores

---

[4] Disponível em: https://wiki.osdev.org/MBR_(x86). Acesso em: 19 mar. 2024.

mais modernos, que utilizam o padrão UEFI (veja a Seção 6.1.2), fazem uso do esquema de particionamento GPT, que veremos a seguir.

GPT

A estrutura GPT (Tabela de Partição GUID) é uma nova organização relativa ao particionamento de discos rígidos, que traz muitos benefícios comparativamente ao tradicional MBR, entre os quais se destacam:

- suporta partições acima dos 2 TiB (ou seja, 2^{64} blocos, um máximo de 8 ZiB);
- suporta um número quase ilimitado de partições (2^{32}), mas limitado na prática a 128 partições primárias;
- melhor estrutura/organização no nível das partições, com uso de nomes "legíveis" para as mesmas (/home, /usr etc.);
- possui mecanismos para detecção de dados e partições corrompidas;
- aumenta a probabilidade de recuperação dos dados, caso existam setores do disco danificados, uma vez que tem um cabeçalho secundário (*Secondary GPT Header*), que funciona como cópia de segurança da tabela de partições, que é colocado ao final do disco.

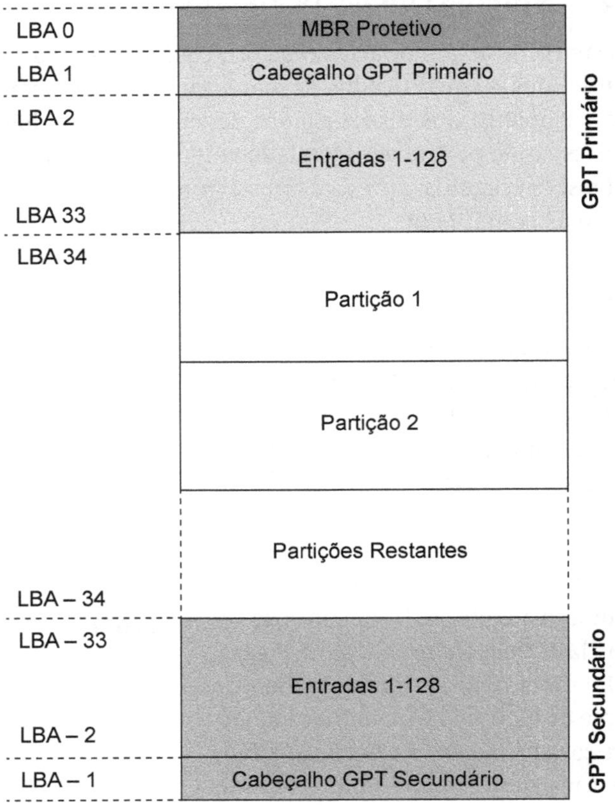

Figura 6.7. Tabela de Partição GUID – GPT.

O primeiro setor do disco (LBA 0) é reservado para um MBR "protetor" (*Protective MBR*), uma estrutura de dados no padrão MBR, mas com uma única partição do tipo 0xEE (EFI GPT) e com um tamanho de 2 TiB ou todo o tamanho do disco, o que for menor. A ideia é proteger o disco GPT de eventuais danos que possam ser causados por ferramentas antigas que não conheçam o formato GPT (veja a Figura 6.7). Assim, ao inspecionar o disco, essas ferramentas vão enxergar um disco sem nenhum espaço livre. Isso vai permitir a um computador com BIOS dar *boot* a partir de um disco GPT, mas tanto o gerenciador de partida como o sistema operacional devem ter ciência e capacidade de lidar com o formato GPT. Os computadores que usam UEFI em vez de BIOS são capazes de lidar e dar *boot* normalmente a partir de discos com partições GPT (veja a Seção 6.1.2). O segundo setor do disco (LBA 1) contém o cabeçalho GPT que define, entre outras coisas:

- o GUID que pode ser utilizado para identificar unicamente o disco;
- o número máximo de partições;
- o tamanho de cada descritor de partição (normalmente são 128 *bytes*, mas podem ser 128×2^n, em que *n* é um inteiro maior ou igual a 0);
- o endereço LBA do cabeçalho GPT alternativo, que deve estar no último setor do disco;
- somas de verificação (*checksum*) para detecção de erros.

Cada descritor de partição tem a seguinte informação:

- o número do LBA inicial e final (64 bits);
- o tipo de partição;
- um GUID que identifica unicamente a partição;
- um nome (até 36 caracteres UTF-16LE);
- outras informações menos importantes.

6.3 DISPOSITIVO DE ESTADO SÓLIDO – SSD

Cada vez mais os dispositivos de estado sólido têm assumido o protagonismo como dispositivos de armazenamento secundário para os *notebooks*, principalmente, e também para os *desktops*. Assim, apresentamos a seguir detalhes sobre suas características principais, além de realizar uma comparação sobre as suas vantagens e desvantagens com relação aos discos rígidos.

Um dispositivo ou unidade de estado sólido (SSD – *Solid State Drive*) também é um dispositivo de armazenamento permanente do computador, cujo elemento principal é a memória semicondutora não volátil do tipo Flash. Esse tipo de memória pode manter a informação armazenada mesmo quando o computador está desligado, ou seja, os dados são gravados de forma persistente, podendo ser reprogramada mediante uma operação prévia de apagamento, que é feita com sinais e níveis de tensão elétricos apropriados. A sua principal característica é um reduzido tempo de acesso quando comparado com o disco rígido e, também, a ausência de partes mecânicas móveis, o que lhe confere uma maior confiabilidade e um menor consumo de energia elétrica.

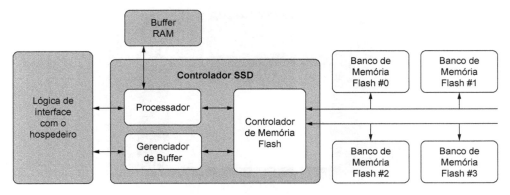

Figura 6.8. Arquitetura do Dispositivo de Estado Sólido.

Um disco SSD é composto basicamente por um controlador; o seu *firmware* correspondente; a memória volátil RAM e a memória Flash NAND. O controlador é responsável pela interface entre o computador hospedeiro e os demais componentes do SSD, podendo utilizar diversos padrões para isso. Quando o processador deseja enviar dados ao SSD, o controlador de memória Flash direciona o fluxo de dados para garantir o seu armazenamento e recuperação de forma confiável. O SSD também contém o *firmware* de gerenciamento que executa processos em segundo plano para gerenciar o sistema de arquivos Flash, realizar o controle de nível de desgaste das células de memória, garantir a correção de erros e fazer a coleta de lixo, por exemplo.

Os dados são armazenados de modo persistente e recuperados na memória Flash NAND, que pode ser construída com diversas tecnologias, tais como célula de nível único (SLC), que armazena apenas um bit de informação em cada célula. As células multiníveis (MLC) contêm mais de um bit de informação, embora seja comumente associada à memória que pode armazenar dois bits, e as células de nível triplo (TLC) e de nível quádruplo (QLC), como os nomes indicam, armazenam três e quatro bits, respectivamente.

O disco SSD pode ter também uma pequena memória volátil, chamada de memória cache DRAM, usada como armazenamento temporário de dados, mas que pode não estar disponível em todos os SSDs. Por ser uma memória volátil, requer alimentação para manter as suas informações. O *firmware* do controlador decide quando liberar ou mover os dados da memória volátil (não persistente) para a memória Flash não volátil (persistente). No caso de uma perda de energia inesperada, os dados na memória cache podem ser perdidos ou corrompidos, a menos que um mecanismo de proteção eficaz contra falha de energia esteja disponível.

Um SSD se conecta ao computador usando uma interface, que por sua vez possui um protocolo específico. A interface se refere à camada de transporte do *hardware*, incluindo os níveis de tensão, corrente e definição do conector físico; já o protocolo é o conjunto de regras, padrões, comandos e *drivers* entre o dispositivo de armazenamento e o sistema operacional. A escolha do tipo de interface irá determinar a quantidade de dados que podem ser transmitidos por intervalo de tempo (largura de banda); o atraso antes da transferência de dados realmente começar após o envio da instrução de transferência (latência); e a capacidade de expandir o sistema ou rede para se adaptar a cargas de trabalho crescentes (escalabilidade). A interface também determinará se o SSD terá recursos com *hot-swap* ou *hot-plug*, que é a conexão e desconexão do SSD com o computador ainda ligado.

Figura 6.9. mSATA (acima) e SATA SSD (abaixo).

Capítulo 6. Armazenamento e periféricos **255**

Os SSDs estão disponíveis em vários padrões, mas os três padrões de SSD mais comuns no mercado atualmente incluem: SATA de 2,5 polegadas; mSATA; e o formato M.2, que pode incluir as interfaces do padrão SATA[5] ou PCIe.[6]

- O formato SATA de 2,5 polegadas é baseado no padrão *Serial Advanced Technology Attachment* (SATA – veja a Seção 5.3.6), desenvolvido para discos rígidos, mas que foi adaptado para os dispositivos de estado sólido (SSDs), possuindo, por exemplo, suporte para o protocolo *Advanced Host Controller Interface* (AHCI), que permite o enfileiramento de comandos nativos e otimiza a forma como uma unidade de disco lida com solicitações de dados simultâneas. O padrão SATA suporta unidades externas e a capacidade de fazer *hot swap* das unidades. Além disso, o SATA usa cabos muito mais finos, que são mais fáceis de gerenciar, melhoram o fluxo de ar dentro do computador e permitem um número maior de conectores no computador. As taxas de transferência para SATA de última geração, SATA revisão 3.0, é em torno de 6 Gbps ou 600 MB/s, mas ainda bem abaixo do potencial total do SSD.

- A especificação mSATA, abreviação de mini-SATA e disponível desde 2009, é baseada no mapeamento de sinais SATA para uma placa conectada diretamente em um soquete mSATA na placa-mãe, sendo projetada para dispositivos com restrição de energia, como *laptops*, *tablets* e *notebooks*. A unidade mSATA tem cerca de um oitavo do tamanho da unidade SATA de 2,5 polegadas, mas pode suportar a mesma taxa de transferência SATA, de até 6 Gbps. A unidade mSATA também depende do conjunto de comandos AHCI para transferir dados entre o computador e a unidade. Na verdade, as únicas diferenças reais para as unidades SATA de 2,5 polegadas são seus tamanhos e como elas se conectam à placa-mãe.

- O formato M.2 suporta uma variedade de padrões de interface, tais como interfaces PCIe 3.0, SATA 3.0 e USB 3.0, em comparação com mSATA, que suporta apenas padrões de interface SATA. Também pode ser usado com os protocolos AHCI ou o protocolo expresso de memória não volátil (NVMe). Os SSDs M.2 SATA têm um nível de desempenho semelhante ao das placas mSATA, mas as placas M.2 PCIe são notavelmente mais rápidas. O conector PCIe oferece latências menores e taxas de transferência mais altas do que as tecnologias de barramento mais antigas, como o SATA. Com o PCIe, cada barramento tem uma conexão dedicada, o que significa que não precisa competir por largura de banda e ocupa um menor espaço físico. O protocolo NVMe é otimizado para SSDs que usam conectores PCIe e contorna muitas das limitações dos protocolos de armazenamento mais antigos, ao mesmo tempo que oferece ganhos de desempenho e taxa de transferência. Ao contrário da unidade mSATA, a unidade M.2 suporta várias combinações de largura e comprimento, com tamanhos como 22 mm × 60 mm ou 22 mm × 80 mm. Uma unidade M.2 baseada em PCIe que usa NVMe pode suportar até quatro pistas PCIe, oferecendo um desempenho de até 24 Gbps ou 2,4 GB/s, excedendo os valores das interfaces SATA ou mSATA. O formato M.2 originalmente visava *notebooks*, *ultrabooks* e *tablets*, mas também é utilizado em alguns *desktops*.

6.4 DISCOS RÍGIDOS *VERSUS* DISPOSITIVOS DE ESTADO SÓLIDO

Os discos rígidos (HDD – *hard disk drive*) são dispositivos mecânicos compostos por uma variedade de peças e materiais, incluindo várias peças móveis, que os tornam muito mais delicados do que os dispositivos de estados sólido (SSD). Para ler e gravar os dados, existe um braço atuador acoplado às cabeças de leitura/gravação que se movem logo acima ou abaixo das superfícies do HDD. Um SSD, por outro lado, não é composto por peças móveis. Em vez de armazenar dados em discos com superfície magnética, os dados do SSD estão armazenados em milhares de pequenas células de memória Flash NAND. Hoje, os SSDs já tem capacidade de armazenamento maior do que os discos rígidos.

---

[5]   Disponível em: https://sata-io.org. Acesso em: 19 mar. 2024.
[6]   Disponível em: https://pcisig.com. Acesso em: 19 mar. 2024.

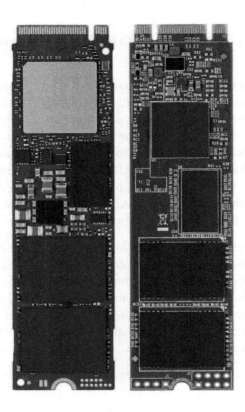

Figura 6.10. M.2-SATA (direita) e SSD M.2-NVMe (esquerda).

Os HDDs ainda são mais baratos do que os SSDs, com um menor preço por *gigabyte* (GB) armazenado. Atualmente, os SSDs são vendidos por menos de US$ 100, ou apenas US$ 0,10 por GB, enquanto os HDDs custam cerca de US$ 0,02 – US$ 0,03 por GB. Os SSDs oferecem melhor desempenho do que os HDDs, por conta da latência associada aos seus componentes mecânicos. Essa latência é causada principalmente por dois fatores: a velocidade com que os discos giram e o tempo que leva para a cabeça de leitura/gravação buscar os setores onde os dados serão lidos/escritos. Já os SSDs, sem a necessidade de ter partes móveis, podem ler e gravar dados com muito mais velocidade.

Em termos de produtividade (*throughput*), a maioria dos HDDs comerciais pode lidar com cerca de 300 a 1.000 operações de entrada/saída por segundo (IOPS) na melhor das hipóteses, enquanto os SSDs podem gerenciar até 500 mil IOPS. Como os SSDs são capazes de responder às solicitações tão rapidamente, eles não acumulam muitas operações de entradas/saídas pendentes, o que significa que operam com tamanhos médios de fila menores do que um HDD e com tempo de acesso menor.

O tamanho também tem um papel importante no desempenho desses dispositivos, sendo que os discos rígidos vêm em dois formatos: 2,5 polegadas e 3,5 polegadas, podendo pesar entre 115 e 720 gramas. Em contraste, os dispositivos de estado sólido, na verdade, ficam mais rápidos à medida que ficam fisicamente menores. Em sua maioria, os SSDs SATA de 2,5 polegadas pesam cerca de 45 a 60 gramas e os SSDs M.2 mais recentes, que são menores, pesam de 6 a 9 gramas. Além de oferecer melhor desempenho, os SSDs também são muito mais confiáveis e menos propensos a quebrar do que os delicados HDDs. Como os SSDs não têm peças móveis, podem suportar choques imensos e ainda continuar a funcionar onde um disco rígido travaria. Os HDDs são indicados para resistir a choques com forças em torno de 20 a 30 G. Os SSDs, por outro lado, costumam suportar forças até 1500 G. Os HDDs podem ser danificados por esforços mecânicos e pela ação de campos magnéticos intensos, mas os dispositivos de armazenamento baseados em Flash NAND, entretanto, são insensíveis às forças magnéticas, choque ou vibração. Os SSDs também são capazes de lidar com mais

Capítulo 6. Armazenamento e periféricos

calor do que os HDDS, que podem operar em ambientes de 0 a 55 graus Celsius, sendo que os SSDs operam de 0 a 70 graus Celsius.

Ao contrário dos HDDs, que têm partes mecânicas girando e clicando, causando ruídos e vibração, os SSDs operam em completo silêncio. Portanto, caso se deseje um computador mais silencioso, à exceção do ruído da ventoinha de refrigeração, opte pelos SSDs. Os SSDs consomem significativamente menos energia do que os HDDs, o que pode indicar uma vida útil mais longa da bateria dos *laptops*. Os SSDs SATA geralmente consomem menos de 5 W no máximo, e SSDs M.2 podem atingir cerca de 7 ou 8 W quando em uso intenso. No modo inativo, eles podem chegar a apenas 10 mW e em seus estados de baixa potência abaixo de 3 mW. Portanto, caso se planeje usar essa unidade em um dispositivo móvel, como um *laptop*, a troca de um HDD por um SSD pode estender a vida útil da bateria por muitos minutos. Portanto, é fácil perceber que o consumo de energia é um aspecto importante a se considerar nesta comparação.

As operações de desfragmentação (para HDDs) e coleta de lixo (para SSDs) ajudam a acelerar o desempenho de um dispositivo de armazenamento no longo prazo, mas podem interferir em outras tarefas, dependendo de como são implementadas. Quando um HDD é desfragmentado, os dados são reorganizados para serem acessados mais sequencialmente nas trilhas mais externas, e também os dados do sistema operacional são mantidos mais próximos, mas esse processo pode causar mais lentidão no computador. Em média, um bom SSD oferecerá um desempenho significativamente melhor do que um HDD, mesmo ao realizar operações em segundo plano. Os SSDs realizam tarefas de manutenção para manter seu desempenho, em decorrência das repetidas operações de apagamento e gravação, como a coleta de lixo, o nivelamento de desgaste das células e a atualização de dados.

Tabela 6.2. Comparação SSD *versus* HDD

	SSD	HDD
Preço	US$0,10 – US$0,12 por GB	US$0,02 – US$0,03 por GB
Vida útil	30-80% apresentaram setores defeituosos	3,5% apresentaram setores defeituosos
Ideal para	Processamento de alto desempenho	Armazenamento de alta capacidade e longa duração
Velocidade	200 MB/s até 2500 MB/s	até 200 MB/s
Benefícios	Maior velocidade de leitura/escrita	Menos caro e com tecnologia amadurecida
Problemas	Pode não ser tão confiável/durável quanto os HDDs, não é bom para o armazenamento de longo prazo	Mais lentos que os SSDs, baixa resistência a choques, campos magnéticos

6.5 OUTROS DISPOSITIVOS DE ARMAZENAMENTO

Além dos discos rígidos e dos dispositivos de estado sólido, compõem a memória secundária diversos outros dispositivos que descrevemos brevemente a seguir.

A unidade fita magnética é um dispositivo de armazenamento de dados que lê e escreve dados armazenados em uma fita magnética, cujo acesso, ao contrário do disco rígido, é sequencial. Então, a sua maior utilização é para a realização de cópias de segurança (*backup*) das informações armazenadas no disco rígido. As unidades de fita modernas, como a LTO, podem atingir taxas de transferências na ordem de 80 MB/s, maiores que diversos discos rígidos, e capacidade de armazenamento na ordem de 18 TB.

As unidades de disco óptico tem sua maior utilização em computadores pessoais, com diversos tipos de mídia, como CD-ROM, DVD e até mesmo Blu-ray, podendo ser apenas de leitura, graváveis apenas uma vez ou regraváveis, com capacidades e velocidades de leitura/escrita variáveis, chegando a armazenar até 100 GB em uma única mídia, no caso do Blu-ray. Os discos ópticos são lidos ou escritos com uso de um diodo *laser* e, no caso da leitura, esse *laser* é refletido de volta para um sensor óptico e as variações em alto e baixo relevo ou pontos transparentes ou opacos determinam uma sequência de '0's e '1's. A sua utilização tem decrescido nos últimos anos, muito em função da praticidade, custo e capacidade de armazenamento dos *pendrives*.

O *pendrive* USB é um dispositivo de armazenamento de dados que inclui uma memória Flash com uma interface USB integrada. É normalmente removível, regravável e muito menor do que um disco óptico. As capacidades de armazenamento aumentaram significativamente desde o seu lançamento, alcançando hoje em dia até 1 TiB. Como toda memória Flash, existe um limite máximo para o número de ciclos de gravação/apagamento que podem ser realizados, dependendo do tipo exato de chip de memória usado.

Finalmente, existem inúmeros dispositivos de armazenamento secundário, produzidos ao longo da história da computação, mas que foram gradativamente substituídos em virtude dos sucessivos avanços tecnológicos. Entre esses dispositivos, podemos relacionar a unidade de disco flexível; a unidade de disco rígido removível (*disk pack*); o *zip drive*; a unidade de leitura de cartão perfurado; e a unidade de leitura de fita de papel.

6.6 RAID

O RAID (originalmente "conjunto redundante de discos baratos"; hoje, "conjunto redundante de discos independentes") é uma tecnologia de virtualização de armazenamento de dados que combina vários discos para que que se comportem como uma única unidade lógica para fins de redundância de dados ou de melhoria de desempenho. Os dados podem ser distribuídos entre as unidades de disco de várias maneiras, chamados de níveis de RAID, dependendo do nível específico de redundância e desempenho exigido (RAID 0, RAID 1, ...).

Cada esquema proporciona um equilíbrio diferente entre os objetivos fundamentais: confiabilidade, disponibilidade, desempenho e capacidade. Os níveis de RAID maiores que 0 fornecem proteção contra erros de leitura irrecuperáveis nos setores, bem como falhas em todo o disco. A seguir, apresentamos uma descrição dos níveis de RAID mais relevantes.

6.6.1   RAID 0

O RAID 0 é feito por retalhamento ou fatiamento (*stripping*) dos dados, sem espelhamento ou paridade. A capacidade de um volume RAID 0 é a soma das capacidades dos discos do conjunto e não há redundância adicional para lidar com falhas de disco. Assim, a falha de um disco faz com que haja a perda de todo o volume RAID 0, com possibilidades reduzidas de recuperação de dados quando comparado com outras soluções. Mas então, qual a vantagem da utilização do RAID 0?

O fatiamento distribui o conteúdo dos arquivos mais ou menos igualmente entre todos os discos do conjunto, fazendo com que as operações de leitura ou escrita possam acontecer simultaneamente nos vários discos, resultando em uma taxa de transferência do conjunto equivalente à taxa de transferência de um único disco multiplicada pelo número de discos do arranjo. Ou seja, com o uso do RAID 0 ganha-se em desempenho.

O aumento da taxa de transferência (*throughput*) é a grande vantagem de RAID 0 contra esquemas que apenas somam a capacidade dos discos, por exemplo, o uso de volume estendido, como acontece no LVM (*Logical Volume Manager*)[7] do Linux.

---

[7]   Disponível em: https://pt.wikipedia.org/wiki/Logical_Volume_Manager_(Linux). Acesso em: 19 mar. 2024.

Capítulo 6. Armazenamento e periféricos

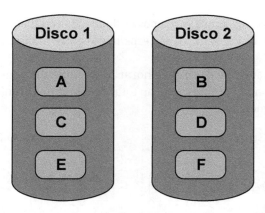

Figura 6.11. RAID 0 - Fatiamento de Blocos. Sem Espelhamento. Sem paridade.

6.6.2 RAID 1

O RAID 1 é composto pelo espelhamento, sem paridade ou fatiamento, da informação gravada nos discos. Os dados são gravados de forma idêntica em duas (ou mais) unidades, produzindo, assim, um "conjunto de espelho". Deste modo, qualquer pedido de leitura pode ser atendido por qualquer unidade no conjunto. Se um pedido for transmitido para todas as unidades no conjunto, pode ser atendido pela unidade que acessa os dados em primeiro lugar (em função do tempo de busca e latência rotacional do disco), melhorando, portanto, o desempenho do conjunto.

O desempenho sustentado de leitura, se o controlador ou *software* for otimizado para isso, se aproxima da soma do *throughput* de cada unidade no conjunto, assim como para o RAID 0, porém o desempenho de escrita é metade do RAID 0. Na prática o desempenho real de escrita da maioria das implementações de RAID 1 é mais lento que o disco mais rápido do conjunto. O desempenho de escrita é sempre mais lento porque cada unidade deve ser atualizada, e a unidade mais lenta limita o desempenho de gravação. O conjunto continua a funcionar enquanto pelo menos uma unidade estiver trabalhando sem problemas, sendo o grande objetivo do RAID 1 aumentar a confiabilidade com que os arquivos são armazenados no computador.

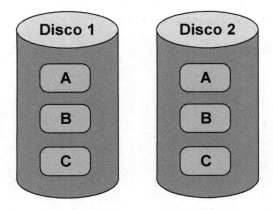

Figura 6.12. RAID 1 - Blocos Espelhados. Sem paridade. Sem fatiamento.

6.6.3 RAID 10

O RAID 10 é também chamado de RAID 1+0 e requer um mínimo de 4 discos, que são agrupados em pares para espelhamento. Por exemplo, se houver um total de 6 discos em RAID 10, haverá três grupos e dentro de cada grupo os dados são espelhados. Entre os grupos os dados são retalhados ou fatiados (*stripped*). Por isso é chamado de *stripe of mirrors*, isto é, os dados são espelhados entre os discos dentro de um grupo e fatiados entre os grupos.

O RAID 10 é utilizado quando se deseja melhorar o desempenho sem sacrificar a confiabilidade. O desempenho de leitura costuma ser proporcional ao total de discos do arranjo e o desempenho de escrita, a metade, por conta do espelhamento.

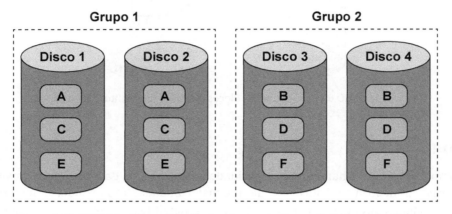

Figura 6.13. RAID 10 – Blocos Espelhados dentro do Grupo, Fatiados entre Grupos.

6.6.4 RAID 01

O RAID 01 é também chamado de RAID 0+1, sendo implementado normalmente com 4 discos. Por exemplo, se forem criados dois grupos com 2 discos cada, dentro de cada grupo os dados são fatiados e entre grupos os dados são espelhados. Por isso é chamado *mirror of stripes*.

O desempenho do RAID 01 é idêntico ao do RAID 10 e a capacidade de armazenamento também é a mesma. A principal diferença entre eles é o nível de tolerância a falhas, que é um pouco menor no RAID 01. Se duas unidades de disco falharem, uma em cada grupo, o conjunto inteiro irá falhar. No caso do RAID 10, mesmo que 2 discos falhem, um em cada grupo, o conjunto ainda estará funcional. Então, se tiver uma escolha entre RAID 10 e RAID 01, escolha sempre o RAID 10.

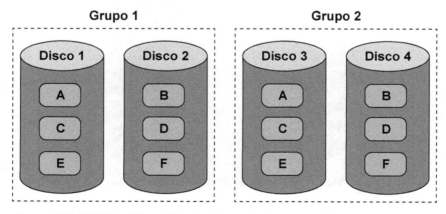

Figura 6.14. RAID 01 – Blocos Fatiados dentro do Grupo, Espelhados entre Grupos.

6.6.5 RAID 5

O RAID 5 consiste em fatiamento em nível de bloco com paridade simples distribuída, onde essas informações de paridade são distribuídas igualmente entre as unidades. Este esquema exige que todas as unidades, a menos de uma, estejam operando sem problemas. Em caso de falha de uma única unidade, as leituras subsequentes pode ser calculadas a partir da paridade distribuída de tal forma que nenhum dos dados seja perdido.

A implementação do RAID 5 requer o uso de pelo menos três discos, sendo que o seu desempenho é seriamente afetado durante o tempo de reconstrução do conjunto, havendo ainda uma grande probabilidade de falha durante essa reconstrução, tendo sido substituído modernamente pelo RAID 6.

O seu desempenho de leitura é equivalente ao total de discos menos um. O seu desempenho de escrita é afetado pelo cálculo da paridade, sendo que são necessárias quatro operações sucessivas para que a escrita seja realizada: uma de leitura dos dados, outra de leitura da paridade, seguida de uma para a escrita dos dados e outra para escrita da paridade.

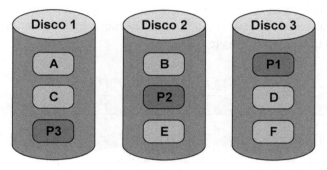

Figura 6.15. RAID 5 – Blocos Fatiados. Paridade Distribuída.

6.6.6 RAID 6

O RAID 6 é composto por fatiamento em nível de bloco com paridade dupla distribuída e precisa de no mínimo 4 discos. A paridade dupla fornece tolerância a falhas até duas unidades. Isso faz com que grupos de RAID maiores sejam mais práticos, especialmente para sistemas de alta disponibilidade, já que discos de grande capacidade levam mais tempo para serem restaurados.

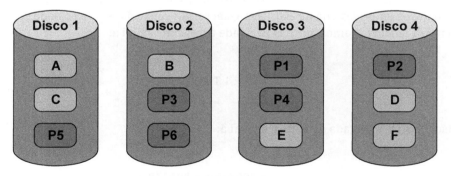

Figura 6.16. RAID 6 – Blocos Fatiados. Paridade Dupla Distribuída.

Tal como acontece com RAID 5, a falha de uma única unidade irá reduzir o desempenho de todo o arranjo até que a unidade defeituosa seja substituída. Com um arranjo do tipo RAID 6, com o uso de unidades de múltiplas fontes e fabricantes, é possível mitigar a maior parte do problemas associados com o RAID 5, já que o disco defeituoso não é utilizado durante a reconstrução do conjunto. Quanto maior for capacidade das unidades de disco e maior o tamanho do arranjo, mais importante se torna o uso do RAID 6 em vez do RAID 5.

O seu desempenho de leitura é equivalente ao total de discos menos dois. O seu desempenho de escrita é afetado pelo cálculo da paridade, sendo que são necessárias seis operações sucessivas para que a escrita seja realizada: uma de leitura dos dados, outras duas de leitura de paridade, seguida de uma para escrita dos dados e outras duas para escrita das paridades.

6.6.7 Resumo

A Tabela 6.3 sintetiza uma comparação entre os diversos tipos de RAID, com relação ao seguintes aspectos: o mínimo de discos necessários para sua implementação; a capacidade total do conjunto em função da capacidade individual de cada disco; o total de discos que podem falhar sem perda de informação; a velocidade de leitura do conjunto com relação à velocidade individual de cada disco; e a velocidade de escrita do conjunto com relação à velocidade individual de cada disco. Essa tabela considera que todos os discos do conjunto possuem a mesma capacidade e velocidade de leitura/escrita. Note que são estimativas teóricas, o desempenho real depende de vários outros fatores, tais como os níveis de hierarquia de memória entre os controladores e a memória principal; o tipo de interface etc.

Tabela 6.3. Tabela Comparativa RAID

Tipo	Mínimo Discos	Capacidade	Tolerância a Falhas	Velocidade de Leitura	Velocidade de Escrita
RAID 0	2	$N \cdot C$	–	$N \cdot X$	$N \cdot X$
RAID 1	2	C	$(N - 1)$ discos	$N \cdot X$	X
RAID 10	4	$(N \cdot C) / 2$	Até 1 disco em cada grupo	$N \cdot X$	$(N \cdot X) / 2$
RAID 5	3	$(N - 1) \cdot C$	Até 1 disco	$(N - 1) \cdot X$	$(N \cdot X) / 4$ *
RAID 6	4	$(N - 2) \cdot C$	Até 2 discos	$(N - 2) \cdot X$	$(N \cdot X) / 6$ **

N – número de discos do arranjo;
C – capacidade de cada disco do arranjo;
X – velocidade de cada disco do arranjo (a de leitura pode ser diferente da escrita);
* leitura dos dados, leitura da paridade, escrita dos dados e escrita da paridade (4 operações);
** leitura dos dados, leitura da primeira paridade e da segunda paridade, escrita dos dados, escrita da primeira e da segunda paridade (6 operações).

Por exemplo, considere um sistema RAID 6 com 6 discos, com capacidade individual de armazenamento de 1 TB e velocidade de leitura/escrita de 200 MB/s. Qual seria a capacidade e velocidade de acesso composta do RAID? Pela nossa tabela teríamos que a capacidade agregada é igual a:

$$(6 - 2) \times 1 \text{ TB} = 4 \text{ TB}$$

A velocidade teórica agregada de leitura é igual a:

$$(6 - 2) \times 200 \text{ MB/s} = 800 \text{ MB/s}$$

Capítulo 6. Armazenamento e periféricos

A velocidade teórica agregada de escrita é:

$$(6 \times 200 \text{ MB/s})/6 = 200 \text{ MB/s}$$

Ou seja, o RAID 6 oferece bom desempenho de leitura, mas baixo desempenho de escrita, assim, deve-se evitar seu uso em aplicações que demandem um elevado número de operações de escrita.

6.7 SISTEMAS DE ARMAZENAMENTO

Os discos, além da agregação em RAIDs com os níveis apresentados, podem ser organizados em sistemas de armazenamento de três formas distintas: Armazenamento de Conexão Direta (DAS – *Direct Attached Storage*); Área de Armazenamento em Rede (SAN – *Storage Area Network*); Armazenamento Conectado à Rede (NAS – *Network Attached Storage*); e também, modernamente, sistemas de armazenamento em nuvem. Esses sistemas de armazenamento podem ser compostos com discos rígidos tradicionais; com dispositivos de estado sólido; ou por uma combinação desses dois tipos.

Mas, antes de explicar as diferenças entre esses tipos, devemos primeiro distinguir um dispositivo de bloco de um sistema de arquivos: um dispositivo de bloco pode ser visto como uma unidade de disco em sua forma bruta, como uma sequência de setores sem qualquer estrutura definida além de sua numeração; já um sistema de arquivos deve ser instalado em um dispositivo de bloco, oferecendo uma visão estruturada e hierárquica dos dados na forma de arquivos e diretórios.

6.7.1 DAS

Nos sistemas de armazenamento de conexão direta (DAS) encontramos um dispositivo de **bloco** que é fisicamente (diretamente) ligado a um computador, devendo-se instalar um sistema de arquivos antes de ser utilizado. No DAS, um dispositivo de bloco é conectado diretamente a um servidor individual por meio de uma interface padrão para discos rígidos (HDD) ou dispositivos estado sólido (SSD), permitindo um alto desempenho. Cada um desses dispositivos é uma forma de armazenamento de conexão direta, sendo que alguns computadores também usam dispositivos DAS externos. Um dispositivo DAS não é compartilhado, portanto, nenhum outro dispositivo de rede pode utilizar os seus dados sem antes acessar o servidor.

O DAS é usado principalmente em uma configuração onde o acesso aos dados armazenados é feito pelos aplicativos executados exatamente no servidor ao qual está conectado diretamente. As vantagens dessa solução são custos iniciais mais baixos, pelo uso apenas de interfaces mais simples disponíveis em qualquer computador, tais como ATA, SATA, eSATA, NVMe, SCSI, SAS, USB ou IEEE 1394.

O DAS pode fornecer aos usuários melhor desempenho do que o armazenamento em rede porque o servidor não precisa atravessar uma rede para ler e gravar dados, razão pela qual muitas organizações optam pelo DAS para aplicativos que exigem alto desempenho. O DAS também é menos complexo do que os sistemas de armazenamento baseados em rede, tornando-o mais fácil e barato para se implementar e manter.

No entanto, o DAS apresenta desafios, pois se conecta diretamente aos servidores, o que significa que a conectividade e a capacidade de expansão são limitadas pelo número de *slots* de expansão no servidor, pelo tamanho do gabinete do computador e pelo pequeno número de portas ou conexões, tornando mais difícil compartilhar recursos de armazenamento.

Logo, o DAS tem escalabilidade limitada e não possui o tipo de gerenciamento centralizado e recursos de *backup* disponíveis para outras plataformas de armazenamento. Além disso, não pode ser facilmente compartilhado e não facilita a recuperação do sistema em casos de falha do servidor. Considerando esses desafios, as formas convencionais de DAS podem não ser adequadas para uso em sistemas corporativos.

Outros tipos de armazenamento, como dispositivos ópticos e fita, são tecnicamente DAS, pois estão diretamente conectados a um sistema, interna ou externamente. No entanto, as referências ao DAS geralmente estão relacionadas com dispositivos de armazenamento, como HDDs ou SSDs.

6.7.2 SAN

Uma área de armazenamento em rede (SAN) é uma rede de alta velocidade projetada para conectar dispositivos de armazenamento, como controladores de um arranjo de discos (RAID) e bibliotecas de fita, a vários servidores ou hospedeiros (*hosts*). Os servidores conectados a uma SAN podem acessar qualquer dispositivo de armazenamento conectado a esta rede por meio de dispositivos de rede (*switches*) especializados de fibra óptica (veja a Seção 5.4).

A principal função de uma SAN é transferir dados entre os sistemas computacionais e os elementos de armazenamento. Uma SAN move todo o armazenamento de dados para uma rede separada, usada apenas para dados. Uma SAN é ideal para centro de dados complexos, vários centros de dados ou quando os aplicativos e departamentos precisam ter acesso a dados compartilhados.

O SAN é um dispositivo de **bloco** disponível por meio da rede, sendo que a camada do sistema de arquivos está instalada nos servidores conectados, assim como no DAS. Um sistema de armazenamento SAN, portanto, precisa de um servidor com aplicações executando que possam usar uma unidade lógica (LUN) mapeada, aparecendo para o servidor como um disco rígido físico. As tecnologias associadas são *Fiber Channel* (FC); iSCSI; *Fiber over Ethernet* (FCoE); Infiniband; *ATA over Ethernet* (AoE); entre outras. Uma SAN atende aos requisitos de alta disponibilidade, escalabilidade, confiabilidade e desempenho.

Para atender aos requisitos de alto desempenho e usar todas as possibilidades que os sistemas de armazenamento oferecem, podemos criar uma infraestrutura de rede dedicada aos sistemas de armazenamento. Eesse tipo de rede é dedicado à implementação apenas de sistemas de armazenamento, possuindo recursos personalizados para garantir um alto nível de redundância, tolerância a falhas e alta disponibilidade. Isso faz com que os seus custos sejam inerentemente maiores que os associados ao DAS e NAS.

Os *switches Fibre Channel* são diferentes daqueles usados em uma rede local, sendo normalmente usados em SANs de pequeno a médio porte, e permitem a criação de uma topologia de malha chaveada com uso de fibras ópticas (FC-SW – *Fibre Channel Switch*). No FC-SW, os dispositivos são conectados uns aos outros por meio de um ou mais *switches* de fibra óptica. Para garantir alta disponibilidade e nenhum ponto único de falha, cada nó precisa de caminhos duplicados através da rede SAN com uso de *switches* de fibra óptica independentes, como ilustrado na Figura 6.17.

6.7.3 NAS

Um sistema de armazenamento conectado à rede (NAS) é uma solução altamente específica que difere em muitos aspectos dos sistemas comuns de armazenamento DAS e SAN. A principal diferença é que o NAS pode ser definido como um dispositivo de armazenamento de dados em nível de **arquivo** que fornece acesso em rede para diversos clientes heterogêneos.

Os sistemas NAS são normalmente implantados com uso de um servidor com diversos discos para fornecer mais armazenamento que o usual, podendo ser um sistema de armazenamento especializado que suporta a funcionalidade NAS, um servidor equipado com um ou mais discos rígidos conectados em RAID, um servidor com um aplicativo NAS conectado a um sistema de armazenamento de porte intermediário ou um sistema de armazenamento corporativo equipado adicionalmente com uma opção NAS. Os sistemas de armazenamento NAS de grande porte permitem que milhares de conexões de clientes acessem um único arquivo simultaneamente. Esse servidor tem seu próprio sistema operacional, um sistema de arquivos subjacente, e oferece suporte a diversos aplicativos.

Ao contrário do SAN, o NAS não opera no nível do bloco, mas no nível do arquivo. Isso significa que um dispositivo NAS possui um sistema de arquivos instalado. Um dispositivo NAS não fornece unidades lógicas (LUN) que precisam ser mapeadas – mas sim locais de rede onde é possível armazenar e ler dados

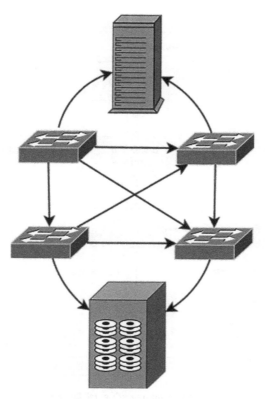

Figura 6.17. *Fiber Channel Switch*.

na forma de arquivos. Um sistema NAS, ao contrário dos sistemas DAS, não se conecta diretamente a um computador; em vez disso, se conecta a uma rede local com ou sem fio, permitindo que todos os clientes acessem os arquivos armazenados no NAS.

O NAS faz uso de protocolos baseados em arquivos, como: *Network File System* (NFS), que é bastante utilizado em ambientes do tipo Unix; *Server Message Block* (SMB), um protocolo desenvolvido pela IBM, que é também incorretamente chamado de CIFS, sendo muito utilizado em sistemas operacionais da Microsoft; *Apple Filing Protocol* (AFP) utilizado pelos computadores da Apple; TrueNAS, baseado no sistema de arquivos ZFS; ou *Andrew File System* (AFS), um protocolo para um sistema de arquivos distribuído desenvolvido pela Universidade de Carnegie Mellon.

6.7.4 DAS, NAS ou SAN?

Aplicações baseadas nas estruturas cliente-servidor com grandes bancos de dados geralmente necessitam de sistemas de armazenamento direto (DAS) conectados a um servidor de aplicação. Já aplicações com dados não estruturados e sistemas de colaboração em rede podem facilmente ser implementadas mediante um sistema de armazenamento NAS.

Os sistemas DAS são simples de usar e a tecnologia está amplamente disponível, sendo que oferecem ótimo desempenho em comparação com SAN ou NAS, mas a capacidade de armazenamento não pode ser expandida. As desvantagens são que diferentes grupos de usuários não podem acessar os dados; eles só podem ser acessados diretamente a partir dos aplicativos em execução no servidor individual ou na máquina *desktop*. Além disso, o DAS não incorpora nenhum *hardware* de rede ou ambiente operacional relacionado que permita compartilhar os recursos de armazenamento de uma forma independente.

Os sistemas NAS são indicados para uso em pequenas empresas porque são simples de operar; portanto, frequentemente dispensam o uso de pessoal especializado. O NAS é econômico e possui um *backup* de

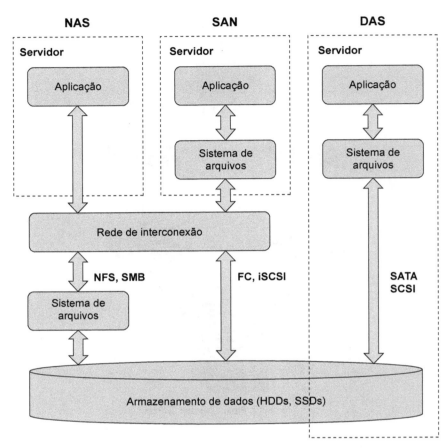

Figura 6.18. NAS *versus* SAN *versus* DAS.

dados fácil e seguro, e também reduz significativamente o espaço desperdiçado em outras tecnologias de armazenamento, como DAS ou SAN (área de armazenamento em rede). Além disso, os sistemas NAS são continuamente acessíveis, facilitando a colaboração e o desenvolvimento conjunto entre os usuários. O sistema NAS também pode atuar em nuvem, sendo acessado remotamente por meio de uma conexão de rede, permitido o acesso de qualquer lugar e a qualquer momento.

Tabela 6.4. Comparação DAS, NAS, SAN

Característica	DAS	NAS	SAN
Velocidade	Alta	Média	Média-alta
Conectividade	–	Alta	Baixa
Custo Rede	–	Baixo	Alto
Administração	Fácil	Fácil	Difícil
Acessibilidade	Difícil	Fácil	Difícil
Capacidade	Baixa	Média	Alta
Custo	Baixo	Médio	Alto

Capítulo 6. Armazenamento e periféricos

Os pontos fracos do NAS referem-se à escala e ao desempenho. O NAS é limitado aos seus recursos e, se o número de usuários que precisam de acesso aumentar, o dispositivo NAS pode não conseguir acompanhar a demanda, resultando em um baixo desempenho e alto tempo de resposta. Os sistemas NAS não podem ser facilmente ampliados ou reduzidos, e os protocolos NAS, como Network File System (NFS) e SMB/CIFS, não são rápidos o suficiente para aplicativos de alto desempenho em face dos problemas de baixo *throughput* e alta latência. Além disso, o NAS depende da rede, pois os arquivos são compartilhados na rede local (LAN), e o tráfego adicional pela rede local também se tornar um fator determinante para um melhor ou pior desempenho.

A SAN é um tipo de armazenamento em rede voltado para aplicações corporativas. Essas estruturas são mais seguras e possuem maior quantidade de recursos para gerenciamento do armazenamento e servidores, porém exigem profissionais especializados envolvidos em qualquer que seja a implementação. A SAN funciona em uma rede separada, de uma maneira semelhante ao armazenamento de conexão direta. Ou seja, pode movimentar os recursos da rede local, proporcionando um ambiente organizado e de alta velocidade que pode ser acessado pelo sistema operacional de cada servidor.

Usar uma SAN significa que os dispositivos conectados à rede não precisam de nenhum armazenamento local, o que permite sua escalabilidade. Se houver necessidade de mover a SAN para outro local, os dados podem ser replicados rapidamente, reduzindo o tempo do processo de recuperação. Como uma SAN é composta de dispositivos interconectados elaborados e sofisticados, ela tem suas desvantagens em função de sua complexidade de implementação. Além disso, embora o conjunto de armazenamento seja compartilhado entre vários servidores, sua implementação é altamente complexa e demanda um alto investimento.

6.7.5 Armazenamento em nuvem

O armazenamento em nuvem[8] é uma forma de armazenamento dos dados de um computador no qual os dados são armazenados e oferecidos como serviço "na nuvem". Em realidade, o ambiente físico de hospedagem normalmente pertence a uma empresa de hospedagem, que faz o gerenciamento e o armazenamento físico desses dados com uso de diversos servidores (por vezes em vários locais) acessíveis na internet. Esses provedores de armazenamento em nuvem são responsáveis por manter os dados disponíveis e acessíveis, e o ambiente físico protegido e funcionando. Os usuários compram ou alugam uma determinada capacidade de armazenamento desses fornecedores para armazenar seus dados ou aplicações.

Os serviços de armazenamento em nuvem podem ser acessados de diversas maneiras, seja por meio de um serviço de computação em nuvem; uma interface de programação de aplicativo (API) de serviço da *web* ou por meio de aplicativos que usam a API, como armazenamento de *desktop* em nuvem; um *gateway* de armazenamento em nuvem; ou sistemas de gerenciamento de conteúdo baseados na *web*. Muitos fornecedores oferecem serviços complementares para ajudar a coletar, gerenciar, proteger e analisar dados em grande escala (*big data*). Existem diversos requisitos fundamentais que devem ser avaliados ao se considerar o armazenamento de dados na nuvem, como:[9]

- Durabilidade: os dados devem ser armazenados de modo redundante, de preferência em várias instalações e em múltiplos dispositivos de cada instalação. Desastres naturais, erro humano ou falhas mecânicas não devem resultar na perda de dados.

---

8 Disponível em: https://en.wikipedia.org/wiki/Cloud_storage. Acesso em: 19 mar. 2024.
9 Disponível em: https://aws.amazon.com/pt/what-is-cloud-storage. Acesso em: 19 mar. 2024.

- Disponibilidade: todos os dados devem ser disponibilizados quando necessário, mas existe uma diferença entre dados e arquivos de produção. O armazenamento na nuvem ideal disponibilizará o equilíbrio certo entre os tempos de recuperação e o custo.

- Segurança: todos os dados são preferencialmente criptografados, tanto os inativos como os em trânsito. Permissões e controles de acesso devem funcionar na nuvem tão bem quanto no armazenamento local.

Há três tipos de armazenamento físico de dados na nuvem: armazenamento de objetos, de arquivos e de blocos. O armazenamento de objetos é ideal para criação de aplicativos modernos que exigem escalabilidade e flexibilidade, por conta dos metadados associados a esses objetos. O armazenamento de arquivos, também conhecido como NAS na nuvem, é ideal para os casos de uso como grandes repositórios de conteúdo, ambientes de desenvolvimento, armazenamentos de mídia ou diretórios para dados dos usuários. Já o armazenamento em blocos oferece baixíssima latência, que é exigida para cargas de trabalho de alto desempenho, como banco de dados ou sistemas de planejamento empresarial (ERP), que normalmente também estão baseados em nuvem.

O serviço de armazenamento em nuvem é normalmente fornecido sob demanda, com capacidade e custos dinâmicos, o que elimina a necessidade de compra e o gerenciamento de uma infraestrutura de armazenamento físico de dados por parte dos usuários. Isso resulta em diversas vantagens, por exemplo, os usuários conseguem reduzir os seus custos de aquisição de *hardware*, pagando apenas pelo armazenamento de fato utilizado. Os dados acessados com menor frequência podem ainda ser transferidos automaticamente para sistemas com menor custo de armazenamento, tais como sistemas de unidades de fita.

O armazenamento em nuvem permite que seja disponibilizado com rapidez exatamente o volume de armazenamento necessário para cada momento. Isso permite que os usuários se concentrem na resolução de problemas complexos relacionados com seus aplicativos, em vez de precisar gerenciar sistemas de armazenamento. Finalmente, a centralização do armazenamento na nuvem permite o uso adequado de políticas de gerenciamento do ciclo de vida dos dados de uma corporação, por estarem disponíveis a partir de um único sistema.

6.8 PERIFÉRICOS

6.8.1 Teclados

Características gerais

O teclado é um dos dispositivos de entrada mais comuns para uso com computadores. É composto por um conjunto de teclas, que são usadas para enviar letras, números e símbolos para o computador e também comandar funções adicionais. Ao contrário do que poderia se imaginar, a comunicação se processa de forma bidirecional, pois o computador pode controlar o comportamento de alguns LEDs do teclado.

Existem infinitas disposições de teclas possíveis, mas algumas conformações básicas são usuais: a maior parte dos computadores pessoais, por exemplo, possui uma parte alfanumérica, uma área de números e sinais aritméticos, uma área de setas, algumas teclas de controle (CTRL, ALT, TAB) e uma área de teclas de acionamento de funções (F1, F2, F3...). É comum também a existência de teclas para controle de volume e de acionamento rápido de funções; teclas associadas para usos específicos do teclado; e também teclados apenas com a parte numérica.

Devemos notar que os países muitas vezes padronizam modelos adaptados às suas necessidades. No Brasil existem os teclados compatíveis com disposição de teclas definida pela Associação Brasileira de Normas Técnicas (sendo o mais usado conhecido como ABNT-2), conforme mostrado na Figura 6.19.

Figura 6.19. **Teclado de Computador.**

A área alfanumérica, nos países ocidentais, usa como base o modelo de teclado denominado QWERTY (nome das teclas superiores esquerdas desta área), herança dos primeiros teclados de máquinas de escrever americanas, que é conhecida por produzir uma forma de digitação mais lenta! Existem outros padrões de posição de teclas, por exemplo, o teclado simplificado Dvorak, que permite que o movimento dos dedos percorra uma distância 42% menor do que no padrão QWERTY.

> O teclado Dvorak e suas variantes (como o BR-Nativo) nunca chegaram a ser amplamente adotados, pois tanto os fabricantes quanto os usuários foram resistentes ao *layout* que, por ser radicalmente diferente do tradicional QWERTY, exigia o reaprendizado da datilografia.

Códigos de varredura

Um teclado é muito parecido com um computador em miniatura, com seu próprio processador e circuitos que transportam informações de/para esse processador. A eletrônica dentro do teclado consiste em um pequeno processador ou um microcontrolador (os mais populares, hoje, são o Atmega32U4[10] e o RP2040)[11] com interface USB, e uma matriz conectada às chaves de teclas, como visto na Figura 6.20.

O microcontrolador examinará regularmente o teclado, por exemplo, aplicando uma tensão em cada uma das linhas e verificando cada uma das colunas para esta tensão, para determinar se um das chaves foi pressionada. Cada tecla do teclado tem um código de varredura associado. Este código de varredura, um número hexadecimal de dois dígitos para a maioria das teclas, é transmitido pelo microcontrolador do teclado ao computador sempre que a tecla é pressionada, sendo de responsabilidade do *software* do computador traduzir este código posicional para o código do caractere ISO correspondente.

Se a tecla for pressionada por mais tempo do que um certo tempo, definido com atraso de digitação, o código será enviado várias vezes (o que chamamos de autorrepetição). Quando a tecla é liberada o teclado envia um código de chave F0 em hexadecimal, e então o código de varredura da tecla que é liberada. Isso funciona para qualquer tecla do teclado. Na maioria dos teclados, as teclas *Caps lock*, *Num lock* e *Scroll lock* possuem um LED, que é ligado e/ou desligado quando a tecla é pressionada. Este LED é de fato acionado pelo sistema operacional do seu computador. Quando se pressiona a tecla *Caps lock*, por exemplo, o teclado informa ao computador que a tecla foi pressionada e o computador informa ao teclado para ligar ou desligar, conforme o caso, o LED correspondente. Logo, isso é uma boa maneira de saber se o seu computador está funcionando ou está "travado".

---

[10] Disponível em: https://www.microchip.com/en-us/product/ATmega32U4. Acesso em: 19 mar. 2024.
[11] Disponível em: https://www.raspberrypi.com/products/rp2040/. Acesso em: 19 mar. 2024.

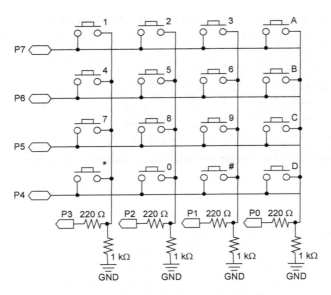

Figura 6.20. **Matriz de Chaves do Teclado.**

Principais tipos de mecanismos do teclado

a) Teclado mecânico

Os teclados mecânicos possuem molas nas teclas, que as fazem retornar à sua posição base quando não pressionados. Na versão mais simples deste tipo de teclado, na parte inferior das teclas existe uma área circular, normalmente de borracha condutora, que estabelece contato entre dois pontos elétricos quando o teclado é pressionado.

Há muitos outros tipos de teclados mecânicos, alguns deles muito caros, que buscam oferecer características de toque robustas, mas com suavidade, fatores exigidos pelos digitadores profissionais ou aficionados por jogos eletrônicos. Esses teclados também fornecem um retorno mais rápido às posições originais das teclas, e permitem pressionar as teclas até a metade para registrar o valor da tecla, o que resulta em uma velocidade de digitação mais rápida. Infelizmente, é usual que esses teclados produzam um ruído maior durante o seu uso.

b) Teclado de membrana

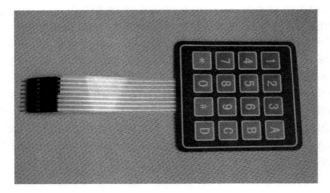

Figura 6.21. **Teclado de Membrana.**

Um teclado de membrana é um teclado de computador em que não existem partes móveis: o chaveamento é produzido pressionando pontos específicos de um sanduíche de três camadas plásticas bem finas

Capítulo 6. Armazenamento e periféricos

(como folhas de papel). Duas destas camadas contêm os desenhos em tinta condutora das trilhas de contato, similar a um circuito impresso; entre elas, uma terceira camada com buracos para que, pressionando a camada superior sobre um buraco, uma parte do circuito superior faça contato com a correspondente parte do circuito inferior. Este conjunto de trilhas está conectado a um circuito de varredura/decodificação semelhante ao usado nos teclados mecânicos.

Os tipos mais simples de teclados de membrana contêm uma camada plástica levemente flexível, em que estão desenhados contornos e símbolos simulando teclas. São bastante baratos quando produzidos em massa e mais resistentes contra sujeira e líquidos do que a maioria dos outros teclados. Porém, têm *feedback* táctil baixo ou inexistente, e assim, boa parte das pessoas não consegue digitar com eles com fluidez ou velocidade. Assim é mais comum encontrá-los na eletrônica de consumo, como fornos de micro-ondas e geladeiras e também em sistemas de controle industrial, entre outros dispositivos em que a velocidade de digitação não é uma demanda.

Uma variante engenhosa é encontrada na maioria dos teclados de PC modernos, nos quais a parte superior do teclado de membrana é recoberta com teclas apoiadas sobre pequenas molas ou material elástico, que fornecem uma sensação tátil muito melhor e um substancial aumento de velocidade de digitação.

A durabilidade de qualquer teclado é definida principalmente pelo número de pressionamentos que a tecla pode suportar. Um teclado convencional pode suportar apenas 10 milhões de toques de tecla, enquanto um teclado mecânico de boa qualidade pode suportar mais de 50 milhões de toques de tecla.

Meios de conexão

Um dos tipos de conexão é o padrão USB (veja Seção 5.3.4), que permite que um mesmo conector no computador seja utilizado por vários tipos de dispositivos (teclados, *mouse*, HD externo, entre outros). Neste caso, existe um protocolo padrão básico, específico para comunicação serial pelo USB, conhecido como HID (*Human Interface Devices*), que permite a definição de diferentes formas de comunicação dependentes das características do dispositivo.

Apesar desta aparente generalidade, é necessária a presença de um programa instalado no computador para lidar com essas características. A ausência de um programa adequado impede o uso do dispositivo, mesmo que esteja corretamente conectado pelo USB.

Outra forma de conexão muito utilizada é mediante uma interface sem fio, normalmente o padrão Bluetooth (veja a Seção 5.4.4), onde as informações são enviadas do teclado para o computador por meio de ondas eletromagnéticas de curto alcance.

Devemos também mencionar o modelo de conexão PS2, usado por muitos anos como o padrão de conexão, que estabeleceu a possibilidade de usar qualquer tipo de teclado de forma intercambiável nos computadores, favorecendo a sua utilização em larga escala, mas este modelo de conexão não está mais em uso.

6.8.2 *Mouse*

O *mouse*[12] é um dispositivo criado essencialmente para posicionar um cursor (indicador de posição) sobre a tela, sob o comando da mão de um usuário, com o intuito de selecionar, manipular e mover determinados recursos exibidos. O cursor se movimenta na tela "imitando" a movimentação que o usuário faz no dispositivo e, de forma sincronizada com este movimento, são ativados e/ou controlados diversos elementos da interface com o usuário (ativação de menus e janelas, seleção de elementos ou de parte da tela, isolamento de partes de textos, movimentação de elementos e assim por diante).

Um *mouse*, tipicamente, contém de um a três botões situados na parte da frente, que podem ser apertados ou liberados independentemente do movimento do *mouse*. Quando o usuário pressiona qualquer desses botões diz-se que ele efetuou um clique. O botão central, hoje, é apresentado como uma pequena roda, que, além de poder ser pressionada (como um botão), pode também enviar para o computador a informação do ângulo que foi girada.

O *hardware* do *mouse*, em si, tem relativamente pouca inteligência: ele transmite para o computador, quando ocorre alguma mudança de posição ou na posição dos botões, o deslocamento (horizontal e vertical) do *mouse* e a posição dos botões (apertado/solto/ângulo girado), iniciando uma ação interativa, completamente implementada por *software* (por exemplo, desenhar um cursor na tela em certa posição, ou abrir um menu gráfico).

> Mais especificamente, o *mouse* transmite a quantidade de passos unitários gerados por dois medidores que registram o deslocamento ortogonal, na direção horizontal e na vertical, como veremos adiante.

Esse dispositivo é tão prático e tão comum, que a maioria esmagadora das aplicações criadas atualmente é desenvolvida considerando-o como essencial na interface com o usuário. Há várias categorias disponíveis no mercado, mas nos concentraremos apenas nos *mouses* com esfera (popularmente conhecidos como "*mouse* de bolinha") e *mouses* ópticos (e sua variação, os *mouses* a *laser*).

Mouses com esfera

Esse é um dos primeiros tipos de *mouse* que foram projetados e disponibilizados para os usuários. A sua estutura interna pode ser vista na Figura 6.22. A principal característica desse tipo de *mouse* era a existência de uma esfera [1] que ficava localizada na parte inferior interna do *mouse*. Uma pequena parte dessa esfera entrava em contato com a superfície onde o *mouse* estava e, quando o usuário movia o *mouse*, a esfera girava e promovia a rotação dos sensores de movimento.

Dois pequenos eixos ortogonais [2] (rolamentos ou, ainda, roletes) ficavam em constante contato com a esfera. Um eixo tem a função de detectar o movimento na vertical, enquanto o outro fazia o mesmo na horizontal. Se o usuário movimentasse o *mouse* em um sentido diagonal, ambos os eixos trabalhavam simultaneamente. Em uma ponta de cada um desses rolamentos, havia uma espécie de disco com perfurações próximas à borda. Os discos ficavam posicionados entre um LED e um sensor de luz infravermelha [3]. Quando o usuário movimentava o *mouse*, a esfera girava, fazendo com que os eixos e seus respectivos discos rodassem e sua movimentação era detectada pelos sensores.

Além disso, podemos ver na Figura 6.22 as chaves [4,5] que eram acionadas quando os botões eram pressionados. Esse tipo de *mouse*, contudo, apresentava vários problemas, como o acúmulo de sujeita na esfera e nos roletes; e uma imprecisão muito grande, o que levou à sua substituição pelos *mouses* ópticos.

---

[12] Também chamado de rato, no português de Portugal.

Figura 6.22. **Estrutura Interna de um *Mouse* de Esfera.**

Mouses ópticos

Os *mouses* ópticos (Figura 6.23) recebem esse nome porque usam de um mecanismo óptico no lugar de uma esfera para calcular o deslocamento. As vantagem desse esquema são:

- não possui peças móveis, o que significa menos desgaste e menor chance de falha;
- não tem necessidade do uso de superfícies especiais para deslizar, como os *mouse pads*;
- maior resolução de rastreamento resultando em uma resposta mais estável;
- não ocorre entrada de poeira dentro do *mouse* e, portanto, sem interferência com os sensores de rastreamento.

Um dos tipos de sistema óptico dos *mouses* é composto, basicamente, por um LED emissor e um sensor de luz vermelha. Quando o *mouse* está em contato com uma superfície, a luz é emitida e refletida, isto é, "volta" para o *mouse*. Quando isso ocorre, o sensor age como se estivesse tirando uma fotografia daquele ponto e consegue, com isso, descobrir a direção e a distância para onde o *mouse* está sendo movimentado.

Existe uma variação de *mouses* ópticos que utiliza um emissor de raio *laser* (inofensivo à saúde e invisível aos olhos humanos) em vez de LED. Esses *mouses* são conhecidos como *mouses* a *laser*, embora não deixem de ser ópticos, obviamente. A utilização de *laser* é mais vantajosa porque proporciona melhor precisão nos movimentos, oferece maior velocidade de resposta, permite o uso do *mouse* em determinadas superfícies em que *mouses* com LEDs comuns não funcionam bem (como vidros, por exemplo).

Há vários fatores que ajudam a definir a qualidade de um *mouse*, por exemplo, tamanho e tipo do sensor óptico, velocidade com que se pode movimentar o *mouse* (medida geralmente feita em polegadas por segundo) e resolução. A resolução indica o menor movimento que o *mouse* consegue detectar. Quanto maior a resolução do *mouse*, menor será a sua movimentação para fazer o cursor chegar a um determinado ponto da tela do computador.

Para identificar a resolução dos *mouses*, costuma-se utilizar uma medida chamada DPI (*dots per inch* – pontos por polegada) sendo os *mouses* geralmente fabricados entre 400 DPI e 1200 DPI, valor que pode ser muito maior em *mouses* desenvolvidos para jogadores ou para determinadas atividades de *design* gráfico profissional. Outros dispositivos que realizam funções similares ao *mouse* são os seguintes:

- *Touchpad*: O *touchpad* é comum em *notebooks* e em outros dispositivos portáteis. Trata-se de uma pequena superfície sensível ao toque, onde, ao passar o dedo, o cursor é movimentado de maneira

Figura 6.23. Interior de um *Mouse* Óptico.

correspondente na tela do computador. Os *touchpads* quase sempre têm associadas duas teclas que fazem as vezes dos botões esquerdo e direito dos *mouses*.

- Mesas digitalizadoras: são dispositivos com uma área plana que permitem ao usuário indicar posições absolutas da tela (e não relativas como o *mouse*) que são apontadas por uma caneta especial. Um mecanismo eletrônico captura o movimento da caneta e envia continuamente as posições ao computador, que são associadas ao posicionamento do cursor ou à geração de traços ou figuras. São dispositivos essenciais para os desenhistas profissionais, pois são capazes de seguir o movimento dos dedos e da mão imitando a produção de um desenho no papel.

Meios de conexão

Os estilos de conexão dos *mouses* e assemelhados aos computador são idênticos aos teclados, e podem ser:

- conexão PS2: em desuso;
- conexão USB: veja a Seção 5.3.4;
- conexão sem fio: rádio frequência ou Bluetooth – veja a Seção 5.4.4.

6.8.3 Impressoras

Impressoras são dispositivos essenciais para computadores: têm a função de registrar de forma perene o que é processado no computador, na forma de textos e formas gráficas, em diversas mídias, em particular o papel, mas incluindo plástico, tecido, metal e muitos outros. A variedade das impressoras é tanta, bem como os tipos de mídia e as formas de produzir a impressão, que fixamos a nossa análise nas impressoras de jato de tinta e nas impressoras a *laser*, com breve relato sobre algumas tecnologias antigas (como as impressoras matriciais) e umas poucas tecnologias pouco convencionais e mídias incomuns, usadas em situações específicas.

Impressoras matriciais

A impressora matricial usa uma ou mais agulhas que caminham horizontalmente, posicionadas sobre uma fita de tinta. As agulhas se abaixam e marcam o papel pressionando uma fita carbono colocada embaixo da cabeça de impressão. Uma vez que esta cabeça atinja o fim da linha, se move para pintar os pontos da próxima linha. Por questões de precisão, existe uma régua guia com riscos igualmente espaçados para indicar à cabeça o ponto exato do acionamento das agulhas. A Figura 6.24 mostra o esquema de funcionamento de uma impressora matricial com cabeça de impressão com elemento simples e duplo.

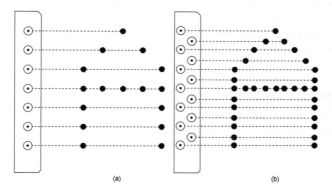

Figura 6.24. Impressora Matricial.

Como utilizam um esquema de impacto sobre uma fita com tinta, as impressoras matriciais não são boas para trabalhar com várias cores, já que, para cada cor, seria necessário ter uma fita exclusiva, razão pela qual se convencionou a utilizar apenas a cor preta. O modelo apresentado pode dar a impressão que uma impressora matricial só consiga desenhar letras. Na verdade, essas impressoras permitem também realizar gráficos relativamente sofisticados com uso da matriz de pontos da cabeça de impressão.

As impressoras matriciais estão em desuso, pois são barulhentas e produzem letras e transcrição de gráficos (mapa de bits) com baixa qualidade. Porém, como veremos, a impressão por jato de tinta e a impressão a *laser* também utilizam o modelo de pintura de pontos sobre uma matriz, embora o mecanismo de funcionamento da transferência de tinta seja bem diferente do mostrado aqui, especialmente porque a impressora tem memória e inteligência para realizar muitas funções de forma autônoma.

Impressora de jato de tinta

As impressoras a jato de tinta são, hoje, as mais utilizadas no ambiente doméstico, sendo também muito encontradas nos escritórios, já que são capazes de oferecer impressões de excelente qualidade e fidelidade de cores aliadas a um custo relativamente baixo. Diferentemente da impressora matricial, a impressão é feita por meio da emissão de centenas de gotículas de tinta (geralmente no tamanho de 3 picolitros) emitidas a partir de minúsculas aberturas existentes no que chamaremos de "cabeça de impressão". Este último componente é posicionado sobre um eixo que a permite se movimentar da esquerda para a direita, e vice-versa, muito rapidamente.

A impressora possui internamente uma memória de trabalho capaz de conter, pelo menos, um bit para cada ponto a desenhar no papel. Ela possui também um microprocessador interno que recebe textos e desenhos a imprimir em cada página, em um formato específico (como mostraremos adiante), e preenche nesta memória com os bits que indicarão as posições a pintar no papel em um código compreendido pelo chip dos cartuchos. Um programa interno que roda neste microprocessador executa um algoritmo que calcula o posicionamento certo para cada gota de tinta armazenada e sai pela cabeça de impressão. Para o processo de impressão em si, as impressoras a jato de tinta contam, basicamente, com três tecnologias:

- ***Bubble Jet***: nesta tecnologia, uma pequena quantidade de tinta é submetida a uma temperatura muito alta para formar pequenas bolhas. O aquecimento faz com que estas sofram pressão e sejam expelidas pelos orifícios da cabeça de impressão. É desta maneira que a tinta chega ao papel. Quando este processo é finalizado, o espaço deixado pela bolha é preenchido novamente por uma pequena quantidade de tinta e, então, todo o procedimento se repete. Esta tecnologia foi patenteada pela Canon e é utilizada pela HP e Lexmark.

- **Piezoelétrica**: aqui a cabeça de impressão utiliza um cristal piezoelétrico na saída de um minúsculo compartimento de tinta. Os cristais piezoelétricos geram uma pequena quantidade de energia quando recebem uma força física. O contrário também ocorre: se receber uma pequena quantidade de energia elétrica, o cristal se movimenta. Na cabeça de impressão, esta movimentação é utilizada e, quando o cristal volta ao seu lugar, uma pequena quantidade de tinta sai pela abertura existente ali. Este modelo é usado pela Epson.

- **Jato de Tinta Contínuo (*Continuous Inkjet* – CIJ)**: trata-se de uma variação um pouco mais sofisticada, utilizada para a impressão de embalagens de produtos, por exemplo. Neste tipo de equipamento, um fluxo contínuo de tinta passa por um cristal piezoelétrico que o divide em dezenas de milhares de pequenas gotas. Cada uma delas recebe carga elétrica e, por conta disso, acaba sendo atraída por painéis também eletricamente carregados que contêm o material a receber a impressão. As gotas que não são aproveitadas no processo – muitas vezes, a maioria delas – são "recicladas".

O esquema de impressão colorida mais usado nas impressoras utiliza a combinação de quatro cores de tinta: ciano (*Cyan*), magenta (*Magenta*), amarelo (*Yellow*) e preto (*Black*). Estas cores são adequadas porque sua combinação pode gerar praticamente qualquer outra cor perceptível aos olhos humanos. A impressão ocorre, portanto, como quatro passadas de pintura, o que torna a impressão mais lenta do que a impressão monocromática.

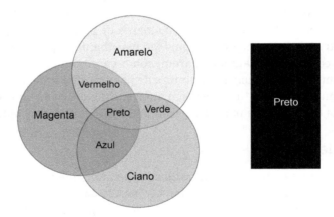

Figura 6.25. **Combinação de Cores Complementares na Impressão.**

Em termos de encapsulamento da tinta, é comum encontrar cartuchos com as quatro cores mencionadas. Também é comum encontrar impressoras que trabalham apenas com dois cartuchos, sendo um para a cor preta e outro contendo as três restantes: ciano, magenta e amarelo.

> Na verdade, a combinação dessas CMY seria capaz de gerar a cor preta, mas na prática, a cor preta gerada desta maneira se apresenta como "cinza-escuro". Assim, os fabricantes preferem utilizar um cartucho preto também para proporcionar melhor qualidade de impressão, sem contar que seria muito mais caro gerar saídas em preto e branco (relatórios textuais comuns, por exemplo), com o uso de três tintas.

Impressora a *laser*

As impressoras a *laser* são muito utilizadas no ambiente corporativo, já que oferecem impressões de excelente qualidade, são capazes de imprimir rapidamente, fazendo pouco barulho e possibilitam volumes altos de impressões associados a custos baixos. Sua tecnologia de impressão é semelhante à das fotocopiadoras.

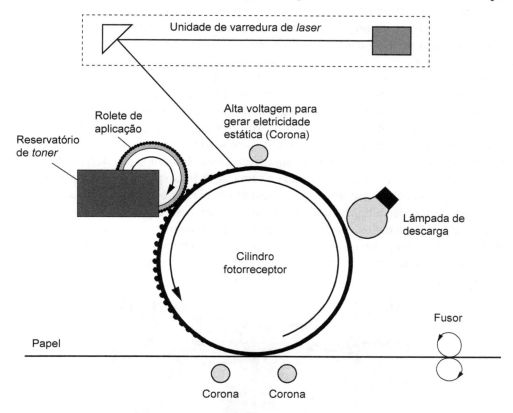

Figura 6.26. Esquema Básico de Impressão a *Laser*.

O coração da impressora *laser* é um cilindro revestido por um material que aceita cargas eletrostáticas. Um feixe de *laser* atinge o cilindro "desenhando" eletrostaticamente as regiões que serão depois pintadas no papel. O cilindro carregado, então recebe uma nuvem de um material em pó muito fino e pigmentado chamado *toner* carregado com uma carga elétrica oposta à do cilindro. O *toner*, como em um ímã, é atraído pelos pontos que formam a imagem a ser impressa.

No passo seguinte, a folha de papel que irá receber a impressão é previamente energizada com uma carga eletrostática oposta à do cilindro, mas muito mais forte (através do efeito elétrico conhecido como Corona). A folha é então colocada em contato com o cilindro recoberto com o pó de *toner* e, durante este contato, o *toner* do cilindro é atraído para o papel. Por fim, o papel passa por um mecanismo formado por dois cilindros aquecidos, denominado fusor (*fuser*). Estes cilindros, que são revestidos por um material não aderente ao *toner*, pressionam e transferem calor ao papel que derrete o *toner* fixado ao papel, e deste modo a impressão é concluída com a folha saindo quente da impressora.

Enquanto isso, uma lâmpada de descarga passará sobre as partes já transferidas do cilindro, o qual será totalmente descarregado, para que uma nova imagem possa ser processada. Como se pode perceber, o processo de funcionamento de uma impressora a *laser* é bem complexo em termos de funcionamento (e da física subjacente). Na realidade, tudo o que explicamos é uma grande simplificação. Em particular, a geração e o movimento do *laser* sobre o cilindro para depositar uma carga eletrostática é especialmente complicado em termos físicos, ópticos e eletrônicos, indo muito além do que estamos apresentando aqui.

Impressoras 3D

A impressão 3D é uma tecnologia que permite a construção de objetos tridimensionais diretamente a partir de um modelo digital. As primeiras impressoras 3D, na década de 1980, permitiam apenas produzir pequenos protótipos rápidos ou objetos com finalidade estética, mas a evolução dos equipamentos e das técnicas associadas tem permitido, hoje, a construção de produtos finais, como projetos de calçados, móveis, bijuterias, ferramentas, tripés, presentes e novidades e brinquedos. Atualmente, as impressoras 3D atingiram um preço que permite à maioria das pessoas realizarem impressões 3D caseiras. Em outra perspectiva, máquinas industriais de impressão 3D são usadas para produzir peças em série que servirão como partes de automóveis, aviões e até próteses (em particular, dentes) para uso humano.

Há uma quantidade enorme de sistemas de impressão 3D, com várias patentes associadas às técnicas utilizadas. Apesar disso, praticamente todos usam uma mesma ideia central: o objeto a ser construído é representado como uma pilha de finas camadas horizontais, cada uma delas adicionadas sobre a camada imediatamente inferior. As camadas são geralmente produzidas usando materiais como plástico, náilon, pó ou líquido polimerizável e, recentemente, até metal. Esses elementos são derretidos, depositados ou polimerizados de forma que são fundidos camada a camada, de baixo para cima, em sequência, até gerar o objeto completo, tudo controlado por um arquivo gerado por computador.

Um dado importante para a impressão é a resolução da impressora, que descreve a espessura de cada camada e a resolução X–Y em pontos por polegada (DPI) ou micrômetros (μm). A espessura típica da camada é de cerca de 100 μm (250 DPI), embora algumas máquinas possam imprimir camadas tão finas quanto 16 μm (1.600 DPI). A impressão pode levar de várias horas a vários dias, dependendo do tamanho e complexidade do modelo e das características de geração da impressora.

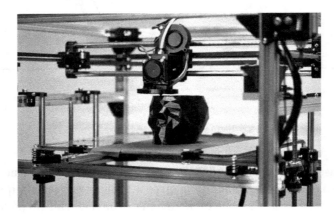

Figura 6.27. **Impressora 3D**.

A estrutura em camadas do processo de impressão leva inevitavelmente a um efeito de escada nas superfícies das peças que são curvas ou inclinadas com relação à plataforma de construção. Embora a presença destes artefatos seja suficiente para muitas aplicações, uma maior precisão pode ser alcançada imprimindo uma versão ligeiramente superdimensionada do objeto desejado em resolução padrão e, em seguida, remover o material usando um processo subtrativo de alta resolução (injeção de ar comprimido para remoção de resíduos, lixamento ou desbastamento químico). Mostraremos a seguir detalhes de algumas tecnologias de impressão 3D, que são as mais usadas e de fácil entendimento.

a) **FDM –** *Fusion Deposition Modeling*

A produção das peças é feita por meio de um processo de depósito, camada a camada, de um filamento termoplástico que é amolecido entre 170 e 240 °C por uma cabeça de extrusão que se movimenta para todos os pontos da camada que pertencem ao objeto, onde o filamento arrefece e se solidifica. As principais vantagens deste método são a rapidez de produção, grande variedade de materiais para

Capítulo 6. Armazenamento e periféricos

impressão, precisão ao produzir geometrias muito complexas (inclusive com furos internos) e custo baixo. É, hoje, a tecnologia de impressão 3D mais utilizada no mundo.

> Por razões de eficiência, o software de controle da cabeça busca depositar o filamento em áreas contínuas, para não interromper o fluxo de saída do plástico.

b) SLA – Estereolitografia

Este processo se baseia no princípio do endurecimento (cura) de um polímero líquido. Um reservatório é preenchido com um polímero fotocurável de acrilato líquido. Existe um mecanismo que pode levantar ou abaixar uma plataforma. Em sua posição mais alta, uma pequena camada do líquido é espalhada acima da plataforma. Então, um *laser* em movimento no plano x-y gera um raio ultravioleta que incide sobre uma área de superfície do fotopolímero. O feixe endurece a referida parte do fotopolímero e produz uma superfície sólida. Em seguida, a plataforma é abaixada, sendo o polímero curado coberto com outra camada de polímero líquido. O processo se repete até completar todas as camadas, e a peça esteja finalizada.

Finalmente, a plataforma e a estrutura de suporte são removidas e a peça passa por um ciclo final de cura em um forno. É um processo de custo elevado, mas existe uma gama de materiais diversificados. Peças de grande precisão podem ser feitas por este processo (por exemplo, próteses dentárias). As partes do líquido não polimerizado podem ser reaproveitadas.

c) DLP – *Digital Light Processing*

As impressoras 3D DLP tem um funcionamento similar às impressoras SLA, trabalhando com um tanque de resina (em vez de líquido fotopolimerizável) com uma base transparente e superfície antiaderente, que serve como substrato para a cura da resina líquida, permitindo o destacamento suave das camadas. Porém, no lugar do *laser*, é utilizada uma tela de projeção digital com luz ultravioleta para exibir uma única imagem de cada camada, e curar de uma só vez. Como o projetor é uma tela digital, a imagem de cada camada é composta de *pixels* quadrados, resultando em uma camada formada a partir de pequenos blocos retangulares (voxels).

> A resina é mais cara do que o líquido polimerizável usado em SLA.

Existem outras tecnologias de impressão 3D além das mencionadas, principalmente para uso industrial, sendo uma tecnologia que está constantemente sendo aperfeiçoada.

Meios de conexão

As impressoras, ao longo da história da computação, tiveram diversos padrões de interconexão paralelos, entre esses, podemos destacar o padrão Centronics (veja a Seção 5.2.1), mas que foram gradativamente sendo substituídos por padrões mais modernos.

Um dos tipos de conexão utilizados, hoje, é o padrão USB (veja a Seção 5.3.4), que oferece diversas vantagens, como uma velocidade maior de transmissão, conectores menores, possibilidade de identificação automática do tipo de periférico e baixo custo. Mas uma de suas limitações é não permitir o compartilhamento da impressora por mais de um computador.

Para superar essa limitação as impressoras passaram a utilizar padrões de comunicação mais sofisticados, como Ethernet (veja a Seção 5.4.2) e Wi-Fi (veja a Seção 5.4.3). Deste modo, é possível o seu uso compartilhado por diversos computadores em um mesma sala ou prédio e até mesmo remotamente, pela internet.

6.8.4 Vídeo

Introdução

Poucas áreas da informática tiveram uma evolução tão impressionante como o processamento de vídeo: geração, captura, armazenamento e exibição de imagens digitais, estáticas ou em movimento. Na base desta evolução está o surgimento da televisão, que estendeu os sentidos da visão e da audição pela possibilidade de transmitir imagens e sons em sincronia, a distância, a uma parcela imensa da sociedade.

As aplicações desta tecnologia são inúmeras, tanto no entretenimento, na educação, engenharia, ciência, indústria, segurança, defesa, artes visuais e muitas outras. Diversos desses padrões foram adotados na indústria da informática, sendo que, hoje, o mesmo *hardware* usado na TV pode, em muitos casos, ser utilizado como monitor de vídeo para computadores. Esta aproximação com a computação também teve efeitos na direção contrária: atualmente, quase todos os novos aparelhos de TV incorporam elementos típicos dos computadores, como sua capacidade de memorização, processamento e conectividade às redes de comunicação com fio e/ou sem fio, sendo conhecidos como *smart TVs*.

Neste texto mostraremos um resumo das principais características dessa complexa tecnologia, relacionadas com sua estrutura mais comum no tocante à geração da imagem, formas de conexão, utilização, padrões e limitações tecnológicas dos dias de hoje, com foco em seu uso associado à computação.

Pixels

O *pixel* é o menor elemento em um dispositivo de exibição (por exemplo, um monitor), ao qual é possível atribuir-se uma cor. De modo mais simples, um *pixel* é o menor ponto que forma uma imagem digital, sendo que um conjunto de *pixels* com várias cores formam a imagem inteira. Quase todos os monitores de hoje permitem que se configure quantos *pixels* são desenhados na largura e na altura da tela, o que implica que tanto o tamanho quanto o fator de forma dos monitores são configuráveis.

> A palavra *pixel* (plural "*pixels*") é um estrangeirismo proveniente do inglês (anglicismo). É aglutinação de *picture* e *element*, ou seja, elemento de imagem, sendo *pix* a abreviatura em inglês para *picture*.

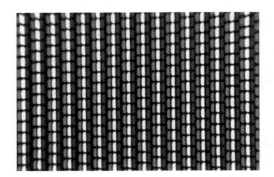

Figura 6.28. Pixels no Monitor LCD.

Nos computadores atuais, a cor de cada *pixel* da tela é especificada, quase sempre, por 3 *bytes* de uma área de memória, que pode estar na placa gráfica ou ser embutida dentro da placa-mãe do computador. Devemos notar que a quantidade de *pixels* quase nunca é a mesma nas dimensões horizontal e vertical. Alguns monitores podem inclusive ser configurados para diferentes fatores de forma, sendo os mais usuais os fatores de forma 4:3 e 16:9 (este último utilizado preferencialmente nas telas *widescreen*).

Capítulo 6. Armazenamento e periféricos

Resolução

A resolução determina quantos *pixels* uma tela tem no formato largura × altura. Quanto mais *pixels*, mais nítida é a aparência da imagem. Listamos a seguir algumas resoluções que são muito comuns, sendo encontradas em vários dispositivos comerciais.

- **800 × 600 e 1024 × 768**: No início do uso da computação gráfica de forma ampla (jogos, especialmente) e nas primeiras versões dos sistemas operacionais com interface gráfica, eram os valores mais comuns de resolução gráfica utilizados, conhecidos como resoluções VGA e XGA.

- **1280 × 720 (também chamada de 720p)**: Esta é a resolução mais baixa que pode ser chamada de HD (Alta Definição).

- **1920 × 1080 (também chamada de 1080p)**: Um monitor com resolução de 1080p tem uma resolução de tela de 1920 × 1080 *pixels*. A letra p (de 1080p) indica que desenho progressivo das linhas de vídeo, ou seja, as linhas pares e ímpares do vídeo são exibidas em sequência (sem entrelaçamento), com 60 quadros exibidos por segundo. Esta resolução é também conhecida como Full HD.

- **3840 × 2160**: Isto representa cerca de quatro vezes mais *pixels* na tela do que a resolução Full HD. Porém, nestas resoluções a atualização da tela exige a transmissão, armazenamento e processamento dos *pixels* que demandam técnicas e *hardware* muito especializado, além de velocidade de transmissão incompatível com grande parte das redes da atualidade. Esta resolução é referenciada como 4K.

- **7680 × 4320**: Esta é a quantidade de *pixels* mais alta produzida comercialmente nos dias de hoje, totalizando aproximadamente 33 milhões de *pixels*, ou seja, 4 vezes a mais do que a resolução 4K. Os problemas técnicos envolvidos são essencialmente os mesmos de 4K, com maior complexidade ainda. Esta resolução é referenciada como 8K.

Nos controladores de vídeo usados atualmente para gerar a imagem apresentada pelos *pixels* na tela, o modelo mais usado se baseia na existência de uma matriz de memória em que cada posição contém 24 bits, dos quais 8 são usados para representar o componente RGB vermelho, 8 para o verde e 8 para o azul. Não é incomum também que a matriz de memória seja fisicamente apresentada como 3 planos de memória de 8 bits, com cada plano sendo responsável por uma cor.

> Em algumas memórias de vídeo se utilizam 32 bits em cada posição, sendo 8 bits usados para uma técnica chamada de "canal alfa" (usada em computação gráfica para produzir transparências).

Quanto maior for a resolução, maior será a quantidade de memória necessária para armazenar a informação de cores, conforme podemos observar na Tabela 6.5.

Tabela 6.5. Quantidade de Memória em Função da Resolução

Resolução	*Pixels*	*Bytes* de Memória
640 × 480	307.200	921.600
800 × 600	480.000	1.440.000
1024 × 768	786.432	2.359.296
1920 × 1080	2.073.600	6.220.800
3840 × 2160	8.294.400	24.883.200
7680 × 4320	33.177.600	199.065.600

Geração de imagem na tecnologia LED

Os LEDs (*Light Emitting Diodes*) são a base tecnológica para os modernos aparelhos de televisão e monitores de computador, basicamente eles são capazes de emitir luz, em cores diferentes de acordo com o seu tipo, quando excitados por uma corrente elétrica. Mas a história dos LEDs é muito mais antiga do que se imagina.

Em meados da década de 1920, um jovem cientista russo, Oleg Vladimirovich Losev, observou a emissão de luz em diodos retificadores de cristal de óxido de zinco e carboneto de silício usados em receptores de rádio quando uma corrente passava por eles. Esse fenômeno foi descrito em um artigo intitulado *"Luminous carborundum detector and detection with crystals"*, publicado em 1927 pela revista Telegrafiya i Telefoniya bez Provodov (Telefonia e Telegrafia sem Fios) em Nizhniy Novgorod, na Rússia. Publicações importantes em revistas britânicas e alemãs logo se seguiram. Eles constituíram essencialmente a descoberta do que, hoje, conhecemos como LED.[13]

As primeiras telas de vídeo de alta resolução eram baseadas na colocação de uma tela de iluminação traseira criada com LEDs brancos (diodos emissores de luz) à frente da qual era colocada uma tela de cristal líquido (LCD), onde cada *pixel* é composto fisicamente por 3 ou 4 microdiodos, que filtravam, respectivamente, as cores RGB e opcionalmente um diodo para para deixar passar a cor branca – usado para melhorar o contraste de algumas imagens específicas. Na tecnologia OLED, a tela utiliza como fonte de iluminação diodos orgânicos e não cristais líquidos como ocorre com as telas LCD. O diodo orgânico é um material que dispensa outra fonte de luz externa para gerar cores. Por isso, o painel adicional de LED que existe nos outros tipos de aparelhos (inclusive o QLED) não é necessário, o que possibilita aos painéis OLED serem muito finos.

A tecnologia QLED se baseia em pontos quânticos. Eles são cristais em nanoescala feitos de seleneto de cádmio que absorvem a luz e a reemitem em uma onda diferente. Graças a essa tecnologia, as telas QLED oferecem uma imagem mais nítida, com brilho mais definido, níveis mais profundos de preto, além de cores mais puras e ricas. Basicamente, o tipo de iluminação é o que diferencia essas duas últimas tecnologias. As telas de pontos quânticos ainda contam com um sistema de transmissão de luz através de um fundo LED, este funciona em zonas, entretanto, o sistema OLED produz sua própria luz por meio de materiais orgânicos. Dessa forma, o conceito da primeira tecnologia é de uma iluminação "transmissiva" enquanto o da segunda é "emissiva".

Processadores gráficos

O processador gráfico (GPU – *Graphics Processing Unit*) tem como função realizar todas as operações de desenho e implementar as operações gráficas de alto nível com um desempenho que permita que operações gráficas muito complexas sejam executadas com a fluidez de um filme. A tela deve ser redesenhada de forma contínua e suave ao executar um *videogame* que move na tela 10.000 polígonos tridimensionais, que são aproximações de objetos no espaço, e simulando uma explosão com milhões de partículas que são espelhadas nestes polígonos cujas arestas devem ser suavizadas para dar uma impressão de objetos curvos. O programa de controle, que é executado no computador que hospeda a placa gráfica, fica focado em realizar os cálculos de mais alto nível, deixando toda renderização (ou seja, cálculo da imagem) entregue à GPU por meio de comandos específicos.

Figura 6.29. **Placa Gráfica.**

---

[13] Disponível em: https://doi.org/10.1038/nphoton.2007.34. Acesso em: 19 mar. 2024.

Capítulo 6. Armazenamento e periféricos

O processador gráfico tem como principais características a habilidade de realizar várias operações gráficas em paralelo, como renderizar os polígonos, aplicar texturas e efeitos sobre estas texturas, suavizar arestas e *pixels* e gerar imagens bidimensionais no monitor, de modo que simule a perspectiva tridimensional, tipicamente entre 15 e 30 quadros por segundo. Nem sempre os processadores gráficos são colocados em placas separadas da placa-mãe, mas como eles produzem enorme calor e possuem muitos detalhes de implementação, em especial o acesso rapidíssimo à memória, somente as implementações mais simples são integradas à placa-mãe.

Os processadores gráficos podem ser comprados em muitas configurações com enorme variação de desempenho. Os processadores mais baratos têm desempenho suficiente para os jogos caseiros tridimensionais em tempo real; já os mais eficientes são extremamente caros (até 10 ×), pois implementam vários canais de acesso a uma memória compartilhada enorme, possivelmente duplicada (*double buffer*), para que o processador libere uma imagem pronta para exibição uma memória, enquanto prepara a próxima imagem na outra memória.

Como estes processadores possuem o controle otimizado de uma quantidade enorme de memória, e têm funções específicas para manipulação rápida de certas operações matemáticas (como multiplicações matriciais), é frequente que sejam utilizados como base de processamento não gráfico com alto desempenho, por exemplo, no cálculo de mineradores de criptomoedas ou no cálculo paralelo usado na prospecção de campos petrolíferos, inteligência artificial, e muitos outros.

Concluindo, um conjunto de GPUs, em um arranjo arquitetônico de computação adequado, e associado a um sistema operacional com implementações e bibliotecas voltadas para programação paralela, pode implementar uma estrutura de processamento paralelo de poder comparável ao de um supercomputador, a uma fração do custo (veja a Seção 8.7).

Meios de conexão

São diversos os meios de interconexão dos terminais de vídeos com os computadores, atendendo às crescentes demandas por maior velocidade e largura de banda de transmissão. Mais detalhes podem ser vistos na Seção 5.3.7.

6.9 EXERCÍCIOS PROPOSTOS

1. Com relação às formas de iniciar um computador, responda:

    (a) Quais os passos para iniciar um computador com BIOS?
    Resposta:

        i. POST (*Power-On Self-Test*).
        ii. Identificação e Iniciação de Dispositivos.
        iii. Acesso ao MBR (*Master Boot Record*).
        iv. Carga do Gerenciador de Partida (*Bootloader*).
        v. Escolha do sistema operacional (caso haja múltiplos sistemas).
        vi. Carga do núcleo (*kernel*) e dos programas do sistema operacional.

    É importante notar que o processo de iniciar o computador pode variar de acordo com a configuração específica do *hardware* e do sistema operacional instalado.

    (b) Quais as diferenças da UEFI para a BIOS nos modernos computadores do tipo IBM/PC?

    (c) Qual a função da bateria (pilha) existente na placa-mãe dos computadores do tipo IBM/PC?
    Resposta: A bateria (pilha) existente na placa-mãe dos computadores do tipo IBM/PC tem a função de fornecer energia para manter as configurações da BIOS armazenadas na memória CMOS (*Complementary Metal-Oxide-Semiconductor*) quando o computador está desligado. Isso permite que as configurações da BIOS sejam mantidas e não precisem ser reconfiguradas a cada vez que o computador é ligado. Além disso,

a bateria também alimenta o relógio em tempo real (RTC – *Real-Time Clock*) da placa-mãe, que é responsável por manter a hora e a data corretas mesmo quando o computador está desligado.

2. Com relação à organização dos discos rígidos, responda:

(a) Onde está situado e qual o conteúdo do MBR?

Resposta: O MBR (*Master Boot Record*) está situado no primeiro setor (setor de *boot*) do disco rígido e contém informações essenciais para iniciar o sistema operacional. O conteúdo do MBR inclui:

- Código de partida: Um pequeno programa que é carregado na memória principal pelo BIOS (ou UEFI) e é responsável por iniciar o processo de carga do sistema operacional.
- Tabela de partição: O MBR contém uma tabela de partição que define as partições presentes no disco rígido. Essas entradas na tabela de partição indicam o início e o tamanho de cada partição.
- Assinatura de disco: O MBR também inclui uma assinatura de disco de 2 *bytes* usada para verificar a integridade do MBR.

(b) Qual o número máximo de partições do MBR e do GPT?

Resposta: O MBR permite a criação de até quatro partições primárias ou três partições primárias e uma partição estendida. A partição estendida pode ser subdividida em várias partições lógicas. Já o GPT (*GUID Partition Table*) suporta um número muito maior de partições, com a criação de até 128 partições primárias.

(c) Quais os requisitos de segurança e confiabilidade do GPT?

(d) Quais as facilidades adicionais que o GPT oferece para a identificação das partições?

Resposta: O GPT oferece várias facilidades adicionais para a identificação das partições:

- GUID (*Globally Unique Identifier*): Cada partição no GPT é identificada por um GUID exclusivo.
- Nomes de partição: O GPT permite atribuir nomes legíveis às partições.
- GUID do tipo de partição: Cada partição no GPT é identificada por um código único de tipo de partição que indica o sistema de arquivos utilizado na partição.

3. Com relação à organização dos discos rígidos, responda às seguintes perguntas:

(a) Compare e comente as diferenças nas formas de endereçamento de setores no disco, CHS e LBA.

(b) Considerando a seguinte tupla CHS (1, 11, 62), como ela será convertida para a numeração LBA, considerando que o disco tem 16 cabeças por cilindro e 63 setores por trilha? Note que cilindros e cabeças começam a numeração em 0, mas os setores em 1.

Resposta: Para converter a tupla CHS (1, 11, 62) para a numeração LBA (*Logical Block Address*), primeiro precisamos entender como a numeração CHS funciona:

- Cilindro (C): 1º valor da tupla CHS.
- Cabeça (H): 2º valor da tupla CHS.
- Setor (S): 3º valor da tupla CHS).

As fórmulas para converter a tupla CHS em LBA são as seguintes:

LBA = ((C × Número de Cabeças) + H) × Número de Setores por Trilha + (S − 1)

em que: Número de Cabeças é o total de cabeças no disco (16 no exemplo). Número de Setores por Trilha é o total de setores por trilha no disco (63 no exemplo).

Agora, vamos calcular a conversão:

LBA = ((1 × 16) + 11) × 63 + (62 − 1)

LBA = (16 + 11) × 63 + 61

LBA = 27 × 63 + 61

LBA = 1701 + 61

LBA = 1762

Portanto, a tupla CHS (1, 11, 62) será convertida para o LBA 1762.

Capítulo 6. Armazenamento e periféricos

(c) Enumere e descreva os principais fatores que afetam o desempenho de um disco.
Resposta: Os principais fatores que afetam o desempenho de um disco incluem:

- Velocidade de rotação (RPM): Quanto maior a velocidade de rotação do disco, mais rapidamente os dados podem ser acessados.
- Tempo de busca: É o tempo que o braço de leitura/gravação do disco leva para se posicionar sobre a trilha desejada.
- Latência rotacional: É o tempo que o disco leva para que o setor desejado alcance a posição de leitura/gravação sob a cabeça.
- Taxa de transferência: É a taxa na qual os dados podem ser lidos ou gravados no disco, que também é função da velocidade de rotação do disco.

Além disso, o tamanho e a eficiência do cache do disco podem afetar significativamente o desempenho, especialmente em operações de leitura. Também a fragmentação do disco, ou a dispersão dos setores que compõem os arquivos, pode causar um impacto negativo no desempenho, resultando em tempos de acesso mais longos.

4. Os dispositivos de estado sólido (SSD) cada vez mais se oferecem como alternativa econômica e de desempenho para o armazenamento persistente nos computadores. Com relação a isso, responda:

(a) Qual o componente principal do dispositivo de estado sólido?
Resposta: O componente principal do dispositivo de estado sólido (SSD) é a memória Flash, que é um tipo de memória não volátil que retém os dados mesmo quando a energia é desligada.

(b) Quais os elementos básicos do dispositivo de estado sólido?
Resposta: Os elementos básicos do dispositivo de estado sólido incluem:

- Controlador: Responsável por gerenciar as operações de leitura, gravação e gerenciamento de dados no SSD e seu *firmware* correspondente.
- Memória Flash NAND: Armazena os dados de forma permanente e é responsável pela velocidade de leitura e gravação do SSD.
- Interface: Permite a conexão do SSD ao computador e determina a velocidade de transferência de dados.
- Memória volátil RAM: Funciona como uma cache de dados para agilizar as operações de leitura e escrita.

(c) Quais os formatos e padrões de interconexão mais comuns dos SSDs?
Resposta: Os formatos e padrões de interconexão de SSD mais comuns no mercado atualmente incluem: SATA de 2,5 polegadas; mSATA; e o formato M.2, que pode incluir as interfaces do padrão SATA ou PCIe.

- SATA (Serial ATA): Utilizado em SSDs para computadores *desktops* e *laptops*.
- PCIe (*Peripheral Component Interconnect Express*): Utilizado em SSDs de alto desempenho, permitindo taxas de transferência mais rápidas.

(d) Quais as suas vantagens e desvantagens com relação ao disco rígido?

(e) Quais as operações de manutenção realizadas periodicamente nos SSDs?
Resposta: TRIM: Uma operação de manutenção que permite que o sistema operacional informe ao SSD quais blocos de dados não estão mais em uso, fazendo com que o SSD libere esses blocos para futuras gravações, melhorando o desempenho geral.

5. Enumere outros dispositivos de armazenamento legados utilizados como memória secundária do computador.
Resposta: Alguns que podemos elencar são:

- Disquetes: Foram amplamente utilizados para armazenar dados e transferir arquivos em computadores mais antigos.
- CD-ROMs e DVDs: Usados para armazenar e distribuir dados, arquivos e *software*.
- Fitas Magnéticas: Utilizadas principalmente em sistemas de *backup* e armazenamento de grandes volumes de dados em mainframes e minicomputadores.

- Unidades Zip e Jaz: Dispositivos de armazenamento removíveis populares no passado, oferecendo maior capacidade do que disquetes.

- Cassetes de Áudio: Embora mais conhecidos por serem usados como mídia de áudio, as cassetes também foram utilizadas como meio de armazenamento de dados em computadores domésticos mais antigos.

6. Os discos podem ser organizados em arranjos (RAIDs) com a finalidade de aumentar o desempenho e a confiabilidade. Com relação a isso, responda:

   (a) Descreva brevemente os seus principais tipos.

   (b) Quais as diferenças entre RAID 10 e RAID 01? Qual deve ser utilizado preferencialmente? Por quê?

   (c) Quais as diferenças entre RAID 5 e RAID 6?
   Resposta: O RAID 5 utiliza uma unidade de paridade para fornecer tolerância a falhas, enquanto o RAID 6 utiliza duas unidades de paridade (dupla paridade). O RAID 6 pode suportar a falha de até dois discos simultaneamente, enquanto o RAID 5 suporta a falha de apenas um disco. Então, o RAID 6 é mais seguro e oferece maior proteção contra perda de dados em caso de falhas adicionais durante a reconstrução. Em termos de velocidade de leitura ambos são relativamente próximos ($(N-1)\cdot X$ e $(N-2)\cdot X$, respectivamente. Mas a velocidade de escrita é bastante prejudicada em ambos os casos pelo cálculo da paridade ($(N\cdot X)/4$ e $(N\cdot X)/6$.

   (d) Qual a capacidade efetiva de armazenamento de um sistema RAID 10 elaborado com 4 discos de 1 TB?
   Resposta: No RAID 10, a capacidade efetiva de armazenamento é igual à capacidade total dos discos dividida pela quantidade de discos utilizados. No caso de 4 discos de 1 TB, a capacidade total é 4 TB. Como os dados são espelhados, a capacidade efetiva é de 2 TB.

   (e) Qual o desempenho de leitura e escrita teórico do RAID 10 quando comparado com um disco convencional?
   Resposta: O RAID 10 tem um desempenho teórico de leitura e escrita muito maior em comparação com um disco convencional. O espelhamento também melhora o desempenho de leitura, pois os dados podem ser lidos a partir de qualquer um dos discos espelhados. O desempenho de leitura costuma ser diretamente proporcional ao total de discos do arranjo ($N\cdot X$) e o desempenho de escrita, a metade ($N\cdot X/2$), por conta do espelhamento.

   (f) Qual o número mínimo de discos em um sistema de armazenamento com RAID 6? Quantos discos podem falhar sem que haja perda de informação?
   Resposta: Um sistema RAID 6 requer, no mínimo, 4 discos. Dois discos são utilizados para armazenar informações de paridade dupla, enquanto os outros discos armazenam os dados. O RAID 6 pode tolerar a falha de até dois discos simultaneamente sem perda de informações.

7. Os sistemas de armazenamento apresentam formas alternativas de acesso e interconexão à memória secundária do computador. Com relação a isso, responda:

   (a) Quais são as principais tecnologias de interconexão utilizadas no DAS?
   Resposta: As principais tecnologias de interconexão são SATA, eSATA, NVMe (PICe), SCSI, SAS, USB ou IEEE 1394 (*Firewire*).

   (b) Quais são as principais tecnologias associadas ao NAS?
   Resposta: A tecnologia de rede mais comum usada para conectar dispositivos NAS é a Ethernet, permitindo que os dados sejam acessados por vários dispositivos através da rede. O NAS também faz uso de protocolos baseados em arquivos, como: *Network File System* (NFS), que é bastante utilizado em ambientes do tipo Unix; *Server Message Block* (SMB), um protocolo desenvolvido pela IBM, que é também incorretamente chamado de CIFS, sendo muito utilizado em sistemas operacionais da Microsoft; *Apple Filing Protocol* (AFP) utilizado pelos computadores da Apple; TrueNAS, baseado no sistema de arquivos ZFS; ou *Andrew File System* (AFS), um protocolo para um sistema de arquivos distribuído desenvolvido pela Universidade de Carnegie Mellon.

   (c) Quais são as principais tecnologias de interconexão utilizadas em uma SAN?

   (d) Compare as vantagens e desvantagens dos sistemas DAS com SAN ou NAS.
   Resposta:

   - Vantagens do DAS: Simplicidade de instalação e configuração, baixo custo inicial e alta taxa de transferência quando conectado diretamente a um dispositivo.

Capítulo 6. Armazenamento e periféricos **287**

- Desvantagens do DAS: Não pode ser compartilhado entre vários dispositivos simultaneamente, requer conexão física direta e escalabilidade limitada.

(e) Compare as vantagens e desvantagens dos sistemas NAS com SAN ou DAS.
Resposta:

- Vantagens do NAS: Facilidade de compartilhamento de dados em uma rede, acesso a dados de vários dispositivos através da rede, maior flexibilidade e escalabilidade.
- Desvantagens do NAS: Velocidade de transferência limitada pela velocidade da rede, pode apresentar latência em grandes volumes de dados.

(f) Compare as vantagens e desvantagens dos sistemas SAN com DAS ou NAS?
Resposta:

- Vantagens do SAN: Alta velocidade de transferência de dados, escalabilidade para grandes volumes de armazenamento, recursos avançados de gerenciamento e tolerância a falhas.
- Desvantagens do SAN: Maior complexidade de implantação e configuração, custo mais elevado em função da infraestrutura especializada.

8. O armazenamento em nuvem é uma forma de armazenamento dos dados de um computador no qual os dados são armazenados e oferecidos como serviço "na nuvem". Com relação a isso, responda:

(a) Quais as formas de acesso aos serviços de armazenamento em nuvem?
Resposta: Os serviços de armazenamento em nuvem podem ser acessados de diversas maneiras, seja por meio de um serviço de computação em nuvem; uma interface de programação de aplicativo (API) de serviço da *web* ou por meio de aplicativos que usam a API, como armazenamento de *desktop* em nuvem; um *gateway* de armazenamento em nuvem; ou sistemas de gerenciamento de conteúdo baseados na *web*. Muitos fornecedores oferecem serviços complementares para ajudar a coletar, gerenciar, proteger e analisar dados em grande escala (*big data*).

(b) Quais os principais requisitos que devem ser avaliados ao se considerar o armazenamento de dados na nuvem?
Resposta: Os principais requisitos que devem ser avaliados ao considerar o armazenamento de dados na nuvem incluem:

- Durabilidade: os dados devem ser armazenados de modo redundante, de preferência em várias instalações e em múltiplos dispositivos de cada instalação. Desastres naturais, erro humano ou falhas mecânicas não devem resultar na perda de dados.
- Disponibilidade: todos os dados devem ser disponibilizados quando necessário, mas existe uma diferença entre dados e arquivos de produção. O armazenamento na nuvem ideal disponibilizará o equilíbrio certo entre os tempos de recuperação e o custo.
- Segurança: todos os dados são preferencialmente criptografados, tanto os inativos como os em trânsito. Permissões e controles de acesso devem funcionar na nuvem tão bem quanto no armazenamento local.

(c) Quais os tipos de armazenamento físico de dados na nuvem?

(d) Quais as vantagens e desvantagens do armazenamento em nuvem?

9. Os periféricos são componentes importantes do computador, por realizarem a interface com os humanos. Com relação aos teclados e *mouses*, responda:

(a) Quais os principais tipos e características dos mecanismos do teclado?

(b) Quais são os principais tipos e características dos *mouses*?

(c) Descreva brevemente quais os dispositivos que realizam funções similares ao *mouse*.
Resposta: Dispositivos que realizam funções similares ao *mouse* incluem:

- *Trackball*: Um *trackball* é um dispositivo de entrada que possui uma esfera giratória exposta no topo. O usuário gira a esfera com os dedos para mover o cursor na tela. É uma alternativa ao *mouse* convencional e pode ser útil para pessoas com mobilidade limitada.
- *Touchpad*: O *touchpad* é comumente encontrado em *laptops* e *notebooks*. É uma superfície sensível ao toque que permite aos usuários controlar o cursor movendo os dedos sobre o *touchpad*.

- Mesas digitalizadoras: são dispositivos com uma área plana que permitem ao usuário indicar posições absolutas da tela (e não relativas como o mouse) que são apontadas por uma caneta especial. Um mecanismo eletrônico captura o movimento da caneta e envia continuamente as posições ao computador, que são associadas ao posicionamento do cursor ou à geração de traços ou figuras. São dispositivos essenciais para os desenhistas profissionais, pois são capazes de seguir o movimento dos dedos e da mão imitando a produção de um desenho no papel.

(d) Quais os principais formas de interconexão dos teclados e *mouses*?

Resposta: Atualmente, as principais formas de interconexão dos teclados e *mouses* são:

- USB (*Universal Serial Bus*): A conexão USB é a mais comum e permite que tanto teclados quanto *mouses* sejam conectados a uma porta USB do computador. A maioria dos computadores modernos possui várias portas USB para conectar esses dispositivos.
- Conexão sem fio: Tanto teclados quanto mouses também podem ser conectados sem fio ao computador por meio de tecnologias como Bluetooth ou radiofrequência. Isso proporciona maior mobilidade e reduz a necessidade de cabos.

10. Os periféricos são componentes importantes do computador, por realizarem a interface com os humanos. Com relação às impressoras, responda:

(a) Qual a dificuldade para as impressoras matriciais trabalharem com diversas cores?

Resposta: A dificuldade para as impressoras matriciais trabalharem com diversas cores está relacionada com seu método de impressão. As impressoras matriciais utilizam uma matriz de pequenos pinos para pressionar uma fita de tinta contra o papel, formando os caracteres e imagens. Essas impressoras são projetadas principalmente para imprimir em preto e branco ou, no máximo, em uma única cor, porque a matriz de pinos não permite a criação de diferentes cores em um único passo de impressão. Para imprimir em cores, seria necessário utilizar várias fitas de tinta coloridas e realizar várias passagens de impressão, o que tornaria o processo extremamente lento e pouco prático.

(b) Quais são as principais tecnologias utilizadas na impressora de jato de tinta?

Resposta: Existem três tecnologias principais de impressão jato de tinta:

- *Bubble Jet*: A tinta é aquecida a uma alta temperatura, formando bolhas que são expelidas pelos orifícios da cabeça de impressão para atingir o papel. Após a expulsão, o espaço vazio é preenchido novamente com tinta.
- Piezoelétrica: A cabeça de impressão contém um cristal piezoelétrico que se move quando recebe uma pequena quantidade de energia elétrica. O movimento do cristal força a saída de uma pequena quantidade de tinta pela abertura da cabeça de impressão.
- Jato de Tinta Contínuo (CIJ – *Continuous Inkjet*): Utilizado em impressoras mais sofisticadas, esse método divide um fluxo contínuo de tinta em milhares de pequenas gotas usando um cristal piezoelétrico. Cada gota é eletricamente carregada e direcionada para o material a ser impresso. As gotas não utilizadas são recicladas.

(c) Quais as vantagens e aplicações das impressoras a *laser*?

(d) Quais os principais formas de interconexão das impressoras?

Resposta: Atualmente, as impressoras podem ser interconectadas com o computador por meio de diferentes formas de conexão, como:

- USB (*Universal Serial Bus*): A conexão USB é amplamente utilizada e permite uma rápida transferência de dados entre o computador e a impressora.
- Ethernet: Muitas impressoras possuem uma interface Ethernet que permite conectá-las diretamente à rede local, tornando-as acessíveis para vários computadores em um ambiente compartilhado.
- Wi-Fi: Algumas impressoras possuem conectividade sem fio Wi-Fi, o que facilita a impressão a partir de dispositivos móveis e permite uma configuração mais flexível do ambiente de trabalho.

Capítulo 6. Armazenamento e periféricos

289

11. Os periféricos são componentes importantes do computador, por realizarem a interface com os humanos. Com relação à interface de vídeo, responda:

(a) Quantos bits são utilizados na matriz de memória para cada *pixel* do vídeo?
Resposta: A profundidade de cor refere-se ao número de bits usados para representar cada *pixel*. As profundidades de cor mais comuns são 8 bits (256 cores), 16 bits (65.536 cores) e 24 bits (16,7 milhões de cores).

(b) Quais as principais diferenças entre as tecnologias LED, QLED e OLED?

(c) Quais funções são realizadas pelo processador gráfico?
Resposta: O processador gráfico, também conhecido como GPU (*Graphics Processing Unit*), é responsável por executar diversas funções relacionadas com o processamento e renderização de gráficos e imagens em um computador. O processador gráfico tem como principais características a habilidade de realizar várias operações gráficas em paralelo, como renderizar os polígonos, aplicar texturas e efeitos sobre estas texturas, suavizar arestas e pixels e gerar imagens bidimensionais no monitor, de modo que simule a perspectiva tridimensional, tipicamente entre 15 e 30 quadros por segundo.

As GPUs modernas são altamente paralelas e podem executar cálculos matemáticos intensivos em paralelo, o que as torna úteis para acelerar tarefas de computação científica, aprendizado de máquina, inteligência artificial, simulação, análise de dados, pesquisa científica e mineração de criptomoedas.

7
Programação em linguagem de montagem

"Aquela árvore, por exemplo, tem duzentos e oitenta e quatro ramos. Sabendo-se que cada ramo tem, em média, trezentas e quarenta e sete folhas, é fácil concluir que aquela árvore tem um total de noventa e oito mil, quinhentas e quarenta e oito folhas! Estará certo, meu amigo?"

Malba Tahan, *O Homem que Calculava*

Cada processador possui uma linguagem de máquina específica, que é elaborada segundo os recursos disponíveis em sua arquitetura e também de acordo com as necessidades de sua aplicação. A linguagem de montagem é a linguagem de programação mais simples e que mais se aproxima da linguagem de máquina do processador. Assim, ao elaborarmos programas em linguagem de montagem, podemos ter uma compreensão mais clara do seu funcionamento, além de explorarmos ao máximo os recursos que sua arquitetura nos oferece.

Neste capítulo, apresentamos uma visão geral do processo de transformação de um programa em linguagem de alto nível até o programa executável em linguagem de máquina. Adicionalmente, diversos exemplos de programas em linguagem de montagem do processador didático Sapiens, todos muitos simples, tais como operações aritméticas com variáveis, testes e desvios, acesso a vetores, chamada de procedimento e uso da pilha, são apresentados para permitir ao estudante uma melhor compreensão do funcionamento básico de um processador.

7.1 DA LINGUAGEM DE ALTO NÍVEL À EXECUÇÃO REAL

Antes de estudarmos o conjunto de instruções do Sapiens com mais profundidade, vamos apresentar todo o processo de conversão da linguagem de alto nível, que é a linguagem normalmente utilizada pelos programadores, até a obtenção do programa equivalente em linguagem de máquina, ou seja, a linguagem entendida pelo computador.

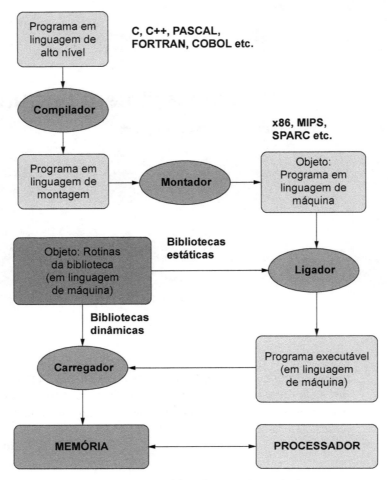

Figura 7.1. Do Código-fonte ao Executável.

O programa compilador realiza vários passos para converter um arquivo escrito em linguagem de alto nível para um arquivo em linguagem de máquina, antes que ele possa ser carregado na memória principal e executado pelo processador. Esse processo se dá em várias etapas, para que essa tradução possa ser mais eficiente e também para que o compilador e o conjunto de ferramentas associadas possam ser transportados com mais facilidade para um processador diferente.

O fluxo de tradução de um programa em linguagem de alto nível até um programa executável é ilustrado na Figura 7.1. Nele, o **compilador**, que é específico para cada linguagem de alto nível, faz a tradução para a linguagem de montagem específica do processador utilizado no computador. Mas a linguagem de montagem (*assembly language*) é apenas uma forma intermediária de representação em baixo nível do programa, que ainda pode ser lida, compreendida e modificada pelo programador.

No passo seguinte, o programa é traduzido para a linguagem de máquina pelo **montador** (*assembler*). Normalmente, para cada tipo de arquitetura/sistema operacional, existe apenas um programa montador que realiza essa tradução para todos os compiladores de alto nível instalados no computador. O arquivo resultante está em linguagem de máquina, em formato binário, compreensível pelo processador, sendo chamado agora de programa objeto.

Contudo, esse programa objeto ainda não está pronto para ser executado. Falta ainda adicionar um conjunto de rotinas predefinidas nas bibliotecas da linguagem de alto nível, por exemplo, o *printf* na linguagem "C". Como esse conjunto de rotinas é muito extenso, e a inclusão de todas as rotinas tornaria

Capítulo 7. Programação em linguagem de montagem **293**

o tamanho final do programa executável demasiadamente grande, elas só são incorporadas ao código do programa executável quando houver alguma referência explícita a alguma dessas bibliotecas.

Essa incorporação pode ocorrer ainda de duas formas: utilizando-se bibliotecas estáticas ou dinâmicas. No caso das bibliotecas estáticas, as rotinas são incorporadas definitivamente ao código executável pelo programa **ligador** (*linker*), que por essa razão passa a ter um tamanho maior que o programa objeto. Se todos os programas executáveis utilizarem essa estratégia, pode haver em algum momento diversos programas carregados na memória do computador com as mesmas rotinas repetidas, resultando em um gasto adicional e desnecessário de memória.

Para evitar que isso aconteça, é possível a utilização das bibliotecas dinâmicas, onde o código das rotinas é carregado apenas uma vez na memória e compartilhado por todos os outros programas que possam necessitar delas. Mas essa verificação é feita pelo **carregador** (*loader*) no momento que o programa executável é carregado na memória para execução pelo processador. Note que o processador só consegue executar programas em linguagem de máquina que estejam carregados na memória e com todas as rotinas da bibliotecas incorporadas de forma estática ou dinâmica ao código executável.

Uma instrução em alto nível pode corresponder a uma ou várias instruções em linguagem de montagem, contudo, uma instrução em linguagem de montagem corresponde, normalmente, a apenas uma instrução em linguagem de máquina. Cada arquitetura de processador define um formato específico para suas instruções em linguagem de máquina. Isto implica que, para diferentes tipos de arquitetura de processador, teremos diferentes instruções em linguagem de montagem e de máquina.

No Exemplo 7.1 apresentamos um programa em linguagem de alto nível ("C"), que faz a comparação (óbvia) do resultado de uma soma de duas variáveis. O respectivo código em linguagem de montagem para o processador Sapiens pode ser visto no Exemplo 7.2. Ao longo das demais seções deste capítulo apresentaremos exemplos de trechos em linguagem de montagem para as estruturas mais comuns em linguagem de alto nível, para uma melhor compreensão do funcionamento das instruções do processador Sapiens.

Exemplo 7.1. **Exemplo de Programa em Alto Nível**

```c
#include <stdio.h>
#include <stdlib.h>
int main ()
{
signed char a=3,b=4,c;
        c=a+b;
        if (c==7)
        printf ("A soma deu certo! \n");
        else
            printf ("A soma deu errado! \n");
        exit(0);
}
```

Exemplo 7.2. **Exemplo de Programa em Linguagem de Montagem**

```
          ORG        100      ; Carrega as variáveis a partir
                              ; do endereço 100 de memória
CERTO:    STR                 "A soma deu certo!"
          DB         0Ah
          DB         00h
ERRADO:   STR                 "A soma deu errado!"
          DB         0Ah
          DB         00h
IMPRIME   EQU        4
```

```
A:        DB        3
B:        DB        4
C:        DS        1

          ORG       0        ; Carrega as instruções a  partir
                             ; do endereço 0 de memória
INICIO:
          LDA       A        ; ACC = A
          ADD       B        ; ACC = A + B
          STA       C        ; C = A + B
          SUB       #7       ; ACC = ACC - 7
          JNZ ELSE           ; SE ACC <> 0 GOTO ELSE
THEN:
          LDA       #IMPRIME; ACC = 4 (IMPRIME UMA LINHA)
          TRAP      CERTO    ; IMPRIME A CADEIA CERTO
          JMP       FIM      ; TERMINA
ELSE:
          LDA       #IMPRIME; ACC = 4 (IMPRIME UMA LINHA)
          TRAP      ERRADO   ; IMPRIME A CADEIA ERRADO
FIM:
          HLT
          END       INICIO   ; Define o endereço inicial de execução
```

Nesse exemplo, podemos observar que, além das instruções em linguagem de montagem geradas, foram utilizadas uma série de diretivas (pseudo-instruções) para o montador e também alguns rótulos. Os rótulos são uma representação simbólica para os endereços de memória, ou seja, ao invés de utilizarmos valores numéricos, são utilizados nomes e o montador fica responsável por calcular o endereço de memória real. As diretivas são comandos que orientam o montador sobre algumas opções do programa, como a posição inicial de memória em que as instruções e dados serão carregados, e servem também para definir onde cada variável será armazenada e quanto espaço está reservado para cada uma delas. As diretivas são mostradas com mais detalhes na Seção 7.2.

O trecho de código apresentado pode ser executado no simulador SimuS (SILVA, G. P.; BORGES, J. A. S., 2016), que realiza a tradução do programa em linguagem de montagem para a de máquina, carrega o código executável na memória do simulador e ainda emula a execução desse código pelo processador Sapiens. O simulador, assim como a documentação adicional sobre seu uso, está disponível no seguinte endereço da Internet:

https://github.com/Simulador-SimuS/

As operações de entrada e saída para dispositivos virtuais, que são definidos no simulador, são também emuladas pelo SimuS com a ajuda do sistema operacional. Maiores detalhes sobre a forma de realizar operações de entrada e saída podem ser vistas na Seção 7.8.

7.2 LINGUAGEM DE MONTAGEM DO SAPIENS

7.2.1 Introdução

Vimos que o processador entende apenas a linguagem de máquina, que está em formato binário, inacessível para o ser humano, composta com códigos formados pelos bits '0' e '1'. Cada tipo de processador utiliza um conjunto próprio de códigos para as suas instruções, chamado de conjunto de instruções, que são diferentes

Capítulo 7. Programação em linguagem de montagem **295**

dos demais processadores. Em outras palavras, se escrevermos um programa em linguagem de máquina para um processador do tipo X, ele provavelmente não vai ser compatível com outro processador do tipo Y.

A programação neste tipo de linguagem é muito difícil, para não dizer inviável. Para superar essa barreira, faz-se uso de uma linguagem de programação textual, chamada de linguagem de montagem, onde mnemônicos, palavras abreviadas de fácil memorização, são associados a cada uma das instruções do processador. Em outras palavras, no lugar de escrever '00110000' para a indicar uma operação de soma, escrevemos algo bem mais simples como **ADD**. As posições de memória também podem ser associadas a nomes, em vez de endereços binários. Vejamos no exemplo a seguir um pequeno trecho em linguagem de montagem do processador Sapiens (veja a Seção 7.2).

```
        ORG     0
X:      DB      5       ; X = 5
INICIO:
        LDA     X       ; ACC = X
        ADD     #1      ; ACC = ACC + 1
        STA     X       ; X = ACC
        HLT
        END     INICIO
```

As instruções vão sendo executadas linha após linha. Vejamos a seguir:

- a pseudo-instrução **DB** faz com que o montador carregue o valor inicial 5 na memória, no endereço correspondente à variável X, que tem um byte de comprimento;

- na primeira linha deste programa, a instrução **LDA** (*load accumulator*) carrega no acumulador o conteúdo armazenado na posição de memória correspondente à variável X;

- depois disso, a instrução **ADD** soma o conteúdo do acumulador com o operando imediato 1, guardando o resultado no acumulador. Note que o acumulador é um operando IMPLÍCITO desta instrução, ou seja, não há nenhuma referência explícita ao acumulador no mnemônico da instrução;

- finalmente a instrução **STA** (*store accumulator*) armazena o conteúdo do acumulador na posição de memória correspondente à variável X. Novamente, o acumulador é um operando implícito;

- ao encontrar a instrução **HLT** (*halt*) o processador termina a execução do programa.

No exemplo acima, definimos que, quando o programa for carregado na memória, a posição de memória correspondente à variável X receberá o valor inicial 5. A variável é então incrementada de 1 e, ao final da execução deste programa, a variável X terá o valor 6. Note que se encontrarmos um rótulo, ou seja, uma palavra seguida por dois pontos antes de uma instrução, queremos dizer que sua posição na memória, que é um endereço binário, poderá ser referenciada por este rótulo. O programa mostrado acima poderia ser facilmente descrito na linguagem de programação de alto nível como:

```
int main()
{
signed char X = 5;
        X = X + 1;
}
```

O compilador faz a leitura desse pequeno programa, traduzindo-o primeiramente para a linguagem de montagem, como visto anteriormente, e depois para a linguagem de máquina desejada. Vejamos a seguir mais detalhes sobre a linguagem de montagem do processador Sapiens.

7.2.2 Aspectos gerais

A linguagem de montagem (*assembly language*) para o processador Sapiens foi definida obedecendo às regras usualmente encontradas nos sistemas comerciais, sendo compatível com as versões anteriores deste simulador (BORGES, J. A. S.; SILVA, G. P., 2006). Os dados são organizados na memória com a ordenação *little-endian* (veja a Seção 3.3.4) e os valores inteiros são representados no formato de complemento a dois (veja a Seção 1.5.5). A maioria dos mnemônicos e comandos utilizados possui sintaxe simplificada e de fácil utilização.

a) **Formato geral das linhas:**

Uma linha pode conter alguns dos seguintes elementos: um rótulo, uma instrução ou uma diretiva para o montador (pseudo-instrução), um operando e comentários, que podem opcionais. São permitidas linhas vazias.

b) **Comentários no programa:**

Os comentários são começados por ponto e vírgula, e podem também ocorrer no final das linhas com instruções ou pseudo-instruções.

```
; Um comentário
        ;; Outro comentário
```

c) **Rótulos:**

Um rótulo é um nome atribuído à próxima posição de memória. Os rótulos são construídos segundo as regras a seguir:

- usam caracteres alfabéticas, números, o caractere _, mas não espaços;
- a primeira letra não pode ser numérica;
- não existe distinção entre maiúsculas e minúsculas (ou seja, 'a' é o mesmo que 'A');
- o rótulo pode ser acrescido de um "+" e um valor decimal, para referenciar o segundo *byte* de uma variável de 16 bits ou um elemento de um vetor;
- o rótulo, quando for declarado, deve ser seguido por dois pontos. A única exceção é rótulo utilizado para definir uma constante na pseudo-instrução **EQU**.

Exemplos de uso de rótulos válidos são:

```
ROTULO:
rotulo:
Rotulo:
VAR16:
ROTULO123:
ROTULO_123:
JMP ROTULO
ADD VAR16+1
```

d) **Pseudo-instruções:**

As pseudo-instruções ou diretivas são orientações que o programador passa para o montador, com o intuito de organizar e posicionar o código e as variáveis na memória do simulador.

Capítulo 7. Programação em linguagem de montagem

- **ORG ender**: ORG (*origin*) indica ao montador que a próxima instrução ou dados serão colocados na posição *ender* de memória. Por exemplo:

```
ORG 0
...
Instrucoes
...
ORG 100
...
Dados
...
END 0
```

- **var EQU imed**: EQU (*equate*) atribui um nome (rótulo) a um determinado valor. Entre os muitos usos possíveis, esse comando pode ser usado para especificar variáveis que são posicionadas em um endereço específico de memória. Pode ser utilizado também para definir constantes, por exemplo:

```
INC    EQU    2
MAX    EQU    99
MIN    EQU    1000
```

- **END ender**: END indica que o programa fonte acabou. O operando *ender* é usado para pré-carregar o apontador de instruções (**PC**) com o endereço inicial do programa, ou seja, quando o programa é carregado na memória para execução, esse valor indica o endereço inicial de execução.

- **DS imed**: DS (*define storage*) reserva uma quantidade de *bytes* na memória definida pelo operando *imed*, sem atribuir nenhum valor inicial a essas posições.

```
A:      DS 1
VETOR:  DS 10
```

- **DB imed**: DB (*define byte*) carrega o *byte* correspondente de memória com o valor de 8 bits definido pelo operando *imed*. Podem ser declarados valores separados por vírgula para definir valores iniciais para posições sucessivas na memória.

```
A:      DB 20
VETOR:  DB 1, 2, 3, 4, 5, 6, 7, 8, 9
```

- **DW imed16**: DW (*define word*) carrega os dois *bytes* correspondentes de memória com o valor de 16 bits definido pelo operando *imed16*. Podem ser declarados valores separados por vírgula para definir valores iniciais para posições sucessivas na memória.

```
A:        DW 3200
PONT:     DW 1000
VETOR:    DW 1000, 1001, 1002, 1003, 1004, 1005
PONTEIRO: DW VETOR
```

- **STR "cadeia"**: **STR** (*string*) carrega na posição de memória e nas seguintes o(s) valor(es) do código ASCII correspondente aos caracteres da cadeia entre aspas. Para demarcar o final de uma cadeia, o caractere *NULL* deve ser adicionado manualmente com o comando DB 00.

```
MSG:    STR        "Mensagem de aviso"
        DB   00
NOVA:   STR        "Outra mensagem"
        DB   00
```

7.2.3   Representação de números

Os números positivos devem ser representados sem uso do sinal +. Por exemplo, o número decimal **48** teria as seguintes representações possíveis:

- Decimal: **48**

- Hexadecimal: **30h**

- Binário: **00110000b**

  Obs: Números hexadecimais não podem ser iniciados por uma letra, neste caso devem ser precedidos por um zero, por exemplo, **0F3h**.

Os números negativos decimais são aceitos pelo montador, devendo ser precedidos de um sinal negativo e são representados em complemento a 2. Se estiver utilizando a diretiva DB são aceitos números entre 127 e –128. Caso a diretiva utilizada seja DW, os valores admitidos estão entre 32.767 e –32.768. Note que o bit mais significativo é utilizado para o sinal caso o número seja negativo, sendo que os números negativos devem ser tratados com especial atenção pelo programador ao realizar operações aritméticas. O número decimal **–48** teria as seguintes representações possíveis:

- Decimal: **–48**

- Hexadecimal: **0D0h**

- Binário: **11010000b**

A seguir apresentamos uma série de situações de programação bem simples. Inicialmente, os trechos de programa são descritos em uma linguagem de programação "C" de alto nível, que acreditamos ser de fácil entendimento, e em seguida traduzidos para a linguagem de montagem do Sapiens.

7.3 ATRIBUIÇÕES DE VARIÁVEIS

As atribuições consistem em armazenar um determinado valor em uma variável. Este valor pode ser uma constante ou outra variável. O processador Sapiens, como foi explicado anteriormente, realiza suas operações por meio de um mecanismo de *hardware* com uma implementação muito simples: faz uso de um acumulador, que é um registrador capaz de armazenar uma das parcelas das operações aritméticas, sendo que a outra parcela da operação é buscada direto na memória ou é um operando imediato, embutido na própria instrução. Para carregar o acumulador com um determinado valor temos duas opções:

1. Buscar este valor de uma posição de memória usando a instrução **LDA** (*load from address*) com o modo de endereçamento direto ou indireto. No caso, o endereço do operando está especificado nos dois *bytes* imediatamente após o código da instrução.

Capítulo 7. Programação em linguagem de montagem **299**

2. Carregar um valor imediato com o uso da instrução **LDA** (*load from address*) com o modo de endereçamento imediato, no qual o valor está armazenado no *byte* imediatamente após o código da instrução.

Mostremos a seguir alguns casos.

7.3.1 Atribuição de uma constante

O valor de uma constante é atribuído a uma variável:

A = 10;

Em uma primeira solução, vista no Exemplo 7.3, criamos uma variável em memória (chamada DEZ) com o valor inicial igual a 10 definido pelo montador. Ao executar esse programa, o conteúdo desta posição de memória é carregado no acumulador, e depois esse valor é transferido para a posição de memória correspondente à variável A.

Exemplo 7.3. **Exemplo de Atribuição de Constante**

```
          ORG  0
DEZ:      DB   10        ; Variável DEZ
                         ; com valor inicial 10
A:        DS   1         ; Variável A sem valor
                         ; inicial
INICIO:
          LDA  DEZ       ; Acumulador = 10
          STA  A         ; A = Acumulador
          HLT            ; Termina a execução
          END  INICIO
```

Como dito, **DB** é uma pseudo-instrução usada para indicar ao montador que deve deixar um espaço de um *byte* na memória e atribuir um valor inicial nesta posição. Já **DS 1** é uma pseudo-instrução usada para indicar ao montador que deve deixar um espaço de um *byte* na memória sem nenhum valor inicial. Cada posição de memória será associada a uma variável, com o mesmo nome do rótulo, que em tempo de execução pode permanecer intocada ou ser modificada.

Em uma segunda solução, vista no Exemplo 7.4, usamos a instrução **LDA #imed**, onde o valor a ser carregado no acumulador está embutido no segundo *byte* da própria instrução. Repare que esta solução tem o mesmo número de instruções que a anterior, mas usa uma variável a menos na memória.

Exemplo 7.4. **Atribuição com Operando Imediato**

```
          ORG  10
A:        DS   1    ; Variável A sem valor
                    ; inicial
          ORG  0
          LDA  #10  ; Acumulador = 10
          STA  A    ; A = Acumulador
          HLT       ; Termina a execução
          END  0
```

7.3.2 Atribuição simples

Uma certa variável *B*, com valor inicial 7, que é atribuída à variável *A*:

> **signed char A;**
> **signed char B = 7;**
> **A = B;**

Exemplo 7.5. Exemplo de Atribuição Simples

```
        ORG  10
   A:   DS   1      ; A no endereço 100
   B:   DB   7      ; B no endereço 101 (valor inicial 7)

        ORG  0
        LDA  B      ; Acumulador = B
        STA  A      ; A = Acumulador
        HLT         ; Termina a execução
        END  0
```

O resultado da compilação pelo montador do Sapiens pode ser visto na Listagem 7.6. À esquerda, aparece o número da linha do texto, seguida da posição de memória onde a instrução será colocada, seguida dos códigos da instrução e, finalmente, a instrução transcrita.

Exemplo 7.6. Resultado da Compilação

```
Compilação (assembly) do texto
Em 17/02/2016

   1   00     20 0B    LDA  B
   2   02     10 0A    STA  A
   3   04     F0       HLT
   4   0A     00       A:   DS   1
   5   0B     07       B:   DB   7
```

Vejamos a execução deste programa com maiores detalhes:

1. a memória a partir de 00 é carregada com os valores 20 0B 10 0A F0 00 07;

2. feita a carga, o processador executa a instrução 20 0B que carrega o conteúdo da variável B no acumulador (ou seja, o valor 7);

3. depois, executa a instrução 10 0A que armazena o conteúdo do acumulador na variável A na memória;

4. finalmente, executa a instrução F0, que vai parar o processador.

Neste exemplo, coincidentemente, a variável A está armazenada no endereço 0Ah de memória, e a variável B no endereço 0Bh.

7.4 OPERAÇÕES ARITMÉTICAS

Vejamos a seguir alguns exemplos bem simples com operações aritméticas no Sapiens.

Capítulo 7. Programação em linguagem de montagem

7.4.1 Operação com uma variável e uma constante

Vamos considerar, como exemplo, um programa que realiza a soma de uma variável com uma constante, armazenando o resultado em uma segunda variável.

signed char A = 3;
signed char B;
B = A + 5;

Até agora, instruções e dados estavam todos em endereços em sequência na memória, mas nem sempre isso pode ser interessante. Usualmente, devem ser escolhidas uma área para o código e outra área para os dados, ou seja, localização distintas, para instruções e dados na memória. Não existem critérios para essa escolha, mas deve ser observado que a área de código não pode invadir a área de dados e vice-versa. Ou seja, para esse programa, foi escolhida uma alocação de memória de tal modo que as instruções sejam localizadas no endereço inicial de memória e os dados a partir do endereço 80H, como se segue:

- Área de código:
  Início do programa posição 0 (0H)

- Área de dados:
  Variável A na posição 128 (80H)
  Variável B na posição 129 (81H)

O Exemplo 7.7 mostra este exemplo em linguagem de montagem do Sapiens.

Exemplo 7.7. Soma com uma Variável e uma Constante

```
      ORG   128
A:    DB    3     ; A no endereço 128 (valor 3)
B:    DS    1     ; B no endereço 129

      ORG   0
      LDA   A     ; Acumulador = A
      ADD   #5    ; Acumulador = Acumulador + 5
      STA   B     ; B = Acumulador
      HLT         ; Termina a execução
      END   0
```

Esse programa termina sua execução fazendo com que a posição de memória correspondente à variável B receba o valor 8.

7.4.2 Operação com duas variáveis

Vamos considerar, como exemplo, um programa que realiza a soma de duas variáveis, armazenando o resultado em uma terceira variável.

signed char X = 5;
signed char Y = 9;
signed char Z;
Z = X + Y;

Os valores iniciais são atribuídos às variáveis X e Y com o uso das pseudo-instruções do montador, como já vimos antes. A soma é feita com a instrução de **ADD Y** após a carga do valor de X no acumulador.

A atribuição do valor da soma à variável Z é feita com a instrução **STA Z**, que transfere o valor da soma para a posição de memória ocupada pela variável Z. O Exemplo 7.8 mostra esta linguagem de montagem do Sapiens.

Exemplo 7.8. **Soma com Duas Variáveis**

```
        ORG   128
X:      DB    5     ; X no endereço 128 (valor 5)
Y:      DB    9     ; Y no endereço 129 (valor 9)
Z:      DS    1     ; Z no endereço 130

        ORG   0
        LDA   X     ; Acumulador = X
        ADD   Y     ; Acumulador = Acumulador + Y
        STA   Z     ; Z = Acumulador
        HLT         ; Termina a execução
        END   0
```

7.4.3 Operação com três variáveis

Vejamos um exemplo, que faz uso de algumas variáveis: X, Y, Z, localizadas nas posições 100, 101 e 102 de memória, com valores iniciais 0, 70 e 91 previamente carregados pelo montador. As instruções do programa serão carregadas pelo montador na posição 0 de memória.

signed char X = 0;
signed char Y = 70;
signed char Z = 91;

X = Y;
Z = Z + 1;
X = X - 1;
X = X + Y + Z;

O código equivalente, com os respectivos comentários, é mostrado no Exemplo 7.9.

Exemplo 7.9. **Soma com Três Variáveis**

```
        ORG   100  ; Área de Dados
X:      DB    0
Y:      DB    70
Z:      DB    91

        ORG   0    ; Área de Código
        LDA   Y    ; Faz X = Y
        STA   X
        LDA   Z    ; Soma 1 à variável Z
        ADD   #1
        STA   Z
        LDA   X    ; Subtrai 1 da variável X
        SUB   #1
        STA   X
        LDA   X    ; Faz X = X + Y + Z
```

```
        ADD  Y
        ADD  Z
        STA  X
        HLT
        END  0
```

7.5 TESTES E DESVIOS

Grande parte das atividades de programação está relacionada com a tomada de decisões. A maior parte delas refere-se a duas questões teóricas:

1. Verificar se uma variável é maior, menor ou igual a certo valor ou variável.

2. Verificar se alguma expressão lógica é verdadeira.

Quando realizamos estas verificações (que aqui chamaremos de testes), devemos ter um objetivo claro: quando o teste se concretizar como verdade, iremos executar algumas coisas; quando não se concretizar (ou seja, se a situação for falsa), iremos executar outras coisas. Geralmente, depois de fazermos uma destas duas ações, o programa continuará executando outras instruções. Em diversas linguagens de programação de alto nível, descrevemos essa situação parecida com algo assim:

```
        if (certa condição)
    {
        Faz algumas coisas;
    }
        else
    {
        Faz outras coisas;
    }
Continua o programa ...
```

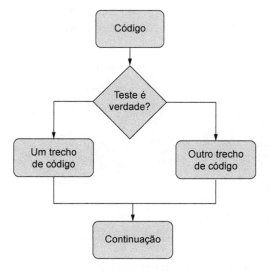

Figura 7.2. **Teste e Desvios.**

Uma visualização deste caso é apresentada na Figura 7.2.

A comparação é sempre algo que devemos prestar muita atenção, e não é tão fácil quanto pode parecer à primeira vista. É muito comum que nos enganemos neste teste. No processador Sapiens, temos três indicadores ou *flags*: N, Z e C, que são associados às seguintes instruções de desvio condicional:

- JZ → desvia quando o indicador de zero estiver ativado;

- JNZ → desvia quando o indicador de zero não estiver ativado;

- JN → desvia quando o indicador de negativo estiver ativado;

- JP → desvia quando o indicador de negativo e o de zero não estiverem ativados;

- JC → desvia quando o indicador de vai um estiver ativado;

- JNC → desvia quando o indicador de vai um não estiver ativado.

O teste de igualdade é o mais simples de ser feito e há duas instruções que podem ser utilizadas neste caso: JZ (desvia se a subtração deu zero, indicando igualdade) e JNZ (desvia se a subtração não deu zero, indicando desigualdade). No Exemplo 7.10, vamos desviar se as variáveis A e B forem iguais.

Exemplo 7.10. Desvio Condicional Valores Iguais

```
    LDA   A
    SUB   B
    JZ    IGUAIS
DIFERENTES:
; ... Faz algumas coisas
    JMP   SEGUE
IGUAIS:
; ... Faz outras coisas
SEGUE:
; ... Continua o programa
```

A instrução **JMP SEGUE** é muito importante, pois sem ela o processador iria executar os dois ramos do desvio, quando a comparação não fosse verdadeira, passando tanto por DIFERENTES como em seguida por IGUAIS. No Exemplo 7.11, vamos desviar se as variáveis A e B forem diferentes.

Exemplo 7.11. Desvio Condicional Valores Diferentes

```
    LDA   A
    SUB   B
    JNZ   DIFERENTES
IGUAIS:
; ... Faz algumas coisas
    JMP   SEGUE
DIFERENTES:
; ... Faz outras coisas
SEGUE:
; ... Continua o programa
```

Na realidade, é tudo uma questão de como se deseja organizar o código, podendo-se fazer uso de qualquer das duas formas indistintamente. No Sapiens, para que possamos confirmar se uma condição é verdadeira, devemos fazer uma operação de subtração, verificando se o resultado deu negativo usando a instrução JN (desvia se negativo). No Exemplo 7.12, vamos desviar se a variável A for maior do que 10.

Capítulo 7. Programação em linguagem de montagem

305

Exemplo 7.12. **Desvio Condicional Maior Que**

```
      ADD   #10
      SUB   A
      JN    MAIOR
MENOR_OU_IGUAL:
; ... Faz algumas coisas
      JMP   SEGUE
MAIOR:
; ... Faz outras coisas
SEGUE:
; ... Continua o programa
```

No Exemplo 7.13, vamos desviar para uma posição se a variável A for maior que 10, outra se for igual e uma terceira se for menor que 10. Isso se torna um pouco mais complicado, mas podemos fazer isso de várias maneiras.

Exemplo 7.13. **Desvio Condicional Maior, Menor ou Igual**

```
      LDA   #10
      SUB   A
      JZ    IGUAL
      JN    MAIOR
MENOR:
; ... Faz algumas coisas
      JMP   SEGUE
IGUAL:
; ... Faz outras coisas
      JMP   SEGUE
MAIOR:
; ... Faz mais coisas
SEGUE:
; ... Continua o programa
```

Vejamos um exemplo para verificar se uma variável é par ou ímpar:

```
if ((A % 2) == 0)
    {
            pares++;
    }
else
    {
            impares++;
    }
```

Como o Sapiens não possui a operação "%" (resto da divisão), o teste para verificar se um numero é par ou ímpar é feito analisando-se o bit de ordem '0', para saber se o mesmo é igual a 0 (par) ou 1 (ímpar). Usamos a instrução **AND**, e caso o resultado seja igual a 1, desviamos. No Exemplo 7.14 temos um programa completo, onde um valor a ser testado, que deve ser diferente de zero, é lido do painel de chaves.

Exemplo 7.14. Par ou Ímpar?

```
            ORG  100           ; Área de Dados
A:          DS   1
PARES:      DS   1
IMPARES:    DS   1
CHAVES      EQU  0

            ORG  0             ; Área de Código
INICIO:
            IN   CHAVES        ; Faz a leitura do painel de chaves
            STA  A
            AND  0             ; Se a entrada for 0 termina o programa
            JZ   FIM
            LDA  A             ; Testa se é par (bit 0 igual a 0)
            AND  #1
            JNZ  SENAO
ENTAO:
            LDA  PARES         ; Se for, faz pares++
            ADD  #1
            STA  PARES
            JMP  INICIO
SENAO:                         ; Incrementa ímpares
            LDA  IMPARES
            ADD  #1
            STA  IMPARES
            JMP  INICIO
FIM:
            HLT
            END  INICIO
```

Esse programa faz uso da instrução de E/S – "IN 0" – para ler um valor do painel de chaves. Maiores detalhes sobre como realizar adequadamente as operações de E/S serão apresentados na Seção 7.8. Por enquanto, execute esse programa no modo passo a passo no simulador, para que ele funcione corretamente.

7.6 REPETIÇÕES

Nas atividades da vida diária há muitas coisas que temos que fazer repetidas vezes. Um cozinheiro, por exemplo, ao preparar um bolo pode ter que repetidamente mexer a massa, mexer, mexer, mexer muitas vezes até que ela atinja a consistência desejada. Quando queremos ir a algum lugar, damos um passo, e outro passo, e outro passo, até chegarmos a um lugar. Como tudo na vida, há um fim para essas repetições. Por exemplo, no caso de mexer um bolo, o término ocorre quando a consistência é atingida. No caso de uma caminhada, o término das repetições ocorre quando chegamos ao lugar pretendido ou o número de passos desejado.

Talvez a maior habilidade dos computadores seja realizar, e sem reclamar, a mesma coisa milhares e milhares de vezes. Todas as linguagens de programação possuem comandos como **while, repeat** ou **for**, que já deve ser do seu conhecimento, e que comandam a realização dessas repetições. Vamos mostrar como essa situação pode ser tratada pela linguagem de montagem do Sapiens nas seções seguintes.

Capítulo 7. Programação em linguagem de montagem

7.6.1 Repetições simples

Em linguagem de máquina há uma forma peculiar de se tratar essas repetições: são os chamados comandos de desvio ou de transferência de controle. Suponhamos que queremos repetir indefinidamente uma sequência de instruções. No Sapiens, utilizamos o comando JMP (abreviatura de *jump*, que significa saltar em inglês).

Exemplo 7.15. Repetições Simples

```
X:        DB   0
                    ; ... algumas coisas antes
REPETE:
          LDA  X
          ADD  #1
          STA  X
                    ; ...  faz mais coisas aqui
          JMP  REPETE
```

Neste pequeno programa o acumulador recebe o valor um, que é somado com o valor da variável X, e nela novamente armazenado. Depois que isso é feito, o programa desvia para repetir o bloco iniciado pelas três instruções novamente, e novamente, infinitamente, sem parar.

Poderíamos pensar que esse pequeno programa, que simplesmente incrementa infinitamente o valor de uma variável, e depois faz algumas outras coisas, sem nunca terminar, não faz muito sentido. Realmente, na vida tudo termina, e isso aí, nunca termina. Surge, assim, a necessidade de outros tipos de desvio, que são chamados de condicionais. Estes desvios só acontecem quando uma condição é satisfeita, portanto (a menos que esta condição nunca seja satisfeita), o programa vai terminar em algum momento.

Vamos agora produzir um outro exemplo, onde a repetição ocorre apenas enquanto o valor calculado não for 10. É simples: subtrairemos o valor de X de 10, e o desvio ocorrerá se o indicador **Z** não estiver ativado, conforme Exemplo 7.16.

Exemplo 7.16. Repetição com Desvio Condicional

```
          ORG  100
X:        DB   0

          ORG  0
REPETE:
          LDA  X
          ADD  #1
          STA  X
                    ; ...  faz mais coisas aqui
          LDA  X
          SUB  #10
                  ; desvia se positivo
          JNZ  REPETE
          HLT
          END  0
```

7.6.2 Repetições com contador

Uma situação extremamente comum é uma repetição contada: por exemplo, fazer algo 10 vezes. É usual, nestas situações, que uma variável seja utilizada para controlar esta contagem. Vejamos a seguir um exemplo em linguagem de alto nível:

```
    for (CONTA = 1; i  <= 10; i++}
    (faz alguma coisa)
```

Vejamos o passo a passo desta programação:

- colocamos o valor inicial na variável destino;

- introduzimos um rótulo para indicar que o trecho a seguir é o que repetiremos;

- depois vem o trecho a repetir;

- incrementamos a variável;

- testamos se a variável atingiu o valor final, desviando em caso negativo.

Que resulta na implementação apresentada no Exemplo 7.17.

Exemplo 7.17. Repetições com Contador

```
        ORG 100
CONTA:  DB  0

        ORG 0
                     ; Inicia o contador com 1
        LDA #1
        STA     CONTA
REPETE:              ; Trecho que será repetido
        LDA     CONTA  ; Incrementa o contador
        ADD     #1
        STA CONTA
        SUB     #10    ; Testa se passou do valor final
        JN      REPETE
        HLT
        END 0
```

É possível também começar o contador com o valor 10, e decrementá-lo, testando se chegou a zero. Isso fica como exercício para o leitor.

7.7 SOMA E SUBTRAÇÃO EM 16 BITS

Quando se trabalha com arquiteturas de 8 bits, é essencial saber como lidar com números em larguras maiores como 16, 32 ou até 64 bits. Isso se torna ainda mais importante no caso do Sapiens, que embora seja limitado a aritmética em 8 bits, também faz uso extensivo de dados em 16 bits para endereços de memória. Como a UAL da arquitetura é limitada a cálculos com 8 bits de largura, é necessário que haja uma separação dos cálculos com números grandes em múltiplas etapas de apenas um *byte* cada.

No Sapiens, as instruções instruções ADC e SBC, que fazem uso da *flag* **C**, são a maneira mais prática de realizar essa separação. A partir dessas instruções fica fácil encadear somas e subtrações com vários *bytes*, automaticamente levando em consideração os eventuais casos de "vai um" e "vem um" através da *flag* **C**. Desse modo, não é necessário o uso de desvios condicionais, o que torna o código mais conciso e fácil de entender. Veja o Exemplo 7.18.

Capítulo 7. Programação em linguagem de montagem **309**

Exemplo 7.18. **Soma de 16 Bits**

```
        ORG   100
X:      DW    1080H
Y:      DW    2080H
Z:      DS    2

        ORG   0
        LDA   X        ; Z = X + Y
        ADD   Y
        STA   Z
        LDA   X+1
        ADC   Y+1
        STA   Z+1
        HLT
        END   0
```

No Exemplo 7.18, a únicas instruções que afetam a *flag* **C** são ADD e ADC. Assim, o valor da *flag* **C** alterado pela instrução ADD é preservado e pode ser utilizado pela instrução ADC seguinte. Note que primeiro somamos a parte baixa da variável de 16 bits (endereço X) e depois a parte alta (endereço X+1), considerando se houve ou não "vai um" na primeira operação. O processo de realização da subtração é bastante similar e deixamos como exercício para o leitor.

7.8 OPERAÇÕES DE ENTRADA E SAÍDA

7.8.1 Instruções IN e OUT

O SimuS tem diversos dispositivos de entrada e saída disponíveis para iteração com o usuário, como um painel de oito chaves binárias, um visor simples representando dois *displays* de 7 segmentos, um *banner* com uma linha com 16 caracteres e um teclado numérico com 12 teclas. Esses dispositivos mais simples podem ser acessados por meio de operações simples de entrada e saída (**IN e OUT**), como descrito a seguir:

- **IN 0** : retorna no acumulador o valor binário do painel de 8 chaves;

- **IN 1**: retorna no acumulador o valor 1 quando houver novos dados disponíveis no painel de chaves;

- **IN 2**: retorna no acumulador o valor ASCII correspondente a última tecla pressionada no teclado de 12 teclas;

- **IN 3**: retorna no acumulador o valor 1 quando uma nova tecla for pressionada no teclado de 12 teclas;

- **OUT 0**: o valor do acumulador é exibido no visor simples no formato hexadecimal;

- **OUT 2**: o valor do acumulador, que deve estar na codificação ASCII, é exibido no *banner* de 16 caracteres;

- **OUT 3**: o *banner* de 16 caracteres é limpo.

Se desejarmos exibir no visor, por exemplo, o resultado final do Exemplo 7.4, basta executar a instrução **OUT 0**, que exibe o conteúdo do acumulador no visor, como visto no Exemplo 7.19. Observe que o valor sempre será exibido no visor no formato hexadecimal.

Exemplo 7.19. **Escrevendo no Visor**

```
        ORG   100
A:      DS    1        ; Variável A sem valor inicial
```

```
ORG  0
LDA  #10    ; Acumulador = 10
STA  A      ; A = Acumulador
OUT  0      ; Mostra no visor o valor do acumulador
HLT         ; Termina a execução
END  0
```

Fazer a entrada de dados é um pouco mais complicado, pois precisamos saber primeiro se novos dados já foram colocados no painel de chaves, senão corremos o risco de ler um valor antigo, pois o processador, mesmo no simulador, é muito mais rápido na leitura das chaves do que o tempo que o ser humano leva para alterar o seu conteúdo.

Para verificar se um valor novo foi colocado nas chaves, ficamos em *loop de status*, executando repetidamente a instrução **IN 1** até que o valor lido passe de 0 para 1. Depois disso, podemos fazer a leitura dos dados com a instrução **IN 0**. Um detalhe importante é a execução da instrução **AND #1** para alterar o valor da *flag* **Z**, já que a instrução **IN** não faz isso. Note que a execução da instrução **IN 0**, lendo o valor das chaves, faz com que o conteúdo do registrador de *status*, no endereço de E/S '01', passe automaticamente para o valor 0.

O código do Exemplo 7.20 realiza permanentemente a leitura do conteúdo do painel de chaves e a exibição do valor lido (em hexadecimal) no visor. Note que, no simulador, cada vez que o valor das chaves for alterado, é necessário pressionar o botão "Entrar" para validar a entrada de dados e alterar tanto o valor a ser lido no endereço '00' como o *status* no endereço '01', que passa automaticamente para 1.

Exemplo 7.20. Lendo o Painel de Chaves

```
          ORG  0
LACO:
          IN   1     ; Fica em loop de status verificando
          AND  #1    ; se tem valor novo nas chaves
          JZ   LACO
          IN   0     ; Faz a leitura das chaves
          OUT  0     ; Coloca o valor no visor (em hexadecimal)
          JMP  LACO
          END  0
```

O Exemplo 7.21 implementa um contador regressivo que faz a leitura do valor inicial do painel de chaves e exibe o resultado, em hexadecimal, no visor do simulador, decrementando de um em um até que chegue a zero, quando o programa termina.

Exemplo 7.21. Contador Regressivo

```
          ORG  0
INICIO:
          IN   1       ; Fica em loop de status verificando
          SUB  #1      ; se tem valor novo nas chaves
          JN   INICIO
          IN   0       ; Faz a leitura das chaves
LACO:
          OUT  0       ; Coloca o valor no visor (em hexadecimal)
          SUB  #1      ; Subtrai um do valor
          JN   FIM     ; Se já chegou a zero termina
          JMP  LACO
FIM:                   ; Termina o programa
          HLT
          END  INICIO
```

7.8.2 Instrução TRAP

Como vimos na Seção 3.6, o processador Sapiens possui uma instrução TRAP para realizar operações de E/S mais sofisticadas, que na realidade são emuladas pelo simulador, de forma similar ao que acontece nos sistemas operacionais, como mostrado na Figura 7.3.

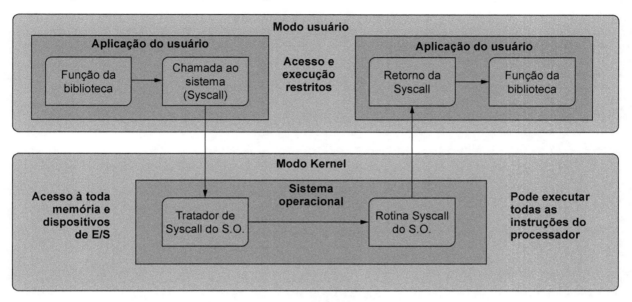

Figura 7.3. **Chamada ao Sistema.**

Só que em nosso caso, o simulador vai realizar a operação solicitada pelo programa no lugar do sistema operacional, sendo que o número do *trap*, ou seja, a função que está sendo requisitada, é passado no acumulador. Como o processador Sapiens é carente de registradores, a instrução **TRAP** tem ainda um operando a mais, que é o endereço de memória onde são passados os parâmetros adicionais necessários à realização da operação. Temos previsão para suportar inicialmente as seguintes operações:

1 – Leitura de um caractere do console. O código ASCII correspondente ao operando lido é colocado no acumulador.

2 – Escrita de um caractere ASCII que está no endereço definido pelo operando da instrução **TRAP** no console. O caractere escrito é retornado no acumulador.

3 – Leitura de uma linha inteira do console para o endereço definido pelo operando da instrução **TRAP**. O tamanho da cadeia de caracteres lida é retornado no acumulador, com no máximo 255 caracteres sem o fim de linha ou retorno de carro.

4 – Escrita de uma linha inteira no console. O operando da instrução **TRAP** contém o endereço para a cadeia de caracteres que deve ser terminada pelo caractere NULL (0x00). O tamanho máximo da cadeia é de 255 caracteres. O número total de caracteres escritos é retornado no acumulador.

5 – Utilizado para chamar uma rotina de temporização. O operando da instrução **TRAP** contém o endereço da variável inteira com o tempo a ser esperado em milissegundos.

6 – Chama uma rotina para tocar um tom. A frequência e a duração do tom estão em duas variáveis inteiras de 16 bits no endereço definido pelo operando da instrução **TRAP**.

7 – Chama uma rotina para retornar um número pseudo-aleatório entre 0 e 99 no acumulador.

312

Arquitetura e Organização de Computadores

\# 8 – O operando da instrução **TRAP** tem o endereço com a variável com a semente inicial da rotina de número aleatórios.

O programa apresentado no Exemplo 7.22 realiza a impressão do alfabeto completo no console.

Exemplo 7.22. Imprime Alfabeto

```
;------------------------------------------------
; Programa: Imprime as letras do alfabeto
; Autor: Gabriel P. Silva e Antonio Borges
; Data: 12/08/2023
; Arquivo: imprime_alfabeto.asm
;------------------------------------------------
          ORG  100
LETRA:    DS   1
CONTA:    DB   26
CR:       DB   0Dh
LF:       DB   0Ah

          ORG  0
ESPERA:   LDA  #1        ; Lê uma letra inicial do console
          TRAP 0
          OR   #0
          JZ   ESPERA
          STA  LETRA     ; Armazena o valor lido

LOOP:     LDA  #2        ; Fica em loop até conta = 0
          TRAP LETRA     ; Imprime o caractere no console
          LDA  LETRA
          ADD  #1
          STA  LETRA     ; Avança para a letra seguinte
          LDA  CONTA
          SUB  #1
          STA  CONTA
          JNZ  LOOP
          LDA  #2        ; Imprime retorno de carro
          TRAP CR
          LDA  #2
          TRAP CR
          HLT
          END  ESPERA
```

No Exemplo 7.23, podemos revisitar o Exemplo 7.2 para verificar o resultado de uma operação de soma e imprimir o resultado no console.

Exemplo 7.23. Verifica Soma e Imprime no Console

```
;------------------------------------------------
; Verifica o resultado de uma soma e imprime no console
; Autores: Antonio Borges e Gabriel P. Silva
; Data:  10/08/2023
; Arquivo: soma_console.asm
;------------------------------------------------
          ORG   100       ; Carrega as variáveis a partir
                          ; do endereço 100 de memória
CERTO:    STR             "A soma deu certo!"
```

Capítulo 7. Programação em linguagem de montagem

```
            DB      0Ah
            DB      00h
ERRADO:     STR             "A soma deu errado!"
            DB      0Ah
            DB      00h
IMPRIME     EQU     4
A:          DB      3
B:          DB      4
C:          DS      1

            ORG     0         ; Carrega as instruções a  partir
                              ; do endereço 0 de memória
INICIO:
            LDA     A         ; ACC = A
            ADD     B         ; ACC = A + B
            STA     C         ; C = A + B
            SUB     #7        ; ACC = ACC - 7
            JNZ ELSE          ; SE ACC <> 0 GOTO ELSE
THEN:
            LDA     #IMPRIME  ; ACC = 4 (IMPRIME UMA LINHA)
            TRAP    CERTO     ; IMPRIME A CADEIA CERTO
            JMP     FIM       ; TERMINA
ELSE:
            LDA     #IMPRIME  ; ACC = 4 (IMPRIME UMA LINHA)
            TRAP    ERRADO    ; IMPRIME A CADEIA ERRADO
FIM:
            HLT
            END     INICIO    ; Define o endereço inicial de execução
```

7.9 ACESSANDO UM VETOR

7.9.1 Indexando os elementos de um vetor

Um dos aspectos importantes da programação é como acessar os elementos de um vetor. Isso é realizado mais facilmente com uso do endereçamento indireto, ou seja, uma variável que contém o endereço de memória de cada elemento do vetor, e que pode ser incrementada ou decrementada de acordo. Na linguagem de montagem do Sapiens, isso é expresso colocando-se um "@" antes do operando da instrução.

Normalmente estamos de posse apenas do endereço de memória da primeira posição do vetor e precisamos realizar cálculos para determinar a exata localização do elemento desejado na memória. Em geral, a conta a ser realizada é a seguinte:

&elemento[i] = &elemento[0] + (i × tamanho do elemento)

Na maior parte de nossos exemplos os vetores possuem elementos com um tamanho igual a um *byte* apenas, e a conta fica reduzida a:

&elemento[i] = &elemento[0] + i

Onde o operador '&' pode ser lido como o endereço de memória da variável. Para declarar um vetor em linguagem de montagem, basta definir um rótulo apontando para a primeira posição do vetor, seguido da declaração do valor inicial de todos os seus elementos. Para definir um ponteiro para o início deste vetor, basta declarar um ponteiro com conteúdo inicial igual ao rótulo que aponta para a primeira posição. Veja o Exemplo 7.24.

Exemplo 7.24. Imprimindo um Vetor

```
; --------------------------------------------------
; Programa: Imprime um vetor no display hexadecimal
; Autor: Gabriel P. Silva e Antonio Borges
; Data: 12/08/2023
; Arquivo: imprime_vetor.asm
; --------------------------------------------------
            ORG   250                 ; Variáveis
PT:         DW    X                   ; Ponteiro móvel para o vetor
X:          DB    10h, 30h, 25h, 45h, 22h  ; Vetor
I:          DB    0                   ; Indice
TAM:        DB    5                   ; Tamanho do vetor
DISPLAY     EQU   0


            ORG   0
INICIO:
            LDA   @PT                 ; Faz acumulador = X[I]
            OUT   DISPLAY             ; Mostra no display
            LDA   PT                  ; Incrementa o apontador
            ADD   #1                  ; do tamanho de cada elemento
            STA   PT                  ; Armazena de volta
            LDA   PT+1                ; Incrementa a parte alta
            ADC   #0                  ; Se deu carry
            STA   PT+1                ; Armazena de volta
            LDA   I                   ; Verifica se terminou
            ADD   #1                  ; de acordo com o número de
            STA   I                   ; elementos do vetor
            SUB   TAM                 ; Subtrai do tamanho
            JN    INICIO              ; Se não acabou, vai para o início
FIM:
            HLT                       ; Termina a execução
            END   INICIO
```

Mas no caso de, por exemplo, um vetor com tipos inteiros na linguagem "C", o tamanho de cada elemento costuma ser de 4 *bytes*, e a conta seria:

elemento[i] = elemento[0] + i × 4

Deixamos como exercício para o leitor alterar o código do último exemplo se o tamanho de cada elemento for 2 *bytes*, mostrando apenas o *byte* menos significativo de cada elemento no *display*.

7.9.2 Soma dos elementos pares em um vetor

No Exemplo 7.25, vamos percorrer um vetor com seis elementos, com um *byte* de tamanho cada, verificando quantos elementos são pares e totalizando em uma variável de nome **PARES**. Ao final o resultado é mostrado no visor do simulador.

Capítulo 7. Programação em linguagem de montagem

Exemplo 7.25. Acessando um Vetor

```
;----------------------------------------------------
; Programa que soma os valores pares de um vetor
; Autor: Gabriel P. Silva e Antonio Borges
; Data:   13/08/2023
; Arquivo: soma_pares_vetor.asm
;----------------------------------------------------
            ORG   100                 ; Variáveis
I:          DB    0
TAM:        DB    6
PARES:      DB    0
PT:         DW    X
X:          DB    6, 13, 8, 10, 9, 23

            ORG   0                    ; Código
            LDA   I
LACO:
            SUB   TAM                  ; Repete até que I=6
            JZ    FIM
            LDA   @PT                  ; Carrega o elemento no acumulador
            AND   #1                   ; Testa se é par (bit 0=0)
            JNZ   SENAO
            LDA   PARES                ; Se for, faz pares++
            ADD   #1
            STA   PARES
SENAO:                                 ; Endereço do elemento atual
            LDA   PT                   ; Calcula o endereço de X[I]
            ADD   #1
            STA   PT
            LDA   PT+1
            ADC   #0
            STA   PT+1
            LDA   I
            ADD   #1
            STA   I
            JMP   LACO                 ; Volta ao início
FIM:                                   ; Mostra no visor o total de pares
            LDA   PARES
            OUT   0
            HLT                        ; Termina o programa
            END   0
```

O Exemplo 7.25 funciona apenas se o número de elementos no vetor for menor do que 255, porque o contador **I** possui apenas 8 bits de tamanho.

7.9.3 Maior elemento de um vetor

Escreva um trecho de programa que determine qual o maior valor de um vetor, cujos elementos tem 8 bits, representados em complemento a 2. A variável TAM, com tamanho de um *byte*, contém o número de elementos presentes no vetor. Ao final do programa, a variável MAX deve conter o maior valor vetor e a variável MAXIND deve conter o índice deste elemento.

O Exemplo 7.26 foi feito com um vetor de 10 posições referenciado pela variável VETOR, que indica o seu endereço inicial na memória. Um variável auxiliar IND é utilizada para controlar o índice do elemento do vetor, assim como a variável PONTEIRO contém o endereço de memória do elemento do vetor que está sendo acessado.

Exemplo 7.26. **Determinar o Maior Valor de um Vetor**

```asm
;----------------------------------------------------
; Programa: Determina o maior valor de um vetor
; Autor: Gabriel P. Silva e Antonio Borges
; Data: 12/08/2023
; Arquivo: maximo_vetor.asm
;----------------------------------------------------
            ORG  100          ; Variáveis
TAM:        DB   10           ; Número de elementos do vetor
IND:        DB   0            ; Índice do vetor
MAXIND:     DB   0            ; Índice do maior elemento
MAX:        DB   0            ; Valor do maior elemento
PONTEIRO:   DW   VETOR        ; Endereço do elemento atual
                             ; Vetor
VETOR:      DB   11, 27, 31, 82, 23, 80, 127, -1, 47, 6

            ORG  0            ; Código
INICIO:
            LDA  @PONTEIRO    ; Acumulador recebe vetor (0)
            STA  MAX          ; MAX = VETOR(0)
LACO:
            LDA  IND          ; Carrega o indice no acumulador
            ADD  #1           ; Incrementa de um
            STA  IND          ; Salva na memória
            SUB  TAM          ; Diminui do tamanho do vetor
            JZ   FIM          ; Quando IND e TAM forem iguais termina
            LDA  PONTEIRO     ; Carrega a parte baixa do ponteiro
            ADD  #1           ; Incrementa de um
            STA  PONTEIRO     ; Salva na memória
            LDA  PONTEIRO+1   ; Incrementa a parte alta do ponteiro
            ADC  #0           ; Se deu carry na soma anterior
            STA  PONTEIRO+1   ; Salva na memória
            LDA  @PONTEIRO    ; Carrega VETOR(IND) no acumulador
            SUB  MAX          ; Diminui do valor máximo
            JN   LACO         ; Se negativo avança para o próximo
            LDA  @PONTEIRO    ; Senão troca MAX por VETOR(IND)
            STA  MAX          ; MAX = VETOR(I)
            LDA  IND          ; Carrega IND no acumulador
            STA  MAXIND       ; MAXIND = IND
            JMP  LACO         ; Continua
FIM:
            LDA  MAX
            OUT  0            ; Mostra o valor máximo no visor
            HLT
            END  INICIO
```

Notem que neste exemplo os números negativos do vetor são representados em complemento a 2, ou seja, são aqueles que possuem o oitavo bit em '1'. Desse modo, para funcionar corretamente, os valores armazenados no vetor devem estar entre −128 e +127. Embora o montador aceite valores positivos maiores que 127, a sua representação não será correta, pois o oitavo estará em '1' e o programa apresentará erros no resultado final. O valor de MAXIND também considera que o primeiro elemento do vetor tem o índice igual a 0.

7.10 USO DE SUB-ROTINAS E DA PILHA

Quando da elaboração de um programa, com frequência necessitamos fazer uso de sub-rotinas (procedimentos ou rotinas são outros nomes usualmente empregados). Sub-rotinas são trechos de código que podem ser chamados de diversos pontos do programa principal. Ao contrário de um desvio convencional, que apenas segue em frente e se esquece do passado, ao chamarmos uma sub-rotina é necessário salvar o endereço de memória de onde ela foi chamada. Isso porque, ao final da sub-rotina, devemos retornar a execução do processador para o mesmo ponto do programa de onde ela foi chamada. Na Figura 7.4 procuramos ilustrar esta situação.

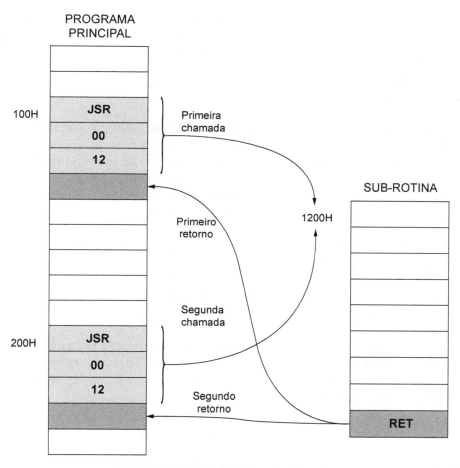

Figura 7.4. Chamada e Retorno de Sub-rotina.

A chamada e o retorno de uma sub-rotina envolve uma série de passos que vamos detalhar a seguir:

1. Ao executarmos a instrução de chamada de sub-rotina **JSR**, o endereço de retorno, que é o endereço da instrução imediatamente após a instrução **JSR**, é automaticamente salvo na pilha, no endereço indicado pelo apontador de pilha (**SP**).

2. A pilha é uma estrutura de dados na qual o último valor a ser inserido é o primeiro a ser retirado e, geralmente, ela cresce no sentido oposto da memória, ou seja, dos endereços mais altos para os mais baixos.

3. Alguns processadores possuem registradores específicos para armazenar esse endereço; no entanto, é mais comum que esse endereço seja guardado na memória, dentro da pilha.

4. Além de guardar o endereço de retorno, a pilha pode ser utilizada para a passagem e recebimento de parâmetros para a sub-rotina, o que deve ser feito explicitamente pelo programador.

5. Após salvar o endereço de retorno na pilha, o valor do apontador de instruções (**PC**) é modificado pela instrução **JSR** para apontar para o início da sub-rotina, onde o processador continua a executar as instruções.

6. Quando a sub-rotina é concluída, a instrução **RET** é executada. Ela retira o endereço de retorno da pilha, no endereço indicado pelo apontador de pilha (**SP**), copiando-o de volta para o apontador de instruções (**PC**).

7. O programador deve assegurar que o apontador de pilha esteja corretamente posicionado no endereço de retorno da pilha, especialmente quando manipulando parâmetros nela. Isso pode envolver salvar o endereço de retorno ou o valor do apontador de instruções em variáveis auxiliares da sub-rotina.

8. A execução do programa, então, prossegue a partir do ponto em que a sub-rotina foi chamada, utilizando o endereço de retorno recuperado da pilha.

O acesso à pilha é controlado por um registrador chamado de ponteiro de pilha (**SP** – *stack pointer*), que contém o endereço do último elemento colocado na pilha. Assim, o seu valor deve ser modificado toda vez que inserimos ou removemos um operando da pilha. O valor do **SP** será modificado de acordo com o tamanho dos dados inseridos ou removidos: um *byte*, dois *bytes* e assim por diante.

Por razões históricas, a pilha no computador tem uma característica especial: ela cresce do final da memória para o início, no sentido inverso das outras estruturas de dados que o programa utiliza. Assim, quando um elemento é inserido na pilha, o **SP** é decrementado. Quando um elemento é retirado, o **SP** é incrementado. Em ambos os casos, de um valor correspondente ao tamanho dos dados inseridos ou retirados.

Quando chamamos uma sub-rotina, o endereço de retorno é colocado na pilha, e o apontador de pilha é decrementado de dois *bytes*. Quando retornamos, esse endereço é retirado da pilha, e o apontador de pilha é incrementado de duas posições. Desse modo é possível, enquanto houver espaço disponível para a pilha crescer, ir chamando sub-rotinas dentro de sub-rotinas e retornando sempre para o ponto correto de onde a sub-rotina foi chamada.

O uso correto da pilha é essencial para o funcionamento de uma sub-rotina. Por isso, é importante estabelecer um padrão que determine como os argumentos devem ser passados entre o programa principal e as sub-rotinas. Qualquer padrão pode ser utilizado em seu código, o mais importante é manter esse padrão de forma consistente. Veja o Exemplo 7.27.

Exemplo 7.27. Passagem de Parâmetros

```
;--------------------------------------------------
; Programa: Passagem de parametros
; Autor: Gabriel P. Silva e Antonio Borges
; Data: 12/08/2023
; Arquivo: parametros.asm
;--------------------------------------------------
          ORG    0
                          ; Declaração das variáveis do programa principal
VETOR:    DB     10, 11, 12, 15, 16
PONTEIRO: DW     VETOR
TAMANHO:  DB     5

INICIO:
          LDA    TAMANHO
          PUSH
          LDA    PONTEIRO+1
```

Capítulo 7. Programação em linguagem de montagem

```
            PUSH
            LDA     PONTEIRO
            PUSH
            JSR     ROTINA
            HLT


                    ; VOID ROTINA(CHAR *PTR)
            ORG     100
                    ; Declaração das variáveis da rotina
SP:         DS      2
PTR:        DS      2
VAL:        DS      1
TAM:        DS      1
ROTINA:
                    ; Salva argumentos
            STS     SP      ; Salva o valor atual do SP
            POP             ; Que aponta para o endereço
            POP             ; de retorno na pilha. Avança o SP
            POP             ; Retira o primeiro byte do primeiro parâmetro
            STA     PTR     ; Salva na parte baixa do ponteiro local
            POP             ; Retira o segundo byte do primeiro parâmetro
            STA     PTR+1   ; Salva na parte alta do ponteiro local
            POP             ; Retira o segundo parâmetro da pilha
            STA     TAM     ; Salva na variável local de tamanho
            LDA     @PTR    ; VAL = *PTR
            STA     VAL     ;
                            ; Faz outras coisas
                            ;
            LDS     SP      ; Restaura o valor de SP
            RET             ; Retorna da sub-rotina
            END     INICIO
```

É importante observar que, pela própria natureza da pilha, os dados são inseridos e retirados de forma inversa. Não se esqueça disso, principalmente quando for transferir endereços de memória para suas rotinas! Também é bom lembrar que a instrução **JSR** sempre insere o endereço de retorno na pilha, portanto os primeiros dois *bytes* não fazem parte da lista de argumentos e, depois que o valor do **SP** for salvo, devem ser desconsiderados. Parâmetros de retorno podem ser passados também na pilha, tendo-se o cuidado para que, na execução da instrução de retorno, o apontador de pilha esteja apontando para o endereço de retorno.

Outra observação importante é quanto ao uso do atalho ENDEREÇO+OFFSET fornecido pelo montador, que facilita bastante a transferência de endereços. Porém, fique atento ao fato de que este cálculo é realizado em tempo de montagem. Por isso, só é útil quando se trata de constantes (como um rótulo) e não serve para dados fornecidos em tempo de execução. Por exemplo, o seguinte trecho de código pode não fazer o que se espera:

```
    LDA     @PTR+2
    STA     VAL
```

No exemplo anterior, será carregado no acumulador o valor está apontado pelo endereço armazenado na memória nos dois *bytes* logo depois de PTR, e não o valor apontado por (PTR+2). Fique, portanto, atento. A seguir mostramos alguns exemplos práticos de chamada e retorno de procedimentos, com passagem de parâmetros.

Exemplo 7.28. Rotina para Impressão no *Banner*

```
;----------------------------------------------------
; Programa: Testa a rotina de impressão no banner
; Autor: Gabriel P. Silva e Antono Borges
; Arquivo: rotina_banner.asm
; Data: 13/08/2023
;----------------------------------------------------
                ORG     200         ; Variáveis do programa principal
STR_PRIMEIRA:   STR                 "Rotina para impressão"
                DB      0
STR_SEGUNDA:    STR                 "Este é outra cadeia"
                DB      0
PT_PRIMEIRA:    DW      STR_PRIMEIRA
PT_SEGUNDA:     DW      STR_SEGUNDA


                ORG     100
INICIO:
                LDA     PT_PRIMEIRA+1; Coloca o endereço para primeira
                PUSH                 ; cadeia na pilha
                LDA     PT_PRIMEIRA
                PUSH
                JSR     ROTINA
                LDA     PT_SEGUNDA   ; Coloca o endereço da segunda
                PUSH                 ; cadeia na pilha
                LDA     PT_SEGUNDA+1
                JSR     ROTINA
                HLT
                END     INICIO
;----------------------------------------------------
; Rotina para impressão de uma cadeia no banner
; Declaração das variáveis da rotina
;----------------------------------------------------
                ORG     300
RA:             DW      0           ; Guarda o valor do endereço de retorno
PTR:            DW      0           ; Ponteiro com o endereço da string a ser impressa

CLEARB          EQU     3           ; Constantes de acesso de E/S
BANNER          EQU     2
;----------------------------------------------------
ROTINA:
                POP                 ; Salva o endereço de retorno
                STA     RA          ; parte baixa
                POP
                STA     RA+1        ; parte alta
                POP                 ; Tira a parte baixa do endereço da string da pilha
                STA     PTR         ; Salva na parte baixa do ponteiro
                POP                 ; Tira a parte alta do endereço da string da pilha
                STA     PTR+1       ; Salva na parte alta do ponteiro
                OUT     CLEARB      ; Limpa o banner
LOOP:
                LDA     @PTR        ; Lê o caractere
                OR      #0          ; É NULL?
                JZ      RETORNA     ; Se for retorna
                OUT     BANNER      ; Imprime o caractere no banner
                LDA     PTR         ; Incrementa o ponteiro
                ADD     #1
                STA     PTR
```

Capítulo 7. Programação em linguagem de montagem **321**

```
                    JMP  LOOP              ; Volta para o início
RETORNA:
                    LDA  RA+1              ; Recoloca o endereço de retorno na pilha
                    PUSH
                    LDA  RA               ; Na ordem inversa em que foi retirado
                    PUSH
                    RET                    ; Retorna
```

No Exemplo 7.28, a rotina para a impressão de uma cadeia de caracteres é chamada duas vezes para a impressão de duas cadeias diferentes. É possível observar o uso da pilha para a passagem de parâmetros para a sub-rotina. Antes da retirada dos parâmetros, o endereço de retorno é salvo em uma variável auxiliar da rotina e depois recolocado na pilha antes da instrução de retorno. Essa é uma maneira alternativa ao salvamento do valor do apontador de instruções. A pilha é uma estrutura de dados do tipo LIFO (*Last In, First Out*), ou seja, o último elemento a ser colocado é o primeiro a ser retirado. As operações possíveis são **PUSH** (colocar um elemento na pilha) e **POP** (retirar um elemento da pilha). Assim, todos os parâmetros e endereços são retirados na ordem inversa em que foram colocados.

7.11 USOS ALTERNATIVOS PARA O APONTADOR DE PILHA

Atenção: o uso dos atalhos a seguir irá corromper o valor atual do apontador de pilha. Por isso, é importante sempre salvar o valor original do apontador e restaurá-lo antes de voltar a usar a pilha normalmente, com instruções como PUSH e RET.

O Sapiens dispõe de quatro instruções que tratam diretamente com o valor desse registrador: **PUSH, POP, STS** e **LDS**. As duas primeiras lidam com a inserção e remoção de valores na pilha, já as duas últimas servem para salvar e recuperar o valor do apontador. Até o momento, temos usado este registrador única e exclusivamente para sua função projetada, isto é, para manipular a pilha e seus valores. Porém, também podemos usar esse registrador com propósito um pouco mais geral. Isso é importante porque, ao contrário do acumulador, o apontador de pilha trabalha com valores de 16 bits. Com isso, ele pode nos ajudar em certos casos a lidar com valores de 16 bits com maior facilidade. Por exemplo, na transferência de valores com essa largura:

```
A:  DW  10
B:  DS  2
;....
        LDS  A       ; SP = A
        STS  B       ; B = A
```

O trecho de código acima, em apenas dois comandos, copia dois *bytes* do endereço A para o B. A melhoria se torna ainda mais evidente quando usamos o modo de endereçamento indireto. Por exemplo, observe o seguinte trecho, que faz uso do registrador de pilha:

```
VETOR: DW  10, 20, 30, 40, 50
A:     DW  VETOR
B:     DS  2
INICIO:
        LDS  @A       ; SP = *A
        STS  B        ; B = SP
```

```
                          ; Prossegue ...
          HLT
          END   INICIO
```

Agora contraste o trecho anterior com o seguinte, no qual nos limitamos apenas ao uso do acumulador, e perceba como ele se torna bem mais complexo:

```
VETOR:    DW    10, 20, 30, 50
A:        DW    VETOR
B:        DS    8
TEMP:     DS    2
INICIO:
          LDA   @A      ; Copia byte de *A para B
          STA   B
          LDA   A       ; TEMP = A + 1
          ADD   #1
          STA   TEMP
          LDA   A+1
          ADC   #0
          STA   TEMP+1
          LDA   @TEMP   ; Copia byte *TEMP para B+1
          STA   B+1
                        ; Continua ...
          HLT
          END   INICIO
```

O apontador de pilha também pode ser útil quando se quer percorrer um vetor de 8 bits de maneira concisa. Neste caso, a instrução **POP** também pode ser utilizada, como no programa apresentado no Exemplo 7.29.

Exemplo 7.29. **Soma de Vetor Utilizando o SP**

```
;------------------------------------------------
; Rotina que calcula a soma dos elementos do vetor
; com uso do stack pointer
; Autores: Antonio Borges e Gabriel P. Silva
; Data:  10/08/2023
; Arquivo:soma_vetor_sp
;------------------------------------------------
          ORG   100
VETOR:    DB    10, 20, 30, 40, 50
PONT:     DW    VETOR
SOMA:     DB    0
CONT:     DB    0
          ORG   0
          LDS   PONT    ; SP = & VETOR
INICIO:
          POP           ; ACC = @SP
          ADD   SOMA    ; Totaliza com SOMA
          STA   SOMA    ; Salva em SOMA
          LDA   CONT    ; Incrementa contador
          ADD   #1      ;
          STA   CONT    ; Salva na memória
          SUB   #5      ;
```

Capítulo 7. Programação em linguagem de montagem

```
JNZ  INICIO ; Continua enquanto < 5
HLT
END  INICIO
```

O apontador de pilha também pode ser útil quando se quer incrementar uma variável de 16 bits de maneira concisa. Neste caso, a instrução **POP** pode ser utilizada da seguinte maneira:

```
LDS  PTR        ; PTR++
POP
STS  PTR
```

No entanto, nesse cenário, é aconselhável evitar o uso da instrução **PUSH**, uma vez que isso poderia acarretar na corrupção de uma região inesperada da memória.

7.12 EXERCÍCIOS PROPOSTOS

1. Com relação à compilação e execução de um programa no computador, responda:

   (a) Quais as restrições que o processador possui com relação à execução de um programa?
   Resposta: O processador possui algumas restrições no que se refere à execução de um programa, como:
   - Arquitetura: O programa deve estar compilado para a arquitetura específica do processador. Cada processador possui uma arquitetura e conjunto de instruções próprio, e um programa compilado para um processador não pode ser executado diretamente em outro com arquitetura diferente.
   - Memória: O processador só consegue executar programas em linguagem de máquina que estejam carregados na memória e com todas as rotinas da bibliotecas incorporadas de forma estática ou dinâmica ao código executável.

   (b) Quais os passos e programas necessários para a compilação e execução de um programa no computador?
   Resposta:
   i. Primeiro, o compilador, que é específico para cada linguagem de alto nível, faz a tradução para a linguagem de montagem específica do processador utilizado no computador. Mas a linguagem de montagem (*assembly language*) é apenas uma forma intermediária de representação em baixo nível do programa, que ainda pode ser lida, compreendida e modificada pelo programador.
   ii. No passo seguinte, o programa é traduzido para a linguagem de máquina pelo montador (*assembler*). Normalmente, para cada tipo de arquitetura/sistema operacional, existe apenas um programa montador que realiza essa tradução para todos os compiladores de alto nível instalados no computador. O arquivo resultante está em linguagem de máquina, em formato binário, compreensível pelo processador, sendo chamado agora de programa objeto.
   iii. Contudo, esse programa objeto ainda não está pronto para ser executado. Falta ainda adicionar um conjunto de rotinas predefinidas nas bibliotecas da linguagem de alto nível, por exemplo, o *printf* na linguagem "C". Como esse conjunto de rotinas é muito extenso, e a inclusão de todas as rotinas tornaria o tamanho final do programa executável demasiadamente grande, elas só são incorporadas ao código do programa executável quando houver alguma referência explícita a alguma dessas bibliotecas.
   iv. Essa incorporação pode se dar ainda de duas maneiras: utilizando-se bibliotecas estáticas ou dinâmicas. No caso das bibliotecas estáticas, as rotinas são incorporadas definitivamente ao código executável pelo programa ligador (*linker*), que, por essa razão, passa a ter um tamanho maior que o programa objeto. Se todos os programas executáveis utilizarem essa estratégia, pode haver em algum momento diversos programas carregados na memória do computador com as mesmas rotinas repetidas, resultando em um gasto adicional e desnecessário de memória.
   v. Para evitar que isso aconteça, é possível a utilização das bibliotecas dinâmicas, onde o código das rotinas é carregado apenas uma vez na memória e compartilhado por todos os outros programas

que possam necessitar delas. Mas essa verificação é feita pelo carregador (*loader*) no momento que o programa executável é carregado na memória para execução pelo processador. Note que o processador só consegue executar programas em linguagem de máquina que estejam carregados na memória e com todas as rotinas da bibliotecas incorporadas de forma estática ou dinâmica ao código executável.

(c) Qual a diferença entre as bibliotecas estáticas e dinâmicas?

Resposta:

- As bibliotecas estáticas são vinculadas diretamente no executável do programa em tempo de compilação. Isso significa que todas as funções da biblioteca são copiadas para o executável, tornando-o maior. No entanto, a vantagem é que o programa não requer a presença da biblioteca no sistema em que será executado.

- As bibliotecas dinâmicas são vinculadas ao programa em tempo de execução. O código das funções da biblioteca é mantido em arquivos separados (com extensão .dll no Windows ou .so no Linux), e o programa usa essas bibliotecas em tempo de execução, quando necessário. Isso torna o executável menor, pois não inclui todo o código da biblioteca. No entanto, o programa depende da presença das bibliotecas dinâmicas na versão correta no sistema em que será executado. Outra vantagem é que várias aplicações podem compartilhar as mesmas bibliotecas dinâmicas, economizando espaço em memória.

2. Nos programas em linguagem de montagem, qual a finalidade das pseudo-instruções?

Resposta: As pseudo-instruções, também conhecidas como diretivas, são comandos especiais utilizados em programas escritos em linguagem de montagem para auxiliar na montagem do código-fonte, mas não são instruções executáveis pelo processador. Elas fornecem informações e instruções para o montador (*assembler*), que é o programa responsável por traduzir o código em linguagem de montagem para código de máquina. As pseudo-instruções têm várias finalidades, incluindo:

(a) Definir constantes.

(b) Reservar espaço na memória para as variáveis, com ou sem valor inicial.

(c) Definir rótulos para marcar pontos específicos no programa, indicando o início de um bloco de código ou para referenciar determinados endereços de memória.

(d) Informar ao montador sobre o formato do código de máquina a ser gerado, o local onde o código deve ser colocado na memória, entre outras informações de montagem.

(e) Controlar aspectos do processo de montagem, como a inclusão de outros arquivos de código-fonte, a geração de listagens de montagem detalhadas e a ativação ou desativação de recursos específicos do montador.

3. Descreva resumidamente os passos envolvidos na chamada e o retorno de uma sub-rotina.

Resposta: A chamada e o retorno de uma sub-rotina envolve uma série de passos que são dscritos a seguir:

(a) Ao executarmos a instrução de chamada de sub-rotina JSR, o endereço de retorno, que é o endereço da instrução imediatamente após a instrução JSR, é salvo automaticamente na pilha, no endereço indicado pelo apontador de pilha (SP).

(b) A pilha é uma estrutura de dados em que o último valor a ser colocado é sempre o primeiro a ser retirado e, normalmente, cresce do sentido inverso da memória, isto é, dos endereços mais altos para os mais baixos.

(c) Alguns processadores possuem registradores específicos para guardar este endereço, porém o mais comum é que este endereço seja guardado na pilha na memória.

(d) A pilha, além de guardar o endereço de retorno, pode ser utilizada para a passagem e o recebimento de parâmetros para a sub-rotina, o que deve ser feito explicitamente pelo programador ou compilador.

(e) Depois que o endereço de retorno foi salvo na pilha, o valor do apontador de instruções (PC) é alterado pela instrução JSR para o início da sub-rotina, onde o processador continua a execução das instruções.

(f) Se houver parâmetros, os mesmos devem ser retirados da pilha e utilizados pela sub-rotina. Da mesma maneira que, ao final da sub-rotina, se houver resultados, eles podem ser passados pelo programador também de volta na pilha.

Capítulo 7. Programação em linguagem de montagem   **325**

(g) Ao final da sub-rotina, a instrução RET é executada e faz a retirada do endereço de retorno da pilha, no endereço indicado pelo apontador de pilha (SP), copiando o mesmo para o apontador de instruções (PC).

(h) A execução do programa prossegue então a partir da instrução seguinte àquela que anteriormente chamou a sub-rotina.

4. Qual a função do ponteiro de pilha (SP – *stack pointer*)?

Resposta: O ponteiro de pilha (SP – *Stack Pointer*) é um registrador especial utilizado em computadores e processadores para gerenciar a pilha de execução do programa. A pilha é uma estrutura de dados na memória utilizada para armazenar informações temporárias, como valores de variáveis locais, endereços de retorno de sub-rotinas e outros dados relevantes para o fluxo de execução do programa.

A função do ponteiro de pilha é apontar para o topo da pilha, ou seja, para a posição de memória onde o próximo dado será armazenado. Quando um valor é colocado na pilha (por exemplo, ao chamar uma sub-rotina ou ao salvar o valor de uma variável local), o ponteiro de pilha é incrementado para apontar para a próxima posição disponível na pilha. Do mesmo modo, quando um valor é removido da pilha (por exemplo, ao retornar de uma sub-rotina ou ao liberar uma variável local), o ponteiro de pilha é decrementado para apontar novamente para o topo da pilha.

O ponteiro de pilha é fundamental para o correto funcionamento de sub-rotinas e chamadas de função, pois permite que as informações relevantes sejam armazenadas e recuperadas na ordem correta, garantindo que a execução do programa possa ser retomada corretamente após a conclusão de uma sub-rotina.

5. Codifique um programa que leia um valor N do painel de chaves, faça a soma dos números entre 1 e N e apresente o resultado no visor hexadecimal. Desconsidere o caso em que acontece *overflow*.

Resposta: Disponível no repositório do simulador no arquivo soma_1_n.asm

6. Implemente um programa que leia dois valores em sequência do painel de chaves e de acordo com um terceiro valor faça:

- 0 – Mostre o maior valor no visor hexadecimal.
- 1 – Mostre o menor valor no visor hexadecimal.
- 2 – Mostre a soma dos valores no visor hexadecimal.
- 3 – Mostre a diferença dos valores no visor hexadecimal.

Por enquanto, ignore se o resultado tiver *overflow* ou for negativo.

Resposta: Disponível no repositório do simulador no arquivo compara_soma.asm

7. No Exemplo 7.25, apresentamos um programa que calcula a soma dos elementos pares de um vetor. Implemente uma rotina que receba o endereço de um vetor com elementos de 8 bits na pilha e um parâmetro adicional passado no acumulador e de acordo com esse valor faça:

- 0 – Calcula a soma de todos os elementos pares do vetor.
- 1 – Calcula a soma de todos os elementos ímpares do vetor.

O resultado é devolvido no acumulador.

Resposta:

```
;------------------------------------------------------
; Rotina que calcula a soma dos elementos pares
; ou ímpares do vetor
; Autores: Antonio Borges e Gabriel P. Silva
; Data: 10/08/2023
; Arquivo: soma_pares_impares.asm
; opção na chave (bit 0)
;------------------------------------------------------
            ORG  0
TESTA_SOMA_VETOR:
```

```
                    LDS   #STACK_ADDR      ; Inicializa a pilha
                    LDA   PT_VETOR         ; Carrega o endereço do vetor na pilha
                    PUSH
                    LDA   PT_VETOR+1
                    PUSH
                    LDA   TAMANHO_VETOR    ; Carrega o tamanho do vetor
                    PUSH
ENTRA:
                    IN    STATUS           ; Verifica se entrou dado
                    AND   #1               ;
                    JZ    ENTRA
                    IN    CHAVES           ; opção 0: soma elementos pares,
                                           ; 1: soma elementos ímpares
                    PUSH
                    JSR   SOMAVETOR        ; Chama a rotina
                    OUT   VISOR            ; Mostra o acumulador no visor
                    HLT
;------------------------------
PT_VETOR:           DW    ORIGEM           ; Ponteiro para a área de origem
ORIGEM:             DB    5,7,2,8,2,1,1,9
TAMANHO_VETOR:      DB    8                ; Tamanho do vetor
STACK:              DS    40               ; Região reservada para a pilha
STACK_ADDR:         DS    0                ; A pilha começa aqui
VISOR               EQU   0
CHAVES              EQU   0
STATUS              EQU   1
;--------------------------------------------------------------
; Rotina SOMAVETOR
; Na pilha: o endereço de um vetor, o tamanho do vetor e
; a opção
; Opções: 0 soma os pares, 1 soma os ímpares
;--------------------------------------------------------------
SOMAVETOR:
                    POP                    ; Salva o endereço de retorno
                    STA   RETURN_ADDR      ; Jogado na pilha pelo JSR
                    POP
                    STA   RETURN_ADDR+1
                    POP                    ; Pega a opção de processamento
                    STA   OPC
                    POP                    ; Pega o tamanho do vetor na pilha
                    STA   TAMANHO          ; Salva em tamanho
                    POP                    ; Pega o endereço do vetor na pilha
                    STA   PVET+1           ; Salva em pvet
                    POP
                    STA   PVET
                    LDA   #0               ; Inicializa a soma
                    STA   SOMA
                    LDA   #0               ; Inicializa o contador de elementos
                    STA   CONTADOR
LOOP:
                    LDA   CONTADOR         ; Carrega o contador
                    SUB   TAMANHO          ; Compara com o tamanho do vetor
                    JZ    FIM_SOMAPAR      ; Se for igual, termina a rotina
                    LDA   @PVET            ; Pega o próximo elemento
                    AND   #1               ; Testa se é par ou ímpar
                    XOR   OPC              ; Realiza a operação "XOR"
                    JNZ   SALTA            ; Se não for, pula para SALTA
                    LDA   @PVET            ; Faz a soma
                    ADD   SOMA
```

Capítulo 7. Programação em linguagem de montagem

327

```
                    STA   SOMA
SALTA:
                    LDA   PVET          ; Incrementa o ponteiro
                    ADD   #1
                    STA   PVET
                    LDA   PVET+1
                    ADC   #0
                    STA   PVET+1
                    LDA   CONTADOR      ; Incrementa o contador de elementos
                    ADD   #1
                    STA   CONTADOR
                    JMP   LOOP
FIM_SOMAPAR:
                    LDA   RETURN_ADDR+1 ; Recoloca na pilha o
                    PUSH                ; endereço de retorno
                    LDA   RETURN_ADDR
                    PUSH
                    LDA   SOMA
                    RET                 ; Sai da rotina
;-------------------------------------------------------
; Variáveis da rotina
;-------------------------------------------------------
PVET:               DW    0
OPC:                DB    0
SOMA:               DB    0
TAMANHO:            DB    0
CONTADOR:           DB    0
RETURN_ADDR:        DW    0
                    END   TESTA_SOMA_VETOR
```

8. Implemente um programa que faça a ordenação de um vetor com elementos de 8 bits com sinal.
   Resposta: Disponível no repositório do simulador no arquivo ordena_vetor.asm

9. Implemente uma rotina para somar dois números de 8 bits, devolvendo o resultado no acumulador, e também no visor. Restrições da implementação: esta rotina deve receber os dois números na pilha e devolver a resposta também na pilha.
   Resposta: Disponível no repositório do simulador no arquivo soma_8bits.asm

10. Escreva uma rotina que receba o endereço de uma palavra de 16 bits na pilha e que conte o número de '1's na palavra. O resultado é devolvido no acumulador. Apresente um programa de exemplo que mostre o resultado no visor hexadecimal.
    Resposta: Disponível no repositório do simulador no arquivo conta_uns_16.asm

11. Escreva uma rotina com funcionalidade similar ao procedimento *memset*, da biblioteca padrão de C. Ou seja, o procedimento deve preencher uma região de memória com um valor de byte fornecido como parâmetro. Os parâmetros são passados na pilha, ou seja, o endereço inicial, o número de bytes e o valor a ser preenchido. Apresente um programa completo de exemplo.
    Resposta: Disponível no repositório do simulador no arquivo memset.asm

12. Escreva uma rotina para copiar uma cadeia de caracteres de uma posição da memória para outra. Os endereços de origem e destino são passados como parâmetros na pilha e a cadeia de caracteres é terminada com NULL (0x00). Apresente um programa completo de exemplo.
    Resposta: Disponível no repositório do simulador no arquivo copia_cadeia.asm

13. A conversão de binário para decimal é usualmente feita com sucessivas divisões por 10 para extrair os dígitos decimais, da direita para a esquerda. Contudo, o Sapiens não tem a instrução de divisão. Um algoritmo alternativo possível é somar 6 se o número estiver entre 10 e 16. Assim, se for 0AH em binário, o valor em decimal deve ser

10, e como 0AH + 6 = 10H usa-se este artifício. Se o número estiver entre 20 e 26, soma-se 12, se estiver entre 30 e 36, soma-se 18 e assim por diante. Depois do número corrigido basta então imprimir separadamente os 4 bits mais altos e depois os 4 bits mais baixos, não esquecendo de converter cada um deles para ASCII primeiro. O algoritmo está limitado a valores positivos com um máximo igual a 99 em decimal. Implemente uma rotina que receba um valor em binário no acumulador e que faça a impressão no console e no *banner* do seu valor no formato decimal. Elabore um programa de teste que leia o valor do painel de chaves. Você teria uma sugestão para converter valores até 255?

Resposta: Disponível no repositório do simulador no arquivo converte_binario.asm

14. Escrever um programa que calcule o valor correspondente da série de Fibonacci usando um procedimento recursivo, conforme o exemplo em linguagem de alto nível a seguir.

```c
/*
Função recursiva que recebe um inteiro n >= 1
e devolve o n-ésimo termo da sequência de Fibonacci.
Arquivo: fibonacci.c
*/
#include <stdio.h>
int fibonacci(int n) {
  int x;
  if (n == 1) return(1);
  if (n == 2) return(1);
  x = fibonacci(n-1) + fibonacci(n-2);
  return(x);
}

int main() {  // Função principal.
int n;
  while(n <= 0) {
    printf("Entre com um valor positivo: ");
    scanf("%d", &n);
  }
  printf("Resultado = %d \n", fibonacci(n));
  return(0);
}
```

Resposta: Disponível no repositório do simulador no arquivo fibonacci.asm

8
Arquiteturas avançadas

"Muito simplesmente – explicou Beremiz. – Contar os camelos, um por um, seria a meu ver, tarefa sem interesse, do valor de uma bagatela. Para tornar mais interessante o problema, procedi da seguinte forma: Contei primeiro todas as pernas e em seguida as orelhas: achei, desse modo, um total de 1.541. A este total juntei uma unidade, e dividi o resultado por 6. Feita essa pequena divisão, encontrei o quociente exato: 257!"

Malba Tahan, *O Homem que Calculava*

Desde a sua criação os computadores não cessam de evoluir, com modificações e avanços em suas arquiteturas, no sentido de resolver com maior eficiência problemas cada vez mais complexos em todas as áreas do conhecimento. Neste capítulo, iremos apresentar algumas dessas inovações introduzidas nas arquiteturas dos computadores e dos processadores que consideramos mais significativas, tais como: as características e funcionalidades das arquiteturas de processador *pipelined* e *superpipelined*; a execução de múltiplas instruções nos processadores superescalares e VLIW; a exploração do paralelismo no nível de *thread* nas arquiteturas *multithreading* e *multithreading* simultâneo (SMT); as características das arquiteturas dos aceleradores gráficos; e, finalmente, as características básicas das arquiteturas dos sistemas paralelos de alto desempenho.

8.1 ARQUITETURA DE PROCESSADOR COM *PIPELINE*

O *pipeline* é uma técnica de implementação de processadores que permite a sobreposição temporal das diversas fases de execução das instruções. Essa técnica aumenta o número de instruções executadas simultaneamente e a taxa de instruções iniciadas e terminadas por unidade de tempo. Contudo, o *pipeline* não reduz o tempo gasto para completar cada instrução individualmente, podendo até mesmo aumentá-lo em alguns casos.

8.1.1 Funcionamento básico

Para ilustrarmos os princípios dessa ideia, vamos lançar mão de uma analogia e fazer a comparação com o funcionamento de um lava a jato. Inicialmente, vamos supor que para lavar um carro sejam necessárias quatro etapas, e que cada etapa possa ser realizada em 15 minutos, em um total de 60 minutos para cada carro:

1. aplicação de desengordurante na lataria, desengraxante nas rodas, enxágue;
2. aplicação de xampu, enxágue, secagem;
3. aspiração do interior, limpeza dos vidros;
4. lavagem dos tapetes, aplicação de silicone nas partes emborrachadas e pretinho nos pneus, troca da bolsinha de lixo.

Para lavar cinco carros, de uma forma convencional, seriam necessários 5 horas para concluir essa tarefa, conforme pode ser visto na Figura 8.1.

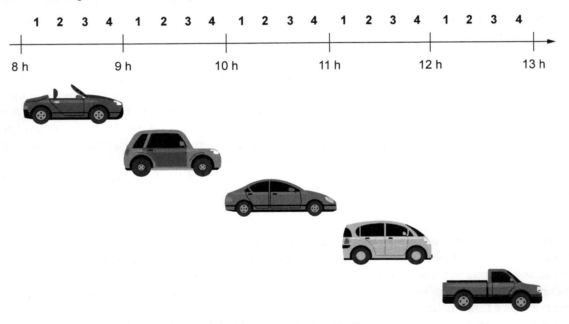

Figura 8.1. Lava a Jato sem *Pipeline*.

Contudo, se fizermos uma análise mais cuidadosa podemos observar que, desde que tenhamos os recursos disponíveis como pessoal e equipamentos, não precisamos esperar que um carro seja lavado completamente, para só então iniciar a lavagem do próximo carro. Logo que terminamos uma etapa da lavagem, já podemos avançar o carro para a próxima etapa e iniciar a lavagem do carro seguinte.

Empregando essa técnica conhecida como *pipeline*, ou cadeia de montagem, podemos iniciar a lavagem de um novo carro a cada 15 minutos, até que tenhamos quatro carros sendo lavados simultaneamente, um em cada etapa do *pipeline*. Depois da primeira hora, teremos um carro novo lavado a cada 15 minutos. Ao final do dia teremos muito mais carros limpos do que teríamos sem o uso de *pipeline*. Para aprontar 5 carros, por exemplo, levaríamos apenas 2 horas no total, como ilustrado na Figura 8.2.

Com o uso da técnica de *pipeline*, a lavagem de um carro, individualmente, continuará levando uma hora para ser realizada. Ou seja, a técnica de *pipeline* não melhora o tempo de execução de cada tarefa individualmente, mas melhora o rendimento ou a produtividade de todo o sistema. As várias tarefas podem ser executadas simultaneamente desde que utilizem recursos diferentes. A aceleração potencial máxima, ou seja, o ganho de tempo que podemos ter, é igual ao número de estágios do *pipeline*.

Capítulo 8. Arquiteturas avançadas

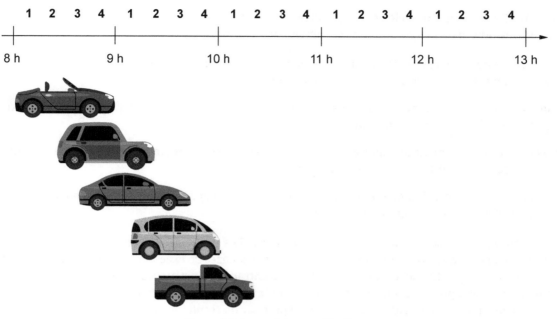

Figura 8.2. Lava a Jato com *Pipeline*.

8.1.2 Detalhes de implementação

Agora, retornando para o caso da execução das instruções em um processador, vamos supor que a execução das instruções de um processador seja feita em cinco etapas, como elencado a seguir:

1. busca da instrução na memória (B);
2. leitura dos registradores e decodificação da instrução (D);
3. execução da instrução / cálculo do endereço de memória (E);
4. acesso a um operando na memória (M);
5. escrita do resultado em um registrador (W).

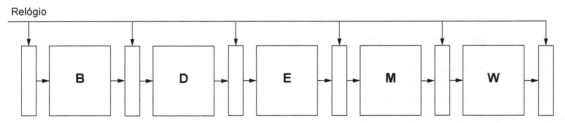

Figura 8.3. Divisão da Execução da Instrução.

A Figura 8.3 apresenta um diagrama esquemático dessa divisão, e pode-se notar a existência de registradores entre cada um dos estágios para armazenamento dos resultados temporários.

A cada novo ciclo de relógio uma instrução é passada de um estágio para outro do *pipeline*. O relógio, por ser periódico, possui uma frequência e tempo de ciclo definidos. Quanto maior a frequência (f), menor o tempo de ciclo (T) do relógio (T = 1/f). Nos processadores modernos a frequência é expressa em MHz (10^6 Hz) ou GHz (10^9 Hz) e o tempo de ciclo de relógio em ns (10^{-9} s) ou ps (10^{-12} s). Isto posto, os *pipelines* de instrução de um processador devem apresentar as seguintes características:

- a duração do ciclo de relógio de um processador deve ser maior ou igual ao tempo que o estágio mais lento do *pipeline* leva para realizar suas operações;

- deve-se procurar dividir a execução da instrução em estágios que tenham o mesmo tempo de execução, para otimizar o desempenho do *pipeline*;

- o *pipeline* deve ser mantido sempre "cheio", ou seja, com instruções úteis em todos os seus estágios, para que o seu desempenho máximo seja alcançado;

- cada instrução, individualmente, gasta um tempo igual ou maior para ser executada em um processador com *pipeline* quando comparado à execução sem *pipeline*.

Para que esse modelo básico de funcionamento do *pipeline* seja real, três condições devem ser satisfeitas. Em primeiro lugar, todos os estágios do *pipeline* devem ser capazes de executar a sua tarefa específica dentro de um ciclo de relógio. Em segundo lugar, o fluxo de entrada de instruções no *pipeline* deve ser mantido continuamente, não podendo sofrer interrupções ou atrasos. Finalmente, em terceiro lugar, não devem existir nem dependências de dados (uma instrução precisar do resultado da outra) nem conflitos estruturais (uso de um recurso por mais de um estágio) entre as instruções que estão sendo executadas simultaneamente no *pipeline*.

Estágio	Ciclo de Relógio									
Pipeline	T1	T2	T3	T4	T5	T6	T7	T8	T9	T10
B	Inst. 1	Inst. 2	Inst. 3	Inst. 4	Inst. 5	Inst. 6	Inst. 7	Inst. 8	Inst. 9	Inst. 10
D		Inst. 1	Inst. 2	Inst. 3	Inst. 4	Inst. 5	Inst. 6	Inst. 7	Inst. 8	Inst. 9
E			Inst. 1	Inst. 2	Inst. 3	Inst. 4	Inst. 5	Inst. 6	Inst. 7	Inst. 8
M				Inst. 1	Inst. 2	Inst. 3	Inst. 4	Inst. 5	Inst. 6	Inst. 7
W					Inst. 1	Inst. 2	Inst. 3	Inst. 4	Inst. 5	Inst. 6

Figura 8.4. Instruções no *Pipeline*.

Ganho de desempenho do pipeline

Assumindo que essas condições são satisfeitas, a Figura 8.4 mostra que a partir do quinto ciclo de relógio, quando o *pipeline* fica cheio, uma instrução é completada a cada ciclo de relógio. Generalizando esse resultado, podemos dizer que o tempo total T gasto no processamento de M instruções em um *pipeline* com K estágios e duração do ciclo relógio igual a t segundos é igual a:

$$T = [K + (M - 1)] \times t$$

Capítulo 8. Arquiteturas avançadas

Se o número de instruções em execução, M, for muito maior que o número de estágios K do *pipeline*, o que é frequentemente verdade, podemos dizer que:

$$T = M \times t$$

Esses resultados mostram dois aspectos importantes. O primeiro deles é que, operando em regime, um *pipeline* completa uma instrução a cada ciclo de relógio e, portanto, uma redução na duração do ciclo de relógio reduz proporcionalmente o tempo gasto na execução de um conjunto grande de instruções, mesmo que para isso seja necessário aumentar o número de estágios do *pipeline*.

Na verdade, o tempo gasto na execução de um conjunto grande de instruções por um *pipeline* é independente do número de estágios desse *pipeline*. Em uma estrutura onde a técnica de *pipeline* não fosse utilizada, o tempo gasto para a execução de um conjunto de M instruções seria aproximadamente $K \times M \times t$, portanto K vezes maior.

Deve ser ressaltado que o fator de ganho K, igual ao número de estágios do *pipeline*, é obtido, em princípio, a um custo adicional de *hardware* muito reduzido, ocasionado basicamente pela introdução de registradores para isolar os diferentes estágios do *pipeline*.

Os circuitos que compõem cada estágio do *pipeline* são fundamentalmente os mesmos que seriam utilizados em uma implementação tradicional onde as cinco fases de cada instrução são processadas sequencialmente, sem nenhum paralelismo entre elas.

Basicamente, o ganho obtido com o uso da técnica de *pipeline* existe porque todos os estágios estão sempre trabalhando, enquanto na implementação tradicional apenas um estágio trabalha a cada instante de tempo. Logo, K vezes mais trabalho é realizado por ciclo de relógio com o uso da técnica de *pipeline*.

O segundo aspecto importante a ser observado é que quanto maior o número de estágios de um *pipeline*, maior será o tempo perdido para se preencher novamente o *pipeline*, com impactos importantes no desempenho do processador. Isso ocorre em situações em que o fluxo de entrada de instruções não pode ser mantido constante, por exemplo, em virtude de uma previsão errada do resultado de uma instrução de desvio condicional, onde as instruções presentes no *pipeline* devam ser anuladas e, consequentemente, o *pipeline* deva ser novamente preenchido com a sequência correta de novas instruções.

Ilustramos nas Tabelas 8.1 e 8.2[1] as diferenças entre a execução de um conjunto de instruções de um processador RISC típico, no primeiro caso sem *pipeline* e no segundo com um *pipeline* de cinco estágios com tempo de ciclo de relógio de 2 ns.

Tabela 8.1. Processador sem *Pipeline*

Classe da Instrução	Busca da Instrução	Leitura do Operando	Operação da UAL	Acesso à Memória	Escrita do Resultado	Total
Leitura de Memória (*load*)	2 ns	1 ns	2 ns	2 ns	1 ns	8 ns
Escrita em Memória (*store*)	2 ns	1 ns	2 ns	2ns		7 ns
Aritméticas (*add, sub, and*)	2 ns	1 ns	2 ns		1 ns	6 ns
Desvio (*branch*)	2 ns	1 ns	2 ns			5 ns

---

[1] Adaptado de Hennessy e Patterson (2017).

Tabela 8.2. Processador com *Pipeline*

Classe da Instrução	Busca da Instrução	Leitura do Operando	Operação da UAL	Acesso à Memória	Escrita do Resultado	Total
Leitura de Memória (*load*)	2ns	2 ns	2 ns	2 ns	2 ns	10 ns
Escrita em Memória (*store*)	2ns	2 ns	2 ns	2 ns		10 ns
Aritméticas (*add, sub, and*)	2 ns	2 ns	2ns		2 ns	10 ns
Desvio (*branch*)	2 ns	2 ns	2 ns			10 ns

Notem que na implementação com *pipeline* a instrução deve passar por todos os estágios, mesmo que em alguns deles não haja nenhuma atividade para ser realizada. Isso normaliza o tempo de execução de todas as instruções em 10 ns (5 × 2 ns), um valor bem maior que o tempo médio de 6,5 ns ((8 ns + 7 ns + 6 ns + 5 ns)/4) apresentado pela implementação sem *pipeline*. Apesar disso, a implementação com *pipeline* tem, na maior parte dos casos, desempenho melhor do que a implementação sem *pipeline*, como mostramos a seguir.

Por exemplo, consideremos um programa com 1.000.000 de instruções. Vamos supor que em uma arquitetura sem *pipeline* o tempo médio de execução de cada instrução seja de 6,5 ns. Qual seria o ganho na execução deste programa em um processador com *pipeline* de 5 estágios com ciclo de relógio de 2 ns?

$$T1 = 6,5 \text{ ns} \times 1.000.000 = 6,5 \text{ ms} \text{ (sem } pipeline)$$
$$T2 = (5 + 999.999) \times 2 \text{ ns} = 2 \text{ ms} \text{ (com } pipeline)$$
$$Ganho = T1/T2 = 6,5 \text{ ms}/2 \text{ ms} = 3,25$$

Ou seja, mesmo com um tempo médio de execução de cada instrução mais longo, o uso do *pipeline* permite, neste caso, um ganho até três vezes maior quando comparado com uma arquitetura sem *pipeline*.

Modificações arquiteturais no processador

Para que um processador com *pipeline* possa executar com eficiência as instruções, são necessárias diversas modificações e melhorias arquiteturais em função dos problemas que surgem da execução de várias instruções simultaneamente. Por exemplo, é necessário o uso de memória cache para suprir a maior demanda por instruções, que pode ser até K vezes maior, exigida pelo *pipeline*. Esta mesma memória cache é normalmente dividida em instruções e dados, para permitir a busca simultânea de instruções e a leitura/escrita de operandos, pelos estágios de busca (B) e de acesso memória (M) do *pipeline*, sem que haja algum tipo de conflito.

O banco de registradores do processador deve ser construído com múltiplas portas para permitir a leitura e escrita de vários operandos simultaneamente pelas várias instruções em execução no *pipeline*. Além disso, caminhos de dados alternativos devem existir entre os estágios do *pipeline* para adiantar resultados produzidos por instruções que estejam nos estágios finais para aquelas instruções que estejam aguardando pelos operandos nos seus estágios iniciais. Isso caracteriza o que é chamado de dependência direta de dados entre as instruções. Quando este recurso de adiantamento de dados não existe, técnicas de *hardware* ou *software* devem ser empregadas para garantir o distanciamento adequado entre essas instruções, de modo que as instruções possam ser executadas corretamente, sem que haja a leitura de operandos desatualizados do banco de registradores.

Mesmo quando o resultado do desvio ainda não é conhecido, a predição estática ou dinâmica de desvio é empregada para os casos de desvio condicional, de forma a otimizar a busca de instruções. No caso da predição dinâmica, o comportamento futuro do desvio é predito baseado no seu comportamento no passado. Quando essa solução não é utilizada, é comum permitir-se a execução das instruções após os desvios, em uma técnica conhecida como "desvio atrasado", onde o compilador move instruções que estariam antes da instrução de desvio, para a posição logo após essas instruções, de forma a otimizar o desempenho na execução do programa.

8.1.3 Estudo de caso: MIPS R2000

O MIPS R2000, lançado em 1986, foi a primeira implementação comercial de um processador RISC, utilizando a arquitetura MIPS, contendo 32 registradores inteiros de 32 bits e todas as instruções e endereços também tinham 32 bits. O MIPS R2000 possuía um *pipeline* de 5 estágios para obtenção de uma taxa de execução próxima de uma instrução por ciclo, um marco para os processadores da época, onde as paradas do *pipeline* e eventos de exceção eram tratados com precisão e eficiência. A execução de uma única instrução no R2000 consistia em cinco passos primários, como pode ser visto na Figura 8.5.

1. B – busca da instrução (I-Cache);
2. D – leitura dos operando necessários dos registradores do processador enquanto faz a decodificação da instrução;
3. E – realiza a operação requerida nos operandos da instrução;
4. M – acesso à memória (D-Cache);
5. W – escreve de volta o resultado no banco de registradores.

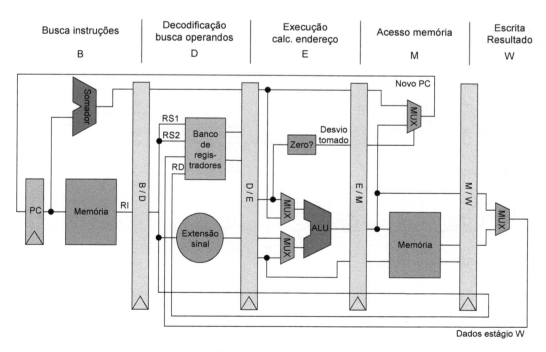

Figura 8.5. MIPS R2000.

Esse *pipeline* opera com eficiência porque os diferentes recursos do processador (barramentos de endereço e dados, operações da UAL, acesso aos registradores etc.) são utilizados sem conflito pelos diversos estágios do *pipeline*.

Cada instrução do R2000 consistia em uma única palavra de 32 bits em um endereço alinhado (múltiplo de 4) na memória. Havia três tipos básicos de instrução, como mostrado na Figura 8.6. Esta abordagem simplifica bastante a decodificação das instruções, sendo que as operações e modos de endereçamento mais complicados (e menos frequentes) podiam ser sintetizados pelo compilador.

- **Instruções de *Load e Store***

    Essas instruções movimentam os dados entre a memória e os registradores de uso geral. São todas instruções do tipo I. O único modo de endereçamento suportado é o registrador com deslocamento (operando imediato de 16 bits com sinal). Todas as operações de leitura de memória (*load*) possuem a latência de uma instrução, isto é, os dados lidos estarão disponíveis apenas para a segunda instrução depois da instrução de *load*.

- **Instruções Computacionais**

    As instruções computacionais realizam operações aritméticas, lógicas e de deslocamento em valores que estão nos registradores. Elas ocorrem nos formatos do tipo R e do tipo I. Existem quatro categorias de instruções computacionais:

    - aritméticas e lógicas com operando imediato;
    - aritméticas e lógicas com três operandos em registrador;
    - deslocamento;
    - multiplicação e divisão.

- **Instruções de Desvio Condicional e Incondicional**

    As instruções de desvio condicional e incondicional alteram o fluxo de controle de um programa. Todas as instruções de desvio ocorrem com um atraso de instrução: ou seja, a instrução imediatamente após o desvio é executada enquanto a instrução alvo do desvio está sendo buscada da memória.

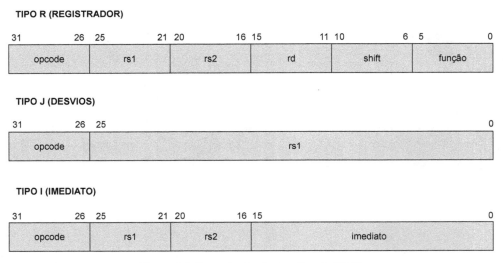

Figura 8.6. Formato das Instruções do MIPS.

Capítulo 8. Arquiteturas avançadas

O R2000 definia como operandos possíveis de uma instrução palavras de 32 bits, meia palavra de 16 bits ou *bytes* de 8 bits. A ordenação dos *bytes* é configurável (a configuração ocorre durante o reinício do *hardware*) em *big-endian* ou *little-endian*. Quando configurado como um sistema *big-endian*, o *byte* de menor endereço é sempre o *byte* mais significativo, fornecendo assim compatibilidade com as convenções do Motorola 68000 e IBM 370. Quando configurado como um sistema *little-endian*, o *byte* de menor endereço é sempre o *byte* menos significativo, o que é compatível com as convenções Intel x86, National NS32000 e DEC VAX.

O R2000 usa endereçamento de *byte* com restrições de alinhamento: dados de 16 bits devem estar alinhados em endereços pares e dados de 32 bits em endereços múltiplos de quatro. Além disso, o R2000 tinha uma interface de memória de grande largura de banda, com caches externas separadas para instruções e dados, que variam entre 4 e 64 *Kibytes* de tamanho cada. Ambos as caches são acessadas durante um único ciclo de relógio e toda a lógica de controle de cache está integrada na mesma pastilha do processador.

Um objetivo primário das máquinas RISC era atingir uma taxa de execução de instruções de uma instrução por ciclo de relógio. O MIPS R2000 atinge esse objetivo por meio de um conjunto de instruções compacto e uniforme, um *pipeline* de instruções e cuidadosa otimização do código realizada pelos compiladores. Muitas das vantagens obtidas com essas técnicas poderiam, no entanto, ser anuladas por um sistema de memória ineficiente. As principais características do sistema de memória do R2000 são:

- **Memória cache externa**: A memória local de alta velocidade (chamada de memória cache) é usada para armazenar instruções e dados acessados repetidamente pelo processador (por exemplo, dentro de um laço de programa) e, assim, reduz-se o número de referências que devem ser feitas à memória principal, de velocidade mais lenta. Alguns microprocessadores da época forneciam uma pequena quantidade de memória cache no próprio chip do processador. As caches externas suportados pelo R2000 podiam ser muito maiores, trazendo melhorias significativas para uma ampla variedade de programas.

- **Caches separados para dados e instruções**: Mesmo com caches de alta velocidade, a velocidade da memória ainda pode ser um fator limitante tendo em vista o reduzido tempo de ciclo de um microprocessador de alto desempenho. O R2000 suporta caches separadas para instruções e dados e alterna os acessos aos dois caches durante cada ciclo do processador. Assim, o processador pode obter dados e instruções na velocidade de trabalho do processador usando caches construídas com dispositivos de memórias estáticas disponíveis comercialmente.

- ***Buffer* de escrita**: Para garantir a consistência dos dados, todos os dados gravados na cache de dados também devem ser gravados na memória principal. Para aliviar o processador dessa responsabilidade (e da perda de desempenho inerente), o R2000 oferece suporte a uma interface para um *buffer* de escrita. O *buffer* de escrita do R2000 captura dados e endereços de saída do processador e garante que os dados sejam passados para a memória principal.

Finalmente, nessa nossa descrição, o R2000 tem uma capacidade de endereçamento de até 4 GiB. No entanto, como a maioria dos sistemas R2000 implementava uma memória física menor que 4 GiB, o R2000 fornecia uma lógica de expansão do espaço de memória traduzindo endereços compostos em um grande espaço de endereço virtual em endereços da memória física disponível, mais restrita. O espaço de endereçamento de 4 GiB é dividido então em 2 GiB para usuários e 2 GiB para o núcleo do sistema operacional.

O mapeamento de memória virtual é auxiliado pelo *Translation Lookaside Buffer* (TLB). O TLB, instalado internamente na mesma pastilha do processador, fornece acesso muito rápido à memória virtual e é compatível com os requisitos de sistemas operacionais multitarefa. O TLB totalmente associativo contém 64 entradas, cada uma das quais mapeia uma página de 4 *Kibytes*, com controles para acesso de leitura/gravação, e identificação do processo. O TLB permite que cada usuário acesse até 2 GiB do espaço de endereçamento virtual.

8.2 ARQUITETURAS SUPERPIPELINED

O uso da técnica de *pipeline* foi tão bem sucedido que diversas implementações de processadores comerciais começaram a aumentar de forma acentuada o número de estágios do *pipeline*. Esses processadores passaram a dividir cada estágio do projeto original do *pipeline* em subestágios, com tempo de execução cada vez menor, em uma técnica que ficou conhecida com *superpipelining*.

8.2.1 Funcionamento básico

Para melhor entendermos esta técnica, vamos voltar ao nosso exemplo do lava a jato. Neste caso, em vez de quatro etapas, cada uma com 15 minutos, poderíamos ter 8 etapas, cada uma delas levando 7,5 minutos:

1. aplicação de desengordurante na lataria, desengraxante nas rodas;

2. enxágue;

3. aplicação de xampu, enxágue;

4. secagem;

5. aspiração do interior;

6. limpeza dos vidros;

7. lavagem dos tapetes;

8. aplicação de silicone nas partes emborrachadas e pretinho nos pneus, troca da bolsinha de lixo.

Conseguimos agora produzir um novo carro lavado a cada 7,5 minutos, dobrando assim a produtividade do nosso lava a jato! Notem que o tempo para a lavagem de cada carro, individualmente, continua sendo igual a uma hora.

8.2.2 Detalhes de implementação

O grau de *superpipelining* da arquitetura é determinado então pelo número de subestágios no qual é dividido cada estágio do *pipeline* original, supondo-se que essa divisão pode ser feita de forma regular. Inicialmente, a frequência de relógio em uma arquitetura *superpipeline* pode ser multiplicada por N em comparação com a frequência de relógio da arquitetura de referência, em que N representa o número de divisões em cada estágio do *pipeline* original.

Uma característica comum às arquiteturas *superpipelined* é permitir que duas ou mais instruções utilizem uma mesma unidade funcional simultaneamente, implementando-as como *pipelines*, ou seja, podem receber novos operandos antes mesmo da operação relativa à instrução anterior terminar. Dessa maneira, pode-se evitar a replicação de unidades funcionais caras, obtendo-se ainda um certo grau de paralelismo entre as instruções.

Com relação às arquiteturas baseadas em estruturas de *pipeline* convencionais, o custo de *hardware* das arquiteturas *superpipeline* é acrescido por duas razões. A primeira delas é a necessidade de uso de um número maior de registradores para isolar cada subestágio do *superpipeline* dos seus vizinhos. A segunda é a necessidade de uso de uma tecnologia que suporte relógios de frequência mais alta, com bom controle de diferenças de atraso (*skew*) entre os instantes em que uma mesma transição do relógio é percebida em partes distantes no *layout* físico do processador. Esse problema é diretamente proporcional ao número de estágios, já que isso implica o aumento da frequência do relógio.

O aumento da profundidade do *pipeline* na técnica de *superpipelining* tende, no entanto, a ter seu desempenho prejudicado por situações que causam o "esvaziamento" do *pipeline*. Essas situações podem ser

Capítulo 8. Arquiteturas avançadas

decorrentes de falhas no acesso à cache de instruções ou quando houver predição incorreta dos desvios condicionais. Nesse último caso, as instruções já presentes no *pipeline* precisam ser descartadas e o *pipeline* deve ser preenchido novamente com as instruções do trecho correto de código a ser executado, e a perda de tempo com essa operação aumenta na mesma proporção que o aumento da profundidade do *pipeline*.

A técnica de *superpipelining* foi amplamente utilizada em diversos processadores, com profundidade média variando entre 10 a 20 estágios, ou seja, de dois a quatro vezes maior do que a profundidade dos *pipelines* empregados na implementação de arquiteturas RISC básicas. Particularmente, uma das implementações da arquitetura Intel NetBurst, o Pentium 4 Prescott, chegou a ter 31 estágios no *pipeline*! Consequentemente, a frequência do relógio utilizada nesses processadores baseados em *superpipelines* era também de 2 a 4 vezes superior à empregada nos processadores com *pipelines* convencionais.

O aumento indiscriminado na frequência dos relógios dos processadores levou a aumento exagerado na potência dissipada por estes processadores, o que resultava em dificuldades para refrigerar o seu encapsulamento com técnicas convencionais. Como consequência, no projeto dos processadores mais recentes, o número de estágios do *pipeline* foi bastante diminuído, situando-se modernamente entre 9 e 14 estágios em média para as instruções inteiras.

De maneira geral, podemos afirmar que a implementação da técnica de *superpipelining* com um fator de grau G em um *pipeline* convencional, com um período de relógio igual a t e um número de estágios igual a K, resultará em um superpipeline com $K \times G$ estágios e um período de relógio igual a t/G. Assim, idealmente, o tempo total T gasto neste *superpipeline* para executar M instruções pode ser determinado pela seguinte equação:

$$T = (K \times G)t/G + (M - 1)t/G$$

ou seja,

$$T = Kt + (M - 1)t/G$$

Portanto, o tempo gasto para que a primeira instrução saia do *superpipeline* é o mesmo observado no *pipeline* original, porém cada instrução seguinte completa em um período de tempo t/G, ou seja, um período G vezes menor do que no *pipeline* original.

8.2.3 Estudo de caso: Pentium 4

A Intel, de um modo geral, abraçou a ideia do uso da técnica de *superpipeline* em seus processadores. O projeto inicial da arquitetura Pentium (P5) tinha apenas 5 estágios. Já nas implementações seguintes este número foi aumentando progressivamente, passando para 10 na arquitetura Pentium III (P6), 14 na arquitetura Pentium Pro (P6), 20 na primeira implementação da arquitetura NetBurst (Pentium 4) e indo até 31 estágios no Pentium 4 Prescott. Acreditamos que parte deste impulso em aumentar o número de estágios do *pipeline* vinha das ações de marketing resultantes, já que a frequência máxima de trabalho do Pentium 4 Prescott era extremamente alta: 3,8 GHz. Isso era certamente um impulso para os negócios, já que os competidores não conseguiam atingir esses valores de frequência de relógio nos seus processadores.

O processador Pentium 4, na sua primeira implementação com 20 estágios, apresentava diversas características, que iremos descrever em seguida. Contudo, por apresentar inúmeros detalhes relativos às arquiteturas superescalares, recomendamos a leitura da Seção 8.3 para um melhor entendimento do conteúdo a seguir.

A microarquitetura do Pentium 4 era organizada em quatro seções principais: o *front-end* de execução em ordem, o mecanismo de execução fora de ordem, as unidades de execução inteiras e de ponto flutuante, e o subsistema de memória. Um diagrama correspondente pode ser visto na Figura 8.7.

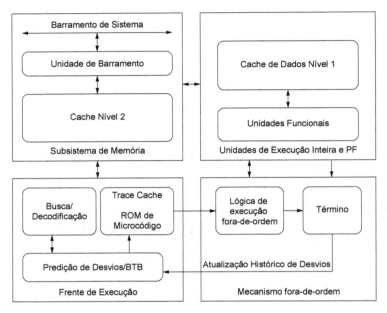

Figura 8.7. Diagrama de Blocos Básico do Pentium 4.

Front End

O *front end* em ordem é a parte da máquina que busca as próximas instruções a serem executadas no programa e as prepara para serem usadas posteriormente no *pipeline* da máquina. Seu trabalho é fornecer um fluxo de instruções decodificadas para o núcleo de execução fora de ordem, que fará a conclusão real das instruções.

Notem que o conjunto de instruções da arquitetura original dos processadores Intel, chamada de x86 ou IA32, é uma arquitetura do tipo CISC, que não permite uma implementação adequada de um *pipeline*. Assim, a solução adotada foi realizar a tradução dessas instruções IA-32, em tempo de execução, para o conjunto de instruções de uma arquitetura RISC interna, chamada de μops (micro-operações) pela Intel. Essa arquitetura RISC interna pode então executar essas instruções com uso de *pipeline* e outras facilidades características das arquiteturas RISC.

O *front-end* tem uma lógica de predição de desvio altamente precisa, que usa o histórico de execução dos desvios do programa para especular onde o programa será executado em seguida, fornecendo o endereço usado para buscar novas instrução da cache de nível 2 (L2). Essas instruções IA-32, da arquitetura original CISC x86, são então decodificadas em operações básicas chamadas μops (micro-operações), que o núcleo de execução, na realidade uma arquitetura RISC, é capaz de executar.

A microarquitetura NetBurst tem uma forma avançada de cache de instruções de Nível 1 (L1) chamada de Cache de Rastreamento de Execução (*Execution Trace Cache*). Ao contrário das caches de instruções convencionais, a *Trace Cache* fica entre a lógica de decodificação de instruções e o núcleo de execução, conforme mostrado na Figura 8.7. Nesse local, a *Trace Cache* é capaz de armazenar as instruções IA-32 já decodificadas (μops). Desse modo, laços de execução irão buscar na *Trace Cache* as micro-operações repetidas vezes, evitando a necessidade de uma nova tradução pelo decodificador IA-32.

Capítulo 8. Arquiteturas avançadas

Mecanismo de execução fora de ordem

O mecanismo de execução fora de ordem é onde as instruções são preparadas para execução. A lógica de execução fora de ordem tem vários *buffers* utilizados para suavizar e reordenar o fluxo de instruções de modo a otimizar o desempenho à medida que as instruções seguem pelo *pipeline* e são agendadas para execução. As instruções são reordenadas, ou seja, enviadas para execução fora da ordem original do programa, de modo a permitir que sejam executadas tão logo os seus operandos de entrada estejam prontos.

Essa execução fora de ordem permite que a execução de algumas instruções seja adiantada, caso estejam no programa, após instruções que por algum motivo não possam prosseguir, desde que não dependam de resultados dessas instruções atrasadas. A execução fora de ordem permite que os recursos de execução, como unidades funcionais e memória cache, sejam mantidos o mais ocupado possível executando instruções independentes que estejam prontas para execução.

A lógica de retirada é responsável por reordenar as instruções, que foram executadas fora de ordem, de volta à ordem original do programa. Essa lógica de retirada recebe o *status* de conclusão das instruções executadas das unidades de execução e processa os resultados para que o estado arquitetural adequado, dos registradores e memória, seja atualizado da mesma maneira que seria em uma execução na ordem original do programa. O processador Pentium 4 pode aposentar até três μops por ciclo de relógio. Essa lógica de retirada garante que as exceções ocorram somente se a operação que está causando a exceção for a operação mais antiga ainda não retirada na máquina. Essa lógica também reporta as informações de histórico de desvio para os preditores de desvio no *front-end* do processador, para que eles possam atualizar suas tabelas com os resultados mais recentes dos desvio finalizados.

Detalhes da implementação

A Figura 8.8 mostra um diagrama de blocos mais detalhado da microarquitetura NetBurst do processador Pentium 4. A parte superior esquerda do diagrama mostra o *front end* da máquina. O meio do diagrama ilustra a lógica de *bufferização* fora de ordem e a parte inferior do diagrama mostra as unidades de execução de inteiros e de ponto flutuante e a cache de dados L1. À direita do diagrama está o subsistema de memória.

O *front-end* do processador Pentium 4 consiste em várias unidades: uma TLB de instruções (ITLB) para a tradução de endereços virtuais em físicos pela gerência de memória; um grande preditor de desvios (*Front-End* BTB) com 4K entradas; o decodificador de instruções IA-32; a *Trace Cache*, com uma capacidade para armazenar até 12K μops; e uma ROM de microcódigo, para decodificar as instruções IA-32 mais complexas, como as de movimentação de cadeias de caracteres e para tratamento das interrupções.

Os bancos de registradores inteiro e de ponto flutuante ficam entre os escalonadores de instrução e as unidades de execução, sendo que há um banco de registradores de 128 entradas para as operações inteiras e outro separado para as de ponto flutuante/SSE. Cada banco de registradores também possui um mecanismo que ignora ou encaminha os resultados recém-concluídos, que ainda não foram gravados no banco de registradores, para as novas μops que eventualmente estejam aguardando por esses resultados.

O Pentium 4 possui um total de 7 unidades funcionais, sendo uma unidade funcional para cálculo dos endereços das instruções de leitura em memória (*load*) e outra para as de escrita em memória (*store*); além disso possui duas unidades inteiras que operam no dobro da velocidade do relógio principal, para a realização de operações aritméticas mais simples, que atendem entre 60 e 70% das μops inteiras executadas em um programa.

As operações inteiras mais complexas vão para uma unidade funcional separada. A maioria das operações de deslocamento ou rotação de inteiros, com uma latência de quatro ciclos de relógio, vai para essa unidade. As operações de multiplicação e divisão de inteiros têm uma latência de cerca de 14 e 60 ciclos de relógio, respectivamente.

As operações de ponto flutuante são executadas em duas unidades funcionais, e incluem as instruções de ponto flutuante do padrão x87, MMX, SSE (*Streaming SIMD Extension*) e SSE2 (*Streaming SIMD Extension* 2). As instruções MMX são instruções SIMD inteiras que operam com dados empacotados de 8, 16 ou 32 bits.

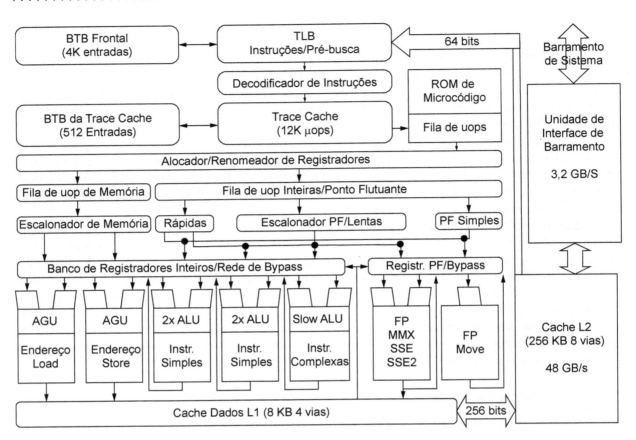

Figura 8.8. Arquitetura do Pentium 4.

As instruções SSE e SSE2 operam com dados empacotados de ponto flutuante de precisão simples e dupla, respectivamente.

A *Trace Cache* recebe as µops já decodificadas do decodificador de instruções IA-32 e constrói sequências de µops, ordenadas pela execução do programa, chamadas de *traces*. Essas µops são empacotadas em grupos de seis µops por linha da *Trace Cache*. Esses *traces* consistem em µops sendo executados sequencialmente no caminho previsto de execução do programa IA-32. Isso permite que o destino de um desvio seja incluído na mesma linha da *Trace Cache* onde está o próprio desvio, mesmo que o desvio e suas instruções de destino estejam em endereços muito distantes entre si na memória principal.

A cache L2 armazena as instruções e dados que não cabem na *Trace Cache* e na cache de dados de nível L1 com 8 *Kibytes*. O barramento de sistema externo é conectado à cache de segundo nível L2 e usado para acessar a memória principal quando a cache L2 tem uma falha de cache e para acessar os recursos de E/S do sistema. A cache L2 é uma cache de 256 *Kibytes* organizada como uma cache associativa por conjunto de 8 vias com linhas de 128 *bytes*, divididas em dois setores de 64 *bytes*.

8.3 ARQUITETURAS SUPERESCALARES

8.3.1 Funcionamento básico

Os processadores com arquiteturas superescalares são aqueles capazes de executar mais de uma instrução por ciclo, sendo organizados internamente com múltiplos *pipelines*. Esses *pipelines* fazem uso de várias unidades funcionais, onde diversas instruções são iniciadas e terminadas a cada ciclo, conforme representado na Figura 8.9.

Capítulo 8. Arquiteturas avançadas

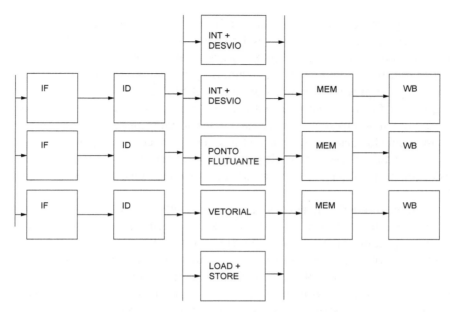

Figura 8.9. Estrutura Básica do Processador Superescalar.

As instruções somente são enviadas para execução nas unidades funcionais quando atendem pelo menos duas condições: primeiro, não violam as regras de dependência de dados, ou seja, todos os seus operandos devem estar prontos e disponíveis; segundo, não há conflito estrutural, devendo existir pelo menos uma unidade funcional disponível que possa executar essa instrução. O escalonamento das instruções, ou seja, a decisão de quais instruções serão executadas em paralelo, é feita diretamente pelo *hardware*, mas podendo contar também com apoio do compilador para reordenar as instruções e otimizar a execução do programa.

Eventualmente, isso pode significar que instruções mais recentes sejam executadas antes de instruções mais antigas, ou seja, as instruções podem ser executadas fora da ordem especificada no código original. Adicionalmente, os desvios condicionais limitam o número de instruções que podem ser executadas simultaneamente, pelo tempo que é perdido aguardando-se que o seu resultado seja conhecido. Então, alguma forma de predição de desvio deve ser empregada, fazendo com que as instruções sejam executadas especulativamente, ou seja, antes de sabermos o resultado dos desvios dos quais elas são dependentes.

Deste modo, algum tipo de mecanismo deve garantir a retirada dessas instruções na ordem original do programa, para que eventuais exceções causadas por alguma instrução sejam reconhecidas apenas quando todas as instruções mais antigas já terminaram, sem causar exceção. O mesmo mecanismo de retirada garante também que essas instruções não alterem o estado arquitetural, ou seja, registradores ou memória, antes de termos certeza do resultado dos desvios executados especulativamente.

O projeto de arquiteturas superescalares capazes de funcionar com esse modelo de despacho e conclusão de instruções fora de ordem é bastante complexo, apresentando uma série de desafios na integração eficiente de um conjunto de características importantes, que discutiremos a seguir.

8.3.2 Detalhes de implementação

O processador deve ter a capacidade para realizar a busca e decodificação de múltiplas instruções por ciclo, de forma a alimentar adequadamente os diversos *pipelines* existentes. Há várias soluções para este tipo de problema, mas entre elas podemos destacar o uso de memória cache de instruções, já que os tempos de acesso à memória principal são extremamente lentos e proibitivos. Deve-se também aumentar a largura do barramento de busca de instruções proporcionalmente ao número de instruções a serem executadas em paralelo.

Outra solução proposta é o uso de uma *Trace Cache*, que constrói sequências de instruções, ordenadas pela execução do programa, chamadas de *traces*. Isso permite que o destino de um desvio seja incluído na mesma linha da *Trace Cache* em que está o próprio desvio, mesmo que o desvio e suas instruções de destino estejam em endereços distantes um do outro na memória principal. A *Trace Cache* foi uma solução adotada durante muito tempo pelos processadores da Intel (veja a Seção 8.2.3).

O uso de esquemas eficientes de predição dinâmica de desvios, de modo a aumentar a quantidade de instruções úteis que podem ser buscadas a cada ciclo, é uma constante neste tipo de processador. Normalmente esses esquemas utilizam o histórico recente dos últimos desvios executados, para realizar alguma forma de predição do resultado e do endereço de desvio a ser tomado. Essa predição se estende também à chamada e retorno de procedimentos, com o uso de estruturas como a pilha de endereços de retorno (RAS – *Return Address Stack*).

A existência de uma **janela de instruções** que isola os estágios de busca e decodificação dos estágios de execução propriamente ditos, e onde as instruções possam aguardar pelos seus operandos e por unidades funcionais disponíveis, é uma acréscimo arquitetural importante. Essa janela pode ser implementada de forma centralizada ou distribuída, ou seja, pode ser uma única fila comum a todas unidades funcionais ou existir diversas filas, uma para cada unidade funcional do processador. No caso da janela centralizada, uma lógica para despacho concorrente das instruções armazenadas na janela de instruções deve ser utilizada para garantir que mais de uma instrução possa ser enviada para as unidades funcionais a cada ciclo.

A capacidade de recuperar o estado correto da máquina, no caso da ocorrência de exceções ou de previsões incorretas de desvios, também é importante. Esse mecanismo de recuperação é chamado de *buffer* de reordenação (*reorder buffer*), que é basicamente uma fila onde as instruções aguardam a sua retirada na ordem especificada no código original do programa. Assim, as exceções e a verificação do resultado dos desvios preditos só é feita quando as instruções chegam na primeira posição da fila, ou seja, quando todas as instruções anteriores a ela na ordem do programa terminaram a sua execução sem problemas.

A remoção das dependências falsas de dados, para permitir o escalonamento das instruções com mais liberdade, é também um requisito das arquiteturas superescalares. As dependências falsas ocorrem quando um registrador atualizado por uma instrução é lido ou também escrito por uma instrução **anterior**. Assim, se essas instruções são executadas fora de ordem, o resultado do programa não será correto. A remoção dessas dependências pode ser facilmente resolvida por meio da técnica de renomeação de registradores, que consiste basicamente em alocar um registrador não utilizado para substituir o registrador arquitetural da segunda instrução. Essa técnica pode ser realizada por *software* ou por mecanismos de *hardware*, como a tabela de renomeação.

Há também a necessidade do uso de múltiplos barramentos para comunicação de operandos e resultados das unidades funcionais para as instruções aguardando na janela de instruções. Isso expande o mecanismo de adiantamento de dados existentes nas arquiteturas com *pipeline* para adiantar os dados já calculados antes mesmo de sua escrita no banco de registradores.

Esse banco de registradores deve ter múltiplas portas de leitura e de escrita, para fornecer os operandos necessários e receber os resultados das diversas instruções em execução. Isso tem um impacto negativo no seu tempo de acesso, que aumenta conforme aumenta o número de portas existentes. Assim, algum tipo de limitação nesse número de portas pode existir, resultando em uma forma de arbitragem para determinar quais instruções terão acesso primeiro aos seus operandos.

Um processador superescalar deve ter múltiplas unidades funcionais para execução das instruções, em um total que deve ser maior que o número de instruções que se deseja executar em paralelo a cada ciclo. As unidades funcionais normalmente são especializadas, dividindo-se em unidades inteira, de ponto flutuante, de cálculo de endereço para as instruções de *load* e *store*, entre outras.

Esses processadores devem possuir uma fila de acesso à memória com suporte para tratamento de dependências de dados entre as instruções de leitura (*load*) e escrita (*store*) em memória, de modo a otimizar os acessos à memória. Assim, as operações de leitura podem ser adiantadas com relação às de escrita, caso não sejam para o mesmo endereço. Se, porventura, ocorrer alguma coincidência de endereços, os dados correspondentes podem ser adiantados da instrução de *store* para a instrução de *load* dependente.

Capítulo 8. Arquiteturas avançadas

345

Eventualmente, pode-se usar o escalonamento por *software* para aumentar o número de instruções que são executadas em paralelo, sendo que o código objeto para as arquiteturas superescalares é compatível com o de arquiteturas escalares convencionais, sendo um tipo de arquitetura amplamente difundida nos processadores comerciais modernos.

8.3.3 Estudo de caso: ARM Cortex-A72

O ARM Cortex-A72 é um processador que implementa o conjunto de instruções ARMv8-A, uma arquitetura de 64 bits, com um *pipeline* superescalar fora de ordem capaz de despachar até três instruções simultaneamente. Ele pode ter de um até quatro núcleos por encapsulamento, com memórias caches de nível L1 exclusivas para cada núcleo e uma cache de nível L2 compartilhada por todos os núcleos. O Cortex-A72 foi anunciado em 2015 para servir como o sucessor do Cortex-A57 e projetado para usar 20% menos energia e oferecer um desempenho 90% maior. É um processador voltado para uso em computação móvel, com alto desempenho e baixo consumo, sendo utilizado, por exemplo, no nanocomputador Raspberry Pi 4, modelo B, trabalhando com uma frequência de 1,5 GHz.

O processador Cortex-A72 implementa a arquitetura ARMv8-A, incluindo suporte para o conjunto de instruções A32, anteriormente chamado de conjunto de instruções ARM; para o conjunto de instruções T32, anteriormente chamado de conjunto de instruções Thumb; e para o conjunto de instruções A64. O processador Cortex-A72 tem suporte ainda para os seguintes recursos: operações avançadas do tipo SIMD; operações de ponto flutuante; e extensões de criptografia opcionais. O processador possui quatro níveis de exceção e dois estados de execução: seguro e não seguro, que são voltados para aumentar a proteção e facilitar a implementação de virtualização.

Cada núcleo possui uma cache de instruções de nível L1 com 48 *Kibytes*, associatividade em 3 vias, linhas com 64 *bytes* e uma TLB de instruções associada com 48 entradas. Esta cache pode fornecer até 4 instruções por ciclo para o estágio de busca de instruções do *pipeline*. A cache de dados de nível L1 possui capacidade de 32 *Kibytes*, com associatividade em 2 vias, linhas de cache de 64 *bytes* e uma TLB de dados associada também com 48 entradas. Cada núcleo possui ainda uma TLB unificada de nível 2 com 1024 entradas para acessar uma cache interna compartilhada de nível 2 com tamanho configurável entre 512 KiB e 4 MiB, com associatividade por conjunto em 16 vias e linhas de 64 *bytes*.

O ARM Cortex-A72 realiza a predição dinâmica de desvio, como forma de otimizar a busca de instruções, que inclui estruturas como um *branch target buffer* com até 4096 posições e uma pilha de endereços de retorno para a predição do endereço de retorno das sub-rotinas. As instruções que são lidas da memória cache são enviadas para o estágio de decodificação, onde são gastos três ciclos de relógio para decodificar até três instruções simultaneamente. Em seguida as instruções são encaminhadas para o estágio de renomeação, para eliminação das dependências falsas, sendo que os registradores arquiteturais são mapeados para 128 registradores físicos. O próximo estágio gasta dois ciclos para realizar o despacho das instruções para uma das oito janelas de instrução, uma para cada tipo de unidade funcional, com oito entradas cada, onde as instruções ficam aguardando pelos operandos e que as respectivas unidades funcionais estejam disponíveis.

O processador ARM Cortex-A72 possui uma unidade de execução com oito unidades funcionais, ou oito *pipelines*, onde podem ser executadas simultaneamente até duas instruções inteiras simples, que levam um ciclo para serem executadas; uma instrução de desvio; uma instrução inteira de múltiplos ciclos como deslocamento, multiplicação e divisão; duas instruções de ponto flutuante que executam também instruções vetoriais, de multiplicação e acumulação, entre outras; uma instrução de *load*; e uma instrução de *store*. Além disso, possui uma lógica de comparação e adiantamento de resultados para as janelas de instrução. As unidades funcionais possuem entre um e seis estágios, dependendo do tipo, sendo que a latência para a execução das instruções é bastante variável. Por exemplo, os desvios e *stores* levam um ciclo para serem executados, as instruções de *load* tem latência de quatro ciclos, mas podem produzir um resultado novo a cada ciclo, assim como a maioria das instruções do ARM Cortex-A72.

A unidade funcional de inteiros de múltiplos ciclos lida com instruções inteiras que exigem dois ou mais ciclos de processador para sua execução. As operações de deslocamento são relativamente rápidas,

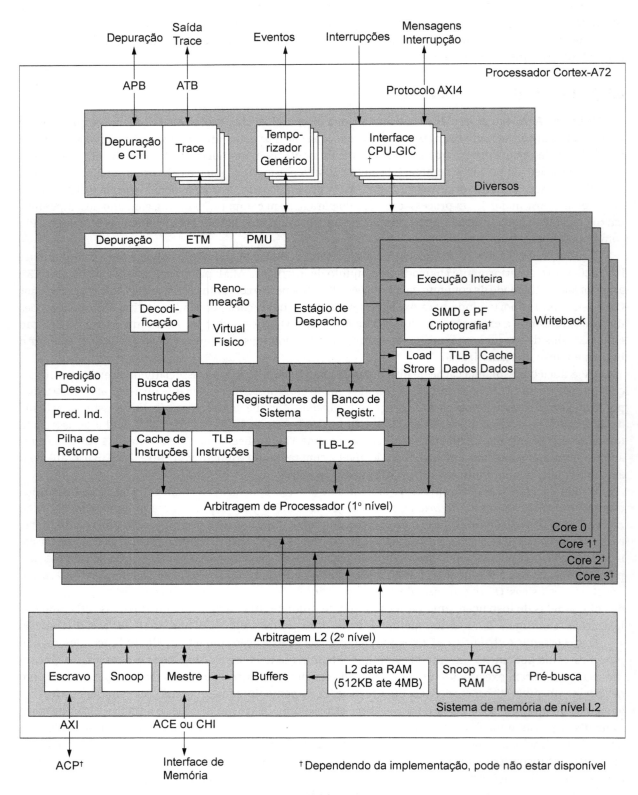

Figura 8.10. Processador ARM Cortex A72.

Capítulo 8. Arquiteturas avançadas

com um mínimo de dois ciclos, dependendo dos operandos. A multiplicação de inteiros tem uma latência de três a cinco ciclos. A divisão de inteiros é relativamente lenta, levando de quatro a 20 ciclos. A multiplicação pode ser acelerada por meio de lógica combinacional dedicada; a divisão é sequencial por natureza e requer muitas etapas para ser realizada.

Depois da execução as instruções são enviadas para os estágio de *write back* e de retirada, para escrita dos resultados no banco dos registradores e tratamento das exceções. O estágio de retirada mantém um *buffer* de reordenação com 128 entradas, que é o número máximo de instruções em execução simultânea no processador. A profundidade total do *pipeline* varia entre 14 e 19 estágios, dependendo do tipo de instrução.

No modo de 64 bits, o processador oferece um modelo de programação com 32 registradores inteiros de 64 bits, em que um dos registradores sempre retorna zero e ignora as escritas; além de 32 registradores de 128 bits para operações de ponto flutuante, SIMD e encriptação. Possui também um apontador de instruções e quatro apontadores de pilha, todos com 64 bits de largura. O banco de registradores possui um número reduzido de portas de leitura, que devem ser compartilhadas entre as diversas instruções em execução. Isso é importante, pois um número menor de portas permite um tempo de acesso mais rápido ao banco de registradores.

As instruções no modo A64 (arquitetura de 64 bits) e A32 (arquitetura de 32 bits) são todas com 32 bits de largura, e no modo T32, utilizado quando há necessidade de um código mais compacto, variam entre 16 e 32 bits. As instruções são sempre acessadas no modo *little-endian*, já os operandos podem ser armazenados na memória no modo *big-endian* ou *little-endian*, sendo, portanto, considerada uma arquitetura *bi-endian*.

8.4 PROCESSADORES MULTICORES E MANYCORES

8.4.1 Funcionamento básico

Os processadores *multicore*, também conhecidos como *chip multiprocessor* (CMP), têm se consolidado como uma tendência de arquitetura de processadores nos últimos anos, sendo que a sua principal característica é o encapsulamento de diversos processadores superescalares, ou núcleos (*cores*), em um única pastilha (*chip*).

Essa tendência se estabeleceu em função de vários fatores mas, principalmente, em razão do ganho de desempenho que pode ser obtido, dentro de um perfil adequado de consumo de energia. Para melhor entendermos isso é preciso olhar o histórico do desenvolvimento dos processadores superescalares.

O desempenho desses processadores aumentou exponencialmente no decorrer dos últimos anos, com a utilização de transistores menores e mais rápidos, seguindo aquilo que é conhecido como a Lei de Moore: a cada 18 meses a sua capacidade de processamento dobrava. Além disso, consegue-se atualmente extrair mais paralelismo dos programas, de uma forma que é virtualmente invisível aos programadores. Dentro dos processadores isso resultou em modificações, tais como:

- aumento do número de instruções despachadas por ciclo;
- aumento da frequência do relógio mais rápido que o estimado pela Lei de Moore.

O uso do *pipeline* (veja a Seção 8.1) permitiu aos projetistas aumentar a frequência do relógio, dividindo a execução das instruções em estágios cada vez menores, em uma técnica que ficou conhecida como *super-pipelining* (veja a Seção 8.2). Os processadores superescalares (veja a Seção 8.3) foram desenvolvidos com objetivo de executar simultaneamente várias instruções em um mesmo fluxo de execução:

- examinando dinamicamente o conjunto de instruções do fluxo;
- encontrando as instruções capazes de serem despachadas simultaneamente (sem dependências de instruções);
- executando as instruções, muitas vezes até fora da ordem original do programa.

Em um determinado momento, o progresso no desenvolvimento dos núcleos dos processadores ficou parado em face de uma limitação física: a dissipação de potência. Os processadores superescalares com *pipeline* desenvolvidos entre 1990 e 2010 dissipavam em torno de 100 watts de potência. Todos pensavam que a nova geração de processadores de silício reduziria esse consumo de energia, pois quanto menores os transistores, menor a energia requerida para seu funcionamento. Isso seria verdade se os processadores "encolhessem" com relação ao seu tamanho total, mas na prática, os processadores passaram a utilizar mais transistores em seus núcleos, o que por sua vez exigiu um maior consumo de energia.

Isso implicou o aumento do aquecimento dos processadores e, consequentemente, houve a necessidade de melhorar a tecnologia dos sistemas de refrigeração, os quais não acompanharam o crescente desenvolvimento dos processadores, levando a um impasse no projeto desses processadores.

Devemos lembrar que o perfil das aplicações executadas por esses processadores também mudou muito ao longo do tempo. Com a internet, a necessidade de computadores capazes de manipular um grande número de de solicitações de forma rápida na rede aumentou drasticamente. Além disso, o número de tarefas independentes executando nos computadores pessoais também cresceu enormemente, com diversos processos ou *threads* executando simultaneamente. Com o aumento das requisições ao longo do tempo, se fez necessário o aumento do número de processadores nos computadores.

8.4.2 Detalhes de implementação

Os multiprocessadores consistiam inicialmente em dois ou mais processadores em pastilhas separadas, conectados entre si por um barramento, *hub* ou rede, compartilhando a mesma memória e dispositivos de entrada e saída. Todo o sistema podia ser pequeno e usar menos potência que o equivalente a dois processadores convencionais, pois compartilhavam os seguintes componentes no computador: memória; discos; periféricos em geral; e fonte de alimentação.

O primeiro objetivo dos multiprocessadores era de reduzir o espaço utilizado nas torres dos servidores, implementando para isso dois ou mais processadores superescalares juntos em um único gabinete. O desempenho por unidade de volume foi incrementado, mas logo percebeu-se uma pequena economia na energia pois os processadores unitários (convencionais) podiam compartilhar uma única conexão com o resto do sistema, reduzindo a quantidade de comunicação rápida necessária nas infraestruturas. Esse conceito evoluiu com a integração de vários processadores em uma mesma pastilha. Os fabricantes de processadores, como ARM, AMD e Intel, desenvolveram então processadores que compartilhavam não só recursos de *hardware* da placa-mãe, mas também recursos da interface dos núcleos dos microprocessadores, surgindo então os processadores *multicore* ou *chip multiprocessors* (CMP).

Quando um multiprocessador substitui um processador de apenas um núcleo, é possível alcançar um desempenho, em termos de vazão (*throughput*), igual ou melhor com apenas metade da velocidade do relógio original. Cada requisição pode levar até duas vezes mais tempo para ser processada, em função da redução da frequência de relógio, mas a perda será pequena, já que duas requisições poderão ser processadas simultaneamente, a vazão será igual ou melhor, a menos que haja grande contenção na memória ou no disco.

Mesmo que o desempenho não seja tão superior, ainda há vantagens em se utilizar os multiprocessadores ou *multicores*: uma redução na frequência permite projetar um processador com uma redução linear na tensão de alimentação, sendo que a potência necessária para obter o desempenho original é bem menor, geralmente um quarto da potência original (a potência é diretamente proporcional ao quadrado da voltagem), com uma redução apenas na metade do *throughput*.

Capítulo 8. Arquiteturas avançadas

Para as cargas de trabalho orientadas para a vazão, pode-se conseguir mais desempenho/potência e desempenho/área do chip, levando-se ao extremo o conceito que a latência não é importante, e construindo-se um processador com muitos núcleos pequenos no lugar de poucos núcleos grandes. Nesse caso a utilização de processadores superescalares não se faz necessária, pois em um servidor é mais importante realizar várias tarefas ao mesmo tempo e manter os processadores sempre ocupados, do que realizar poucas em um tempo curto e ficar com processadores ociosos.

A partir desta ideia, pode-se trocar um *multicore* com poucos processadores superescalares por um *multicore* com várias dezenas de processadores escalares, um conceito que se denomina *manycore*. Existem diversos exemplos deste tipo de arquitetura, entre os quais destacamos o processador Xeon Phi da Intel e o processador SW26010, do supercomputador SunWay TaihuLight.

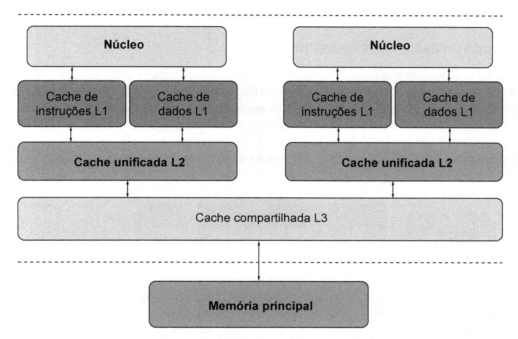

Figura 8.11. Hierarquia de Memória em Processadores *Multicore*.

Convenientemente, a transição do sistema de múltiplos chips em uma placa para o *chip multicore* proporcionou uma simplificação ao tradicional problema de paralelização dos programas. Primeiramente, na programação usando esse tipo de paradigma, era necessário minimizar a comunicação entre as *threads* independentes para um nível extremamente baixo, pois cada comunicação poderia requerer centenas ou até mesmo milhares de ciclos de processador, por conta do tempo gasto de ida à memória. Hoje em dia, em qualquer *multicore* com memória cache compartilhada de nível 3 (L3), cada evento de comunicação toma poucos ciclos do processador (Figura 8.11). Com a latência dessa forma, os atrasos de comunicação têm muito menos impacto no desempenho do sistema, sendo que os programadores ainda devem dividir seus trabalhos em *threads* paralelas, porém não precisam se preocupar tanto com a independência dessas *threads*, já que o custo de comunicação é relativamente baixo.

Os *multicores* também não necessitam de um esforço muito grande de engenharia para cada geração dos processadores, cada família de processadores requer apenas "carimbar" cópias adicionais do núcleo do processador, fazendo apenas algumas modificações de conexões lógicas, já que não é necessário redesenhar todo o projeto do núcleo dos processadores. Os modelos de *multicore* mantêm a sua essência de acordo com sua evolução, aumentando praticamente somente o número de núcleos presente nos chips. O projeto das placas do sistema necessita de uma menor mudança com relação às gerações dos multicores, sendo que a única real diferença é que as placas necessitam tratar da maior largura de banda de E/S que é exigida por esses sistemas.

Adicionalmente, o ponto de trabalho de cada núcleo, em termos de tensão de alimentação e frequência, pode ser controlado individualmente. Assim, se temos apenas uma ou duas tarefas sendo executadas pelo computador, aumentamos a frequência e a tensão de trabalho de um ou dois núcleos, mantendo-se os demais praticamente desligados. Por outro lado, se temos uma carga de trabalho com diversas *threads* ou processos, diminui-se a frequência e a tensão de trabalho de cada núcleo, de modo que todos possam trabalhar simultaneamente nessas diversas tarefas e mantendo-se a potência total dissipada sempre dentro do máximo projetado para aquele encapsulamento.

Por conta de todas essas vantagens os processadores *multicore* se estabeleceram como uma realidade de mercado, sendo a solução padrão de computação adotada na última década.

8.4.3 Estudo de caso: Intel Xeon Phi

Os processadores *manycore* são projetados para um alto grau de processamento paralelo, contendo vários núcleos de processadores simples e independentes (variando de algumas dezenas de núcleos a centenas). Os processadores *manycore* são utilizados em sistemas embarcados e em computação de alto desempenho.[2]

Em 2010, a Intel iniciou os primeiros estudos para o desenvolvimento da arquitetura MIC (*Many Integrated Core*). A arquitetura do Intel MIC oferecia um paralelismo maciço e vetorização com foco em computação de alto desempenho, demandando grandes volumes de dados para processamento (RAHMAN, 2013).

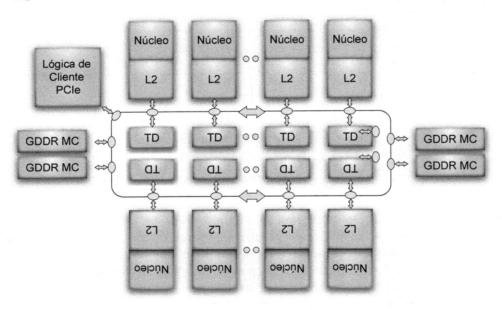

Figura 8.12. Arquitetura do Xeon Phi.

O processador Intel Xeon Phi foi lançado em 2010 com até 61 núcleos conectados por uma interconexão bidirecional interna ao chip de alto desempenho. O processador executava internamente uma versão do sistema operacional Linux com todas as ferramentas de desenvolvimento importantes da Intel. Inicialmente, foi projetado para operar como um coprocessador conectado a um processador hospedeiro por meio do barramento PCI Express (PCIe), onde a implementação de uma pilha TCP/IP virtualizada permitia acessar o coprocessador como um nó de rede. Nas versões mais recentes podia operar como um processador principal.

---

[2] Disponível em: https://www.wikiwand.com/en/Manycore_processor. Acesso em: 19 mar. 2024.

Capítulo 8. Arquiteturas avançadas

Na sua primeira versão, cada um dos núcleos de processamento (unidade escalar) era uma arquitetura de execução em ordem, baseada na família de processadores Intel Pentium, com busca e decodificação de instruções de quatro *threads* de *hardware*, suportando um ambiente de execução de 64 bits. Os núcleos, contudo, não tinham suporte à nenhuma extensão Intel SIMD anterior, como instruções MME, SSE ou AVX, mas sim um conjunto de novas instruções vetoriais, que utilizavam uma unidade vetorial de ponto flutuante (VPU) com largura de 512 bits, presente em todos os núcleos. Esta unidade tem suporte de alto desempenho para operações recíprocas, raiz quadrada, potência e exponenciação, além de recursos de dispersão/reunião e armazenamento em cadeia para obter uma largura de banda de memória mais eficaz.

Cada núcleo podia executar duas instruções por ciclo, em dois *pipelines* diferentes, mas nem todos os tipos de instrução podiam ser executados nos dois *pipelines*, por exemplo, as instruções vetoriais só podiam ser executadas em um deles. Cada núcleo era conectado a uma rede de interconexão em anel por meio da Interface de Anel Central (CRI), conforme mostrado na Figura 8.12.

A unidade de processamento vetorial (VPU) executava 16 operações de ponto flutuante de precisão simples, 16 operações inteiras de 32 bits ou oito operações de ponto flutuante de precisão dupla por ciclo. Cada operação podia ser uma soma de multiplicação fundida, fornecendo 32 operações de ponto flutuante de precisão simples ou 16 operações de ponto flutuante de precisão dupla por ciclo. O banco de registradores vetorial desta unidade tinha 32 registradores de 512 bits de largura por contexto de *thread*, em que cada registrador podia armazenar 16 valores de ponto flutuante em precisão simples ou 8 em precisão dupla. O Xeon Phi tinha 177 instruções vetoriais, basicamente divididas em cinco classes: instruções de máscara, instruções aritméticas (lógicas), instruções de conversão, instruções de permutação e instruções matemáticas estendidas, com latências de execução entre dois e seis ciclos. O desempenho máximo teórico executando essas instruções era de aproximadamente 1 TFlops.

A Interface de Anel Central (CRI) existente em cada núcleo hospedava a cache L2 e o diretório de *tags* (TD), conectando cada núcleo a um coprocessador Intel Xeon Phi Ring Stop (RS), que fazia a conexão com a rede em anel central, com dois anéis, cada um com o tráfego em um sentido diferente. O chip do Xeon Phi possuía ainda uma lógica de interface do sistema para um processador hospedeiro ou para um barramento PCI Express, além de um mecanismo de DMA e controlador de memória. Existiam oito controladores de memória que suportavam até 16 canais GDDR5, com uma velocidade de transferência de até 5,5 GT/s, fornecendo uma largura de banda agregada teórica de 352 GB/s.

O *multithreading* é o elemento-chave para ocultar a latência e foi amplamente utilizado na arquitetura MIC. Uma razão adicional para isso é que a unidade vetorial só podia emitir uma instrução vetorial de um fluxo a cada dois ciclos de relógio. Essa restrição exigia que pelo menos duas *threads* por núcleo fossem escalonadas ao mesmo tempo para preencher o *pipeline* vetorial. A unidade vetorial podia executar uma instrução por ciclo de relógio se fosse alimentada por duas *threads* diferentes. A execução de mais *threads* ajudava a ocultar a latência e a preencher o *pipeline* vetorial, havendo até quatro *threads* de *hardware* disponíveis para ajudar com isso.

A cache L1 era separada para dados e instruções, possuindo 32 KiB cada uma. A cache L2 era uma cache unificada onde cada núcleo possuía 512 KiB, contribuindo para o armazenamento total em cache L2, compartilhado globalmente. Se nenhum núcleo compartilhasse dados ou códigos, o tamanho total de cache L2 efetivo do chip podia ser de até 31 MiB. Por outro lado, se cada núcleo compartilhasse exatamente o mesmo código e dados em perfeita sincronização, então o tamanho L2 total efetivo do chip era de apenas 512 KiB. O tamanho real do armazenamento L2 percebido pelas aplicações é uma função do grau de compartilhamento de código e dados entre núcleos e *threads*. Ambas as caches, L1 e L2, tinham associatividade em oito vias, tamanho de linha de 64 *bytes*, protocolo de coerência de dados distribuído (MESI) e política de substituição pseudo-LRU. A latência da cache L1 era de um ciclo de relógio e da cache L2 de 11 ciclos de relógio, essa última possuindo suporte para código de correção erro (ECC).

As caches L2 eram mantidas totalmente coerentes pelo *hardware*, usando DTDs (diretórios de tags distribuídos), que são referenciados após uma falha na cache L2. Observe que o diretório de *tags* não é centralizado, mas dividido em 64 DTDs, cada um recebendo uma porção igual do espaço de endereçamento e sendo responsável por mantê-lo globalmente coerente.

O Xeon Phi teve algumas versões que sucederam o projeto original, como Knights Hill, mas o processador foi descontinuado em 2017 e a proposta de um sucessor, com codinome Knights Mill, oferecido com 64 a 72 CPU núcleos baseados no processador Atom x86 Silvermont x86, com suporte para mais *threads* e conjunto de instruções AVX-512, voltado para aplicações de IA, *deep learning* e aplicações científicas vetoriais, também foi descontinuado em 2020.[3]

8.5 ARQUITETURAS VLIW

8.5.1 Funcionamento básico

Os processadores com arquitetura do tipo VLIW (*Very Long Instruction Word*) também são capazes de executar mais de uma instrução por ciclo de relógio, mas ao contrário dos processadores superescalares, buscam transferir a responsabilidade da identificação das instruções que podem ser executadas em paralelo do *hardware* para o *software*. A estratégia utilizada consiste em delegar ao compilador a tarefa de montar palavras longas de instruções de máquina, compostas por múltiplas operações, em que cada operação é equivalente a uma instrução individual de processador RISC simples. Essas instruções longas são montadas a partir de técnicas de escalonamento por *software* aplicadas em tempo de compilação ou da compactação do código gerado por um compilador convencional, com um grau de concorrência das operações situando-se na prática entre dois e quatro.

Todas as operações que compõem a palavra longa podem, em princípio, ser executadas em paralelo e a posição da operação na palavra longa define em qual unidade funcional ela será executada, dispensando a necessidade de esquemas mais complexos de encaminhamento das instruções, como aqueles existentes nas arquiteturas superescalares. Normalmente, diferentes unidades funcionais de execução das operações são associadas de maneira fixa a cada posição do código das instruções longas, compostas tipicamente por quatro a oito campos. Assim sendo, o código de uma instrução longa pode, por exemplo, ter dois campos associados a unidades lógicas e aritméticas inteiras, um campo associado a uma unidade aritmética de ponto flutuante, um campo associado à uma unidade de deslocamento, um campo associado às operações de *load* ou *store* e um campo associado a operações de desvio.

As arquiteturas VLIW são organizadas com múltiplas unidades funcionais, que operam em paralelo. Consequentemente, também realizam acessos concorrentes ao banco de registradores, tanto para buscar os operandos como para armazenar os resultados dessas operações. Para suportar essa concorrência de acessos, o banco de registradores deve suportar múltiplas portas de leitura e de escrita. Se considerarmos que, em geral, as operações possuem dois operandos fonte e um operando destino e supondo-se que a arquitetura possui, como no exemplo acima, seis unidades funcionais, o banco de registradores deveria possuir 12 portas de leitura e seis portas de escrita para permitir o máximo de concorrência nos acessos a ele. De fato, o grau médio de concorrência de operações em arquiteturas VLIW situa-se na prática entre dois e quatro. Portanto, uma configuração de banco de registradores com oito portas de leitura e quatro portas de escrita atende, sem conflitos, às demandas do processamento na grande maioria dos casos.

O escalonamento estático de instruções realizado em tempo de compilação e usado nas arquiteturas VLIW tem como vantagens principais o fato de o compilador ter uma visão global do código, o que, em princípio, aumenta o potencial de paralelismo a ser explorado, e o fato de que a implementação em *hardware* da arquitetura resultante é relativamente simples, principalmente se comparado com as arquiteturas superescalares, baseadas no escalonamento dinâmico de instruções.

8.5.2 Histórico

Mesmo antes do advento das primeiras máquinas VLIW, havia diversos processadores e dispositivos computacionais que utilizavam uma instrução longa para controlar o funcionamento de diversas unidades funcionais

---

[3] Disponível em: https://www.extremetech.com/extreme/290963-intel-quietly-kills-off-xeon-phi. Acesso em: 19 mar. 2024.

Capítulo 8. Arquiteturas avançadas

em paralelo. Contudo, essas máquinas eram, com frequência, programadas manualmente e o código utilizado para essas máquinas não podia ser generalizado para outras arquiteturas, porque os compiladores daquela época só exploravam o paralelismo dentro dos limites dos blocos básicos, isto é, um trecho de código com um único ponto de entrada e um outro de saída.

Joseph A. Fisher, um pioneiro da VLIW, desenvolveu uma técnica global de compactação de microcódigo, chamada de *trace scheduling*, que poderia ser utilizada em compiladores para gerar código para arquiteturas do tipo VLIW a partir de código sequencial. Suas descobertas levaram ao desenvolvimento do processador ELI-512 e ao compilador *trace scheduling* Bulldog.

Duas empresas foram fundadas em 1984 para construir computadores com tecnologia VLIW: Multiflow e Cydrome. A Multiflow foi iniciada por Fisher e seus colegas da Universidade de Yale, sendo que a Cydrome foi fundada por Bob Rau, que foi um outro pioneiro da VLIW e seus colegas. Em 1987 a Cydrome lançou o seu primeiro processador comercial, o Cydra 5, com uma palavra de 256 bits e incluía suporte em *hardware* para a técnica de *software pipeline*. No mesmo ano a Multiflow lançou a Trace/200, com uma palavra de 256 bits, para um despacho de até sete operações por ciclo. Infelizmente as primeiras máquinas VLIW foram um fracasso comercial, o que levou ao fechamento da Cydrome em 1998 e da Multiflow em 1990.

A principal desvantagem das arquiteturas VLIW está relacionada com a falta de compatibilidade binária com o código das arquiteturas convencionais. Mais grave ainda, basicamente cada nova implementação de uma arquitetura VLIW requer a total recompilação do código das aplicações. Esse fato representou o fracasso comercial da maior parte dos processadores lançados até hoje com este tipo de tecnologia.

Um dos fatores principais que reduz a eficiência na exploração de paralelismo no nível de instruções por procedimentos baseados no escalonamento estático de instruções é a impossibilidade de se conhecer, em tempo de compilação, o fluxo exato de instruções a serem executadas em um trecho de código quando desvios condicionais estão presentes. Um segundo fator de impacto negativo é a incapacidade do compilador de, em muitos casos, identificar se duas operações distintas de acesso à memória se referem ou não a uma mesma posição de memória, uma vez que os endereços de memória a serem usados por essas operações só se tornam conhecidos em tempo de execução. Nestes casos, procedimentos baseados em escalonamento estático de instruções são forçados a tomar atitudes conservadoras, assumindo que a coincidência de endereços ocorrerá, limitando, portanto, as possibilidades de exploração de paralelismo resultantes de inversões de ordem, por exemplo, na execução de instruções de *store* e *load*. Vejamos a seguir mais detalhes sobre a implementação da arquitetura VLIW do Itanium.

8.5.3 Estudo de caso: Itanium IA-64

A arquitetura VLIW Itanium, também conhecida como EPIC (*Explicit Parallel Instruction Computing*), foi desenvolvida em conjunto pela Intel e pela Hewlett-Packard, e procurava remover algumas das limitações tradicionais das arquiteturas VLIW com a incorporação de algumas técnicas bastante agressivas na arquitetura para atacar os problemas decorrentes de desvios condicionais e do acesso à memória. Dentre estas técnicas, podemos destacar:

- uso de instruções predicadas (ou condicionais) para remover os desvios condicionais e para permitir que operações posteriores a um desvio possam ser executadas antes deste desvio;

- predição, em tempo de compilação, do nível de memória cache, dentro do sistema de hierarquia de memória, onde se encontram os dados a serem acessados por instruções de *load* e *store*;

- especulação de dados, permitindo que uma instrução de *load* seja realizada antes de uma instrução de *store* que a precede, mesmo sem estar determinado se houve colisão de endereço de memória entre elas. A verificação, se a colisão ocorreu ou não, é feita quando os dados vão ser efetivamente utilizados e após se conhecer o endereço de memória a ser usado pela instrução de *store*.

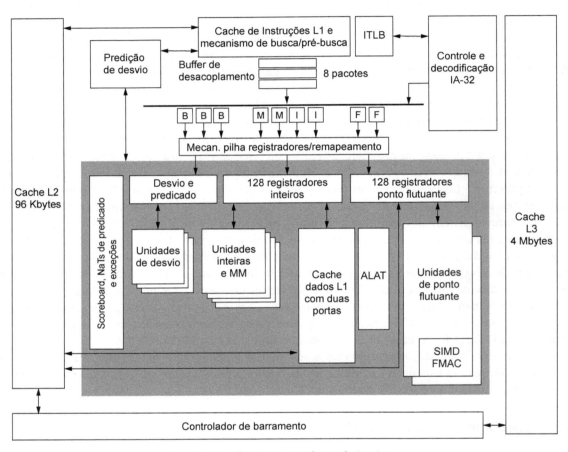

Figura 8.13. Diagrama em Blocos do Itanium.

O processador Itanium é a primeira implementação da arquitetura IA-64 da Intel, sendo que a primeira versão deste processador, lançada em 2001, funcionava com um relógio de 800 MHz, e tinha um processo de fabricação de 0,18 mícron (10^{-6} metros), com um *pipeline* com 10 estágios. É uma arquitetura VLIW de 64 bits, capaz de executar até seis operações/ciclo, possuindo quatro unidades inteiras, quatro de multimídia, três unidades de desvio, dois de *load/store*, dois de ponto flutuante com precisão estendida e dois de ponto flutuante com precisão simples.

A hierarquia de memória do Itanium consistia em uma cache de instruções de nível 1 (L1) de 16 KiB, com mapeamento associativo por conjunto em quatro vias, capaz de fornecer 32 *bytes* de código (dois pacotes de instruções ou seis instruções) a cada ciclo de relógio. O cache era suportado por um *buffer* de tradução de endereços (TLB) para instruções totalmente associativo com 64 entradas. Possuía também uma cache de dados de nível 1 (L1) de duas portas com 16 KiB e uma cache de nível 2 (L2) unificada de 96 KiB com linhas de 64 *bytes* e mapeamento associativo por conjunto em seis vias, com tempo de acesso de 12 ciclos. No mesmo encapsulamento havia também um cache de nível (L3) com 4 *Mibytes* com associatividade por conjunto com quatro vias, linhas de 64 *bytes* e latência de 20 ciclos.

Capítulo 8. Arquiteturas avançadas

Cada palavra VLIW consistia em um ou mais pacotes de 128 bits, sendo que cada pacote tinha até três operações e um *template*. Duas instruções VLIW eram buscadas a cada ciclo, totalizando até seis operações buscadas, despachadas e executadas por ciclo de relógio do processador. A arquitetura IA-64 não insere operações de NOP (*no operation*) para preencher posições ou campos vazios no pacote. O *template* indica explicitamente o paralelismo, isto é:

- se as instruções no pacote podem ser executadas em paralelo;
- ou se uma ou mais delas devem ser executadas serialmente;
- se o pacote pode ser executado em paralelo com os pacotes vizinhos.

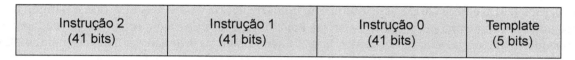

(a) Agrupamento de 3 instruções com 128 bits

(b) Formato da instrução

Figura 8.14. Formato da Palavra de Instrução do IA-64.

Na sua arquitetura estão previstos 128 registradores de uso geral de 64 bits e outro conjunto de 128 registradores de ponto flutuante de 82 bits, além de 64 registradores de predicado. O banco de registradores inteiros possui oito portas de leitura e seis portas de escrita para atender à alta demanda por operandos. Os registradores de predicado servem para execução condicional das operações, de modo que, caso a execução da instrução não se confirme, o seu resultado é descartado. O banco de registradores de predicado possui 15 portas de leitura e 11 portas de escrita. Apesar do elevado número de portas, o tempo de acesso não é tão impactado porque esses registradores possuem apenas um bit de largura. No IA-64, os registradores de uso geral GPR0 a GPR31 são fixos e os registradores 32 a 127 podem ser renomeados sob o controle do programa. Os registradores de predicado de zero a 15 são fixos, e os registradores de 16 a 63 podem ser renomeados em conjunto com os registradores de uso geral.

O compilador pode escalonar os laços de código segundo a técnica de *software pipeline*. Tradicionalmente, isso requer que o laço seja desenrolado e que os registradores de iterações sucessivas sejam renomeados. O Itanium pode fazer isso automaticamente por mecanismos de *hardware*.

O IA-64 suporta especulação de dados e controle por *software*. Para realizar especulação de controle, o compilador move os *loads* para antes do desvio que o controla. O *load* é então marcado como especulativo, de modo que o processador não sinaliza exceções em um *load* especulativo. Se o desvio de controle for tomado posteriormente, o compilador utiliza uma operação especial **check.s** para verificar se a exceção ocorreu, desviando então para uma rotina de exceção, quando for o caso.

Para o suporte à especulação de dados, o processador utiliza um tipo especial de *load* chamado de *load* avançado. Se o compilador não conseguir verificar com certeza se pode passar um *load* na frente de um *store*, então o *load* avançado é utilizado. O processador usa uma estrutura especial chamada ALAT para verificar se o *store* realizado posteriormente escreveu na mesma posição lida pelo *load* avançado. Mais tarde, na posição original do *load* avançado, o compilador usa uma operação especial de verificação para saber se o *store* invalidou o *load* avançado. Se for o caso, a operação de verificação transfere o controle para uma rotina especial de recuperação dos dados.

O IA-64 suporta tanto a predição dinâmica como a estática para os desvios. O IA-64 também incluiu instruções de SIMD para o processamento multimídia similares às MMX e SSE da arquitetura x86, que enxergam os registradores de uso geral como dois operandos de 32 bits, quatro de 16 bits ou oito de 8 bits e os opera em paralelo.

Em uma tentativa para manter compatibilidade com a família x86, uma unidade de controle e decodificação especial para instruções do IA-32 estava presente no Itanium. Para aumentar o desempenho, o processador IA-64 incluiu diversas facilidades que não são encontradas em arquiteturas VLIW tradicionais, tornando-se assim o processador VLIW mais complexo já projetado. Isso é uma contradição, já que a arquitetura VLIW tem como objetivo simplificar o *hardware* transferindo complexidade para o compilador.

Diversos outros modelos foram lançados nos anos seguintes, como o Itanium 2 (2002), Itanium 9300 (2010), 9500 (2012) e 9700 (2017), esse último com uma frequência de até 2,66 GHz, mas o Itanium nunca conseguiu se firmar como um sucesso comercial. Em 2019, a Intel anunciou que a produção da família de processadores Itanium terminaria em janeiro de 2020 e as encomendas poderiam ser feitas até julho de 2021. A Hewlett Packard Enterprise (HPE) aceitou os últimos pedidos de servidores Itanium i6 até dezembro de 2020.[4]

8.6 ARQUITETURAS *MULTITHREADING*

8.6.1 Funcionamento básico

Os sistemas operacionais modernos suportam o conceito de *threads*, ou seja, tarefas independentes dentro de um mesmo processo que podem ser executadas em paralelo ou de forma intercalada no tempo. Nesses sistemas, uma aplicação é descrita por um processo composto de várias *threads*, que compartilham o mesmo espaço de endereçamento de memória, arquivos abertos e outros recursos que caracterizam o contexto global de um processo como um todo. Cada *thread*, no entanto, tem seu próprio contexto específico, normalmente caracterizado pelo conjunto de registradores em uso, apontador de instruções, pilha e a palavra de *status* do processador, se houver.

O contexto específico de uma *thread* é semelhante ao contexto de uma função e, consequentemente, a troca de contexto entre *threads* implica o salvamento e recuperação da memória de contextos relativamente leves, a exemplo do que ocorre em uma chamada de função dentro de um programa. Este fato é o principal atrativo em favor do uso de *threads* para a implementação de um conjunto de tarefas em contraposição ao uso de vários processos.

As arquiteturas *multithreading* procuram esconder ou reduzir o efeito negativo da operações de longa latência realizadas pelo processador, diminuindo o tempo gasto na troca de contexto entre as *threads*: vários contextos são replicados em *hardware*, caracterizados tipicamente por uma cópia para cada *thread* do banco de registradores, apontador de instruções, apontador de pilha e palavra de *status* do processador, se for o caso.

Essas operações de longa latência podem ser de diversas origens: uma falha na memória cache; o acesso a dados e instruções em uma memória remota; a espera pelas operações de sincronização no acesso aos dados compartilhados, entre outras. A comunicação entre tarefas é grandemente simplificada em uma implementação baseada em *threads*, uma vez que neste caso as tarefas compartilham o espaço de endereçamento de memória do processo como um todo que engloba as *threads*, eliminando a necessidade do uso de esquemas especiais, mais restritos e, usualmente, mais lentos de comunicação entre processos providos pelos sistemas operacionais.

---

4   Disponível em: https://www.wikiwand.com/en/Itanium. Acesso em: 19 mar. 2024.

Capítulo 8. Arquiteturas avançadas

8.6.2 Detalhes de implementação

Os modelos de arquitetura baseados nesta técnica podem ser dos seguintes tipos:

- *multithreading* de granulosidade;
- *multithreading* de granulosidade grossa;
- *multithreading* simultâneo.

Analisamos cada um desses tipos com mais detalhes as seguir.

Granulosidade fina

No modelo de *multithreading* de granulosidade fina, o processador realiza uma troca de contexto de *thread* a cada ciclo, de modo que apenas uma instrução de cada contexto esteja presente no *pipeline* em um determinado instante de tempo. Com isso a lógica de controle do *pipeline* é bastante simplificada, pois não existem dependências de dados e de controle, e, consequentemente, o *pipeline* pode ser bem mais rápido. Além disso, neste modelo, a sobrecarga para troca de contexto é nula, já que o processador sempre sabe antecipadamente de qual contexto será a próxima instrução a ser executada e nenhuma instrução já presente no *pipeline* precisa ser descartada no momento de uma troca de contexto.

Para que o esquema de *multithreading* de granulosidade fina possa operar, o número de contextos suportados em *hardware* deve ser, no mínimo, igual ao número de estágios do *pipeline*. Entretanto, como muitas vezes certos contextos podem não ter uma instrução pronta para ser executada, em geral, é necessário um número bem maior de contextos para tornar a arquitetura efetiva, isto é, uma arquitetura em que sejam pouco frequentes os ciclos onde o *pipeline* não possa ser preenchido com instruções de algum contexto.

A principal desvantagem desta abordagem para a implementação de *multithreading* é que o desempenho de código sequencial (código com uma única *thread*) pode ser bastante ruim, já que cada instrução desta única *thread* é executada em tantos ciclos quantos forem o número de estágios do *pipeline*.

A arquitetura MTA da Tera Computer é um exemplo de sistema real desenvolvido com base no modelo de *multithreading* de granulosidade fina. O sistema suporta 128 contextos, cada um com 32 registradores de uso geral, oito registradores de endereço, uma palavra de *status*, todos com 64 bits, e utiliza um *pipeline* com 21 estágios. Neste sistema, que não possui memória cache de dados, a técnica de *multithreading* é, principalmente, utilizada para esconder a latência de operações de acesso aos dados em memórias remotas, que podiam levar entre 150 a 170 ciclos de relógio.[5]

Granulosidade grossa

As arquiteturas dessa classe se dividem em estáticas e dinâmicas. As primeiras podem ter um mecanismo implícito para troca de contexto, que é feita quando certas instruções (*load*, *store*, *branch* etc.) são encontradas, ou um mecanismo explícito, que a realiza a troca de contexto quando instruções explícitas de troca de contexto são encontradas. O *overhead* de troca de contexto é de apenas um ciclo se a instrução for descartada no estágio de busca e zero se for executada. Nas arquiteturas dinâmicas o processador troca de contexto quando ocorre uma operação de longa latência (falha na cache, sincronização etc.). O custo da troca de contexto é proporcional à profundidade no *pipeline* do estágio que dispara essa troca de contexto, já que as instruções posteriores no *pipeline* devem ser anuladas.

Tipicamente um número não muito grande de contextos (4 a 32) é suportado por esse tipo de arquitetura, podemos citar como exemplos o SPARCLE (Máquina Alewife do MIT) e NCE SPARC+ (processador desenvolvido para o projeto Multiplus do NCE/UFRJ), ambos baseados na arquitetura SPARC. Nos dois casos, a troca de

---

[5] Disponível em: https://www.wikiwand.com/en/Cray_MTA. Acesso em: 19 mar. 2024.

contexto se dá quando há falha na cache ou em caso de falha em instruções sincronização. No caso do processador SPARCLE o *overhead* para a troca de contexto é alto, equivalente a 14 ciclos do processador, pois o *hardware* não possui registradores replicados para armazenar os apontadores de instrução e as palavras de *status* de cada contexto, que, portanto, devem ser salvos em memória.

Um aspecto a ser considerado em arquiteturas baseadas em *multithreading* de granulosidade grossa é que a técnica só é efetiva se a troca de contexto for efetuada em um número menor de ciclos do que o gasto nas operações cuja latência deva ser ocultada. A eficiência do *multithreading* é determinada fundamentalmente por fatores como o comportamento da aplicação, que define com que frequência operações de alta latência ocorrem. Para frequências altas, a técnica de *multithreading* tem dificuldades em sobrepor a execução em um contexto com operações de longa latência de vários outros contextos.

Multithreading simultâneo

O *multithreading* simultâneo (SMT) é uma técnica que permite múltiplas *threads* despacharem múltiplas instruções a cada ciclo para unidades funcionais de um processador superescalar. O SMT combina a capacidade de despacho de múltiplas instruções das arquiteturas superescalares, com a habilidade de esconder latência das arquiteturas *multithreading*.

A cada instante de tempo instruções de diferentes *threads* podem estar sendo executadas simultaneamente. Esse tipo de arquitetura busca reduzir o número de *slots* de despacho não ocupados a cada ciclo, que é elevado em arquiteturas *multithreading*, e o número de ciclos em que nenhuma instrução é despachada, que é elevado em arquiteturas superescalares. Algumas mudanças são então necessárias na arquitetura do processador para o suporte ao *multithreading* simultâneo:

- uso de múltiplos apontadores de instrução;
- um grande banco de registradores, com registradores para as *threads* e registradores adicionais para renomeação;
- dois estágios no *pipeline* para acesso aos registradores;
- várias pilhas para predição do endereço de retorno das rotinas, uma para cada *thread*;
- tabelas de renomeação individualizadas para cada uma das *threads*;
- a identificação de cada *thread* nas TLBs, nos mecanismos de predição de desvio e janelas de instrução.

Os dois estágios necessários para acesso aos registradores têm um impacto no *pipeline* e são decorrência do aumento do tamanho do banco de registradores, em face dos vários contextos que devem ser armazenados. Isso tem como consequência a necessidade de mais um nível de adiantamento de dados e o aumento da distância entre a busca e a execução das instruções com a adição de mais um ciclo relógio de penalidade no caso de uma falha na predição de desvio. Há um impacto também no aumento da permanência das instruções de um caminho errado, após a descoberta de erro na predição do desvio, assim como no aumento do tempo mínimo no qual um registrador está ocupado.

O *multithreading* simultâneo é principalmente benéfico nos seguintes contextos: em ambientes comerciais onde a velocidade de uma transação individual não é tão importante quanto o número total de transações realizadas. Espera-se que o SMT aumente a vazão (*throughput*) das tarefas com conjuntos de trabalho grandes ou que mudem com frequência, como servidores de banco de dados e servidores da *web*, assim como aquelas tarefas caracterizadas por altas taxas de falhas da cache, que tendem a usar os recursos de processador e memória inadequadamente, com maiores latências para serem ocultadas.

O uso de SMT resulta em uma maior utilização da memória, na diminuição na taxa de acerto da cache de instruções e do mecanismo de predição de desvios, em razão da interferência entre as várias *threads*/processos em execução. Mesmo assim, tem sido uma opção arquitetural adotada em diversos processadores comerciais, como nas últimas versões do Intel Pentium 4 e em toda a linha Intel Core, além dos processadores da IBM da linha Power, a partir do Power5, com SMT de duas *threads*, até Power10, com SMT de até 8 *threads*.

A Intel utiliza a arquitetura SMT em seus processadores com o nome de *hyperthreading*, em que cada processador lógico mantém uma cópia completa do estado arquitetural, sendo que do ponto de vista do *software* um processador físico aparece para o programador como se fossem dois processadores, podendo até passar despercebido para os mais desatentos o fato de que não são processadores reais.

O número de transistores necessários para armazenar o estado arquitetural é uma fração extremamente pequena do total, sendo que a implementação da tecnologia *hyperthreading* adicionou menos que 5% ao tamanho total do chip com relação ao consumo, mas pode oferecer ganhos de desempenhos maiores que isso, em torno de 30%, dependendo do tipo de aplicação. Na implementação da Intel, os processadores compartilham todos os recursos no processador físico, tais como caches, unidades de execução, preditores de desvio, lógica de controle e barramentos. Cada processador lógico tem seu próprio controlador de interrupção, sendo que as interrupções enviadas para um controlador lógico específico são manipuladas por cada processador lógico.

8.6.3 Estudo de caso: IBM Power5

O processador IBM Power5 suporta a arquitetura de 64 bits PowerPC, tem dois núcleos, sendo que cada um deles é um processador capaz de executar duas *threads* usando SMT. Essa arquitetura faz com que o chip apareça como um multiprocessador simétrico de quatro vias para o sistema operacional. Alguns poucos elementos precisaram ser replicados no processador, tais como dois apontadores de instrução e duplicação do banco de registradores. O processador faz a leitura de até oito instruções por vez, alternando entre as duas *threads*.

A cache de instrução de nível L1 tem 64 *Kibytes* e cache de dados possui 32 *Kibytes*, com associatividade em duas e quatro vias, respectivamente. Junto às duas caches existe uma cache de translação de endereço (TLB), completamente associativa, com 128 entradas. Os dois núcleos compartilham uma cache L2 de 1,875 *Mibytes* com associatividade por conjunto em 10 vias com linhas de 128 *bytes*. Qualquer núcleo do processador pode acessar independentemente cada controlador da cache de nível L2, que está dividida em três partes. O diretório para uma cache L3 de 36 *Mibytes* está também integrado no chip do Power5. O fato de o diretório da cache L3 estar no chip permite que o processador verifique o diretório após uma falha na cache L2 sem experimentar os atrasos fora do chip. Notem que a cache L3 está localizada fora do chip. Para reduzir as latências de memória, o controlador de memória também está integrado no chip, o que elimina os atrasos inerentes a um controlador externo.

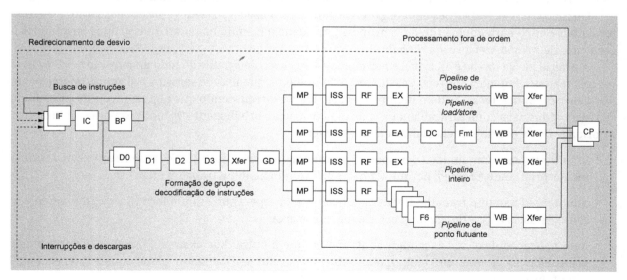

Figura 8.15. *Pipeline* do Power5.

O Power5 percorre as instruções buscadas procurando por desvios (estágio BP) e, se encontrar um desvio, prevê a direção do desvio usando três tabelas de histórico de desvio (BHT) compartilhadas pelas duas *threads*. Duas das tabelas BHT usam mecanismos de predição bimodal e correlacionados para prever a direção dos desvios. O terceiro BHT prevê qual desses mecanismos de previsão tem maior probabilidade de tomar a direção correta. Se entre as instruções buscadas houver múltiplos desvios, o estágio BP pode prever todos os desvios ao mesmo tempo. Além de prever a direção, o Power5 também prevê o endereço-alvo de um desvio tomado a cada grupo de oito instruções por ciclo. Na arquitetura PowerPC, o processador pode calcular o destino da maioria dos desvios a partir do endereço da instrução de desvio e do seu valor de deslocamento. Para prever o alvo do retorno de uma sub-rotina, o processador usa uma pilha de retorno separada para cada *thread*. Em um único ciclo do processador, todas as instruções buscadas são de uma mesma *thread*.

As instruções são movidas posteriormente para dois *buffers* de instruções separados. Depois, com base na prioridade das *threads*, um grupo de até cinco instruções de uma mesma *thread* é selecionado e decodificado em paralelo. A seguir, as instruções fluem pelo estágio de renomeação de registradores (MP) na ordem do programa. Os registradores lógicos são mapeados para registradores físicos, em um total de 120 registradores físicos de uso geral e 120 registradores físicos de ponto flutuante.

Em seguida, as instruções prosseguem para as filas de despacho (ISS), que são compartilhadas pelas duas *threads*. O Power5 possui múltiplas filas de despacho: uma fila para as duas unidades de ponto flutuante; outra para a unidade de execução de desvios; uma fila para a unidade de execução de operação nos registradores de condição lógicos; e uma fila combinada que alimenta as duas unidades de execução de inteiros e as duas unidades de execução de *load-store*, em um total de 8 unidades de execução, cada uma delas capaz de iniciar a execução de uma nova instrução a cada ciclo.

O mecanismo para a retirada em ordem das instruções no Power5 é chamado de Tabela Global de Conclusão (GCT), onde cada grupo de até 5 instruções de uma mesma *thread* recebe uma entrada nesta tabela, sendo que a entrada é desalocada quando o grupo é terminado.

Quando todos os operandos de uma instrução estão disponíveis, ela se torna elegível para o despacho. Entre as instruções elegíveis na fila de despacho, a lógica de despacho escolhe e envia uma para execução. Quando é despachada, a instrução faz a leitura dos seus operandos do banco de registradores (RF), é executada na unidade de execução apropriada e escreve o resultado de volta para o banco de registradores (estágio WB). Cada unidade de ponto flutuante tem um *pipeline* de execução com seis estágios. Em cada unidade de *load-store* um somador (EA) calcula o endereço de leitura ou escrita e a cache de dados (DC) é acessada.

Quando todas as instruções em um grupo terminaram a execução (sem gerar uma exceção) e o grupo for o mais antigo para aquela *thread*, o grupo é terminado, podendo haver até dois grupos terminados a cada ciclo de relógio, um de cada *thread*.

A prioridade de *thread* é ajustável e permite que o *software* determine quando uma *thread* deve ter uma parcela maior (ou menor) dos recursos de execução. Todas as camadas de *software* – sistemas operacionais, *middleware* e aplicativos – podem definir a prioridade da *thread*, sendo que alguns níveis de prioridade são reservados para configuração apenas por uma instrução privilegiada. Os motivos para escolher uma prioridade de *thread* diferenciada incluem o seguinte:

- uma *thread* está em um laço de espera aguardando por uma trava (*lock*). O *software* deve dar uma menor prioridade à *thread*, porque ela não está fazendo nenhum trabalho útil;

- uma *thread* não tem trabalho imediato a fazer e está esperando em um laço inativo. Novamente, o *software* daria a essa *thread* uma prioridade mais baixa;

- uma aplicação deve ser executada mais rápido que a outra. Por exemplo, o *software* daria maior prioridade às tarefas em tempo real sobre as tarefas em segundo plano, quando executadas simultaneamente.

O microprocessador Power5 suporta oito níveis de prioridade controlados por *software* para cada *thread*. O nível 0 é utilizado quando uma *thread* não está em execução. Os níveis 1 (o mais baixo) a 7 se aplicam a

Capítulo 8. Arquiteturas avançadas

threads em execução. O Power5 observa a diferença nos níveis de prioridade entre duas *threads* e fornece ciclos de decodificação adicionais para a de maior prioridade. Se ambas as *threads* estiverem na prioridade de execução mais baixa (nível 1), o microprocessador assume que nenhuma *thread* está fazendo um trabalho significativo e limita a taxa de decodificação para economizar energia.

8.7 ACELERADORES

8.7.1 Funcionamento básico

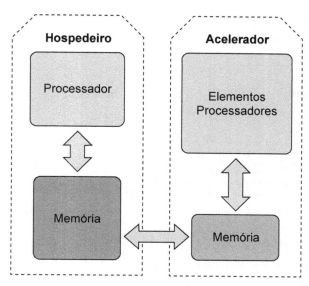

Figura 8.16. Aceleradores.

Uma opção importante para obter um alto grau de paralelismo com baixo consumo de energia são os aceleradores. Aceleradores são dispositivos especiais de *hardware* que trabalham em conjunto com processadores convencionais, executando trechos intensivos de código, com alto potencial de paralelismo, chamados de *kernels*. Entre os dispositivos desse tipo, podemos destacar: *Graphics Processing Units* (GPUs) e *Field Programmable Gate Arrays* (FPGAs).

As FPGAs são dispositivos de *harware* cuja funcionalidade é programável por *software*, que podem ser personalizados para executar com eficiência determinados trechos de código com uso intensivo de dados e/ou alta demanda computacional. Assim, esses dispositivos podem ser programados e reprogramados de acordo com o tipo de aplicação executada, se adaptando à solução de diversos tipos de problemas.[6]

A GPU é um tipo de acelerador que se baseia em um grande número de núcleos para processamento paralelo maciço com foco na eficiência energética e para aplicações com demandas que melhorem o *throughput*. Inicialmente desenvolvidos com o objetivo de atender a área de jogos, rapidamente mostrou-se muito eficiente na execução de vários tipos de aplicação científica (ZANOTTO et al., 2012). Vamos agora estudar com mais detalhes a arquitetura de uma implementação de acelerador gráfico.

8.7.2 Estudo de caso: GPU Kepler

As arquiteturas dos aceleradores gráficos (GPUs) são bem diferenciadas das arquiteturas dos processadores convencionais. O paralelismo nos aceleradores gráficos é explorado através de um conjunto maciço de multiprocessadores de fluxo (*streaming multiprocessors* – SM), executando em paralelo e de forma sincronizada trechos computacionalmente intensivos, chamados de *kernels*, das diversas aplicações. Para o melhor entendimento dos aceleradores gráficos (GPUs) vamos estudar, sem perda de generalidade, a arquitetura de um tipo de acelerador gráfico desenvolvido pela NVIDIA, a arquitetura Kepler, observada na Figura 8.17.

Na Figura 8.17 verificamos que o acelerador gráfico possui uma arquitetura diferenciada, com diversos níveis de hierarquia de memória, algumas delas compartilhadas, outras exclusivas de cada processador de fluxo (SM). Na arquitetura da GPU Kepler, cada unidade de multiprocessador de fluxo possui 192 núcleos de precisão simples e 64 de precisão dupla, onde cada núcleo tem unidades lógicas de aritmética inteira de ponto flutuante capazes de operar em modo *pipeline*, incluindo operações do tipo *fused multiply-add* (FMA).

---

[6] Disponível em https://www.wikiwand.com/en/Field-programmable_gate_array.

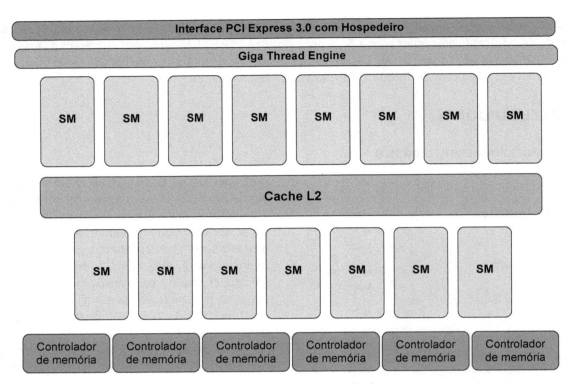

Figura 8.17. Arquitetura NVIDIA Kepler.

As 32 unidades de função especial (SFU) dentro de cada SM são utilizadas para aproximar operações transcendentais como raiz quadrada, seno, cosseno e recíproco (1/x). O projeto dessa arquitetura está focado no desempenho/consumo energético, fundamental na computação de alto desempenho moderna.

O escalonador do multiprocessador de fluxo (SM) dispara grupos de 32 *threads* chamados de *warps*. Cada SM possui quatro escalonadores de *warp*, permitindo um máximo de quatro *warps* disparados e executados concorrentemente. O número de registradores utilizados simultaneamente por cada *thread* pode chegar até 255.

Para melhorar ainda mais o desempenho, a arquitetura Kepler apresenta uma instrução de *shuffle* que permite às *threads* dentro de um mesmo *warp* compartilhar dados. Anteriormente, o compartilhamento de dados entre *threads* demandava o acesso à memória compartilhada, com operações de *load* e *store*, impactando em muito o desempenho de aplicações como a transformada de Fourier (FFT).

Outro tipo de instrução disponível são operações atômicas em memória, permitindo que as *threads* realizem adequadamente operações de *read-modify-write*, como soma, máximo, mínimo e compare-e-troque em estruturas de dados compartilhadas. Operações atômicas são amplamente utilizadas para ordenação em paralelo e para o acesso em paralelo a estruturas de dados compartilhadas sem a necessidade de travas que serializam a execução do código.

A arquitetura de memória do acelerador está organizada em diversos níveis, possuindo para cada SM, no primeiro nível, uma memória local, uma cache L1, além de uma cache apenas de leitura, como visto na Figura 8.18.

A quantidade de memória de cada SM é configurável, por exemplo, a memória local (64 ou 128 KiB) pode ser dividida nas seguintes proporções: 75% × 25%, 25% × 75% ou 50% × 50% entre uma memória compartilhada e uma cache L1.

Além da cache L1, a arquitetura Kepler introduz uma cache apenas de leitura de 48 KiB. O gerenciamento dessa cache pode ser feito automaticamente pelo compilador ou explicitamente pelo programador. O acesso a

Capítulo 8. Arquiteturas avançadas

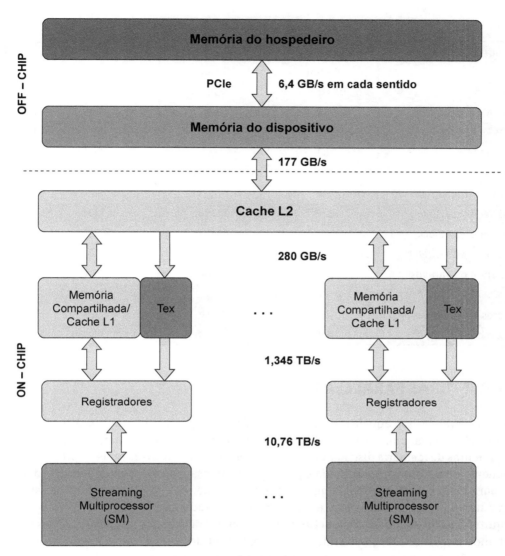

Figura 8.18. Hierarquia de Memória da GPU.

uma variável ou estrutura de dados que o programador identifica como apenas de leitura, pode ser declarada com a palavra chave *const_restrict,* permitindo ao compilador carregá-la na cache apenas de leitura.

Essa arquitetura possui também uma cache de nível 2 (L2) com 1,5 MiB de capacidade. A cache L2 é o ponto primário de unificação de dados entre os diversos núcleos, servindo operações de *load, store* e de textura, provendo um compartilhamento de dados eficiente e de alta velocidade. Vários tipos de algoritmos onde o endereço dos dados é conhecido previamente se beneficiam especialmente da hierarquia de cache.

A arquitetura possui uma série de outras facilidades como código de correção de erro, paralelismo dinâmico, gerenciamento de filas de trabalho e unidade de gerenciamento de *grids,* que servem para melhorar o desempenho e a confiabilidade do acelerador. Maiores detalhes podem ser vistos na referência (NVIDIA, 2014).

A arquitetura dos aceleradores está em constante evolução, na Tabela 8.3 apresentamos as características de alguns aceleradores NVIDIA lançados mais recentemente.

Tabela 8.3. **Comparação entre Arquiteturas Nvidia**

Características da GPU	NVIDIA Tesla P100	NVIDIA Tesla V100	NVIDIA Ampere A100	NVIDIA Kepler
Versão	GP100	GV100	GA100	GK110
Arquitetura GPU	Pascal	Volta	Ampere	Kepler
Capac. Computacional (CC)	6.0	7.0	8.0	3.5
Threads / Warp	32	32	32	32
Máx. Warps / SM	64	64	64	64
Máx. Threads / SM	2048	2048	2048	2048
Máx. Blocos de Thread / SM	32	32	32	16
Máx. Registradores 32-bit / SM	65536	65536	65536	65536
Máx. Registradores / Block	65536	65536	65536	65536
Máx. Registradores / Thread	255	255	255	255
Máx. Tam. Bloco de Threads	1024	1024	1024	1024
Núcleos FP32 / SM	64	64	64	192
Registradores SM / Núcleos FP32	1024	1024	1024	341
Tam. da Memória Compart. / SM	64 KiB	até 96 KiB	até 48 KiB	até 48 KiB

8.8 ARQUITETURAS PARALELAS

As arquiteturas paralelas são aquelas que possuem mais de um processador para execução das aplicações dentro de uma mesma máquina. Elas se dividem em dois grandes grupos: arquiteturas de memória compartilhada e arquiteturas de memória distribuída, dando origem a duas formas distintas de programação paralela, respectivamente: memória compartilhada e por troca de mensagens. Para entendermos adequadamente esses dois paradigmas de programação paralela é importante ter conhecimento das possibilidades das arquiteturas subjacentes que dão origem e suportam esses paradigmas.

As **arquiteturas de memória compartilhada** têm como característica principal diversos processadores compartilhando um único espaço de endereçamento, permitindo que a comunicação entre os diferentes fluxos de execução seja sempre feita através de escritas e leituras em variáveis na memória compartilhada.

Exemplos de arquiteturas com esse tipo de organização são os processadores vetoriais; as arquiteturas de multiprocessamento simétrico; também chamadas de *multicore, chip multiprocessor* (CMP) ou *Uniform Memory Access* (UMA); e, finalmente, temos ainda as arquiteturas de memória compartilhada distribuída. Particularmente, nesse último tipo de arquitetura, cada processador possui uma memória local, porém pode ter acesso à memória dos demais processadores através de um espaço de endereçamento global. A principal diferença está no tempo de acesso ao espaço de endereçamento global, bem maior que o tempo de acesso ao espaço de endereçamento local, daí essas arquiteturas serem chamados também de NUMA (*Non-Uniform Memory Access*).

Já nas **arquiteturas com memória distribuída**, ou multicomputadores, cada processador possui um espaço de endereçamento próprio que não é compartilhado com os demais processadores. Desse modo, a troca de informações entre fluxos de execução distintos deve ser feita por meio de troca de mensagens transmitidas por uma rede de interconexão ligando esses processadores, caracterizando o que também é chamado de sistema distribuído.

Um exemplo típico dessa categoria de computadores são os *clusters*, ou seja, um tipo de sistema de processamento paralelo em que uma coleção de computadores independentes se interconectam por uma rede de comunicação, trabalhando cooperativamente como um único e integrado recurso computacional.

Capítulo 8. Arquiteturas avançadas

Antes de apresentarmos maiores detalhes de algumas dessas arquiteturas, vamos introduzir a Classificação de Flynn (FLYNN, 1966), que considera os seguintes tipos de fluxos possíveis em um programa em execução:

- *Single Instruction Stream* (SI);
- *Multiple Instruction Streams* (MI);
- *Single Data Stream* (SD);
- *Multiple Data Streams* (MD).

A associação desses diversos tipos de fluxos dá origem às seguintes categorias de organização de um computador:

- SISD – *Single Instruction Stream Single Data Stream* (por exemplo, processadores convencionais, *pipelined* ou superescalares);
- SIMD – *Single Instruction Stream Multiple Data Streams* (por exemplo, processadores vetoriais, unidades funcionais vetoriais, arquiteturas SIMD);
- MIMD – *Multiple Instruction Streams Multiple Data Streams* (por exemplo, multiprocessadores, multicomputadores).

Vejamos alguns detalhes dessas arquiteturas na seção seguinte.

8.8.1 Arquiteturas SISD

São os processadores convencionais, onde apenas um processo ou *thread* é executado por vez, podendo fazer uso de técnicas de exploração de paralelismo temporal (*pipeline, superpipelined*) ou espacial (superescalares) no nível de instrução.

Nesses casos, o paralelismo é explorado de forma transparente ao usuário, no nível de instrução, com um suporte mínimo do compilador, por exemplo, no escalonamento mais adequado das instruções em linguagem de máquina para a execução em várias unidades funcionais.

As arquiteturas *multithreading* ou SMT não se incluem exatamente nesta categoria, já que executam mais de um fluxo de instrução ou *thread* simultaneamente, mas na falta de uma melhor classificação, são normalmente incluídas aqui.

8.8.2 Arquiteturas SIMD

As arquiteturas SIMD consistem, basicamente, em uma única instrução operando sobre diversos dados diferentes, como ocorre por exemplo, nos processadores vetoriais, cujo exemplo mais famoso são os computadores da linha Cray (WIKIPEDIA, 2020). Nesta seção vamos abordar alguns detalhes sobre os processadores vetoriais, arquiteturas SIMD convencionais, e arquiteturas sistólicas.

Processadores vetoriais

Os processadores vetoriais são arquiteturas *pipelined* do tipo SIMD, ou seja, uma única instrução opera sobre vários dados, no caso, um vetor. Um processador vetorial possui instruções para operar em vetores: um conjunto linear de valores. Uma operação vetorial típica pode adicionar dois vetores com N elementos em notação ponto flutuante para obter um único vetor de resultado com N elementos. A instrução vetorial é equivalente a um laço inteiro, onde cada iteração computa vários elementos do resultado, atualiza os índices e retorna para o início. As instruções vetoriais possuem as seguintes características:

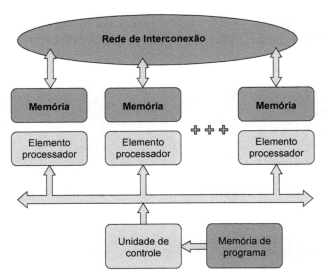

Figura 8.19. Arquiteturas SIMD.

- cada instrução equivale a um laço;
- o cálculo de cada resultado não depende de resultados anteriores, assim é possível haver *pipelines* profundos sem a ocorrência de dependências de dados;
- o padrão de acesso à memória para a busca dos operandos é conhecido e regular, se beneficiando da utilização de memória com entrelaçamento (*interleaving*) ou mesmo memórias caches.

Os processadores vetoriais podem ser classificados do seguinte modo:

- **Memória-memória**: são arquiteturas mais antigas, onde todas as operações vetoriais manipulam operandos na memória.

- **Registrador-registrador**: são arquiteturas usadas nos processadores vetoriais de segunda geração, onde todas as operações vetoriais, com exceção das instruções de *load* e *store*, trabalham com registradores. As unidades funcionais são organizadas como *pipelines* profundos.

- **Instruções vetoriais em processadores SISD**: os modernos processadores comerciais incorporaram instruções vetoriais em seu repertório de instruções. Essas instruções realizam a mesma operação sobre um conjunto de elementos, de forma similar aos antigos processadores vetoriais. Atualmente, destaca-se o conjunto de instruções AVX-512 que a Intel suporta em alguns de seus processadores.

Arquiteturas SIMD convencionais

É uma classe importante de processadores, em razão de fatores como:

- simplicidade de conceitos e programação;
- regularidade da estrutura;

Capítulo 8. Arquiteturas avançadas

- facilidade de escalabilidade em tamanho e desempenho;

- aplicação direta em uma série de aplicações paralelas para obter o desempenho necessário.

Nessas arquiteturas os processadores executam sincronizadamente a mesma instrução sobre dados diferentes, fazendo uso de vários processadores especiais muito mais simples, organizados geralmente de forma matricial. É muito eficiente em aplicações onde cada processador pode ser associado a uma sub-matriz independentemente de dados (processamento de imagens, algoritmos matemáticos, etc.).

Arquiteturas sistólicas

Arquiteturas sistólicas foi um termo utilizado por H. T. Kung, em 1978, para definir um tipo de arquitetura na qual os dados são "bombeados" por meio de um estrutura em *hardware*, em analogia com o funcionamento do coração.

Um arquitetura sistólica consiste em um conjunto de células interconectadas, cada uma delas capaz de realizar uma operação simples. O uso de estruturas de comunicação e controle, simples e regulares, oferecem uma grande vantagem quando comparado com as estruturas mais complexas das arquiteturas convencionais (KUNG, 1987).

As células em uma arquitetura sistólica são normalmente interconectadas em um arranjo ou árvore bidimensional. Os dados fluem entre as células em uma forma de *pipeline* e a comunicação externa ocorre apenas nas células da "fronteira", seja para a entrada ou saída de dados. Uma aplicação típica para as arquiteturas sistólicas é a multiplicação de matrizes:

$$C_{mn} = \sum_{ij} A_{in} \times B_{mj}$$

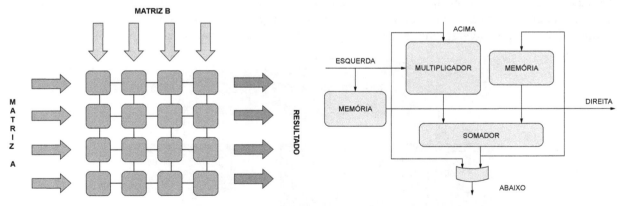

Figura 8.20. **Arquitetura Sistólica.**

Onde cada elemento processador tem tipicamente esta construção mostrada na Figura 8.20. Esse tipo de arquitetura possui as seguintes características:

- cada elemento do arranjo computa um função simples e única;

- cada elemento está conectado somente aos seus vizinhos mais próximos apenas por um caminho de dados unidirecional;

- o único sinal de controle enviado por meio do arranjo é um pulso de relógio, utilizado para sincronizar as operações;

- os dados de entrada são inseridos nos dois lados da matriz e passam por meio do arranjo em duas direções ortogonais;

- os dados de saída são extraídos como uma série de elementos de um dos dois lados restantes da matriz.

Atualmente, as arquiteturas sistólicas são utilizadas nas *Tensor Processing Unit* no aprendizado de máquina para a emulação de redes neuronais em aplicações como inteligência artificial, tradução, reconhecimento de voz e imagens, entre outras.

8.8.3 Arquiteturas MIMD

As arquiteturas MIMD se subdividem em dois grandes grupos:

> 1. Arquiteturas de Memória Compartilhada – cada processador consegue ter acesso a um espaço de endereçamento global do sistema.
>
> 2. Arquiteturas de Memória Distribuída – cada processador é capaz de endereçar apenas a sua própria memória local.

MIMD com memória distribuída

Cada processador enxerga apenas o seu espaço de memória. Apresenta como vantagens o fato de serem altamente escaláveis e permitirem a construção de processadores maciçamente paralelos. Nesse tipo de arquitetura a comunicação entre os processadores é feita por meio de troca de mensagens. A troca de mensagens resolve tanto o problema da comunicação dos processadores como o da sincronização.

As suas grandes desvantagens são a necessidade de se fazer uma boa distribuição de carga entre os processadores, quer seja automaticamente, quer seja manualmente. É necessário ainda evitar as situações de *deadlock*, tanto no nível de aplicação como no nível de sistema operacional, possíveis de ocorrer quando há espera circular pelo envio e recebimento de mensagens. Além disso, é um modelo de programação menos natural, demandando diversas modificações em relação ao código convencional sequencial.

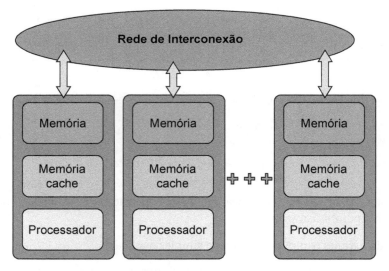

Figura 8.21. Arquiteturas MIMD com Memória Distribuída.

MIMD com memória compartilhada

Cada processador tem acesso a um espaço de endereçamento global comum a todos. Esse tipo de arquitetura apresenta como vantagem não necessitar do particionamento de código ou dados, logo técnicas de programação sequenciais podem ser facilmente adaptadas. Não há também necessidade da movimentação física dos dados, quando dois ou mais processadores se comunicam, resultando em uma comunicação entre processos ou *threads* bastante eficiente.

As suas desvantagens são a necessidade do uso de primitivas especiais de sincronização quando do acesso a regiões compartilhadas de memória, para assegurar um resultado correto para a computação, além da falta de escalabilidade em face do problema de contenção de memória. Depois de um determinado número de processadores a adição de mais processadores não aumenta o desempenho.

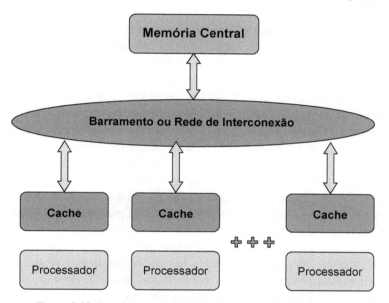

Figura 8.22. Arquiteturas MIMD com Memória Compartilhada.

Essas arquiteturas possuem diversas classificações e variações em sua construção, das quais destacamos algumas a seguir.

Arquiteturas UMA

São arquiteturas com memória única global. O tempo de acesso à memória é uniforme para todos os nós de processamento e, normalmente, o nós de processamento e a memória são interconectados por meio de barramento único. Possuem um número reduzido de nós de processamento e a coerência das caches é mantida por *hardware* com o uso da técnica de *snooping*. Essas arquiteturas são conhecidas também como multiprocessamento simétrico (SMP) ou multiprocessamento em chip (CMP ou *multicore*).

Um dos grandes problemas dos sistemas de memória compartilhada com uso de barramento único é a escalabilidade. Ou seja, para um grande número de processadores a contenção no uso do barramento aumenta até o ponto no qual a adição de novos processadores não é mais efetiva. Um barramento único tem um tamanho (comprimento físico) limitado, diminuindo o número máximo de processadores e módulos de memória que podem ser acrescidos ao sistema.

Uma estratégia comum utilizada nos modernos processadores comerciais (SMPs ou CMPs) é agregar um ou mais níveis de cache a cada um dos processadores (núcleos), incluindo-se aí uma cache compartilhada de nível 3, utilizada para a comunicação entre os núcleos, sem que haja necessidade de acesso ao barramento e/ou memória principal. O uso de caches, por outro lado, exige o uso de algoritmos em *hardware* para manutenção da coerência de dados entre as diversas caches.

Em vez do barramento, pode-se utilizar uma rede de interconexão com alto *throughput* e baixa latência. Essa rede tem características distintas do barramento, pois permite o acesso simultâneo de vários processadores a módulos de memória distintos. Uma solução utilizada para permitir que a quantidade de memória do sistema cresça à medida que cresce o número de processadores é agregar um módulo de memória local para cada processador do sistema. Esses sistemas são chamados de MIMD com memória compartilhada distribuída, ou ainda, arquiteturas com tempo de acesso não uniforme à memória (NUMA – *Non-uniform Memory Access*), conforme veremos a seguir.

Arquiteturas NUMA

Nessas arquiteturas a memória é dividida em tantos blocos quanto forem os processadores do sistema, e cada bloco de memória é conectado via barramento a um processador com memória local. O acesso aos dados na memória local é muito mais rápido do que o acesso aos dados em blocos de memória remotos. Esta diferença faz com que sejam necessários cuidados especiais ao se programar em arquiteturas desse tipo.

Um dos problemas decorrentes dessa estratégia é a necessidade de se tolerar e esconder as latências de acesso aos dados nas memórias mais distantes. Uma rede de interconexão com alto desempenho deve ser utilizada para reduzir o tempo de acesso aos módulos de memória remotos, melhorando assim a escalabilidade. A busca avançada dos dados/páginas é uma outra solução empregada para diminuir a latência.

O uso de memórias caches locais, com cópia dos conteúdos das memórias remotas, também reduz o problema da contenção e da latência, pois não é necessário atravessar a rede de interconexão, mas exigem também o uso de esquemas complexos para a manutenção da consistência de dados nas várias caches locais. Apesar do uso de memória compartilhada, as arquiteturas NUMA mais modernas oferecem bibliotecas para programação utilizando troca de mensagens.

Uma alternativa interessante nesse tipo de arquitetura, utilizada para ocultar a latência dos módulos de memória remotos, é a utilização de processadores *multithreading* ou de *multithreading* simultâneo, capazes de armazenar e efetuar rapidamente a troca entre o contexto de várias *threads*, como forma de ocultar a latência no acesso aos dados remotos, toda vez que uma operação de grande latência era realizada (AUDE *et al.*, 1991).

8.8.4 Estudo de caso: supercomputador Netuno

O Netuno (SILVA *et al.*, 2014) é um supercomputador com uma arquitetura do tipo *cluster*, que foi instalado em 2008 na Universidade Federal do Rio de Janeiro, sendo inicialmente classificado como o 138° computador mais rápido do mundo e o mais rápido da América Latina na lista Top500[7]. Todo o sistema é composto por 10 gabinetes, sendo que oito gabinetes contêm 32 nós, ou servidores, de computação, um dos gabinetes hospeda os equipamentos de comunicação: um *switch* Infiniband (20 Gbps) e outro Ethernet (1 Gbps) e, finalmente, um gabinete é utilizado para o sistema de armazenamento: 30 TiB para um sistema de armazenamento paralelo de alto desempenho e 100 TiB para um sistema de armazenamento tradicional com NFS. O Netuno suporta os modelos de programação distribuída, por troca de mensagens, entre cada um dos nós do sistema, e também o modelo de programação por memória compartilhada, internamente a cada um dos nós, que contém oito processadores dispostos em dois chips diferentes e 16 GiB de memória compartilhada.

Descrição do *hardware*

O *layout* básico do Netuno é semelhante a muitos *clusters*, consistindo em 256 nós de computação e quatro acessos nós, todos conectados por uma rede InfiniBand. Cada nó de computação e acesso contém dois

---

[7] Disponível em: https://www.top500.org. Acesso em: 19 mar. 2024.

Capítulo 8. Arquiteturas avançadas

processadores com quatro núcleos que compartilham 16 GiB de memória, disco rígido de 160 GiB para o sistema operacional, além de interface Ethernet e Infiniband. Os usuários se conectam ao Netuno por meio dos nós de acesso, onde podem editar e compilar seus programas, antes de enviá-los como tarefas para serem executados pelos nós de computação. Os nós de computação são usados apenas por meio do sistema de submissão de tarefas Torque e não são acessíveis via Internet. O consumo de energia do Netuno é de cerca de 125 KW, e uma das tarefas mais desafiadoras é mantê-lo refrigerado.

Cada nó no Netuno foi configurado com dois processadores Intel E-5430 de 64 bits trabalhando a 2,66 GHz, barramento de 1,3 GHz e 12 MiB de cache, e com quatro núcleos cada. Este processador pode iniciar até quatro operações de ponto flutuante de precisão simples por ciclo, portanto, o desempenho de ponto flutuante de pico teórico é de 10,6 GFlops por núcleo e de 42,5 GFlops por processador. O processador escolhido tem uma potência térmica de projeto (TDP) de 80 W, ou seja, a quantidade máxima de energia que pode dissipar sem, por exemplo, ter necessidade de reduzir a velocidade do relógio para diminuir a temperatura do encapsulamento. Deve haver memória suficiente em cada nó para que os núcleos possam trabalhar sem demandar o uso da área de troca em disco pela memória virtual. Tendo isso em vista, foi escolhido o valor de 2 GiB por núcleo, assim cada nó tem 16 GiB de memória principal, do tipo FB-DIMM 667, com código de correção de erro, compartilhada entre todos os núcleos.

A quantidade de espaço em disco em cada nó deve ser suficiente apenas para armazenar uma cópia do sistema operacional e uma área temporária para as aplicações, o que cabia em um disco SATA de 160 GiB. Os arquivos do usuário, como os aplicativos, arquivos de configuração, e os dados de entrada e saída devem ser armazenados em um sistema de arquivos remoto uniformemente acessível por todos os nós. O acesso ao sistema de arquivos remoto usa uma rede de interconexão Ethernet de 1 Gbps, sendo que cada nó tem uma única interface Ethernet que é compartilhada por todos os núcleos do nó. Apesar do maior número de núcleos dentro de um nó, os requisitos de largura de banda para acessar o sistema de arquivos remoto permanecem quase inalterados, uma vez que há apenas uma cópia do sistema operacional.

Em termos de largura de banda para a comunicação entre processos de uma determinada aplicação, o aumento do número de núcleos dentro de um nó requer um correspondente aumento da largura de banda de comunicação. Como não é possível prever o padrão de comunicação para uma aplicação, é importante garantir o máximo largura de banda. Cada nó utiliza uma interface HCA para a rede InfiniBand, com taxa máxima de 20 Gbps. Assim, o Netuno fornece uma largura de banda de 2,5 Gbps por núcleo. É importante ressaltar que esta interface é usada apenas para comunicação entre aplicações.

A rede de troca de mensagens é a chave para o desempenho de uma ampla gama de aplicações paralelas. A rede InfiniBand permite a comunicação de alta velocidade e baixa latência entre os dispositivos conectados, sendo muito adequada para a rede de interconexão de um sistema de *cluster*. Além disso, a rede InfiniBand se apresentava como a tecnologia de interconexão padrão dos computadores na lista Top500.

Uma característica importante da arquitetura InfiniBand, que reduz a latência no nível da aplicação e a sobrecarga de processamento, é o suporte para o Acesso Remoto Direto à Memória (RDMA), uma técnica de comunicação que permite que dados sejam escritos e lidos em posições na memória remota sem a necessidade de serem recebidos em um *buffer* central e copiados para o endereço de destino sob controle do processador. Não há necessidade dessa cópia intermediária, como ocorre nas redes tradicionais, como Ethernet, e todas as operações ocorrem sem o envolvimento dos processadores. A topologia de rede implementada no Netuno utiliza um único *switch* InfiniBand (CISCO SFS-7024D-X) com um tecnologia DDR4 e 264 portas, permitindo assim a comunicação simultânea de todos os 256 nós, sem bloqueio, usando cabos de cobre. É possível ainda o uso de RDMA com latência final menor de 4 μs (do espaço do usuário para o espaço do usuário).

A rede de E/S é usada apenas para acessar o sistema de arquivos remoto. Embora a demanda de E/S para cada nó seja geralmente pequena, o projeto do Netuno considerou a situação em que todos os nós estão acessando simultaneamente o mesmo sistema de arquivos. Para evitar problemas de desempenho quando esta situação ocorre, há um *switch* em cada gabinete que concentra todas as requisições Ethernet dos 32 nós. Cada *switch* de gabinete é conectado a um *switch* central de alto desempenho (CISCO 6509) por meio de dois cabos de fibra óptica de 10 Gbps. O sistema de arquivos paralelos de alto desempenho está conectado ao *switch* Gigabit usando 12 portas, alcançando uma taxa de transferência de 1,2 GB/s. É importante notar que, na época em que Netuno foi projetado e instalado, esta foi a melhor maneira para conectar o sistema de arquivos remoto. Outras opções com melhor desempenho, como 10 Gbps Ethernet, ou mesmo o uso da InfiniBand, não estavam disponíveis então.

O PanFS é um sistema de arquivos paralelo baseado em objetos baseado no FreeBSD que oferece excepcional desempenho, escalabilidade e capacidade de gerenciamento. O PanFS possui uma solução integrada de *software/hardware* exclusiva , em que cada conjunto podia conter até 11 lâminas e cada lâmina podia ser de armazenamento (que contém dados) ou de diretório (controle de metadados).

Cada lâmina é um sistema completo. A lâmina de armazenamento contém um processador comercial, dois discos, memória com ECC e placas de rede com duas portas Gigabit Ethernet. A lâmina de diretório tem um processador mais rápido, mais memória, placas de rede com duas portas Gigabit Ethernet e um pequeno disco privado. Além dos gerenciamento dos metadados, as lâminas de diretório também fornecem os serviços NFS e CIFS, e sua grande memória é usada como uma cache de banco de dados para servir esses protocolos.

À medida que os dados são gravados no PanFS, eles são divididos em pedaços de 64 KiB. Atributos de arquivo, um ID de objeto e outras informações são adicionados a cada pedaço para completar um objeto. O objeto resultante é então escrito em um das lâminas de armazenamento no sistema de arquivos. Para arquivos menores que 64 KiB, os objetos são gravados no PanFS usando RAID-1 em duas lâminas de armazenamento diferentes. Para arquivos maiores que 64 KiB, os objetos são escritos usando RAID-5 usando lâminas de armazenamento independentes para fornecer um caminho de acesso direto entre os nós do *cluster* e seu armazenamento. Isso elimina os atrasos inerente às redes de armazenamento de áreas tradicionais (SAN) e arquiteturas NAS tradicionais baseadas em NFS. A Figura 8.23 mostra a final configuração do *cluster* Netuno.

Descrição do *software*

Entre as muitas opções de sistema operacional, o Linux CentOS foi escolhido para uso no Netuno por vários motivos. O CentOS é um Linux de classe empresarial gratuito e de código aberto, sendo derivado do código-fonte da distribuição RedHat, que vem com maturidade suficiente para garantir um bom sistema operacional. A escolha por uma distribuição Linux considerou em primeiro lugar a capacidade de modificar o *kernel* e construir uma versão personalizada, apenas com os módulos necessários para o requisitos do nó de computação. Isso reduz o número de componentes envolvidos, o que aumenta a estabilidade do sistema e reduz a quantidade de memória usada pelo sistema operacional.

Um dos principais componentes do sistema operacional para um *cluster* de alto desempenho é o *driver* de interface de rede. A distribuição utilizada no Netuno foi a *OpenFabrics Enterprise Drivers* (OFED).[8] Os *drivers* OFED fornecem uma pilha de *software* de código-fonte aberto, com alto desempenho, baixa latência e eficiência, para *clusters* usando a rede de interconexão InfiniBand.

O Netuno fornece o conjunto de compiladores GNU que inclui os compiladores C, C++ e Fortran. Em adição a estes compiladores padrão, existem duas outras suítes populares disponíveis no Netuno, que podem melhorar o desempenho da aplicação ou acomodar melhor certos tipos de código – estes são o conjunto de compiladores da Intel e Portland Group International (PGI) .

Em termos de bibliotecas de comunicação MPI, o Netuno fornece algumas implementações públicas e proprietárias do MPI. Atualmente, a Netuno disponibiliza as distribuições gratuitas OpenMPI[9] e MVAPICH,[10] e as distribuições proprietárias Intel MPI e Scali MPI. Na avaliação de desempenho realizada observamos diferenças significativas de desempenho no uso dessas bibliotecas, sendo que a biblioteca de código aberto OpenMPI foi a que apresentou os melhores resultados na época.

---

[8] Disponível em: https://www.openfabrics.org/ofed-for-linux/. Acesso em: 19 mar. 2024.
[9] Disponível em: https://www.open-mpi.org. Acesso em: 19 mar. 2024.
[10] Disponível em: https://mvapich.cse.ohio-state.edu. Acesso em: 19 mar. 2024.

Capítulo 8. Arquiteturas avançadas   373

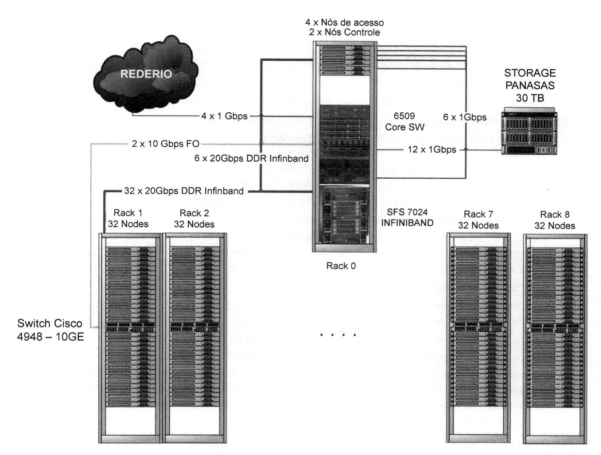

Figura 8.23. Arquitetura do Supercomputador Netuno.

No Netuno, o Moab Workload Manager[11] serve como o agendador de tarefas para o gerente de recursos TORQUE.[12] O Moab Workload Manager é um agendador de tarefas avançado proprietário altamente otimizado e configurável para suportar uma grande variedade de agendamentos e políticas de distribuição, prioridades dinâmicas e amplas reservas. O TORQUE é um gerenciador de recursos de código aberto gerente baseado no projeto PBS. O projeto Netuno selecionou dois nós para controlar tarefas. Esses nós executam apenas sistema de envio de trabalhos TORQUE/Moab.

8.9 EXERCÍCIOS PROPOSTOS

1. O *pipeline* é uma técnica de projeto de processadores que potencializa enormemente o seu desempenho pela divisão da execução da instrução em diversas etapas. Com relação a isso, responda:

    (a) Quais condições devem ser satisfeitas para que o modelo básico de funcionamento do *pipeline* seja real?
    Resposta: Para que esse modelo básico de funcionamento do *pipeline* seja real, três condições devem ser satisfeitas. Em primeiro lugar, todos os estágios do *pipeline* devem ser capazes de executar a sua tarefa específica dentro de um ciclo de relógio. Em segundo lugar, o fluxo de entrada de instruções no *pipeline* deve ser mantido continuamente, não podendo sofrer interrupções ou atrasos. Finalmente, em terceiro lugar, não devem existir nem dependências de dados (uma instrução precisar do resultado da outra) nem conflitos

---
[11] Disponível em: https://adaptivecomputing.com/moab-hpc-suite/. Acesso em: 19 mar. 2024.
[12] Disponível em: https://github.com/adaptivecomputing/torque. Acesso em: 19 mar. 2024.

estruturais (uso de um recurso por mais de um estágio) entre as instruções que estão sendo executadas simultaneamente no *pipeline*.

(b) Por que o uso de memórias cache é necessários nos processadores com *pipeline*? Por que normalmente ela é separada em cache de instruções e de dados?

(c) Descreva três modificações arquiteturais necessárias para o uso eficiente do *pipeline* em um processador.

(d) Consideremos um programa com 10.000.000 de instruções. Vamos supor que em uma arquitetura sem *pipeline* o tempo médio de execução de cada instrução seja de 4 ns. Qual seria o ganho na execução deste programa em um processador com *pipeline* de 5 estágios com ciclo de relógio de 1 ns?

Resposta: Considerando um programa com 10.000.000 de instruções e um tempo médio de execução de cada instrução de 4 ns em uma arquitetura sem *pipeline*, o tempo total de execução seria:

Tempo total = (Número de instruções) × (Tempo médio de execução por instrução)

Tempo total = 10.000.000 × 4 ns = 40.000.000 ns = 40 ms

Agora, com um processador com *pipeline* de 5 estágios e um ciclo de relógio de 1 ns, a taxa de execução é de uma instrução concluída a cada ciclo de relógio, após os 5 ciclos iniciais gastos para a primeira instrução atravessar o *pipeline*:

Instruções concluídas por ciclo = 1

O tempo total de execução do programa usando o *pipeline* pode ser calculado apenas pelo número de instruções e o ciclo de relógio, pois o *pipeline* ideal não tem penalidades:

Tempo total com *pipeline* = (Número de instruções) x (Ciclo de relógio) + 5 ns

Tempo total com *pipeline* = 10.000.000 × 1 ns + 5 ns = 10.000.005 ns $\approx$ 10 ms

Portanto, o ganho na execução deste programa usando um processador com *pipeline* de 5 estágios é de 40 ms (tempo sem *pipeline*) / 10 ms (tempo com *pipeline*) = 4 vezes. Este é um cenário ideal, no entanto, é importante destacar que na prática, os *pipelines* reais podem enfrentar penalidades e desafios que podem diminuir o seu desempenho.

2. Com relação ao *pipeline*, assinale as afirmativas abaixo como verdadeiras ou falsas.

(a) A duração do ciclo de relógio de um processador deve ser menor ou igual ao tempo que o estágio mais lento do *pipeline* leva para realizar suas operações.

(b) Deve-se procurar dividir a execução da instrução em estágios que tenham o mesmo tempo de execução, para otimizar o desempenho do *pipeline*.

(c) O *pipeline* deve ser mantido sempre "cheio", ou seja, com instruções úteis em todos os seus estágios, para que o seu desempenho máximo seja alcançado.

(d) Cada instrução, individualmente, gasta um tempo igual ou menor para ser executada em um processador com *pipeline* quando comparado à execução sem *pipeline*.
Resposta:
a) Falso, deve ser maior ou igual.
b) Verdadeiro.
c) Verdadeiro.
d) Falso. Gasta um tempo maior ou igual.

3. O *superpipeline* aprofunda a técnica de *pipeline* com a divisão dos estágios de um processador em estágios ainda menores. Com relação a isso, responda:

(a) Descreva brevemente a técnica de *superpipelining*. Como se compara o seu custo de implementação com relação às arquiteturas com *pipeline* convencional?

(b) Em que situações o aumento da profundidade do *pipeline* pode prejudicar o desempenho do processador?
Resposta: O aumento da profundidade do *pipeline* na técnica de superpipelining pode resultar em um desempenho prejudicado em face de situações que levam ao "esvaziamento" do *pipeline*. Essas situações incluem falhas no acesso à cache de instruções ou predições incorretas de desvios condicionais. Quando ocorre uma predição incorreta de desvios condicionais, as instruções já presentes no *pipeline* precisam ser

Capítulo 8. Arquiteturas avançadas

375

descartadas, e o *pipeline* deve ser preenchido novamente com as instruções corretas a serem executadas. Esse processo de reabastecimento do *pipeline* com as instruções corretas resulta em perda de tempo, e o tempo perdido aumenta na mesma proporção que o aumento da profundidade do *pipeline*.

   (c) Qual o impacto do uso da técnica de *superpipelining* na potência dissipada pelos processadores?

4. Os processadores superescalares oferecem um desempenho significativamente superior às arquiteturas convencionais pela execução de mais de uma instrução por ciclo de relógio. Com relação a isso, responda:

   (a) Quais condições que as instruções devem atender para serem enviadas para execução nas unidades funcionais em uma arquitetura superescalar?

   (b) Como é feito o escalonamento das instruções em uma arquitetura superescalar?
     Resposta: O escalonamento de instruções em uma arquitetura superescalar é realizado pelo *hardware* do processador, que analisa as dependências de dados e controle entre as instruções disponíveis no *pipeline*. O objetivo é encontrar instruções independentes que possam ser executadas em paralelo nas unidades funcionais disponíveis. As instruções escalonadas são então enviadas para execução nas unidades adequadas.

   (c) Qual a função da *Trace Cache* nos processadores superescalares?

   (d) Como é realizada e qual a importância da predição dinâmica de desvios nos processadores superescalares?
     Resposta: A predição dinâmica de desvios é uma técnica utilizada nos processadores superescalares para tentar antecipar o resultado de desvios condicionais. Isso permite que o processador especulativamente siga o caminho correto do fluxo de controle, evitando atrasos causados pela resolução tardia de desvios. A importância dessa técnica é reduzir a penalidade de desvios e manter o *pipeline* de instruções ocupado com instruções especulativas, que são posteriormente confirmadas ou descartadas quando a resolução dos desvios é conhecida.

   (e) Qual a finalidade e quais as formas de implementação da janela de instruções nos processadores superescalares?

   (f) Como é feita a recuperação do estado arquitetural do processador no caso da ocorrência de exceções ou de previsões incorretas de desvios?
     Resposta: Quando ocorre uma exceção ou previsão incorreta de desvio em um processador superescalar, é necessário descartar as instruções especulativas e recuperar o estado arquitetural para o ponto correto no fluxo de controle. Esse mecanismo de recuperação é chamado de *buffer* de reordenação (*reorder buffer*), que é basicamente uma fila onde as instruções aguardam a sua retirada na ordem especificada no código original do programa. Assim, as exceções e a verificação do resultado dos desvios preditos só são feitas quando as instruções chegam na primeira posição da fila, ou seja, quando todas as instruções anteriores a ela na ordem do programa terminaram a sua execução sem problemas.

   (g) O que são e como pode ser feita a remoção das dependências falsas de dados nos processadores superescalares?
     Resposta: A remoção das dependências falsas de dados é uma técnica importante nos processadores superescalares para evitar conflitos e atrasos causados por dependências que não afetam o resultado final das instruções. A remoção dessas dependências pode ser facilmente realizada a partir da técnica de renomeação de registradores, que consiste basicamente em alocar um registrador não utilizado para substituir o registrador arquitetural da segunda instrução. Essa técnica pode ser realizada por *software* ou por mecanismos de *hardware*, como a tabela de renomeação.

   (h) Quais as modificações que devem ser feitas no banco de registradores dos processadores superescalares?

   (i) Qual a finalidade da fila de acesso à memória nos processadores superescalares?
     Resposta: A fila de acesso à memória deve ter suporte para tratamento de dependências de dados entre as instruções de leitura (*load*) e escrita (*store*) em memória, de modo a otimizar os acessos à memória. Assim, as operações de leitura podem ser adiantadas com relação às de escrita, caso não sejam para o mesmo endereço. E, caso haja alguma coincidência de endereços, os dados correspondentes podem ser adiantados da instrução de *store* para a instrução de *load* dependente.

5. As arquiteturas *multicore* têm se estabelecido com um padrão nos modernos processador. Com relação a isso, responda:

(a) Qual a principal motivação para o uso de arquiteturas *multicore*?

(b) Quais as vantagens na utilização de arquitetura *multicore*?
Resposta: A execução simultânea de várias tarefas em núcleos separados aumenta o desempenho total do processador e permite que mais tarefas sejam concluídas em menos tempo. Em vez de aumentar a frequência de relógio para melhorar o desempenho, os processadores multicore podem alcançar maior eficiência energética ao executar tarefas em paralelo em núcleos com frequências menores. Em um processador *multicore*, se eventualmente um núcleo falhar, os outros núcleos podem continuar funcionando, tornando a arquitetura mais resiliente.

(c) Quais as vantagens do uso de arquiteturas *multicore* na programação *multithreading*?
Resposta: Com o uso de arquiteturas *multicore*, a programação *multithreading* se torna mais eficiente e acessível. Os desenvolvedores podem criar aplicativos que aproveitam o paralelismo inerente da arquitetura *multicore*, dividindo tarefas em várias *threads* que podem ser executadas em núcleos diferentes. Isso permite melhor utilização do *hardware* e, portanto, maior desempenho em sistemas que possuem processadores *multicore*. Hoje em dia, em qualquer multicore com memória cache compartilhada de nível 3 (L3), cada evento de comunicação toma poucos ciclos do processador. Com a latência dessa forma, os atrasos de comunicação têm muito menos impacto no desempenho do sistema, sendo que os programadores ainda devem dividir seus trabalhos em *threads* paralelas, porém não precisam se preocupar tanto com a independência dessas *threads*, já que o custo de comunicação é relativamente baixo.

(d) Qual a vantagem do uso de *multicore* no projeto de novas gerações de processadores?

(e) Quais as vantagens do ajuste do ponto de trabalho de cada núcleo do processador?
Resposta: O ajuste do ponto de trabalho de cada núcleo do processador permite que o sistema otimize o consumo de energia e a eficiência de acordo com a carga de trabalho em tempo real. Isso significa que cada núcleo pode ajustar dinamicamente sua frequência de relógio e tensão para corresponder à demanda de processamento no momento. Quando a carga de trabalho é baixa, alguns núcleos podem reduzir a frequência para economizar energia, enquanto outros podem aumentar a frequência para lidar com tarefas mais exigentes. Esse ajuste dinâmico resulta em uma melhor eficiência energética do sistema como um todo.

6. As arquiteturas VLIW são um paradigma alternativo para a execução de múltiplas instruções por ciclo de relógio. Com relação a isso, responda:

(a) Qual a diferença na estratégia utilizada nas arquiteturas VLIW para a execução simultânea de várias instruções?
Resposta: Nas arquiteturas VLIW (*Very Long Instruction Word*), a estratégia para a execução simultânea de várias instruções é realizar o escalonamento de instruções em tempo de compilação. Isso significa que o compilador agrupa múltiplas instruções em uma única instrução longa chamada "palavra VLIW", que contém várias operações independentes. Cada palavra VLIW é então executada em paralelo pelo *hardware* do processador, aproveitando as unidades funcionais disponíveis.

(b) Qual a principal desvantagem das arquiteturas VLIW?

(c) Quais as vantagens do escalonamento estático de instruções realizado em tempo de compilação pelas arquiteturas VLIW?
Resposta: O escalonamento estático de instruções realizado em tempo de compilação pelas arquiteturas VLIW apresenta como vantagem principal a simplicidade do *hardware*: Como o escalonamento é feito pelo compilador, o *hardware* do processador pode ser mais simples, sem a necessidade de mecanismos complexos de detecção e resolução de dependências de dados e desvios condicionais em tempo de execução, pois tudo foi resolvido em tempo de compilação.

(d) Historicamente, quando e quais foram as primeiras iniciativas do desenvolvimento de arquiteturas VLIW?

7. As arquiteturas *multithreading* apresentam um *hardware* especializado para a execução simultânea de diversas *threads*. Com relação a isso, responda:

(a) Qual o contexto característico de uma *thread*?
Resposta: O contexto de uma *thread* inclui o estado atual de execução da *thread*, como os valores dos registradores, apontador de instruções, a pilha e outros elementos necessários para retomar a execução

Capítulo 8. Arquiteturas avançadas

dessa *thread* a partir de onde ela foi interrompida. Em outras palavras, o contexto de uma *thread* representa sua posição e progresso dentro do programa em execução.

(b) Qual a origem das operações de longa latência em um processador?

(c) Como as arquiteturas *multithreading* reduzem o efeito negativo da operações de longa latência realizadas pelo processador?

Resposta: As arquiteturas *multithreading* buscam reduzir o efeito negativo das operações de longa latência usando a técnica de troca de contexto. Quando uma *thread* encontra uma operação de longa latência, o processador pode mudar a execução para outra *thread* que não esteja bloqueada, permitindo que outra tarefa seja executada enquanto a primeira está esperando o resultado. Dessa forma, o processador pode aproveitar melhor seu tempo de execução, aumentando a utilização dos recursos e melhorando o desempenho geral.

(d) O que caracteriza o modelo de *multithreading* de granulosidade fina?

(e) Qual o número mínimo de contextos que devem suportados em *hardware* nas arquiteturas com granulosidade fina?

(f) Como se dividem as arquiteturas *multithreading* de granulosidade grossa? Descreva os mecanismos de troca de contexto em cada caso.

(g) Qual a dificuldade para execução de aplicações com alta frequência de operações de grande latência em arquiteturas *multithreading* de granulosidade grossa?

Resposta: Quando essas operações de alta latência ocorrem com frequência elevada, a técnica de *multithreading* enfrenta dificuldades para sobrepor a execução em um contexto com operações de longa latência de vários outros contextos. Nesse cenário, a capacidade de ocultar o tempo gasto nessas operações torna-se limitada, afetando a eficácia do *multithreading* como uma estratégia de otimização de desempenho. É essencial, portanto, analisar cuidadosamente o comportamento da aplicação e a frequência das operações de alta latência para determinar se o *multithreading* de granulosidade grossa é a abordagem mais adequada para melhorar o desempenho do processador.

8. As arquiteturas *simultaneous multithreading* são um tipo de arquitetura que permitem a execução simultânea de várias *threads* em um processador superescalar. Com relação a isso, responda:

(a) Enumere as principais mudanças na arquitetura do processador que são necessárias para o suporte ao *multithreading* simultâneo.

(b) Em que tipos de aplicação o uso de *multithreading* simultâneo é especialmente benéfico?

Resposta: O *multithreading* simultâneo é especialmente benéfico em aplicações que possuem um alto grau de paralelismo, ou seja, são capazes de executar múltiplas tarefas independentes ao mesmo tempo. Algumas aplicações que podem se beneficiar significativamente do *multithreading* simultâneo incluem ambientes comerciais onde a velocidade de uma transação individual não é tão importante quanto o número total de transações realizadas. Espera-se que o SMT aumente a vazão (*throughput*) das tarefas com conjuntos de trabalho grandes ou que mudam com frequência, como servidores de banco de dados e servidores da Web, assim como aquelas tarefas caracterizadas por altas taxas de falhas da cache, que tendem a usar os recursos de processador e memória de forma inadequada, com maiores latências para serem ocultadas.

(c) Como o uso do *multithreading* simultâneo afeta as estruturas do processador compartilhadas pelas diversas *threads* em execução?

Resposta: O uso do *multithreading* simultâneo afeta as estruturas compartilhadas do processador, como a memória cache, tabela de renomeação de registradores, janela de instruções, *reorder buffer*, e as tabelas de tradução de endereços. O compartilhamento de recursos entre as *threads* pode resultar em maior concorrência por essas estruturas compartilhadas, levando a possíveis conflitos, contenção e atrasos. Para mitigar esses efeitos, o tamanho dessas estruturas deve ser aumentado, permitindo a identificação das instruções de cada *thread*.

9. As arquiteturas paralelas têm como objetivo alcançar níveis diferenciados de desempenho com o uso de múltiplos processadores para a execução em paralelo das aplicações. Com relação a isso, responda:

(a) O que são aceleradores? Exemplifique e descreva alguns dispositivos deste tipo.

(b) Quais são e quais as formas de programação resultantes dos dois grandes tipos de arquiteturas paralelas?
Resposta: Existem dois grandes tipos de arquiteturas paralelas e, consequentemente, duas formas de programação associadas a elas:

- Memória Compartilhada (*Shared Memory*): Nesse tipo de arquitetura, vários processadores compartilham um espaço de memória comum, permitindo que eles acessem e modifiquem os mesmos dados. A programação em memória compartilhada é geralmente mais simples, pois os processadores podem se comunicar por meio de variáveis compartilhadas.
- Memória Distribuída (*Distributed Memory*): Nesta arquitetura, cada processador tem sua própria memória local e não pode acessar diretamente a memória dos outros processadores. A programação em memória distribuída é mais complexa, pois os processadores precisam se comunicar explicitamente por meio de trocas de mensagens.

(c) Quais as características principais das arquiteturas de memória compartilhada?

(d) Quais as características principais das arquiteturas de memória distribuída?
Resposta:

- Cada processador tem sua própria memória local e não pode acessar diretamente a memória de outros processadores.
- Os processadores se comunicam explicitamente trocando mensagens entre si.
- Apresenta como vantagens o fato de serem altamente escaláveis e permitirem a construção de processadores maciçamente paralelos.
- A programação em memória distribuída é mais complexa e requer técnicas de comunicação eficientes para garantir o desempenho e a escalabilidade do sistema.

10. A classificação de Flynn tenta estabelecer uma taxonomia para a subdivisão dos diversos tipos de arquitetura paralela. Com relação a isso, responda:

(a) Descreva e caracterize brevemente as arquiteturas SISD.

(b) Descreva e caracterize brevemente as arquiteturas SIMD. Exemplifique os seus principais tipos.
Resposta: Arquiteturas SIMD (*Single Instruction, Multiple Data*): Nas arquiteturas SIMD, uma única instrução é executada simultaneamente em múltiplos dados, utilizando processadores especializados que trabalham em paralelo. Essas arquiteturas são adequadas para aplicações que exigem o processamento de grandes conjuntos de dados idênticos, realizando a mesma operação em todos eles ao mesmo tempo. Entre uma das divisões possíveis dessa classe são os processadores vetoriais, arquiteturas SIMD convencionais, e arquiteturas sistólicas.

(c) Descreva e caracterize brevemente as arquiteturas MIMD. Quais são os seus principais grupos?
Resposta: Arquiteturas MIMD (*Multiple Instruction, Multiple Data*): Nas arquiteturas MIMD, múltiplos processadores independentes executam diferentes instruções em diferentes conjuntos de dados ao mesmo tempo, permitindo o processamento paralelo real. Existem diferentes grupos de arquiteturas MIMD:

- MIMD com Memória Distribuída: Cada processador tem sua própria memória local e se comunica com outros processadores por meio de trocas de mensagens. Exemplo: *Clusters* de computadores.
- MIMD com Memória Compartilhada: Múltiplos processadores compartilham uma única memória global, permitindo acesso direto aos mesmos dados. Exemplo: Computadores multiprocessados ou SMP (*Symmetric Multi-Processing*).

(d) Descreva e caracterize as arquiteturas MIMD com Memória Distribuída.
Resposta: Arquiteturas MIMD com Memória Distribuída: Nas arquiteturas MIMD com memória distribuída, cada processador tem sua própria memória local e não pode acessar diretamente a memória de outros processadores. A comunicação entre processadores é feita por meio de troca de mensagens, o que exige uma coordenação mais complexa, mas permite maior escalabilidade e independência entre os processadores.

(e) Descreva e caracterize as arquiteturas MIMD com Memória Compartilhada. Quais são os seus principais tipos?

Referências

AMORIM, C. L. *et al*. O Sistema de Computação Paralela NCP I. *In*: *Anais do V Simpósio Brasileiro de Arquitetura de Computadores*. [S.l.]: SBC, 1993.

AMORIM, C. L. *et al*. A Segunda Geração de Computadores de Alto Desempenho da COPPE/UFRJ. *In*: *Anais do VIII Simpósio Brasileiro de Arquitetura de Computadores e Processamento de Alto Desempenho*. [S.l.]: SBC, 1996. p. 87-98.

ARM LIMITED. *ARM® Cortex®-A72 MPCore Processar- Technical Reference Manual 0003-06*. Cambridge: [s.n.], 2016.

ARPACI-DUSSEAU, R. H.; ARPACI-DUSSEAU, Andrea C. *Operating Systems*: Three Easy Pieces. 1.10. ed. [S.I.]: Arpaci-Dusseau Books, 2023.

AUDE, J. S. *Organização de computadores*. Rio de Janeiro, 2001. 1-60 p.

AUDE, J. S. *et al*. MULTIPLUS: Um Multiprocessador de Alto Desempenho. *In*: AUDE, J. S. *et al*. (ed.). *Anais do X Congresso da Sociedade Brasileira de Computação*. Vitoria, ES: SBC, 1990. p. 93-105.

AUDE, J. S. *et al*. *Multiplus*: a modular high-performance multiprocessor. Rio de Janeiro, 1991. Disponível em: https://pantheon.ufrj.br/handle/11422/1554. Acesso em: 19 mar. 2024.

AUDE, J. S. *et al*. NCESPARC+: A Cost-Effective Implementation of a Multi-threaded SPARC Architecture. *In*: *Proceedings of the X Brazilian Symposium on Integrated Circuit Design*. Porto Alegre, RS: SBC, 1997. p. 165-174.

AUDE, J. S. *et al*. The Multiplus/Mulplix Parallel Processing Environment. *In*: *Proceedings of the 1996 International Symposium on Parallel Architectures, Algorithms and Networks*. Washington: IEEE Computer Society, 1996.

AUDE, J. S. *et al*. *Microarquiteturas de Alto Desempenho*: notas de aula. Rio de Janeiro, 2001.

BOOLE, G. *An Investigation of the Laws of Thought on which are founded the Mathematical Theories of Logic and Probabilities*. [S.l.]: Cambridge University Press, 2009.

BORGES, J. A. S.; SILVA, G. P. NeanderWin - Um Simulador Didático para uma Arquitetura do Tipo Acumulador. *In*: *Anais do Workshop sobre Educação em Arquitetura de Computadores*. Ouro Preto: Sociedade Brasileira de Computação, 2006. p. 1-10.

BORGES, J. A. S.; SILVA, G. P. *O Simulador Neander-X para o Ensino de Arquitetura de Computadores*. Porto Alegre: Sociedade Brasileira de Computação, 2016. v. 5. Disponível em: http://www2.sbc.org.br/ceacpad/ijcae/v5_n1_dec_2016/IJCAE_v5_n1_dez_2016_paper_2_vf.pdf. Acesso em: 20 jun. 2024.

CARDI, M. L. *Evolução da Computação no Brasil e sua Relação com Fatos Internacionais*. Tese (Doutorado), Universidade Federal de Santa Catarina, Florianópolis, 2002.

CARDI, M. L.; BARRETO, J. M. Primórdios da Computação no Brasil. *In: Anais do Simposio Historia Informática en América Latina y Caribe - CLEI 2012*. Medelin, Colombia: [s.n.], 2012.

CARDOSO, M. O. *SOX: um UNIX-compatível brasileiro a serviço do discurso de autonomia tecnológica na década de 1980*. Tese (Doutorado) – HCTE/Universidade Federal do Rio de Janeiro, Rio de Janeiro, 2013.

CARDOSO, M. O. *et al*. SOX: um sistema operacional tipo UNIX independente da AT&T no Brasil da década de 1980. *In: Anais do 1er Congreso Latinoamericano de Historia Económica - 4as Jornadas Uruguayas de Historia Económica*. Montevideo: [s.n.], 2007. p. 1-27.

CERUZZI, P. E. The Early Computers of Konrad Zuse, 1935 to 1945. *1EEE Annals of the History of Computing*, v. 3, p. 241-262,71981. Disponível em: https://www.computer.org/csdl/magazine/an/1981/03/man1981030241/13rRUxC0SJq. Acesso em: 20 jun. 2024.

COHEN, D. *On holy wars and a plea for peace*. 1980. Disponível em: https://www.ietf.org/rfc/ien/ien137.txt. Acesso em: 19 mar. 2024.

DALAKOV, G. *Anton Braun*. 2016. Disponível em: https://history-computer.com/people/anton-braun-biography-history-and-inventions/. Acesso em: 19 mar. 2024.

DANTAS, V. *Guerrilha tecnológica*: a verdadeira história da política nacional de informática. Rio de Janeiro: LTC, 1988.

DINHEIRO, ISTO É. *Os efeitos colaterais da Lei de Informática*. 2009. Disponível em: http://www.istoedinheiro.com.br/noticias/mercado-digital/20091021/efeitos-colaterais-lei-informatica/1186.

FALLER, N. *et al*. O Projeto Pegasus-32X/Plurix. *In: Anais do XVII Congresso Nacional de Informática – SUCESU*. Rio de Janeiro, RJ. [S.l.]: SUCESU, 1984.

FALLER, N. *et al*. Técnicas de Projeto Utilizadas na Construção do Supermicrocomputador PEGASUS-32X e do Sistema Operacional PLURIX. *In: Anais do VI Congresso Chileno de Engenharia Elétrica*. Santiago, Chile: [s.n.], 1985. p. 441-453.

FALLER, N. L.; SALENBAUCH, P. Plurix: A multiprocessing Unix like Operating System. *In: Proceedings of the 2nd Workshop on Workstation Operating Systems*. Washington DC: IEEE Computer Society Press, 1989. p. 29-36.

FILHO, C. F. *História da computação*: O Caminho do Pensamento e da Tecnologia. Porto Alegre: EDIPUCRS, 2007.

FLYNN, M. J. Very high speed computers. *Proceedings of the IEEE*, v. 54, p. 1901-1909, 1966.

HENNESSY, J. L.; PATTERSON, D. A. *Computer Architecture*: A Quantitative Approach. 6. ed. [S.l.]: Morgan Kaufmann Publishers, 2017.

HINTON, G. *et al*. The Microarchitecture of the Pentium 4 Processar. *Intel Technology Journal*, p. 1-13, 2001.

IFRAH, G. *Os Números*: História de uma Grande Invenção. São Paulo, SP: Globo, 2009.

KALLA, R.; SINHAROY, B.; TENDLER, J. M. IBM POWER5 Chip: a Dual-Core Multithreaded Processor. *IEEE Micro*, p. 40-47, 3 2004.

KANE, G. *MIPS R2000 RISC Architecture*. 1. ed. [S.I.]: Longman Higher Education, 1988.

KETELAARS, N. Pascal's Calculator. *AIMe Magazine*, Association of Industrial Mathematicians Eindhoven, Eindhoven, Netherlands, p. 3-5, 2001.

KISTERMANN, F. W. Blaise Pascal's Adding Machine: New Findings and Conclusions. *IEEE Annals of the History of Computing*, v. 20, n. 1, 1998.

KUNG, H.-T. Why systolic architectures? *IEEE Computer*, v. 15, n. 01, p. 37-46, 1982. Disponível em: https://www.cs.virginia.edu/~smk9u/CS3330S20/kung_-_1982_-_why_systolic_architectures.pdf. Acesso em: 19 mar. 2024.

Referências

MAOR, E.; IFRAH, G. The Universal History of Numbers: From Prehistory to the Invention of the Computer. *The American Mathematical Monthly*, v. 108, n. 4, 2001.

NEUMANN, J. V.; GODFREY, M. D. First Draft of a Report on the EDVAC. *IEEE Annals of the History of Computing*, v. 15, n. 4, 1993.

NVIDIA. *NVIDIA's Next Generation Compute Architecture*: Kepler GK110/210. [S.l.], 2014. Disponível em: https://www.nvidia.com/content/dam/en-zz/Solutions/Data-Center/documents/NVIDIA-Kepler-GK110-GK210-Architecture-Whitepaper.pdf. Acesso em: 19 mar. 2024.

RAHMAN, R. *Intel Xeon Phi Coprocessor Architecture and Tools The Guide for Application Developers*. [S.l.]: Apress Open, 2013.

RODRIGUES, R.; SILVA, G. P. Um Supermini com Arquitetura baseada em Múltiplos Microprocessadores de 32 bits. *In: Anais do XIX Congresso Brasileiro de Informática – SUCESU*. Rio de Janeiro: SUCESU, 1986. p. 131-135.

RODRIGUES, S. H. V. *Rastro de COBRA*. Rio de Janeiro: Ed. do Autor, 1984.

SHARANGPANI, H.; ARORA, K. ltanium Processor Microarchitecture. *IEEE Micro*, 9 2000.

SILVA, G. P.; BORGES, J. A. S. SimuS – Um Simulador Para o Ensino de Arquitetura de Computadores. *International Journal of Computer Architecture Education (IJCAE)*, Sociedade Brasileira de Computação, Porto Alegre, Brasil, v. 5, n. 1, p. 7-12. 2016. Disponível em: http://www2.sbc.org.br/ceacpad/ijcae/v5_n1_dec_2016/IJCAE_v5_n1_dez_2016_paper_2_vf.pdf.

SILVA, G. P. *et al.* The Experience in Designing and Evaluating the High Performance Cluster Netuno. *International Journal of Parallel Programming*, v. 42, n. 2, p. 265-286, 2014.

STALLINGS, W. *Arquitetura e Organização de Computadores*. 8. ed. São Paulo: Pearson, 2010.

SWIFT, J. *Viagens de Gulliver*. eBooksBrasil, 2004. Disponível em: http://www.ebooksbrasil.org/adobeebook/gulliver.pdf. Acesso em: 19 mar. 2024.

WEBER, R. F. *Fundamentos de Arquitetura de Computadores*. 4. ed. Porto Alegre: Bookman, 2012.

WIKIPEDIA. *Cray 1*. 2020. Disponível em: https://www.wikiwand.com/en/Cray-1. Acesso em: 19 mar. 2024.

WILKES, M.; KAHN, H. J. Tom Kilburn CBE FREng. 11 August 1921 – 17 January 2001. *Biographical Memoirs of Fellows of the Royal Society*, v. 49, p. 283-297, 1 2003.

ZANOTTO, L. *et al. Arquitetura e programação de GPU Nvidia*. [S.l.], 2012.

Índice alfabético

Armazenamento, 243
    BIOS, 244
    Comparação DAS, NAS e SAN, 265
    DAS, 263
    Direct-Attached Storage, 263
    Disco de Estado Sólido, 253
    Disco Rígido, 247
        Características, 249
        Desempenho, 249
        Estrutura Interna, 247
        Particionamento, 251
    Disco Rígido *versus* SSD, 255
    Dispositivo de Estado Sólido, 253
    Em nuvem, 267
    GPT, 252
    Guid Partition Table, 252
    Hard Drive, 247
    Iniciando o Computador, 244
    Master Boot Record, 251
    MBR, 251
    NAS, 264
    Network-Attached Storage, 264
    Outros dispositivos, 257
    RAID, 258
        Comparação, 262
        RAID 0, 258
        RAID 01, 260
        RAID 1, 259
        RAID 10, 259
        RAID 5, 261
        RAID 6, 261
    SAN, 264
    Sistemas de, 263
    Storage Area Network, 264
    UEFI, 246
    Unidade de Estado Sólido, 253
Arquiteturas Avançadas
    Aceleradores
        Funcionamento básico, 361
    ARM Cortex-A72, 345
    IBM Power5, 359
    Intel Xeon Phi, 350
    Itanium IA-64, 353
    Manycore, 347
    MIPS R2000, 335
    Multicore, 347
    Multicores
        Implementação, 348
    Multithreading, 356
        Funcionamento básico, 356, 357
        Granulosidade Fina, 357
        Granulosidade Grossa, 357
        Simultâneo, 358
    Pentium 4, 339

Execução fora de ordem, 341
Front End, 340
Implementação, 341
Pipeline, 329
Funcionamento Básico, 330
Ganho de Desempenho, 332
Implementação, 331
Modificações, 334
Superescalares, 342
Funcionamento básico, 342, 347
Implementação, 343
Superpipelined, 338
Funcionamento Básico, 338
Implementação, 338
VLIW, 352
Funcionamento básico, 352
Histórico, 352
Arquiteturas avançadas, 329
Arquiteturas Paralelas, 364
Aceleradores, 361
Aceleradores Gráficos, 361
Clusters, 364
MIMD, 368
Memória Compartilhada, 369
Memória Distribuída, 368
Netuno, 370
NUMA, 370
Processadores Vetoriais, 365
SIMD, 365, 366
SISD, 365
Sistólicas, 367
UMA, 369

Conceitos Básicos, 107
E/S, 113
Entrada e Saída, 113
I/O, 113
Memória, 113
Modelo de Barramento de Sistemas, 110
Modelo de von Neumann, 107
Processador, 111

Entrada e Saída, 191
Acesso Direto à Memória, 198
Barramentos, 206
AGP, 210
Características, 206
DisplayPort, 221
DVI, 220
Evolução, 208

HDMI, 220
IDE, 209
ISA, 209
Legados, 209
PATA, 209
PCI, 210
PCI Express, 214
SATA, 217
SCSI, 211
SVGA, 219
USB, 212
VGA, 219
Vídeo, 219
Chipset, 200
Conceito Básicos, 191
DMA, 198
Espera ocupada, 193
Fibra óptica, 223
Impressora
Conexão, 279
Impressoras, 274
Interfaces, 192
Interrupção, 195
Mouse
Conexão, 274
Periféricos, 268
Ponte Norte, 200
Ponte Sul, 200
Programação, 192
Redes, 222
Bluetooth, 235
Com Fio, 225
Ethernet, 225
Sem fio, 230, 235
Wi-Fi, 230
Teclados, 268
conexão, 271
Códigos de varredura, 269
de Membrana, 270
Mecânicos, 270
Tipos, 270
Transmissão
da Informação, 201
Erros, 205
Paralelo, 202
Serial, 203
Serial Assíncrona, 203
Serial Síncrona, 204
Vídeo, 280
GPU, 282

Índice alfabético

LED, 282
Pixel, 280
Processador Gráfico, 282
Resolução, 281
Exceções, 195
Exercícios
Armazenamento, 283
Arquiteturas Avançadas, 373
Computador e Processador, 141
Entrada e Saída, 236
Histórico da Computação, 99
Informação, 47
Linguagem de Montagem, 323
Memória e Hierarquia de Memória, 184

Hierarquia
Taxa de acerto, 167
Tempo médio de acesso, 167
Hierarquia de Memória, 163
Introdução, 163
Localidade Espacial, 165
Localidade Temporal, 165
Histórico, 53
Anton Braun, 55
Arduino, 82
Boole, 56
Brasil, 86
CDC 6600, 69
Charles Babbage, 56
Cobra Computadores, 89
Commodore 64, 75
Computadores
Eletromecânicos, 57
Mecânicos, 57
CPU de Porte Médio, 91
EDVAC, 62
ENIAC, 61
G-10, 88
George Stibitz, 59
IBM 1130, 66
IBM 7000, 65
IBM/360, 67
IBM/PC, 76
iPhone, 81
Konrad Zuse, 58
Lourinha, 87
Macintosh, 78
Mark I, 59
Multiplus, 94
NCP I, 96

NCP2, 98
Os primeiros computadores Apple, 72
Outros Computadores Nacionais, 90
Pascalina, 54
Patinho Feio, 88
PDP-1, 64
PDP-11, 68
Pegasus/Plurix, 93
Primeira geração, 60
Primórdios da Computação, 53
Projetos Acadêmicos, 91
Quarta geração, 70
Quinta geração, 73
Raspberry Pi, 83
Segunda geração, 63
Sexta geração, 79
Sinclair ZX80, 71
Sun Sparcstation, 74
Supercomputadores, 84
Tecnologias Associadas
Computadores Eletromecânicos, 57
Primeira Geração, 60
Quarta Geração, 70
Quinta Geração, 73
Segunda Geração, 63
Sexta Geração, 79
Terceira Geração, 66
Terceira geração, 66
UNIVAC, 63
Vax 11/780, 73
VLSI em computadores de grande porte: IBM
370, 72
Zezinho, 87
Ábaco, 53
Histórico da Computação, 53

Informação, 1
Base cinco, 5
Base dez, 5
Base hexadecimal, 7
Base octal, 7
Bases de numeração, 3
Contagem, 2
Conversão de números, 4
Conversão entre bases, 8
Conversão entre quaisquer bases, 13
Conversão para a base 10, 8
Conversão para a base binária, 11
Conversão para uma base qualquer, 9
Numeração, 3

Origem dos Números, 1
Representação
   Binária, 6
Representação da, 1
Representação posicional de números, 5
Sistemas de Numeração, 1
Interrupção, 195

Linguagem de Montagem
   Atribuição de valor, 299
   Atribuição simples, 300
   Atribuições de variáveis, 298
   Comentários, 296
   Compilação, 291
   Constantes, 299
   DB, 297
   Desvios, 303
   DS, 297
   DW, 297
   END, 297
   Entrada e saída, 309
   EQU, 297
   IN, 309
   Linguagem de alto nível, 291
   Operação, 301
      Constante, 301
      Duas variáveis, 301
      Três variáveis, 302
      Variável, 301
   Operações aritméticas, 300
   ORG, 296
   OUT, 309
   Pilha, 317
      Apontador de, 321
   Procedimentos, 317
   Pseudo-instruções, 296
   Repetições, 306
      Com contador, 307
      Simples, 307
   Representação de números, 298
   Rotinas, 317
   Rótulos, 296
   Sintaxe, 296
   Soma 16 bits, 308
   STR, 298
   string, 298
   Sub-rotinas, 317
   Subtração 16 bits, 308
   Testes, 303
   TRAP, 311

Vetor, 313
   Indexação, 313
   Maior elemento, 315
   Soma, 314
Linguagem de montagem, 291
   Montador, 294
   Programação em, 291
   Sapiens, 294
   Sintaxe, 294

Memória, 147
   Acesso Aleatório, 150
   Acesso Sequencial, 150
   Assíncrona, 155
   Classificação, 150
   Código de Correção de Erro, 160
   Dinâmica, 152
   ECC, 160
   Endereçamento, 148
   Estática, 152
   Flash, 161
      NAND, 163
      NOR, 162
   Multiplicadores, 148
   Não Volátil, 151
   Organização, 147
   Síncrona, 156
      DDR, 157
      DDR2, 157
      DDR3, 157
      DDR4, 157
      SDRAM, 156
   Volátil, 151
Memória Cache, 168
   Cache Física, 177
   Cache Virtual, 177
   Caches Multiníveis, 177
   Caches Separadas de Dados e Instruções, 177
   Mapeamento, 169
   Mapeamento associativo por conjunto, 172
   Mapeamento Completamente Associativo, 170
   Mapeamento direto, 171
   Operações de Escrita, 173
   Os Três Cs, 176
   Política de Substituição, 175
   Tamanho do Bloco, 173
Memória Virtual, 179

Operações Aritméticas, 18

Índice alfabético

Adição inteira, 19
Divisão inteira, 21
Divisão inteira potência de 2, 23
Multiplicação inteira, 20
Multiplicação inteira potência de 2, 21
Subtração inteira, 20
Operações aritméticas
Ponto flutuante, 43
Operações Lógicas, 14
AND, 15
Exemplo, 15
NOT, 15
OR, 15
Outras Funções, 16

Processador, 114
Arquitetura de Acumulador, 126
Arquitetura de Pilha, 125
Arquitetura de Registrador, 128
Arquitetura Memória-Memória, 127
Arquitetura Registrador-memória, 128
Big-endian, 123
CISC, 129
Execução das instruções, 117
Funcionamento, 114
Little-endian, 123
Modos de endereçamento, 121
RISC, 129
Sapiens, 131
Tipos de Arquitetura, 125
Unidade de Controle, 118
Horizontal, 120
Microprogramada, 119
Vertical, 120

Representação de caracteres, 27

GB18030, 33
ISO/IEC 8859, 29
Tabela ASCII, 28
UCS, 33
Unicode, 30
UTF-8, 31
Representação de números
BCD, 33
Complemento a 2, 37
Complemento a um, 35
Excesso-K, 35
Fracionários, 38
Inteiros, 33
Ponto Fixo, 39
Ponto Flutuante, 41
Ponto flutuante, 41
Sinal-magnitude, 34

Sapiens, 131, 139
Conjunto de Instruções, 132
Códigos de Condição, 134
Descrição das Instruções, 134
Diagrama em blocos, 131, 139
Entrada e Saída, 139
Flags, 134
Formato das Instruções, 132
IN, 139
Instruções, 132
Microarquitetura, 139
Modo Direto, 132
Modo Imediato, 132
Modo Indireto, 132
Modos de Endereçamento, 132
OUT, 139
Tamanho da memória, 140